KB002588

고조선 연구

상

윤내현 지음

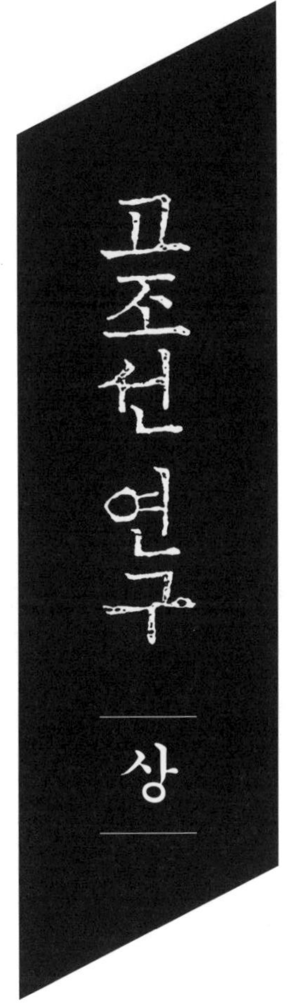

만권당

■ **일러두기**

· 인명과 지명, 학교명, 서적명 등은 원칙적으로 한글 맞춤법에 따랐다.

· 문헌 사료명의 경우 원칙적으로 본문 맨 처음에 나올 때만 한자를 병기했다.

· 문헌이나 논문을 직접 인용한 경우에도 독자들의 혼란을 막기 위해 인명 표기는 통일했다. 단, 논문명에서는 원문 표기를 존중했다.

· 중국의 지명이나 인명, 문헌명의 경우 한자음대로 표기하고 맨 처음에 나올 때 한자를 병기했다. 생소한 한자어나 인명, 지명 등은 필요에 따라 반복 병기했다. 단, 하얼빈 등 우리에게 익숙한 지명은 한자어 표기 원칙에 따르지 않았다.
예) 사마천, 요동, 황하, 북경

· 북한의 인명이나 논문명의 경우, 북한 표기를 존중했다.
예) 리지린, 론문집

· 러시아 역사학자 U. M. 부틴의 경우, 기존 한국어판 저서에는 유엠부찐이라고 표기되어 있으나 외래어 표기법에 따라 U. M. 부틴으로 표기했다.

· 전집이나 단행본, 정기간행물은 『 』, 신문이나 잡지명, 연구보고서 등은 「 」로 표기했다.

· 각주에서 원서의 경우 번역본이 있으면 우리 식으로 표기하고 번역본이 없으면 원서 그대로 표기했다.

· 『삼국지』 「오환선비동이전」의 경우, 우리 고대사 연구에 필요한 부분은 '동이' 부분이므로 줄여서 「동이전」으로 표기했다.

머리말

한국사에서 고조선(단군조선)만큼 시련을 많이 겪은 부분은 없을 것이다. 그것은 한민족의 시련과 궤를 같이하고 있다.

한민족의 자존심이 이어진 고려시대까지만 해도 고조선은 한민족의 의식에 깊이 자리하고 있었던 듯하다. 그러나 중국의 천자를 중심으로 한 유가의 세계 질서를 선택했던 근세조선에서는 고조선에 대한 의식이 약화되기 시작했다. 그리고 결국에는 고조선의 존재를 부인하고 기자조선(箕子朝鮮)을 한국사의 시작으로 보는 주장까지 나오기에 이르렀다. 그 후 일제는 고조선은 물론 기자조선까지 부인함으로써 한국 고대사를 말살했다.

광복 후 고조선의 존재를 인정하는 듯했지만 지난날의 잘못된 인식의 영향으로 그 연구는 깊이 있게 진행되지 못했다. 이러한 학문 경향에 대한 반발 때문이었는지는 알 수 없지만 고조선의 실체를 지나치게 과대평가하는 견해도 대두되었다. 고조선은 동아시아의 넓은 대륙을 지배했던 대제국이었다거나 그러한 제국은 고조선시대에 처음 출현한 것이 아니라 그 이전부터 존재했다는 주장 등이 그것이다.

이러한 소용돌이 속에서 고조선이라는 명칭도 매우 혼란스럽게 사용되고 있다. 고조선은 원래 단군조선(壇君朝鮮)을 가리키는 말이었다. 그런데 일부 학자들은 단군조선의 존재를 부인하고 기자조선을 고조선이라 부르는가 하면, 중국의 이주민과 토착세력이 연합하여 어떤 나라를 세웠을 것으로 가정하고 그것을 고조선이라 부르기도 한다. 단군조선의 존재를 인정하는 학자들까지도 단군조선과 위만조선(衛滿朝鮮), 한사군(漢四郡)을 합해 고조선이라 부름으로써 고조선이라는 용어는 그 의미가 선명하지 못하게 사용되고 있다.

이와 같은 고조선에 대한 혼란스러운 주장들은 모처럼 고조선에 대해 관심을 가져보려 하는 일반인들에게 고조선은 역시 불확실한 존재라는 의구심만을 증대시키고 있다. 그 원인이 무엇이든, 이런 현상은 한민족에게는 불행한 일이다. 자신들의 역사를 바로 알지 못한다면 문화민족이라고 할 수 없을 것이다. 그뿐만이 아니다. 한민족 문화의 원형은 한국의 고대사회 특히 고조선에 있는데, 그것을 바르게 알지 못한다면 한민족의 정체(正體)를 바르게 인식할 수 없을 것이다.

어떤 이유로도 역사가 왜곡되어서는 안 된다. 고조선의 역사가 가볍게 취급되어서도 안 된다. 만약 고조선의 역사가 왜곡되거나 가볍게 다루어진다면 지난날 한민족의 민족의식을 말살하기 위해 고조선의 실체를 부인하고 한국사를 왜곡했던 일제의 교육 정책과 똑같은 결과를 가져올 것이기 때문이다.

지금은 세계의 모든 나라가 문호를 활짝 열어야 하는 개방의 시대다. 이런 때일수록 중요한 것은 주체의식이다. 주체의식 없이 외국의 문물만 공부하고 접하면 그 문물에 종속될 위험이 있기 때문이다.

그뿐만이 아니다. 역사는 상호자극에 의해 발전한다. 서로 다른 것이

마주쳤을 때 자극을 받고 창조가 일어난다. 그것이 역사의 발전이다. 동일한 것끼리 만났을 때는 약한 쪽이 강한 쪽에 종속될 뿐 창조적인 것이 나타나지 않는다. 국제사회의 개방은 한민족에게 창조적인 발전의 기회가 될 수도 있고 다른 나라의 문물에 종속되는 결과를 가져올 수도 있다. 창조적인 발전을 위해 한민족은 민족 철학, 민족 사상을 가지고 있어야 한다. 그래야만 외래 문물과 마주치면서 창조적인 발전을 할 수 있을 것이다.

한민족은 민족 통일을 눈앞에 두고 있다. 통일의 준비로서는 물론 통일 후의 이상적인 민족공동체의 건설을 위해 한민족은 민족 구성원 모두가 공감하는 가치관을 가지고 있어야 한다. 그것을 기초로 민족 철학을 정립하고 사상화해야 한다. 이것이 진정한 민족 동질성의 회복이다. 한민족의 가치관은 한민족의 역사에서 찾아야 할 것이다. 그 원형은 고대사, 특히 고조선에 있다. 이러한 준비 없는 통일은 큰 혼란을 가져올 것이다.

고조선은 단순히 한국사의 뿌리로서만이 아니라 한민족에게 현실적으로도 매우 중요한 의미를 갖는다. 필자는 급변하는 주변 정세를 보면서 고조선의 복원이 매우 시급하다고 생각했다. 역사학자인 필자에게 책임이 있다고도 생각했다. 그래서 고조선을 복원하는 작업에 매달렸다.

고조선을 포함한 한국 고대사에 관한 부분적인 필자의 견해를 담은 『한국고대사신론(韓國古代史新論)』(1989) 출간 이래 필자는 다른 학자들의 의견을 귀담아 들으면서 필자의 주장에 잘못이 없는지를 면밀하게 검토했다. 그 결과 기본 골격에는 크게 잘못이 없지만 부분적으로는 수정해야 할 점이 다소 있음을 발견했다. 따라서 고조선에 관한 필자의 견해는 이 책의 내용이 최종 결론이라는 점을 밝혀두고자 한다.

필자의 건강이 더 이상의 연구 및 수정을 허용하지 않을 것이라는 사실도 잘 알고 있다. 필자는 1979년부터 1981년까지 하버드대 인류학과 객원교수로 연구할 기회가 있었다. 그때 하버드 옌칭도서관이 소장하고 있는 고조선에 관한 방대한 중국 사료들과 리지린을 비롯한 북한의 여러 역사학자들의 저서 및 논문을 보고 자극을 받았다. 그때의 자극이 필자로 하여금 평생 이 길을 걷게 한 원동력이었는지도 모른다.

이 책의 개정판이 출판되기까지 여러 사람들의 도움을 받았다. 책의 개정판을 추진해준 한가람역사문화연구소 이덕일 소장에게 깊은 감사를 드린다. 원고를 읽고 교정에 수고를 아끼지 않은 황순종, 기수연 선생에게도 고마움을 전한다. 그리고 책의 출판을 쾌히 승낙한 만권당 양진호 대표에게도 진심으로 감사를 드린다.

2015년 10월

윤내현

차례

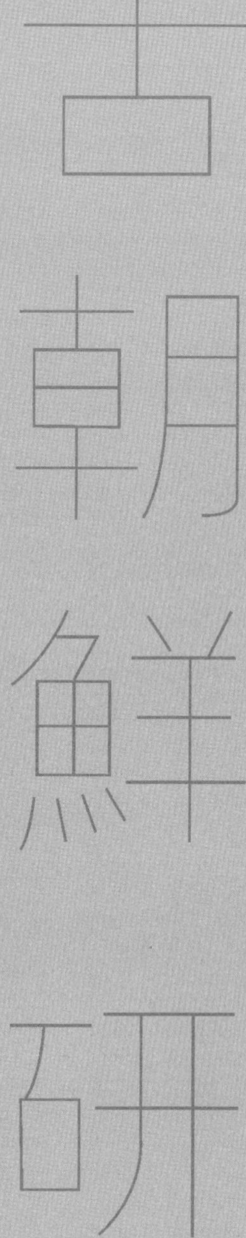

제3장 | 고조선의 강역과 국경

제4장 | 고조선의 연대와 중심지

제5장 | 위만조선 · 한사군 · 창해군

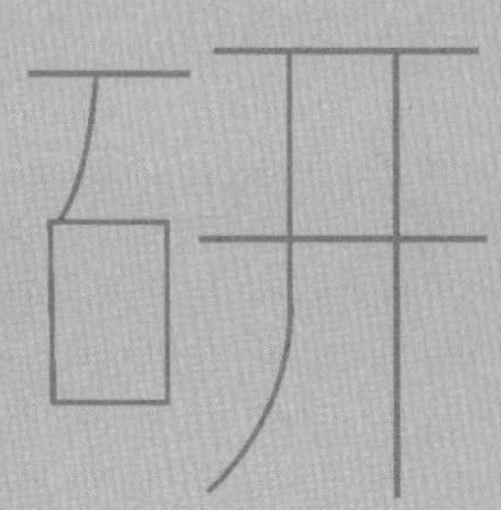

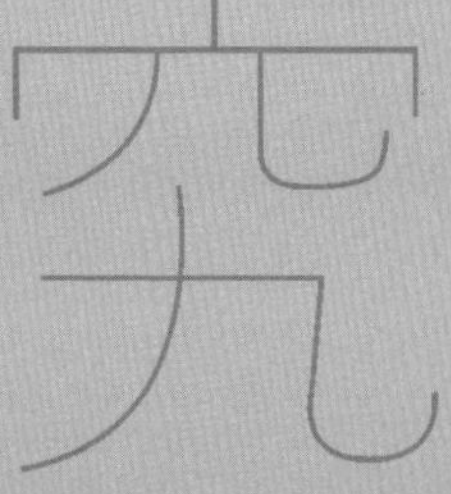

서장

고조선 연구의 필요성과 방법

1. 고조선 연구의 필요성

고조선[필자는 단군조선(壇君[1]朝鮮)만을 고조선이라 부른다]은 한국사에 처음으로 등장한 국가이다. 민족도 이 시기에 형성되었다. 그러므로 고조선은 실질적인 한국사의 출발점이다. 한민족 사회와 문화 특성의 원형도 고조선에 있다.

고조선이 출현하기 훨씬 이전부터 한반도와 만주에는 많은 사람들이

1 단군은 『삼국유사』 〈고조선〉조에는 단군(壇君)으로, 『제왕운기』에는 단군(檀君)으로 '단' 자가 다르게 표기되어 있다. 이것은 단군이 원래 한자(漢字)가 아니라 고대 한민족 고유 언어의 명칭이었는데 한자로 표기되는 과정에서 '단' 자가 각각 다르게 표기된 것으로 생각된다. 조선시대 학자들은 『제왕운기』 표기를 따르고 있는데, 그 이유는 아마 『제왕운기』 저자인 이승휴는 유학자였고 『삼국유사』 저자인 일연은 불교 승려였기 때문이었을 것이다. 『삼국유사』가 『제왕운기』보다 오래된 역사서이므로 단군을 한자로 표기할 경우 필자는 『삼국유사』 표기에 따라 단군(壇君)으로 쓰고자 한다.

살고 있었고 문화도 전개되었다. 그러나 아직 한반도와 만주 지역 거주민들이 하나의 통치 조직 속에 들어온 국가 단계의 사회는 아니었다. 그 사회는 지역적으로 나뉘어 있었고 문화도 지역적인 문화 단계를 벗어나지 못했다. 그런데 고조선이라는 국가가 출현하여 한반도와 만주 전 지역을 통치하게 됨으로써 이 지역 거주민 모두가 하나의 국가라는 통치 조직 속에 들어와 민족을 형성하고 한민족의 특징적인 사회와 문화를 출현시켰다. 따라서 고조선 이전에 한반도와 만주 지역에 거주했던 사람들이 이루어낸 사회와 문화가 한민족의 사회와 문화를 형성하는 뿌리가 된 것은 틀림없지만, 그것은 어디까지나 씨족이나 종족 또는 지역적인 것이었으며 국가적이고 민족적인 것은 아니었다.

이러한 한국사의 실질적인 출발점이며 한민족 사회와 문화의 원형을 지니고 있는 고조선에 대한 연구가 그동안 충분히 이루어지지 않음으로써 한국사 전체를 인식하는 데 다음과 같은 많은 문제가 있었다.

첫째, 사회와 문화 발전에 대한 인식의 문제이다. 고조선이 바르게 복원되지 않으면 한국의 사회와 문화 발전에 대한 인식에서 매우 큰 오류를 범하게 된다. 『삼국유사(三國遺事)』와 『제왕운기(帝王韻紀)』 기록에 따라 고조선의 건국을 서기전 24~23세기 무렵으로 인정하고, 그 붕괴 시기를 『삼국사기(三國史記)』에 기록된 신라와 고구려의 건국 연대를 참고하여[2] 서기전 1세기 무렵으로 본다면 고조선은 무려 2,300여 년 동안 존속한 것이 된다. 이렇게 오래 존속했던 고조선 사회와 문화를 바르게 이해하지 못하면 그 후의 한국 사회와 문화 전체를 낮게 인식하는

---

2 『삼국유사』에 신라는 서기전 57년, 고구려는 서기전 37년에 건국되었다고 기록되어 있다. 이들이 독립국으로 출범한 것은 고조선이 붕괴되었기 때문이었을 것이므로 고조선은 이 시기에 이미 붕괴되었을 것이다.

큰 오류를 범하게 된다. 고조선 2,300여 년 동안 발달한 사회와 문화를 제외하고 그다음 시기의 사회와 문화를 한국 사회와 문화의 시발점으로 잡는 잘못을 범하게 되는 것이다.

한국사 연구에서 국가의 기원이나 출현을 고구려나 신라에서 찾는 작업은 바로 이러한 예에 속한다. 고조선이 국가 단계의 사회였는데 그보다 2,300여 년 늦게 출현한 고구려나 신라에서 국가의 기원이나 출현을 찾는다면, 한국 사회는 2,300여 년간 발달한 후 다시 국가가 처음으로 출현했던 고조선 성립기와 같은 낮은 수준의 사회로 되돌아가는 기이한 역사가 된다. 고조선은 왕조 단위로 보면 하나의 왕조에 불과하지만 기간으로 보면 2,300여 년이라는 매우 긴 기간이었다. 『삼국사기』 기록에 따르면 신라는 서기전 57년, 고구려는 서기전 37년에 건국되었으므로 지금부터 2,000여 년 전이다. 고조선이 존속했던 기간은 신라나 고구려 건국부터 지금에 이르는 기간보다 더 긴 세월이었다.

역사에 깊은 지식을 가지고 있지 않더라도 신라나 고구려 초기와 지금은 사회와 문화 수준에서 엄청난 차이가 있을 것이라는 점은 쉽게 생각할 수 있다. 그런데 만일 신라나 고구려 건국기부터 지금까지 발달한 사회와 문화를 제외하고 지금을 한국사의 시발점으로 잡아 이제야 처음으로 국가가 출현한 것으로 서술한다면 한국사는 어떤 양상이 될 것인가? 한국의 사회와 문화는 다른 나라와는 비교할 수 없는 아주 낙후된 역사가 되고 말 것이다. 고조선의 사회와 문화에 대한 연구와 인식이 부족했던 종래의 한국사는 바로 이러한 양상이었다. 고조선 2,300여 년의 사회와 문화 발달이 빠져버린 한국사는 그 시대뿐만 아니라 그 이후 전 시대가 실제보다 매우 낮게 인식될 수밖에 없는 것이다.

둘째, 한국 사회와 문화의 특수성에 대한 인식의 문제이다. 역사에는 보편성과 특수성이 있다. 세계 어느 지역에나 공통된 문화나 사회 요소가 있는가 하면 각각 다른 요소도 있다. 전자는 세계사의 보편성이며 후자는 특수성이다. 역사는 사람들이 주어진 자연환경 속에서 생활하면서 엮어온 것이다. 따라서 그 주체는 사람이다. 그러나 자연환경도 무시할 수는 없다. 지구에 살면서 역사를 엮어온 주체가 사람임에는 틀림없으나 그들이 모두 똑같지는 않다. 사람이라는 점에서는 같으나 체격이나 체질 등이 동일하지 않다. 그들이 살고 있는 자연환경도 자연이라는 점에서는 같으나 그 구성 요소나 성격이 동일하지는 않다. 동일하지 않은 사람들이 동일하지 않은 자연환경 속에서 만들어낸 사회와 문화가 동일할 수 없다. 사람이라는 생물체가 자연환경 속에서 생활했다는 점은 동일하기 때문에 공통성을 지닌 보편성도 있지만, 지역에 따라 사람과 자연환경에 차이가 있기 때문에 이질적인 특수성도 있다. 그 결과로 특정한 지역문화 또는 민족문화가 형성되는 것이다.

그런데 각 지역의 사회가 팽창하고 발전하면서 다른 지역과 접촉하고 교류하게 된다. 서로 자극과 영향을 주게 되는 것이다. 이러한 현상은 시대가 내려올수록 심해진다. 서로 자극과 영향을 주고받는 것은 역사 발전에 필수적이지만 이러한 상황이 계속되면서 각 지역이나 민족의 사회와 문화의 원형은 점차 찾기 힘들어진다. 그런데 국가나 민족의 역사를 바르게 연구하거나 인식하고자 할 때에는 그 사회와 문화의 원형에 대한 연구와 인식에서 출발해야 한다. 그래야만 그 사회와 문화가 어떠한 변천 과정을 거쳐왔으며 앞으로 어떤 방향으로 나가야 할 것인지를 바르게 알 수 있기 때문이다. 그 사회와 문화의 원형을 인식하는 것은 결코 과거로 복귀하기 위한 것이 아니며 미래에 대한 바른 좌표를 설정하는 기초를 튼튼히 하기 위한 것이다.

한국사에서 이 점은 매우 심각한 문제로 남아 있다. 한민족 사회와 문화의 원형을 지니고 있는 고조선에 관해서는 기록뿐만 아니라 연구도 매우 부족하기 때문이다. 그렇다고 고조선 연구를 포기할 수는 없다. 고조선 연구가 제대로 되어 있지 않는 한 한국사 전체가 바르게 인식될 수 없기 때문이다. 고조선에 대한 인식을 바로 하면 눈에 띄는 점이 있다. 바로 고조선의 존속 기간이 2,300여 년이라는 매우 긴 기간이라는 점이다. 중국의 경우 한 왕조의 존속 기간이 200~300년 정도였다. 고조선 존속 기간에 중국에서는 요(堯)·순(舜)·하(夏)·상(商)·서주(西周)·춘추(春秋)·전국(戰國)·진제국(秦帝國)·서한제국(西漢帝國)이라는 왕조와 시대의 변화가 있었다. 이 기간에 고조선은 하나의 왕조가 계속되었던 것이다.

이러한 현상은 고조선에만 국한된 것이 아니다. 신라는 1,000년 가까이, 고구려와 백제는 약 700년, 고려는 500년 가까이, 근세조선은 500년 넘게 존속했다. 고조선 이래 각 왕조가 매우 오랜 기간 존속했다는 것은 중국사에 비해 한국사가 갖는 하나의 특징임이 분명하다. 특징이라는 것은 긍정적이거나 부정적이라는 의미가 아니다. 다른 점이라는 뜻일 뿐이다. 왜 이러한 특징을 지니게 되었을까? 이것은 실로 여러 문제와 연결된다. 정치·경제·사회·문화 등을 종합적으로 연구해야만 바른 해답을 얻을 수 있을 것이다.

중국은 왕조가 바뀔 때마다 대규모 농민 봉기가 있었다. 출토된 유물을 보면 양도 많고 규모도 크다. 문헌에 의하면 지배신분은 매우 호화롭고 낭비하는 생활을 했다. 반면에 한국은 중국에 비해 농민 봉기가 자주 일어나지도 않았고 규모도 작았다. 출토된 유물도 중국보다 양도 적고 규모도 작다. 지배층이 중국에 비해 검소했던 것이다. 이러한 차이는 영토의 차이와도 관계가 있겠지만 그 사회의 정치·경제·사회·문화 등과 깊은 관련이 있으며 중국과 한국의 왕조 존속 기간의 차이와도 무관하지 않을 것이다.

한국사에서 한 왕조가 오래 존속했다는 사실은 긍정적인 면도 있지만 부정적인 면도 있을 것이다. 사회가 안정되었을 것이라는 점에서는 긍정적으로 평가할 수 있겠지만, 변화가 적어 발전을 더디게 했을 것이라는 점은 부정적인 면이다. 이러한 문제에 대한 해답을 찾다 보면 자연히 앞으로는 어떠한 성격의 사회가 바람직할 것인가라는 문제에 부딪힐 것이다. 이와 같은 의문과 그 해답은 한국 사회와 문화의 원형을 지니고 있는 고조선에 대한 바른 인식 없이는 얻기 어려울 것이다. 왜냐하면 한국 사회의 보편성과 특수성을 바르게 인식할 수 없기 때문이다. 지금까지 언급한 것은 하나의 예에 불과하다. 고조선에 대한 연구와 인식은 한국사의 보편성과 특수성을 바르게 인식하는 데 도움이 될 것이다.

셋째, 한국사의 체계에 대한 인식 문제이다. 역사 연구는 다른 학문과는 달리 사실 복원이 우선한다. 그다음에 복원된 사실을 해석하는 것이다. 따라서 사실 복원이 해석보다 앞선다. 사실 복원이란 있었던 그대로를 밝혀내는 것이다. 사실 복원이 바르게 되어 있지 않으면 그 해석은 아무 의미가 없다. 오히려 혼란만 줄 뿐이다. 사실을 복원하는 데 있어서는 진실에 충실해야 하고 합리적인 방법을 따라야 한다. 합리적이어야 한다는 말은 과학적이어야 한다는 뜻이다. 고조선이 사실대로 복원되어 있지 않으면 한국사 체계에 여러 가지 문제가 발생한다.

우선 시대 구분부터 문제가 발생한다. 역사를 흔히 고대·중세·근세·근대·현대 등으로 나누기도 하고 노예제 사회·봉건제 사회·자본주의 사회 등으로 나누기도 한다. 시대 구분은 역사를 체계적으로 이해하는 데 매우 중요하다. 역사 연구가 제대로 되어 있지 않으면 시대 구분이 바르게 될 수 없고, 시대 구분이 바르게 되어 있지 않으면 역사를 바르게 이해할 수 없다. 시대 구분을 하려면 먼저 최초로 출현한 국가 사회의 성격을 여러 면에서 고찰한 후 그 성격을 규정짓고 그러한 성격이 어느 시기에 변화되었는지를 파악하여 이때까지를 고대, 그다음을 중세로 이름 붙인다. 그리고 고대나 중세의 대표적인 특징을 그 사회의 명칭으로 사용한다. 서양에서 고대는 노예제, 중세는 봉건제가 특징이었기 때문에 그러한 명칭이 붙은 것이다.

따라서 한국사에서 시대 구분을 바르게 하려면 한국사에서 맨 처음으로 등장한 고조선 사회에 대한 연구가 구체적으로 되어 있어야 한다. 그것이 한국사에서 고대사회의 성격이 되기 때문이다. 고조선 사회에 대한 연구가 구체적으로 되어 있지 않다면 한국의 고대사회 성격을 바르게 알 수가 없다. 종래에는 고조선 연구가 구체적으로 되어 있지 않았으므로 고조선 다음에 등장한 고구려나 백제, 신라 등의 사회를 연구하고 그것을 한국 고대사회의 성격으로 인식하는 경향이 있었다.

그럴 경우 다행히 고조선부터 삼국시대까지 사회 성격에 변화가 없었다면 한국 고대사회의 성격이 바로 찾아질 것이다. 그러나 그 사이 사회 성격에 변화가 있었다면 중세사회의 성격을 고대사회의 성격으로 잘못 인식하는 오류를 범하게 된다. 다시 말하면 고대사회라는 하나의 사회 단계를 한국사에서 잘라버리고 역사를 이해하는 과오를 저지르게 되는 것이다. 한국사에서 흔히 남북국시대(발해와 신라 시대, 일부 학자들은 통일신라시대라 부른다)까지를 고대로 보고 있는데, 이러한 시대 구분법은 고조선에 대한 이해 부족에서 온 오류이다. 고조선이 가지고 있던 고대사회의 특징은 고조선의 뒤를 이은 여러나라시대까지로 마감되고 사국시대(고구려 · 백제 · 신라 · 가야)에는 새로운 성격의 사회가 등장하므로 사국병립시대부터는 중세사회가 되어야 한다고 필자는 믿고 있다.

고조선 연구가 바로 되어 있지 않으면 한국사 서술 체계에도 문제가 일어난다. 종래에 일부 학자들은 고조선을 대동강 유역에 있던 작은 정치 집단이었을 것으로 보면서도 부여 · 고구려 · 읍루(挹婁) · 발해 등 만주에 있었거나 만주에서 건국된 나라들을 한국사에 포함시켜 서술했다. 그러나 그것은 심한 모순이다. 만약 고조선이 대동강 유역에 있던 조그만 정치 집단이었다면, 만주에 있던 나라들이 한국사에 포함되어서는 안 되며 한국사의 출발점은 신라가 되어야 하고 신라→통일신라→고려→조선이라는 체계로 서술되어야 한다.

왜냐하면 신라가 고구려와 백제를 병합하기 전에는 한반도의 거주민들이 한 번도 같은 나라 안에서 살아본 적이 없었고, 신라가 고구려와 백제를 병합한 후에야 겨우 대동강 이남의 거주민들이 같은 나라 안에서 살게 되었기 때문이다. 그 후 고려나 근세조선도 만주를 통치 영역으로 둔 적이 단 한 번도 없다. 그러므로 만주에 있던 나라들이 한국사에 들어와야 할 근거가 없다. 고구려도 만주에서 건국되었기 때문에 한국사에 들어올 수 없겠지만 굳이 주장하자면 대동강 유역의 평양으로 천도한 이후에나 한국사에 포함시켜 서술이 가능할 것이다.

그러나 고조선을 바르게 복원하고 보면 만주 지역에 있던 나라들이 한국사에 포함되어야 한다는 것이 명백해진다. 고조선은 한반도와 만주 전 지역을 통치 영역으로 하고 있던 국가였고 고조선의 뒤를 이어 등장하는 부여·고구려·읍루·동옥저(東沃沮)·동예(東濊)·최씨낙랑국(崔氏樂浪國)·한(韓) 등은 모두가 고조선의 거수국(渠帥國 : 제후국)이었던 세력들이 독립하여 세운 나라들이었기 때문이다.

여기서 혹시 필자가 한국사의 영역을 만주까지 확대하려는 의도에서 고조선을 재구성했을 것으로 의심하는 사람이 있을지 모르겠다. 이 점에 대해서는 학문 연구는 진실되어야 하고 합리적이어야 한다는, 앞에서 한 말로 대답을 대신하겠다. 그리고 만약 어떤 의도를 가지고 고조선을 재구성했다면 그것은 역사 왜곡으로, 역사학자로서 큰 죄를 짓는 행위라는 것을 필자는 잘 알고 있다.

고조선의 역사가 바르게 복원되지 않으면 한국사 체계에 또 하나의 큰 오류가 있게 된다. 이미 통용되고 있는 대부분의 한국사 개설서는 고조선이라는 명칭에 위만조선과 한사군을 포함시켜 서술하고 있으며 한반도에는 단군조선의 뒤를 이어 위만조선과 한사군이 위치해 있었던 것으로 되어 있다. 단군조선은 한반도와 만주의 토착인들(이들이 한민족을 형성했다)이 세운 나라인 데 반해 위만조선은 중국 서한의 망명객인 위만(衛滿)이 세운 나라였다. 그리고 한사군은 서한 무제(武帝)가 위만조선을 멸망시키고 그 지역을 서한의 영토로 만들어 설치한 서한의 행정구역이었다. 따라서 단군조선과 위만조선, 한사군은 성격이 전혀 다르다. 그러므로 이들을 하나의 명칭으로 묶어서는 안 된다. 불합리하다. 고조선이라는 용어는 『삼국유사』에서 처음 보이는데 그 책에서는 단군조선만을 고조선이라 부르고 있다는 점에 유의해야 한다.

고조선(단군조선) → 위만조선 → 한사군이라는 체계를 합리화하기 위해 위만이 서한의 망명객이기는 하지만 원래 조선계였을 것이라고 주장하기도 한다. 위만이 중국계인지 조선계인지에 대해서는 아무도 분명하게 말할 수 없다. 지금으로서는 과학적인 해답을 얻을 수 없다. 사마천(司馬遷)이 『사기(史記)』에서 위만은 "옛 연(燕)나라 사람"[3]이라고 말한 것이 고작일 뿐이다. 설사 위만이 조선계였다고 하더라도 그가 서한 건국 이전부터 연나라 지역에 살고 있었다면 그는 이미 중국인이 되어 있었던 것이다.

그런데 여기서 중요한 것은 위만조선이나 한사군이 한반도에 있지 않았다는 점이다. 이들은 고조선의 뒤를 잇지 않았다. 고조선의 서부 변경

---

3 『사기』 권115 「조선열전(朝鮮列傳)」. "朝鮮王滿者, 故燕人也."

이었던 지금의 요서(遼西) 지역에 위치해 있었다. 이러한 사실을 복원해 놓고 보면 종래의 한국사 체계는 엄청나게 왜곡되어 있었다는 것을 알 수 있다. 종래의 체계대로라면 한민족은 단군조선 말기에 위만에게 정권을 빼앗겨 중국 망명객의 통치를 받아야 했고, 위만조선 멸망 후에는 한사군이 설치되어 한반도가 완전히 중국의 영토에 편입되어 나라를 잃은 것이 된다. 위만이 서한으로부터 망명 온 해가 서기전 195년이고 위만조선이 멸망하고 한사군이 설치된 것이 서기전 108년이며 한사군 가운데 가장 늦게 낙랑군(樂浪郡)이 축출된 것이 서기 313년 무렵이므로 한민족은 무려 500여 년 동안 중국인들의 통치를 받은 것이 된다.

역사는 사실대로 복원되어야 하므로 그것이 사실이라면 그대로 서술되어야 한다. 그러나 그렇지 않다는 데 문제의 심각성이 있다. 앞에서 말한 바와 같이 위만조선 건국과 멸망, 한사군 설치 등은 고조선의 서부 변경이었던 지금의 요서 지역에서 일어난 사건들이었다. 따라서 이러한 사건들로 인해 고조선의 서부 영토가 일부 줄어들기는 했지만 고조선이 중심부를 잃거나 붕괴되지는 않았다. 고조선은 위만조선에 의해 계승되었던 것이 아니라 고조선의 거수국이었던 부여·고구려·읍루·옥저(沃沮)·최씨낙랑국·동예·한(韓) 등에 의해 계승되었던 것이다. 이들이 각각 독립하여 여러나라시대가 시작되었다.

넷째, 세계사에 있어서 하나의 이론틀로서의 중요성이다. 앞에서 말한 바와 같이 세계 각 지역 또는 각 민족의 사회와 문화에는 보편성과 특수성이 있는데 고조선도 예외는 아니다. 예컨대 고조선은 고고학적으로는 청동기시대였고 사회 발전 과정에서 보면 처음으로 출현한 국가사회였다. 세계 각 지역은 대체로 고고학적으로 청동기시대라는 과정을 거쳤고 사회 진화의 측면에서는 고대에 국가가 출현하여 오늘에 이르고 있다. 따라서 고조선은 고고학적으로나 사회 진화의 측면에서 세계사가 걸어온 보편적인 과정의 한 단계임이 분명하다.

그러나 청동기나 국가의 성격을 보면 다른 지역과 동일하지 않다. 청동 유물을 보면 고조선의 청동기는 그릇이나 잔은 매우 드물고 동검과 거울·방울·장신구 등이 주류를 이룬다. 그러나 고조선과 동시대인 중국 하·상·서주시대의 청동기는 무기를 제외하면 대부분이 음식 그릇과 잔이다. 이러한 유물의 차이는 고조선과 중국의 문화 내용이 달랐음을 보여준다. 무기를 제외하면 청동기들은 대개 종교의식에 사용되었던 것으로 고조선과 중국의 종교의식도 달랐음을 말해준다. 고조선의 종교의식은 청동 장신구로 몸을 장식하고 청동제 검과 거울·방울 등을 가지고 노래하고 춤추어 신을 즐겁게 하는 것이었으나 중국의 종교의식은 음악과 술로써 신을 접대하는 것이었다. 이것은 사회나 문화의 우열을 말하는 것이 아니라 차이를 보여준다. 고조선의 특수성인 것이다.

고조선의 국가 성격에서도 이러한 특수성을 발견할 수 있다. 서양의 고대국가인 그리스는 도시국가였다. 그리고 도시국가에서는 씨족이 집단을 이루어 거주하고 있지 않았다. 이전의 사회 단계에 있던 씨족 중심의 거주 형태가 와해되었던 것이다. 그러나 고조선은 달랐다. 한국은 고조선 이후에도 씨족이 집단을 이루어 거주하는 마을들이 전국에 산재해 있었고 이러한 마을들이 국가 구조의 기초를 이루었다. 이러한 국가 구조의 차이는 그 사회의 문화 내용, 즉 종교의식·정치사상·경제사상·사회사상 등을 형성하는 데 중요한 역할을 한다. 따라서 고조선은 세계사의 전개 과정을 보여주는 하나의 유형으로서 중요한 의미를 지닌다.

이상과 같이 고조선은 한국사만이 아니라 세계사의 전개 과정을 바르게 인식하는 데 있어서도 중요한 의미를 지니고 있다. 따라서 고조선은 바르고 자세하게 연구될 필요가 있으며 그 연구는 마땅히 진실하고 합리적이어야 할 것이다.

2. 고조선 관계 사료

고조선 연구자는 자신이 고조선시대에 살지 않았기 때문에 고조선에 대해 정확한 지식을 하나도 가지고 있지 않음을 생각해야 한다. 이 점은 고조선 연구자 모두에게 적용된다.

역사 연구의 1차적인 작업은 시대를 복원하는 것이다. 그런데 연구자 자신은 아무것도 아는 게 없으므로 그 시대를 복원하기 위해서는 그 작업에 필요한 자료가 있어야 한다. 이것이 사료이다. 고조선 연구자는 고조선에 관한 사료에 의존하여 고조선을 복원하는 것이다. 고조선 연구자가 채택한 사료의 객관성과 신빙성의 정도가 연구의 성패를 가른다. 사료에는 문헌 사료와 고고 자료가 있다.

고조선에 관한 문헌 사료는 한국 문헌과 외국 문헌으로 나눌 수 있다. 고조선은 한국사의 일부분이므로 마땅히 한국 문헌이 기본 사료가 되어야 한다. 고조선에 관한 기록을 싣고 있는 한국 문헌으로는 『삼국유사』 〈고조선〉조와 『제왕운기』가 있다. 근세조선시대의 『세종실록(世宗實錄)』 「지리지(地理志)」와 『응제시주(應製詩註)』에 고조선에 관한 내용이 실려 있기는 하지만 『삼국유사』 〈고조선〉조와 『제왕운기』에 실린 내용을 답습하고 있다. 그리고 이 책들이 편찬된 시기는 앞의 책들보다 늦으므로 사료로서 높은 가치를 인정받을 수 없다.

『삼국유사』 〈고조선〉조와 『제왕운기』에 실려 있는 고조선 관련 내용은 그리 길지 않으므로 전문을 소개하겠다. 먼저 『삼국유사』 〈고조선〉조를 보자.

> 『위서(魏書)』에 이르기를 "지나간 이천 년 전에 단군(壇君)왕검(王儉)이라는 이가 있어 도읍을 아사달(阿斯達)에 정하고 [경(經)에는 무엽산(無葉

山)이라 일렀고 또 백악(白岳)이라고도 일렀으니 백주(白州) 땅에 있다. 혹은 개성 동쪽에 있다고도 하니 지금의 백악궁(白岳宮)이 이것이다] 나라를 창건하여 이름을 조선(朝鮮)이라 하니 요(堯)와 같은 시대이다."라고 하였다.

『고기(古記)』에 이르기를 "옛날 환인[桓因 : 제석(帝釋)을 말한다]의 지차 아들 환웅(桓雄)이라는 이가 있어 늘 천하(天下)에 뜻을 두어 인간세상을 욕심내었다. 그 아버지가 아들의 뜻을 알고 아래로 삼위(三危)·태백(太伯)의 땅을 내려다보니 인간들에게 크나큰 이익을 줌직한지라 이에 천부인(天符印) 세 개를 주어 보내어 그곳을 다스리도록 하였다. 환웅은 무리 삼천 명을 거느리고 태백산(太伯山) 꼭대기(태백은 지금의 묘향산) 신단수(神壇樹) 아래 내려와 그곳을 신시(神市)라 이르니 그를 환웅천왕(桓雄天王)이라 하였다. 그는 바람을 맡은 어른, 비를 맡은 어른, 구름 맡은 어른들을 거느리고 곡식·인명·질병·형벌·선악 등을 주관하여 살펴보며 무릇 인간살이의 360여 가지 일을 주관하여 세상에 살면서 합리적으로 진화시켰다.

때마침 곰 한 마리와 범 한 마리가 있어 같은 굴에 살면서 항상 신령스러운 환웅에게 기원하기를, 사람으로 진화하고 싶다고 하였다. 이때 환웅신(桓雄神)은 영험 있는 쑥 한 타래와 마늘 스무 개를 주면서 말하기를, "너희들은 이것을 먹고 백 일 동안 햇빛을 보지 않는다면 쉽사리 사람의 형상을 얻을 수 있으리라."고 하였다. 곰과 범은 이것을 얻어먹고 3·7일을 조심하니 곰은 여자의 몸이 되었으나 호랑이는 조심하지 않아 사람의 몸이 되지 못하였다. 곰녀는 더불어 혼인할 사람이 없으므로 매양 신단수 밑에서 어린애를 배도록 해달라고 빌었다. 환웅은 잠시 사람으로 변하여 그녀와 혼인하고 아들을 낳아 이름을 단군왕검이라 하였다.

그는 당요(唐堯)가 제위에 오른 지 50년인 경인(庚寅)[당요가 즉위한 첫해는 무진년(戊辰年)인즉 50년은 정사년(丁巳年)이요 경인년이 아니다. 사실

여부가 의심스럽다]에 평양성(平壤城)[지금의 서경(西京)]에 도읍하고 비로소 조선(朝鮮)이라 일컬었다. 또 도읍을 백악산아사달(白岳山阿斯達)에 옮기었는데 그곳을 또 궁[弓 : 방(方)으로도 쓴다]홀산(忽山)이라고도 하고 금미달(今彌達)이라고도 한다. 나라를 다스린 지 1,500년, 주나라 무왕이 즉위한 기묘(己卯)에 기자(箕子)를 조선에 봉하니 단군은 곧 장당경(藏唐京)으로 옮겼다가 뒤에 아사달로 돌아와 은거하며 산신이 되었다. 기간이 1,908년이었다.

당(唐)나라 『배구전(裵矩傳)』에 이르기를 "고려(高麗)는 본시 고죽국(孤竹國 : 지금의 해주)인데 주나라가 기자를 봉함으로써 조선이라 하였고 한나라가 나누어 세 개의 군을 설치하였는데 현도(玄菟)·낙랑(樂浪)·대방(帶方 : 북대방)이라 불렀다. 『통전(通典)』도 역시 이 설명과 같다[『한서(漢書)』에는 진번·임둔·낙랑·현도 4군(郡)이라 하였는데 여기에서는 3군이라 하고 이름도 같지 않으니 무슨 까닭일까?]. …… [4]

---

4 『삼국유사』 권1 「기이(紀異)」 〈고조선〉조. "魏書云, 乃往二千載, 有壇君王儉, 立都阿斯達[經云無葉山, 亦云白岳在白州地. 或云在開城東今白岳宮是.], 開國號朝鮮. 與高(堯)同時. 古記云, 昔有桓因[謂帝釋也.] 庶子桓雄, 數意天下, 貪求人世, 父知子意, 下視三危·太伯, 可以弘益人間, 乃授天符印三箇, 遣往理之. 雄率徒三千, 降於太伯山頂[卽太伯今妙香山] 神壇樹下, 謂之神市, 是謂桓雄天王也. 將風伯·雨師·雲師, 而主穀主命主病主刑主善惡, 凡主人間三百六十餘事, 在世理化. 時有一熊一虎, 同穴而居, 常祈于神雄, 願化爲人. 時神遺靈艾一炷·蒜二十枚曰, 爾輩食之, 不見日光百日, 便得人形, 熊虎得而食之, 忌三七日, 熊得女身, 虎不能忌, 而不得人身. 熊女者無與爲婚, 故每於壇樹下, 呪願有孕. 雄乃假化而婚之, 孕生子, 號曰壇君王儉. 以唐高(堯)卽位五十年庚寅[唐堯卽位元年戊辰則五十年丁巳非庚寅也, 疑其未實.], 都平壤城[今西京], 始稱朝鮮. 又移都於白岳山阿斯達, 又名弓[一作方]忽山, 又今彌達. 御國一千五百年, 周虎(武)王卽位己卯, 封箕子於朝鮮, 壇君乃移於藏唐京, 後還隱於阿斯達爲山神, 壽一千九百八歲. 唐裵矩傳云, 高麗本孤竹國[今海州], 周以封箕子爲朝鮮, 漢分置三郡, 謂玄菟·樂浪·帶方[北帶方], 通典亦同此說[漢書則眞臨樂玄四郡, 今云三郡, 名又不同何耶?].

이어서 『제왕운기』를 보자.

요동(遼東)에 별천지가 있으니 중조(中朝 : 중국)와 뚜렷이 구분되며, 큰 파도 출렁출렁 삼면을 둘러쌌고, 북쪽은 대륙과 선처럼 이어졌으니, 가운데 사방 천 리 여기가 조선이다. 강산의 형태 빼어남은 천하에 이름 있고, 밭 갈고 우물 파며 예의가 있는 집, 화인(華人)이 이름 짓기를 소중화(小中華)라.

처음에 어느 누가 나라 열고 바람과 구름을 인도하였던가, 제석(帝釋)의 손자 이름은 단군일세[『본기(本紀)』에 이르기를 상제(上帝) 환인에게는 지차 아들이 있었는데 이름이 웅(雄)이었다고 한다. 이 웅에게 일러 말하기를 "내려가 삼위(三危)·태백(太白)에 이르러 크게 인간을 이롭게 할 수 있을까?"라고 하였다. 이리하여 웅이 천부인(天符印) 세 개를 받고 귀신 삼천을 거느려 태백산 꼭대기에 있는 신단수 아래에 내려왔다. 이분을 단웅천왕(檀雄天王)이라 이른다고들 한다. 손녀에게 약을 먹여 사람의 몸이 되게 하여 단수신(檀樹神)과 혼인시켜 아들을 낳게 했다. 이름을 단군이라 하였는데 조선 땅에 살면서 왕이 되었다. 이런 까닭에 시라(尸羅)·고례(高禮)·남북옥저(南北沃沮)·동북부여(東北扶餘)·예(穢)·맥(貊)은 모두 단군의 자손인 것이다. 다스린 지 1,038년에 아사달산(阿斯達山)에 들어가 신(神)이 되어 죽지 않았던 것이다], 요제(堯帝)와 같은 해 무진년(戊辰年)에 나라 세워 순(舜)시대를 지나 하(夏)시대를 거쳐 왕위에 있었도다. 은(殷)나라 무정(武丁) 8년 을미년(乙未年)에 아사달산에 들어가 신이 되었으니[지금의 구월산(九月山)인데 다른 이름으로 궁홀산(弓忽山) 또는 삼위(三危)라고도 하는데 사당이 지금도 있다], 나라를 누리기를 1천 하고 28년, 어쩔 수 없는 그 조화 환인(桓因)이 전한 일, 그 뒤의 164년 만에 어진 사람 나타나서 군(君)과 신(臣)을 마련하였다[일설에는 이후 164년은 비록 부자(父子)는 있었으나 군신(君臣)

은 없었다고 한다]. …… [5]

『응제시주』에 실린 내용은 『삼국유사』 〈고조선〉조와 거의 같고 『세종실록』 「지리지」에 실린 내용은 『제왕운기』 내용과 거의 같다. 단지 고조선(단군조선)의 연한을 『응제시주』는 1,048년, 『세종실록』 「지리지」는 1,038년으로 기록하여 두 기록이 모두 『삼국유사』 〈고조선〉조의 1,908년보다는 『제왕운기』의 1,028년(본문에는 1,028년으로, 주석에는 1,038년으로 되어 있다)에 가깝다.

위의 기록들이 고조선 연구에 가장 기본적인 사료지만 이것만으로는 충분하지 않다. 따라서 다른 여러 문헌들을 참고할 필요가 있다. 이에 따라 가치가 높은 사료를 선택하기 위해 사료를 평가하고 분석·비판하는 작업을 거쳐야 한다.

사료는 신빙성이 있어야 한다. 일반적으로 사료의 신빙성은 연구의 대상이 된 당시에 쓰인 것이어야 한다. 당시 기록이 없는 경우에는 그 당시로부터 오래지 않은 것이어야 한다. 다시 말하면 이른 시기의 기록일수록 가치가 높은 사료이다. 이러한 기준으로 볼 때 고조선에 관한 한국 문헌인 『삼국유사』와 『제왕운기』는 사료로서 문제가 있다. 이 책들은

---

5 『제왕운기』 권 하. "遼東別有一乾坤, 斗與中朝區以分, 洪濤萬頃圍三面, 於北有陸連如線, 中方千里是朝鮮, 江山形勝名敷天, 耕田鑿井禮義家, 華人題作小中華, 初誰開國啓風雲, 釋帝之孫名檀君 [本紀曰, 上帝桓因有庶子曰雄云云, 謂曰下至三危太白弘益人間歟, 故雄受天符印三箇, 率鬼三千而降太白山頂神檀樹下, 是謂檀雄天王也云云. 令孫女飮藥成人身, 與檀樹神婚而生男, 名檀君據朝鮮之域爲王. 故尸羅·高禮·南北沃沮·東北扶餘·穢與貊皆檀君之壽也. 理一千三十八年入阿斯達山爲神不死故也.]. 竝與帝高(堯)興戊辰, 經虞歷夏居中宸, 於殷虎丁(武丁)八乙未, 入阿斯達山爲神[今九月山也, 一名弓忽, 又名三危, 祠堂猶在.], 亨國一千二十八, 無奈變化傳桓因, 却後一百六十四, 仁人聊復開君臣[一作爾後一百六十四雖有父子無君臣].

모두 고려 말기에 쓰였다. 고조선이 붕괴된 후 1,300여 년이 지난 후에 쓰인 것들이다. 『삼국유사』와 『제왕운기』의 고조선에 관한 기록은 저작 연대만을 가지고 말한다면 사료로서 가치가 높다고 말할 수 없다.

이러한 이유를 들어 일본인들은 이 책들에 실린 고조선에 관한 내용은 사실이 아니라 후대에 만들어진 가공적인 이야기일 것이라고 주장했다. 몽골의 침략을 받아 참담해진 고려 사람들이 민족의 구심점을 만들고 민족의식을 고취하기 위해 고조선에 관한 내용을 꾸며냈을 것이라고 주장했던 것이다. 『삼국유사』와 『제왕운기』에 기록된 고조선에 관한 내용은 그 자체만으로는 사료로서의 가치를 의심받을 수밖에 없기 때문에 사료로서 신빙성을 인정받으려면 다른 자료를 통해 이를 검증·보완할 필요가 있다. 그런데 한국에는 사료로서 이보다 더 가치가 높은 문헌 기록이 없다.

반면, 중국에는 고조선에 관한 기록이 실려 있는, 고조선과 동시대의 문헌들이 있다. 고조선은 중국의 서한시대에 붕괴되었을 것으로 추정되는데 서한시대와 그 이전, 그리고 서한시대로부터 많이 내려오지 않은 시기의 중국 문헌에서 고조선에 관한 기록이 발견된다. 이 기록들을 통해 고조선의 존재를 확인하고 그 사회를 어느 정도 구체적으로 복원할 수 있다면 『삼국유사』와 『제왕운기』에 기록된 고조선 내용의 객관성을 확보할 수 있을 것이다. 이 기록들은 외국인들에 의한 기록이기 때문에 조작이라거나 고조선에 유리하도록 기록했을 것이라는 비판을 받지 않아도 될 것이다. 그리고 『삼국유사』와 『제왕운기』의 고조선에 관한 내용 가운데 보이는 서로 다른 점[6]을 이들 기록만으로는 어느 것이 옳은지

---

6 예컨대 고조선의 존속 기간에 대해 『삼국유사』에는 1,908년간으로 되어 있고 『제왕운기』는 1,028년간(주석에는 1,038년간)으로 되어 있다.

판단할 수 없겠으나, 그중 어느 한쪽이 중국 기록의 뒷받침을 받을 수 있다면 그것은 객관성을 갖게 될 것이다. 이러한 점에서 고조선에 관한 기록이 부족한 한국의 현실에서 중국 문헌에 실린 고조선에 관한 기록은 매우 중요한 의미를 지닌다. 필자는 이런 중국 기록들을 주된 사료로 채용할 것이다.

그러나 중국 문헌의 고조선에 관한 기록들은 한곳에 모여 있지 않고 이곳저곳에 흩어져 있다. 중국인들이 고조선에 대해 언급한 것은 고조선 역사를 전하기 위해서가 아니었다. 중국의 역사 사실이나 상황을 말하기 위해 필요에 따라 그것과 관계가 있거나 참고가 된 것을 언급했을 뿐이다. 따라서 그 내용이 매우 단편적이다. 체계적이지도 않다. 그러한 단편적이고 체계를 갖추고 있지 않은 사료들을 모아 고조선을 복원해야 하는 것이다.

그런데 고조선에 관한 내용이 어느 책 어느 곳에 실려 있는지는 그 책을 조사하기 전에는 알 수 없다. 따라서 중국의 고대 문헌들을 꼼꼼하게 조사하는 노력이 필요하다. 필자는 조사한 책 가운데 수집한 자료에 기초해 고조선을 복원했을 뿐이다. 그러므로 한계가 있을 수밖에 없다. 필자가 미처 조사하지 못한 책들 속에 더 귀중한 자료가 있을 수 있기 때문이다. 그러나 필자가 수집한 자료만으로도 고조선은 상당히 구체적인 모습으로 복원될 수 있다. 앞으로 여러 학자들에 의해 더 많은 자료가 발굴되어 더 구체적인 고조선의 실상이 복원되기 바란다.

고조선을 연구하는 데 『사기』 「조선열전」이 가장 기본적 사료라고 생각하는 학자가 있다. 그러나 그렇지 않다. 「조선열전」이라는 명칭 때문에 그것이 한국 고대사, 특히 고조선에 관한 가장 기본적 사료라고 생각하는 것이다. 중국인들은 고조선(단군조선)·기자조선·위만조선·한사군의 조선현(朝鮮縣) 등을 그냥 조선이라 불렀다. 그러므로 중국 문헌에 조선이라는 명칭이 등장하면 그것이 어떤 조선을 의미하는지 먼저 확인해봐야 한다. 『사기』「조선열전」의 조선은 위만조선을 말한다.

『사기』는 편찬 연대나 저자의 학문적 권위 등으로 보아 가치 있는 역사서임에는 틀림없다. 그러나 「조선열전」은 고조선에 관한 기록이 아니다. 위만조선은 고조선의 서부 변경에 위치하고 있었으므로 그 첫머리에 위만조선이 출현하기 전의 상황을 말하면서 고조선과 중국 사이의 국경에 대한 약간의 언급이 있기는 하지만 그것만으로는 국경의 구체적인 위치나 실상을 파악할 수 없다. 사마천이 위만조선에 관해 『사기』에 「조선열전」이라는 항목을 설정한 것은 위만이 서한의 신하[외신(外臣)][7]였기 때문이었다. 고조선이 『사기』에 독립된 항목으로 설정되지 않은 것이라든가 기록되지 않은 것은 고조선이 중국의 질서에 속한 국가가 아니었기 때문이었다.

사마천은 『사기』를 편찬하는 데 있어 그 체제를 중국의 최고 통치자인 천자(天子)들에 관한 기록을 중심에 놓아 본기(本紀)라 이름 붙였고, 통치자를 둘러싸고 있던 제후(諸侯)들에 관한 기록을 다음에 놓아 세가(世家)라 이름했으며, 이들의 주위에서 활동하여 역사에 발자취를 남긴 개인이나 집단들에 관한 기록을 그다음에 놓아 열전(列傳)이라 했다. 사마천은 천자를 중심으로 한 중국의 질서를 『사기』에 담았던 것이다. 따라서 중국의 질서에 속하지 않은 고조선은 『사기』의 항목으로 설정될

---

7 『사기』 권115 「조선열전」. "효혜(孝惠)·고후(高后)시대에 이르러 천하가 처음으로 안정되니 (서한의) 요동태수(遼東太守)는 바로 위만을 외신(外臣)으로 삼기로 약속하고 국경 밖의 이민족들을 막아 변경을 노략질하지 못하도록 하고 이민족의 여러 군장(君長)들이 들어와 천자를 알현하고자 하거든 금지하지 말도록 했다(會孝惠·高后時天下初定, 遼東太守卽約滿爲外臣, 保塞外蠻夷, 無使盜邊, 諸蠻夷君長欲入見天子, 勿得禁止)." 이 기록은 위만이 서한의 외신이었음을 말해준다.

이유가 없었다. 기자와 위만은 같은 중국 망명객이었고 중국에서는 기자가 더 존경받은 인물이었지만, 『사기』에는 기자에 대한 독립된 항목이 설정되어 있지 않다. 이것은 기자와 위만의 성격이 달랐음을 명백히 하는 것이다. 망명 후 기자는 중국의 질서에 속하지 않았으나 위만은 중국의 질서에 속해 있었던 것이다. 『사기』「조선열전」에는 고조선 연구에 필요한 내용이 있기는 하지만 그것이 기본 사료이거나 다른 문헌의 기록보다 더 우선하는 가치를 지니는 것은 아니다.

『후한서(後漢書)』「동이열전(東夷列傳)」과 『삼국지(三國志)』「오환선비동이전(烏丸鮮卑東夷傳)」(이하 「동이전」)을 이용하는 데에도 오류를 범하는 경우가 있다. 중국인들은 한(漢)대 이후 그들의 관심이 밖으로 확장되면서 이민족에 관한 기록을 그들의 역사서에 싣기 시작했는데 『후한서』「동이열전」과 『삼국지』「동이전」은 중국 동쪽에 거주했던 사람들에 관한 기록으로서 한반도와 만주 지역에 관한 내용이 들어 있다. 『후한서』와 『삼국지』는 중국의 동한(東漢 : 후한)시대와 삼국시대에 관한 역사서이므로 시대적으로는 고조선이 붕괴된 후의 상황을 전한다. 따라서 이 책에 실린 「동이열전」이나 「동이전」 기록 가운데 한반도와 만주의 상황을 전하는 내용은 고조선이 붕괴된 후의 상황을 말한다. 그렇지만 그 내용에는 고조선 당시의 상황을 전하는 것도 다소 포함되어 있을 뿐만 아니라 특히 풍속은 일시에 변하는 것이 아니어서 그 이전의 상황을 연구하는 데에도 중요한 사료가 된다.

그런데 일부 학자들은 고조선을 포함한 한국 고대사를 연구하는 데 『후한서』「동이열전」보다 『삼국지』「동이전」이 더 가치 있는 사료라고 믿고 있다. 그 이유는 『삼국지』가 『후한서』보다 먼저 편찬되었기 때문이라는 것이다. 『삼국지』는 『후한서』보다 먼저 편찬되었지만 그렇다고 『삼국지』「동이전」이 『후한서』「동이열전」보다 사료로서 가치가 더 높다는 견해는 옳지 않다. 『후한서』와 『삼국지』가 동일한 시대에 관한 역사서라면 먼저 쓰인 것이 사료로서 더 높이 평가받을 수 있다. 그러나 『후한서』와 『삼국지』는 동일한 시대에 관한 역사서가 아니다. 『후한서』는 중국 동한시대에 관한 역사서이고 『삼국지』는 동한의 뒤를 이은 삼국시대에 관한 역사서이다.

『삼국지』가 먼저 쓰인 책이라 하여 중국의 동한시대 연구에 『삼국지』를 기본 사료로 삼을 수는 없다. 동한시대 연구에는 『후한서』가 기본 사료가 되며 삼국시대를 연구하는 데는 『삼국지』가 기본 사료가 된다. 마찬가지로 한반도와 만주 상황을 연구하는 데도, 중국 동한시대의 한반도와 만주 상황은 『후한서』「동이열전」이, 중국 삼국시대의 한반도와 만주 상황은 『삼국지』「동이전」이 기본 사료가 되는 것이다.

『후한서』「동이열전」과 『삼국지』「동이전」의 한반도와 만주 지역에 관한 기록에는 동일한 내용이 많고, 『삼국지』「동이전」이 『후한서』「동이열전」보다 훨씬 풍부한 내용을 싣고 있다. 그러므로 『후한서』「동이열전」이 『삼국지』「동이전」을 줄여서 베꼈을 것이라고 말하는 학자도 있다. 그러나 그렇지 않다. 『후한서』「동이열전」과 『삼국지』「동이전」 내용 가운데 동일한 것이 많은 것은 그 시기에 그러한 것들이 변하지 않았음을 의미한다. 그리고 『후한서』「동이열전」 내용이 『삼국지』「동이전」 내용보다 빈약한 것은 한반도와 만주 지역에 관한 지식을 동한시대 중국인들이 삼국시대 중국인들보다 충분하게 갖고 있지 못했음을 말해준다. 중국인들의 이민족에 대한 지식은 시대가 내려오면서 점차 증대되었던 것이다.[8] 『후한서』는 비록 『삼국지』보다 늦게 편찬되기는 했지만 그 이

---

8 『후한서』 권85 「동이열전」. "(중국이) 중흥한 이후에 사방의 이민족들이 손님으로 오니 비록 때에 따라 사이가 멀어지고 반기를 들기도 했지만 사신(使臣)과 역마(驛馬)가 끊이지

전에 있었던 동한의 역사서들을 근거로 편찬되었던 것이다.

『후한서』가 편찬되기 전에 관찬(官撰) 역사서로는 『동관한기(東觀漢記)』, 사찬(私撰) 역사서로는 사승(謝承)의 『후한서』, 설영(薛瑩)의 『후한기(後漢記)』, 사마표(司馬彪)의 『속한서(續漢書)』, 화교(華嶠)의 『후한서』, 사침(謝沈)의 『후한서』, 장영(張瑩)의 『후한남기(後漢南記)』, 원산송(袁山松)의 『후한서』 등이 있었다. 범엽(范曄)은 『동관한기』를 주요 근거로 하고 그 외의 여러 저작들을 참고하여 『후한서』를 편찬했다. 그러므로 『후한서』가 『삼국지』보다 늦게 편찬되었으므로 사료로서 가치가 낮다는 견해는 옳지 않다.

이상과 같이 문헌을 사료로 이용하는 데 있어서는 그 책이 갖는 성격과 편찬 경위 등을 면밀하게 분석하고 가치를 평가하는 작업을 거쳐야 한다.

고조선과 같이 기록이 충분하게 남아 있지 않은 시대를 연구하기 위해서는 고고학 자료도 사료로서 매우 중요한 가치를 지닌다. 근래에 이러한 고고학 자료가 급격하게 증가했다. 고고 발굴과 그 연구가 활발해졌기 때문이다. 그런데 그 연구 결과들은 고조선의 자료로서 발표되지는 않는다. 왜냐하면 고고학은 유적과 유물을 대상으로 하여 연구하는 학문이기 때문에 유적과 유물을 기준으로 한 그 나름의 시대 명칭이 있기 때문이다. 그들의 연구는 고조선이라는 시대 명칭을 사용하기보다는 고고학의 시대 명칭을 사용하여 발표된다.

않았기 때문에 그 나라의 풍속과 풍토에 대해 듣고 간략하게나마 기록할 수 있었다(自中興之後, 四夷來賓, 雖時有乖畔, 而使驛不絕, 故國俗風土, 可得畧記)." 이로 보아 중국인들이 주변의 이민족에 대한 지식을 갖게 된 것은 그들이 중흥한 이후이며 시대가 내려오면서 그 지식이 점차 증대되었을 것임을 알 수 있다.

그러므로 고고학 자료에 의해 고조선에 관한 상당히 많은 연구가 축적되었으면서도 그러한 연구들이 고조선을 복원하는 데 충분히 수렴되지 못하고 있는 것이 현실이다. 고조선은 문헌사학자들의 관심 분야가 되어 있는데, 문헌사학자들은 대개 고고학에 대해서는 깊이 있는 훈련을 받지 못했기 때문에 그러한 자료들을 충분히 활용하지 못하고 있다. 그러나 어느 나라의 역사든 고조선과 같은 고대를 연구하는 문헌 사료는 충분하지 못하기 때문에 고고학 자료가 매우 중요한 위치를 차지한다. 따라서 고조선 연구에도 고고학 자료가 충분히 활용될 필요가 있다.

고고학 자료를 바르게 활용하기 위해서는 고조선의 지리 범위와 시간 범위가 확정되어야 한다. 즉 강역과 연대가 밝혀져야 한다. 그래야만 지리적으로나 시간적으로 어느 범위의 유적과 유물을 고조선의 것으로 취급할지가 결정된다. 근래의 연구 결과에 의하면 고조선의 강역은 한반도와 만주 전 지역이었다. 서쪽으로는 북경(北京) 근처의 난하(灤河) 유역에 이르렀고 북쪽은 아르군 강[액이고납하(額爾古納河)], 동북쪽은 흑룡강(黑龍江) 유역, 남쪽은 한반도 남부의 해안선에 이르렀다. 그리고 고조선은 서기전 24~23세기 무렵에 건국되어 서기전 1세기 무렵에 붕괴되었을 것으로 추정된다. 이 기간은 청동기시대부터 초기 철기시대에 해당된다. 그러므로 한반도와 만주에서 발견된 이 기간의 청동기와 초기 철기의 유적과 유물은 모두 고조선의 것이 된다.

지금의 요서 지역에서 발견된 초기 청동기문화인 하가점하층문화(夏家店下層文化)와, 이와 동시대의 한반도와 만주 지역의 모든 유적과 유물 그리고 비파형동검문화(琵琶形銅劍文化), 세형동검문화(細形銅劍文化) 및 이와 동시대의 한반도와 만주에서 발견된 철기 문화를 포함한 모든 유적과 유물은 모두 고조선의 유적과 유물로서 고조선을 복원하는 데 귀중한 사료가 된다. 필자는 이러한 점을 깊이 인식하고 그동안 고고학자들이 제출한 이 기간의 한반도와 만주 지역 유적과 유물에 대한 연구 결과를 최대한 수렴하려고 한다. 그 연구 결과들은 문헌 사료를 뒷받침할 뿐만 아니라 문헌이 말해주지 못한 부분을 보완하여 고조선의 실상을 복원하는 데 크게 도움이 될 것이라고 믿기 때문이다.

3. 고조선 연구의 방법

역사를 연구하는 데 있어서는 사료를 채택하는 데 신중해야 하지만 그것을 다루는 데 있어서도 공정한 시각으로 분석하고 비판하는 작업을 거쳐 다시 종합하기에 이르러야 한다. 그러기 위해서는 다음 몇 가지 점에 유의해야 한다.

첫째, 선입관을 가지고 있어서는 안 된다. 예컨대 요동(遼東)·요서·평양 등의 명칭이 문헌에 등장했을 때 그 위치를 지금의 요동·요서·평양 등으로 생각한다든가, 조선이 등장했을 때 그 위치를 한반도로 생각하는 등의 선입관을 가져서는 안 된다는 것이다. 그 위치나 개념이 변했을 수가 있기 때문이다. 오랫동안 통용되어온 통설이 있다 하더라도 연구자는 그러한 통설에 얽매여서는 안 된다. 역사 연구는 다수의 의견을 수렴하거나 조정하는 작업이 아니라 사실을 복원하고 진실을 밝히는 것이기 때문이다. 이러한 점은 기자조선·위만조선·한사군 등의 위치나 성격에서도 마찬가지다.

고고 자료를 해석하는 데 있어서도 마찬가지다. 한국의 고대문화는 중국의 황하(黃河) 유역이나 시베리아로부터 전달되었을 것이라는 선입관을 가지고 있는 학자들이 있다. 지난날 한국의 고고학이 초보 단계에 있었을 때 그 연구가 부족해서 한국에서의 문화 전개가 다른 지역보다 늦을 것으로 생각했었다. 이러한 관념이 지금까지도 영향을 주고 있는 것이다. 근래의 고고 발굴과 그 연구 결과에 의하면 고조선 지역의 신석기 시대 개시는 다른 지역보다 늦지 않으며 청동기 문화 개시 연대는 황하 유역이나 시베리아 지역보다 앞선 것으로 나타났다.

청동기문화의 개시 연대를 보면 황하 유역은 서기전 2200년 무렵이고 고조선 지역과 문화적으로 관련이 있는 시베리아의 카라수크문화는 서기전 1200년 무렵에 시작되었다. 그러나 고조선 지역의 청동기문화는 서기전 2500년 무렵이다.[9] 그러므로 고조선 지역의 문화가 황하 유역이나 시베리아 지역으로부터 전달되어 왔을 것이라는 견해는 성립될 수가 없다.

둘째, 공정한 생각을 가지고 있어야 한다. 동일한 사건이나 사실에 대

---

9 만주 지역에서 가장 이른 청동기문화는 요서 지역의 하가점하층문화이다. 내몽골자치구(內蒙古自治區) 적봉시(赤峰市) 지주산(蜘蛛山) 유적은 서기전 2015±90년(3965±90 B.P.)으로 교정연대는 서기전 2410±140년(4360±140 B.P.)으로서 이 연대는 지금까지 확인된 하가점하층문화 연대 가운데 가장 이른 것이다. 이 문화가 실제로 개시된 것은 유적의 연대보다는 다소 앞설 것이므로 서기전 2500년 무렵으로 잡을 수 있을 것이다. 하가점하층문화 유적은 길림성(吉林省) 서부에도 많이 분포되어 있는데 이 지역은 아직 발굴되지 않았다.

한반도에서도 서기전 25세기로 올라가는 청동기 유적이 두 곳이나 발굴되었다. 하나는 문화재관리국 발굴단이 발굴한 경기도 양평군 양수리의 고인돌 유적이다. 다섯 기의 고인돌이 발굴된 이 유적에서 채집한 숯에 대한 방사성탄소연대측정 결과는 서기전 1950±200년으로 나왔는데 교정연대는 서기전 2325년 무렵이다. 이 유적에서 청동 유물은 출토되지 않았으나 고인돌은 청동기시대 유물이라는 것이 학계의 정설이므로 이 연대를 청동기시대 연대로 볼 수 있다. 다른 하나는 목포대 박물관이 발굴한 전남 영암군 장천리 주거지 유적이다. 이 청동기시대 유적은 수집된 숯에 대한 방사성탄소연대측정 결과 그 연대는 서기전 2190±120년(4140±120 B.P.), 1980±120년(3930±120 B.P.)으로 나왔는데 교정연대는 서기전 2630년·2365년 무렵이다.

고조선 지역의 청동기 개시가 황하 유역보다 앞섰다면 다른 문화 수준도 그만큼 앞섰을 가능성이 있으며 국가사회로의 진입도 그만큼 빨랐을 가능성이 있다.

해 서로 다른 내용을 전하는 사료가 있을 경우 쉽게 어느 하나를 버리고 다른 하나를 채택하는 것을 흔히 보는데 이 점은 매우 조심해야 한다. 예컨대 『후한서』 「동이열전」에는 조선에 대한 두 개의 다른 내용이 있다. 같은 열전 〈고구려전(高句驪傳)〉에는 "고구려는 남쪽으로 조선(朝鮮)·예맥(濊貊)과 접했다."[10]고 하여 조선이 고구려 남쪽에 있었다고 했으며 〈예전(濊傳)〉에서는 "예(濊) 및 옥저, 고구려는 본래 모두 조선의 땅이다."[11]라고 하여 고구려 땅 전부가 조선에 포함되어 있었다고도 말하고 있다.

이 두 기록 가운데 하나는 잘못되었을 것으로 보는 학자들이 있다. 그러나 그것은 잘못이다. 이것은 두 개의 다른 조선을 말하고 있다고 봐야 한다. 고구려 남쪽에 있었던 조선은 고구려가 있었던 당시의 조선이고, 고구려 땅을 모두 차지하고 있었던 조선은 고구려가 건국되기 전의 조선, 즉 고조선이라고 봐야 하는 것이다.

고고 자료를 비교하는 경우에도 공정하고 균형 있는 생각을 해야 한다. 지금까지 출토된 한국과 중국의 청동 유물을 비교하고 고대에 한국의 문화 수준이나 사회 수준이 중국에 비해 낮았을 것이라고 단정하는 학자가 있다. 청동기의 다양성이나 양적인 면을 보면 중국이 훨씬 풍부하다. 그러나 청동기를 사용하기 시작한 것은 고조선 지역이 더 빠르다. 그러므로 고대 한국과 중국을 비교할 때 몇 가지 간과해서는 안 될 점이 있는 것이다.

청동기는 지배층의 유물이다. 그런데 고대사회에서 중국은 한국보다

---

10 『후한서』 권85 「동이열전」 〈고구려전〉. "高句驪, 在遼東之東千里, 南與朝鮮·濊貊, 東與沃沮, 北與夫餘接."

11 『후한서』 권85 「동이열전」 〈예전(濊傳)〉. "濊及沃沮·句驪, 本皆朝鮮之地也."

평야도 넓고 착취가 훨씬 심했다. 중국에서는 재부가 지배층에 집중되어 있었다. 따라서 지배층의 문화는 중국이 풍부할 수밖에 없다. 중국은 고조선과 동시대에 존재했던 상나라나 주나라 등의 도읍지를 거의 찾아 발굴했다. 그러나 한국은 고조선의 도읍지가 어디였는지 아직 한 곳도 확실하게 모르고 있는 실정이다. 그러므로 중국의 청동기에는 최고 지배층의 것이 포함되어 있으나 한국의 청동기에는 최고 지배층의 것이 포함되어 있지 않다. 고대사회에서는 신분에 따라 그들이 향유한 문화의 차이가 현저했기 때문에 이러한 점도 한국과 중국의 유물을 비교하는 데 참고가 되어야 할 것이다. 더욱 중요한 것은 청동 유물의 경우 그 양과 다양성은 지배층의 문화를 말하는 것으로서 그것이 반드시 사회 전체의 수준이나 질을 말하는 것이 아니라는 점이다.

셋째, 사료의 내용을 마음대로 바꾸어 해석해서는 안 된다. 연구자는 사료가 말하는 바에 따라 사실이나 사건을 복원하는 것이지 자신의 의도에 따라 사료의 내용을 바꾸어서는 안 되기 때문이다. 그런데 사료의 내용을 바꾸어 해석하는 학자가 가끔 있다. 사료의 내용을 바꾸기 위해서는 그 사료보다 더 신빙성 있는 다른 사료에 의해 그 내용을 바꿀 수밖에 없는 이유가 설명되어야 한다.

『위략(魏略)』에는 위만조선의 우거왕(右渠王) 때 "조선상(朝鮮相) 역계경(歷谿卿)이 우거에게 간(諫)하였으나 받아들이지 않으므로 동쪽의 진국(辰國)으로 갔다."[12]는 기록이 있다. 이 기록 가운데 동쪽을 남쪽으로 바꾸어 읽는 학자들이 있다. 그렇게 바꾸어 읽는 이유는 위만조선은 한반도 북부에 있었고 진국은 한반도 남부에 있었다고 보기 때문이다.

12 『삼국지』 권30 「동이전」 〈한전(韓傳)〉의 주석으로 실린 『위략』. "初, 右渠未破時, 朝鮮相歷谿卿以諫右渠不用, 東之辰國."

그렇게 보면 역계경이 동쪽으로 갔다는 것은 위만조선과 진국의 위치로 보아 옳은 표현이 아니라는 것이다. 그러나 위만조선과 진국의 위치에 대한 선입관을 가지고 사료를 읽는 것은 잘못이다. 사료가 말하는 것처럼 위만조선과 진국이 동서로 위치하지 않았는지를 고증하는 작업을 선행해야 한다.

중국 문헌에 나타난 여러 기록들에 의하면 위만조선은 한반도 북부가 아니라 지금의 요서 지역에 있었고 진국 역시 한반도 남부가 아니라 지금의 요동 지역에 위치해 있었다. 이에 따르면 역계경이 위만조선으로부터 동쪽의 진국으로 갔다는 『위략』의 표현은 옳다. 사료의 내용을 바꾸어 읽음으로써 위만조선과 진국의 위치에 대한 인식까지 오류를 범한 하나의 예인 것이다.

넷째, 사료가 말하는 의미를 정확하게 파악해야 한다. 사료가 말하는 뜻을 정확하게 받아들이지 못함으로써 오류를 범하는 경우를 가끔 본다. 예컨대 『후한서』 「동이열전」 〈읍루전(挹婁傳)〉에는 "읍루는 옛 숙신(肅愼)의 나라이다."[13]라는 내용이 있다. 이 내용을 단순하게 당시 읍루가 있었던 곳은 그전에 숙신이 있었던 곳이라는 지리적인 의미로 받아들이는 학자들이 있다. 그렇게 보면 읍루는 지금의 연해주 지역에 있었으므로 숙신도 그 지역에 있었다고 봐야 한다.

그러나 읍루가 출현하기 전인 서한(전한)시대와 그 이전의 기록들을 보면 숙신은 지금의 난하 유역에 위치해 있었다. 읍루와 숙신은 위치가 동일하지 않았던 것이다. 그러므로 "읍루는 옛 숙신의 나라이다."라는 기록은 지리적인 것이 아니라 그 지배층이 동일하다는 것을 말하는 것

---

13 『후한서』 권85 「동이열전」 〈읍루전〉. "挹婁, 故肅愼之國也."

임을 알 수 있다. 즉 읍루는 옛날 숙신 사람들에 의해 건국되었다는 뜻이다. 이 기록은 숙신인들이 난하 유역으로부터 동쪽의 연해주 지역으로 이주했음을 말해주기도 한다.

이와 같은 오류는 『후한서』 「동이열전」 〈한전(韓傳)〉의 해석에서도 보인다. 〈한전〉은 한(韓)에는 마한(馬韓)·진한(辰韓)·변한(弁韓)이 있는데 "모두가 옛 진국이다."[14] 라고 기록하고 있다. 이것은 한이 있었던 한반도 남부에 진국이 위치해 있었음을 말해주는 것이라고 해석하는 학자들이 있다. 그러나 진국의 위치를 고증해보면 그 위치가 한반도 남부가 아니라 지금의 요동 지역이었음이 확인된다. 따라서 한의 마한·진한·변한이 모두 옛 진국이라는 내용은 이들이 동일한 지역에 있었다는 의미가 아니라 한의 지배층이 진국 사람들로 구성되어 있었다는 뜻으로 이해해야 할 것이다.

다섯째, 중국과 일본 학자들의 연구 결과를 참고할 때에는 세심한 주의가 필요하다. 중국 학자들은 오늘날 만주가 그들의 영토이기 때문에 그곳에 대한 고대부터의 연고권을 주장하고 싶어 한다. 중국은 고대부터 천하는 중국의 지배를 받아야 한다는 천하사상(天下思想)이 그들 정치사상의 근간을 이루어왔다. 따라서 한국의 고대사도 그들 정치와 문화의 연장선상에서 이해하려고 한다. 예컨대 한국 고대사의 출발을 기자의 조선 망명으로부터 잡는 것이 그러하다.

중화인민공화국 건국 이후 중국은 고대부터 다민족 국가였음을 매우 강조하고 있다. 어느 민족이든 중국 영토 안에 거주한 사람들은 모두 중국을 구성하는 요소로서 형제민족이라는 것이다. 이것은 전통적인 천하

---

14 『후한서』 권85 「동이열전」 〈한전〉. "韓有三種, 一曰馬韓, 二曰辰韓, 三曰弁辰, ……, 皆古之辰國也."

사상의 변형이다. 따라서 그들은 그들의 역사를 민족 단위가 아니라 영역 중심으로 파악하는 경향이 있다. 그렇기 때문에 만주에 대한 역사를 이해하는 데 있어서도 지난날 그곳에 어느 민족이 거주했든, 그곳은 현재 중국의 영토이므로 중국사에 포함되어야 한다고 생각한다. 가능하면 고대부터의 연고권을 주장하고 싶어 하는 것이다. 그렇기 때문에 고대에 만주에 있었던 나라나 종족들을 한국사와는 관계가 없는 것으로 분리하려고 노력한다. 그리고 만주에서 성터가 발견되면 문헌 기록은 검토하지도 않고 그것은 진제국의 만리장성이라고 주장한다.

일본 학자들은 전통적으로 고조선의 존재를 부인해왔다. 그들은 한사군의 위치는 한반도였다고 주장했다. 낙랑군은 대동강 유역에 있었을 것으로 보았다. 그리고 한국의 고대문화는 낙랑군을 거쳐 중국으로부터 전달되었다고 주장했다. 일본 학자들은 이러한 일본 학계의 전통적인 영향을 받고 있다.

따라서 이와 다소 다른 견해를 가진 일본 학자라도 고조선이 큰 나라였을 것이라고는 처음부터 생각하지 않는다. 일본은 만주에 그들의 괴뢰 정권인 만주국(滿洲國)을 세운 바 있다. 그들은 심정적으로 만주에 대해 연고권을 주장하고 싶어 한다. 그러므로 만주가 한국사의 범주에 들어와야 한다는 사실을 인정하고 싶어 하지 않는다. 그렇기 때문에 지금도 일본 학자 가운데는 진제국이 쌓은 만리장성이 압록강 유역에 이르렀다고 주장하는 사람이 있는 것이다.

중국과 일본 학자들은 기본적으로 이상과 같은 의식을 가지고 고조선에 관한 문헌 사료나 고고 자료를 대한다. 그렇기 때문에 그들의 연구 방법은 합리적이지 못하고 연구 결과는 객관성을 잃은 경우가 많다. 이러한 그들의 연구 결과가 한국과 다른 나라 학자들에게 영향을 끼치고 있다는 점에 유의해야 한다.

여섯째, 통계적인 시각을 가져야 한다. 고조선 연구에 어떤 문헌 사료나 고고 자료를 이용하고자 할 때 그것이 고조선 전체에서 차지하는 비중이 어느 정도였겠는가를 생각해야 한다. 예컨대 지금의 요서 지역 일부 유적에서는 중국의 상시대에 만들어진 기후(箕侯)의 청동기를 비롯하여 상 말기와 서주시대의 청동기가 출토되었다. 일부 중국 학자들은 이러한 유물에 근거하여 만주 지역은 일찍이 상시대부터 중국의 세력권에 들어 있었다고 주장한다. 그러나 그렇게 보는 것은 이 유물들을 과대평가한 것이다.

지금의 요서 지역에는 중국의 상시대보다 훨씬 앞선 시기부터 황하 유역의 문화와는 완전히 다른 하가점하층문화라는 청동기문화가 있었고, 이 청동기문화는 비파형동검문화로 발전했는데, 비파형동검문화가 출현한 것은 중국의 상시대 초기에 해당한다. 비파형동검문화는 한반도와 만주 전 지역에 널리 분포되어 있던 문화였다. 요서 지역의 일부 유적에서 출토된 상 말기나 서주시대의 청동기는 이 지역의 토착문화도 아니었고 출토된 전체 유물에서 볼 때 그 비중도 극히 낮다. 따라서 이 유물들에 근거하여 지금의 요서 지역이나 만주 전 지역의 문화를 설명하려고 하는 것은 이 유물들을 과대평가한 것이다. 이 유물들은 중국의 이주민들이 가져온 것으로 봐야 할 것이다.

이 점은 대동강 유역에서 출토된 이른바 낙랑 유물도 마찬가지다. 잘 알려진 바와 같이 대동강 유역에서는 중국 한시대의 유물이 출토된 바 있는 데 일본 학자들은 이 유적과 유물을 한사군의 낙랑군 유적과 유물이라고 발표했다. 종래에 일부 학자들은 이 유물들을 근거로 하여 고대에 중국 문화가 대동강 유역을 통해 한반도에 전달되었을 것으로 보고, 고대 한국문화를 이 유물들과 연결시켜 설명하려고 했다. 그러나 한시대의 이 유물들이 한반도에 유입되기 전에 한반도와 만주에는 이미 매우 발달한 청동기문화와 철기문화가 있었다. 이미 매우 발달한 토착문화가 있었는데 그보다 나중에 전달된 이 유물들이 한반도와 만주 지역 문화의 기원이 될 수는 없다. 그리고 유물은 여러 가지 연유로 인해 제조된 곳을 떠나 다른 곳에서 출토될 수 있으므로, 한시대의 중국 유물이 출토되었다는 이유만으로 그곳을 낙랑군 유적으로 보는 것도 잘못이다. 이 점은 본론에서 구체적으로 다루어질 것이다.

일곱째, 복원과 해석을 위한 이론틀이 필요하다. 고조선을 복원하기 위해서는 분석과 비판을 거친 사료를 종합하는 작업을 해야 한다. 그러기 위해서는 고대사에 관한 이론틀이 있어야 한다. 복원된 사실이나 사건을 해석하기 위해서도 이론틀이 필요하다. 예컨대 인류문화는 구석기시대·신석기시대·청동기시대·철기시대 등으로 발전한다는 것은 하나의 이론틀이다. 그러한 이론틀을 알고 있기 때문에 고조선은 청동기시대였다고 말할 수 있는 것이다.

역사의 발전 과정을 원시공동체 사회·노예제 사회·봉건제 사회·자본주의 사회 등으로 보는 것이라든가, 초기 인류 사회의 진화 과정을 무리사회(band society)·부족사회(tribal society)·추방(酋邦)사회(chiefdom society)·국가사회(state society) 등으로 보는 것도 하나의 이론틀이다. 그리고 더 구체적인 사항, 예컨대 어느 특정한 지역의 건축물에 대한 구조를 알고 있는 것도 하나의 이론틀이 된다. 집자리 유적이 발견되었을 경우 그 지역의 건축물에 대한 지식은 그것을 복원하는 데 도움이 되기 때문이다.

이론틀은 세계 여러 지역에 대한 그동안의 연구 결과로 얻어진 것이다. 그것은 반드시 역사 연구에 의해서만이 아니라 고고학·인류학 등 역사학과 인접된 학문은 물론, 사람의 생활과 직간접적으로 관계를 갖는 모든 학문의 연구에 의해 얻어진다. 폭넓은 이론틀을 갖고 있지 못하면 고조선의 사회상과 문화상을 구체화하여 체계적으로 복원해내거나 해석할 수가 없게 된다.

지금부터 천 년 후에 지구에서 자동차가 소멸된다고 가정하자. 그런데 고고학자들이 발굴한 유적에서 오늘날 사람들이 타고 다녔던 포니 승용차의 클러치 페달 한 개가 출토된다. 그리고 과학적인 연대 측정에 따라 그 유적이 천 년 전의 것임이 확인된다. 자동차에 대한 지식을 전혀 가지고 있지 못한 학자라면 그곳에서 출토된 포니의 클러치 페달에 대해 천 년 전 사람들이 사용했던 물건이라는 것 이상의 설명을 할 수 없을 것이다.

그러나 천 년 전에 사람들이 자동차라는 것을 사용했다는 사실과 자동차의 구조까지 알고 있는 학자가 있다면, 그것이 자동차의 클러치 페달이라는 것과 자동차라는 것이 당시 사람들이 사용했던 중요한 교통수단이었다는 것 등을 설명할 수 있을 것이다. 만약 그 학자가 사람들이 사용했던 모든 자동차의 종류와 그 구조 및 외형에 이르기까지 구체적인 청사진을 가지고 있다면, 그는 그 클러치 페달을 사용한 자동차의 이름은 포니였으며 그것은 한국에서 생산되었다는 사실을 비롯하여 외형과 엔진 구조 등 매우 자세한 부분까지도 설명할 수 있을 것이다.

이러한 해석은 고고 유물에만 한정되지 않으며 문헌 사료도 마찬가지다. 하느님이었던 환인의 아들 환웅이 지상에 내려와 곰이 진화한 여자와 결혼하여 단군(壇君)을 낳았다는 『삼국유사』에 기록[15]된 단군사화(壇君史話)의 내용은, 신화의 형성 과정이나 고대사에 대한 깊은 지식 없이 보면 허황된 내용일 수밖에 없다. 현대의 과학 교육을 받은 사람이라면

---

15 『삼국유사』 권1 「기이」 〈고조선〉조. 『삼국유사』에는 단군의 한자가 단군(壇君)으로 표기되어 있다.

하느님의 아들인 환웅이 지상에 내려왔다는 내용이나 곰이 여자로 진화했다는 것 등을 사실로 받아들일 수는 없기 때문이다.

그런데 고대사회는 종교가 지배한 사회로서 고대의 씨족들은 각각 자연물이나 동물 등의 수호신을 가지고 있었다. 그리고 그들은 자신들의 운명이 수호신의 의지에 달렸다고 믿었기 때문에 모든 일을 수호신의 섭리로 받아들이고 자신들에게 일어난 일들을 수호신과 연결시켜 표현했었다.[16] 그러한 것들 가운데 내용이 압축되어 남아 있는 것이 신화이다. 이러한 사실을 아는 학자는 단군사화를 다음과 같이 설명할 수 있을 것이다.

하느님과 그 아들로 표현된 환인과 환웅은 하느님을 수호신으로 숭배했던 씨족을 대표하거나 상징하는 인물이고, 곰은 곰을 수호신으로 숭배했던 씨족을 말한다고 설명할 것이다. 그리고 환웅과 웅녀의 결혼은, 하느님을 숭배한 씨족과 곰을 숭배한 씨족이 결합하여 하나의 큰 세력이 되었음을 알게 해준다고 설명할 것이다.[17] 고대에 씨족 간의 결합은 주로 통혼 관계로 이루어졌기 때문에 하느님을 믿는 환웅족(桓雄族)과 곰을 믿는 웅족(熊族)의 족장들 사이에 통혼이 이루어졌을 가능성도 있다. 또 단군사화의 내용 가운데 그 중심이 된 종교사상은 하느님 숭배이며 곰 숭배는 그 밑에 종속된 것이라고 설명할 것이다.

따라서 고고학이나 문헌에서 얻은 사료에 대한 설명과 해석은 연구자

---

16 이러한 사실은 중국의 갑골문에 잘 나타나 있다.
윤내현, 『상왕조사의 연구』, 경인문화사, 1978, pp. 104~175 참조.

17 이병도도 이 내용을 천신족(天神族)인 환웅과 곰 토템족의 결합을 의미하는 것으로 보았다. 단군사화에는 호랑이도 등장하므로 호랑이 토템족도 이 시기에 결합했던 것으로 생각되나, 호랑이는 사람이 되지 못했다고 했으므로 호랑이 토템족은 곰 토템족보다는 낮은 신분의 씨족이 되었던 것 같다.

가 얼마나 많은 이론틀을 알고 있느냐에 따라 달라진다. 학자가 가지고 있는 능력에 따라 차이가 나는 것이다. 이러한 이론틀은 작은 역사 사실을 복원하는 것부터 원시시대에서 현대에 이르는 전체적인 인류사회 발전 과정을 설명하는 것까지 매우 다양한 것들이 존재한다.

이론틀은 연구 결과로 얻어지는 것이기 때문에 학문의 연구가 진전됨에 따라 기존의 이론틀이 수정 보완되기도 하고 새로운 이론틀이 만들어지기도 한다. 따라서 역사학자는 새로운 이론틀을 만들어내기 위해 노력하면서 또한 다른 학자들이 계속 제시하는 이론틀들을 이해하려고 부단히 노력해야 한다. 사료를 갖고 있으면서도 그것을 충분히 설명할 이론틀을 알지 못하면 황금 바가지를 든 거지와 같은 꼴이 될 것이기 때문이다.

이론틀은 자료를 그것에 맞추기 위해 존재하는 것만은 아니다. 자료를 기존의 이론틀에 맞추어 일치하면 그것을 기왕에 있었던 이론틀에 따라 설명하면 된다. 그러나 자료가 기존의 이론틀에 맞지 않을 경우 그 자료는 기존의 이론틀을 수정하도록 만들거나 새로운 이론틀을 만들 것을 요구하게 된다.

한국에서의 근대적 역사 연구 방법은 서양에서 도입되었기 때문에 한국사를 연구하는 데 있어 서양사에 적용되었던 이론틀을 그대로 이용하는 경우가 있다. 그런데 이때 주의해야 할 것은 한국사의 사료를, 서양사의 연구 결과로 얻어졌거나 서양사에 적용되었던 이론틀에 억지로 맞추려고 해서는 안 된다는 것이다. 발을 잘라 신발에 맞출 수는 없다. 한국사의 자료가 기존의 이론틀에 맞지 않는다는 것은 한국사의 특수성을 보여주는 것이기 때문에 그것을 해석하고 설명할 수 있는 새로운 이론틀을 제시하도록 노력해야 할 것이다.

古朝鮮研究

제1편 ◎ 고조선 연구 총론

古朝鮮研究

제 1 장 ◉ 고대 조선의 지리와 개념

I　고대 문헌에 보이는 조선

1. 들어가며

'조선'이라는 명칭은 한국사에서 매우 중요한 위치를 차지하고 있다. 한국사에 처음 등장한 국가의 명칭이 조선(고조선 또는 단군조선)이었고 기자조선(당시 이렇게 불렸는지는 의문이지만 고려 말 이후의 학자들은 대체로 이렇게 불렀다)·위만조선·한사군의 낙랑군 조선현 등이 모두 조선이라 불렸다. 그리고 근세에 이성계가 세운 왕조의 명칭도 조선이었다.

이와 같이 조선은 한국사에서 중요한 위치를 차지하는 명칭이기 때문에 한국사 학자들이 자주 언급하는 명칭 가운데 하나이기도 하다. 그런데도 조선이라는 명칭이 갖는 개념이 시대에 따라, 또는 같은 시대라도 용례에 따라 어떠한 차이를 갖는지에 대해서는 아직까지 구체적으로 검토된 바가 없다. 그러한 관계로 한국고대사에 나타난 조선을 모두 동일한 개념으로 파악하여 처리함으로써 한국고대사에 대한 인식과 체계에 큰 잘못이 일어나고 있음을 보게 된다. 예컨대 고조선이라는 명칭을 기자조선과 위만조선을 포함한 개념으로 사용한 것이라든가 고조선의 지리적 위치를 한사군의 낙랑군 내에 있던 조선현과 동일한 지역으로 본 것[1] 등은 대표적인 예이다.

이러한 혼란과 잘못을 바로잡기 위해, 필자는 조선이 언급된 기본 사료의 용례에 따라 조선이라는 명칭이 갖는 지리적 개념을 검토 분석하여, 그 공통점과 차이점을 밝혀내고자 한다. 이러한 작업 없이는 조선이라는 명칭의 동일성 때문에 서로 다른 역사의 사실이나 상황이 같은 것으로 잘못 파악되는 등 한국고대사 인식에 혼란이 계속될 것이기 때문이다. 그런데 근세조선의 경우에는 그 명칭으로 인해 역사 체계나 역사 인식에 혼란을 주거나 잘못이 일어나고 있지 않으므로 이 논문의 연구 범위에서 제외될 것이다. 따라서 필자의 고찰 범위는 고대사에 나타난 조선으로 한정한다.

고대의 조선을 고찰함에 있어 조선이라는 명칭이 갖는 의미와 유래 등도 연구 대상이다. 그러나 이런 문제들은 차후에 다루기로 하고 고대 문헌에 나타난 '조선'들의 지리적 위치를 고증한 후 그 성격과 상호 관계 등을 밝히고자 한다. 논리 전개와 이해의 편의를 위해 중국 문헌에 가장 일찍 나타난 조선의 지리적 위치를 고증하는 작업부터 시작한다.

2. 난하 유역의 조선

중국 문헌에 나타난 가장 이른 시기의 조선은 서주 초기에 기자가 망

---

1 노태돈, 「한국인의 기원과 국가형성」『한국사특강』, 서울대 출판부, 1990, p. 40.

명했다는 조선이다. 흔히 중국 문헌 가운데 가장 먼저 조선을 언급한 것은 『관자(管子)』라고 소개되고 있다. 『관자』는 전국시대(戰國時代)에 편찬되었을 것으로 추정되는데, 그보다 이른 시기에 편찬된 중국 문헌에는 조선을 언급한 내용이 아직 발견되지 않았다. 따라서 『관자』가 조선에 대해 가장 먼저 언급한 중국 문헌이라는 것은 옳다. 그러나 『관자』에는 춘추시대(春秋時代)의 패자였던 환공(桓公)과 관중(管仲)의 대화 내용 가운데 조선이 등장한다.[2] 그러므로 이 조선은 춘추시대의 조선이다.

그런데 『사기』와 『상서대전(尙書大傳)』에는 기자와 관계를 가진 조선에 대한 언급이 있다. 『사기』와 『상서대전』은 서한시대에 편찬되었으므로 『관자』보다는 편찬 연대가 늦다. 그러나 기자는 서기전 12세기 무렵에 상과 서주 교체기의 인물로서 환공이나 관자보다 훨씬 앞선 시대의 사람이다. 따라서 기자와 관계를 가지고 나타난 『사기』와 『상서대전』의 조선은 『관자』에 나타난 조선보다 그 연대가 훨씬 앞서는 것이다. 『사기』와 『상서대전』 기록을 보면 『사기』 「송미자세가(宋微子世家)」에,

> 이에 (서주의) 무왕(武王)은 바로 기자를 조선에 봉하였으나 신하는 아니었다.[3]

라고 했고 『상서대전』 「은전(殷傳)」에는,

> (서주의) 무왕은 은(殷)을 이긴 후에 공자(公子) 녹부(祿父)로 하여금 (은을) 계승하게 하고 기자를 풀어주었다. 기자는 주(周)에 의하여 풀려

---

2 『관자』 권23 「규도(揆度)」·「경중갑(輕重甲)」.

3 『사기』 권38 「송미자세가」, "於是武王乃封箕子於朝鮮而不臣也."

난 (부끄러움을) 참을 수 없어 조선으로 도망하였다. 무왕이 그 소식을 듣고 그를 조선에 봉하였다. 기자는 이미 서주로부터 봉함을 받았는지라 신하로서의 예(禮)가 없을 수 없어서 (무왕) 13년에 내조(來朝)하였는데 무왕은 그가 내조한 기회에 그에게 홍범(鴻範)에 대해 물어보았다.[4]

라고 기자가 조선으로 간 경위를 『사기』보다 자세히 설명하고 있다.

『사기』「은본기(殷本紀)」와 「주본기(周本記)」, 『논어(論語)』[5] 등의 중국 문헌에 의하면 기자는 상 말기의 어진 인물로 상 왕실의 후예였다. 그런데 상의 마지막 왕인 제신[帝辛 : 주왕(紂王)]에게 바른 정치를 간하다가 감옥에 갇혔다. 때마침 주족(周族)이 상을 멸망시키고 서주가 건국되자 기자는 서주의 무왕에 의해 감옥에서 석방되었다. 기자는 조국이 망하고 자신은 서주의 무왕에 의해 구출된 것을 부끄럽게 여겨 서주의 강역을 벗어나 조선으로 망명했다는 것이다. 위에 인용된 『사기』「송미자세가」 및 『상서대전』「은전」의 내용은 이러한 기자의 조선 망명을 말해준다. 위 내용에서 기자가 조선으로 간 것을 듣고 무왕이 그를 조선에 '봉했다'고 한 것은 무왕이 기자의 조선 망명을 서주에 대한 배반으로 여기지 않고 조선에 거주하는 것을 공식 인정했다는 중국식 표현이다.

중국 문헌에 기록된 기자의 조선 망명 내용은 한국사 학계에서 두 가지 다른 반응으로 나타났다.

하나는 고려 말부터 조선시대를 통관한 견해로, 기자가 조선에 와서

---

4 『상서대전』 권2 「은전」 〈홍범〉. "武王勝殷, 繼公子祿父, 釋箕子之囚, 箕子不忍爲周之釋, 走之朝鮮. 武王聞之, 因以朝鮮封之. 箕子旣受周之封, 不得無臣禮, 故於十三祀來朝, 武王因其朝而問鴻範."

5 『논어』「미자(微子)」.

고조선의 통치자였던 단군들의 뒤를 이어 통치자가 되었다는 것이다. 이 기간을 후조선(後朝鮮) 또는 기자조선이라고 불렀다. 이 견해는 중국을 종주국으로 받들던 모화(慕華)·사대의식(事大意識)에서 나온 것이었다. 기자 같은 어진 인물이 고조선의 통치자가 되었다면 한민족도 문화민족이라고 할 수 있을 것이라는 그릇된 생각에서였다. 그러나 앞의 인용문 내용에서 확인되듯이 중국 문헌의 기록에는 기자가 조선으로 망명한 것으로 되어 있을 뿐, 고조선의 통치자가 되었다는 내용은 없다.

다른 하나는 대일항전시대 이후 주류를 이루었던 견해로 기자가 조선으로 이주했다는 것은 중국인들이 꾸며낸 거짓 이야기에 불과할 것으로 본 것이다. 이 견해는 일본과 한국의 일부 학자들 사이에서 통용되었다. 일본 학자들은 고대에 한국이 임나일본부(任那日本府)를 통해 일본의 지배를 받았다는, 그들이 조작한 내용을 강조하기 위해 기자의 조선 망명설이나 기자의 고조선 통치설을 부인했던 것이다. 한국 학자들은 기자가 아무리 어진 인물이었다 하더라도 중국의 망명객이 한민족을 통치했다는 것은 민족 자존심으로 용납할 수 없다고 생각했다. 그리고 일본 학자들도 부인한 것이므로 굳이 인정할 필요가 없다고 생각했다. 그러나 여기서 재고해봐야 할 것은 역사는 사료에 의해 복원되는 것인데 기자가 조선으로 망명했다는 『사기』나 『상서대전』 등의 기록을 부인해도 괜찮을 것인가 하는 점이다.

필자는 기자에 대한 위의 잘못된 시각들을 바로잡기 위해 갑골문(甲骨文)·고문헌·청동기명문(青銅器銘文)·고고학 자료 등을 통해 기자의 이동로를 추적한 바 있다.[6] 그 결과 기자가 조선 지역으로 망명한 것은

---

6 윤내현, 「기자신고(箕子新考)」 『한국고대사신론』, 일지사, 1986, pp. 176~239.

사실이지만 고조선의 통치자가 된 적은 없으며 고조선의 변방 거수(渠帥 : 제후)가 되었을 가능성이 있음을 밝힌 바 있다.

여기서 필자가 밝히려는 것은 기자가 망명하여 거주했던 조선 지역이 지금의 어디인가 하는 점이다. 중국 문헌의 기록에 따르면 기자가 이주했던 조선은 북경 근처에 있는 지금의 난하 하류 유역에 있었다.

『한서』「지리지」는 한사군의 낙랑군 내에 25개 현(縣)이 있었음을 밝히고 있다. 그 가운데 조선현이 있었다. 그 조선현에 대해 동한시대의 학자인 응소(應劭)는 주석하기를,

> (서주의) 무왕이 기자를 조선에 봉했었다.[7]

고 했다. 응소의 말은 기자가 망명하여 거주했던 조선은 후에 한사군의 낙랑군 내에 설치되었던 조선현 지역이라는 뜻이다.

필자는 한사군의 낙랑군이 난하 동부 유역에 위치해 있었음을 이미 고증한 바 있다.[8] 그러므로 낙랑군에 속해 있던 조선현은 당연히 난하 유역에 있어야 하지만 여기서 조선현의 위치를 다시 한 번 확인해두고자 한다. 『진서(晉書)』「지리지」를 보면 낙랑군의 조선현과 수성현(遂城縣)의 주석에,

> (조선현은) 서주가 기자를 봉했던 땅이다.[9]

---

7 『한서』 권28 하 「지리지」 하 〈낙랑군〉 '고조선'의 응소 주석.

8 윤내현, 「한사군의 낙랑군과 평양의 낙랑」 앞 책 『한국고대사신론』, pp. 305~343.
이병두, 「낙랑군현위치고」 『한국학보』 55집, 1989, pp. 229~259.
이 책의 제1편 제5장 제1절 「위만조선과 한사군의 위치」 참조.

9 「진서」 권4 「지리지」 상 〈낙랑군〉 '조선'. "周封箕子地."

(수성현은) 진제국이 쌓은 장성이 시작된 곳이다.[10]

라고 기록되어 있다. 위의 조선현에 대한 주석은 『한서』 「지리지」에서 응소가 조선현은 기자가 봉해졌던 곳이라고 한 말과 일치한다. 응소의 말이 사실임을 뒷받침해준다. 수성현에 대한 주석은 그 위치를 확인할 수 있는 실마리를 제공한다. 수성현에서 진장성(秦長城)이 시작되었다고 했으므로 진장성의 동쪽 끝을 찾아내면 그 지역이 수성현이 있었던 곳이 된다.

그러면 진장성의 동쪽 끝, 바꿔 말하면 진장성의 동쪽 시작 부분은 어느 지역이었는가? 진(晉)시대에 쓰인 『태강지리지(太康地理志)』에는,

낙랑군 수성현에는 갈석산(碣石山)이 있는데 장성이 시작된 곳이다.[11]

라고 기록되어 있고 『진서』 「당빈전(唐彬傳)」에는,

마침내 옛 경계를 개척하니 물리친 땅이 천 리나 되었다. 진장성의 요새를 다시 수리하였는데 온성(溫城)으로부터 갈석에 미쳤으며 산곡(山谷)을 이어 뻗친 것이 거의 삼천 리였는데 군사를 나누어 주둔시켜 지키게 하고 봉화대가 서로 바라보이도록 하였다.[12]

---

10 「진서」 권4 「지리지」 상 〈낙랑군〉 '수성'. "秦築長成之所起."

11 『사기』 권2 「하본기」의 갈석에 대한 주석. "太康地理志云, 樂浪遂城縣有碣石山, 長成所起."

12 『진서』 권42 「당빈전」. "遂開拓舊境, 卻地千里. 復秦長城塞, 自溫城洎于碣石, 綿亙山谷且三千里, 分軍屯守, 烽堠相望."

고 기록되어 있다. 위 두 기록은 모두 진(晉)시대의 상황을 말한 것인데, 진장성은 갈석산(碣石山) 지역에서 시작되었다고 말하고 있다.

갈석산은 진(秦) 시황제·진 2세 황제·서한 무제·동한 말기의 조조(曹操) 등이 올랐던 산으로, 지금까지도 그 명칭을 유지하면서 난하 하류 동부 유역에 그대로 위치하고 있다.[13] 따라서 수성현은 난하 하류 동부 유역에 위치해 있었을 것임을 알 수 있다. 그리고 수성현이 난하 하류 동부 지역에 있었다면 수성현과 함께 낙랑군에 속해 있던 조선현도 그곳으로부터 멀지 않은 난하 동부 유역에 있었을 것임을 알 수 있다.

수성현과 조선현이 난하 동부 유역에 위치해 있었음은 진장성의 동쪽 끝에 관한 다른 기록을 통해서도 확인된다. 『사기』「흉노열전(匈奴列傳)」에 전국시대의 연장성(燕長城)에 대해 말하기를,

> 연나라도 장성을 쌓았는데 조양(造陽)으로부터 양평(襄平)에 이르렀다. 상곡(上谷)·어양(漁陽)·우북평(右北平)·요서·요동군을 설치하였다.[14]

고 했고, 『사기』「몽염열전(蒙恬列傳)」에는 진장성에 대해,

> 진(秦)이 이미 천하를 병합하고 곧 몽염(蒙恬)으로 하여금 30만 명의 무

---

13 고홍장(高洪章)·동보서(董寶瑞) 지음, 윤내현 옮김, 「갈석고(碣石考)」 앞 책 『한국고대사 신론』 부록, pp. 355~364.
黃盛章, 「碣石考辨」『歷史地理論集』, 人民出版社, 1982, pp. 556~557.
갈석산의 위치를 다른 곳으로 추정하는 학자가 없는 것은 아니다. 그러나 중국의 고대 문헌에 기록된 바에 따라 고증해보면 진 시황제, 진 2세 황제, 서한 무제, 조조 등이 올랐던 갈석산은 난하 하류 동부 유역에 있는 갈석산임이 분명하다.

14 『사기』 권110 「흉노열전」. "燕亦築長成, 自造陽至襄平, 置上谷·漁陽·右北平·遼西·遼東郡以拒胡."

리를 이끌고 융적(戎狄)을 북쪽으로 몰아내게 하고 하남(河南)을 회수하였다. 장성을 쌓았는데 지형에 의하고 변경의 험한 곳을 이용하여 만들었다. 임조(臨洮)로부터 시작하여 요동에 이르렀는데 그 길이는 만여 리나 되었다.[15]

고 했다.

그런데 『한서』「지리지」에는 양평(襄平)이 요동군에 속해 있던 현의 명칭으로 기록되어 있다.[16] 진장성은 전국시대에 연·조·진(秦) 등의 나라가 북쪽 국경에 쌓았던 성들을 보수 연결하여 완성한 것이므로 그 동쪽 끝은 연장성의 동쪽 끝과 동일했던 것이다. 위의 인용문에서 진장성이 양평에서 끝났다고 한 것은 좁은 의미의 지명을 말한 것이고 요동이라고 한 것은 그보다 넓은 의미의 지명을 말한 것이다.

여기서 유의해야 할 것은 고대의 요동은 지금의 요동과는 위치가 달라 지금의 난하 유역이었다는 점이다.[17] 그리고 진·한시대의 행정구역이었던 요동군은 넓은 의미의 요동의 일부를 차지하고 있었는데 그 위치도 지금의 난하 하류 유역이었다는 점이다.[18]

지금까지 살펴본 바와 같이 진장성의 동쪽 끝은 『태강지리지』와 『진서』「당빈전」에서는 갈석산, 『사기』「몽염열전」에서는 요동이라고 했고, 연장성의 동쪽 끝에 대해 『사기』「흉노열전」은 양평이라고 말했는데 갈

---

15 『사기』 권88 「몽염열전」. "秦已并天下, 乃使蒙恬將三十萬衆北逐戎狄, 收河南. 築長城, 因地形, 用制險塞, 起臨洮, 至遼東, 延袤萬餘里."

16 『한서』 권28 하 「지리지」 하 〈요동군〉.

17 윤내현, 「고조선의 서변경계 재론」 『백산박성수교수화갑기념논총-한국독립운동사의 인식』, 백산박성수교수화갑기념논총간행위원회, 1991, pp. 524~539.

18 위와 같음.

석산·요동·양평은 모두 난하 하류 동부 유역을 지칭한 다른 표현이다. 이로써 수성현과 조선현이 난하 동부 유역에 있었음이 분명해졌다.

여기서 생각해야 할 것은 조선현의 면적이다. 『한서』「지리지」에 의하면 낙랑군은 총인구가 40만 6,748명(6만 2,812호)이었고 25개 현을 가지고 있었다.[19] 그 가운데 하나가 조선현이었으므로 도식적으로 말한다면 조선현은 낙랑군의 25분의 1쯤 되는 좁은 면적에 인구는 1만 6,000명쯤 되었다. 조선현은 오늘날 한국의 1개 군(郡)보다 크지 않았을 것임을 알 수 있다.

지금까지 고증한 바를 요약하면 다음과 같다. 고대 중국인들은 지금의 난하 동부 유역의 일정한 지역, 오늘날 한국의 1개 군보다 크지 않은 지역을 조선이라고 불렀는데 서기전 12세기 무렵에 기자가 일족과 함께 그 지역으로 망명했으며[20] 서기전 108년에 한사군이 설치되자 그곳은 낙랑군의 조선현이 되었던 것이다.[21]

---

19 『한서』 권28 하 「지리지」 하 〈낙랑군〉.

20 기자 일족이 난하 유역에서 거주했음은 그 지역에서 기자 일족이 사용했던 청동기가 출토됨으로써 고고학적으로도 증명되었다.
方濬益, 『綴遺齊彝器款識考釋』 14卷, 1953, 27葉.
喀左縣文化館·朝陽地區博物館·遼寧省博物館·北洞文物發掘小組, 「遼寧喀左縣北洞村出土的殷周青銅器」 『考古』, 1974年, 第6期, pp. 364~372.
이형구, 「대릉하 유역의 은말주초(殷末周初) 청동기문화와 기자 및 기자조선」 『한국상고사학보』 제5호, 한국상고사학회, 1991, pp. 13~15·23~27 참조.

21 천관우는 조선현은 원래 대동강 유역에 있다가 북위(北魏)시대에 난하 유역으로 이치(移置)되었다고 본 바 있는데 그것은 잘못이다. 그가 그러한 잘못을 범한 것은 낙랑군은 대동강 유역에 있었다는 전제 위에서 논지를 전개했기 때문이었다(천관우, 「난하 하류의 조선」 『사총(史叢)』 21·22합집, 고려대 사학회, 1977, pp. 38~46).
앞에서 이미 확인된 바와 같이 조선현은 처음부터 난하 동부 유역에 있었다. 서기 313년에 난하 동부 유역에 있던 낙랑군이 고구려에 의해 축출된 후 북위가 중국의 북부를 통일하고 연화(延和) 원년(서기 423)에 난하 서부 유역에다가 조선현을 다시 설치했던 것

3. 위만 정권의 조선

서한으로부터의 망명객인 위만이 건립한 나라를 중국인들은 조선이라고 불렀다. 『사기』에서 위만조선의 흥망을 기술한 내용의 편명을 「조선열전」이라고 한 것은 이를 알게 한다.[22] 역사학자들은 이 조선을 위만조선 또는 위씨조선(衛氏朝鮮)이라고 부른다. 위만은 기자의 후손인 준(準)의 정권을 빼앗아 위만조선을 건국했다. 이를 확인하기 위해 우선 준에 관한 기록을 보면 『후한서』 「동이열전」 〈예전〉에,

> 옛날에 무왕이 기자를 조선에 봉했는데, ……, 그 후 40여 세(世)에 조선후(朝鮮侯) 준에 이르러 스스로 왕이라 칭하였다. 한(漢) 초에 크게 어지러우니 연·제·조의 사람들로서 피난을 간 사람들이 수만 명이 되었는데 연인(燕人) 위만이 준을 격파하고 스스로 조선의 왕이 되어 나라를 전하기를 손자 우거에 이르렀다.[23]

고 했고, 『삼국지』 「동이전」 〈예전〉에는,

> 옛날에 기자가 조선으로 갔는데 8조의 가르침을 만들어 그들을 가르치

이다(『위서』 권106 상 「지형지(地形志)」 상 〈북평군〉 '조선현'). 천관우는 이 조선현을 대동강 유역으로부터 이치된 것으로 잘못 인식했다. 조선현은 원래 난하 동부 유역에 있다가 없어진 후 북위에 의해 난하 서부 유역에 다시 설치되었다(앞 글, 「한사군의 낙랑군과 평양의 낙랑」, p. 317 참조).

22 『사기』 권115 「조선열전」.

23 『후한서』 권85 「동이열전」 〈예전〉. "昔武王封箕子於朝鮮, ……, 其後四十餘世, 至朝鮮侯準, 自稱王. 漢初大亂, 燕·齊·趙人往避地者數萬口, 而燕人衛滿擊破準而自王朝鮮, 傳國至孫右渠."

> 니 문을 닫지 않아도 백성들은 도적질하지 않았다. 그 후 40여 세(世)에 조선후 준은 외람되이 왕이라 칭하였다. 진승(陳勝) 등이 일어나 천하가 진(秦)을 반대하니 연·제·조의 백성들로서 조선으로 피난을 간 사람이 수만 명이나 되었다. 연인 위만은 머리를 틀어올리고 오랑캐 옷을 입고 와서 그곳의 왕이 되었다.[24]

고 했으며, 『위략』에는,

> 옛날에 기자의 후손인 조선후는 주나라가 쇠퇴한 것을 보고 연이 스스로 높여 왕호를 사용하면서 동쪽의 땅을 침략하고자 하자 조선후 또한 스스로 왕호를 칭하고 군사를 일으켜 오히려 연을 공격함으로써 주(周) 왕실을 받들고자 하였다. …… 진이 천하를 병합함에 이르러 몽염을 시켜 장성을 쌓았는데 요동에 이르렀다. 이때 조선왕 부(否)가 섰는데 진(秦)이 쳐들어올 것을 두려워하여 진에 복속한 척하면서 조회(朝會)는 수긍하지 않았다. 부가 사망하고 그의 아들 준이 섰다.[25]

고 되어 있다. 위 기록들은 준이 기자의 후손임을 말해준다. 따라서 한국사 교과서나 한국사 개설서 등에 부(否)와 준을 고조선 왕으로 서술

---

24 『삼국지』 권30 「동이전」 〈예전〉. "昔箕子既適朝鮮, 作八條之教以教之, 無門戶之閉而民不為盜, 其後四十餘世, 朝鮮侯準僭號稱王 . 陳勝等起, 天下叛秦, 燕·齊·趙民避地朝鮮數萬口. 燕人衞滿, 魋結夷服, 復來王之."

25 『삼국지』 권30 「동이전」 〈한전〉의 주석으로 실린 『위략』. "魏略曰, 昔箕子之後朝鮮侯, 見周衰, 燕自尊爲王, 欲東略地, 朝鮮侯亦自稱爲王, 欲興兵逆擊燕以尊周室, …… 及秦并天下, 使蒙恬築長城, 到遼東. 時朝鮮王否立, 畏秦襲之, 略服屬秦, 不肯朝會. 否死, 其子準立."

하여 그들이 마치 단군왕검의 후손인 것처럼 인식되도록 한 것은 잘못이다. 위만의 건국 과정을 보면 『사기』 「조선열전」에,

(서한의) 연왕(燕王) 노관(盧綰)이 (서한에) 반항하여 흉노로 들어가자 (위)만도 망명하였는데 무리 천여 명을 모아 머리를 틀어올리고 오랑캐 옷을 입고 동쪽으로 도망하여 (국경의) 요새를 빠져나와 패수(浿水)를 건넜다. 진제국의 옛 공지(空地) 상(上)·하(下) 장(障)에 거주하면서 처음에는 겨우 변방의 수비를 맡아 진번과 조선에 속해 있었으나 오랑캐(토착인) 및 연·제 망명자들이 그를 왕으로 삼았다. 왕험[王險 : 왕검성(王儉城)]에 도읍하였다.[26]

고 했고, 『삼국지』 「동이전」 〈한전(韓傳)〉에는,

(조선)후 준이 외람되이 왕이라 칭하더니 연의 망명자인 위만에게 공탈(攻奪)당한 바 되어 그의 좌우 궁인(宮人)을 거느리고 도망하여 바다로 들어가 한(韓) 땅에 거주하면서 스스로 한왕(韓王)이라고 칭하였다. 그 후손은 끊기어 없어졌으나 지금도 한(韓)사람 가운데는 그의 제사를 받드는 사람들이 있다.[27]

고 했으며, 『위략』에는 더 구체적으로,

---

26 『사기』 권115 「조선열전」. "燕王盧綰反, 入匈奴, 滿亡命, 聚黨千餘人, 魋結蠻夷服而東走出塞, 渡浿水, 居秦故空地上下障, 稍役屬眞番·朝鮮, 蠻夷及故燕·齊亡命者王之, 都王險."

27 『삼국지』 권30 「동이전」 〈한전〉. "侯準旣僭號稱王, 爲燕亡人衛滿所攻奪, 將其左右宮人走入海, 居韓地, 自號韓王, 其後絶滅, 今韓人猶有奉其祭祀者."

> 노관이 (서한에) 반기를 들고 흉노로 들어감에 이르러 연나라 사람 위만도 망명을 했는데 오랑캐 옷을 입고 동쪽으로 패수를 건너 준에게로 나아가 항복을 하고 준을 설득하여 서쪽 경계에 살게 해달라고 하였다. 그렇게 해주면 중국 망명인들을 모아 조선의 울타리가 되겠다고 하였다. 준은 그를 믿고 총애하여 박사(博士)로 제수하고 규(圭)를 하사하고 백리의 땅에 봉(封)하여 서쪽 변경을 수비하도록 명하였다. 위만은 망명인들을 유치하여 무리를 만들었는데 무리가 점차 많아지자 곧 사람을 보내어 준에게 거짓으로 보고하기를 한나라 병사들이 열 개의 길로 쳐들어오고 있으니 들어가 궁궐을 지키겠다고 말하고는 마침내 거꾸로 준을 공격하였다. 준은 만(滿)을 맞아 싸웠으나 적수가 되지 못하였다.[28]

고 기록되어 있다.

이상의 기록들은 위만이 기자의 후손인 준의 정권을 빼앗아 위만조선을 건국했음을 알게 해준다. 그런데 앞에서 이미 확인된 바와 같이 기자 일족은 서주로부터 망명하여 난하 동부 유역에 살고 있었다. 그곳은 후에 한사군의 낙랑군 조선현이 되었다. 위만조선은 기자의 후손인 준의 정권을 빼앗아 건국되었고 한사군은 위만조선이 멸망하고 나서 그 지역에 설치되었다. 그러므로 위만조선의 건국지는 당연히 난하 하류 동부 유역이 될 수밖에 없다. 구체적으로 말하면 위만조선의 건국지는 후에 낙랑군 조선현이 된 지역이었던 것이다.

---

28 『삼국지』 권30 「동이전」 〈한전〉의 주석으로 실린 『위략』. "及綰叛, 入匈奴, 燕人衛滿亡命, 爲胡服, 東度浿水, 詣準降, 說準求居西界, 收中國亡命爲朝鮮藩屛. 準信寵之, 拜爲博士, 賜以圭, 封之百里, 令守西邊. 滿誘亡黨, 衆稍多, 乃詐遣人告準, 言漢兵十道至, 求入宿衛, 遂還攻準. 準與滿戰, 不敵也."

여기서 독자들은 다음과 같은 의문을 가질 것이다. 한사군은 위만조선이 멸망하고 나서 그 지역에 설치되었으므로 한사군과 위만조선의 면적은 비슷해야 할 것인데, 한사군에 속해 있던 수십 개의 현 가운데 하나였던 조선현 지역에서 위만조선이 건국되었다면 위만조선과 한사군의 면적에 큰 차이가 있는 모순이 나타나지 않는가 하는 점이다. 이 점은 다음과 같이 설명된다. 위만조선은 조선현 지역에서 건국되었지만 건국 후 영토를 넓혀 면적이 수십 배에 이르게 되었다. 따라서 위만조선은 건국 초와 멸망 시기의 영토 면적에 큰 차이가 있었던 것이다.

이에 관해서는 『사기』 「조선열전」에,

> 효혜(孝惠)·고후(高后) 때에 이르러 천하가 처음으로 안정되니 요동태수(遼東太守)는 바로 위만을 외신으로 삼기로 약속하였다. ……. 이 보고를 듣고 천자가 그것을 허락하였다. 이렇게 되어 만(滿)은 군사적·경제적 기반을 닦고 그 주변의 소읍(小邑 : 마을)들을 침략하여 항복을 받았는데 진번과 임둔도 모두 와서 복속되니 (그 영토가) 사방 수천 리였다.[29]

고 기록된 것에서 확인된다. 조선현 지역에서 건국한 위만은 서한의 외신이 된 후 군사적·경제적 기반을 닦은 뒤 그 주변의 마을들과 후에 한사군의 진번군과 임둔군이 된 지역까지를 병합하여 영토를 확장했던 것이다.[30] 여기서 알아두어야 할 것은 한사군 가운데 낙랑·진번·임둔은

---

29 『사기』 권115 「조선열전」. "會孝惠·高后時天下初定, 遼東太守卽約滿爲外臣, ……. 以聞, 上許之, 以故滿得兵威財物侵降其旁小邑, 眞番·臨屯皆來服屬, 方數千里."

30 필자는 위만조선의 전성기 영토가 난하로부터 대릉하에 이르는 지역까지였을 것으로 본 바 있다(윤내현, 「위만조선의 재인식」 앞 책 『한국고대사신론』, pp. 253~271 참조).

위만조선 지역에 설치되었고 현도군은 위만조선 지역 밖에 설치되었다는 점이다. 이 점에 대해서는 이미 밝혀진 바 있다.[31]

위만조선이 낙랑군 조선현에서 건국되었고, 그 지역이 난하 유역이었음은 다음과 같은 기록들에서도 확인된다. 『사기』 「조선열전」이 위만조선에 관한 기록이라는 점은 모두가 아는 사실인데 『사기집해(史記集解)』에 조선이라는 명칭에 대해 설명하기를,

> 장안(張晏)은 말하기를 조선에는 습수(濕水)·열수(洌水)·산수(汕水)라는 강이 있는데 세 강이 합하여 열수(洌水)가 된다. 아마도 낙랑의 조선은 이것으로부터 그 명칭을 취하였을 것이다.[32]

라고 했다. 낙랑군 조선현이라는 명칭이 그곳에 있던 강 이름에서 유래된 것인지는 지금으로서는 명확하게 확인할 수 없지만, 이 기록은 위만조선이 낙랑군 조선현 지역에 있었기 때문에 조선이라는 명칭이 붙여졌고, 그 지역에는 습수·열수·산수라는 세 지류를 가진 강이 있었다는 사실을 전해준다. 그런데 습수·열수·산수는 난하의 지류였다.[33] 따라서 조선현은 난하 유역에 위치해 있었음을 알 수 있다.

---

31 현도군은 대릉하와 요하 사이에 설치되었던 것으로 고증되었다.
앞 글, 「한사군의 낙랑군과 평양의 낙랑」, p. 308.
이병두, 「요동·현도군의 위치」 『백산학보』 37호, 1990, pp. 5~26.
이 책의 제1편 제5장 제1절 「위만조선과 한사군의 위치」 참조.

32 『사기』 권115 「조선열전」의 주석으로 실린 『사기집해』. "張晏曰, 朝鮮有濕水·洌水·汕水, 三水合爲洌水, 疑樂浪朝鮮取名於此也."

33 윤내현, 「위만조선의 재인식」 앞 책 『한국고대사신론』, p. 249.
리지린, 『고조선 연구』, 학우서방, 1963, pp. 35~38.
『수경주(水經注)』 권14 「유수(濡水)」조.

위만조선의 위치는 서한 무제의 위만조선 침략에 관한 기록에서도 확인된다. 『사기』「조선열전」에,

> 천자는 죄인을 모집하여 조선을 공격하였다. 그 가을에 누선장군(樓船將軍) 양복(楊僕)을 파견하였는데 제(齊)를 출발하여 발해(渤海)에 떴다. 군사는 5만 명이었다. 좌장군(左將軍) 순체(荀彘)는 요동에 출격하여 우거를 토벌하였다.[34]

고 기록되어 있다. 서한 무제가 파견한 양복(楊僕)은 위만조선에 가기 위해 제(齊)를 출발하여 발해를 항해했다. 제는 지금의 산동성(山東省) 지역이며 발해는 예나 지금이나 변함없이 산동성 북쪽에 있으므로[35] 위만조선은 발해의 북쪽 지금의 요서 지역에 있었음을 알 수 있다. 그리고 좌장군 순체(荀彘)는 요동에 출격하여 위만조선의 우거왕을 쳤다고 했는데 고대의 요동은 지금의 난하 유역으로부터 요서에 이르는 지역이었다.[36] 이것은 위만조선이 지금의 난하 유역과 요서 지역을 차지하고 있었음을 말해준다.

지금까지 고찰한 바를 요약하면 다음과 같다. 위만조선은 난하 동부 유역에 위치했던 기자 일족의 망명지인 조선에서 건국되었으므로 조선

---

34 『사기』 권115 「조선열전」. "天子募罪人擊朝鮮, 其秋, 遣樓船將軍楊僕從齊浮渤海, 兵五萬人, 左將軍荀彘, 出遼東, 討右渠."

35 『전국책(戰國策)』 권8 「제(齊) 일(一)」에는 제국(齊國)의 북쪽에 발해가 있다고 기록되어 있다. 제는 산동성 지역이므로 이로써 고대의 발해도 산동성 북쪽에 위치하여 그 위치가 지금과 다르지 않았음을 알 수 있다.

36 앞 글, 「고조선의 서변경계 재론」, pp. 524~530.
이 책의 제1편 제5장 제1절 「위만조선과 한사군의 위치」 참조.

이라는 국명을 얻었다. 그곳은 위만조선 멸망 후 낙랑군의 조선현이 되었다. 위만조선은 건국 후 난하 유역으로부터 지금의 요서 지역으로 영토를 확장했는데 멸망 시의 영토는 건국 시 영토의 수십 배에 이르렀다.

최근 하남성(河南省) 북대하(北戴河)에서 기자 일족과 위만조선의 도읍지였을 것으로 추정되는 유적이 발굴되었다. 1990년 12월 필자는 북대하의 유적 발굴 현장을 찾은 바 있다.[37] 당시 노출된 면적은 2천 평이 넘어 보였는데 유적은 그곳에 있는 중국군 휴양소 건물 속까지 연결되어 있어서 유적의 실제 면적은 노출된 것보다 훨씬 넓었을 것으로 확인되었다. 그곳에서는 자연석을 주춧돌로 사용한 궁궐 규모의 큰 건물 터와 배수 시설, 기와 조각 등이 출토되었다. 발굴자들은 이 유적의 연대를 진제국시대로 추정하고 있다. 그곳은 난하의 동부 유역으로 고조선과 중국의 국경을 이루었던 갈석산보다 동쪽에 위치한다. 따라서 그곳은 고조선 및 위만조선의 영토였으므로 중국의 영토였을 수는 없다.

고대에 그곳에 그렇게 큰 궁궐을 갖추고 있었을 정치세력은 기자 일족과 위만조선밖에 없다. 위만조선은 기자 일족의 정권을 빼앗아 건국되었으므로 같은 궁궐을 사용했을 것이다. 중국인들은 대체로 만주가 고대부터 중국의 영토였던 것처럼 주장하고 있으므로 발굴 보고서에서는 이것을 진제국의 행궁(行宮) 정도로 결론 내릴 가능성이 있다. 아직은 출토 유물이나 관계 자료가 공개되지 않고 있으므로 구체적인 언급은 불가능하지만 지리적 위치나 자연석 주춧돌(중국은 자연석을 별로 사용하지 않는다)로 보아 필자는 이 유적이 기자 일족과 위만조선이 사용했던 궁궐 터라 믿고 있다.

---

37 필자는 손보기 박사와 동행했는데 유적을 둘러본 손 박사도 주춧돌이나 출토된 질그릇 조각 등의 성격으로 보아 전통적인 중국 유적들과 다르다는 의견을 제시했다.

이 유적은 바닷가에 있다. 『사기』 「조선열전」 기록에는 서한 양복의 군대가 바다로부터 위만조선의 궁궐에 쳐들어간 것으로 되어 있으며[38] 『대명일통지(大明一統志)』에는,

> 조선성(朝鮮城)이 영평부(永平府) 경내에 있으며 기자가 봉해졌던 곳으로 전해 온다.[39]

고 기록되어 있다. 명(明)시대의 영평부는 지금의 난하 하류 유역이었다.[40] 이러한 기록들이 유적의 위치와 일치한다는 점 등은 필자의 견해를 뒷받침해준다.

4. 단군왕검의 조선

한국 학계에서는 전통적으로 단군왕검이 건국한 조선을 고조선 또는 단군조선, 왕검조선 등으로 불러왔다.[41] 단군왕검이 건국한 조선(이하 고조

---

38 『사기』 권115 「조선열전」에는 "누선장군은 제의 병사 7천 명을 거느리고 먼저 왕험(왕검성)에 이르렀다. 우거가 성을 지키다가 누선의 군사가 적은 것을 살피어 알고 바로 성을 나가 누선을 공격하니 누선군은 패하여 흩어져 도망하였다(樓船將軍將齊兵七千人先至王險. 右渠城守, 窺知樓船軍小, 卽出城擊樓船, 樓船軍敗散走)."는 기록이 있다. 해군을 이끌고 산동성으로부터 발해를 항해했던 누선장군이 육군을 이끌고 요동으로 출격했던 좌장군 순체보다 먼저 왕검성에 도착하여 위만조선을 공격한 것으로 보아 위만조선의 도읍은 바닷가로부터 멀리 떨어져 있지 않았을 것으로 생각된다.

39 『대명일통지』 권5 「영평부」 〈고적(古蹟)〉조. "朝鮮城在府內, 相傳箕子受封之地."

40 譚其驤, 『中国歷史地圖集』, 第7册－元·明時期, 1982, pp. 40~41.

41 『삼국유사』 권1 「기이」 〈고조선〉조.

선이라 부르겠다)은 한국사에 처음으로 등장한 국가 명칭이다. 앞에서 고찰한 기자의 조선이나 위만의 조선은 중국 망명인들의 정권이었지만 단군조선과 그를 따른 세력은 토착인들이었다. 그리고 고조선은 기자나 위만의 조선과는 지리적 위치도 달랐다.

이를 확인하기 위해 먼저 고조선의 지리적 위치와 범위를 확인할 필요가 있을 것이다. 먼저 한국 문헌 가운데 이른 시기의 것을 보면 『제왕운기』에,

> 요동에 하나의 별천지가 있으니 중조(中朝 : 중국)와 크게 구분되며 큰 파도 출렁출렁 삼면(三面)을 둘러쌌고 북쪽에 대륙 있어 선처럼 이어졌는데 가운데 사방 천 리 이것이 조선이다.[42]

라고 했다. 이 기록을 보면 고조선의 영역을 요동과 한반도 전체를 말한 것 같기도 하고 그 가운데 어느 일부 지역 사방 천 리만을 말한 것 같기도 하다.

그러므로 좀 더 구체적인 지리를 확인하기 위해 중국의 옛 기록을 보면 『위략』에,

> 옛날 기자의 후손인 조선후는 주나라가 쇠퇴한 것을 보고 연나라가 스스로 높여 왕이라 하고 동쪽의 땅을 침략하고자 하므로 조선후 또한 스스로 칭하여 왕이라 하고 군사를 일으켜 거꾸로 연나라를 공격함으로써 주 왕실을 받들고자 하였다. (그러나) 그 대부(大夫) 예(禮)가 간하여 그것

---

42 『제왕운기』 권 하. "遼東別有一乾坤, 斗與中朝區以分, 洪濤萬頃圍三面, 於北有陸連如線, 中方千里是朝鮮."

을 중지시켰다. 예를 시켜 서쪽에 연을 설득하니 연도 그것을 중지하고 공격하지 않았다. 그 후 자손들이 점차 교만하고 사나우니 연은 장수 진개를 보내어 그 서방을 공격하게 하고 땅 2천여 리를 빼앗았다. 만번한(滿番汗)에 이르러 경계로 삼으니 조선은 마침내 약화되었다.[43]

는 내용이 보인다. 이것은 기자의 후손들과 연의 관계를 말한 것이다. 전국시대의 연이 진개로 하여금 기자 후손들의 거주지인 조선을 쳐서 2천여 리의 땅을 빼앗았다는 것이다. 이렇게 되어 조선은 마침내 약화되었다고 한다. 여기서 유의해야 할 것은 조선이 망했거나 연나라에 복속된 것이 아니라 영토의 일부를 잃고 약화되었다는 점이다.

그런데 이 사건에 대해 『사기』 「조선열전」에서는 전혀 다른 표현을 하고 있다. 즉,

연이 전성했던 시기로부터 일찍이 진번과 조선을 침략하여 복속시키고 군리(軍吏)를 두기 위하여 장새(鄣塞)를 쌓았다.[44]

고 했다. 연의 전성기는 진개가 활동했던 소왕(昭王) 때로, 위 기록은 앞의 『위략』과 같은 사건을 말하고 있다. 이 점에 대해서는 학자들 사이에 이론이 없다. 그런데 같은 사건에 대해 두 기록은 완전히 다르게 말하고 있다. 『위략』에서는 조선이 서부 영토를 일부 빼앗겼다고 했는데 『사기』

---

43 『삼국지』 권30 「동이전」 〈한전〉에 주석으로 실린 『위략』. "魏略曰, 昔箕子之後朝鮮侯, 見周衰, 燕自尊爲王, 欲東略地, 朝鮮侯亦自稱爲王, 欲興兵逆擊燕以尊周室. 其大夫禮諫之, 乃止. 使禮西說燕, 燕止之, 不攻. 後子孫稍驕虐, 燕乃遣將秦開攻其西方, 取地二千餘里, 至滿番汗爲界, 朝鮮遂弱."

44 『사기』 권115 「조선열전」. "自時全燕時嘗略屬眞番·朝鮮, 爲置吏, 築鄣塞."

「조선열전」에서는 조선이 연에 완전히 복속되었다고 했다.

위의 두 인용문에 나오는 조선이 동일한 개념의 조선이라면 두 기록 가운데 하나는 잘못된 것이다. 그러나 두 인용문이 모두 옳다면 두 인용문에 나오는 조선은 각각 다른 개념의 조선이어야 한다. 역사 연구에서 사건이나 사실의 복원은 사료에 의해야 하는데 위의 두 인용문은 모두 기본 사료로서의 가치를 지니고 있다. 따라서 쉽게 어느 하나를 택하고 다른 하나를 버리는 것은 삼가야 한다. 그러므로 두 인용문의 내용을 모두 충족할 수 있는 상황을 생각해볼 필요가 있다.

만약 조선이라는 국가의 영토 서부 변경에 조선이라는 지명이 있었다면 위 두 기록의 내용은 모두 충족된다. 다시 말하면 조선이라는 국가의 서부 변경 조선 지역에 기자 일족이 망명하여 거주하다가 전국시대에 연의 진개의 침략을 받았다면, 기자 일족이 거주하던 조선 지역은 연에게 완전히 복속되고 조선이라는 국가는 서부 영토를 잃는 상황이 발생하게 되는 것이다. 이렇게 본다면 『사기』「조선열전」에 연에게 복속된 것으로 나타난 조선은 조선이라는 국가의 서부 변경에 있었던 지명으로서 그곳에 기자 일족이 망명하여 거주하고 있었다는 것이다. 그리고 『위략』에 서부 영토 2천 리를 빼앗긴 것으로 나타난 조선은 넓은 영토를 가진 국명으로서 기자 일족이 망명해 와 있었던 조선 지역을 그 서부 영토로 하고 있었던 것이다.

그렇다면 그 서부에 조선이라는 지명을 가지고 있던 조선이라는 국가는 어느 나라였을까? 그것은 고조선이었다. 『삼국유사』〈고조선〉조에,

> 환웅이 사람으로 변신하여 그녀와 혼인하여 아들을 낳았는데 이름을 단군왕검이라고 불렀다. 당요(唐堯)가 즉위한 지 50년인 경인년에 평양성에 도읍하고 비로소 조선이라고 하였고 또 백악산아사달로 도읍을 옮겼

> 는데 또한 궁홀산(弓忽山)이라고도 하고 금미달(今彌達)이라고도 한다. 나라를 누린 지 1,500년이 되어 서주 무왕이 즉위한 기묘년에 기자를 조선에 봉하니 단군은 곧 장당경(藏唐京)으로 옮겼다가 뒤에 아사달로 돌아와 은거하여 산신이 되었다.[45]

고 했다. 위 인용문의 내용 가운데 중요한 것은 기자가 조선에 봉해지자 단군이 도읍을 장당경으로 옮겼다고 하는 점이다.

위 인용문에 의하면 기자가 조선에 봉해질 당시 고조선의 도읍은 백악산아사달이었다. 그런데 기자가 조선에 봉해지자 고조선은 도읍을 장당경으로 옮겼으며 그 후에 또 아사달로 옮겼다. 이것은 고조선이 기자가 이주했던 조선 지역 외에도 넓은 영토를 가지고 있었음을 알게 해준다. 그리고 기자가 조선으로 이주함에 따라 고조선은 멸망했던 것이 아니라 그 후 계속 존재했음도 알게 해준다. 기자 일족은 서쪽의 서주로부터 망명해 왔으므로 고조선의 영토는 기자의 망명지인 조선 지역으로부터 그 동쪽으로 넓은 영토를 가지고 있었을 것이다. 기자 망명 후 고조선의 도읍지였던 장당경과 아사달은 기자 일족의 망명지인 조선 지역보다는 동쪽에 위치해 있었을 것이다.[46]

고조선이 기자 일족의 망명지인 난하 유역의 조선 지역으로부터 동쪽

---

45 『삼국유사』 권1 「기이」 〈고조선〉조. "雄乃假化而婚之. 孕生子, 號曰壇君王倹. 以唐高(堯)卽位五十年庚寅, 都平壤城, 始稱朝鮮. 又移都於白岳山阿斯達, 又名弓忽山, 又今彌達, 御國一千五百年, 周虎(武)王卽位己卯, 封箕子於朝鮮, 壇君乃移於藏唐京, 後還隱於阿斯達, 爲山神."

46 고조선의 도읍 이동과 그 위치에 관해서는 다음 글을 참조할 것.
윤내현, 「고조선의 도읍 천이고(遷移考)」 앞 책 『한국고대사신론』, pp. 81~116.
이 책의 제1편 제4장 제2절 「고조선의 중심지 변천」 참조.

으로 넓은 영토를 가지고 있었음은 다음과 같은 기록에서도 확인된다. 『후한서』「동이열전」〈예전〉에,

> 예 및 옥저·구려(句驪 : 고구려)는 본래 모두 조선의 땅이었다.[47]

고 기록되어 있다. 『후한서』는 동한시대의 역사서이므로 위 기록은 동한시대의 상황을 전해준다. 당시에 고구려는 만주 지역을 차지하고 있었고 옥저는 함경남북도, 예는 함경남도 남부로부터 강원도에 걸치는 지역을 차지하고 있었다. 이 지역들이 본래 모두 조선의 영역이었다는 것이다.

그러면 여기서 말하는 조선은 어느 조선일까? 앞에서 이미 확인되었듯이 기자의 망명지였던 조선, 위만의 건국지였던 조선, 한사군 낙랑군의 조선현 등은 모두 난하 유역에 위치해 있었다. 따라서 위의 『후한서』「동이열전」〈예전〉의 인용문에 나오는 조선은 그 조선일 수는 없으며 고조선일 수밖에 없다. 이러한 사실은 다음과 같은 기록을 통해서도 뒷받침된다. 『제왕운기』「한사군급열국기(漢四郡及列國紀)」에,

> 때에 따라 합하거나 흩어지며 흥하거나 망하여서,
> 자연에 따라 분계되어 삼한(三韓)이 이루어졌다.
> 삼한에는 여러 고을이 있었으니,
> 다정스럽게 호수와 산 사이에 흩어져 있었다.
> 각자가 국가라 칭하고 서로 침략하였는 바,

---

47 『후한서』 권85 「동이열전」〈예전〉. "濊及沃沮·句麗, 本皆朝鮮之地也."

70이 넘는 그 숫자 어찌 다 밝혀지겠는가?
그 가운데 큰 나라가 어느 것인가?
먼저 부여(扶餘)와 비류(沸流)가 이름 떨치었고,
다음은 시라(尸羅 : 신라)와 고례(高禮 : 고구려)이며,
(그다음은) 남북옥저(남옥저와 북옥저) · 예[穢(濊)] · 맥(貊)이 따르더라.
이들 나라 여러 임금님들 누구의 후손인가 묻는다면,
그들의 혈통 또한 단군으로부터 이어졌다.
그 밖의 작은 나라들은 이름이 무엇이었는지,
옛 책을 찾아보아도 알 길이 없네.[48]

라고 기록되어 있는데, 이와 같은 내용이 『제왕운기』 「전조선기(前朝鮮紀)」 주석으로도 실려 있다.

위의 내용은 고조선이 붕괴된 후 한반도와 만주에 있었던 한·부여·비류·고구려·북옥저·남옥저·예·신라 등 여러 국가가 모두 고조선의 후계 세력이었다는 것이다. 다시 말하면 이전 시대에 이 국가들은 고조선에 속해 있다가 고조선이 붕괴되자 각각 독립국이 되었다는 것이다. 만약 이 국가들이 이전에 고조선에 속해 있지 않았고 이전부터 독립국들이었다면 이들은 단군(고조선)의 후손이었다고 표현할 수 없는 것이다. 이로써 고조선은 한반도와 만주의 넓은 지역을 그 강역으로 하고 있었음을 알 수 있다.[49]

---

48 『제왕운기』 권 하 「한사군급열국기」. "隨時合散浮沉際, 自然分界成三韓, 三韓各有幾州縣, 蚩蚩散在湖山間. 各自稱國相侵凌, 數餘七十何足徵, 於中何者是大國, 先以扶餘沸流稱, 次有尸羅與高禮, 南北沃沮穢貊膺, 此諸君長問誰後, 世系亦自檀君承, 其餘小者名何等, 於文籍中推未能."

49 이 책의 제1편 제3장 「고조선의 강역과 국경」 참조.

고조선이 한반도와 만주를 강역으로 하고 있었음은 고고학 자료에 의해서도 입증된다. 청동기시대에 청동기는 지배계층의 독점물이었다. 따라서 동일한 청동기문화권은 동일한 정치세력 즉 동일한 통치 지역을 의미한다. 그런데 고조선은 청동기시대에 해당되며, 고조선의 대표적 청동기인 비파형동검은 난하를 서쪽 경계로 하여 만주와 한반도 전 지역에서 출토되고 있다.[50]

그런데 앞에서 인용된 『제왕운기』 내용에 "요동에 별천지가 있으니 …… 가운데 사방 천 리 이것이 조선이다."라는 구절이 있었다. 이 조선은 어떤 조선을 말하는가? 이 조선은 넓은 지역이 아니었다. 이 조선은 고조선 전체를 말하는 것이 아니라 단군의 직할지를 뜻한다고 보아야 한다. 한국과 중국의 고대국가는 봉국제[封國制(또는 분봉제分封制)]의 통치 조직을 가진 국가로서 중앙에 최고 통치자의 직할국(直轄國)이 있었고 그 주위에 여러 봉국이 있었다.[51]

일반적으로 최고 통치자의 직할국에 대해서는 국명과 동일한 명칭을 사용했고 다른 봉국(封國)은 각각 고유한 명칭을 사용했다. 그리고 직할국의 영역을 사방 천 리, 봉국의 영역을 사방 백 리로 표현했던 것이다.[52] 결론을 말하면, 위의 『제왕운기』 인용문은 먼저 고조선의 전체 영

---

50 종래에는 비파형동검은 만주와 한반도 북부에서만 출토되는 것으로 인식되었으나 근래의 발굴 결과에 의하면 한반도 남부 해안 지역에서까지 출토되고 있다.
윤내현, 「고조선의 북계와 남계」 『한민족공영체』 창간호, 해외한민족연구소, 1993, pp. 50~60.
이영문, 「한반도 출토 비파형동검 형식분류 시론」 『박물관기요』 7, 단국대 중앙박물관, 1991, pp. 61~110.

51 윤내현, 「고조선의 사회성격」 앞 책 『한국고대사신론』, pp. 156~173.
______, 『한국고대사』, 삼광출판사, 1989, pp. 72~76.

52 『맹자(孟子)』 「만장(萬章)」 하. "天下之制, 地方千里, 公侯皆方百里."

역을 말한 다음 고조선 내에 있었던 단군의 직할국에 대해 언급하고 있는 것이다.

지금까지 확인된 바를 요약하면 다음과 같다. 단군왕검이 건국한 조선 즉 고조선은 난하를 서쪽 경계로 하여 한반도와 만주의 넓은 지역을 그 강역으로 하고 있었는데 국명을 조선이라 했다. 최고 통치자인 단군의 직할국도 조선이라 불렀다. 그리고 그 서부 변경 난하 유역에도 조선이라 불린 지역이 있었는데, 그곳에 기자 일족이 망명하여 거주했었고 위만도 그곳에서 건국했었다. 그곳은 후에 한사군 낙랑군의 조선현이 되었다.

5. 청천강 유역의 조선

중국의 옛 문헌에는 지금까지 고증된 조선 외에 또 다른 조선이 등장한다. 그것은 청천강(淸川江) 유역에 위치해 있었던 조선이다. 『후한서』「동이열전」〈고구려전〉에,

> 고구려는 요동의 동쪽 천 리 되는 곳에 있으며 남쪽은 조선·예맥과 접하였고 동쪽은 옥저, 북쪽은 부여와 접하였다.[53]

고 기록되어 있어 조선이 고구려의 남쪽에도 있었음을 알 수 있다. 이 조선에 대해 『삼국지』「동이전」〈예전〉에서는 더 구체적으로,

---

53 『후한서』 권85「동이열전」〈고구려전〉. "高句驪在遼東之東千里, 南與朝鮮·濊貊, 東與沃沮, 北與夫餘接."

> 예는 남쪽은 진한(辰韓), 북쪽은 고구려·옥저와 접하였고 동쪽은 큰 바다에 이르렀는데 지금의 조선 동쪽이 모두 그 땅이다.[54]

라고 했다. 위의 인용문에서는 조선을 "지금의 조선"이라고 표현하여 『삼국지』 편찬 당시에도 이 조선이 존재하고 있었음을 말하고 있다.

그런데 앞에서 이 조선에 대해 언급한 『후한서』는 중국의 동한시대에 관한 역사서이다. 그리고 『삼국지』는 중국의 삼국시대에 관한 역사서로서 서진(西晉)시대에 편찬되었다.[55] 따라서 이 조선은 중국의 동한시대(서기 23~220)부터 삼국시대(서기 220~265)를 거쳐 서진시대(서기 265~317)까지 존재했음을 알 수 있다.

그리고 『후한서』「동이열전」〈고구려전〉과 『삼국지』「동이전」〈예전〉의 내용을 종합해보면 이 조선은 고구려의 남쪽, 예의 서쪽에 위치해 있었다. 당시에 고구려는 만주에 위치하여 그 남쪽 경계가 청천강 유역에 이르렀던 것으로 추정되고 있으며 예맥(일반적으로 동예라고 부른다)은 함경남도 남부와 강원도 지역에 위치해 있었다. 따라서 이 조선의 위치는 청천강 중류 남부 유역이었을 것으로 추정된다.

과거에는 옛 문헌에 나타난 조선의 위치나 지리적인 개념을 모두 동일한 것으로 잘못 인식했다. 그래서 일부 학자들은 청천강 남부 지역에 있었던 이 조선을 한사군의 낙랑군 조선현을 지칭한 것으로 인식했다. 그리고 그 이전의 고조선이나 위만조선의 위치도 이 지역이었을 것으로

---

54 『삼국지』 권30 「동이전」〈예전〉. "濊南與辰韓, 北與高句麗·沃沮接, 東窮大海, 今朝鮮之東皆其地也."

55 『삼국지』는 서기 274년부터 서기 290년 사이에 편찬되었을 것으로 추정되고 있다.

보았다. 특히 고조선은 그 도읍이 평양성이었다는 옛 문헌의 기록[56] 때문에 지금의 평양을 중심으로 대동강과 청천강 유역에 걸쳐 있었을 것으로 인식했다. 그러나 평양은 만주에도 여러 곳에 있었던 지명으로 원래는 고유명사가 아니라 대읍(大邑 : 큰 마을)을 뜻하는 보통명사였다.[57] 평양에 대한 잘못된 인식은 일부 학자들에 의해 일찍이 고려 말기부터 조선시대를 거쳐 광복 이후까지 계승되었는데 특히 이병도에 의해 통설화되었고[58] 최근에는 노태돈에 의해 다시 강조되었다.[59]

그러나 이미 확인된 바와 같이 기자의 망명지였던 조선, 위만의 건국지였던 조선, 한사군 낙랑군의 조선현은 모두 난하 유역에 있었다. 그러므로 지리적 위치로 보아 청천강 남부 유역의 조선이 그 조선들과 동일한 조선일 수는 없다.

그렇다면 청천강 유역의 조선은 어떤 조선이었을까? 이 조선과 연관하여 다음 몇 가지 점을 생각해보자. 첫째, 이 조선이 위치했던 청천강 유역은 고조선의 영토 내에 속한다. 둘째, 이 조선에 대한 『후한서』나 『삼국지』의 기록은 고조선이 붕괴된 후의 시대 상황을 전하는 것이기 때문에 이 조선이 바로 고조선일 수는 없다. 셋째, 고조선은 대략 서기전 1세기 무렵에 붕괴되었을 것으로 추정되는데, 이 조선은 서기 3세기 말 무렵까지 존속하고 있었던 것으로 기록되어 있다. 넷째, 이 조선은 독립된 국가나 큰 정치세력은 아니었던 것 같다. 『후한서』 「동이열전」과

---

56 주 45의 본문 참조.

57 윤내현, 「고조선의 위치와 강역」·「고조선의 도읍 천이고」 앞 책 『한국고대사신론』, pp. 18~25·99 참조.

58 이병도, 『한국고대사연구』, 박영사, 1981, pp. 139~144.

59 노태돈, 「고조선 중심지의 변천에 대한 연구」 『한국사론』 23, 서울대 국사학과, 1990, pp. 5~11.

『삼국지』「동이전」이 부여 · 읍루 · 고구려 · 동옥저 · 예 · 한(韓) 등의 여러 국가에 대해서는 각각 독립 항목으로 서술하고 있으면서도 이 조선에 대해서는 독립 항목이나 자세한 설명이 없고 단지 고구려와 예의 위치를 설명하기 위해 그 명칭만 언급했다는 점에서 이것을 알 수 있다. 다섯째, 청천강 중류의 남부 유역에는 묘향산(妙香山)이 있는데, 그곳에는 단군이 강림했다는 전설이 전해 오고 단군대(壇君臺)와 단군굴(壇君窟) · 단군사당(壇君祠堂)을 비롯한 많은 단군 관계 유적이 전해 온다. 이 조선과 단군 유적은 어떤 연관이 있을 듯하다.

이상의 점들을 종합해서 생각해볼 때 청천강 중류 남부 유역에 있었던 조선은 고조선의 통치자였던 단군과 그 일족의 후손들이 거주했던 곳이었을 것으로 생각된다. 고조선이 단군 고열가(古列加 : 고조선의 마지막 단군)에 이르러 통치력을 잃고 붕괴되자 거수국들이 독립하게 되었다. 부여 · 읍루 · 고구려 · 동옥저 · 예 · 한 등은 고조선의 거수국들이 세운 독립국들이었던 것이다. 이러한 과정에서 고조선의 단군과 그 일족의 후손들은 비록 통치권은 잃었지만 일정한 지역에 거주하면서 조선이라는 명칭을 사용했을 것이다. 그리고 그 지역은 주변 국가들로부터 보호를 받았을 것이다. 이와 같이 이전의 최고 통치자와 그 일족을 보호해주는 것은 동아시아 고대 봉국제의 통치 조직이 붕괴되는 과정에서 볼 수 있는 보편적인 현상이었다.[60] 고조선의 건국 전과 마지막 도읍지가 모두 대동강 유역의 평양이었던 것으로 추정되는데[61] 묘향산 지역이 평양으

---

60 중국에서는 서주가 건국된 후 상 왕실의 후예를 송(宋)에 봉했고, 주 왕실은 통치 능력을 상실한 후 지난날의 그의 제후국들이 독립국이 되어버린 전국시대 말까지도 그대로 명맥을 유지하면서 '주'라는 명칭을 사용하고 있었다.

61 이 책의 제1편 제4장 제2절 「고조선의 중심지 변천」 참조.

로부터 멀지 않다는 것도 참고가 될 것이다.

지금까지 살펴본 바와 같이 고조선이 붕괴된 후 단군과 그 일족의 후손들은 청천강 중류 남부 유역으로 이동하여 거주하게 되었다. 이에 따라 그 지역은 조선이라 불리며 주변 국가들의 보호를 받으면서 서기 3세기 말 무렵까지 존속했다. 그곳의 묘향산에 있었던 단군 유적은 그들의 종교적 구심점 역할을 했을 것이다.

6. 마치며

지금까지 확인된 바와 같이 조선은 여러 가지 의미로 사용되었다. 조선은 단군왕검이 건국한 고조선의 국명으로 사용되었고 고조선 내에 있었던 역대 단군들의 직할국만을 부르는 명칭으로도 사용되었다. 그리고 고조선의 서쪽 변경인 난하 동부 유역에도 조선이라 불린 지역이 있었다. 이 조선 지역에 기자 일족이 망명 와 거주했고, 이 지역에서 위만이 기자의 후손인 준으로부터 정권을 빼앗아 나라를 세웠는데 그 국명도 조선이었다. 난하 유역의 조선은 후에 낙랑군의 조선현이 되었는데 역시 조선으로 불렸다. 이러한 조선들과는 달리 고조선이 붕괴된 후 청천강 중류 남부 유역 묘향산 지역이 조선이라 불렸는데 그곳이 그렇게 불린 것은 그 지역에 고조선 단군 일족의 후예들이 거주하고 있었기 때문이었다.

이상과 같이 조선은 여러 가지의 다른 의미로 문헌에 등장하기 때문에 사료를 읽을 때 거기에 등장하는 조선이 어느 조선을 의미하는지 주의해야 할 것이다. 종래에는 그러한 분별 없이 사료를 해석함으로써 많은 혼란을 야기했던 것이다.

고대 문헌에 나타난 조선의 용례를 확인하면서 다음과 같은 사실도 밝혀졌다. 기자조선이나 위만조선은 고조선의 후계 세력이 아니었으며, 이들의 정권을 비롯하여 한사군의 낙랑군은 고조선의 중심부에 위치하지도 않았다는 사실이다. 그것들은 모두 고조선의 서부 변경에 위치하여 고조선 후기로부터 말기에 걸쳐 고조선과 병존해 있었음이 확인되었다. 그 가운데 기자 정권은 고조선의 변방 거수가 되었으며 위만 정권은 서한의 지원을 받아 고조선과 대치한 세력이었고 한사군은 중국 영토였다. 따라서 위만조선을 고조선에 포함시키거나 위만조선과 한사군을 고조선의 뒤를 이은 정치세력으로 한국 고대사를 체계화하는 잘못을 범해서는 안 될 것이다.

II 고조선이라는 명칭의 개념

1. 들어가며

어떤 문제를 논하는 데 있어 사람에 따라 명칭에 대한 개념이나 내용을 다르게 인식하고 있다면 매우 큰 혼란이 있게 된다. 그동안 고조선이라는 용어가 사용된 예를 보면 그 개념이나 내용이 학자에 따라 심한 차이가 있음을 보게 된다. 그 개념과 내용은 다르면서도 고조선이라는 동일한 명칭을 사용하고 있기 때문에 혼란을 일으키고 있는 것이다. 그러므로 고조선의 개념을 정확하게 밝혀 바르게 사용함으로써 혼란이 없도록 하는 것이 이 글의 목적이다.

고조선이라는 명칭에 대해 한국인들은 일반적으로 고조선을 단군조선만을 의미하는 것으로 받아들인다. 그러나 한국사 전공학자들의 저서를 보면 그렇지가 않다. 고조선에 위만조선과 한사군을 포함시켜 서술하는가 하면 기자조선을 고조선이라 부르기도 한다. 고조선의 개념에 대해 일반 한국 사람들이 가지고 있는 정서와 학자들이 사용하는 개념 사이에는 커다란 괴리가 있다. 이것은 어떤 이유 때문일까? 어느 쪽을 따르는 것이 옳을까?

조선이라는 명칭은 한국의 옛 문헌은 물론 중국의 옛 문헌에도 자주 등장하는데 그 의미가 달리 사용된 경우가 많다. 예컨대 단군조선·기자조선·위만조선·낙랑군의 조선현 등이 대부분 조선이라고만 기록되어 있다. 그 결과 조선이라는 동일한 명칭 때문에 이들에 관한 기록들은 가끔 혼란을 초래하기도 하고 이들이 지리적으로 동일한 위치에 있었을 것으로 보기도 했다.[1] 그리고 조선이라는 명칭의 기원을 밝히는 데 있어서도 이들 조선이 가진 근본적인 차이에 대해서는 검토하지 않음으로써 오류를 범한 경우가 있음을 보게 된다.

필자는 먼저 그동안 한국사 학계에서 고조선이라는 명칭이 어떤 의미로 사용되었는지를 살펴보고 문제점을 지적하고자 한다. 그리고 고조선이라는 명칭이 어떤 의미로 사용되어야 타당할 것인지 개념을 정립한 다음 고조선의 국명인 조선이라는 명칭의 기원까지 밝혀보고자 한다. 고대국가의 명칭은 중심이 되었던 씨족이나 종족명과 무관하지 않으므로 이 작업은 고조선의 실체를 인식하는 데도 도움이 될 것이다.

2. 고조선이라는 명칭의 사용 예

고조선이라는 명칭은 학자에 따라 다소 다른 의미로 사용되고 있다.

---

1 노태돈, 「한국인의 기원과 국가의 형성」 『한국사특강』, 서울대 출판부, 1990, p. 40. 노태돈은 낙랑군 조선현과 위만조선의 왕검성, 그 앞 시기의 고조선의 도읍이 모두 동일한 곳으로 지금의 평양이라고 했다.

그럼에도 불구하고 일반인들은 그것이 모두 동일한 의미를 지니고 있을 것으로 받아들이고 있다. 따라서 고조선 인식에 혼란이 일어날 수밖에 없다. 그동안 한국사 학계에서 고조선이 사용된 예를 정리하면 다음과 같다.

중학교 국사 교과서에는,

> ① 이러한 배경 속에서 가장 먼저 성립된 나라가 단군이 세운 고조선이었다. 고조선의 단군왕검은 종교와 정치를 함께 지배하는 사람을 뜻하는 말이다. 『삼국유사』에는 단군의 건국에 관하여 다음과 같은 내용이 실려 있다.[2]
>
> ② 서기전 3세기 말엽에는 중국에서 진과 한의 교체로 말미암은 혼란을 틈타 많은 사람들이 고조선으로 옮겨 왔다. 그중 위만이라는 사람이 무리를 이끌고 왔으므로, 고조선의 준왕은 그에게 서쪽 변방을 지키도록 하였다. 그러나 그는 무력으로 준왕을 쫓아내고 스스로 왕이 되었으며, 주변 지역을 정복하여 세력을 크게 떨쳤다.[3]
>
> ③ 이에 고조선은, 한의 대군을 맞아 1년 가까이 굳세게 싸웠으나, 결국 서울인 왕검성이 함락됨으로써 멸망하고 말았다. 그리하여 한은 고조선 옛 지역의 일부에 세력을 뻗쳤으나, 우리 민족은 이에 대항하여 마침내 그들을 몰아내는 데 성공하였다.[4]

고 되어 있다. 고등학교 국사 교과서에는,

---

2 국사편찬위원회, 『중학교 국사』, 대한교과서주식회사, 1990, p. 14.

3 위 책, p. 15.

4 위와 같음.

> ① 가장 먼저 국가로 발전한 것은 고조선이었다. 고조선은 단군왕검에 의해 건국되었다고 한다. 단군왕검이란, 당시 지배자의 칭호였다.[5]
>
> ② 이때, 위만은 그곳에 거주하는 이주민 세력을 통솔하게 되었고, 그것을 기반으로 자신의 세력을 점차 확대하여 나갔다. 그 후, 위만은 수도인 왕검성에 쳐들어가 준왕을 몰아내고 스스로 왕이 되었다.[6]
>
> ③ 고조선이 멸망하자, 한은 고조선의 일부 지역에 군현을 설치하여 지배하려 하였으나, 지역 토착민의 강력한 반발에 부딪혔다.[7]

고 되어 있다. 위에 인용한 중학교와 고등학교 국사 교과서의 ①은 단군조선에 관한 내용이고 ②는 위만조선에 관한 내용이며 ③은 한사군에 관한 내용이다. 따라서 중학교와 고등학교 국사 교과서의 고조선에는 단군조선·위만조선·한사군 등이 포함되어 있다.

이기백의 『한국사신론』에는,

> ① 성읍국가(城邑國家)로서의 고조선은 원래 대동강 유역의 평양에 자리 잡고 있었던 것 같다. 이 성읍국가는 평양 부근의 평야를 지배하는 조그마한 정치적 사회였을 것이다. 그 군장은 단군왕검이라고 칭했던 것 같은데 그는 곧 제정(祭政)을 겸하는 존재가 아니었던가 한다.[8]
>
> ② 이렇게 정국이 바뀌는 동안, 중국으로부터 동쪽으로 망명하여 오는

---

5 국사편찬위원회, 『고등학교 국사』, 대한교과서주식회사, 1993, pp. 16~17.

6 위 책, p. 19.

7 위 책, p. 20.

8 이기백, 『한국사신론』, 일조각, 1977, p. 26.

자가 더욱 많아졌다. 그중의 한 사람인 위만(衛滿)은 천여 명의 무리를 이끌고 왔다고 한다. 위만은 처음 고조선의 준왕(準王)으로부터 변경을 수비하는 임무를 맡더니, 유망민(流亡民)들의 세력을 기반으로 그 힘이 커지자 준왕을 축출하고 스스로 왕이 되었다.[9]

③ 한(漢)은 위만조선을 멸망시킨 그해(B.C. 108)에 위만조선의 판도 안에다 낙랑(樂浪)·진번(眞番)·임둔(臨屯)의 세 군(郡)을 두고, 그다음 해에 예(濊)의 땅에 현도군(玄菟郡)을 두어 소위 한사군이 성립되었다.[10]

고 하여 고조선이 단군조선·위만조선·한사군을 포함한 것으로 서술하고 있다. 한우근의 『한국통사』와 변태섭의 『한국사통론』도 고조선을 이기백과 동일한 개념으로 사용했다.[11]

『조선전사』에는,

① 서북 지방과 요동 지방에서 나타난 〈소국〉들이 언제 통합되어 하나의 통일국가로 되었는가를 정확히 밝히기는 어렵지만 청동야금업이 더한층 발전하여 그것이 생산과 생활에서 더욱 더 결정적 역할을 놀게 되었을 때 그리고 사회가 계급과 계층으로 갈라져 계급적 모순이 날카롭게 대립되었을 때에 국가가 나타났을 것이다.[12]

② 기원전 3세기 말에 부(否)왕이 죽은 다음 그의 아들 준(準)이 왕위를

9 위 책, p. 30.

10 위 책, p. 32.

11 한우근, 『한국통사』, 을유문화사, 1986, pp. 25~31.
변태섭, 『한국사통론』, 삼영사, 1986, pp. 54~57.

12 사회과학원 력사연구소, 『조선전사 2－고대편』, 과학백과사전출판사, 1979, p. 15.

이었으며 기원전 2세기 초에 정변으로 만이 정권을 잡은 다음에는 왕위가 그 아들과 손자 우거에 이르기까지 대대로 계승되었다. 그리고 우거왕도 자기의 왕위를 다음 세대에 물려주기 위하여 아들을 태자로 삼았다. 이러한 사실로 미루어보아 고조선에서의 왕위 세습제는 기원전 3세기 말보다 퍽 오래 전부터 실시되었다고 인정된다.[13]

③ 고조선을 강점한 한나라 침략자들은 고조선 영역 안에 낙랑군을 비롯하여 진번, 임둔, 현도 등 4군을 설치하였다.[14]

고 했다. 『조선전사』는 고조선의 건국자에 대한 언급은 없으나 단군사화가 고조선의 건국 과정을 반영하고 있다[15]고 말하고 있는 것으로 보아 ①의 내용은 단군조선에 관한 것임을 알 수 있다. 따라서 『조선전사』도 고조선에 단군조선 · 위만조선 · 한사군을 포괄하여 서술하고 있음을 알 수 있다.

고조선에 단군조선 · 위만조선 · 한사군 등을 포함시킨 위의 개념과는 달리 고조선에 단군조선이 포함된 것인지 그렇지 않은 것인지가 분명하지 않은 경우도 있다. 『한국사특강』에는,

① 농업경제와 청동기문화를 영위한 이래로 한반도와 중 · 남부 만주지역 각지에서 새로운 정치적인 움직임이 서서히 태동하는 가운데서, 가장 먼저 역사의 무대에 두각을 나타낸 것이 조선이다.[16]

---

13 위 책, p. 83.
14 위 책, p. 112.
15 위 책, pp. 19~25.
16 한국사특강편찬위원회, 『한국사특강』, 서울대 출판부, 1990, p. 38.

② 고조선의 준왕(準王)은 위만을 서쪽 변경지대에 거주하게 하고, 국경 수비의 임무를 맡기었다. 그런데 위만은 차츰 유이민을 끌어모아 세력을 키워, 기원전 194년 무렵 한(漢)이 침공해 오자 수도를 방어해야 한다는 구실을 내세워 군사를 끌고 들어와 정권을 탈취하였다.[17]

③ 한의 침공에 맞서 고조선인은 1년여에 걸친 치열한 공방전을 벌였으나, 기원전 108년 왕검성이 마침내 함락되었다. 이후 한은 고조선의 영역에 4개의 군을 설치했다.[18]

고 되어 있어 고조선 건국자가 누구인지에 대해서는 말하지 않았다. 그리고 고조선은 위만조선과 그 앞의 왕조를 포괄한다고 말했지만 위만조선보다 앞선 조선이 어떤 조선인지에 대해서는 언급하지 않았다. 따라서 고조선에 위만조선과 한사군 등이 포함되어 있는 것은 분명하지만 단군조선을 포괄한 것인지는 알 수가 없다. 『한국사강의』에도,

① 이렇게 등장한 여러 지역집단은 무기의 발달에 따라 전쟁이 빈번해지면서 그중 우세한 집단을 중심으로 차츰 정복·통합되어 보다 큰 세력으로 성장해갔다. '조선'이란 명칭은 이 과정에서 일정한 지역을 대표하여 나타난 정치체의 명칭이었다. 그리고 단군신화도 이 과정에서 한 집단의 시조신화로 자리 잡고 발전하면서 후에 고조선 국가 전체의 건국신화로 전해지게 된 것이다.[19]

---

17 위 책, p. 41.

18 위 책, p. 42.

19 한국역사연구회, 『한국사강의』, 한울아카데미, 1989, pp. 67~68.

② 위만은 차츰 유이민을 끌어모아 세력을 키우고, 고조선과 한의 긴장 관계를 이용하여 기원전 194년 무렵 준왕을 공격하여 정권을 빼앗았다.[20]

③ 고조선이 멸망한 뒤 그 일부 지역에는 한의 사군이 설치되었다.[21]

고 서술하고 있다. 이 내용에 따르면 위만조선 이전에 조선이 있었다는 사실은 인정하면서도 그것을 단군조선이라고는 부르지 않고 있다.

최근에 이종욱은 고조선에 위만조선과 그 이전의 조선 그리고 낙랑군 등을 포함시켜 서술하면서도 위의 견해와는 다른 주장을 했다. 그는 위만조선 이전의 조선은 중국으로부터의 이주민들과 토착인들이 서기전 12세기 이후에 세운 나라였을 것으로 보았다. 단군사화에 나오는 환웅족과 호랑이족은 중국으로부터의 이주민이고 곰족은 토착인들이었을 것이라고 자의적인 해석을 한 것이다. 따라서 단군왕검이 건국한 고조선을 부인했다.[22]

이상은 단군조선을 인정하든 그렇지 않든 간에 위만조선과 그보다 앞선 조선, 그리고 한사군을 고조선 속에 포함시킨 개념들이다. 그런데 한사군을 함께 서술한 것은 그것을 고조선의 개념에 포함시켰기 때문이 아니라 고조선이 멸망한 후의 상황을 설명하기 위한 것이었다고 이해한다면, 고조선이라는 개념에는 위만조선과 그 이전의 조선(그것이 단군조선이든 그렇지 않든 간에)이 포함되어 있음을 알 수 있다. 그러한 뜻을 노태돈은 『한국사특강』에서 분명하게 밝히고 있다. 즉,

---

20 위 책, p. 70.

21 위 책, p. 73.

22 이종욱, 『고조선사 연구』, 일조각, 1993, pp. 67~73.

> (고대의) 조선을 후대의 이씨 왕조의 조선과 구분하기 위해 고조선이라 한다. 고조선은 위씨왕조(衛氏王朝)까지 포괄하나 위씨왕조와 그 전 시기의 왕조를 구분하기 위해 편의적으로 때로는 위씨왕조를 위씨조선(衛氏朝鮮)으로, 그 전 시기를 고조선으로 부르기도 한다.[23]

고 했다. 이와 동일한 뜻을 『한국사강의』의 저자도 밝히고 있다.[24]

여기서 유의해야 할 점이 있다. 그것은 고조선의 내용에 위만조선을 포함시킨 위의 견해들은 모두가 위만은 고조선의 준왕으로부터 정권을 빼앗았다고 서술함으로써 준왕이 단군왕검의 후손인 것처럼 오해하도록 만들고 있는 것이다. 그러나 준왕은 단군왕검의 후손이 아니라 기자의 후손이었다.[25] 그런데도 기자에 대해서는 한마디도 언급이 없다. 단군조선과 기자조선의 관계에 대해서는 언급하지 않고 기자의 후손인 준왕만을 고조선 왕으로 서술함으로써 독자들에게 혼란을 주고 있는 것이다. 이 문제에 대해서는 다음 절에서 자세하게 논할 것이다.

기자조선을 고조선으로 불러야 한다는 주장도 있다. 단군조선은 국가사회 단계가 아니었으므로 고조선으로 부를 수 없다는 것이다. 즉 천관우는,

> 그러나 여기서 말하는 고조선이란 어느 시기를 가리키는 것일까? 요령(遼寧) 청동기문화가 B.C. 10~3세기라고 할 때, 이것을 문헌상에 전해

---

23 앞 책, 『한국사특강』, p. 38.

24 앞 책, 『한국사강의』, p. 67.

25 『후한서』 권85 「동이열전」 〈예전〉, 『삼국지』 권30 「동이전」 〈예전〉·〈한전〉 및 〈한전〉의 주석으로 실린 『위략』 등 참조.

오는 연대에 견주어보면 단군조선이라기보다 기자조선에 해당하는 것이다.[26]

라고 하면서, 요서의 청동기문화[하가점상층문화(夏家店上層文化)]의 상한을 중국 학계는 서기전 1000년 이후로 보는 듯하다고 말했다.[27] 천관우는 기자족(箕子族)이 중국 북부로부터 만주를 거쳐 한반도 북부에 이르러 고조선을 건국했다고 주장하고 있다.[28] 여기서 천관우는 두 가지 오류를 범하고 있다. 첫째, 요서에서 가장 이른 청동기문화를 하가점상층문화로 보고 있는데 요서에는 그보다 앞선 서기전 2500년경의 하가점하층문화[29]가 있으며, 한반도에도 서기전 2500년경의 청동기문화 유적

---

26 천관우, 『고조선사·삼한사 연구』, 일조각, 1991, p. 23.

27 위 책, p. 22.

28 위 책, pp. 10~137.

29 하가점하층문화 유적들의 방사성탄소측정연대는 요령성(遼寧省) 조양시(朝陽市) 용성구(龍城區) 열전창(熱電廠) 유적은 서기전 1480±250년(3430±250 B.P.)·1585±55년(3535±55 B.P.)·1630±75년(3580±75 B.P.)·1775±135년(3725±135 B.P.)으로 교정연대는 서기전 1745±270년(3695±270 B.P.)·1875±115년(3825±115 B.P.)·1930±100년(3880±100 B.P.)·2115±150년(4065±150 B.P.)이고, 북표현(北票縣) 풍하(豊下) 유적은 서기전 1600±80년(3550±80 B.P.)으로 교정연대는 서기전 1890±130년(3840±130 B.P.)이며, 건평현(建平縣) 수천(水泉) 유적은 서기전 1830±90년(3780±90 B.P.)으로 교정연대는 서기전 2180±110년(4130±110 B.P.)이고, 내몽골자치구의 오한기(敖漢旗) 대전자(大甸子) 유적은 서기전 1440±90년(3390±90 B.P.)·1470±85년(3420±135 B.P.)으로 교정연대는 서기전 1695±135년·1735±135년이며, 적봉시 지주산 유적은 서기전 2015±90년(3965±90 B.P.)으로 교정연대는 서기전 2410±140년(4360±140 B.P.)이다. 지주산 유적의 연대는 지금까지 확인된 하가점하층문화 연대 가운데 가장 이르다. 이 문화가 실제로 개시된 것은 유적의 연대보다는 다소 앞설 것이므로 서기전 2500년 무렵으로 잡을 수 있을 것이다.
中國社會科學院考古研究所實驗室, 「放射性炭素測定年代報告15」 『考古』, 1988年, 第7期, p. 659.
한창균, 「고조선의 성립배경과 발전단계 시론」 『국사관논총』 제33집, 국사편찬위원회,

이 있다는 사실[30]을 알지 못했다. 둘째, 천관우는 기자조선이 한반도에 위치해 있었다고 보았던 조선시대 학자들의 견해를 그대로 따르고 있는데, 중국의 원사료에는 기자조선이 북경 근처 난하 유역에 위치해[31] 있었던 것으로 기록된 점을 확인하지 않고 있다는 점이다.

고조선은 단군조선만을 지칭하는 명칭이었다고 보는 견해도 있다.

1992, p. 39 부록 참조.

中國社會科學院考古研究所 編著, 『中國考古學中碳十四年代數據集』, 文物出版社, 1983, p. 24·25·27.

30 한반도에서도 서기전 25세기로 올라가는 청동기 유적이 두 곳이나 발굴되었다. 하나는 문화재관리국 발굴단이 발굴한 경기도 양평군 양수리의 고인돌 유적이다. 다섯 기의 고인돌이 발굴된 이 유적에서 채집한 숯에 대한 방사성탄소연대측정 결과는 서기전 1950±200년으로 나왔는데 교정연대는 서기전 2325년 무렵이 된다. 이 유적에서 청동 유물은 출토되지 않았으나 고인돌은 청동기시대 유물이라는 것이 학계의 정설이므로 이 연대를 청동기시대 연대로 볼 수 있다. 그러나 발굴자들은 이 연대가 종래에 한국학계에서 사용해왔던 청동기시대 연대보다 훨씬 높기 때문에 이 고인돌 유적의 연대가 서기전 8~7세기 이상으로 올라가지 못할 것이라고 소개하고 있다. 다른 하나는 목포대 박물관이 발굴한 전남 영암군 장천리 주거지 유적이다. 이 청동기시대 유적은 수집된 숯에 대한 방사성탄소연대측정 결과 그 연대는 서기전 2190±120년(4140±120 B.P.)·1980±120년(3930±120 B.P.)으로 나왔는데 교정연대는 서기전 2630년·2365년 무렵이 된다. 발굴자들은 이 연대가 지나치게 높게 나왔기 때문에 이용할 수가 없다고 말하고 있다. 그러나 방사성탄소측정연대는 과학적으로 얻어진 연대이므로 이 연대를 기준으로 종래의 연대들이 수정되어야 할 것이다.

Chan Kirl Park and Kyung Rin Yang, "KAERI Radiocarbon Measurements Ⅲ" *Radiocarbon*, vol. 16, No. 2, 1974, p. 197.

이호관·조유전, 「양평군 양수리 지석묘 발굴보고」 『팔당·소양댐 수몰지구 유적발굴 종합조사보고』, 문화재관리국, 1974, p. 295.

최성락, 『영암 장천리 주거지』 2, 목포대 박물관, 1986, p. 46.

31 윤내현, 「기자신고」 『한국사연구』 41, 1983, pp. 1~50, (『한국고대사신론』, 일지사, 1986, pp. 176~239에도 수록되어 있음).

______, 「고대조선고」 『중재장충식박사화갑기념논총』, 중재장충식박사화갑기념논총간행위원회, 1992, pp. 3~20.

이 책의 제1편 제5장 제1절 「위만조선과 한사군의 위치」 참조.

『새로운 한국사』에서는,

> 『삼국유사』에 기록된 바에 의하면 고조선은 서기전 2333년에 단군왕검에 의하여 건국되었다. (중략) 청동기시대에 대체로 국가사회 단계에 진입하였다는 일반론을 따르면 서기전 2333년 무렵에 고조선이 건국되었다는 『삼국유사』의 기록은 타당한 근거가 있는 것이다. 고조선이 건국됨으로써 명실상부한 한민족이 형성되었던 것이다.[32]

라고 하여 고조선은 단군왕검이 건국했음을 분명히 했다. 그리고 기자조선·위만조선·한사군에 대해서는,

> 고조선 말기에 중국과 접경지대인 난하 동부 유역에서는 몇 차례의 정변이 있었다. 그것은 중국으로부터 망명해 온 기자조선에 의한 망명 정권의 수립, 위만에 의한 기자 일족의 정권 탈취와 위만조선의 건국, 서한 무제에 의한 위만조선의 멸망과 한사군 설치 등이다.[33]

라고 서술함으로써 기자조선·위만조선·한사군 등의 교체는 고조선 중심부에서 일어난 사건이 아니라 그 서쪽 변경에서 있었던 사건들이었다고 말하고 있다. 그리고 고조선(단군조선)이 붕괴됨으로써 그 거수국들이 독립하여 열국시대가 시작되었다고 했다.[34]

지금까지 살펴본 바와 같이 고조선은 네 가지 의미로 사용되고 있다.

---

32 윤내현·박성수·이현희, 『새로운 한국사』, 삼광출판사, 1989, pp. 69~71.

33 위 책, p. 97.

34 위 책, pp. 113~117.

첫째는 단군조선·위만조선·한사군 등을 포괄하는 의미이고, 둘째는 위만조선 이전의 개념이 불확실한 조선·위만조선·한사군 등을 포괄하는 의미이며, 셋째는 기자조선만을 의미하고, 넷째는 단군조선만을 의미한다. 이러한 혼란을 피하기 위해 그 개념을 정립할 필요가 있다.

3. 고조선이라는 명칭의 개념 정립

앞에서 살펴본 바와 같이 고조선은 크게 네 가지의 다른 의미로 사용되고 있다. 그 가운데 단군조선·위만조선·한사군을 포괄하거나, 또는 의미가 불확실한 위만조선 이전의 조선·위만조선·한사군 등을 포괄하는 견해는 고조선이라는 용어를 옛날의 조선을 뜻하는 보통명사로 사용하고 있다. 그리고 고조선을 단군조선이나 기자조선으로 보는 견해는 특정한 나라 또는 왕조를 의미하는 고유명사로 사용하고 있다.

고조선은 한자의 뜻을 그대로 풀이한다면 '옛 조선'이다. 그렇게 보면 단군조선이나 기자조선, 위만조선 모두가 옛 조선이다. 따라서 그것이 혼란을 일으키지 않는다면 보통명사로 사용하는 것이 문제가 될 수 없다. 그런데 고조선을 보통명사로 사용하는 학자들의 고조선사 서술에 많은 혼란이 있다는 점이 문제가 되는 것이다.

학자들이 용어를 사용할 때 가장 중요한 것은 그 개념과 내용이 분명해야 한다는 점이다. 단군조선은 토착세력에 의해 건국된 나라인 데 반해 기자조선과 위만조선은 중국의 망명세력에 의해 건립된 정권이었으며 한사군은 중국 서한의 행정구역이었다. 따라서 이들의 성격은 전혀 다르다. 이와 같이 성격이 전혀 다른 단군조선·기자조선·위만조선·한사군 등을 하나로 묶어 서술함으로써 그것들에 대한 인식을 혼란하게 만들고 있는 것이다.

그뿐만 아니라 각 왕조에 대한 내용을 적당히 섞어 서술함으로써 구체적으로 그것이 어느 왕조를 말한 것인지조차 알 수 없게 만들고 있다. 예컨대 그들은 단군조선을 인정한 것처럼 보이지만 고조선의 건국을 서기전 12세기 이후로 본다면 실제로는 단군조선을 인정하지 않은 것이다. 왜냐하면 그들은 준왕을 고조선 왕으로 서술하고 있는데 준왕은 단군왕검의 자손이 아니라 기자의 후손이며 기자는 서기전 12세기 무렵에 중국의 주나라로부터 고조선으로 망명했기 때문이다.

이 점을 분명히 하기 위해 그 근거가 되는 기록을 보자. 『후한서』「동이열전」〈예전〉에,

> 옛날에 (주나라) 무왕이 기자를 조선에 봉했는데, …… 그 후 40여 세대가 지나 조선후 준에 이르러 스스로 왕이라 칭하였다.[35]

고 기록되어 있는데, 이와 동일한 내용이 『삼국지』「동이전」〈예전〉에도 보인다.[36] 주나라 무왕이 기자를 조선에 봉했다는 것은 기자가 그곳에서 사는 것을 공식으로 인정했다는 중국식 표현인데 여기서 중요한 것은 준왕은 기자의 40여 세대의 후손이라는 점이다.

이와 동일한 내용이 『위략』에서도 확인된다. 즉,

---

35 『후한서』 권85 「동이열전」〈예전〉. "昔武王封箕子於朝鮮, …… 其後四十餘世, 至朝鮮侯準, 自稱王."

36 『삼국지』 권30 「동이전」〈예전〉. "昔箕子旣適朝鮮, …… 其後四十餘世, 朝鮮侯準僭號稱王."

옛날 기자의 후손인 조선후는 주나라가 쇠퇴한 것을 보고 연나라가 스스로 높여 왕이라 하고 동쪽의 땅을 침략하고자 하자 조선후 또한 스스로 칭하여 왕이라 하고 군사를 일으켜 오히려 연나라를 공격함으로써 주 왕실을 받들고자 하였다. 그 대부 예(禮)가 간하니 곧 중지하였다. 예를 서쪽으로 보내어 연나라를 설득하니 연나라도 중지하고 공격하지 않았다. 그 후 자손이 점차 교만하고 포학하여지니 연나라는 곧 장수 진개를 보내어 그 서방을 공격하도록 하여 2천여 리의 땅을 빼앗으니 만번한에 이르러 경계가 되고 조선은 마침내 약화되었다. 진나라가 천하를 병합함에 이르러 몽염을 시켜 장성을 쌓았는데 요동에 이르렀다. 이때에 조선왕 부(否)가 즉위하였는데 진나라가 그를 칠까 두려워하여 진나라에 거짓으로 복속된 것처럼 하였으나 조회(朝會)는 수긍하지 않았다. 부(否)가 사망하고 그의 아들 준(準)이 즉위하였다.[37]

고 기록되어 있다. 위 문장에 나오는 조선은 기자조선이며 부왕(否王)과 그의 아들 준왕은 모두 기자의 후손이었음을 말해주고 있다. 중국인들은 기자조선이나 위만조선을 그냥 조선이라고도 불렀던 것이다. 사료를 읽을 때에 이들을 고조선과 혼동해서는 안 될 것이다. 위만이 준왕으로부터 정권을 빼앗았다면 위만조선 이전의 조선은 기자조선이어야 하는 것이다.

역사를 서술하는 데 있어 여러 사건이나 사실을 하나로 묶어 하나의

---

37 『삼국지』 권30 「동이전」 〈한전〉의 주석으로 실린 『위략』. "昔箕子之後朝鮮侯, 見周衰, 燕自尊爲王, 欲東略地, 朝鮮侯亦自稱爲王, 欲興兵逆擊燕以尊周室. 其大夫禮諫之, 乃止. 使禮西說燕, 燕止之, 不攻. 後子孫稍驕虐, 燕乃遣將秦開攻其西方, 取地二千餘里, 至滿番汗爲界, 朝鮮遂弱. 及秦幷天下, 使蒙恬築長城, 到遼東. 時朝鮮王否立, 畏秦襲之, 略服屬秦, 不肯朝會. 否死, 其子準立."

명칭으로 표현하려면 그 명칭에 포함되는 사건이나 사실들은 당연히 같은 성격의 것들이어야 한다. 그렇지 않은 경우에는 하나의 명칭으로 묶을 수가 없다. 그런데 고조선을 보통명사로 사용한 경우에 고조선에 포함시킨 단군조선·기자조선·위만조선·한사군 등은 성격이 전혀 다르다. 성격이 다른 국가와 정권 및 행정구역을 하나로 묶어 서술함으로써 기자조선이나 위만조선이 단군조선과 같은 한민족의 정권이었던 것처럼 인식에 혼란을 일으키고 있는 것이다.

더욱 문제가 되는 것은 기자조선의 준왕이나 위만조선이 단군조선의 뒤를 계승하고 있는 것처럼 서술하고 있는데, 이것은 사실과 전혀 다르다는 점이다. 기자조선과 위만조선은 단군조선의 서쪽 변경에 위치해 있었다. 기자는 중국 상 왕실의 후예로서 기국(箕國)에 봉해졌던 제후였는데 상나라가 주족(周族)에 의해 멸망되자 단군조선의 변경이었던 지금의 난하 유역으로 망명하여 단군조선의 거수(渠帥)가 되었다.[38] 이 거수국을 기자조선이라고 부른다.

그 후 위만이 중국 서한으로부터 기자조선으로 망명하여 기자의 후손인 준왕으로부터 정권을 빼앗았다. 따라서 위만조선도 난하 유역에서 건국되었다.[39] 위만은 단군조선의 정권을 빼앗은 것이 아니라 단군조선의 거수국이었던 기자조선의 정권을 빼앗았던 것이다. 그리고 위만은 서한의 외신(外臣)이 되어[40] 단군조선을 침략함으로써 단군조선과는 적대 관계에 있었다. 서한 무제는 위만의 손자인 우거왕이 서한의 말을 잘

---

38 주 31과 같음.

39 윤내현, 「위만조선의 재인식」 앞 책 『한국고대사신론』, pp. 241~252.
앞 글, 「고대조선고」, pp. 9~13.
이 책의 제1편 제5장 제1절 「위만조선과 한사군의 위치」 참조.

40 『사기』 권115 「조선열전」 참조.

듣지 않으므로 위만조선을 쳐 멸망시키고 그 지역을 서한의 행정구역으로 편입시켰다. 이것이 한사군이다.[41] 따라서 한사군은 지금의 요서 지역에 위치해 있었다. 그러므로 기자조선(준왕 포함) · 위만조선 · 한사군 등의 건국과 설치는 단군조선의 서쪽 변경에서 일어난 사건이었던 것이다. 따라서 기자조선과 위만조선, 한사군 등을 단군조선을 계승한 후계 세력인 것처럼 서술한 것은 근본적으로 잘못된 것이다.

이러한 근본적인 오류는 과학적인 한국사 연구가 시작되기 전 고려 말부터 조선시대에 걸친 시기 유학자들의 모화사상(慕華思想)에서 기인된 것이었다. 『사기』「송미자세가」와 『상서대전』「은전」에는 중국 서주의 무왕이 기자를 조선에 봉했다는 기록이 있다.[42] 이것은 기자가 조선으로 망명했다는 소식을 들은 서주 무왕이 그를 죄인으로 취급하지 않고 그 사실을 인정해주었다는 중화주의적(中華主義的) 표현이다. 그런데 유학자들은 중국 천자인 무왕이 기자를 조선에 봉했다면 기자는 고조선의 통치자가 되었음을 의미하는 것이라고 받아들였던 것이다. 따라서 기자가 옮겨 옴으로써 단군조선은 끝나고 기자조선이 시작되었을 것으로 믿었다.

그리고 중국 문헌의 기록에 의하면 위만은 기자의 후손인 준왕의 정권을 빼앗아 위만조선을 건국했고 그 후 서한 무제가 위만조선을 멸망시키고 그 지역에 한사군을 설치한 것으로 되어 있으므로, 한국고대사는 단군조선 · 기자조선 · 위만조선 · 한사군의 순서로 체계화되어야 한다

---

41 『사기』 권115 「조선열전」 참조.

42 『사기』 권38 「송미자세가」. "於是武王乃封箕子於朝鮮而不臣也."
『상서대전』 권2 「은전」 〈홍범〉. "武王勝殷, 繼公子祿父, 釋箕子之囚, 箕子不忍爲周之釋, 走之朝鮮. 武王聞之, 因以朝鮮封之. 箕子旣受周之封, 不得無臣禮, 故於十三祀來朝, 武王因其朝而問洪範."

고 믿었다. 유가(儒家)사상이 정치와 학문의 지도이념이 되었던 근세조선시대에는 이러한 고대사 체계가 계승되어 주류를 이루었다.

그 후 일본인들은 단군조선을 믿을 수 없는 전설로 치부하여 말살했고 기자조선도 그 옛날에 기자가 중국으로부터 멀리 떨어진 한반도까지 왔다는 것은 불가능하다는 이유로 부인했다.[43] 기자가 조선에 봉해졌다는 중국 문헌의 기록들은 중화사상에 의해 조작되었을 것이라고 주장했던 것이다. 일본인들이 기자조선을 부인한 것은 임나일본부설(任那日本府說)을 만들어, 고대부터 한반도에 영향력을 행사한 것은 중국이 아니라 일본이었다는 논리를 전개하여 그들의 한반도 진출을 합리화하기 위한 것이었다.

광복 후 한국사 학계에서는 고대사에 대한 연구가 충분하지 않은 상황에서 한국사를 체계화해야 했다. 토착인들이 세운 단군조선은 부활시켰으나 중국인이 세웠다는 기자조선은 일본인들도 부인했으므로 굳이 부활시킬 필요가 없다고 생각했다. 그 결과 고대사는 단군조선→위만조선→한사군의 순서로 체계화되었으며 위만의 건국 과정을 설명하는 과정에서 기자의 후손인 준왕(準王)이 언급되기에 이르렀던 것이다. 그리고 이것이 통설이 되었다.

결국 한국 고대사 체계가 문제점을 지니게 된 것은 연구 축적의 부족이었다. 한국 고대사를 정확하게 체계화하기 위해서는 중국 문헌에 나오는 조선은 모두 동일한 곳을 지칭하는지의 여부, 단군조선과 기자조선·위만조선·한사군 등이 동일한 곳에 위치해 있었는지의 여부, 그들이 수직 관계에 있었는지의 여부 등을 기본 사료에 따라 구체적으로 고증을

---

43 今西龍, 「箕子傳說考」 上·下 『支那學)』 2卷, 大正 11(1922), 10號, pp. 1~20 ; 11號, pp. 40~60.

거쳐야 했다. 그러나 그러한 구체적인 연구는 거의 없었다. 기자조선이나 위만조선·한사군의 지리적 위치에 대한 연구가 전혀 없는 상황에서 일본인들이 대동강 유역에서 중국 유물을 발굴하고 그곳이 한사군의 낙랑군이었다고 발표하자 그것을 의심 없이 믿는 형편이었던 것이다.

그뿐만 아니라 단군조선→기자조선→위만조선→한사군의 체계에서 기자조선을 제거하면 그 시간 공백을 메워야 하고, 기자와 준왕의 관계에 대해서도 새로운 설명이 필요하다고 생각하는 학자들이 있게 되었다. 그 결과 기자조선 시기를 개아지조선[기씨조선(奇氏朝鮮) 또는 해씨조선(解氏朝鮮)][44]이나 한조선(韓朝鮮)[45] 또는 예맥조선(濊貊朝鮮)[46]이라고 불러야 한다는 의견이 제시되었고 준왕은 기자의 후손이 아닌데, 중국인들이 이민족동화술(異民族同化術)로 꾸며낸 이야기일 것이라고 보기도 했다.[47] 그러나 기자조선·위만조선·한사군 등이 단군조선의 후계세력들로 체계화된 것은 처음부터 잘못되었던 것이므로 기자조선에 해당하는 시간의 공백을 메워야 할 필요가 없는 것이다.

지금까지 살펴본 바와 같이 단군조선·기자조선·위만조선을 포괄하여 고조선이라고 부를 경우 그 개념에 혼란이 일어난다. 그리고 기자조선만을 고조선이라 부르는 것도 타당하지 않다. 그러므로 필자는 고조선이라는 용어를 옛 문헌에서 처음으로 사용되었던 바에 따르는 것이

---

44 최남선, 「고조선의 기자는 지나(支那)의 기자가 아니다」 『육당 최남선 전집』 2, 현암사, 1973, pp. 366~374(원래 월간 「괴기(怪奇)」 제2호, 1929에 실렸음).
개아지조선설은 최남선의 『아시조선(兒時朝鮮)』, 동양서원, 1927, pp. 33~36에서도 보인다.

45 이병도, 「〈기자조선〉의 정체와 소위 〈기자팔조교〉에 대한 신고찰」 『한국고대사연구』, 박영사, 1981, pp. 47~56.

46 김정배, 『한국민족문화의 기원』, 고려대 출판부, 1973, pp. 180~216.

47 주 44와 같음.

바람직하다고 생각한다.

고조선이라는 말이 처음 사용된 것은 『삼국유사』이다. 『삼국유사』 「기이」편에는 〈고조선〉조와 〈위만조선〉조가 독립된 항목으로 설정되어 있고 〈고조선〉조에서는 단군조선에 관해서만 기록되어 있다. 『삼국유사』의 저자 일연(一然)은 단군조선만을 고조선이라고 불렀던 것이다. 이러한 관념은 오랫동안 계승되어 한민족의 정서를 형성했다. 그 결과 일반적으로 고조선은 단군조선을 의미하는 것으로 받아들이고 있는 것이다.

일연이 『삼국유사』를 저술했던 고려시대는 근세조선이 등장하기 전이었다. 그러므로 오늘날의 일부 학자들이 사용하고 있는 것처럼 고조선을 근세조선보다 앞서 있었던 조선이라는 의미로 사용하지는 않았다. 아마도 단군조선을 기자조선이나 위만조선보다 앞서 오래전부터 있었던 조선이라는 의미로 고조선이라 불렀을 것이다. 그것이 오랜 기간 사용되면서 고유명사화되었을 것이다.

『삼국유사』 〈고조선〉조에는 "주나라 무왕이 즉위한 기묘년에 기자를 조선에 봉하니 단군은 곧 장당경으로 옮겼다."는 내용이 있다. 이를 근거로 『삼국유사』의 고조선은 기자조선을 의미하기도 한다고 잘못 인식할 수가 있다. 그러나 그 문장은 기자조선을 주체로 파악하고 있는 것이 아니라 단군조선의 도읍을 장당경으로 옮기게 된 경위를 설명하고 있는 것이다. 즉 단군이 도읍을 장당경으로 옮긴 것은 기자가 조선으로 망명온 것과 관계가 있음을 말하고 있는 것이다.

지금까지의 고찰로 분명해졌듯이 기자조선·위만조선·한사군 등은 단군조선의 뒤를 이은 왕조나 정치세력이 아니라 단군조선의 서쪽 변경에서 일어났던 사건들이므로 이들을 단군조선과 수직으로 체계화하는 것은 옳지 않다. 그리고 이들을 통칭하여 고조선이라 부르거나 기자조선만을 고조선이라고 부르는 것도 타당하지 않다. 단군왕검에 의해 건국된 단군조선만을 고조선이라 불러야 하는 것이다.

4. 고조선 국명의 기원

고조선의 국명인 조선은 한국사에 처음으로 등장한 국명이다. 『삼국유사』의 〈고조선〉조에,

> 『위서(魏書)』에 이르기를 지금부터 2천 년 전에 단군왕검이 있어 아사달에 도읍을 정하고 나라를 열어 이름을 조선이라 하였는데 고(요)와 같은 시대였다.[48]

> (단군왕검은) 당고(요)가 즉위한 지 50년인 경인에 평양성에 도읍하고 비로소 조선이라 하였다.[49]

고 기록되어 있다. 이와 같이 조선은 한국사에 처음으로 등장한 국명이었기 때문에 조선이라는 명칭의 기원에 대해 그동안 학자들이 관심을 가져왔다.

중국의 옛 문헌에서도 조선에 관한 기록들을 볼 수 있는데 중국인들은 단군조선·기자조선·위만조선·낙랑군의 조선현 등을 모두 조선이라고 기록함으로써 후대의 학자들이 그것을 사료로 활용하는 데 혼란을

---

48 『삼국유사』 권1 「기이」 〈고조선〉조. "魏書云, 乃往二千載有壇君王儉, 立都阿斯達, 開國號朝鮮."

49 위의 〈고조선〉조, "號曰壇君王儉, 以唐高卽位五十年庚寅, 都平壤城, 始稱朝鮮."

주고 있다. 이 조선들이 동일한 조선이 아닌데도 명칭 때문에 그것들을 동일한 것으로 잘못 인식하도록 만드는 경우가 있으며 조선이라는 명칭의 기원을 밝히는 데도 혼란을 주고 있는 것이다.

조선이라는 명칭의 유래에 관해 언급한 현존하는 기록 가운데 가장 오래된 것은 중국의 삼국시대 위나라 장안(張晏)의 견해이다. 즉 『사기집해』에,

> 장안은 말하기를 조선에는 습수(濕水)·열수(洌水)·산수(汕水)가 있는데 이 세 강이 합하여 열수(洌水)가 된다. 아마도 낙랑의 조선은 그 명칭을 여기서 취하였을 것이다.[50]

라고 했다. 장안의 견해를 따라 『사기색은(史記索隱)』에서도,

> 선(鮮)의 음은 선(仙)이다. 산수(汕水)가 있으므로 그로 인하여 그렇게 이름하였을 것이다.[51]

라고 했다.

가장 오래된 사료에 의거하여 역사를 연구하는 것이 합리적이라는 이유 때문에 그동안 장안의 견해는 학자들의 관심의 대상이 되어왔다. 장안의 견해를 가장 합리적이라고 보는 학자도 있다.[52] 장안의 말에 의하

---

50 『사기』 권115 「조선열전」에 주석으로 실린 『사기집해』. "張晏曰, 朝鮮有濕水·洌水·汕水, 三水合爲洌水, 疑樂浪朝鮮取名於此也."

51 『사기』 권115 「조선열전」에 주석으로 실린 『사기색은』. "鮮音仙, 以有汕水, 故名也."

52 리지린, 『고조선 연구』, 과학원출판사, 1964, pp. 34~35.

면 습수·열수·산수라는 세 개의 지류를 가진 열수(洌水)라는 강이 있었음을 알 수 있는데, 이러한 지류를 가진 강은 지금의 난하였으며 난하 하류 유역을 고대에 조선이라 불렀음이 확인된다는 것이다.

그런데 여기서 유의해야 할 점은 조선이라는 명칭의 유래에 대한 장안의 견해는 『사기』「조선열전」의 조선이라는 명칭에 대한 주석으로 실려 있으며, 그 내용을 보면 낙랑군의 조선현 명칭의 유래에 대해 설명하고 있다는 것이다. 『사기』「조선열전」은 위만조선에 관한 기록이다. 따라서 장안은 위만조선의 조선과 낙랑군 조선현의 조선이라는 명칭의 유래에 대해 설명하고 있는 것이다.

종래에 대부분의 학자들은 옛 문헌에 등장하는 조선은 모두 동일한 지역에 대한 명칭이었을 것으로 잘못 알고 있었다. 위만조선의 조선이나 낙랑군 조선현의 조선 또는 단군조선의 조선을 모두 동일한 곳으로 인식하고 있었으므로, 위만조선과 낙랑군 조선현 명칭의 유래를 설명한 내용이 바로 단군조선에도 적용될 것으로 믿었다. 그러나 단군조선은 위만조선이나 낙랑군 조선현과는 위치도 다르고 면적도 다르다. 위만조선은 단군조선의 서쪽 변경에서 건국되었으며 후에 낙랑군의 조선현이 되었다. 따라서 위만조선의 건국지와 낙랑군 조선현의 위치는 같다. 그러나 단군조선의 중심지는 아니었다. 단군조선이 서쪽 변경에 있는 강의 이름을 따라 국명을 지었을 것으로는 생각되지 않는다. 따라서 장안의 설은 단군조선의 국명인 조선의 유래를 설명한 것으로는 타당하지 않다.

장안이 살았던 시기에는 단군조선은 이미 붕괴된 후였으나 낙랑군은 존재하고 있었다. 낙랑군 조선현에 습수·열수·산수라는 지류를 가진 열수라는 강이 흐르고 있으므로 조선현의 명칭이 산수라는 강 이름에서 왔을 것으로 장안은 생각했을 것이다. 그런데 만약 장안의 말처럼 조선이라는 명칭의 선(鮮) 자가 산수에서 왔다면 조(朝) 자가 어디서 왔는지도 설명해야 한다. 그러나 그에 대한 설명은 없다. 한사군의 낙랑군 조선현이 설치된 것은 단군조선 건국 후 2,200여 년이 지난 후였는데 단군조선의 조선이라는 명칭이 조선현의 강 이름에서 유래했다는 것은 성립될 수 없다.

오히려 단군조선의 서부 변경에 위치해 있었던 기자조선이나 위만조선, 낙랑군의 조선현의 명칭은 단군조선의 조선으로부터 유래되었을 가능성이 있다. 단군조선과 중국의 국경 지대로서 중국으로부터 단군조선으로 들어가는 관문 역할을 했던 이 지역은 중국인들에게 단군조선의 상징으로 인식되어 조선으로 불렸을 것이다. 그런데 기자가 그 지역으로 망명하여 단군조선의 거수가 되자 중국인들은 그 지역을 기자조선이라 부르게 되었고 그것이 지역 명칭으로 고착되었을 것이다. 이렇게 보면 조선이라는 명칭이 산수에서 온 것이 아니라 오히려 산수라는 명칭이 조선에서 왔을 가능성이 있다.

『신증동국여지승람(新增東國輿地勝覽)』에서는 조선이라는 명칭의 유래에 대해,

> 동쪽의 끝 해가 뜨는 땅에 위치하였으므로 조선이라 불렀다.[53]

고 했다. 이것은 조선이라는 명칭의 한자가 가지고 있는 "아침은 빛난다."는 뜻을 옮긴 것이다. 단군조선이 건국된 서기전 2300년 이전에 과연 "아침은 빛난다."와 같은 멋진 표현을 한자로 옮겨 국명으로 삼았을

---

53 『신증동국여지승람』 권51 「평양부(平壤府)」 〈군명(郡名)〉조. "居東表日出之地, 故曰朝鮮."

것인지 의심스럽다. 이것은 조선의 유래라기보다는 조선이라는 국명을 후대에 풀이한 것이라고 봐야 할 것이다.

『동사강목(東史綱目)』에서 안정복은,

> 기자의 땅은 요동의 땅 태반이 그가 봉함을 받은 성(城)인데 선비(鮮卑)의 동쪽에 있다. 그러므로 조선이라 칭하게 되었다.[54]

고 했다. 조선이라는 명칭은 선비(鮮卑)의 동쪽에 위치해 있었기 때문에 붙여졌다는 것이다. 『동사강목』의 저자인 안정복은 조선이라는 명칭은 기자가 봉해진 땅의 이름으로부터 비롯했다고 말하고 있는데, 이것은 조선시대 유학자들의 모화사상이 반영된 것이다. 조선시대의 유학자들 가운데는 한국사의 출발점을 기자조선부터 잡는 사람이 많다는 점에 주의해야 한다.

그런데 위의 견해는 성립될 수가 없다. 왜냐하면 선비라는 명칭이 등장한 것은 서력기원 후이며, 그전에는 선비와 오환(烏丸)을 통칭하여 동호(東胡)라고 불렀다. 단군조선이나 기자조선은 서력기원전에 있었던 명칭이다. 그러므로 선비의 동쪽에 있었기 때문에 이들의 명칭이 붙여졌다는 것은 성립될 수 없다.

신채호는 조선이라는 명칭은 숙신에서 기원했으며 만주어의 주신(珠申)과 동의어일 것으로 보았다. 즉,

> 『만주원류고(滿洲源流考)』에 "청초(淸初)에 그 관경(管境)을 주신(珠申)

---

54 『동사강목』「잡기(雜紀)」〈조선명칭고(朝鮮名稱考)〉. "箕子之地, 遼地太半其封城, 而鮮卑之東, 故稱爲朝鮮."

이라 하고 주신은 곧 숙신(肅愼)의 동음(同音)이라" 하니 대개 만주족은 고대조선의 일부로 삼림 속에서 생활하여 문화는 비록 본조선(本朝鮮)에 못 미치나 고어(古語) 고전(古典)을 그대로 전한 것이 많아서 삼한(三韓)의 비리(卑離)로 관명[패륵(貝勒)]을 삼으며 신라의 불구내(弗矩內)로 칭존[稱尊, 발극렬(勃極烈)]을 삼으며 고구려의 주몽(朱蒙)으로 선사자(善射者)를 일컬으며 백제의 찬수류(贊首流)로 산호(珊瑚)를 일컬어 수천 년 이전의 칭을 많이 가져왔나니, 주신이 곧 숙신이요 숙신이 곧 조선임은 의심할 바 아니니 이는 사책(史册)이 조선·숙신의 일국이었음을 보증함이라.[55]

고 하여 그의 견해가 『만주원류고』에 의거하고 있음을 밝히고 있다. 『만주원류고』에는 "옛날에 소속(所屬)을 주신이라 하였는데, 그것은 숙신에서 전음(轉音)된 것"[56]이라는 기록이 있다. 신채호는 이곳에 나오는 소속을 관경(管境)으로 해석하고 그것을 국명으로 받아들인 것이다. 이러한 신채호의 견해는 숙신·주신·조선 등의 음이 만주어로 비슷한 점에 근거하고 있다. 정인보도 동일한 견해를 피력했다.[57]

그런데 『만주원류고』는 대만족주의(大滿族主義)의 산물로서 건륭(乾隆)황제가 고대의 숙신을 그들의 조상으로 합리화하기 위해 숙신을 만주어의 주신으로 해석한 것이므로 신채호의 견해는 성립될 수 없다는 주장이 있다.[58] 이러한 반론을 떠나서도 숙신이 조선이 되었다는 신채호

---

55 신채호, 「조선상고문화사」 『단재 신채호 전집』 상, 형설출판사, 1987, pp. 368~369.

56 『만주원류고』 권1 「부족(部族)」조. "國初, 舊稱所屬曰珠申, 亦卽肅愼轉音."

57 정인보, 『조선사연구』, 서울신문사, 1947, pp. 51~52.

58 앞 책, 『고조선 연구』, p. 34.

의 견해는 성립되기 어려울 것 같다. 왜냐하면 조선이라는 명칭이 숙신에서 기원했다면 조선이라는 명칭이 등장하면서 숙신이라는 명칭은 사용되지 않았어야 할 것인데 단군조선이 존재했던 전 기간은 물론 그 후의 기록에서도 숙신은 등장하고 있기 때문이다.

양주동은 조선은 '밝새'의 이두 표현일 것으로 보았다. 조(朝)는 밝, 선(鮮)은 새로 읽어야 한다는 것이다. 고대의 조선족은 태양숭배사상을 가지고 동쪽과 남쪽으로 이동하면서 이동로의 여러 곳에서 '밝'과 '새'라는 지명을 사용했을 것으로 보고 그것이 조선의 유래가 되었을 것으로 본 것이다.[59] 그러나 조선이 이두로는 밝새로 읽힌다는 근거를 제시하지 않고 있다. 이 견해가 성립되기 위해서는 그렇게 읽혔다는 충분한 자료를 제시해야 할 것이다.

이병도는 조선이 아사달에서 유래했을 것으로 보았다. 『삼국유사』에 고조선의 도읍이 아사달로 기록되어 있는 점에 착안하여 조선은 고대 조선어의 아사달이 한자화되었을 것으로 본 것이다. 즉,

> 나는 아사(阿斯)를 〈조선〉이 표시하는 한자의(漢字義)와 같이 해석하여 현금어(現今語)의 〈아침〉, 그보다 좀 오랜 말의 〈아참〉, 또는 그보다도 오랜 말로 생각되는 방언(方言)의 〈아작〉 〈아직〉 〈아적〉 등 어(語)의 고형(古形)으로 보고 또 같은 알타이어에 속하는 일본어의 〈아사(朝)〉 〈아스(翌)〉 〈아시타(翌)〉와 티베트 버마어계의 아상(Assang=朝) 등을 연상하지 않을 수 없다.[60]

---

59 양주동, 『증정고가연구(增訂古歌硏究)』, 일조각, 1965, pp. 380~391.

60 이병도, 「단군설화의 해석과 아사달문제」 앞 책 『한국고대사연구』, p. 40.

고 말했다. 그리고 아사달의 아사(阿斯)는 조(朝)·조광(朝光)·조양(朝陽)·조선(朝鮮)의 뜻이며 달(達)은 원래 산악의 뜻이지만 양달(양지쪽)·음달(음지쪽)·빗달(경사지) 등과 같이 땅을 뜻하므로 아사달은 조산(朝山)·조광(朝光)의 지(地)·양지(陽地)·양강(陽岡)·양원(陽原)·양곡(陽谷)의 뜻이 되는 동시에 백악(白岳, 밝뫼)과도 상통되는 말이라고 했다.[61] 고조선의 명칭은 원래 조선어로 아침의 땅이라는 뜻의 아사달이었을 것인데, 후에 그것을 한자로 조선이라 했을 것으로 본 것이다.

이병도는 부여·고구려·백제·신라·가야 등 고대국가의 명칭이 대개 그 중심의 부락명 또는 도시의 이름과 일치한 것이라든가, 고대 그리스의 도시국가는 물론 바빌로니아와 로마 같은 대제국의 국호도 본래 도시의 명칭에서 기원했음을 들면서, 조선의 명칭도 역시 그러했을 것이라고 했다.[62]

이병도의 이러한 견해는 매우 타당하다. 고대의 초기 사회에서는 대체로 씨족이나 종족의 명칭은 그들이 거주한 지명과 일치하고 그들이 나라를 세우면 국명이 되는 경우가 많았다. 중국에서도 상나라를 세운 상족은 초기에 상읍(商邑)에 거주했었고[63] 주족은 주원(周原)에 거주했었다. 주족은 주나라를 건국한 후에 그들의 도읍인 호경(鎬京)을 종주(宗周)라고 불렀다.[64]

이렇게 볼 때 고조선을 건국하는 데 중심이 되었던 종족은 조선족이었을 것인데, 조선족이라는 명칭은 그들의 도읍명과 관계가 있을 것이

---

61 위 책, p. 41.
62 위 책, p. 40.
63 『사기』 권3 「은본기」 참조.
64 『사기』 권4 「주본기」 참조.

다. 고조선 초기의 도읍명으로는 아사달과 평양 두 가지가 등장한다. 그런데 아사달과 평양은 모두 대읍 즉 큰 마을을 뜻하지만,[65] 이병도가 지적한 바와 같이 아사달은 원래 조선이라는 뜻을 지닌 토착어였을 것이다. 따라서 조선은 아사달이 한자화되었을 것이라는 이병도의 견해는 타당한 것으로 생각된다. 다시 말하면 고조선을 건국한 조선족의 원래 명칭은 아사달족이었으며, 그들이 건국한 나라의 도읍명도 그들의 종족명인 아사달에서 기원했을 것이데, 후에 그 명칭이 한자화되면서 조선이 되었을 것이다.

5. 마치며

고조선이라는 명칭이 오늘날 학계에서 사용되고 있는 예를 보면 네 가지로 나누어진다. 첫째는 단군조선·위만조선·한사군의 조선현 등을 포괄한 경우이고, 둘째는 위만조선 이전의 그 개념이 불확실한 조선·위만조선·낙랑군의 조선현 등을 포괄한 경우이며, 셋째는 기자조선만을 의미하는 경우이고, 넷째는 단군조선만을 의미하는 경우이다.

고조선은 학자에 따라 이와 같이 다른 개념과 의미로 사용되고 있음에도 불구하고 고조선이라는 동일한 명칭을 사용하고 있기 때문에 일반인들은 그것을 모두 동일한 개념과 의미일 것으로 받아들이고 있다. 따라서 고조선의 이해에 혼란을 주고 있다. 첫째와 둘째는 고조선을 근세조선 이전에 있었던 '옛날의 조선'이라는 보통명사로 사용한 것이고, 셋

65 이병선, 『한국고대국명지명연구』, 형설출판사, 1982, p. 132.

째는 단군조선이라는 나라는 존재하지 않았다고 보고 고대의 고조선이라는 나라는 중국으로부터 이주한 기자족에 의해 건국되었을 것으로 본 견해이며, 넷째는 단군조선의 실체를 국가로 인정하고 단군조선만을 고조선으로 본 견해이다.

그런데 고조선을 옛날의 조선이라는 의미의 보통명사로 사용하면서 고대사를 단군조선→위만조선→한사군(낙랑군 포함) 등의 순서로 체계화한 것은 광복 후 고대사에 대한 연구가 충분히 축적되어 있지 않은 상황에서 일어난 오류였다. 그리고 고조선을 기자조선으로 본 것은 유학자들의 모화사상에서 비롯된 것인데, 이것도 문헌이나 고고 자료에 대한 인식의 부족에서 일어난 오류였다.

기자조선이나 위만조선·낙랑군(조선현 포함) 등은 단군조선의 서부 변경에 위치해 있었으며, 이들의 교체는 단군조선의 서부 변경에서 일어난 사건들이었다. 따라서 이들은 단군조선을 계승하지 않았다. 그뿐만 아니라 이들의 성격도 다르다. 단군조선은 한반도와 만주의 토착인들에 의해 건국된 나라였으며, 기자조선·위만조선은 중국의 망명인들에 의해 세워진 정권이었다. 기자조선은 단군조선의 거수국이었고 위만조선은 단군조선과 대립관계에 있었다. 그리고 낙랑군은 중국 서한의 행정구역이었다. 성격이 전혀 다르고 단군조선과는 계승관계에 있지도 않았던 이들을 고조선이라는 하나의 명칭 속에 포함시키는 것은 옳지 않다.

기자조선은 고조선의 거수국이었으므로 고조선의 일부 지역으로서 언급되는 것이 가능할 것이다. 그러나 위만조선[66]이 고조선에 포함되거

---

66 위만조선을 고조선에 포함시키기 위해 위만은 서한의 망명인이었지만 원래 조선계였을 것이라고 보는 견해가 있으나, 그러한 견해를 뒷받침할 만한 분명한 근거는 없다. 『사기』 「조선열전」에 "위만은 옛 연나라 사람"이라고 기록되어 있을 뿐이다.

나 한국사의 주류로 언급되는 것은 전혀 사실과 맞지 않다. 고조선이라는 용어는 일연이 『삼국유사』에서 맨 처음 사용했는데, 그는 단군조선만을 고조선이라고 부르고 있다. 따라서 혼란을 피하기 위해 고조선은 일연이 『삼국유사』에서 사용했던 바에 따라 단군조선에 대한 명칭으로만 사용하는 것이 옳을 것이다.

단군조선의 국명이었던 조선의 유래에 대해서는 여러 견해가 있으나 이병도가 주장한 '아사달설'이 가장 설득력이 있는 것으로 보인다. 단군조선에서는 도읍을 아사달이라 했는데, 아사는 아침을 뜻하고 달은 땅 또는 곳을 의미하는 것으로, 아사달은 '아침의 땅'이라는 뜻이었을 것이다. 이러한 도읍명이 바로 국명이 되었으며, 이 명칭을 한자화하면서 조선이라고 했을 것이다.

고조선을 세우는 데 중심을 이루었던 고을나라의 이름은 아사달이었을 것인데, 이 고을나라가 한반도와 만주 지역의 여러 고을나라를 복속시켜 고조선을 건국한 후에도 그들의 중심지인 도읍을 아사달이라 불렀을 것이다. 이것이 국명으로 한자화되면서 조선이 되었을 것이다.

古朝鮮硏究

제 2 장 ◉ 고조선의 건국과 민족 형성

I 사회진화상의 고조선 위치

1. 들어가며

이 글은 인류의 고대사회 발전 과정에서 고조선이 어느 위치에 있었는지를 확인하는 데에 목적이 있다. 좀 더 구체적으로 말하면, 고조선이 고고학상에서는 어느 시대에 속했으며 사회진화상에서는 어느 사회 단계였는지를 확인하는 것이다.[1] 이를 위해 필자는 그동안 국제학계에서 통용된 고대사회 발전에 관한 이론틀을 먼저 소개하고, 그것을 적용하여 최근까지 발견된 한국 고대사회와 관련된 문헌과 고고학 자료를 검증해보고자 한다.

필자가 이론틀을 굳이 소개하는 이유는 고대사회의 발전 과정을 논할

---

1 이에 관한 필자의 견해는 이미 발표한 바 있으나 이 글에서 필자의 주장이 더 구체적이고 체계적으로 정리될 것이다.
윤내현, 「고조선의 사회성격」 『한국고대의 국가와 사회』, 일조각, 1985, pp. 1~56.

때 기준이 있어야 하기 때문이다. 그래야만 그 발전 과정이 객관적이고 구체적으로 확인될 수 있을 뿐만 아니라 어떤 근거 위에서 그러한 논의가 전개되었는지가 분명해질 것이기 때문이다. 그리고 국제학계에서 통용되는 틀을 이용하여 한국의 고대사회를 검증함으로써 한국 고대사회의 보편성과 특수성도 확인될 수 있을 뿐만 아니라 다른 지역과의 비교 인식도 가능해질 것이기 때문이다. 지난날 한국 고대사회에 대한 논의들 가운데는 객관적인 기준이 아닌 지극히 자의적인 기준을 가지고 논의를 전개함으로써 학자들 사이에 서로 다른 견해가 제출되어 혼란이 야기되는 경우가 있었다. 이러한 문제점을 없애보자는 데도 그 목적이 있다.

이 글에서는 한반도와 만주에서 전개되었던 인류사회 초기 단계로부터 고조선시대까지의 변천 과정을 살펴보려고 한다. 그래야만 고조선의 사회 수준을 분명하게 이해할 수 있기 때문이다. 종래에는 고조선을 그 시대에 국한시켜 그 자체만을 연구함으로써 그 사회 수준을 이해하는 데 문제가 있었다. 근래에 들어 고고학 방면에서 새로운 자료가 많이 늘어났다. 한반도에서의 발굴 자료도 늘어났지만, 고조선의 강역이 하북성(河北省) 동북부에 있는 지금의 난하까지였다는 사실이 확인됨에 따라 지금의 요서 지역을 비롯한 만주의 유적과 유물까지 포함하여 검토할 필요가 생기게 되었다. 이러한 자료의 증가로 종래에 자료 부족으로 밝혀낼 수 없었던 새로운 사실을 확인해낼 수 있게 되었다.

이 글은 고고학이나 사회진화론자들이 내놓은 이론의 타당성 여부를 논하려는 것이 아니라 한국 고대사회의 발전 과정을 살펴보고 그것을 통해 고조선의 사회 수준을 밝혀내는 데 목적이 있다는 것을 분명히 해두고자 한다.

2. 고대사회 발전에 관한 이론들

인류사회의 발전 과정에서 고조선이 어느 위치에 있었는지를 확인하기 위해 먼저 학자들이 일반적으로 채용하고 있는 고대 역사의 발전에 관한 이론들과 그것이 확립되기까지의 과정을 알 필요가 있다. 그것은 한국 고대사회 발전 과정을 구명하는 기준이 되기 때문에 어떠한 과정을 거쳐 현재 어느 수준에 이르러 있는지를 분명하게 인식한다는 것은 중요한 의미를 갖는다.

첫째, 고고학자들이 널리 채용하고 있는 것으로 구석기시대·중석기시대·신석기시대·청동기시대·철기시대 등으로 구분하는 시대 구분법이 있다. 이러한 시대 구분법이 확립되기까지는 오랜 시간이 필요했다.

일찍이 서기전 3세기 무렵의 인물인 중국의 한비(韓非, 한비자)는 그의 저서 『한비자(韓非子)』「십과(十過)」편에서 옛날 요(堯)는 질그릇을 사용했으며, 순(舜)은 나무그릇을 사용했고, 우(禹)는 바깥쪽에는 검은 칠을 하고 안쪽은 붉은 칠을 한 제기를 사용했고, 상나라 사람들은 식기와 술잔에 조각을 했다고 적고 있다.[2] 그리고 한시대의 원강(袁康)은 『월절서(越絶書)』「보검(寶劍)」편에서 헌원(軒轅)·신농(神農)·혁서(赫胥)의 시대에는 돌로 무기를 만들었고, 황제(黃帝)시대에는 옥으로 무기를 만들었으며, 우(禹)시대에는 구리로 무기를 만들었는데, 오늘날은 철로 무기를 만든다고 적고 있다.[3]

요(堯)는 서기전 2400여 년의 인물이라고 전해 오는 바 그간의 발굴

---

2 『한비자』 권3 「십과」 제10.

3 『월절서』 권11 「월절외전기보검(越絶外傳記寶劍)」.

결과에 의하면, 이 시기는 후기 신석기시대[용산문화(龍山文化) 단계]로[4] 황하 중류 유역에서는 질그릇을 사용했으며, 상시대에 석기와 술잔에 조각을 했다는 것은 출토된 유물에 의해 확인된다. 그리고 그동안 발굴된 유물을 보면 신석기시대 후기에 옥기를 사용했으며 그 뒤를 이어 청동기시대가 시작되었다. 석기·옥기·청동기의 순서로 사용되었던 것이다. 따라서 요·헌원·신농·혁서·우 등이 실존 인물이었는지, 그들이 살았던 연대가 위의 기록과 일치했는지를 증명할 길은 없지만 위의 내용 가운데 일부는 오늘날의 고고학 발굴 결과와 일치한다. 그런데도 고고학이 동아시아에서는 독립된 학문으로 발달하지 못함으로써 위의 기록이 전하는 내용은 고고학을 연구하는 이론틀로 정립되지 못했다.

한편 서양에서는 스칸디나비아 학자들에 의해 고고학의 시대 구분법이 이론틀로 성립되었다. 섬(P. F. Suhm)이 스칸디나비아 지역에서 연모와 무기의 재료는 돌·구리·철 등의 순서로 사용되었을 것이라는 견해를 제출[5]한 후, 톰센(C. J. Thomsen)은 덴마크 국립박물관에 대한 안내서에서 석기시대·청동기시대·철기시대라는 명칭을 사용하고 각 시대에 대한 자세한 설명을 붙였다.[6] 이로써 인류의 초기 문화를 3단계로 설정하는 3시기법이 확립되었다. 그 후 러벅(Lubbock)에 의해 석기시대를 구석기시대와 신석기시대 두 단계로 나누는 것이 바람직하다는 제안이 있었고, 웨스트롭(H. M. Westropp)에 의해 구석기시대·중석기시대·최근

---

4 황하 중류 유역의 용산문화는 하남(河南)용산문화, 섬서(陝西)용산문화로 나누어지는데 대체로 서기전 3000년 무렵에 시작되었다.
윤내현, 『중국의 원시시대』, 단국대 출판부, 1982, pp. 374~389 참조.

5 글린 대니얼 지음, 김정배 옮김, 『고고학발달사』, 고려대 출판부, 1981, p. 85.

6 위 책, pp. 86~96.

석기시대로 나누자는 제안이 있었다.[7] 이러한 과정을 거쳐 오늘날에는 최근석기시대라는 용어는 사라지고 구석기시대·중석기시대·신석기시대·청동기시대·철기시대라는 시대 구분법이 확립되었다. 그러나 엄격하게 말해서 중석기시대는 구석기시대의 말기에 일어난 현상이기 때문에 일반적으로 고고학자들은 구석기시대·신석기시대·청동기시대·철기시대로 구분 짓고 있다.

구석기시대는 뗀석기를, 중석기시대는 잔석기를, 신석기시대는 간석기를 사용했던 시대이다. 그리고 청동기시대는 청동기를, 철기시대는 철기를 사용했던 시대이다. 따라서 이 시대 구분법은 사람들이 사용했던 연모나 무기를 기준으로 한 고고학의 시대 구분법이다. 그런데 여기서 유의해야 할 점이 두 가지 있다. 하나는 중석기는 기본적으로는 구석기에 속하며 지역에 따라 중석기의 특징이 나타나지 않은 경우도 있다는 점이다. 잔석기는 원래 사냥을 위주로 생활했던 북방 지역에서 발달한 것인데, 마지막 빙하기에 기온이 내려가자 북방의 거주인들이 남쪽으로 이주하면서 잔석기문화를 남쪽에까지 가져오게 되었다.[8] 따라서 빙하 지역에서 멀리 떨어진 지역에는 잔석기 요소가 적게 나타나거나 나타나지 않은 경우도 있다. 다른 하나는 새로운 시대가 되었다고 해서 이전 시대의 요소가 완전히 사라지는 것이 아니라 상당히 오랜 기간 동안 병용되었다는 점이다. 예컨대 신석기시대에도 구석기는 여전히 사용되었으며, 청동기시대에도 석기가 병용되었다.

둘째, 사람이 사용했던 도구나 무기를 기준으로 했던 고고학의 시대 구분법과는 달리, 인류사회의 성격을 기준으로 한 시대 구분법을 프리

---

7 위 책, p. 267.

8 앞 책, 『중국의 원시시대』, pp. 119~126.

드리히 엥겔스(Friedrich Engels)가 제시했다. 엥겔스는 고대사회 발전 과정의 중요한 단계로서 국가를 설정하고 그 이전 단계와 국가 단계로 구분했다. 그는 국가가 그 이전의 사회와 다른 점으로 두 가지를 지적했다. 국가의 특징 가운데 하나는 국민을 그 지역에 따라 구분한다는 것이다. 이에 따라 혈연적 유대를 통해 발생했으며 또 유지되고 있던 종래의 씨족적 결합이 소멸된다는 것이다. 다른 하나는 주민과는 상관없이 자기 자신을 무장력으로 조직하는 공권력이 창설된다는 것이다. 이러한 특수한 공권력이 필요하게 된 것은 계급으로서의 사회적 분열 이후 주민의 자주적인 무장 조직이 불가능해졌기 때문이라고 설명했다.[9]

엥겔스가 국가라는 사회 단계를 설정하여 그 이전의 사회와 구분하고 국가의 특징적 요소로 두 가지를 제시한 것은, 그 자신이 말하고 있듯이 모건(Lewis H. Morgan)이 제출한 고대사회 발전의 틀을 기초로 한 것이었다. 모건에 의하면, 인류사회는 야만시대로부터 미개시대를 거쳐 문명시대에 진입하여 오늘에 이르렀다는 것이다. 그는 다시 야만시대와 미개시대를 각각 하급상태·중급상태·상급상태의 세 단계로 세분함으로써 전체를 일곱 단계로 구분했다.[10] 그리고 문명시대는 문화적으로 문자의 사용 및 성음 자모의 발명부터 현대까지라고 규정하고, 다음 두 가지를 특징적 요소로 들었다. 하나는 사회로서, 그것은 인간 및 순수한 인간관계에 기초를 두고 있는 것으로 동일 지역 내에 있는 종족이 한 민족으로 합병됨으로써 독립된 지역을 차지하고 살고 있던 종족의 연합체에 이르게 되며, 다른 하나는 국가로서, 그것은 영토와 재산에 기초를

9 프리드리히 엥겔스 지음, 김대웅 옮김, 『가족 사유재산 국가의 기원』, 아침, 1991, p. 231.

10 모건 지음, 최달곤·정동호 옮김, 『고대사회』, 현암사, 1979, pp. 26~29.

두고 있는데 경계와 한계로 둘러싸인 구역 또는 지구 및 그것이 지니고 있는 재산이 그 기초가 된다는 것이다.[11]

이러한 모건의 사회진화 틀은 그 후 민족학자와 인류학자들에 의해 부분적으로 부정되거나 수정되었지만 전체적인 내용은 후대의 학문 발전에 크게 기여했다. 특히 엥겔스는 모건에 대해 "깊은 조예를 가지고 인류의 선사에 일정한 체계를 세우려고 시도한 최초의 인물이었다."[12]고 극찬하면서 모건의 연구를 기초로 자기 나름의 고대사회 발전의 틀을 만들었다. 그는 모건이 문명이라는 용어를 사용하여 설정했던 시대를 국가라는 용어로 대체시켰으며, 그 전의 발전 단계들은 본질상 집단적이었으며 소비도 공산주의적 공동체 내부에서 직접적으로 이루어졌다고 봄으로써, 국가 이전의 사회를 원시공동체 단계로 파악했다.[13]

여기서 유의해야 할 것은, 엥겔스가 국가 단계를 철기시대로 상정하고 있다는 점이다. 그것은 모건이 미개시대의 상급상태를 철기의 사용 및 철광석을 용해하는 방법을 발명한 시대라고 정의함으로써 그다음 시대인 문명시대는 당연히 철기시대여야 하는 것으로 규정했기 때문이었다. 그리고 모건은 문명시대의 기준을 문자의 사용 및 성음 자모의 발명부터라고 정의했기 때문에 엥겔스도 국가 단계의 사회에 이러한 기준을 적용했던 것이다. 그러나 고고학적인 요소가 국가사회를 정의하는 기본적인 기준은 아니며, 국가사회를 정의하는 기준은 앞에서 언급한 씨족적 결합의 소멸과 공권력의 출현이라는 두 가지 요소인 것이다. 그동안의 연구 결과에 의하면, 이 두 가지 요소가 충족된 국가가 출현한 것은

---

11 위 책, p. 23.
12 앞 책, 『가족 사유재산 국가의 기원』, p. 27.
13 위 책, p. 235.

철기시대보다 앞서며 문자 없이도 문명사회 단계(국가 단계)에 진입한 지역이 있었다.[14] 따라서 철기나 문자는 국가사회를 정의하는 기준이 되지 못한다는 것이 밝혀졌다.

셋째, 근래 제출된 신진화론에 의한 틀로 대표적인 것은 엘먼 서비스(Elman R. Service)의 무리(band)·부족(tribe)·추방(酋邦, chiefdom)·국가(state)[15]와, 모턴 프리드(Morton Fried)의 평등사회(egalitarian society)·서열사회(rank society)·계층사회(stratified society)·국가(state)[16]의 4단계 발전론인데, 이 가운데 서비스의 견해가 널리 채택되고 있다. 이 두 견해는 각 사회 단계나 변화 요인을 인식하는 데도 차이가 있지만, 각 사회 단계의 명칭으로 서비스는 그 사회의 집단에 대한 명칭을 채용하고 있으며, 프리드는 그 사회의 계층화 정도를 나타내는 말을 사용하고 있다는 점에서 다르다. 그러나 국가에 이르기까지 인류 사회의 발전 단계를 네 시기로 구분하고 있다는 점에서는 유사하다. 이러한 구분법은 엥겔스가 국가 이전의 사회를 원시공동체 한 단계로 설정했던 것보다는 더 세분화되고 구체화된 것이다.

서비스에 의하면, 무리 단계는 수렵과 채집의 생활을 하는 소수 집단으로서 소유권 개념이 없고 평등한 사회이며, 부족 단계는 농업과 목축의 생활을 하는 지역집단으로서 공동의 소유권을 가지는 평등사회지만 혈연의 지위에 의한 제한적이고 비공식적인 지도자가 존재한다. 추방 단계는 집약적 농업과 목축이 이루어지고 수공업자와 같은 전문직이 나

14 중국의 경우 상(商)·주(周)는 청동기시대였으나 문명사회로서 국가 단계였으며, 중미나 남미 지역에서는 문자를 사용하지 않았으나 문명사회, 즉 국가 단계에 진입한 사회가 있었다.

15 Elman R. Service, *Primitive Social Organization*, Random House, 1962.

16 Morton Fried, *The Evolution of Political Society*, Random House, 1967.

타나며 재산 사유제의 출현에 의한 빈부의 차이, 권력의 출현에 의한 사회계층의 형성 등이 나타나는데 권력은 혈연조직에 기반을 두고 있으며 조직체가 넓은 지역으로 확산된다. 그리고 국가 단계는 추방 단계의 요소가 계승되면서 그 요소들이 양적으로 팽창된 사회인데, 생산활동과 전문직이 다양화되고 사유제가 발달하며 빈부의 차이와 계층이 더욱 확대되고 중앙의 권력이 강화되는데, 그것은 합법적인 힘에 의해 통합되고 조직화되어 영역도 이전보다 더 확대된다.[17]

인류사회는 지역에 따라 거주민이 다르고 자연환경에 차이가 있기 때문에 각 지역은 세계사적 보편성도 지니지만 지역에 따른 특수성도 있게 된다. 따라서 모든 지역이 동일한 사회 발전 과정을 거쳤고 각 시기의 사회 성격도 동일했을 것으로는 생각할 수 없다. 이러한 문제로 서비스의 이론틀은 많은 비판을 받았다. 서비스가 제시한 각 사회 단계의 명칭이나 특징적 요소들이 보편성을 지닐 수 있느냐 하는 점이 비판의 대상이었다. 그 결과 서비스는 그의 이론틀을 포기하기에 이르렀다.

> (그의 시대 구분법은) 널리 받아들여지고 있음에도 불구하고 그 체계는 서비스 자신에 의해 포기되었는데, 그 이유는 그의 이후의 연구 결과가 그로 하여금 용어들의 정확성에 의문을 갖도록 했으며, 특히 '부족'이라

---

17 이러한 서비스의 견해는 다음 책에 잘 정리되어 있다.
William T. Sanders and Barbara J. Price, *Mesoamerica*, Random House, 1968, pp. 41~44. 서비스의 견해는 김광억에 의해서도 정리되었는데, 그는 국가사회 단계에서 합법적인 권력이 출현한다는 점은 지적하지 않았다(김광억, 「국가형성에 관한 인류학 이론과 모형」『한국사시민강좌』 제2집, 일조각, p. 183).
국가사회 단계의 합법적 권력의 출현에 대한 서비스의 견해에 대해서는 앞 책, *Primitive Social Organization*, pp. 173~174를 참조할 것.

는 용어의 경우가 그러했다.[18]

여기서 중요한 것은 서비스 자신이 그 체계를 포기했다는 것이 그 체계가 완전히 잘못된 것을 뜻하지는 않는다는 것이다. 전경수는 서비스가 이론틀을 포기했기 때문에 그의 이론은 이미 폐기되어버린 쓸모없는 것이라고 주장하면서 서비스의 이론을 한국 고대사 연구에 활용하는 것은 잘못된 것이라고 비판했다.[19] 이러한 전경수의 주장을 아무런 검토 없이 그대로 받아들인 주보돈도 한국 학계의 인류학 이론에 대한 이해의 수준이 천박했다고 속단했다.[20]

그러나 여기서 중요한 것은 서비스 자신이 그의 이론틀을 포기했음에도 불구하고 아직도 그것이 학자들에 의해 널리 받아들여지고 있다는 사실이다. 고고학자로서 세계적 명성을 얻고 있는 콜린 렌프루(Colin Renfrew)와 폴 반(Paul Bahn)은 최근에 발간한 그들의 저서에서 서비스가 개발한 이론틀은 매우 유용하다는 것이 고고학자들에 의해 확인되었다고 말하면서 서비스의 이론틀을 자세하게 소개하고 있다.[21] 이것은 그의 시대 구분법이 부분적으로는 문제가 있어도 아직까지는 다른 어떤 이론틀보다도 유용하다는 것을 말해준다.

그렇기 때문에 장광직(張光直)은 서비스의 시대 구분법을 중국의 고

---

18 *Encyclopaedia Britanica*, vol. 10, The Chicago University, 1985, p. 654.

19 전경수, 「신진화론과 국가형성론」『한국사론』 19, 서울대 국사학과, 1988, pp. 569~604.

20 주보돈, 「한국 고대국가 형성에 대한 연구사적 검토」『한국고대국가의 형성』, 민음사, 1990, p. 244.

21 Colin Renfrew and Paul Bahn, *Archaeology－Theories, Methods, and Practice*, Thames and Hudson, 1991, pp. 154~167.

대사회에 적용하면서 "비록 중국의 고고학적 편년에 아직까지 큰 시간적인 공백이 있기는 하지만 적어도 필자의 견해로는 서비스의 체계에 따른 구분이 비교적 명확한 것 같다."[22] 고 말했다. 그러면서도 장광직은 각 사회 단계의 명칭은 서비스의 것을 그대로 따르지 않고 밴드(band)를 유단(遊團)으로, 트라이브(tribe)를 촌락 또는 부락으로, 치프덤(chiefdom)을 추방(酋邦)으로, 스테이트(state)를 국가로 번역하면서[23] 각 단계의 사회를 유단사회 단계(level of band society), 촌락사회 단계(또는 부락사회 단계, level of village society), 촌군사회 단계(또는 부락연맹체사회 단계, level of intervillage aggregate society), 국가사회 단계(level of state society)로 부르고 있다.[24] 여기서 우리의 관심을 끄는 것은 장광직이 트라이브를 촌락 또는 부락으로, 치프덤을 촌군(村群) 또는 부락연맹체로 부르고 있다는 점이다. 그는 서비스의 틀을 이용하면서도 각 사회 단계의 명칭만은 중국에 적합한 용어를 채용하고 있는 것이다. 이 점은 우리가 외국 학자들이 만든 이론틀을 한국사에 적용할 경우 참고해야 할 것이다.

장광직은 구석기시대와 중석기시대를 유단사회 단계, 전기 신석기시대에 해당하는 배리강문화(裴李岡文化)·자산문화(磁山文化)·앙소문화(仰韶文化)·청련강문화(青蓮崗文化) 등을 촌락사회 단계[25]로 보고 촌락

---

22 장광직 지음, 윤내현 옮김, 『상문명』, 민음사, 1989, pp. 456~457.

23 張光直, 「從夏商周三代論三代關係與中國古代國家的形成」 杜正勝 編, 『中國上古史論文選集』, 華世出版社, 民國 68(1979), pp. 314~317.

24 앞 책, 『상문명』, pp. 454~455.

25 장광직은 『상문명』에서 배리강문화와 자산문화에 대해서는 언급하지 않았는데 그 이유는 당시에는 배리강문화와 자산문화의 발견이 학계에 보고되지 않았기 때문이었다. 그런데 이 문화들은 앙소문화에 앞서는 신석기문화이므로 필자가 삽입했다. 그리고 청련강문화는 장광직이 『상문명』을 집필할 당시에는 독립된 문화 명칭으로 사용되었으나

사회 단계에서는 개개의 촌락(부락)이 정치적·경제적으로 가장 기본적인 사회 단위였다고 말했다.[26] 그리고 후기 신석기시대에 해당하는 섬서(陝西)·하남(河南)·산동(山東)의 용산문화 등을 촌군사회 단계로 보았는데, 동부 해안의 대문구문화(大汶口文化)[27]도 이 단계에 도달했을 것이나 내륙의 묘저구2기문화(廟底溝二期文化)[28]를 이 단계로 볼 수 있는지는 불확실하다고 했다. 이 단계에서는 촌락 상호 간의 연맹체가 결성되어 정치적·경제적·군사적 결속체로 발전했으며 다소 영속성을 띤 전임 통치자에 의해 통치되었는데, 고고학적으로 빈부의 차이 발생(예컨대 묘의 크기나 부장품의 차이), 폭력 행위(예컨대 전쟁)의 증거, 전문화된 수공업(예컨대 물레를 사용한 질그릇), 상류층에게만 기여했을 종교 전문가의 존재(예컨대 점뼈의 출토) 등을 확인할 수 있다고 했다.[29] 이러한 단계를 거쳐 국가사회 단계에 이르게 되는데, 황하 유역에서 가장 이른 청동기문화인 이리두문화(二里頭文化)와 동시대 문명(하문명·상문명·주문명)이 이 단계에 속한다고 했다.[30]

이러한 장광직의 견해는 그가 그동안 쌓은 학문 업적으로 보거나 국

지금은 그것을 전기 대문구문화(大汶口文化)에 포함시키고 독립된 문화 명칭으로는 사용하지 않는다(Kwang-chih Chang, *The Archaeology of Ancient China*, Fourth Edition, Yale University Press, 1986, pp. 156~168 참조).

26 앞 책, 『상문명』, p. 454.

27 여기서 말하는 대문구문화는 지금은 중기 대문구문화로 불린다. 장광직이 『상문명』을 집필할 당시는 청련강문화와 대문구문화를 분류하여 보았으나 지금은 청련강문화를 전기 대문구문화, 종래의 대문구문화를 중기 대문구문화라고 부른다.

28 묘저구2기문화는 앙소문화로부터 용산문화로 변천되어가는 황하 중류 유역의 과도기 문화이다. 지금은 전기 용산문화라고도 부른다.
앞 책, 『중국의 원시시대』, pp. 362~373 참조.

29 앞 책, 『상문명』, pp. 454~456.

30 위 책, p. 455.

제학계에서의 위치, 앞서 언급한 견해를 담은 저서 『상문명』이 "상시대 연구의 신약성서"[31]라고 극찬을 받았다는 점 등으로 미루어보아 믿을 만한 것으로, 한국 고대사회의 성장 과정을 살펴보는 데 좋은 참고의 틀이 될 것이다.

이상과 같이 서비스의 틀은 그 자신에 의해 포기되었지만 학계에서는 유용하게 이용되고 있다. 문제는 그 틀을 이용해서 원하는 결과를 얻어낼 수 있느냐 그렇지 못하느냐에 달려 있다. 원하는 결과를 얻어낼 수 없다면 그 틀은 쓸모없는 것이 되겠지만 그렇지 않다면 유용한 것이다. 서비스의 틀은 현시점에서 동일한 기준의 틀을 사용하여 한국과 다른 지역, 특히 한국과 중국의 고대사회 발전 과정을 비교해볼 수 있다는 점에서도 의미가 있을 것이다.

3. 한국 고대사회의 전개 과정

한국 고대사회의 발전 과정을 검토하는 데 있어 먼저 유의해야 할 중요한 점은 지리 범위이다. 지리 범위가 확정되어야만 고고학 자료의 이용 범위가 정해지기 때문이다. 과거에는 한국의 고대사를 연구하는 데 있어 지리 범위를 한반도로 국한했었기 때문에 만주의 유적과 유물이 연구 대상에서 제외되었다. 그러나 이제는 고조선의 영토가 서쪽으로는 난하, 북쪽은 아르군 강, 동북쪽은 흑룡강(때에 따라서는 연해주까지였다),

---

31 David N. Keightley, "Shang China is Coming of Age—A Review Article", *The Journal of Asian Studies*, vol. XL, No. 3, 1982, p. 549.

남쪽은 한반도 남부 해안 지역에 이르렀다는 사실이 확인되었다.[32] 그러므로 한반도와 만주 전 지역이 한국 고대사회의 발전 과정을 연구하는 대상이 되어야 할 것이다.

필자는 앞서 소개한 고대사회 발전에 관한 이론틀들을 하나하나 적용하여 한국의 고대사회를 검증한 후 그 결과들을 비교해보겠다.

첫 번째로, 고고학의 틀에 의해 한국 고대사회의 발전 과정을 확인해보자. 고고학의 기준에 의한 한국 고대사회의 시대 구분은 비교적 명확하지만 아직도 문제는 남아 있다. 한국에 구석기시대, 신석기시대, 청동기시대, 철기시대가 있었다는 사실에 이의를 제기하는 학자는 없다. 단지 중석기시대의 유무에 대해 약간의 논의가 있을 뿐이다. 그러나 이 정도의 결론에 도달하기까지는 오랜 시간이 필요했으며 아직도 각 시대의 개시 연대에 대해서는 견해의 일치를 보지 못한 부분이 있다.

1960년대 초까지만 해도 한국에는 구석기시대가 없었던 것으로 인식되었다. 그러나 북한에서 1962년부터 1964년에 걸쳐 함경북도 선봉군 굴포리 서포항 신석기 유적 아래층을 조사 발굴하여 구석기 유적이 확인되었고,[33] 남한에서도 1964년부터 1972년까지 충청남도 공주군 장기

---

32 윤내현, 「고조선의 서변경계고」 『남사정재각박사고희기념 동양학논총』, 고려원, 1984, pp. 1~38.

______, 「고조선의 서변경계 재론」 『한국독립운동사의 인식－백산박성수교수화갑기념논총』, 백산박성수교수화갑기념논총간행위원회, 1991, pp. 524~539.

______, 「고조선시대의 패수」 『전통과 현실』 제2호, 고봉학술원, 1992, pp. 205~246.

______, 「고조선의 북계와 남계」 『한민족공영체』 창간호, 해외한민족연구소, 1993, pp. 33~71.

이 책의 제1편 제3장 「고조선의 강역과 국경」 참조.

33 도유호, 「조선의 구석기시대문화인 굴포문화에 관하여」 『고고민속』, 1964, pp. 3~7.

면 석장리에서 구석기 유적이 발굴됨으로써[34] 한국에도 구석기시대가 있었다는 것이 확인되었다. 그 후 구석기 유적에 대한 활발한 조사와 발굴로 한반도와 만주 전 지역에 지금부터 60~70만 년 전의 전기 구석기시대로부터 후기 구석기시대에 이르기까지 전 기간에 걸친 유적이 널리 분포되어 있음이 확인되었다.[35] 따라서 이제는 한국에 구석기시대가 있었다는 것을 의심하는 학자는 없다.

한국에 중석기시대가 있었느냐 하는 점에 대해서는 아직도 의문을 갖는 학자들이 있다. 그러나 만주를 포함해서 검토한다면 그러한 문제는 논의의 대상이 되지 못한다. 왜냐하면 만주에서는 고향둔(顧鄕屯)·찰뢰낙이(札賚諾爾) 등의 중석기 유적이 일찍이 1927년에 발견된 바 있기 때문이다.[36] 한반도에서는 몇 곳에서 중석기의 요소를 보여주는 유적이 있는 것으로 보고되어 있으나[37] 아직은 중석기 유적으로 확정 짓는 데 학자들의 의견 일치를 보지 못하고 있는 것 같다. 그러나 한반도에서 분명한 중석기 유적이 발견되지 않았다고 해서 큰 문제가 되지는 않는다. 왜냐하면 중석기의 주요소인 잔석기는 원래 북방의 사냥문화권에서 발달한 것인데 마지막 빙하기에 추위가 엄습해 오자 북방의 거주인들이 남쪽으로 이동하면서 널리 전파되었기 때문이다. 그러므로 빙하의 영향을 많이 받지 않은 지역에는 중석기의 요소가 적게 나타나거나 중석기

---

34 손보기, 「층위를 이룬 석장리 구석기 문화」 『역사학보』 35·36, pp. 1~25.

35 충청북도 단양군 매포읍 도담리에 있는 금굴 유적의 연대를 발굴자는 60~70만 년 전으로 보고 있다. 이 연대에 대해 의문을 제기하는 학자가 없는 것은 아니지만 이 논문에서 그것은 중요한 문제가 아니므로 발굴자의 견해를 따른다. 금굴 유적을 포함한 한반도와 만주의 구석기 유적에 관해서는 다음 책을 참조할 것.
손보기, 『구석기 유적 : 한국·만주』, 한국선사문화연구소, 1990.

36 安志敏, 「關於我國中石器時代的幾個遺址」 『考古通訊』, 1956年 第2期, p. 74.

37 앞 책, 『구석기 유적』, p. 145·192·201·232·233·234·259 등 참조.

기술이 전파되지 않았을 수도 있는 것이다.[38] 한반도는 빙하의 영향이 매우 적었던 지역이었다.

한국에 신석기시대가 있었음은 일찍부터 인정되었는데, 지금까지 발굴된 유적의 연대는 서기전 6000년(지금부터 8,000년 전) 무렵까지 올라간다. 강원도 양양의 오산리 유적[39]과 함경북도 선봉군 굴포리 서포항 유적[40], 남해안의 조도,[41] 만주 내몽골자치구의 흥륭와(興隆洼) 유적[42] 등의 연대가 서기전 6000년 무렵이다. 여기서 유의해야 할 것은 오산리 유적에 대한 방사성탄소연대측정 결과 서기전 6000년의 연대와 함께 서기전 1만 년의 연대[43]도 얻어졌으나 발굴자들은 조심스러운 자세로 전자를 사용하고 있다는 점이다. 따라서 오산리 유적의 연대는 서기전 6000년보다 올라갈 가능성이 많다. 그런데 신석기시대 개시는 실제로는 지금까지 발견된 유적의 연대보다 다소 앞서 시작되었을 것이다. 이러한 점들을 종합해서 생각해볼 때 한국의 신석기시대 개시 연대는 서기전 6000년보다 앞섰을 것이므로 서기전 8000년(지금부터 1만 년 전)쯤으로 잡아도 무방할 것이다.

이러한 신석기시대 연대가 얻어지기까지는 오랜 시간이 필요했다. 한국의 신석기시대 개시 연대를 1973년까지도 서기전 3000년 이전으로

---

38 앞 책, 『중국의 원시시대』, pp. 119~126 참조.

39 임효재·이준정, 『오산리 유적 III』, 서울대 박물관, 1988.

40 『조선유적유물도감』 1 원시편, 조선유적유물도감편찬위원회, 1988, p. 63.
북한 학자들은 이 유적을 서기전 5000년기로 편년했으나 임효재는 서기전 6000년으로 보고 있다(임효재, 「신석기시대 편년」 『한국사론』 12, 국사편찬위원회, 1983, pp. 707~736).

41 윗글, 「신석기시대 편년」.

42 楊虎, 「內蒙古敖漢旗興隆洼遺址發掘簡報」 『考古』, 1985年 10期, pp. 865~874.

43 앞 책, 『오산리 유적 III』 참조.

보지 않았으며[44] 1977년에 와서야 겨우 서기전 4000년대로 올려보기에 이르렀다.[45] 이러한 연대는 중국의 신석기시대 연대와 비교하여 편년을 한 것이었다.[46] 원래 중국의 신석기시대 연대는 안데르손(Johan G. Andersson)에 의해 그 연대가 유럽보다 늦을 것이라는 전제에서 만들어졌던 것인데,[47] 1970년대에 중국에서는 이미 방사성탄소측정연대가 사용되어 이전의 연대들이 잘못되었음이 확인되었고 고고학 연대들이 많이 올라가 있었다.

그러나 당시에 한국은 중국과 직접적인 교류가 없어 주로 일본 학자들의 중국 고고학 소개에 의존하고 있었으므로 정보가 다소 늦었던 듯하다.[48] 이와 같이 신석기시대가 늦게 시작된 것으로 인식됨에 따라, 구석기시대가 끝나는 1만 년 전부터 신석기시대가 시작되기까지의 수천 년 동안은 한반도에 사람이 살지 않았던 것으로 잘못 인식되었다. 따라서 신석기시대의 한반도 주민은 다른 곳으로부터 이주해 왔을 것이라는 성급한 견해까지 나오게 되었다.[49] 그런데 이제 신석기시대의 연대가 올라가 구석기시대(중석기시대 포함)에 연접되고 있으므로 한반도의 주민이 다른 곳으로부터 이주해 왔을 것이라는 견해는 마땅히 사라져야 할 것이다.[50]

---

44 김원룡, 『한국고고학개설』 초판, 일지사, 1973, pp. 56~59.

45 ______, 『한국고고학개설』 개정판, 일지사, 1977, pp. 61~65.

46 위의 주 44·45와 같음.

47 앞 책, 『중국의 원시시대』, p. 214 참조.

48 주 45와 같음.

49 김정배, 『한국민족문화의 기원』, 고려대 출판부, 1973, pp. 161~179.
앞 책, 『한국고고학개설』 개정판, pp. 60~61.

50 이선복, 「신석기·청동기시대 주민교체설에 대한 비판적 검토」 『한국고대사논총』 1, 가락국사적개발연구원, 1991, pp. 41~66.

광복 전까지만 해도 한국에 청동기시대는 존재하지 않는 것으로 인식되었다. 일본인 학자들은 전국시대 말기부터 서한 초에 걸쳐 중국의 이주민들에 의해 청동과 철이 함께 한반도에 전달되었을 것으로 보았다.[51] 그러므로 한국에서는 청동기시대를 거치지 않고 신석기시대로부터 바로 철기시대(청동을 함께 사용)로 넘어갔을 것으로 생각했다. 그러나 1959년에 북한 학자들에 의해 청동기 유적이 발견되면서 한국에도 청동기시대가 있다는 것이 확인되었다.[52] 그런데 1970년대까지만 해도 한국의 청동기시대는 서기전 7세기 이전으로 올라가지 않을 것으로 보는 것이 주류였다.[53] 한국 청동기문화는 오르도스와 시베리아의 청동기문화가 전파되어 형성되었을 것으로 보고 순수한 한국의 청동기는 세형동검이라고 보았기 때문이었다.

그런데 고고 발굴과 연구가 진전되면서 종래에는 요령성(遼寧省)의 청동기로만 인식되었던 비파형동검이 한반도와 만주 전 지역에서 출토되고[54] 세형동검은 비파형동검으로부터 발전된 것[55]이라는 것이 확인됨에 따라 한국의 청동기시대 개시 연대를 올려 잡지 않을 수 없게 되었다. 그러나 아직도 일부 학자들은 비파형동검의 연대를 서기전 10세기 이전으로 올려 보는 것을 주저하고 있다.[56] 그러나 지금까지 확인된 바

---

51 앞 책, 『한국고고학개설』 초판, p. 76.

52 도유호, 「조선거석문화연구」 『문화유산』, 1959년 2호, pp. 1~8 · 24~35.

53 앞 책, 『한국고고학개설』 개정판, pp. 85~92.

54 이영문, 「한반도 출토 비파형동검 형식분류 시론」 『박물관기요』 7, 단국대 중앙박물관, 1992, p. 85 지도 참조.

55 靳楓毅, 「論中國東北地區含曲刃青銅短劍的文化遺存」 上 · 下 『考古學報』, 1982年 4期, pp. 387~426 · 1983年 1期, pp. 39~54 참조.

56 김원룡, 『한국고고학개설』 제3판, 일지사, 1986, p. 67.
이기백, 「고조선의 국가 형성」 『한국사시민강좌』 제2집, 1988, p. 12.

에 의하면 연대가 가장 올라가는 비파형동검이 출토된 유적은 길림성(吉林省) 영길현(永吉縣)의 성성초(星星哨) 유적[57]으로, 이 유적의 방사성탄소측정 연대는 서기전 1015±100년(2965±100 B.P.)으로 교정연대는 서기전 1275±160년이었다.[58] 그러므로 길림성 지역에서의 비파형동검 연대는 서기전 13세기 초까지 올라간다. 최근에 한창균은 요령성 지역의 이른 시기 비파형동검 유적인 요령성 신금현(新金縣) 쌍방(雙房) 유적에 관심을 가지고, 그곳에서 출토된 것과 동일한 질그릇이 나오는 요령성 여대시(旅大市) 우가촌(于家村) 유적 상층은 서기전 1490±155년(3440±155 B.P.),[59] 여대시 장해현(長海縣) 상마석(上馬石) 유적은 1370±160년(3320±160 B.P.)·1415±195년(3365±195 B.P.)·1555±135년(3505±135 B.P.)[60] 등의 방사성탄소측정에 의한 교정연대를 얻었으므로, 비파형동검의 개시 연대를 서기전 16~14세기까지 올려 보아야 한다고 주장했다.[61]

그런데 요령성 지역에는 비파형동검보다 더 빠른 청동기문화가 있다. 하가점하층문화(풍하문화라고도 부른다)가 그것인데, 이 유적들에서 출토된 유물은 귀고리·단추·가락지·활촉·작은 칼 등 소형의 청동기가 주

---

57 吉林市文物管理委員會·永吉縣星星硝水庫管理處, 「永吉星星哨水庫石棺墓及遺址調查」『考古』, 1978年 第3期, pp. 145~150·157.
吉林市博物館·永吉縣文化館, 「吉林永吉星星哨石棺墓第三次發掘」, 『考古學集刊』 3, 1983, pp. 109~125.

58 中國社會科學院考古研究所 編著, 『中國考古學中碳十四年代數據集』, 文物出版社, 1983, p. 34.

59 위 책, p. 27.

60 위 책, p. 29~30.

61 한창균, 「고조선의 성립배경과 발전단계 시론」『국사관논총』 제33집, 국사편찬위원회, 1992, p. 10.

류를 이루고 있다. 종래에는 하가점하층문화와 비파형동검문화를 연관성이 없는 문화로 간주하는 학자들이 있었으나[62] 동일한 지역에 시간을 전후하여 있었던 청동기문화가 서로 연관이 없었을 것으로 보는 것은 납득하기 어렵다. 따라서 근래에 임병태,[63] 한창균[64] 등의 고고학자들은 이 두 문화를 동일한 계통으로 보기에 이르렀다. 이 문화유적들의 방사성탄소측정연대는, 요령성의 조양시(朝陽市) 용성구(龍城區) 열전창(熱電廠) 유적은 서기전 1480±250년(3430±250 B.P.)·1585±55년(3535±55 B.P.)·1630±75년(3580±75 B.P.)·1775±135년(3725±135 B.P.)으로[65] 교정연대는 서기전 1745±270년(3695±270 B.P.)· 1875±115년(3825±115 B.P.)·1930±100년(3880±100 B.P.)·2115±150년(4065±150 B.P.)이고,[66] 북표현(北票縣) 풍하(豐下) 유적은 서기전 1600±80년(3550±80 B.P.)으로 교정연대는 서기전 1890±130년(3840±130 B.P.)이며,[67] 건평현(建平縣) 수천(水泉) 유적은 서기전 1830±90년(3780±90 B.P.)으로 교정연대는 서기전 2180±110년(4130±110 B.P.)이고,[68] 내몽골자치구의 오한기(敖漢旗) 대전자(大甸子) 유적은 서기전 1440±90년(3390±90 B.P.)·1470±85년(3420±135 B.P.)으로 교정연대는 서기전 1695±

---

62 윤무병, 「요령지방의 청동기문화」『한국상고사의 제문제』, 한국정신문화연구원, 1987, pp. 24~25.

63 임병태, 「고고학상으로 본 예맥」 앞 책 『한국고대사논총』, pp. 81~95.

64 앞 글, 「고조선의 성립배경과 발전단계 시론」, pp. 7~20.

65 中國社會科學院考古研究所實驗室, 「放射性炭素測定年代報告15」『考古』, 1988年 第7期, p. 659.

66 앞 글, 「고조선의 성립배경과 발전단계 시론」, p. 39 부록 참조.

67 앞 책, 『中國考古學中碳十四年代數據集』, p. 27.

68 위와 같음.

135년·1735±135년이며,[69] 적봉시(赤峰市) 지주산(蜘蛛山) 유적은 서기전 2015±90년(3965±90 B.P.)으로 교정연대는 서기전 2410±140년(4360±140 B.P.)이다.[70] 지주산 유적의 연대는 지금까지 확인된 하가점하층문화 연대 가운데 가장 이른 것이다. 이 문화가 실제로 개시된 것은 유적의 연대보다는 다소 앞설 것이므로 서기전 2500년 무렵으로 잡을 수 있을 것이다. 하가점하층문화 유적은 길림성 서부에도 많이 분포되어 있는데 이 지역은 아직 발굴되지 않았다.[71]

필자는 일찍이 고조선의 서쪽 국경을 난하 유역으로 고증하고 요령성 지역은 고조선의 영토에 들어오므로, 한국의 청동기문화 개시 연대를 서기전 25세기 무렵으로 올려 잡을 것을 제안한 바 있다.[72] 그러나 당시 한국사 학계의 상황은 고조선의 서쪽 국경을 난하 유역으로 보는 것을 주저했고 아직 중국과 교류가 충분히 이루어지지 않아 요령성의 발굴자료도 접하기 어려운 실정이었으므로 필자의 제안에 동의하기를 꺼리는 학자들이 있었다.[73] 그러나 최근에는 고고학자들에 의해 하가점하층문화를 비파형동검문화의 전신으로 보아야 한다는 견해와 더불어 당연히 고조선문화로 보아야 한다는 주장이 제출되고 있다.[74]

여기서 유의해야 할 것은 한반도에서도 서기전 25세기로 올라가는 청동기 유적이 두 곳이나 발굴되었다는 사실이다. 하나는 문화재관리국

---

69 위 책, p. 25.

70 위 책, p. 24.

71 文物編輯委員會,『文物考古工作三十年』, 文物出版社, 1979, p. 103.

72 윤내현,「고조선의 사회성격」『한국고대의 국가와 사회』, 일조각, 1985, pp. 30~34.

73 앞 글,「고조선의 국가 형성」.

74 앞 글,「고조선의 성립배경과 발전단계 시론」.
앞 글,「고고학상으로 본 예맥」.

발굴단이 발굴한 경기도 양평군 양수리의 고인돌 유적이다. 다섯 기의 고인돌이 발굴된 이 유적에서 채취한 숯에 대한 방사성탄소연대측정 결과는 서기전 1950±200년[75]으로 나왔는데 교정연대는 서기전 2325년 무렵이 된다. 이 유적에서 청동 유물은 출토되지 않았으나 고인돌은 청동기시대 유물이라는 것이 학계의 정설이므로 이 연대를 청동기시대 연대로 볼 수 있는 것이다. 그러나 발굴자들은 이 연대가 종래에 한국 학계에서 사용해왔던 청동기시대 연대보다 훨씬 높기 때문에 이 고인돌 유적의 연대가 서기전 8~7세기 이상으로 올라가지 못할 것이라고 소개하고 있다.[76] 다른 하나는 목포대 박물관이 발굴한 전남 영암군 장천리 주거지 유적이다. 이 청동기시대 유적은 수집된 숯에 대한 방사성탄소측정 결과 그 연대는 서기전 2190±120년(4140±120 B.P.)·1980±120년(3930±120 B.P.)으로 나왔는데[77] 교정연대는 서기전 2630년·2365년 무렵이 된다. 그러나 발굴자들은 이 연대가 지나치게 높게 나왔기 때문에 이용할 수가 없다고 말하고 있다.[78]

이와 같이 과학적 연대가 얻어졌음에도 불구하고 일부 학자들은 종래에 그들이 생각했던 청동기시대 연대보다 너무 올라간다는 이유 때문에 그 연대를 사용하기를 꺼리고 있다. 과학적인 연대를 얻어놓고도 계속 비과학적인 관념에 사로잡혀 있어야 할지 반성해볼 일이다. 필자는 당연히 과학적인 측정 방법에 의해 얻어진 연대를 사용해야 한다고 생각

---

75 Chan Kirl Park and Kyung Rin Yang, "KAERI Radiocarbon Measurements Ⅲ" *Radiocarbon*, vol. 16, No. 2, 1974, p. 197.

76 이호관·조유전, 「양평군 양수리 지석묘 발굴보고」『팔당·소양댐 수몰지구 유적발굴 종합조사보고』, 문화재관리국, 1974, p. 295.

77 최성락, 『영암 장천리 주거지』 2, 목포대 박물관, 1986, p. 46.

78 위 책, 『영암 장천리 주거지』 2, p. 46.

한다. 이상과 같은 자료와 연구 결과를 종합해볼 때 한국 청동기시대의 개시 연대는 서기전 25세기 무렵으로 올려 볼 수 있는 것이다.[79]

한국의 철기시대에 대해서는 중국으로부터 한사군의 설치와 함께 들어왔을 것으로 인식되기도 했다.[80] 그러나 근래에 새로운 자료가 증가함에 따라 그 연대가 수정되었다. 그러나 아직도 학자에 따라 개시 연대에 큰 차이를 보이고 있다. 김원룡은 철기시대의 개시 연대를 서기전 3세기로 보고 있으나[81] 근래에 황기덕과 김섭연은 송화강(松花江) 유역의 길림성 소달구(騷達溝) 유적 돌곽무덤에서 출토된 철기에 근거하여 한국의 철기시대 개시 연대를 서기전 8~7세기 또는 그보다 더 올려 보아야 한다고 주장하고 있다. 이 유적에서 출토된 조롱박 모양의 단지는 서기전 8~7세기 무렵에 나타나는 미송리형 단지이며 부챗살 모양의 청동도끼와 자루에 돌기가 있는 청동칼·흰 토막구슬 등은 서기전 8세기를 전후한 시기에 유행했던 물건들이라는 것이다.[82]

그런데 중국의 전국시대에 해당하는 요령성 지역의 유적에서는 철기가 보편적으로 출토되는데 무순(撫順) 연화보(蓮花堡)·안산(鞍山) 양초장(羊草庄)·관전(寬甸)·쌍산자(双山子)·오한(敖漢) 노호산(老虎山) 등

---

79 최근에 북한에서는 평양에서 단군릉을 발굴했는데 그곳에서는 금동 유물이 출토되었고 연대는 지금부터 5,011년 전으로 확인되었다고 발표했다(「사회과학원의 단군릉 발굴 보고문」『북한의 단군릉발굴관련자료』, 북한문제조사연구소, 1993. pp. 3~13). 이 연대가 정확하고 금동 유물이 당시의 것이 확실하다면 한국의 청동기시대 연대는 서기전 3000년 이전으로 올라가야 한다. 그러나 이 유적은 아직 학계의 검증을 받지 않은 상태이므로 이 글에서는 일단 보류하고 언급하지 않았다.

80 앞 책, 『한국고고학개설』 개정판, pp. 127~128.

81 앞 책, 『한국고고학개설』 제3판, pp. 101~103.

82 황기덕·김섭연, 「우리나라 고대야금기술」『고고민속론문집』, 과학백과사전출판사, 1983, pp. 171~172.

에서는 많은 철기가 출토되었다.[83] 연화보 유적에서는 출토된 전체 농구의 90퍼센트 이상을 철제 농구가 차지하고 있었다.[84] 발굴자들은 이 유적들에서 출토된 철기의 제조 기술 수준이 황하 중류 유역과 동등하다고 말하고 있다.[85] 이 정도로 철기가 보편화되기까지는 오랜 기간을 필요로 할 뿐만 아니라 황하 중류 유역과 기술 수준이 동등하다면 그 개시 연대도 비슷할 것인데, 중국은 철기 사용의 개시 연대를 서기전 8세기 이전으로 보고 있다. 이러한 점을 참고해볼 때 한국의 철기 개시 연대는 서기전 8세기보다 앞설 것이다.

두 번째로, 엥겔스의 틀에 의해 한국 고대사회 발전 과정을 검증해보자. 엥겔스는 국가 이전의 사회로 한 단계만을 설정했다. 그런데 지금 우리는 국가라는 사회조직 속에 살고 있으므로 국가가 존재한다는 사실은 분명하며 또한 인류가 지구상에 출현했던 초기부터 국가가 존재하지는 않았었다는 점에 대해서도 이의가 없다. 따라서 어느 시기엔가 인류는 국가 이전의 단계로부터 국가 단계로 변화를 가졌을 것은 당연하다. 여기서 밝혀내야 할 것은 그 시기가 언제였느냐 하는 것인데, 어떤 요소를 갖춘 사회를 국가로 보아야 할 것인지 그 기준이 먼저 마련되어야 한다. 다시 말하면 국가 단계와 그 전 단계를 구분하는 구체적인 기준이 있어야 한다.

엥겔스는 국가가 그 전의 사회와 다른 특징으로 두 가지를 들었다. 하나는 혈연적 유대인 씨족의 결합이 소멸되고 국민을 지역에 따라 구분하게 된다는 것이고, 다른 하나는 자기 자신을 무장력으로 조직하는 공

---

83 앞 책, 『文物考古工作三十年』, p. 92.

84 王增新, 「遼寧撫順市蓮花堡遺址發掘簡報」 『考古』, 1964年 6期, pp. 165~166.

85 주 83과 같음.

권력의 출현이라는 것이다.[86] 이 두 가지 요소가 확인되면 그 시기부터는 국가 단계의 사회라는 것이다. 그런데 이러한 구분은 이론적으로는 가능하지만 국가 출현 초기에 이러한 요소들을 찾아낸다는 것은 용이한 일이 아니다. 그리고 공권력의 경우 구체적으로 어떤 권력을 의미하는지도 모호하다. 이러한 문제 때문에 지난날 각 지역에서 국가 단계로 진입한 시기를 확인하는 데 있어 학자들 사이에 많은 혼란이 있었다.

그 후 이러한 문제들을 해결하기 위한 학자들의 끊임없는 노력, 특히 1970년대 이후 계속되고 있는 국가의 기원을 밝히고자 하는 인류학자들의 노력의 결과 국가사회가 그 전의 사회와 다른 점이 구체적으로 제시되기에 이르렀다. 학자들에 의해 널리 인용되는 플래너리(Kent V. Flannery)의 국가에 대한 정의를 보면,

> 국가는 전문화된 통치 계급이 있는 아주 강력하고 경우에 따라서는 중앙 집권화된 형태인데, 대체적으로 단순한 사회를 특징짓는 혈연적인 결속과는 동떨어진 형태이다. 또한 국가는 혈연이나 인척 관계보다는 보통 직종의 전문성에 따른 거주 형태를 지닌, 내부적으로 고도로 계층화되고 극도로 다양화된 것이다. 국가는 무력의 독점을 유지하려고 시도한다. 그리고 진정한 법에 의해 특징지어진다. 어떠한 죄라도 거의 국가에 대한 범죄로 간주될 수 있다. 그래서 이러한 경우에 징벌은 단순한 사회에서와 같이 가해자 측이나 그 혈족에게 책임이 부여되기보다는 규정된 절차에 따라 국가가 처리하는 것이다. 개개의 인민은 폭력을 버려야 하는 반면에, 국가는 전쟁을 수행할 수 있고 군사를 징발할 수 있을 뿐 아니라

---

86 주 9와 같음.

세금을 거두고 공물을 강요할 수 있다.[87]

고 했다. 이 정의에 따르면 국가 단계는 이전 단계의 사회에 있었던 요소들이 그대로 계승되면서도 이전 단계의 사회와 다른 주요한 특징으로 두 가지 조건을 구비해야 한다. 국가 조직에서는 첫째로 혈연적 유대가 무너지고 그것이 지역적 결속에 의해 대체되며, 둘째로 법이 출현하여 합법적인 권력을 소유해야 한다는 것이다.[88]

그런데 장광직은 이러한 국가에 대한 정의를 중국의 상나라에 적용하면서, 상나라에는 첫째 조건은 적용이 불가능하며 둘째 조건만이 적용이 가능하다고 했다.[89] 그리고 그는 상나라는 합법적인 무력과 계급적 통치 구조, 사회계층의 문제 등으로 보아 국가 단계에 부합된다는 점을 들면서, 국가를 정의하는 두 조건을 상나라에 적용하는 데 문제가 있는 것은, 종래에 국가사회의 특징을 정의하면서 중국 자료를 포함시키지 않고 검토했기 때문이라고 했다.[90]

그동안 일부 학자들은 상나라와 같이 혈연적 관계에 기초한 고대국가를 '아시아적 고대국가'로 명명하고 정상적인 사회가 아닌 변형된 형태 또는 예외의 사회로 간주했다.[91] 이러한 시각은 서양의 사회를 정상적인 발전 과정을 거친 표준 사회로 보고 동양은 그렇지 못한 비정상적인 사

---

87 Kent V. Flannery, "The Cultural Evolution of Civilizations", *Annual Review of Ecology and Systematics* 3, 1972, pp. 403~404.

88 앞 책, 『상문명』, p. 457.

89 위와 같음.

90 위 책, p. 458.

91 Jonathan Friedman, "Tribes, States, and Transformations", In *Marxist Analysis and Social Anthropology*, M. Block, ed., Malaby Press, 1975, p. 195.

회로 보고 있는 것이다. 그러므로 세계 각 지역에 적용할 수 있는 사회의 보편 이론을 정립하기 위해서는 고대 중국의 자료를 포함시켜 재검토해야 한다고 장광직은 주장했다.[92] 이 점은 한국사에서도 동일하게 적용된다. 왜냐하면 한국에서도 국가가 출현한 후 오랫동안 거주 형태에 있어 혈연적 유대가 계속되었기 때문이다.

이상과 같은 장광직의 지적에 따르면 국가사회 단계가 그 이전 사회 단계와 다른 특징적 조건으로 세계 각 지역에 보편적으로 적용될 수 있는 것은 법이 출현하여 합법적인 권력을 소유하게 된다는 것뿐이다. 샌더스(William T. Sanders)와 프라이스(Barbara J. Price)가 말한 것처럼 국가와 그 이전 사회 단계를 구분 짓는 주요한 차이는, 국가 이전의 사회는 정치적 서열이 혈연 체계와 연결되어 있는 반면 국가 단계의 사회는 기본적으로 합법적인 권력에 의해 특징지어진다는 것이다.[93] 법이 있는 사회는 그 법을 집행하기 위해 강한 권력과 관료 조직을 필요로 했을 것은 당연하다.

그런데 법이 존재했는지 여부는 기록이 남아 있지 않으면 확인할 수가 없다. 따라서 기록이 남아 있지 않을 경우에 국가사회에 적용할 수 있는 다른 기준을 찾기 위해 학자들은 노력해왔다. 건축물을 기준으로 하여 통치자가 자신이 거주할 궁궐을 짓는 데 강제 노동력을 이용할 수 있는 사회는 국가 단계이며 신전과 묘를 만드는 데 강제 노동을 동원할 수 있는 사회는 추방(酋邦) 단계로 보는 것이 바람직하다는 견해[94]도 제

92 주 90과 같음.

93 앞 책, *Mesoamerica*, pp. 42~45.

94 Willian T. Sanders, "Chiefdom to State : Political Evolution at Kaminaljuyu, Guatemala" In *Reconstructing Complex Societies*, C. B. Moore, ed. Supplement to the Bulletin of the American School of Oriental Research, No. 20, American

출되었으나, 궁궐이라는 건축물의 규모를 어떻게 정의할 것인가라는 어려움에 부딪히기도 했다.[95] 국가권력의 독점과 그러한 권력의 중앙집권화를 기준으로 하자는 견해[96]도 있지만 이것을 어떻게 확인할 수 있으며, 그 정도도 지역에 따라 다를 것인데 그것을 어떻게 보편화할 수 있을 것인가가 문제가 된다. 예컨대 중국의 상·서주·춘추시대는 봉국제국가로서 지방분권 국가였는데 이러한 사회는 중앙집권국가가 아니기 때문에 국가사회가 아닐까?

여기서 유의해야 할 것은 고고학자들에 의해 국가사회를 규정하는 새로운 기준이 제시되었다고 해서 "합법적인 권력이 출현한 사회를 국가"라고 한다는 종래의 개념 규정이 부정되는 것이 아니라는 점이다. 합법적인 권력이 출현한 사회가 국가 단계의 사회이기는 하지만 기록이 남아 있지 않아 그것을 확인할 수 없을 경우, 그러한 사회 단계를 확인할 수 있는 다른 고고학적 근거를 고고학자들은 찾고 있는 것이다.

그렇다면 한국에서 법이 처음으로 제정되어 합법적 권력이 출현한 시기는 언제였을까? 그것은 고조선시대였다. 잘 알려져 있는 바와 같이 고조선에는 〈범금8조(犯禁8條)〉의 법이 있었다. 『한서』「지리지」에,

> 은(상)의 도(道)가 쇠퇴함에 기자는 조선으로 가서 그 주민을 예의로써 교화하며 농사짓고 누에치며 길쌈을 하였다. 낙랑의 조선 주민에게는 범금8조가 있었는데 사람을 죽이면 바로 죽음으로써 보상하고 상해를 입

School of Oriental Research, 1974, p. 109.

95 앞 책, 『상문명』, p. 458.

96 이송래, 「국가의 정의와 고고학적 판단기준」 『한국상고사—연구현황과 과제』, 민음사, 1989, p. 109.

히면 곡물로써 보상하며 도적질한 자는 남자는 거두어 가노(家奴)로 삼고 여자는 비(婢)로 삼는데 재물을 바치고 죄를 면하고자 하는 자는 각자가 50만을 내야 했다.[97]

고 기록되어 있다. 비록 8조의 법이 모두 전하지는 않지만 이 법은 사람의 생명과 신체 및 사유재산을 보호하는 형법, 즉 통치의 법이었음을 알 수 있다. 고대사회에서의 법은 통치를 위해 권력을 객관화하는 도구였던 것이다.

그런데 이 법은 기자가 살았던 시기에 낙랑 지역에 있었던 법이다. 기자는 서기전 12세기 무렵 상·주 교체기의 인물이다.[98] 기자는 중국 상나라 왕실의 후예로서 상나라가 망하고 주나라가 서자 조선 지역으로 망명했는데, 그곳은 고조선의 서쪽 변방으로 낙랑에 속해 있었고 후에 한사군이 설치되자 낙랑군 조선현이 된 지역이었다.[99] 따라서 『한서』 「지리지」가 말한 〈범금8조〉의 법은 서기전 12세기 무렵 고조선에 있었

---

97 『한서』 권28 하 「지리지」 하. "殷道衰, 箕子去之朝鮮, 敎其民以禮義, 田蠶織作. 樂浪朝鮮民犯禁八條, 相殺以當時償殺, 相傷以穀償, 相盜者男沒入爲其家奴, 女子爲婢, 欲自贖者, 人五十萬."
『후한서』 권85 「동이열전」 〈예전〉과 『삼국지』 권30 「동이전」 〈예전〉에는 위의 『한서』 기록과는 달리 기자가 조선으로 와서 범금8조를 제정한 것처럼 기록되어 있으나, 그것은 중국 중심의 사상이 팽배해지면서 내용을 고쳐 기록한 것으로 생각된다. 『한서』가 『후한서』나 『삼국지』보다 훨씬 오래된 책이므로 사료로서의 가치도 그만큼 높은 것은 말할 필요가 없을 것이다.

98 『사기』 권3 「은본기」·권4 「주본기」.

99 윤내현, 「한사군의 낙랑군과 평양의 낙랑」 『한국고대사신론』, 일지사, 1986, pp. 307~319.
______, 「고대조선고」 『중재장충식박사화갑기념논총』 역사학편, 중재장충식박사화갑기념논총간행준비위원회, 단국대 출판부, 1992, pp. 4~7.
이 책의 제1편 제5장 제1절 「위만조선과 한사군의 위치」 참조.

던 법이었던 것이다. 그러므로 고조선은 이 시기에 이미 국가 단계에 진입해 있었음을 알 수 있다. 그런데 이 법은 당시에 이미 존재하고 있었으므로 그것이 제정된 시기는 이보다 앞섰을 것이다. 그러므로 고조선이 국가사회 단계에 진입한 시기는 서기전 12세기보다 앞서야 하는 것이다.

그런데 지금까지 연구된 다른 나라의 예를 보면 청동기시대가 시작되면서 국가 단계에 진입했다. 중국의 경우 청동기시대가 시작되는 이리두문화[하(夏)]를 국가 단계로 보는 것을 주저하지 않는다.[100] 앞에서 살펴본 바와 같이 한국의 청동기시대는 서기전 25세기까지 올라간다. 고조선의 건국 연대인 서기전 2333년보다 앞서는 것이다. 따라서 고조선의 국가사회 단계 진입을 고조선 건국과 동시로 보아도 크게 무리가 없을 것이다.

세 번째로, 엘먼 서비스의 틀에 의해 한국 고대사회의 발전 과정을 살펴보고자 한다. 엥겔스는 국가 단계 이전의 사회로서 원시공동체라는 하나의 단계만을 상정한 반면, 서비스는 국가가 출현하기까지는 세 단계의 발전 과정이 있었다고 보았다. 따라서 원시공동체라는 하나의 사회 단계가 세 단계로 세분된 셈이다. 그러면 고조선이라는 국가가 출현하기까지 한국의 고대사회는 어떠한 발전 과정을 거쳤을까? 하나의 사회 단계였을까, 아니면 몇 개의 단계가 있었을까?

서비스의 틀에 대해서는 거부감을 갖는 학자들이 있으므로[101] 일단

---

100 주 30과 같음.
佟柱臣, 「從二里頭類型文化試談中國的國家起源問題」『文物』, 1975年 6期, pp. 29~33.

101 이기동, 「회고와 전망 : 한국사학계-고대」『역사학보』 104, 1984, pp. 162~179.

그들을 무시하고 검증을 시작하겠다. 고고학적으로 한국에 구석기시대와 신석기시대가 있었다는 점은 분명하다. 구석기시대 사람들은 뗀석기를 사용하여 사냥·고기잡이·그러모으기 등을 하면서 무리를 지어 떠돌이 생활을 했다. 충청남도 공주군 장기면 석장리 유적과 제원군 창내 유적, 함경북도 선봉군 굴포리 유적 등에서 후기 구석기시대의 집자리가 발견[102]되었지만 그것들은 임시 주거용이었으며 아직 붙박이 단계는 아니었다.

그러나 신석기시대에 들어오면서 사람들은 붙박이 생활에 들어갔다. 한국과 만주에서 가장 오랜 신석기 유적인 강원도 양양군의 오산리 유적에서 9자리, 함경북도 선봉군의 서포항 유적에서 21자리를 비롯하여 서울 암사동 유적[103]에서 14자리, 황해북도 봉산군 지탑리 유적에서 3자리, 평안남도 온천군 궁산 유적에서 5자리[104], 내몽골자치구 흥륭와 유적에서 7자리[105], 요령성 심양시 신락(新樂) 유적[106]과 여대시 장해현(長海縣) 소주산(小珠山) 유적[107] 등에서 집자리가 발견되었다. 이러한 유적들은 신석기시대 초기부터 한반도와 만주에 거주했던 사람들이 붙박이 생활에 들어가 마을을 이루고 살았음을 알게 해준다.

이 시기는 붙박이 생활 초기 단계로서 하나하나의 마을이 독립된 정치 단위·경제 단위·사회 단위였을 것이다. 신락 유적에서는 탄화된 조

---

102 손보기, 『구석기 유적-한국·만주』, 한국선사문화연구소, 1990, p. 165·170·187.

103 손보기 박사의 증언에 따르면 암사동에는 수백 채의 신석기시대 집자리가 있었으나 토목 공사로 인해 파괴되어버렸다고 한다.

104 김정기, 「신석기시대 주생활」『한국사론』 17, 국사편찬위원회, 1987, pp. 76~130.

105 앞 글, 「內蒙古敖漢旗興隆洼遺址發掘簡報」.

106 沈陽市文物管理辦公室, 「沈陽新樂遺址試掘報告」『考古學報』, 1978年 4期, pp. 449~450.

107 앞 책, 『文物考古工作三十年』, pp. 85~86·98.

가 수집되었고[108] 서포항·궁산·지탑리·흥륭와·소주산 등의 유적에서는 곡물의 껍질을 벗기거나 가루를 만드는 데 사용되었던 갈돌판과 갈돌대 등과 함께 개·돼지 등의 뼈가 출토되었다. 이것은 당시의 사람들이 농사짓기와 집짐승 기르기를 했음을 알게 해준다.

여기서 우리는 분명히 한 단계의 사회 변화를 확인하게 된다. 구석기시대에 무리를 지어 떠돌이 생활을 했던 단계와 신석기시대에 붙박이 생활에 들어가 마을을 이룬 단계이다. 전자를 '이동무리사회' 또는 '무리사회'라고 부를 수 있을 것이며 후자를 '마을사회'라고 부를 수 있을 것이다. 마을사회는 신석기시대 개시와 더불어 시작되었으므로 그 개시 연대는 서기전 8000년(지금부터 1만 년 전)경으로 잡을 수 있을 것이다.

그런데 지금까지의 고고학 자료에 의하면 신석기시대로부터 청동기시대로 가는 과정에서 또 한 차례의 사회 변화가 확인된다. 그것은 일반무덤과는 다른 돌무지무덤과 성터의 출현, 옥기의 사용 등이다. 한반도와 만주에 돌무지무덤이 널리 분포되어 있음은 잘 알려진 사실인데, 발굴된 돌무지무덤 가운데 연대가 가장 올라가는 것은 요령성의 능원현(凌源縣)과 건평현(建平縣) 경계에 위치한 우하량(牛河梁) 유적이다.[109] 이 유적에서는 규모가 큰 돌무지무덤이 여러 자리 발견되었는데, 그 가운데 3자리가 발굴·보고되었다. 그리고 흙으로 만든 신상(神像)의 두상(頭像)이 출토되었고 신상을 모셨던 사당 건물 터가 확인되었으며 정교

---

108 Kwang-chih Chang, *The Archaeology of Ancient China*, Fourth Edition, Yale University Press, 1986, p. 176.

109 遼寧省文物考古研究所,「遼寧牛河梁紅山文化"女神廟"與積石塚群發掘簡報」『文物』, 1986年 8期, pp. 1~17.
孫守道·郭大順,「牛河梁紅山文化女神頭像的發現與研究」『文物』, 1986年 6期, p. 19.

하게 만든 옥기들도 여러 점 출토되었다.

요령성 객좌현(喀左縣) 동산취(東山嘴)[110]와 부신현(阜新縣) 호두구(胡頭溝)[111]에서도 우하량과 비슷한 유적이 발견되었다. 동산취에서는 돌을 이용한 건축물 유적이 발견되었는데, 그 가운데 제단이 있었고 호두구 유적에서는 우하량의 무덤과 비슷한 무덤이 발견되었다. 이 두 유적에서는 모두 정교하게 가공된 옥기 등 풍부한 유물이 출토되었다. 우하량 유적은 방사성탄소연대측정에 의해 교정연대가 서기전 3630±110년(5580±110 B.P.),[112] 동산취 유적은 서기전 3535±110년(5485±110 B.P.)으로 확인되었는데 호두구는 동산취와 비슷할 것으로 보고 있다.[113] 한반도의 돌무지무덤에 대해서는 방사성탄소측정이 이루어지지 않았기 때문에 연대를 말하기가 어렵지만 요령성의 돌무지무덤과 비슷한 양식들이 존재하고 있어서 연대도 비슷할 것으로 보는 견해가 있다.[114] 이 시기에 속하는 유적인 내몽골자치구 옹우특기(翁牛特旗) 석책산(石栅山)에서는 70여 자리의 묘가 발굴되었는데 묘에 따라 부장품의 차이가 현저했다.[115] 이러한 것들은 당시 빈부의 차이가 있었음을 알게 해준다.

한반도의 같은 시기 유적인 함경북도 선봉군 서포항·청진시 농포리·평안남도 온천군 궁산·평양시 금탄리·강원도 춘천시 교동 등에서도 옥

---

110 孫守道·郭大順, 「遼寧省喀左縣東山嘴紅山文化建築群址發掘簡報」『文物』, 1984年 11期, pp. 1~11.

111 方殿春·劉葆華, 「遼寧阜新縣胡頭溝紅山文化玉器墓發現」『文物』, 1984年 6期, pp. 1~5.

112 주 109와 같음.

113 주 110·111과 같음.

114 강인구, 「중국동북지방의 고분」 앞 책 『한국상고사의 제문제』, pp. 39~66.
이형구, 『渤海沿岸古代文化之硏究』, 대만대 박사학위 논문, 1987, pp. 124~125.

115 앞 책, 『文物考古工作三十年』, p. 87.

기가 출토되었다.[116] 그리고 이 시기에 속하는 여대시 소주산 상층유적에서 출토된 질그릇은 대부분 빠른 속도의 물레를 사용하여 만든 것이었다.[117] 정교한 옥기의 가공과 빠른 물레를 사용한 질그릇 제작은 숙련된 기술을 필요로 한다. 이로 보아 이 시기에 전문 기능인 즉 수공업자가 출현했음을 알 수 있다.

요령성과 접경인 내몽골자치구의 적봉(赤峰)에서는 후기 신석기시대의 성터도 발견되었다.[118] 자연석들을 쌓아 만든 이 성터 안에서는 사방 40미터에 이르는 중앙의 큰 건물 터를 비롯하여 57개의 주거지가 발견되었는데, 이 유적의 조사자는 이곳에 추장이 거주했을 것으로 보았다.[119] 규모는 작지만 돌로 쌓은 성터는 요령성 능원현 남성자(南城子)에서도 발견되었다.[120] 이러한 성터는 적의 침입을 막기 위한 것으로 전쟁이 있었음을 알게 하는 것이다. 내몽골자치구 소오달맹(昭烏達盟) 파림좌기(巴林左旗)의 부하구문(富河溝門) 유적에서는 점뼈가 출토되었는데,[121] 이 유적은 방사성탄소측정에 의해 서기전 2785±110년(4735±110 B.P.)[122]이라는 연대를 얻었는데 교정연대는 서기전 3350±145년(5300±145 B.P.)이다.[123] 점뼈는 앞의 우하량 유적에서 출토된 신상의

---

116 황용혼, 「신석기시대 예술과 신앙」『한국사론』 12, 국사편찬위원회, 1983, pp. 674~680.

117 遼寧省博物館 等, 「長海縣廣鹿島大長山島貝丘遺址」, 『考古學報』, 1981年 1期, pp. 66~70.

118 佟柱臣, 「赤峰東八家石城址勘查記」『考古通訊』, 1957年 6期, pp. 15~22.

119 윗글, p. 21.

120 윗글, p. 22.

121 中國科學院考古研究所內蒙古工作隊, 「內蒙古巴林左旗富河溝門遺址發掘簡報」『考古學報』, 1964年 1期, pp. 1~3.

122 위와 같음.

123 앞 책, 『中國考古學中碳十四年代數據集』, p. 24.

두상 및 사당 터와 더불어 당시 종교의 권위자가 있었음을 알게 해준다.

돌무지무덤은 규모가 크기 때문에 일반 무덤과는 달리 그것을 만들기 위해서는 많은 사람을 동원해야 한다. 그것을 만든 사람은 상당한 권력도 가지고 있어야 하고 경제적으로도 부유해야 한다. 그리고 하나의 마을 단위만으로는 이러한 큰 규모의 조영물을 남긴다는 것이 불가능하다. 이것은 이 시기에 여러 마을이 연맹을 이루는 사회 단계에 진입해 있었을 것임을 알게 해준다. 특히 전쟁을 수행하기 위해서는 여러 마을을 규합하는 세력 확장이 필요했을 것이며 전쟁을 통해 우두머리의 지배권은 강화되었을 것이다.

정치적 지배자가 출현했고 거주민 사이에 사회적 신분과 빈부의 차이가 발생했으며 전쟁이 일어났고 종교의 권위자가 존재했으며 전문 수공업자가 출현했던 이 시기의 사회는 분명히 이전의 평등했던 '마을사회'와는 다른 사회 단계였다. 이 단계의 사회는 여러 마을이 연맹을 맺어 고을을 형성하고 있었으므로 '고을사회'라고 부를 수 있을 것이다. 그런데 아직 완전한 국가는 아니었지만 정치적 지배자가 출현했으므로 '고을나라'라고 부를 수도 있을 것이다. 필자는 '고을나라'로 부르고자 한다. 고을나라의 출현은 우하량 유적에서 확인되는데, 실제로는 우하량 유적의 연대보다 다소 앞서 이 단계의 사회가 시작되었을 가능성이 있으므로 고을나라의 개시 연대는 우하량 유적의 연대보다 약간 올려 서기전 4000년으로 잡을 수 있을 것이다.

고을나라 단계를 거쳐 서기전 2333년에는 고조선이 건국되기에 이르렀던 것이다. 이렇게 보면 한국은 고대에 '무리사회'로부터 '마을사회'와 '고을나라' 단계를 거쳐 '고조선'에 이르렀음을 알 수 있다. 그리고 국제 학계에서 통용되는 정의에 따르면 고조선은 국가 단계의 사회였음도 알 수 있다. 여기서 유의해야 할 것은, 고조선이라는 국가사회 단계는 이전의 고을나라 단계와 완전히 다른 사회인 것은 아니며, 고을나라 단계에 있었던 사회요소들이 그대로 계승되어 양적으로 팽창되면서 법이라는 새로운 요소가 추가되었다는 점이다.

한국의 고대사회 발전 과정에 나타난 각 단계의 명칭이나 그 사회의 성격 및 사회 변화의 요인 등이 서비스의 사회진화론에 완전히 부합되지 않는다고 하더라도, 한국의 고대사회를 구체적으로 검증해보도록 시사했다는 점에서 필자에게 서비스의 이론틀은 매우 유용한 것이었다.

4. 종래의 연구에 대한 검토

역사 연구에 이론틀을 적용하는 데 있어 몇 가지 유의해야 할 점이 있다. 그러한 점을 유의하지 않아서 오류를 범하는 경우를 자주 보게 된다. 그러한 문제들을 하나하나 검토해보자.

첫째, 역사 연구나 해석에 이론의 틀을 적용하고자 할 때 처음부터 끝까지 같은 기준에 의한 틀을 일관성 있게 사용해야 한다. 그렇지 않을 경우 혼란을 가져올 위험이 있다. 고고학의 틀을 사용했을 경우에는 고고학의 틀만을, 사회 성격을 기준으로 한 틀일 경우에는 그 틀만을 처음부터 끝까지 사용해야 한다. 왜냐하면 각 이론의 틀은 각 시대를 구분하는 기준이 다르고 이에 따라 각 시대가 시작되고 끝나는 것이 일치하지 않기 때문이다. 예컨대 한 무리의 남녀노소가 있다고 가정하자. 그들을 분류할 때 몇 가지 방법이 있다. 성별에 따라 남녀로 구분한다든가 연령에 따라 소년·청년·장년·노년 등으로 구분한다든가 어느 하나의 일정한 기준을 적용해야 할 것이다. 그런데 위의 두 기준을 혼용하여 일관성 없이 적용한다면 한 집단을 파악하는 데 있어 혼란만을 초래할 것이다.

그런데 그동안 간행된 한국사 개설서나 국사 교과서 등을 보면 그 차례가 구석기시대·신석기시대·고조선,[124] 또는 구석기문화·신석기문화·청동기문화·군장사회·초기국가·고대국가,[125] 구석기시대·신석기시대·청동기시대·초기철기시대·고조선[126] 등으로 되어 있는 것을 보게 된다. 고조선이나 군장사회, 국가 등은 구석기시대나 신석기시대, 청동기시대 등과 동일한 기준에서 만들어진 시대 구분 명칭이 아니다. 따라서 고조선은 이러한 시대 구분 명칭들과 직렬로 사용될 수가 없다. 위와 같이 시대를 구분할 경우 고조선이 고고학의 시대와 어떻게 연결되는지 분명하게 이해할 수 없게 되며 자칫하면 고조선은 청동기시대나 철기시대가 끝나고 출현했던 것으로 오해를 불러일으킬 수 있다.

서로 다른 틀을 혼용함으로써 일어난 대표적인 오류는 국립중앙박물관의 시대 구분 도표이다. 그곳에는 고조선이 서기전 1000년에 시작된 것으로 표시되어 있다.[127] 이것은 한국 청동기시대의 개시를 서기전 1000년으로 보고 고조선의 시작을 청동기시대에 맞춘 것이다. 그러나 고조선은 청동기시대를 기준으로 해서 만들어진 명칭이 아니며 고고학의 시대 구분과는 상관없이 그 자체의 연대를 가지고 있다. 고고학이라는 학문이 수입되기 이전부터 고조선이라는 명칭이나 그 연대는 전해 내려왔다. 그 시대가 고고학적으로 신석기시대이건 청동기시대이건 또는 철기시대이건 간에 그것과는 상관없이 고조선은 서기전 2333년에 시작되어야 한다. 따라서 한국사의 시대 구분 도표에 고조선과 고고학

---

124 이기백, 『한국사신론』 개정판, 일조각, 1977, pp. 9~20.

125 변태섭, 『한국사통론』, 삼영사, 1986, pp. 21~68.

126 국사편찬위원회, 『고등학교 국사』 상, 대한교과서주식회사, 1990, pp. 4~16.

127 국립중앙박물관, 『국립중앙박물관』, 통천문화사, 1991, p. 249 연표.

의 시대 구분을 함께 표시할 필요가 있다면 두 가지의 연대를 그대로 살려 병기해야 할 것이다.

둘째, 이론틀들은 계속해서 수정 또는 보완되며 문헌이나 고고학의 자료도 항상 새로운 것이 발견되고 있다는 사실을 잊지 말아야 한다. 따라서 어떤 사실을 검증하는 데 있어 지난날의 이론틀에 의해 얻어진 결과는 새로 수정되거나 보완된 틀에 의해 재검토되어야 한다. 그리고 이론틀은 변화되지 않았더라도 새로운 자료가 발견되면 그 자료를 포함시켜 다시 검토할 필요가 있다. 앞에서 살펴본 바와 같이 고고학 틀이나 사회 성격을 기준으로 한 틀들은 오랜 기간에 걸친 논의와 수정·보완을 거쳐 오늘날 사용하는 틀에 이르게 되었으며, 이러한 틀들은 앞으로도 계속 수정되거나 보완될 가능성이 있는 것이다.

한국에서의 신석기시대 개시 연대는 새로운 유적의 발견과 그에 대한 방사성탄소측정에 의해 크게 수정되기에 이르렀다.[128] 앞으로 지금보다 연대가 올라가는 유적이 발견되면 그 연대는 더 올라가게 될 것이다. 청동기시대도 새로운 발굴 자료에 의해 연대가 수정되어가고 있다. 그러나 아직도 청동기시대 개시 연대에 대해서는 학자들 사이에 견해의 일치를 보지 못하고 있는데, 그것은 동일한 유적에 대한 연구 결과의 차이에서 온 것이 아니라 최근의 새로운 자료를 이용하는 학자와 그렇지 못한 학자, 만주의 자료를 포함하는 학자와 그렇지 않은 학자들의 견해 차이인 것이다.[129]

한반도에서 출토되는 청동기만을 기준으로 판단하는 학자는 한국 청동기시대의 개시를 서기전 10세기 이전으로 올려보지 않으려고 하며,

---

128 주 39·43과 같음.

129 주 44~71 본문 참조.

만주를 포함시키더라도 지금의 요서 지역을 포함시키지 않은 학자는 그 연대를 크게 올려보지 않으려고 한다. 그동안 청동기가 출토된 유적만을 기준으로 할 경우 지금의 요서 지역의 유적들이 연대가 가장 올라가며, 그다음이 요동 지역이 되기 때문이다. 그런데 고조선의 강역이 지금의 요서 지역을 포괄하고 있었음이 확인되었는데도 한반도의 자료만을 고집하거나 요서 지역을 제외해야 할 것인지 깊이 생각해봐야 한다.

그리고 최근에 이루어진 국가에 대한 명확한 개념 정의가 정립되기 이전에 다소 모호한 기준에 의해 제출되었던 한국 고대국가의 출현 문제도 이미 시대에 뒤진 것이므로 논의의 대상에서 제외되어야 할 것이다. 일찍이 김광진은 고구려에서 장수왕 15년 평양 천도기에 혈연제를 벗어나 지역적으로 국민을 조직하고 공동체적인 자발적인 자위 조직과는 다른 공적 권력이 조직되었으며, 이 공권력을 유지하기 위해 조세를 부과한 것 등이 국가의 특징이라고 보면서 이 시기를 한국에 있어서 고대국가의 출현으로 보았다.[130]

이러한 김광진의 견해는 엥겔스의 기준을 따른 것인데, 당시로서는 국가에 대한 개념 정의로서 이보다 더 적절한 것이 학계에 제출되어 있지 않았으므로 그러한 기준을 한국사에 적용하여 고대국가의 기원을 밝혀보려고 노력했다는 점은 공로로 인정받아야 하겠다. 그러나 그 후 인류학자들의 계속된 연구 결과에 따라 국가에 대한 더 구체적이고 명확한 개념 정의가 제출되었다. 그리고 그러한 개념 정의에 따라 재검증한 결과 한국사에서의 국가 출현이 김광진의 견해와 다르게 확인되었으므로 그의 견해는 더 이상 유지될 수 없게 되었다.

---

130 김광진, 「고구려사회의 생산양식-국가의 형성과정을 중심으로(高句麗社會の生産樣式-國家の形成過程を中心として)」『보전학회논집(普專學會論集)』 3, 1937, pp. 772~782.

이러한 예는 이병도의 경우에도 적용된다. 이병도는 고구려가 태조왕 때에 고대국가에 도달했다고 보았다. 그 근거로 이때에 고구려는 태조왕 또는 국조왕이라는 중국식 왕호를 사용했고 패자(沛者)·우태(于台) 등 관직명으로 보아 관료 조직이 있었음을 알 수 있으며, 이 시기에 주변의 부족사회를 통합하고 한의 군현을 공략함으로써 정복국가로서의 태세를 갖추었기 때문이라고 했다.[131] 최근에 이기백은 이러한 이병도의 견해를 백제의 고이왕, 신라의 내물마립간과 함께 충분히 주목될 만하다고 했다.[132]

그러나 중국의 왕호를 사용했다는 것은 국가 출현의 기준이 되지 못한다.[133] 어째서 순수한 한국의 칭호인 단군이라는 말을 사용한 시대는 국가 단계가 아니고 중국의 칭호를 사용해야만 국가 단계의 사회가 되겠는가? 그것은 그 시기에 중국 문화가 그만큼 유입되었다는 것을 말해줄 뿐이다. 그리고 관료 조직의 출현이나 정복 전쟁은 국가사회에 있었던 것이기는 하지만 그것은 그 이전에 이미 존재했으며 이전 사회 단계와 구분되는 기준은 아니다.

지난날 김철준이 제시한 후 한국사 학계에서 통용되었던 씨족사회·부족국가·부족연맹·고대국가라는 사회 발전 도식[134]이 거부된 것도, 인류학자들에 의해 제시된 새로운 사회 발전 틀에 의해 한국의 고대사

---

131 이병도, 『한국사』 고대편, 을유문화사, 1959, pp. 236~237.

132 이기백, 「고구려의 국가 형성 문제」 『한국고대의 국가와 사회』, 일조각, 1985, p. 79.

133 변태섭은 말하기를, 고조선은 서기전 4세기 무렵에 초기 국가 단계에 접어들었는데, 그 이유는 이때에 왕이라는 칭호를 사용했기 때문이라고 했다(앞 책, 『한국사통론』, p. 55.). 이것은 부왕(否王)과 준왕(準王)을 말하는데, 이들은 고조선의 왕이 아니라 기자의 후손이었다. 그리고 왕이라는 칭호는 국가사회를 가늠하는 기준이 될 수가 없다.

134 김철준, 「한국고대국가발달사」 『한국문화사대계 1—민족·국가사』, 고려대 민족문화연구소, 1964, pp. 453~546.

회가 검증되면서 그 불합리성이 지적되었기 때문이었다.[135]

셋째, 용어의 개념을 분명히 할 필요가 있다. 고고학의 틀은 용어의 개념이 비교적 명확하여 별로 문제가 되지 않으나 사회 성격을 기준으로 한 틀의 경우에는 개념의 부정확성 때문에 오는 혼란이 많다. 먼저 '국가'에 대한 개념 정의를 보자. 앞에서 필자가 적용한, '혈연적 유대가 무너지고 그것이 지역적 유대로 대체되며, 법이 출현하여 합법적인 권력을 소유한다'[136]는 국가사회 단계에 대한 정의가 국제학계에서 명확하게 통용된 것은 1970년대부터이며, 이것이 '법이 출현하여 합법적인 권력을 소유한다'는 하나의 기준으로 수정되어야 한다는 지적이 나온 것은 1980년이었다.[137]

이러한 개념 정의는 학자들이 오랜 기간의 수정과 보완을 거쳐 얻어낸 것으로서 현재로서는 최선의 결론이다. 국가의 개념 정의에 대한 객관적인 기준 없이 어느 시대가 국가였는지를 논하는 것은 의미 없는 일이다. 그렇게 되면 다른 지역과 사회 발전 단계를 비교할 수도 없을 것이며 서로 기준이 다르기 때문에 정당한 학술 논의도 있을 수 없게 된다. 만약 국가의 개념 정의에 대한 이러한 기준이 만족스럽지 못하다면 대안을 제시하여 국제학계로부터 공인을 받은 후에 그 기준에 따라 논의가 있어야 할 것이다. 일부 학자들은 국가의 개념 정의에 대한 구체적인 기준 없이 한국사에서의 국가 출현 문제를 논하고 있다.[138] 그러한 논의는 객관적인 결론을 도출해낼 수 없을 것이다.

---

135 김정배, 「고대국가기원론」 『백산학보』 14호, 1973, pp. 59~85.

136 주 88과 같음.

137 이 내용을 담은 장광직의 *Shang Civilization*이 출간된 것은 1980년이었다.

138 앞 글, 「고구려의 국가 형성 문제」.
앞 글, 「고조선의 국가 형성」.

한국어에는 국가·국·나라 등의 동의어가 있다. 이 말들은 원래 동일한 의미를 지닌 말들이 아니었지만 지금은 거의 같은 뜻으로 통용되고 있다. 이 말들은 학계에서의 개념 정의와 상관없이 예로부터 사용되어 왔다. 따라서 옛 문헌에 등장하는 국가·국·나라 등은 오늘날 역사학자나 인류학자들이 사용하는 국가와는 다른, 다소 막연한 의미의 정치 집단을 뜻했다. 이러한 의미에서라면 고조선보다 앞선 시대에도, 비록 규모가 작고 지배권도 강하지 못했지만 한반도와 만주 지역에 정치 집단들이 존재하고 있었으므로 그것들을 국가나 국 또는 나라라고 부를 수 있을 것이다. 그러나 그것은 결코 근대의 개념을 지닌 학술 용어는 아닌 것이다.

개념에서 오는 혼란은 치프덤·트라이브·밴드 등의 용어에도 존재한다. 한국어에는 이러한 말과 동일한 뜻을 지닌 말들이 없기 때문이다. 치프덤은 국가에 바로 앞선 단계의 사회로서 추장이 다스리는 사회를 말한다. 치프덤을 학자에 따라서는 군장사회·추장사회·족장사회 등으로 번역하지만 필자는 추방으로 번역해서 사용해왔다. 한국사 학계에서는 군장사회라는 용어를 가장 많이 사용하고 있지만 옛 문헌에서는 국가를 다스리는 왕도 군장이라 불렀다. 따라서 군장사회라는 말을 사용할 경우 국가 단계의 사회까지도 그보다 낮은 단계인 치프덤으로 잘못 인식될 위험이 있다.[139] 실제로 한국사에서 고조선 이후의 나라들을 군

139 김정배는 『후한서』·『삼국지』·『위략』 등의 중국 문헌에서 고조선이 붕괴된 후 한반도와 만주 지역에 있었던 여러 나라의 통치자를 군장이라고 불렀던 점을 들어 이 나라들을 치프덤으로 보고 있다(김정배, 『한국고대의 국가기원과 형성』, 고려대 출판부, 1986, pp. 192~203). 고조선이 이미 국가사회 단계였는데, 그 후의 나라들이 치프덤이었다면 한국에서는 고조선 이후의 고대사회가 점차 성장했던 것이 아니라 퇴보했다는 기이한 현상을 인정해야 한다.

장사회로 서술하기도 하는데[140] 그것은 잘못된 것이다. 치프덤을 직역할 경우 추장사회나 추방이 적절할 것이다.

트라이브는 흔히 부족으로 번역하지만 한국에는 부족이 존재하지 않는다. 씨족이 존재할 뿐이다. 흔히 부족은 씨족보다 규모가 큰 집단으로서 몇 개의 씨족이 모여 형성되었다고 이해되어왔다. 그러나 한국인들은 윤씨, 김씨, 박씨 등 몇 개의 씨족을 합하여 부족이라고 부르지는 않는다. 따라서 부족, 즉 트라이브에 대한 개념이 한국인들에게는 명확하게 들어오지 않는다. 있지도 않았던 개념의 용어를 억지로 사용해왔기 때문에 고대사회에 대한 인식이 명확할 수가 없었던 것이다.

밴드에 해당하는 말도 한국어에는 존재하지 않는다. 그러한 사회가 현존하지 않기 때문이다. 그러나 밴드란 이동 생활을 하는 소수의 무리를 말하므로 한반도와 만주의 초기 사회가 그러한 집단들로 형성되어 있었을 가능성은 있다. 밴드를 군(群)·군집(群集)·유단(遊團)·무리 등으로 번역하지만 정확하게 표현하자면 '이동무리'가 될 것인데, 약칭으로 군·유단·무리 등을 사용할 수 있을 것이다. 그러나 군집은 타당하지 않다. 군집은 '무리들이 모인 집단'이라는 뜻이 되므로 그 규모가 밴드보다 훨씬 커야 한다.

이상과 같이 외국의 학술 용어를 번역해서 사용할 때 혼란이 일어나는 경우가 많다. 따라서 한국 사회에서 통용되는 말 가운데 그 개념이 분명하게 잘 들어맞는 용어를 찾아 사용하는 것이 바람직할 것이다. 그러나 동일한 의미의 한국어가 없을 경우 기존의 말을 무리하게 맞추어 사용하려고 할 것이 아니라, 그것은 어차피 한국인에게는 새로운 뜻을

140 김정배, 「소도의 정치사적 의미」 『역사학보』 79, 1978, pp. 1~27.

지닌 말이므로 그 의미가 일치되도록 새로운 말을 만들어 사용하는 것이 바람직할 것이다.

넷째, 사회 발전 과정에서 고조선 위치를 논하고자 할 때 고조선시대만을 국한해서 논해서는 안 된다. 왜냐하면 고조선은 한반도에 사람이 출현한 이후 계속적인 사회 발전의 결과로 나타났기 때문이다. 이기백은 고구려나 백제, 신라 등이 초기에 작은 세력으로부터 시작되었던 것처럼 고조선의 초기 모습도 그래야 한다고 주장했다.[141] 초기 모습이 작았을 것이라는 이기백의 생각은 지극히 상식적이다. 그러나 그 초기가 언제쯤이었느냐가 문제인 것이다. 백제나 신라의 정권은 작은 세력으로부터 출발되었지만 이미 한(韓)이라는 큰 나라가 한반도에 있었으며, 그 넓은 사회의 통치권을 차지하기 위해 오랜 기간 투쟁하며 성장했던 것이다. 고구려의 주위도 고조선이 붕괴된 후 하나로 통일되어 있지는 않았지만 넓은 사회였다. 이러한 주변을 통합하는 데 오랜 기간이 필요했던 것이다. 여기서 혼동하지 말아야 할 것은 고구려나 백제, 신라가 초기에 작은 세력으로부터 출발했다고 하여 그 사회 수준이 '마을사회'와 같은 낮은 수준이었을 것으로 인식해서는 안 된다는 것이다. 그 세력의 크기와 사회 수준은 비례하는 것이 아니다. 고구려나 백제, 신라는 초기에 비록 세력은 작았지만 사회 수준은 그 앞의 고조선이나 한(韓) 등의 사회 수준을 잇고 있었다.

고조선이 한반도와 만주를 아우르는 큰 나라로 성장하기까지는 오랜 세월이 필요했는데, 그것은 고조선 초기에 시작된 것이 아니라 이미 마을사회 단계로부터 시작되어 고을나라 단계를 거쳐 고조선이라는 넓은

---

141 앞 글, 「고조선의 국가 형성」, pp. 13~14.

영토를 가진 국가사회 단계에 이르게 되었던 것이다. 그러나 고조선의 성장 과정은 고구려나 백제, 신라와는 다르다. 고구려나 백제, 신라는 이미 국가가 출현한 사회 안에서 그 권력을 차지하고 확대하기 위한 투쟁이었지만, 고조선은 처음으로 등장한 국가였기 때문에 정치권력이 없었던 마을사회 단계로부터 점차 성장하여 궁극적으로는 정치권력이 강화된 국가라는 사회에 이르게 되었던 것이다. 고조선이라는 국가가 출현했다는 것은 그 시기부터 고조선이라는 명칭을 사용했다는 뜻이지 그 사회의 출발이 그때부터라는 의미는 결코 아닌 것이다. 결국 고조선 사회는 마을사회로부터의 성장이라는 사회 발전의 연속선상에 있었던 것이다.

내용은 다소 다르지만 서영수도 이기백과 비슷한 논리를 전개했다. 그는 고조선은 초기의 성읍국가 단계로부터 연맹왕국시대를 거쳐 집권적 영역국가시대로 발전했다고 보았다.[142] 그는 고조선이 이렇게 작은 나라로부터 점차 큰 나라로 발전한 것을 통치자의 칭호 변화에서 알 수 있다고 하면서 고조선 통치자의 칭호가 단군왕검(하늘임금), 한(칸), 왕(중국식 왕호)으로 차례로 변했다고 주장했다.[143] 이러한 서영수의 주장은 지극히 자의적이며 근거가 없다. 한국의 초기 국가 형태는 성읍국가가 아니었으며 중국의 봉국제와 비슷한 '거수국제 국가'였다. 이를 구조적인 면으로 말하면 '마을집적국가'라고도 부를 수 있다.[144] 이 점에 대해서는 이미 상세하게 논한 바 있으므로 재론하지 않겠다. 고조선이 성읍국가로부터 연맹왕국을 거쳐 집권적 영역국가로 발전했다는 아무런

---

142 서영수, 「고조선의 위치와 강역에 대한 재검토」 앞 책 『한국상고사』, pp. 349~357.
143 윗글, p. 351.
144 윤내현, 「고조선의 국가 구조」 『겨레문화』 6, 1992, pp. 67~112.

근거도 없다. 그뿐만 아니라 통치자의 칭호 변화가 결코 나라가 커진 것을 의미하지도 않는다.

서영수의 주장에서 더욱 문제가 되는 것은, 고조선시대에 통치자에 대한 칭호가 변했다고 보고 있다는 점이다. 그러나 그러한 변화가 있었다는 근거는 없다. 고조선에서는 붕괴될 때까지 최고 통치자를 단군이라 불렀다. 그것은 『삼국유사』의 기록에 고조선의 최후를 말하면서 "단군은 곧 장당경으로 옮겼다가 뒤에 아사달로 돌아와 은거하며 산신이 되었다."[145]고 한 것에서 알 수 있다. 단군과 한(韓 또는 汗)은 함께 사용되었는데, 단군은 중국의 천자와 같은 의미였으며 한은 왕과 같은 뜻이었다. 단군이라는 칭호에는 신 또는 종교 지도자라는 의미가 강하고 한이라는 칭호에는 통치자라는 정치적 의미만 있었다. 고대사회에서는 종교가 정치보다 높은 위치에 있었기 때문에 단군이라는 칭호가 한이라는 칭호보다 권위가 있었다. 고조선에서는 중앙의 최고 통치자를 왕이라고 부른 적이 없다.

아마도 서영수는 일부 학자들이 잘못 알고 있는 것처럼 부왕과 준왕을 고조선의 최고 통치자로 잘못 인식하고 있는 듯한데, 그들은 단군왕검의 후손이 아니라 중국으로부터 고조선의 변방으로 망명하여 고조선의 거수국(중국식으로는 제후국)으로 있었던 기자의 후손들이었다. 그들은 중국과의 접경지대에 있었는데 전국시대에 이르러 중국의 여러 나라 통치자들이 왕이라는 칭호를 사용하자 그들도 왕이라는 칭호를 사용했던 것이다. 그들은 고조선의 최고 통치자가 아니었다.

고조선 이전부터 그 이후까지의 사회 발전 과정 전체를 살펴보지 않

---

145 『삼국유사』 권1 「기이」 〈고조선〉조. "壇君乃移於藏唐京, 後還隱於阿斯達爲山神."

고 고조선만을 따로 떼어 그 시대 안에서 인류사회의 여러 단계 발전 과정을 억지로 설명하려고 해서는 안 될 것이다. 서영수는 고조선이 성읍국가로부터 집권적 영역국가로 발전했다고 말하면서도 다른 글에서는 고조선의 영토는 점차 축소되었다고 주장하여[146] 논리의 모순을 보이고 있다.

최근에 한창균은 그동안 한반도와 만주에서 발굴된 고고학 자료들을 종합적으로 세밀하게 분석·검토하고 다음과 같은 결론에 도달했다. 즉 요서 지역의 신석기문화인 홍산문화(紅山文化)는 그 지역의 초기 청동기문화인 하가점하층문화로 발전했고, 하가점하층문화는 비파형동검문화인 하가점상층문화로 발전했으며, 이것이 철기시대로 발전했기 때문에 고조선을 서기전 2333년부터 끊어서 보아서는 안 되며 그 이전 사회로부터 점차 발전되어왔다는 점을 인식해야 한다는 것이다.[147]

그리고 우하량·동산취·호두구 등의 유적이 발견된 홍산문화기를 서기전 4000년 무렵~서기전 2500년 무렵, 하가점하층문화기를 서기전 2500년 무렵~서기전 1500년 무렵, 하가점상층문화기는 서기전 1500년 무렵~철기시대 이전, 그 이후를 철기시대로 편년했다. 그리고 홍산문화기를 추방사회 단계로 상정하면서 이러한 사회를 기초로 하가점하층문화 시기에 고조선이라는 국가가 출현했을 것으로 보았는데,[148] 이러한 한창균의 견해는 크게 주목받을 만한 것이다.

다섯째, 국제학계에서 통용되는 새로운 이론틀을 한국사에 적용해보는 것은 학문 발전에 유익하다는 것이다. 그러한 시도는 그 틀이 한국

---

146 서영수, 「고조선의 위치와 강역」, 앞 책 『한국사시민강좌』, pp. 19~50.

147 앞 글, 「고조선의 성립배경과 발전단계 시론」, pp. 13~33.

148 앞 글, pp. 29~31.

사회에 알맞은 것인지 그렇지 않은지를 확인할 수 있음은 물론 한국 사회가 지니고 있는 세계사적 보편성과 지역의 특수성도 확인할 수 있도록 해줄 것이기 때문이다. 새로운 틀은 앞으로 수정될 가능성이 있고, 또 그것을 적용하면서 오류를 범하는 경우도 있겠지만 학문은 그러한 과정을 거쳐 발전하는 것이다. 지난날 한국 고대사회 발전에 관한 해석들은 대부분 새로운 틀이 나오기 이전의 틀에 의존하고 있는 것이며, 새로운 틀은 그것을 더 합리적으로 수정했거나 보완한 것이라는 사실을 알아야 할 것이다.

학자는 자신이 활동할 당시에 주어진 학문의 수준에서 최선을 다하려고 노력할 뿐이다. 따라서 이론틀이 수정되거나 보완되고 새로운 자료가 추가되면 연구 결과는 다르게 나타나기 마련이다. 그것은 학문의 발전을 의미하는 것이다. 그렇기 때문에 종래의 견해를 고집하는 것도 조심해야 하겠지만 종래의 연구들을 부질없는 것으로 비난하는 것도 삼가야 할 것이다. 학문은 그러한 논의 과정을 거쳐서 발전하기 때문이다. 필자가 위에서 여러 견해들의 문제점을 지적한 것은 그들을 비난하기 위한 것은 결코 아니며 한국 고대사회에 대한 그동안의 연구 과정을 이해하고 현주소를 알기 위한 것이다.

그런데 근래에 김광억과 전경수는 한국의 사학자들이 서비스의 틀과 같은 신진화론에 의한 시대 구분의 틀을 적용함에 있어 각 단계의 성립 및 다음 단계로의 이행 원인과 과정을 추적하지 않고 각 단계의 몇 가지 요소의 유무만을 살핌으로써 한계성을 보여주고 있다고 지적했다.[149] 그리고 엘먼 서비스의 틀은 많은 문제점을 지니고 있어서 이미 폐기되

149 앞 글, 「국가형성에 관한 인류학 이론과 모형」.

어 쓸모가 없다고 말한 바 있다.[150]

각 사회 단계의 성립 및 다음 단계로의 이행 원인과 과정에 대한 연구가 필요하다는 그들의 지적은 학문 발전을 위해 바람직한 충고로 받아들여야 하겠다. 그리고 그러한 연구는 김광억과 전경수 같은 인류학자들의 몫이기도 하다. 그러나 한국의 사학자들이 각 단계의 몇 가지 요소만을 살피는 것이 완전히 잘못된 것처럼 말한 것이라든가 서비스의 틀이 폐기되어 쓸모없는 것처럼 표현한 것에는 동의할 수 없다.

각 사회 단계를 확인할 때 반드시 그 이행 원인이나 과정을 알아야 하는 것은 아니다. 예컨대 고고학적으로 시대 구분을 하고자 할 때 그 유물들이 어떻게 만들어지고 유물이 변하게 된 원인이 무엇이었는지를 알아야만 시대 구분을 할 수 있는 것은 아니다. 유물만을 분석하여 구석기시대·신석기시대·청동기시대·철기시대 등으로 구분하는 것은 가능하다. 각 시대로 이행하게 된 원인이 무엇이었는지가 명확하게 구명되지 않았던 시기에도 학자들은 고고학의 시대 구분법을 무리없이 사용해 왔다. 서비스의 틀이 아직도 유용하다고 하는 것은 고고학과 인류학계에서 학문의 권위를 인정받고 있는 콜린 렌프루와 장광직에 의해서도 언급되었고[151] 필자도 이 글에서 매우 유용하게 사용했다.

종래에 서비스의 이론을 적용하여 한국 고대사회 발전 과정을 검증한 김정배[152]·이종욱[153]·최몽룡[154]의 연구 결과는 필자의 견해와 상당한

---

150 앞 글, 「신진화론과 국가형성론」.

151 주 21·22과 같음.

152 앞 글, 「소도의 정치사적 의미」.
앞 책, 『한국고대의 국가기원과 형성』.

153 이종욱, 『신라국가형성사 연구』, 일조각, 1982.

154 Choi, Mong-Lyong, *A Study of Yongsan River Vally Culture : The Rise of*

거리가 있어 동의하지 않지만 필자는 그들의 연구가 의미 없다고는 생각하지 않는다. 이송래의 지적처럼 그것은 한국 고대사 연구에 새로운 폭과 의미를 부여한 것으로 학문적으로 중요한 역할을 했다[155]고 볼 수 있다. 비록 그러한 연구가 시행착오를 범했다고 하더라도 그러한 노력이 축적되어 학문은 발전하는 것이며 수정과 보완 작업은 앞으로도 계속되어야 하기 때문이다.

5. 마치며

지금까지 고조선의 강역이었던 한반도와 만주를 지리 범위로 하여 한국 고대사회의 발전 과정을 고고학의 틀과 사회 발전의 틀을 이용하여 살펴보았다. 그 결과 다음과 같은 결론에 도달했다.

한국에 구석기시대·신석기시대·청동기시대·철기시대의 순서로 문화가 발전했다고 하는 것은 지금은 잘 알려진 사실이지만 이러한 문화시대가 있었던 것으로 정립된 것은 그리 오래지 않다. 아직도 중석기시대의 존재 여부나 각 시대의 개시 연대에 대해서는 견해의 차이가 많은데, 그것은 동일한 유적의 연구 결과의 차이에서 온 것이라기보다는, 연구 대상으로서의 지리 범위를 어디까지 잡느냐 하는 차이와, 최근의 자료를 이용한 학자와 그렇지 못한 학자의 차이에서 온 것이었다. 중석기의 경우 한반도만을 대상으로 할 때에는 아직 학자에 따라 그 존재에 의문을 가질 수 있겠지만 만주를 포함했을 때는 의문을 가질 수 없다.

Chiefdom Society and State in Ancient Korea, Dong Song Sa, 1984.

155 앞 글, 「국가의 정의와 고고학적 판단기준」, pp. 103~104.

왜냐하면 만주에는 고향둔·찰뢰낙이 등 국제학계에서 인정받은 중석기 유적이 있기 때문이다.

그런데 고조선의 강역이 서쪽으로는 하북성 동북부에 있는 지금의 난하로부터 북쪽과 동북쪽은 아르군 강과 흑룡강에 이르렀고 남부는 한반도 남쪽 해안에 이르러 한반도와 만주 전 지역을 차지하고 있었으므로 한국 고대사회의 성장 과정을 연구하는 데 있어서는 당연히 그러한 지리 범위가 대상이 되어야 할 것이다. 이렇게 보면 한국의 고고학 편년은, 지금부터 70~60만 년 전에 구석기시대가 시작되어 그 말기에 있었던 중석기시대가 끝난 후 서기전 8000년 무렵에 신석기시대가 시작되었고, 서기전 2500년 무렵에는 청동기시대가 시작되었으며, 서기전 800년 무렵에 이르면 철기시대가 시작되었다는 것으로 귀결된다.

그리고 한국 고대사회의 성장 과정을 보면, 소수의 무리가 이동 생활을 하던 초기의 '무리사회' 단계로부터 서기전 8000년 무렵에는 붙박이 생활에 들어가 마을을 이루고 각 마을이 정치적·경제적·사회적으로 독립되어 있었던 '마을사회' 단계로 접어들었으며, 서기전 4000년 무렵에는 여러 마을들이 연맹을 맺어 고을을 이루고 정치적 지배자가 출현한 '고을나라' 단계에 들어섰고, 서기전 2333년에는 고조선이라는 국가 단계의 사회에 진입했음을 알 수 있었다. 지금까지 확인된 결과를 표로 만들면 대체로 다음 쪽과 같다.[156]

여기서 필자가 각 시기를 '단계'로 표현한 것은 이해의 편의를 위한 것이며 한 단계의 사회는 처음부터 끝까지 동일한 수준이라거나 앞 단계의 사회와 완전히 다른 성격의 사회라는 뜻은 아니다. 인류사회는 연

---

156 황하 유역의 연대는, Kwang-chih Chang, *The Archaeology of Ancient China*, Fourth Edition, Yale University Press, 1986에 기록된 연대에 따랐다.

<table>
<tr><th>고고학 편년</th><th>엥겔스의 구분</th><th>서비스의 구분</th><th>한국의 사회 성장</th><th>황하 유역</th></tr>
<tr><td>구석기시대</td><td rowspan="4">원시공동체</td><td rowspan="2">band</td><td rowspan="2">무리사회</td><td rowspan="2">유단사회</td></tr>
<tr><td>중석기사회</td></tr>
<tr><td>전기 신석기</td><td>tribe</td><td>마을사회 B.C. 8000</td><td>촌락사회 B.C. 8000</td></tr>
<tr><td>후기 신석기</td><td>chiefdom</td><td>고을나라 B.C. 4000</td><td>촌군사회 B.C. 3500</td></tr>
<tr><td>청동기시대</td><td rowspan="2">국가</td><td rowspan="2">state</td><td rowspan="2">국가 고조선
B.C. 2333</td><td>국가 하·상·주
B.C. 2200</td></tr>
<tr><td>철기시대</td><td>춘추전국시대
B.C. 770</td></tr>
</table>

속성과 계승성을 가지고 점진적으로 발전하는 것이기 때문에 같은 사회의 단계에서도 첫 부분과 끝 부분의 사회 수준은 현저한 차이가 있을 것이며 앞 단계 사회의 끝 부분과 뒷 단계 사회의 시작 부분은 사회 수준에 거의 차이가 없었을 것이다. 이렇게 보면 각 사회 단계는 사실상 사회 성장의 한 과정인 것이다. 그러나 이해의 편의상 시대를 구분하고 '단계'라는 용어를 사용한 것이다.

따라서 앞으로 이보다 더 쉽게 사회 성장 과정을 이해할 수 있는 틀이 제시되면 그것에 의해 사회 단계가 재조정될 수 있으며 다른 기준에 의해 각 단계가 설정될 수도 있을 것이다. 예컨대 사회계층이나 빈부 차를 기준으로 할 경우 무리사회와 마을사회를 묶어서 평등사회, 고을사회와 국가사회를 합해서 계층사회 등으로 명명할 수도 있을 것이다.

II 한민족의 형성과 출현

1. 들어가며

이 글은 한민족이 언제 어떠한 과정을 거쳐 형성되었는지를 살펴보는 데 목적이 있다. 한국사의 주체는 한민족이고 한민족은 단일민족이라고 말하면서도 언제 어떠한 과정을 거쳐 민족을 형성했는지에 관해서는 구체적인 논의가 부족했던 것 같다. 그 이유는 한민족이 스스로 단일민족이라는 사실을 너무나 분명한 것으로 받아들이고 있기 때문이었을 것이다. 그러나 역사 연구는 그 주체에 대한 연구가 선행됨으로써 더욱 구체화될 수 있다. 이러한 점에서 한민족의 기원과 출현에 대해 고찰하는 것은 의미가 있을 것이다.

한민족의 기원이나 형성에 관한 종래의 견해들을 보면 대체로 한민족을 한반도와 만주의 토착인들로 보지 않고 외부로부터의 이주민들로 보고 있다. 그리고 한민족 형성의 중심이 되었던 세력은 예(濊)·맥족(貊族)이었다고 인식하고 있다. 그러나 이러한 이주민설이나 예·맥족설이 제출된 것은 한국에 고고학이 아직 학문으로 성립되지 않았고 고대사에 대한 전체적인 연구 수준도 낮았던 상황에서였다.

그런데 그것을 근본적인 검토 없이 답습해왔다는 감이 든다. 이제는 한민족의 형성 과정을 살펴보기에 충분할 정도로 고고 자료도 증가했고 고대사회 발전에 관한 이론도 제출되어 있다. 그러므로 이러한 자료와 이론들을 통해 한민족의 기원과 형성을 재검토해보는 것은 의미 있는 작업이 될 것이다.

근래의 고고 자료에 의하면 한반도와 만주에는 인류가 완전히 진화되지 않았던 전기 구석기시대부터 사람이 살기 시작하여 신석기시대와 청동기시대를 거쳐 오늘에 이르기까지 사람들의 삶이 끊이지 않았다. 그렇다면 부분적으로 외지로부터 이주해 온 사람들이 있었다고 하더라도 그들이 한민족 형성의 주류를 이루었을 것인지 의문스럽다.

한민족의 주류를 예·맥족으로 본 것은 중국 문헌에 예·맥족이 비교적 빈번하게 등장하기 때문이었다. 그런데 예·맥이 중국 문헌에 빈번하게 등장한 것은 이들이 중국과 가까운 곳에 거주하여 중국인들에게 잘 알려져 있었기 때문이었다. 예를 들어 『사기』와 『한서』 등 서한시대까지의 문헌에 예·맥족은 자주 등장하면서도 같은 시기에 한반도 남부에 위치해 있었던 한족(韓族)은 등장하지 않는 것은 이러한 사실을 잘 말해준다.

따라서 필자는 종래의 연구 결과에 구애받지 않고 그동안 발굴된 문헌 기록과 고고 자료를 종합적으로 검토하고 이것을 고대사회 발전에 관한 이론들에 따라 분석하여 한민족의 기원과 형성 과정을 밝혀보려 한다.

2. 단군사화와 고고 자료

고고학이 근대적 학문으로 정착하여 선사시대 연구에 도움을 주기 전에는 세계 어느 지역에서나 고대 역사를 전설이나 신화에 의존하는 것이 고작이었다. 선사시대에는 아직 문자가 출현하지 않았기 때문에 그들의 역사나 생활 체험을 기록으로 남겨놓지 못하고 입으로 전할 수밖에 없었던 것이다. 이렇게 전해진 것이 고대 전설이다.

그리고 고대사회에서 씨족이나 종족은 수호신을 가지고 있었다. 고대인들은 대개 자신들이 수호신의 후손이라고 생각했으며 인간만사와 모든 자연 현상을 수호신이 섭리한다고 믿었다. 그래서 고대인들은 역사나 생활 체험을 자신들의 이야기로 남기지 않고 자신들을 섭리한 신들의 이야기로 남겨놓은 경우가 많다. 이것이 신화다. 그러므로 고대 신화에 나타난 신들의 이야기를 사람들의 이야기로 바꾸면 역사 사실이 되는 경우가 많다. 그런데 전설이나 신화는 그 내용이 사실보다 매우 압축되어 있다. 전달되는 과정에서 많은 내용이 생략되었기 때문이다.

이러한 전설로 한국에는 단군사화가 있다. 단군사화는 크게 두 부분으로 나누어진다. 앞부분은 단군왕검이 고조선을 건국하기 이전의 상황을 전해주는 내용이고, 뒷부분은 고조선 건국 후의 상황을 전하는 내용이다. 서구의 근대적 역사 연구 방법이 수입되기 전에는 한민족의 상고사가 단군사화로 전승되어왔다. 고려 말 13세기에 일연이 저술한 『삼국유사』에 실린 단군사화 내용 가운데 앞부분만을 보면,

> 『고기』에 이르기를 옛날 환인의 지차 아들 환웅이 늘 천하에 뜻을 두어 인간세상을 탐내었다. 그 아버지가 아들의 뜻을 알고 굽어 살펴보니 삼위(三危)·태백(太伯)이 사람들을 널리 이롭게 할 수 있는 곳인지라 곧

천부인(天符印) 세 개를 주어 내려가 인간세상을 합리적인 사회로 만들도록 하였다. 환웅은 무리 삼천 명을 거느리고 태백산 마루턱 신단수(神壇樹) 아래로 내려와 그곳을 신시(神市)라 일컬으니 그가 이른바 환웅천왕이었다. 바람을 관장하는 어른·구름을 관장하는 어른을 거느리고 곡식·인명·질병·형벌·선악 등을 주로 맡아 보살피되 무릇 인간의 360여 가지 일을 두루 맡아 인간사회에 있으면서 그곳을 합리적인 사회로 진화시켰다.

이때 곰 한 마리와 호랑이 한 마리가 한 동굴 속에서 함께 살면서 항상 환웅신에게 빌기를, 진화하여 사람이 되기를 원하였다. 이때 환웅신은 신령스러운 쑥 한 타래와 마늘 스무 개를 주면서 너희들이 이것을 먹고 백일 동안 햇빛을 보지 않는다면 곧 사람의 형상을 얻게 되리라고 일러 주었다. 곰과 범이 이것을 얻어먹고 조심을 한 지 3·7일 만에 곰은 여자의 몸이 되었으나 호랑이는 조심을 하지 않아 사람의 몸이 되지 못하였다. 곰녀는 더불어 혼인할 사람이 없으므로 늘 신단수 밑에서 잉태할 수 있게 해달라고 빌었다. 환웅이 사람으로 변신한 뒤 그녀와 혼인하여 아들을 낳아 단군왕검이라 불렀다.[1]

고 기록되어 있다. 『삼국유사』보다 조금 늦게 이승휴가 저술한 『제왕운

---

1 『삼국유사』 권1 「기이」 〈고조선〉조. "古記云, 昔有桓因庶子桓雄, 數意天下, 貪求人世, 父知子意, 下視三危·太伯可以弘益人間, 乃授天符印三箇, 遣往理之. 雄率徒三千, 降於太伯山頂神壇樹下, 謂之神市, 是謂桓雄天王也, 將風伯·雨師·雲師, 而主穀·主命·主病·主刑·主善惡, 凡主人間三百六十餘事, 在世理化. 時有一熊一虎, 同穴而居, 常祈于神雄, 願化爲人. 時神遺靈艾一炷·蒜二十枚曰, 爾輩食之, 不見日光百日, 便得人形. 熊虎得而食之忌三七日, 熊得女身, 虎不能忌, 而不得人身. 熊女者無與爲婚, 故每於壇樹下, 呪願有孕, 雄乃假化而婚之, 孕生子, 號曰壇君王儉."

기』는 단군사화를 다음과 같이 싣고 있다. 즉,

> 『본기』에는 다음과 같이 적혀 있다. "상제 환인에게 지차 아들이 있었으니 이름을 웅(雄)이라 하였다고 한다. 이 웅에게 일러 말하기를, '내려가 삼위·태백에 이르러 크게 인간을 이롭게 할 수 있을까?'라고 하였다. 이리하여 웅이 천부인 세 개를 받고 귀신 삼천 명을 거느려 태백산 마루에 있는 신단수 아래에 내려왔다. 이분을 단웅천왕(檀雄天王)이라 부른다고 한다." 손녀에게 약을 먹여 사람이 되게 한 뒤 단수신(檀樹神)과 결혼시켜 아들을 낳게 했다. 이름을 단군이라 하고 조선의 땅을 차지하여 왕이 되었다.[2]

고 기록되어 있다. 위 두 기록의 기본 골격에는 차이가 없으나 『삼국유사』의 환웅천왕이 『제왕운기』에서는 단웅천왕으로 되어 있고, 『삼국유사』에서는 환웅이 곰녀와 결혼하여 단군왕검을 낳은 것으로 되어 있으나 『제왕운기』에는 단웅이 손녀에게 약을 먹여 사람이 되게 한 후 단수신과 결혼시켜 단군왕검을 낳은 것으로 되어 있다.

조선시대의 『응제시주』와 『세종실록』「지리지」에도 단군사화가 실려 있는데 『응제시주』는 『삼국유사』 내용을 따르고 『세종실록』「지리지」는 『제왕운기』 내용을 따르고 있다. 두 내용 가운데 어느 것이 바른 내용을 전하고 있는지 지금으로서는 정확하게 알 수 없지만 아마도 『삼국유사』

---

2 『제왕운기』 권 하 〈전조선기〉에 실린 저자 자신의 주석. "本記曰, 上帝桓因有庶子曰雄云云. 謂曰下至三危·太白弘益人間歟, 故雄受天符印三箇率鬼三千而降太白山頂神檀樹下, 是謂檀雄天王也云云. 令孫女飮藥成人身與檀樹神婚而生男, 名檀君據朝鮮地域爲王."

에 실린 내용이 원초적일 것이다.[3] 『삼국유사』에서 곰이 여자로 변하여 단군을 낳았다고 한 것이 불합리하다고 생각하여 『제왕운기』의 저자인 이승휴는 환웅(단웅)의 손녀가 단군을 낳은 것으로 내용을 바꾸었을 것이다. 하늘에서 내려온 환웅에게 손녀가 있었다는 것은 논리적으로 맞지 않는다. 그러므로 학자들은 대개 『삼국유사』 내용을 따르고 있다.

그런데 단군사화에 의해 인식되었던 한국의 선사시대는 고고학이라는 학문이 수입되면서 큰 변화를 겪게 되었다. 고고 자료인 유적과 유물을 근거로 하여 선사시대를 말하게 된 것이다. 즉 구석기시대·신석기시대·청동기시대 등으로 설명하게 되었다. 그리고 선사시대에 대한 해석이나 설명은 고고 자료에 의한 것만이 절대적이고 단군사화 내용은 믿을 수 없는 것으로 생각하기까지에 이르렀다. 고고 자료는 과학적이고 단군사화는 비과학적이라는 생각이 자리하게 된 것이다. 고고 자료가 과학적이라는 점은 옳다. 그러나 단군사화가 비과학적이라는 생각은 옳지 않다. 그것은 어느 하나만 옳고 다른 것은 잘못된 것이라는 흑백논리다. 유적과 유물이 역사 연구의 자료가 되는 것처럼 단군사화도 역사 연구의 자료이다. 어느 한쪽만 옳은 것이 아니라 두 가지는 서로 보완 관계에 있는 것이다. 단군사화가 충분하게 말하지 못했던 부분을 고고자료가 보완해주는 것이다.

한국사 학계에서는 고조선이 고고학적으로는 청동기시대에 해당한다는 데 의견을 같이하고 있다. 단지 청동기시대 개시 연대에 대한 학자들의 견해 차이에 따라 고조선은 초기부터 청동기시대였을 것으로 보는 학자가 있는가 하면, 중기부터 청동기시대였을 것으로 보는 학자가 있

---

3 김연학, 「단군신화의 새로운 해석」, 이기백 엮음, 『단군신화논집』, 새문사, 1990, pp. 93~94.

다. 이 점은 고조선을 이해하는 데 중요한 의미를 지니므로 짚고 넘어갈 필요가 있다.

종래에 한국사 학계에서는 한국의 청동기시대 개시 연대를 서기전 10세기 무렵으로 보았다.[4] 이 연대는 비파형동검의 출현 연대에 따른 것이다. 그러나 근래에 고고 발굴이 활발해지면서 비파형동검의 출현 연대가 서기전 16~14세기까지 올라갔다.[5] 그리고 한반도에서는 서기전 25세기로 올라가는 청동기 유적이 두 곳이나 발굴되었다. 하나는 문화재관리국 발굴단이 발굴한 경기도 양평군 양수리의 고인돌 유적이다. 다섯 기의 고인돌이 발굴된 이 유적에서 채집한 숯에 대한 방사성탄소연대측정 결과는 서기전 1950±200년[6]으로 나왔는데 교정연대는 서기전 2325년 무렵이 된다. 이 유적에서 청동 유물은 출토되지 않았으나 고인돌은 청동기시대 유물이라는 것이 학계의 정설이므로 이 연대를 청동기시대 연대로 볼 수 있다. 다른 하나는 목포대 박물관이 발굴한 전남 영암군 장천리 주거지 유적이다. 이 청동기시대 유적은 수집된 숯에 대한 방사성탄소연대측정 결과는 서기전 2190±120년(4140±120 B.P.)·1980±120년(3930±120 B.P.)으로 나왔는데[7] 교정연대는 서기전 2630년·2365년 무렵이 된다. 고조선 영토였던 요서 지역의 청동기문화인 하가점하층문화 연대도 서기전 25세기까지 올라간다.[8]

---

4 김원룡, 『한국고고학개설』 제3판, 일지사, 1986, p. 67.
이기백, 「고조선의 국가 형성」 『한국사시민강좌』 제2집, 일조각, 1988, p. 12.

5 한창균, 「고조선의 성립배경과 발전단계 시론」 『국사관논총』 제33집, 국사편찬위원회, 1992, p. 10.

6 Chan Kirl Park and Kyung Rin Yang, "KAERI Radiocarbon Measurements Ⅲ" *Radiocarbon*, vol. 16, No. 2, 1974, p. 197.

7 최성락, 『영암 장천리 주거지』 2, 목포대 박물관, 1986, p. 46.

8 中國社會科學院考古研究所, 『新中國的考古發現和研究』, 文物出版社, 1984, p.

그리고 최근 북한은 평양에서 단군릉(壇君陵)을 발굴했는데 그 안에서 청동에 금 도금을 한 금동의 왕관 장식품이 출토되었으며 그 연대는 서기전 31세기(지금부터 5,011년 전) 무렵으로 확인되었다고 발표했다.[9] 금동은 청동 기술이 상당히 발달된 후에 나타나므로 평양의 단군릉 연대를 인정한다면 한반도의 청동기문화 개시 연대는 서기전 31세기보다 앞서야 한다.

고조선의 건국 연대에 대해서는 『삼국유사』와 『제왕운기』에 단군왕검이 중국의 요(堯)시대 무진년에 즉위했다고 기록되어 있는 것에 따라 서기전 2333년으로 받아들이고 있으나 요라는 인물 자체가 전설적이므로 그 연대가 얼마나 정확한 것인지 의문을 가질 수 있다. 그러므로 대략 서기전 24세기 무렵이라고 말할 수 있을 뿐이다. 이렇게 오래된 시기의 연대는 어느 나라 역사에서나 정확할 수가 없다. 중국 역사에서도 연대가 확실하게 나타난 것은 서기전 841년부터다. 최근 북한 학자들은 단군릉의 연대 측정 결과 단군의 출생 연대가 지금부터 5,011년 전으로 확인되었으므로 고조선의 건국은 서기전 3000년기 초로 보아야 한다고 주장하고 있다.[10]

339.
하가점하층문화 개시 연대는 방사성탄소측정에 의해 서기전 2410±140년을 얻었으나 이 문화가 실제로 개시된 연대는 유적에서 얻어진 연대보다 앞설 것이므로 서기전 2500년 무렵으로 잡을 수 있을 것이다.

9 사회과학원, 「사회과학원의 단군릉발굴 보고문」, 『북한의 〈단군릉〉 발굴관련자료』, 북한문제조사연구소, 1993, pp. 3~13.
김교경·전영수, 「강동군 단군릉에서 발굴된 사람뼈에 대한 절대년대측정 결과에 대하여」, 『조선고고연구』, 1994년 제1호, pp. 11~16.

10 현명오, 「고조선의 성립과 수도 문제에 대하여」 앞 책 『북한의 〈단군릉〉 관련자료』, pp. 62~67.

여기서 두 가지 문제가 등장한다. 청동기시대 개시 연대와 고조선의 건국 연대를 어느 것으로 잡느냐 하는 것이다. 청동기시대 개시 연대는 서기전 10세기, 서기전 25세기, 서기전 31세기 가운데 하나를 택해야 하고, 고조선 건국 연대는 서기전 24세기와 서기전 31세기 가운데 하나를 택해야 한다. 청동기시대 개시 연대를 서기전 10세기로 잡을 경우 고조선의 건국 연대를 서기전 2333년으로 보든 서기전 3000년기 초로 보든 고조선 중기 이후에 청동기시대가 시작되었다는 것이 된다. 그러나 앞에서 말한 바와 같이 비파형동검의 연대도 이보다 올라갈 뿐만 아니라 한반도와 만주에서 서기전 25세기 무렵까지 올라가는 청동기 유적이 확인되었으므로 그 개시 연대를 서기전 10세기로 낮게 볼 수는 없다.

따라서 청동기문화 개시 연대는 서기전 25세기와 서기전 31세기 가운데 어느 하나를 택해야 할 것이다. 서기전 31세기는 단군릉에서 얻어진 것이므로 이 연대는 단군의 출생 연대일 뿐만 아니라 고조선의 건국 연대에도 적용되어야 한다고 북한 학자들은 주장하고 있다.[11] 이 주장을 받아들인다면 고조선은 초기부터 청동기시대였다는 것이 된다. 그리고 청동기시대 개시 연대를 서기전 25세기 무렵으로 보고 고조선의 건국 연대를 서기전 24세기로 잡는 경우에도 고조선은 초기부터 청동기시대였다. 단군릉의 연대는 전자상자성공명법(電磁常磁性共鳴法)에 의한 과학적인 측정 결과라고 하지만[12] 강한 반론이 제기되고 있고 그동안 한반도와 만주 지역에서 확인된 청동기문화 개시 연대에 비해 너무 많이 올라가므로 앞으로 학계에서 논란이 예상된다. 따라서 필자는 단군릉의 연대는 제외하고 일단 고조선은 초기부터 청동기시대였다는 점만을 인

---

11 주 9·10 참조.

12 주 9와 같음.

정하고자 한다.

이렇게 보면 고조선 이전은 고고학적으로 청동기시대보다 앞선 구석기시대와 신석기시대였다. 이를 표로 만들면 다음과 같다.

단군사화의 시대	고고학의 시대
환인 · 환웅 · 환웅+곰녀	구석기시대 · 신석기시대
단군의 고조선	청동기시대

이 표에서 보는 바와 같이 구석기시대와 신석기시대의 유적과 유물은 환인과 환웅 및 환웅+곰녀시대의 상황을 전해주고 청동기시대의 유적과 유물은 고조선시대의 상황을 설명해준다. 이와 같이 단군사화와 고고학은 한국의 상고시대를 설명하는 데 있어 서로 보완관계에 있는 것이다. 단군사화는 이야기의 줄거리가 환인 · 환웅 · 단군 3대의 짧은 기간에 걸친 것으로 되어 있지만 이 표에서 확인되듯이 사실은 구석기시대부터 신석기시대에 이르는 매우 긴 기간에 관한 내용을 압축하고 있는 것이다.

근래에 인류학에서는 고고 자료를 분석하여 인류사회의 진화 과정을 설명하는 것이 가능해졌는데 국가가 출현하기까지 세 단계의 발전 과정을 거친다고 말하고 있다. 미국학자들은 대체로 각 사회 단계의 명칭을 유단사회, 부족사회, 추방사회, 국가사회라고 부르고 있지만[13] 이 명칭들은 지역에 따라 달리 불릴 수 있다.[14] 필자는 한국 고대사회도 고조선

---

13 Elman R. Service, *Primitive Social Organization*, Random House, 1962.

14 장광직은 이러한 사회 발전의 틀을 중국에 적용하면서 각 단계의 사회를 유단사회 단

이 출현하기까지 세 단계의 사회 발전 과정을 겪었음을 확인하고 각 단계의 명칭을 무리사회·마을사회·고을나라·국가사회 등으로 부른 바 있다.[15]

각 사회 단계의 특징을 들면 무리사회는 떠돌이 생활을 하는 단계이고, 마을사회는 붙박이 생활에 들어가 마을을 이룬 단계인데 대개 농업을 바탕으로 한다. 고을나라는 여러 마을이 연맹체를 형성하여 고을을 이룬 사회인데 정치권력이 출현하고 빈부와 신분의 분화가 일어난 단계이다. 국가사회는 법이 제정되어 권력을 뒷받침함으로써 합법적인 권력 즉 객관성을 띤 공권력이 출현한 단계다.[16] 필자는 한반도와 만주 지역의 고고 자료를 검증하고 무리사회는 구석기시대(1만 년 전 이전), 마을사회는 전기 신석기시대(1만 년 전 이후), 고을나라는 후기 신석기시대(6,000년 전 이후), 국가사회는 청동기시대(4,500여 년 전 이후)에 해당함을 이미 밝힌 바 있다.[17] 청동기시대 연대는 최근 북한에서 발표한 단군릉의 연대를 인정한다면 지금부터 5,000여 년 전으로 수정되어야 하겠지만 이 연대는 아직 문제가 많다.

이러한 사회 발전 단계를 단군사화에 적용해보면 다음과 같은 결론을

계, 촌락사회 단계(또는 부락사회 단계), 촌군사회 단계(또는 부락연맹체사회 단계), 국가사회 단계로 부르고 있다.

장광직 지음, 윤내현 옮김, 『상문명』, 민음사, 1989, pp. 454~455.

張光直, 「從夏商周三代考古論三代關係與中國古代國家的形成」 杜正勝 編, 『中國上古史論文選集』, 華世出版社, 民國 68(1979), pp. 314~317.

15 윤내현, 「인류사회 진화상의 고조선 위치」 『사학지(史學志)』 제26집, 단국대 사학회, 1993, pp. 12~30.

이 책의 제1편 제2장 제1절 「사회진화상의 고조선 위치」 참조.

16 앞 글, 「인류사회 진화상의 고조선 위치」, pp. 1~11.

17 윗글, pp. 12~45.

얻을 수 있다. 단군사화는 네 단계로 분석된다. 첫째는 환인시대의 단계이고, 둘째는 환웅시대의 단계이며, 셋째는 환웅과 곰녀가 결혼생활을 한 단계이며, 넷째는 단군왕검이 고조선을 세워 다스린 단계이다. 그런데 고조선은 인류학자들이 말하는 국가사회 단계였다는 사실이 이미 고증된 바 있다.[18] 그러므로 여기서는 단군왕검이 고조선을 건국하기 이전의 사회 상황을 분석하는 작업이 필요하다. 그런데 먼저 알아두어야 할 것은 단군사화에 등장하는 환인·환웅·곰·호랑이 등은 특정 집단을 상징하고 있다는 점이다. 이들은 씨족의 수호신들이었다. 환인과 환웅은 하느님을 숭배한 씨족을 상징하며 곰과 호랑이는 곰 토템 씨족과 호랑이 토템 씨족을 말하는 것이다.

단군사화의 내용에서 환인시대에 관해서는 자세한 언급이 없다. 그러나 환인의 아들인 환웅이 하늘로부터 지상에 내려왔다고 하므로 환인시대에는 떠돌이 생활을 했음을 상징적으로 나타낸 것이라고 볼 수 있다. 따라서 환인시대는 무리사회로 상정할 수 있다. 환웅은 지상에 내려와 바람을 관장하는 어른, 구름을 관장하는 어른, 비를 관장하는 어른을 거느리고 곡식·인명·질병·형벌·선악 등을 주관했다고 했는데, 환웅이 관장했던 일 가운데 곡식을 맨 먼저 언급한 것으로 보아 당시 농업이 가장 중요했음을 알 수 있다. 바람과 구름, 비는 기후와 관계 깊은 것으로 농업사회에서 중요시된다. 이러한 내용으로 보아 환웅시대는 농업사회였으며 농업을 바탕으로 붙박이 생활에 들어갔을 것임을 알 수 있다. 따라서 마을사회 단계로 상정할 수 있다.

환웅과 곰녀가 결혼해서 생활한 단계는 하느님을 숭배한 환웅 씨족마

---

18 윗글 참조.

을과 곰 토템 씨족마을이 결합했음을 의미한다. 아마도 두 마을 족장의 아들과 딸이었을 것으로 추정되는 환웅과 곰녀의 결혼을 통해 이 마을들이 연맹체를 형성했을 것이다. 마을연맹체가 이루어져 고을나라가 출현했던 것이다. 호랑이 토템 씨족마을도 이 마을연맹체에 가담했겠지만 단군사화에서 호랑이는 사람이 되지 못했다고 한 것으로 보아 환웅 씨족이나 곰 씨족보다는 낮은 신분이 되었을 것이다. 실제로는 환웅·곰·호랑이 등의 씨족마을보다 훨씬 많은 씨족마을들이 연맹체를 형성했겠지만, 이 세 씨족마을이 상징적으로 단군사화에 남아 있다고 보아야 할 것이다.

지금까지의 고찰을 통해 얻어진 결론을 종합하여 표를 만들면 다음과 같다.

연대	고고학의 시대	사회 발전 단계	단군사화의 시대
1만 년 B.P. 이전	구석기시대	무리사회	환인시대
1만 년 B.P. 이후	전기 신석기시대	마을사회	환웅시대
6000년 B.P. 이후	후기 신석기시대	고을나라	환웅+곰녀시대
5000여 년 B.P. 이후 또는 4500여 년 B.P. 이후	청동기시대	국가사회	단군왕검 건국의 고조선시대

그런데 무리사회 전기에는 작은 혈연 집단이던 것이 말기에 이르면 규모가 커져서 씨족을 이루었을 것으로 학자들은 보고 있다. 따라서 무리사회 전기를 원시무리기, 말기를 씨족무리기라 부른다. 농업과 목축이 시작되면서 붙박이 생활에 들어가 씨족이 단위가 되어 마을을 이루어 살게 되었다. 친연 관계에 있는 몇 개의 씨족이 모여 사는 큰 마을도 있었으나 기본적으로 씨족이 기초가 되어 있었다.

그 후 각 지역에 산재해 있었던 마을들은 필요에 의해 마을연맹체를 형성했는데 이것이 고을나라였다. 이에 따라 지역정치권이 이루어졌다. 이들은 고을 단위의 공동체의식을 기초로 종족을 형성했다. 고조선의 거수국으로 일찍이 문헌에 등장하는 숙신·부여·고구려·예·맥·한 등은 고조선이 건국되기 전부터 있었던 많은 종족 가운데 유력한 종족이었을 것으로 생각된다. 단군왕검의 종족은 한반도와 만주에 있었던 여러 종족을 복속시켜 고조선을 건국했는데, 고조선에 속한 여러 종족은 종족보다는 규모가 큰 공동체의식으로 민족을 형성하게 되었다. 민족의 형성에 대해서는 다음에 다시 논하기로 한다.

3. 한민족의 형성

민족의 기원이나 형성을 논할 때 가장 먼저 봉착하는 문제는 민족의 개념에 대한 정의이다. 민족의 개념을 정의한다는 것이 용이하지 않기 때문이다.

민족이라는 말은 원래 한국어에 있었던 말이 아니다. 서구의 네이션(nation)을 19세기 후반에 일본인들이 번역하면서 만들어낸 말이다. 사실 네이션은 민족이라기보다는 국민이라는 의미다. 서구의 네이션스테이트(nation-state)는 국민국가인 것이다. 이것을 흔히 민족국가로 번역한다. 이럴 경우 국민과 민족은 동의어인 것처럼 된다. 그 결과 국민국가가 근대 자본주의의 출현과 함께 성립되었던 서구의 역사적 상황을 그대로 민족에 적용하여, 민족국가도 근대 자본주의 출현과 함께 성립되었다고 보기도 한다.

이러한 관점은 한민족의 형성을 한국의 근대화 이후로 보는 견해로까지 이어진다.[19] 다시 말하면 서구의 네이션은 원래 국민이라는 말인데, 그것을 민족으로 번역함으로써 민족의 개념 속에 서구인들이 국민이라는 용어에 대해 갖는 개념을 포괄하게 되었다. 그 결과 개념에 혼란이 일어나게 된 것이다.

그러면서도 한국인들은 민족을 국민과는 전혀 다른 개념으로 받아들인다. 한국인들이 단일민족이라고 할 때 그것은 동일한 조상으로부터 이어져 내려온 동일 혈연 집단이라는 뜻을 강하게 지닌다. 동일한 혈연 집단을 겨레나 동포와 거의 같은 의미로 받아들이는 것이다. 그러나 서구의 네이션이라는 말에는 같은 혈연 집단이라는 개념은 포함되어 있지 않다. 스탈린은 민족공동체는 인종적인 것이 아니며 종족적인 것도 아니라고 했다. 근대 이탈리아 민족은 로마인·튜턴인·에트루리아인·그리스인·아랍인 등으로 형성되었고 프랑스 민족은 갈리아인·로마인·브리턴인·튜턴인 등으로 형성되었으며 영국 민족이나 독일 민족도 다양한 인종과 종족으로 형성되었다고 말했다.[20]

이러한 서구의 민족 개념은 한국인들의 정서와는 맞지 않다. 민족이라는 말이 서양의 언어를 번역하면서 만들어진 것이기는 하지만, 그것이 사용되는 과정에서 한국인들의 정서에 의해 나름대로 개념이 변화되었기 때문이다. 이럴 경우 일반인들이 사용한 민족에 대한 개념과 학자들이 학문적으로 사용한 개념 사이에는 괴리가 생길 수 있다. 예컨대 네이션스테이트를 민족국가로 번역했을 경우 일반인들은 그것을 겨레국가

19 정창렬, 「백성의식·평민의식·민중의식」, 변형윤·송건호 엮음, 『역사와 인간』, 두레, 1982, pp. 11~32.

20 레닌·스탈린 지음, 편집부 엮음, 『맑스-레닌주의 민족운동론』, 도서출판 벼리, 1989, p. 305.

와 같은 의미로 받아들이게 된다. 그러나 네이션스테이트가 겨레국가는 아니다.

민족에 대한 개념은 필요에 따라 정의되기도 한다. 예컨대 스탈린은 민족(natsiya)이란 공통의 언어·지역·경제생활, 그리고 공통의 문화 속에서 발현되는 공통의 심리적 기질에 기초하여 역사적으로 형성된, 사람들의 안정된 공동체라고 규정했다.[21] 이 요소 가운데 공통의 경제생활이 매우 중요하다고 강조하면서 이 모든 특징이 함께 나타나는 경우만이 민족이라고 할 수 있다고 했다.[22] 공통의 경제생활을 강조한 개념 규정은 자본주의국가와 사회주의국가를 차별하여 민족을 정의하기 위한 것으로 사회주의국가 건설을 목표로 한 스탈린으로서는 필요한 개념 규정이었을 것이다. 그러나 서로 다른 지역에 살고 있고 다른 경제생활을 하면서도 민족이라는 의식을 지니고 있는 경우를 볼 수 있다. 지역과 정치 체제가 다른 곳에 흩어져 살고 있는 유대민족이라든가 남북한으로 나뉘어 정치·경제 체제가 다른 곳에서 살고 있는 한민족이 그러하다.

최근에 노태돈은 한국에서의 민족에 대한 개념 정의를 시도하면서 남북한 주민이 공통 분모를 지니고 있는 요소들에 의거해 민족의 개념을 규정하면, 민족은 공통의 언어와 문화, 지역 및 동질적인 집단으로서 자의식을 지녀 독립된 통일국가를 건설하려는 지향성을 띠고 있는 역사적으로 형성된 인간공동체라고 했다.[23] 이 여러 요소 가운데 독립된 통일국가를 건설하려는 지향성을 띠어야 한다는 부분은 통일을 열망하는 한

---

21 위 책, p. 308.

22 위와 같음.

23 노태돈, 「한국민족 형성과정에 대한 이론적 고찰」『한국고대사논총』 제1집, 가락국사적개발연구원, 1991, pp. 17·25~26.

민족의 현실을 반영한 것으로 보인다.

송기중은 민족은 우선 혈통이 같고 문화가 같고 언어가 같은 인간의 집단을 생각하게 된다고 말하면서 그러나 이 세 가지 요소를 따져보면 어려운 문제에 봉착하게 된다고 했다. 혈통이나 문화, 언어의 동질성을 정확하게 지적하기가 어렵다는 것이다. 여러 민족의 혈통이 다르다는 것을 과학적으로 증명하기 어려우며 문화도 상호 교섭으로 생성되므로 어느 것이 본래부터 전해 온 것인지를 밝히기가 어렵다는 것이다. 그리고 만주어를 잊어버린 만주족이나 한국어를 잊어버린 재일·재미교포 2세들과 같이, 언어를 잊어버렸으면서도 민족으로 존재하는 경우가 있으므로 언어의 동질성을 강조하기도 어렵다는 것이다. 따라서 민족의 확실한 성립 근거는 '민족의식' 하나로 귀착된다고 보았다.[24] 즉 집단귀속의식 하나로 귀결된다는 것이다.

이광주는 민족은 일정한 지역에서 오랜 기간에 걸쳐 공동생활을 함으로써 언어·풍습·종교·정치·경제 등 각종 문화 내용을 공유하고 집단귀속의식에 의해 결합된 인간집단의 최대 단위인 문화공동체라고 정의하고 있다.[25]

이상의 내용들을 종합해보면 민족이 형성되는 데는 지역 및 언어·풍습·종교·정치·경제 등의 공통 문화 요소가 중요한 역할을 하며, 민족에 따라서는 같은 혈통이라는 관념도 중요한 요소로 작용한다. 이를 토대로 민족이라는 집단귀속의식이 형성된 후에는 이 가운데 일부 공통 요소가 파괴되더라도 귀속의식만 남아 있으면 민족으로 존속된다는 것

---

24 송기중, 「한민족의 선사와 한국어의 선사」 『한국상고사학보』 제6호, 한국상고사학회, 1991, pp. 88~90.

25 이광주, 『동아원색세계대백과사전』 13, 동아출판사, 1983, p. 42.

을 알 수 있다. 따라서 전자는 민족을 형성하는 주요 요소인 반면 후자는 민족을 유지하는 데 주요한 역할을 한다고 말할 수도 있다.

그렇다면 고조선시대의 한반도와 만주 주민들을 같은 민족이라고 말할 수 있을까? 이 문제에 대한 답을 얻기 위해 민족을 형성하는 여러 요소들을 고조선시대에 적용하여 검토해볼 필요가 있다.

첫째, 지역을 보자. 고조선의 영토는 서쪽은 북경 근처의 난하와 갈석산 지역에 이르렀고, 북쪽과 동북쪽은 아르군 강과 흑룡강에 이르렀으며, 남쪽은 한반도 남부의 해안 지역에 이르렀다.[26] 고조선은 지금의 요서와 요동을 포함한 만주와 한반도 전 지역을 차지하고 있었던 것이다. 고조선은 한반도와 만주에 처음으로 출현한 고대국가였기 때문에 강력한 중앙집권국가는 아니었고 부여·고죽(孤竹)·고구려·예·맥·추(追)·진번·낙랑·임둔·현도·숙신·청구(青丘)·양이(良夷)·양주(楊洲)·발(發)·유(俞)·옥저·기자조선·비류(沸流)·행인(荇人)·해두(海頭)·개마(蓋馬)·구다(句茶)·조나(藻那)·주나(朱那)·진(辰)·한(韓) 등 많은 거수국을 거느린 지방분권국가로서[27] 통치 조직이 후대의 국가에 비해 느슨하기는 했다.

---

26 윤내현, 「고조선의 서변경계고」『남사정재각박사고희기념 동양학논총』, 고려원, 1984, pp. 1~38.
_____, 「고조선의 위치와 강역」『한국고대사신론』, 일지사, 1986, pp. 15~80.
_____, 「고조선의 서변경계 재론」『백산박성수교수화갑기념논총-한국독립운동사의 인식』, 백산박성수교수화갑기념논총간행위원회, 1991, pp. 524~539.
_____, 「고조선시대의 패수」, 『전통과 현실』 제2호, 고봉학술원, 1992, pp. 205~246.
_____, 「고조선의 북계와 남계」『한민족공영체』 창간호, 해외한민족연구소, 1993, pp. 33~71.
이 책의 제1편 제3장 「고조선의 강역과 국경」 참조.

27 윤내현, 「고조선의 국가 구조」『겨레문화』 6, 한국겨레문화연구원, 1992, pp. 67~112.
『고조선 연구』 하 제2편 제1장 제1절 「고조선의 국가 구조」 참조.

그러나 고조선의 영토 안에 거주했던 모든 사람들은 하나의 통치 조직 아래 동일한 통치자와 동일한 최고신을 섬기면서 같은 정치·문화 속에서 생활했다.[28] 경제 면에서도 지역에 따라서는 사냥이나 고기잡이가 주요한 위치를 차지하는 곳도 있었겠지만 대부분의 지역은 농업이 경제의 기초를 이루고 있었다.[29] 그리고 각지에 산재해 있는 농업마을들이 생산을 담당하고 있었다.[30] 따라서 경제 면에서도 고조선 각 지역은 동일한 성격을 지니고 있었다.

둘째, 혈통을 보자. 앞에서 본 바와 같이 혈통은 민족을 형성하는 요소로 반드시 포함되는 것은 아니다. 그러나 한국인들은 일반적으로 민족은 같은 혈통집단을 일컫는 것이라고 생각한다. 한국인들은 흔히 자신들은 단군왕검의 후손이라거나 단일 혈통이라고 말한다. 그러나 이러한 생각은 지극히 정서적인 것이며 과학적인 것은 아니다. 단군왕검은 고고학적으로 청동기시대에 살았던 사람인데, 그동안의 발굴 결과에 의하면 청동기시대보다 앞선 구석기시대와 신석기시대에도 한반도와 만주에는 많은 사람들이 살고 있었다. 이들의 후손이 고조선의 주민을 형성했고 한국인의 조상이 되었을 것이다. 앞에서 확인된 바와 같이, 원시무

---

28 윗글, 「고조선의 국가 구조」 참조.
윤내현, 「고조선의 통치 조직」 『민족문화의 제문제—우강권태원교수정년기념논총』, 우강권태원교수정년기념논총간행위원회, 1994. pp. 57~78.
______, 「고조선의 종교와 그 사상」 『동양학』 제23집, 단국대 부설 동양학연구소, 1993, pp. 143~166.
『고조선 연구』 하 제2편 제1장 제2절 「고조선의 통치 조직」 참조.
『고조선 연구』 하 제2편 제4장 제1절 「고조선의 종교와 사상」 참조.

29 윤내현, 「고조선의 경제적 기반」 『백산학보』 제41호, 백산학회, 1993, p. 5.
『고조선 연구』 하 제2편 제2장 제1절 「고조선의 경제 기반」 참조.

30 『고조선 연구』 하 제2편 제2장 제2절 「고조선의 생산양식」 참조.

리가 발전하여 씨족을 이루었고 이들이 붙박이 생활에 들어간 뒤 여러 씨족이 모여 종족을 이루었으며, 다시 여러 종족이 모여 고조선의 주민을 형성했기 때문에, 한국인들이 모두 단군왕검의 후손이거나 단일혈통일 수는 없다.

그러므로 단일 혈통이라는 것은 과학적인 근거가 있는 것은 아니며 단지 그렇게 생각하는 것이다. 그러한 정서가 형성된 것은 고대사회의 종교와 깊은 관계가 있다. 고대사회에서 씨족들은 각각 수호신을 받들고 있었는데, 그들은 자신들이 수호신의 후손이라고 믿었다. 고을나라가 출현하여 종족이 형성되면서 가장 강한 씨족의 수호신이 종족 전체의 수호신이 되었는데, 이와 함께 종족 구성원은 모두가 그 수호신의 후손이라는 의식을 갖게 되었다. 이러한 의식의 확산은 고을나라가 모여 고조선이 건국된 후에도 계승되어 고조선 주민은 모두가 고조선의 최고신인 하느님 환인의 후손이라고 믿게 되었던 것이다. 이러한 의식은 한민족으로 하여금 자신들은 '천손족(天孫族)'이라는 의식과 함께 단일민족이라는 생각을 갖게 했고 하느님의 대리자인 단군왕검의 후손이라는 생각으로까지 발전하도록 만들었던 것이다. 이 점은 고조선의 종교를 살펴보면 더욱 분명해진다.

셋째, 고조선의 종교를 보자. 고조선의 종교는 단군사화에 잘 나타나 있다. 고조선의 최고신은 하느님이었다. 단군사화에 의하면 하느님 환인의 아들 환웅이 지상에 내려와 곰녀와 결혼하여 단군왕검을 낳았다. 이것은 하느님을 숭배한 씨족과 곰을 숭배한 씨족이 혼인을 통해 결합했음을 말해주는데, 여기서 주된 신은 하느님임을 쉽게 알 수 있다. 단군은 고조선의 통치자인 동시에 종교의 권위자였는데 하느님의 아들로 인식되었다. 이러한 사실은 다음 기록들에서 확인된다. 『삼국유사』「기이」편 〈고구려〉조의 저자 자신의 주석에,

『단군기(壇君紀)』에 이르기를 "단군이 서하(西河) 하백(河伯)의 딸과 친하여 아들을 낳아 부루(夫婁)라 이름하였다." 하였는데, 지금 이 기록(『삼국유사』「기이」편)을 살펴보건대 해모수(解慕漱)가 하백의 딸을 사통하여 뒤에 주몽(朱蒙)을 낳았다 하였다. 『단군기』에 "아들을 낳아 부루라 이름하였다." 하였으니 부루와 주몽은 어머니가 다른 형제일 것이다.[31]

라고 했다. 또 같은 「기이」편 〈북부여〉조에는,

천제(天帝)가 흘승골성(訖升骨城)에 내려와 오룡거(五龍車)를 타고서 도읍을 정하고 왕이라 칭하였으며, 국호를 북부여라 하고 스스로 해모수라 칭하였는데, 아들을 낳아 부루라 하고 해(解)로 씨(氏)를 삼았다.[32]

고 했다. 부루의 출생에 대해 『제왕운기』에는,

『단군본기(檀君本紀)』에 이르기를 "비서갑(非西岬) 하백의 딸과 결혼하여 아들을 낳았으니 이름을 부루라 하였다".[33]

고 기록되어 있다. 위 기록들에 따르면 단군과 해모수는 동일인으로 단

---

31 『삼국유사』 권1 「기이」 〈고구려〉조의 저자 자신의 주석. "壇君記云, 君與西河河伯之女要親, 有産子, 名曰夫婁, 今按此記, 則解慕漱私河伯之女而後産朱蒙. 壇君記云, 産子名曰夫婁, 夫婁與朱蒙異母兄弟也."

32 『삼국유사』 권1 「기이」 〈북부여〉조. "天帝降于訖升骨城, 乘五龍車, 立都稱王, 國號北扶餘, 自稱名解慕漱, 生子名扶婁, 以解爲氏焉."

33 『제왕운기』 권 하 〈전조선기〉의 저자 자신의 주석. "檀君本記曰, 與非西岬河伯之女婚而生男, 名夫婁."

군은 해모수라고도 불렸음을 알 수 있다. 그런데 해모수는 '해머슴애'가 한자로 표기된 것으로 단군은 해의 아들 즉 '일자(日子)'였던 것이다.[34] 고조선인들은 하늘의 상징인 해를 하느님으로 인식하여 단군을 해의 아들이라 불렀던 것이다. 이러한 관념이 확산되어 후에 한민족은 스스로를 '천손족' 또는 단군왕검의 후손이라고 생각하기에 이르렀다.

단군사화에 의하면, 고조선에는 하느님을 섬기는 종교 성지로서 신시(神市)가 있었다.[35] 그곳은 환웅이 하늘로부터 강림했다는 곳으로 고조선이 건국되기 전부터 전해 내려온 곳인데, 그곳에는 신단(神壇)이 있고 신단수가 있었다. 그곳에서 고조선의 단군들은 종교의식을 가졌다. 그런데 이와 동일한 종교 성지가 한반도 남부에 위치해 있던 한(韓)에도 있었다. 『후한서』「동이열전」과 『삼국지』「동이전」의 〈한전〉 기록에 의하면, 한의 각 국읍(國邑)에는 하느님을 섬기는 종교 지도자가 있었는데 이를 천군(天君)이라 했고, 소도(蘇塗)라는 종교 성지가 있었는데 그곳에는 큰 나무가 있었으며 그 나무에는 방울과 북을 달아놓았다.[36]

한에 고조선의 신시와 신단수 같은 소도와 큰 나무가 있었던 것이라든가, 한에서도 고조선에서와 같이 하느님을 섬겼다고 하는 것은, 한과 고조선의 종교가 같았음을 알게 해준다. 한은 원래 고조선의 거수국이었으므로 이러한 한의 종교는 고조선시대부터 전해졌을 것이다. 이러한 사실은 고조선에서는 만주부터 한반도 남부에 이르기까지 동일한 종교가 있었음을 말해준다. 고조선의 각 지역 사람들이 동일한 종교를 가지

---

34 김상기, 「국사상에 나타난 건국설화의 검토」, 『동방사논총』, 서울대 출판부, 1984, pp. 6~7의 주 7 참조.

35 『삼국유사』 권1 「기이」 〈고조선〉조.

36 『후한서』 권85 「동이열전」 〈한전〉 참조.
『삼국지』 권30 「동이전」 〈한전〉 참조.

고 있었음은 그들의 풍속을 살펴보면 더욱 분명해진다.

넷째, 고조선의 풍속을 보자. 『후한서』 「동이열전」 기록을 보면,

(부여에서는) 12월에 하느님에게 제사를 지내는데 날마다 큰 모임을 갖고 마시고 먹고 노래하고 춤을 추었는데 이름을 '영고(迎鼓)'라 한다.[37]

(고구려에서는) 10월에 하느님에게 제사 지내는 큰 모임을 갖는데 이름을 '동맹(東盟)'이라 한다.[38]

(예에서는) 항상 10월에 하느님에게 제사 지내는데 밤낮으로 술 마시며 노래하고 춤을 추는데 이름을 '무천(舞天)'이라 한다.[39]

(한에서는) 항상 5월에 농사일을 끝내고 귀신에게 제사를 지내는데 밤낮으로 술판을 벌이고 무리를 이루어 노래하고 춤을 추는데 춤을 출 때는 항상 수십 명이 서로 따르며 땅을 밟는데 절도가 있다. 10월에 추수를 끝내고는 다시 그렇게 한다.[40]

(〈고구려전〉에) 동이(東夷)는 전해오기를, 부여로부터 갈라져 나온 종족이라고 한다. 그러므로 언어와 법이 대부분 동일하다.[41]

---

37 『후한서』 권85 「동이열전」 〈부여전〉. "以臘月祭天, 大會連日, 飮食歌舞, 名曰迎鼓."

38 위 책, 「동이열전」 〈고구려전〉. "以十月祭天大會, 名曰東盟."

39 위 책, 「동이열전」 〈예전〉. "常用十月祭天, 晝夜飮酒歌舞, 名之爲舞天."

40 위 책, 「동이열전」 〈한전〉. "常以五月田竟祭鬼神, 晝夜酒會, 群聚歌舞, 舞輒數十人相隨, 蹋地爲節. 十月農功畢, 亦復如之."

41 위 책, 「동이열전」 〈고구려전〉. "東夷相傳以爲夫餘別種, 故言語法則多同."

(〈동옥저전〉에) 언어 · 음식 · 거처 · 의복이 고구려와 비슷함이 있다.[42]

(〈예전〉에) 노인들이 스스로 말하기를, 자신들은 고구려와 같은 종족이라고 말하는데 언어와 법속이 대체로 비슷하다.[43]

는 등의 기록이 보인다. 『삼국지』 「동이전」에도 같은 내용이 있다.[44] 이 기록들은 만주의 북단에 있던 부여로부터 고구려와 예를 거쳐 한반도 남부에 있던 한까지 비슷한 풍속이 있었음을 알게 해준다. 『후한서』 「동이열전」과 『삼국지』 「동이전」 기록은 고조선이 붕괴된 후의 여러 나라 상황을 전해준다. 그러나 이 여러 나라는 원래 고조선의 거수국이었다[45]는 점이라든가 언어나 풍속은 오랜 공동생활을 통해서만 동질화된다는 점을 생각해볼 때 고조선시대에도 이와 다르지 않았을 것이다.

고조선 전 지역의 거주민들이 동일한 풍속을 가지고 살았음은 고고자료에서도 확인된다. 그동안 발굴된 자료에 의하면, 고조선이 건국되기 전부터 북경 근처의 난하를 경계로 하여 그 동쪽의 만주와 한반도 전 지역에서는 돌무지무덤이 나타나기 시작하여 고조선시대에 이르면 돌곽무덤 · 돌상자무덤 · 고인돌무덤 등 돌을 재료로 사용한 무덤이 널리 축조되었다. 이러한 무덤은 황하 유역에서는 보이지 않는다.

다섯째, 언어를 보자. 위에서 부여 · 고구려 · 동옥저 · 예 등의 언어가 대체로 비슷했음이 『후한서』 「동이열전」과 『삼국지』 「동이전」 기록을 통

---

42 위 책, 「동이열전」 〈동옥저전〉. "言語 · 飮食 · 居處 · 衣服有似句驪."
43 위 책, 「동이열전」 〈예전〉. "耆舊自謂與句驪同種, 言語法俗大抵相類."
44 『삼국지』 권30 「동이전」 참조.
45 앞 글, 「고조선의 국가 구조」 참조.

해 확인되었다. 그리고 필자는 이러한 상황이 고조선시대에도 다르지 않았을 것으로 보았다. 그런데 고구려·예·옥저 등은 고조선시대에는 지금의 요서 지역에 위치해 있었으나 고조선이 붕괴된 후 지금의 요동 지역과 한반도로 이동했다.[46] 따라서 고조선시대에는 고구려·예·옥저 등이 원래 위치해 있었던 지금의 요서 지역과 부여가 위치해 있었던 만주의 북단으로부터 고조선이 붕괴된 후에 고구려·동옥저·예 등이 위치해 있었던 한반도 중부에 이르기까지는 언어가 동일했음을 알 수 있다.

여기서 문제로 남는 것은 고조선시대에 한반도 남부와 북부의 언어가 동일했느냐 하는 점이다. 한반도 남부에 있었던 한의 언어와 다른 지역 언어의 동일 여부는 『후한서』「동이열전」이나 『삼국지』「동이전」 기록에서는 확인되지 않는다. 그러나 고조선시대에 한(韓) 지역의 언어도 동일했을 것으로 추정할 수 있는 기록이 있다. 그것은 고구려와 백제, 신라의 언어에 관한 것이다. 『양서(梁書)』「제이열전(諸夷列傳)」〈백제전〉에,

> 지금 언어와 복장이 대략 고구려와 같다.[47]

고 하여 백제와 고구려의 언어가 같음을 말하고 있다. 같은 열전 〈신라전〉에는,

> 언어는 백제인을 기다렸다가 그 후에야 통한다.[48]

---

46 앞 글, 「고조선의 국가 구조」, pp. 79~104.
윤내현, 「위만조선의 재인식」 앞 책 『한국고대사신론』, pp. 291~300.

47 『양서』, 권54 「제이열전」 〈백제전〉. "今言語服章略與高驪同."

48 위의 「제이열전」 〈신라전〉. "言語待百濟而後通焉."

고 했다. 『양서』는 중국 양(梁)나라의 역사책이므로 이 문장의 주체는 양나라 사람이다. 따라서 이 문장은 양나라 사람들이 신라인들과 대화하려면 백제인의 통역을 거쳐야 한다고 말하고 있는 것이다. 백제인이 중국인과 신라인 사이에서 통역을 했다는 것은 백제 말과 신라 말이 동일했음을 알게 해준다.

백제와 신라의 언어가 동일했음은 『삼국유사』에 실려 있는 서동(薯童) 이야기를 통해서도 알 수 있다. 서동은 백제 무왕(武王)의 어릴 적 이름인데, 그는 신라 진평왕(眞平王)의 셋째 딸 선화공주(善化公主)가 아름답다는 소문을 듣고 신라의 서울로 가서 아이들에게 마를 나누어주면서 그들을 꾀어 동요를 가르쳐 부르게 했다. 그 내용은 선화공주는 밤마다 몰래 서동을 좋아한다는 것이었다. 그 노래가 궁중에까지 전해지자 신라 왕실에서는 선화공주를 귀양 보냈는데 공주의 귀양길에 서동이 나타나 두 사람이 부부가 되었다는 것이다.[49] 백제의 서동이 신라의 어린이들에게 동요를 가르쳐 부르게 했다는 것은 백제와 신라의 언어가 동일했음을 알게 해준다.

백제와 신라의 언어가 각각 계보를 달리하여 동일하지 않았을 것으로 보는 학자도 있지만[50] 두 나라의 언어 차이는 사투리 정도였을 것이다. 백제 왕실은 고구려계였지만 신라와 더불어 한(韓) 지역에서 일어났는데, 이 두 나라의 언어가 고구려 언어와 같았다는 것은 그 이전 한의 언어가 고구려나 부여 등 북쪽에 있었던 나라들과 같았을 것임을 알게 해주며 고조선시대에도 이와 다르지 않았을 것이다.

이상과 같이 고조선 사람들은 영토라는 일정한 지역 내에서 동일한

---

49 『삼국유사』 권2 「기이 2」 〈무왕〉조.

50 이기문, 『국어사개설』 개정판, 탑출판사, 1993, pp. 29~42.

정치 체제와 동일한 경제 구조 속에서 한 핏줄이라는 의식을 가지고 동일한 종교와 풍속, 언어 등의 공통 문화를 가지고 생활했다. 이러한 생활을 하는 과정에서 집단귀속의식을 갖게 되었을 것이다. 『제왕운기』에는 고조선이 붕괴된 후 한반도와 만주 지역에 있었던 한(삼한)·부여·비류·신라·고구려·남옥저·북옥저·예·맥 등 여러 나라는 모두 단군의 후손이었다고 기록되어 있다.[51] 이 기록은 비록 나라는 분열되었지만 이 나라들이 모두 고조선의 후계 세력이라는 집단귀속의식을 가지고 있었음을 알게 해준다.

고조선 주민은 여러 지역에 있었던 고을나라의 종족들이 모여 형성되었기 때문에 초기에는 집단귀속의식이 약했을 것이다. 그러나 고조선은 2천 년 이상 존속했으므로 오랜 기간 고조선이라는 공동체 속에서 함께 생활하는 과정에서 집단귀속의식이 점차 강화되었을 것이다. 따라서 한민족은 고조선시대에 출현했다고 말할 수 있다.

4. 한민족의 주체

한민족이 고조선시대에 형성되었다면 그 주체는 어떤 사람들이었을까? 이 점은 크게 두 가지로 나누어 논의될 수 있다. 첫째는 그 중심이 된

---

51 『제왕운기』 권 하 〈전조선기〉의 단군에 대한 주석. "是謂檀雄天王也云云, 令孫女飮藥成人身, 與檀樹神婚而生男名檀君, 據朝鮮之域爲王, 故尸羅·高禮·南北沃沮·東北扶餘·穢與貊皆檀君之壽也."
위 책의 「한사군급열국기」. "隨時合散浮況際, 自然分界成三韓, 三韓各有幾州縣, 蚩蚩散在湖山間, 各自稱國相侵凌, 數餘七十何足徵, 於中何者是大國, 先以扶餘·沸流稱, 次有尸羅與高禮, 南北沃沮·穢·貊膺, 此諸君長問誰後, 世系亦自檀君承."

세력은 어느 종족이었는가 하는 점이고, 둘째는 그들이 외래인이었는가 아니면 토착인이었는가 하는 점이다.

그동안 한민족에 대한 한국사 학계의 통설은 한민족은 예·맥족과 한족(韓族)으로 구성되어 있었다는 것이다.[52] 한민족의 구성을 그렇게 본 것은 고대에 한반도와 만주에는 북부에 고조선·부여·고구려·동예, 남부에 한(삼한) 등이 독립해 있었을 것으로 본 데서부터 출발했다. 북부에 있었던 여러 나라는 예·맥족에 의해 건국되었고 남쪽의 한은 한족에 의해 건국되었을 것으로 보았던 것이다. 그리고 한반도가 삼면이 바다로 둘러싸였다는 이유 때문에 북쪽의 예·맥족은 북방의 대륙족이고 남쪽의 한족은 남방의 해양족일 것으로 추정되어왔다. 북쪽의 예·맥족에 대해서는 예맥(濊貊)을 하나의 종족명으로 보는 견해와, 예족과 맥족으로 나누어 보는 견해로 나뉘어 있다.[53]

그런데 한국사에서 가장 일찍 등장한 나라는 고조선인데, 고조선의 주민이 예·맥족일 것이라는 선입관 때문에 예·맥족에 대한 학자들의 관심은 클 수밖에 없었다. 예·맥족의 기원이나 성격에 대해 그동안 학계에 비교적 크게 영향을 끼친 한국 학자들의 견해는 다음과 같다.

일찍이 최남선은,

---

52 앞 글, 「한국민족 형성과정에 대한 이론적 고찰」, p. 10.
한민족의 구성을 예·맥족과 한족으로 본 견해는 나카 미치요(「맥인고(貊人考)」『사학잡지』 5-5, 1894, p. 34), 시라토리 구라키치(「穢貊は果して何民族と見做すべきか」『사학잡지』 44-7, 1933, p. 103) 등 일본인들이 내놓았는데 H. B. 헐버트(*The History of Korea* 1, 1905, p. 32)나 대만의 예일부(芮逸夫)(「韓國古代民族考略」『중한논문집』 1, p. 39) 등도 이를 따랐다.

53 김정배, 「예맥과 예와 맥」『한국민족문화의 기원』, 고려대 출판부, 1973, pp. 15~35 참조.

요(要)하건대 흑해에서 카스피 해를 거쳐 파미르의 동부 갈래인 천산산맥(天山山脈)으로 하여 알타이산맥·사얀산맥·야블로노이산맥을 따라 다시 남으로 전(轉)하여 흥안산맥(興安山脈)·대행산맥(大行山脈) 동쪽의 지(地), 조선·일본 류큐(琉球)를 포괄하는 일선(一線)에는 park 중심의 신앙·사회조직을 가진 민족이 분포하여, 그 종족적 관계는 차치(且置)하고 문화적으로는 확실히 일연쇄(一連鎖)를 이루고 있었다.[54]

고 하여 위의 지역이 하나의 문화권을 이루고 있었다고 주장했다. 그리고 그는 '밝'을 '백(白)', '불함(不咸)'이라 하여 '불함문화론(不咸文化論)'을 주장하고 위의 지역을 불함문화권으로 설정했다.[55] 최남선의 불함문화론은 위 지역에 거주했던 민족들의 상호 관계보다는 문화적인 면을 밝힌 것이었지만 후에 한민족의 기원 문제를 연구하는 학자들로 하여금 위의 지역을 한민족의 기원과 연결해 생각하도록 만들었다.

신채호는 한민족은 동쪽으로 이주해 왔음을 주장하면서, 인류의 발원지에 대해 파미르고원과 몽골사막이란 양설이 있는 바, 아직 그 시비가 확정되지 못했으나, 옛 언어를 참고해보면 왕의 성을 해(解)라 함은 태양에서 뜻을 취했고 왕호를 불구래(弗矩內)라 함은 태양의 광휘(光輝)에서 뜻을 취했으며 천국을 환국(桓國)이라 한 것은 광명에서 뜻을 취했으니, 대개 조선족이 최초로 서방 파미르고원 또는 몽골 등지에서 광명의 본원지를 찾아 동방으로 나와 불함산(不咸山 : 지금의 백두산)을 명월(明月)이 출입하는 곳 – 광명신의 서숙(棲宿)으로 알아 그 부근의 땅을 조선이라 칭하니 조선도 옛말에서 광명이라는 뜻인데, 조선을 후세에

54 최남선, 「불함문화론」 『육당 최남선 전집』 2, 현암사, 1973, p. 75.
55 윗글, 「불함문화론」, pp. 43~76.

이두자(吏讀字)로 '조선'(朝鮮)이라 썼다고 했다.[56]

손진태는 한민족은 몽골인종(황색인종)의 여러 종족 가운데 퉁구스족에 속하는 바 만주 시베리아 종족과 가장 가까운 관계를 가지고 있다고 보았으며,[57] 이병도는 한민족의 근간을 예·맥족으로 보고 예·맥족은 만주족·몽골족·토이기족 등 우랄알타이어계의 공동 조상에서 분파된 일족이라고 보았다.[58] 김연학도 종래에 한민족을 퉁구스족으로 본 견해에는 아무런 학문적 근거가 없다면서 이를 부인하고, 예·맥·부여·고구려 등의 한민족은 읍루·물길(勿吉) 등의 퉁구스족과는 분명히 구별되어야 한다고 주장했다. 그는 한민족은 체질의 특징이나 언어·풍속 등 기본 문화에 있어 만주족·몽골족 등 알타이족에 가장 가까워 북방아시아에 연결되기 때문에 한민족을 알타이족의 한 지파(支派)로 보아야 한다는 견해를 내놓았다.[59]

김상기는 예·맥족의 이동 과정을 구체적으로 논했는데, 그들이 중국 북부 변경으로부터 만주를 거쳐 한반도에 이르렀을 것으로 보았다. 상고시대에 동이계(東夷系) 종족은 중국의 변경에서 동쪽으로 이동하여 한 줄기는 중국의 산동 방면으로 내려가 우이(嵎夷)·내이(萊夷)·회이(淮夷)·서융(徐戎) 등이 되었고, 다른 한 줄기는 만주와 한반도로 내려와 예·맥·한을 형성했을 것으로 보았다.[60]

김정배는 한반도에 거주했던 신석기시대인과 청동기시대인은 각각 다른 종족이었다고 보고, 신석기시대인들은 시베리아에 널리 거주했던

---

56 신채호 지음, 이만열 주석, 『조선상고사』, 형설출판사, 1983, p. 104.
57 손진태, 『조선민족사개론－조선문화총서 11』, 을유문화사, 1958, pp. 17~19.
58 이병도·김재원, 『한국사－고대편』, 을유문화사, 단기 4292, p. 10.
59 김연학, 「고고학상으로 본 한국민족」 『백산학보』 제1호, 1966, p. 148.
60 김상기, 「한·예·맥 이동고」 앞 책 『동방사논총』, pp. 355~368.

고(古)아시아족이며 청동기시대인들은 예·맥족이었다고 주장했다.[61] 그는 신석기시대의 새김무늬 질그릇과 곰 숭배 사상은 시베리아 고아시아족의 문화인데, 단군사화에 보이는 곰 토템 사상도 고아시아족과의 관계를 보여주는 것이라고 했다.[62]

그리고 문헌이나 고고 자료에 의하면 청동기시대에는 중국의 산동성으로부터 만주를 거쳐 한반도에 예·맥족이 널리 분포되어 있었던 것으로 나타나는데, 이들은 바로 민무늬 질그릇을 사용했던 사람들로서 그 전의 거주민인 고아시아인들을 누르고 새로운 지배세력으로 등장했을 것으로 보았다.[63] 김정배는 예·맥족이 사용했던 청동기문화는 시베리아와 깊은 관계가 있다고 말함으로써 예·맥족의 문화도 시베리아와 연관되어 있음을 시사했다.[64] 따라서 김정배는 한민족이 고아시아족과 예·맥족(한족 포함)이라는 두 종족의 복합으로 이루어졌다고 주장했다.

김원룡은 한반도와 만주는 구석기시대가 끝난 후 사람이 살지 않은 공백기가 상당히 오랜 기간 계속되다가 새로운 사람들이 이주해 와서 신석기시대가 개시되었다고 주장했다.[65] 신석기시대의 주민들은 시베리아 지역에서 들어온 고아시아족이었는데, 후에 만주와 한반도에서 지역화한 퉁구스족인 예·맥족이 고아시아족을 흡수하여 한반도의 직계조상이 되었을 것으로 보았다.[66] 역시 한민족의 기원을 외지로부터의 이주민

---

61 위 책, 『한국민족문화의 기원』 참조.

62 김정배, 「단군조선과 古Asia족」 위 책 『한국민족문화의 기원』, pp. 161~179.

63 위 책, 『한국민족문화의 기원』, pp. 210~213.

64 「한국의 청동기문화」 위 책 『한국민족문화의 기원』, pp. 106~159.

65 김원룡, 「한국고고학개론」, 서울대 고고인류학과, 1966, p. 15.
_____, 「한민족의 형성과 선사시대」 『한국학입문』, 대한민국학술원, 1983, p. 8.

66 윗글, 「한민족의 형성과 선사시대」, pp. 8~11.

들에게서 찾았던 것이다.

지금까지 살펴본 견해들은 학자에 따라 내용에 다소 차이는 있지만 두 가지 공통점이 있음을 알 수 있다. 첫째는 그들이 한민족을 한반도와 만주의 토착인들로 보지 않고 외지로부터의 이주민으로 보고 있다는 점이며, 둘째는 한민족의 주체를 예·맥·한족으로 보고 있다는 점이다. 한민족을 외지로부터의 이주민으로 본 것은 고대에 한반도와 만주의 문화 수준이 다른 지역보다 낙후되어 있었을 것이라는 관점으로부터 출발한 것이었다.

북한 학계에서는 한민족의 주체를 예족·맥족·한족으로 본 것은 위의 견해들과 같으나 그들을 외부로부터의 이주민이 아니라 토착인들로 보고 있다. 즉 예·맥·한으로 불리는 고대 종족들은 한국 옛 유형 사람들을 이어 한민족을 형성한 사람들로서, 그 인종적 특징은 원시시대의 오랜 역사를 통해 발전하면서 고대에 이르러 완성되었다고 보고 있다. 그리고 한민족의 인종적 특징은 언어와 풍습, 문화와 정신적 기질의 공통성을 바탕으로 하는 체질 유형의 단일성으로 나타난다고 말하고 있다.[67]

필자는 한민족을 외지로부터의 이주민으로 본 견해가 제출된 초기의 학계 상황을 살펴볼 필요가 있다고 생각한다. 왜냐하면 그러한 견해가 제출되는 데에는 당시의 학문 수준과 학계 분위기가 상당히 영향을 주었을 것이기 때문이다. 한국이나 중국, 일본 등 동아시아에서의 근대적 역사 연구는 서구의 영향 아래 시작되었다. 고대사나 고고학은 특히 그러했다. 고대사 연구 초기의 한국과 중국, 일본 학자들은 스스로의 연구에 의해 민족문제를 해결할 만한 학문 수준에 이르지 못했고 고고학은

---

67 사회과학원 력사연구소, 『조선전사 1－원시편』, 과학백과사전출판사, 1979, p. 308.

성립되지도 않은 상황이었다. 그리고 한반도나 만주의 선사시대에 관한 고고 자료도 거의 없었다. 거기에다 신화나 전설은 비과학적이라는 논리에 밀려 사료로서 가치를 인정받지 못했다.

따라서 당시에는 한반도와 만주에 원시시대부터 사람이 살고 있었다고 주장할 수 있는 아무런 근거를 가지고 있지 못했다. 한민족을 토착인들이라고 말할 수 없었던 것이다. 따라서 한민족의 기원을 서구 학자들의 연구에 의해 이미 사람들이 거주했던 것으로 확인된 중앙아시아나 북부아시아 지역과 연관시켜 설명하는 것이 가장 합리적일 수밖에 없었다. 이러한 당시 학계 상황은 한민족을 퉁구스족 또는 알타이족으로 보면서 한반도와 만주의 토착인들이 아닌 외래인으로 설명하도록 만들었다. 그러한 초기의 견해가 지금까지 계속해서 학계에 영향을 주고 있다. 이 견해는 동아시아 문화에 비해 서구 문화가 고대부터 우수했다는 서구인들의 의식이 반영된 것으로 그 연속선상에 있는 것이기도 하다.

한국의 고고학이 초보 단계에 있었던 1960년대까지만 해도 한국에 구석기시대가 있었다는 것은 인정받지 못했고,[68] 신석기시대도 개시 연대를 서기전 3000년대 이상으로 올리지 못한 상태였다.[69] 따라서 한반도의 신석기인들은 다른 곳에서 이주해 온 사람들이었다고 설명하는 것이 당시로서는 합리적인 것으로 생각될 수밖에 없었다.

그러나 이제는 상황이 다르다. 그동안의 고고 발굴과 연구는 한반도와 만주에 구석기시대부터 계속 사람들이 살고 있었음을 확인해주었다. 따라서 신석기시대나 청동기시대의 주민들이 다른 곳에서 이주해 왔다

---

68 구석기 유적은 1960년대에 함경북도 선봉군 굴포리와 충청남도 공주군 장기면 석장리에서 발굴되었으나, 그것이 학계에서 인정받은 것은 1970년대였다.

69 김원룡, 『한국고고학개설』 초판, 일지사, 1973, pp. 56~59.

는 견해는 성립될 수 없다는 지적이 나오고 있다.[70] 구석기시대는 아직 인류가 진화하는 과정이었다. 그 말기에는 진화가 끝나서 오늘날 사람과 같은 현생인류가 출현했다고는 하지만 아직 동물들처럼 떠돌이 생활을 했다. 따라서 이들을 지역으로 나누어 거주민을 분류하는 것은 불가능하다. 따라서 민족의 기원 문제를 이 시기까지 소급해서 논의할 수는 없다.

그러므로 민족의 기원은 붙박이 생활에 들어가 마을을 이루고 살았던 신석기시대부터 논하는 것이 바람직하다. 한반도와 만주의 신석기시대 개시 연대는 동아시아 지역에서는 가장 일찍 문화가 전개된 것으로 알려져온 황하 유역과 비슷하다. 강원도 양양의 오산리 유적,[71] 내몽골자치구 동부의 흥륭와 유적,[72] 하남성의 배리강 유적[73] 등의 개시 연대가 모두 지금부터 8,000여 년 전(서기전 6000)으로 확인되었다.

한반도와 만주에는 신석기시대 이후 계속 사람들이 살아왔음이 확인되었고 청동기시대의 개시는 한반도와 만주 지역이 황하 유역보다 빠른 것으로 나타났다. 황하 유역에서 가장 빠른 청동기문화인 이리두문화는 서기전 2200년 무렵[74]인 데 비해 한반도와 만주의 청동기시대 유적인

---

70 이선복, 「신석기 · 청동기시대 주민교체설에 대한 비판적 검토」 앞 책 『한국고대사논총』 1, PP. 41~65. 이선복은 이 글에서 한민족의 기원을 북방으로 본 그동안 학계의 견해에 대해 잘못된 점을 비교적 자세하게 지적하고 있다.

71 임효재 · 이준정, 『오산리 유적 III』, 서울대 박물관, 1988.

72 楊虎, 「內蒙古敖漢旗興隆洼遺址發掘簡報」 『考古』, 1985年 10期, pp. 865~874.

73 開封地區文管會 · 新鄭縣文管會, 「河南新鄭裴李崗新石器時代遺址」 『考古』, 1978年 第2期, pp. 73~74.
嚴文明, 「黃河流域新石器時代早期文化的新發現」 『考古』, 1979年 第1期, p. 45.

74 Kwang-chih Chang, *The Archaeology of Ancient China*, Fourth Edition, Yale University Press, 1986, p. 315.

경기도 양수리의 지석묘[75]와 전남 영암군 장천리의 집자리[76] 및 요서 지역의 하가점하층문화는 서기전 2500년 무렵[77]으로 확인되었다. 이러한 자료들은 한반도와 만주에 사람들이 거주하기 시작한 것이 다른 지역보다 결코 늦지 않았으며 문화나 사회의 발전도 결코 뒤지지 않았음을 알게 해준다.[78] 따라서 고대에 한반도와 만주의 거주민은 다른 지역에서 이주해 온 사람들이었다고 말할 수는 없다. 어느 지역에나 부분적인 이주민은 있을 수 있다. 그러나 특별한 상황이 일어나지 않았다면 그들이 토착인들보다 다수였거나 주류를 형성할 수는 없었을 것이다.

근래에 유골이나 유물 등의 고고 자료가 증가함에 따라, 그것을 통해 한민족의 체질과 기원에 대한 과학적인 연구가 가능해졌는데, 한민족의 체질 특징은 한반도와 만주의 구석기시대 사람에서부터 형성되기 시작했으며, 그 후손들이 계속 성장하여 한민족을 출현시켰다는 결론에 도달했다.[79] 즉,

이렇듯 한국 옛 유형 사람들은 일정한 유형의 형태학적 특징을 규정하는

---

75 이호관 · 조유전, 「양평군 양수리 지석묘 발굴보고」 『팔당 · 소양댐 수몰지구 유적발굴 종합조사보고』, 문화재관리국, 1974.
Chan Kirl Park and Kyung Rin Yang, "KAERI Radiocarbon Measurements Ⅲ" *Radiocarbon*, vol. 16, No. 2, 1974, p. 197.

76 최성락, 『영암 장천리 주거지』 2, 목포대 박물관, 1986, p. 46.

77 中國社會科學院考古研究所 編, 『新中國的考古發現和研究』, 文物出版社, 1984, pp. 340~344.

78 윤내현, 「인류사회 진화상의 고조선 위치」 『사학지』 제26집, 1993, pp. 1~45 참조.
이 책의 제1편 제2장 제1절 「사회진화상의 고조선 위치」 참조.

79 사회과학원 력사연구소, 「조선사람의 기원과 인종적 특징」 『조선전사 1―원시편』, 과학백과사전출판사, 1979, 307~360.
장우진, 『조선사람의 기원』, 사회과학출판사, 1989 참조.

징표들의 유형학적 특성에서나 그 징표들의 절대적 크기에서 이웃의 옛 주민집단들과 뚜렷이 구별된다. 이것은 한국 옛 유형 사람들이 이웃 옛 주민집단들 가운데 어느 하나에 소속되거나 그것으로부터 파생되어 이차적으로 형성된 지역적 변종인 것이 아니라 우리 조국 강토에서 독자적으로 형성된 시초 유형의 하나였다는 것을 의미한다.[80]

는 것이다. 고대 한국 사람과 주변 지역 사람들의 체질 특징을 비교하면 오른쪽 표와 같다.[81]

한국 옛 유형과 이웃 옛 유형 집단의 얼굴 특징을 수치로 비교해보면 평균관계편차가 중국 반파사람과는 0.81, 일본 쯔구모사람과는 2.51, 바이칼 부근사람과는 1.65, 자바이칼사람과는 0.79로 나타난다. 평균관계편차가 0.4보다 클 때는 통계학적으로 본질적인 차이가 있다고 보며 그보다 작을 때는 그 차이가 우연적인 것으로 본다.[82] 따라서 이런 결과는 한민족이 시초부터 독자적인 특성을 지니고 형성되었음을 알게 해준다.

근대적인 고대사 연구가 시작되던 초기에 중국 학계에서도 중국 문화나 민족의 기원을 외부에서 찾는 경향이 있었다. 중국에 고고학이 들어오던 1920년대에 스웨덴 학자 요한 안데르손(Johan G. Andersson)은 채색 질그릇으로 특징지어지는 앙소문화를 중국에서 발견하고, 그것을 바로 그와 유사한 문화가 발견되었던 서방 지역과 연결하여 고대 중국 문화의 서방기원설을 주장했다.[83] 서방 문화가 실크로드를 따라 중국에 전

---

80 위 책, 『조선사람의 기원』, p. 148.

81 앞 책, 『조선전사 1－원시편』, p. 342에서 옮겨 왔음.

82 앞 책, 『조선사람의 기원』, p. 146.

83 J. Gunnar Andersson, *Children of the Yellow Earth*, MIT Press, 1973, p. 224.

한국 옛 유형과 이웃 옛 유형의 비교

특징	한국	중국 반파	바이칼 부근	자바이칼	쯔구모
머리 형태	짧은 머리	중간 머리	긴 머리에 가까운 중간 머리	전형적인 중간 머리	전형적인 중간 머리
머리 높이	높은 머리	약간 높은 머리	낮은 머리	아주 낮은 머리	약간 낮은 머리
이마의 크기와 경사	약간 좁고 곧다	아주 좁고 젖혀졌다	약간 좁고 젖혀졌다	아주 좁고 곧다	—
얼굴 크기	중간 정도의 너비와 높이	좁고 낮다	아주 넓고 높다	아주 넓고 약간 낮다	넓고 낮다
턱의 돌출	들어간 턱	밋밋한 턱	들어간 턱	아주 들어간 턱	약간 나온 턱
얼굴의 넓적 정도	넓적하다	약간 넓적하다	넓적하지 않다	아주 넓적하다	넓적하다
코 크기	중간 정도이나 약간 넓다	약간 넓거나 넓다	좁다	약간 넓다	전형적으로 넓다
눈확 크기	전형적으로 높다	중간 정도이다	약간 높다	전형적으로 높다	낮은 눈확에 가깝다
코 및 콧마루	낮다	—	돌출되었다	약간 낮다	—

달되었을 것으로 본 것이다. 이에 근거하여 중국인종의 서방기원설까지 주장하는 학자도 있었다. 그러나 1950년대 말에 과학적인 방사성탄소연대측정법이 중국에 도입되어 하남성 지역의 앙소문화 연대가 서방 지역보다 훨씬 빠르다는 사실이 확인되면서 고대 중국 문화의 서방기원설이나 중국인종의 서방기원설은 자취를 감추었다. 한민족 외래설은 이와 같은 초기 중국 학계의 영향도 받았을 것이다.

종래에는 한민족과 다른 지역의 문화를 비교연구하는 데 있어 매우 큰 오류를 범했다고 필자는 믿고 있다. 문화의 공통점이나 동질성이 바로 동일한 민족을 나타내는 것이 아님은 상식에 속하지만 그동안의 연구를 보면 공통점이나 동질성만을 찾는 데 급급했을 뿐 차이점이나 이질성 찾기는 매우 등한시했기 때문이다. 한반도-만주 지역과 몽골 또는 시베리아 지역의 문화를 비교해보면 공통점과 동질성도 있지만 그보다 훨씬 근본적이고 더 많은 차이점과 이질성이 있음이 분명한데, 그 점에 대해서는 언급하지 않고 있는 것이다. 예컨대 생활 양태에 있어 그들은 유목인이지만 한민족은 농경인이다. 따라서 식생활이나 주생활 등 생활 양태나 문화 성격이 현저하게 다르다.

근본적이고도 많은 차이점이 있음을 무시하고 몇 가지 유사성만을 들어 동일 문화권이라거나 동일 종족이라고 보는 것은 옳지 않다. 문화는 전파된다. 한민족은 지리적으로 북방의 유목민들과 인접해 있었다. 유목민들은 이동 생활을 하므로 문화를 먼 곳까지 빨리 전파시킨다. 따라서 한민족과 북방의 여러 지역 사이에는 문화의 교류가 많고 빨랐던 것이다. 문화의 공통성은 그 결과로 형성되었다고 보아야 할 것이다.

그리고 문화의 기원을 논하는 데 있어 먼저 밝혀야 할 것은 그 문화들의 개시 연대이다. 그러한 작업 없이는 어느 쪽에서 먼저 시작되었는지를 알 수가 없다. 그럼에도 불구하고 한반도-만주 지역과 몽골, 시베리아 등지에서 유사한 문화가 발견되면 바로 그것을 한국 문화의 원류인 것처럼 말하는 것은 잘못된 것이다. 오히려 한국의 고대문화가 북방에 전달되었을 가능성도 있다는 것을 알아야 한다.

예컨대 몽골에는 고대에 흉노족이 거주했다. 그러나 흉노족은 서한과 동한의 공격을 받아 대부분 서방으로 이동했다. 그 후 칭기즈칸족이 아르군 강 유역으로부터 몽골로 이주하여 몽골제국을 건설하기에 이르렀다. 그런데 아르군 강은 고조선의 북쪽 국경이었고 고조선 붕괴 후에는 부여가 그 지역을 차지하고 있었다. 칭기즈칸족의 조상은 고조선민족 또는 부여족의 후손이었거나 부여와 인접한 곳에 살았던 사람들의 후손이었던 것이다. 따라서 칭기즈칸족이 몽골로 이주할 때 한민족의 문화를 가져갔고, 그 후 그것이 여러 지역에 전파되었을 가능성도 있다.

고대 한반도와 만주의 거주민을, 신석기인들은 고아시아족, 청동기인들은 예·맥족으로 보는 견해에도 문제가 있다. 이에 대해서는 이미 그 오류가 구체적으로 지적된 바 있으므로[84] 자세하게 논하지는 않겠다. 그러나 질그릇의 문양 변화나 청동기 사용 같은 새로운 문화 출현이 반드시 주민의 교체를 의미하는 것이 아니라는 점을 지적해두고자 한다. 그것은 대체로 동일한 주민에 의한 문화의 발전을 의미한다. 새로 출현한 문화 요소를 제거하면 석기나 농작물, 주거 형태 등 대부분이 이전의 것을 계승하면서 발전하고 있음을 알 수 있다. 중국의 황하 유역에서 배리강문화로부터 앙소문화와 용산문화를 거쳐 이리두문화로의 변천은 질그릇의 색깔이나 문양에서 현저한 변화를 보여주고 있지만, 그것을 새로운 주민의 출현으로 보지 않는다는 점은 참고가 될 것이다.

한민족의 주체를 예·맥족과 한족으로 나누어 보거나 예·맥족으로 보는 것도 잘못된 것이다. 고조선은 한반도와 만주 전역을 영토로 하고 있었기 때문에 이 지역 거주민 전체가 한민족을 형성했다.[85] 그들은 신석기시대 초부터 한반도와 만주 각 지역에서 붙박이 생활에 들어가 마을을 이루고 살아온 사람들이었다. 따라서 한민족을 북방계(대륙족, 예·맥족)와 남방계(해양족, 한족)로 나누어 설명하는 논리는 성립될 수 없다.

그리고 예와 맥은 고조선시대에는 지금의 요서 지역에 위치하여 부여·고죽·고구려·추·진번·낙랑·임둔·현도·숙신·청구·양이·양주·발·유·옥저·기자조선·비류·행인·해두·개마·구다·조나·주나·진·

---

84 앞 글, 「신석기·청동기시대 주민교체설에 대한 비판적 검토」 참조.

85 이 글의 3. 한민족의 형성 참조.

한 등과 더불어 고조선의 거수국이었을 뿐이었다.[86] 이러한 거수국의 종족들이 고조선이라는 국가 조직 속에서 연합되어 민족을 출현시켰으므로 예와 맥은 다른 거수국 종족보다 우세한 위치에 있지 않았다. 단군사화에 나오는 호랑이족은 예족이었으며 곰족은 고구려족이었는데,[87] 이를 통해 보더라도 예족은 고구려족보다도 낮은 위치에 있었다. 따라서 예·맥족이 한민족의 주체였을 수는 없다. 상식으로 생각해도 한민족의 주체는 고조선을 건국한 사람들이었을 것인데, 예·맥족이 고조선을 건국했다면 왜 나라 이름을 예·맥이라 하지 않았을 것인가?

예·맥족을 한민족의 주체로 보는 학자들은 예·맥족이 한반도와 만주에 널리 분포되어 있었다고 주장한다.[88] 그러나 그것은 고조선이 붕괴된 후의 상황이다. 고조선 말기에 지금의 요서 지역에 위만조선이 건국되고 그 지역에 다시 한사군이 설치되자 요서 지역에 있던 고조선의 거수국 주민들은 요동 지역과 한반도로 이주했다.[89] 따라서 그들의 거주 지역이 확산되었다. 고조선시대에는 예·맥족이 지금의 요서 지역에 위치해 있었을 뿐 요동 지역이나 한반도에 거주하지 않았다. 고조선이 붕괴된 후에 일어난 요서 지역 주민들의 거주 지역의 변화와 확산은 예·맥족에게만 국한된 현상이 아니었고 숙신·부여·고구려·옥저 등도 마찬가지였다.[90]

천관우와 이종욱은 고조선의 건국 세력은 토착인들이 아니라 중국에

---

86 주 27 참조.

87 앞 글, 「고조선의 종교와 그 사상」 참조.
『고조선 연구』 하 제2편 제4장 제1절 「고조선의 종교와 사상」 참조.

88 앞 책, 『한국민족문화의 기원』.

89 앞 글, 「위만조선의 재인식」, pp. 284~300.

90 윗글 참조.

서 이주해 온 사람들일 것으로 보았다. 또한 이들은 단군왕검이 고조선을 건국했다는 사실도 부인했다.

천관우는 단군은 고조선의 건국자가 아니라 어느 지역 족단(族團)의 지배자로서 뒤에 그 족단의 조상신으로 받들어졌을 것인데 신라가 고구려와 백제를 병합한 후에 전 민족의 조상신으로 자리 잡았을 것이라고 했다.[91] 그리고 고조선은 단군왕검이 세운 나라가 아니라 기자조선이어야 한다고 주장했다.[92] 단군왕검의 고조선 건국을 부인하고 기자에 의한 고조선 건국을 주장한 견해는 이미 조선시대에 보이기 시작했다.[93] 그러한 견해는 유교를 지도이념으로 삼아 중국을 종주국으로 받들던 조선시대의 모화사상 분위기 속에서 나타난 것이었다. 상·주 교체기에 기자가 중국으로부터 조선으로 망명했다는 기록[94]에 근거하여, 그가 바로 조선을 세우고 통치자가 되었을 것으로 보았던 것이다.

그런데 천관우는 이러한 조선시대 학자의 견해를 따르면서도, 고조선을 세운 기자족은 중국 기록에 나타난 상·주 교체기의 기자가 아니라 중국 북방에 있던 기자종족이었을 것이라고 가정하고, 그들이 만주를 거쳐 한반도로 이주하여 고조선을 건국했을 것으로 보았다.[95] 즉 천관우

---

91 천관우, 「고조선에 관한 몇 가지 문제」『고조선사·삼한사 연구』, 일조각, 1991, p. 6.

92 위 책, pp. 22~23.
천관우는 고조선은 청동기시대의 상한 연대를 서기전 2400년으로 보면 단군조선이고, 서기전 1000년으로 보면 기자조선인데 청동기시대의 상한은 서기전 1000년 이후라고 했다(위 책, p. 22). 그러나 이것은 천관우가 최근의 고고 자료를 충분히 소화하고 있지 못한 데서 온 오류이다.

93 예컨대 정약용은 조선이라는 명칭은 기자가 평양에 도읍한 것으로부터 기원했을 것이라고 말했다(『여유당전서』 제6집 제1권 「강역고」 〈조선고〉).

94 『사기』 권38 「송미자세가」.
『상서대전』 권2 「은전」 〈홍범〉조.

95 앞 책, 『고조선사·삼한사 연구』, pp. 10~89.

의 견해는 기자가 조선으로 망명했다는 중국 문헌의 기록에서 시사를 받았으면서도 사료를 따르지 않고 내용을 자의적으로 윤색한 것이었다.

역사 사실의 복원은 사료에 따라야 하는데 천관우는 사료를 무시하고 자의적으로 추리하고 윤색함으로써 역사 연구의 기본 방법을 어겼다. 그뿐만 아니라 그동안의 고고 발굴 자료에 의하면 기자가 망명 오기 전에 한반도와 만주 지역은 이미 높은 문화 수준에 도달해 있었음이 분명한데 단군왕검의 고조선 건국을 충분한 이유 없이 부인했다.

이종욱은 단군사화에 보이는 환웅족과 호랑이족은 중국으로부터 이주한 집단이며 곰족은 토착인이었을 것인데 고조선의 건국은 상나라로부터의 이주민과 토착인들에 의해 이루어졌다고 보았다. 따라서 고조선의 건국은 중국의 상나라가 멸망한 서기전 12세기보다 앞설 수는 없다고 말했다.[96] 이종욱의 논리는 비약이 너무 심하다. 예컨대 그는 상나라의 청동기에서 호랑이 문양이 보이는데 이 문양은 씨족을 상징하는 부호이며, 단군사화에 등장하는 호랑이도 호랑이 토템족을 상징하므로 상나라의 호랑이 문양 씨족과 단군사화의 호랑이 토템족은 같은 씨족이라고 주장했다.

그러나 상나라에 있었던 호랑이를 섬긴 씨족을 고조선에 있었던 호랑이 토템족과 동일한 씨족이었을 것으로 보는 것부터가 억지다. 이종욱의 논리대로라면 호랑이를 섬긴 씨족보다는 하느님을 섬긴 중국의 주족(周族)과 단군사화에서 하느님을 섬긴 씨족으로 표현된 환웅족이 같은 씨족이었을 것이라고 보는 편이 오히려 합리적일 것이다.[97] 그러나 그러

---

96 이종욱, 『고조선사 연구』, 일조각, 1993, pp. 43~48 · 296.

97 주나라를 세운 주족의 수호신은 천(天), 즉 하느님이었다.
윤내현, 「천하사상의 시원」 『중국의 천하사상』, 민음사, 1988, pp. 11~49 참조.

한 논리는 성립될 수 없다. 세계 각 지역에는 전혀 다른 씨족이나 종족이면서도 동일한 자연이나 동물을 수호신으로 받든 씨족이 얼마든지 있기 때문이다.

설사 이종욱의 견해처럼 상나라의 호랑이족과 단군사화의 호랑이 토템족을 동일한 씨족으로 보더라도, 『삼국유사』와 『제왕운기』에는 고조선이 상나라보다 700여 년 앞서 건국된 것으로 기록되어 있다. 그러므로 상나라의 청동 유물에서 확인된 씨족이 이주하여 고조선을 세웠다는 것은 논리적으로 성립될 수 없다. 이종욱은 자신의 주장을 합리화하기 위해 고조선의 건국 연대를 서기전 12세기 이후로 끌어내리고 있는데, 아무런 근거 없이 고조선의 연대를 끌어내리는 것은 억지다.

종래의 견해들은 결과적으로 자기모순에 빠져 있다. 그 논리대로라면 고조선시대에 한민족이 형성되었을 수 없다. 왜냐하면 종래에는 고조선시대에 한반도와 만주에 여러 나라가 독립해 있었다고 보았으므로, 당시에 한반도와 만주의 거주민들은 하나의 통치 조직 속에 들어온 경험이 없었던 것이 되기 때문이다. 따라서 집단귀속의식이 형성되었을 리 없다. 그렇기 때문에 한민족의 형성을 후기 신라(흔히 통일신라라고 부르지만 당시 북쪽에 발해가 있었으므로 통일신라라는 말은 옳지 않다)나 고려시대로 잡는 학자도 있다.

종래의 한국사 체계처럼 고대에 고조선이 한반도와 만주 전 지역을 통치하지 않았다면 한민족의 형성을 고조선시대로 잡을 수 없을 뿐만 아니라 만주 지역에서 건국된 부여·고구려·발해 등을 한국사에 포함시켜서도 안 된다. 고조선 이후 어느 시대에도 한반도와 만주 전 지역을 통치한 나라는 출현한 적이 없으므로 만주 지역에서 건국한 나라들을 한국사에 포함시킬 근거가 없는 것이다.

한민족의 핵심 세력이나 고조선 건국 세력에 관한 종래의 견해는 고고 자료가 부족하고 한국사 연구의 수준이 낮았던 지난날의 상황을 반영한 것이었다. 그런데 종래의 견해와는 달리 한민족은 한반도와 만주에 거주했던 많은 씨족들이 오랜 기간의 연합 과정을 거쳐 고조선시대에 궁극적으로 형성되었던 것이다.

좀 더 자세하게 말하면 한반도와 만주에는 신석기시대에 들어서면서 이전에 떠돌이 생활을 하던 사람들이 붙박이 생활에 들어가 수많은 마을을 이루게 되었는데, 신석기시대 후기에 이르면 일정한 지역 안에 있는 여러 마을들이 연맹을 맺어 고을나라를 성립시킴에 따라 종족이 형성되었다. 따라서 한반도와 만주에는 많은 종족이 출현했다. 아마도 숙신·부여·고구려·예·맥·옥저 등 한국사에 일찍이 등장하는 종족들은 고을나라시대부터 존재했던 종족일 가능성이 많다.

한반도와 만주에 있었던 많은 종족의 고을나라 가운데 가장 강한 종족의 고을나라가 다른 종족의 고을나라들을 복속시켜 고조선을 건국했다. 그리고 고조선이 건국됨에 따라 한민족의 형성을 보게 되었다. 따라서 한민족의 형성은 외부로부터의 이주족에 의한 것이 아니라 한반도와 만주 지역 토착인들의 연합이 계속 확대되어 궁극적으로 나타난 것이었다. 『후한서』「동이열전」에는 한반도와 만주의 주민들을 모두 동이라고 부르면서,

> 동이(東夷)는 모두가 토착인들인데 술 마시고 노래하고 춤추는 것을 즐기고 혹은 관(冠)이나 고깔을 쓰고 옷에 수를 놓아 입으며 그릇은 조(俎)와 두(豆)를 사용한다.[98]

---

98 『후한서』 권85 「동이열전」. "東夷率皆土著, 憙飮酒歌舞, 或冠弁衣錦, 器用俎豆."

고 하여 한반도와 만주의 주민들은 모두 토착인이었다고 말하고 있다.

그렇다면 한민족을 형성하는 데 중심이 되었던 종족은 어느 종족이었을까? 그것은 고조선 건국의 중심이 된 고을나라 종족이었을 것임은 더 설명할 필요가 없다. 예족과 맥족은 고조선의 서부 변경에 위치해 있던 종족으로서 고조선 건국의 중심세력이 될 수는 없었을 것이다. 단군사화에 의하면 고조선을 건국한 중심세력은 환웅족이었다. 그런데 환웅의 환(桓)은 환인(桓因)을 뜻하고 웅(雄)은 아들(수컷)을 뜻하므로 환웅은 환인의 아들 즉 하느님의 아들이라는 뜻이다. 그러므로 환웅은 그 종족이 하느님을 숭배하는 종족이라는 사실을 알려줄 뿐, 종족의 명칭은 아니다.

환웅족의 명칭은 무엇이었을까? 여기서 우리는 고대의 국명은 바로 그 나라를 세운 종족의 명칭이었다는 점을 상기할 필요가 있다. 고대에 한반도와 만주에 있던 부여는 부여족이, 고구려는 고구려족이, 옥저는 옥저족이, 예는 예족이, 맥은 맥족이, 한은 한족이 세운 나라였다. 중국에서도 하나라는 하족이, 상나라는 상족이, 주나라는 주족이 세웠다. 그렇다면 고조선의 국명은 조선이었으므로 고조선 건국의 중심세력은 당연히 조선족 고을나라였을 것이다. 조선은 고조선이 건국되기 전에는 종족의 명칭인 동시에 고을나라의 명칭이었고, 고조선이 건국된 후에는 한반도와 만주 전 지역을 통치했던 국가인 고조선의 명칭인 동시에 민족의 명칭도 되었던 것이다. 그런데 조선은 아사달이 한자화된 것이다.[99] 따라서 조선이라는 명칭을 사용하기 전에는 아사달족으로 불렸을 것이다.

---

99 이병도, 「단군설화의 해석과 아사달 문제」『한국고대사연구』, 박영사, 1981, pp. 40~41.

5. 마치며

지금까지 살펴본 바와 같이 한민족은 고조선시대에 출현했는데, 한반도와 만주의 거주민들이 오랜 기간에 걸친 연합 과정의 결과로 형성된 것이었다. 한반도와 만주의 각 지역에는 구석기시대부터 많은 사람들이 거주했는데, 지금부터 1만 년 전 이전은 떠돌이 생활을 하는 무리사회였고 1만 년 전[100]에 신석기시대가 시작되면서 씨족이 단위가 되어 농업과 목축을 하는 마을사회를 이루었으며 6,000여 년 전 후기 신석기시대에 이르러서는 일정한 지역의 씨족마을들이 연맹을 맺어 고을나라를 형성하여 종족을 이루었다. 그리고 고조선이 건국되어 한반도와 만주 전 지역이 고조선의 영토가 됨에 따라 이 지역의 거주민 모두가 고조선 국민으로서의 집단귀속의식을 갖게 되어 한민족이 형성되었다.

단군사화에서 단군왕검이 고조선을 건국하기까지의 내용은 한민족의 형성 과정을 말해주기도 한다. 환인시대는 떠돌이 생활을 하던 무리사회 단계를 의미하며, 환웅시대는 농업을 하며 붙박이 생활에 들어갔던 마을사회 단계를 의미하고, 환웅과 곰녀의 결혼은 여러 마을들이 연맹을 맺었던 고을나라 단계에 이르렀음을 뜻한다. 그리고 단군왕검에 의한 고조선의 건국으로 국가사회가 출현했고, 이에 따라 한민족의 형성을 보게 되었던 것이다.

따라서 한민족을 형성했던 주체세력은 일찍부터 한반도와 만주에 거주했던 토착인들이었다. 한반도와 만주 지역에 부분적으로 이주민들이

---

100 지금까지 발굴된 신석기시대 유적 가운데 연대가 가장 올라가는 것은 지금부터 8,000여 년 전의 것이다. 그러나 실제로 마을이 출현한 것은 이보다 앞설 것이다. 일반적으로 학계에서는 구석기시대와 신석기시대의 경계를 지금부터 1만 년 전으로 잡고 있다.

들어왔을 가능성은 있지만 그들이 토착인들을 누르고 주체세력이 되었을 가능성은 없다. 그리고 한민족을 형성하는 데 중심 역할을 했던 종족은 고조선을 건국하는 데 중심역할을 했던 종족이었을 것인데, 국명이 조선이었던 점으로 미루어보아 조선족이었을 것이다. 조선은 원래 고조선을 건국하는 데 중심 역할을 했던 종족의 명칭인 동시에 고을나라의 명칭이기도 했는데, 고조선이 건국되면서 국명과 함께 민족의 명칭이 되었던 것이다. 그러므로 한민족이 외부로부터의 이주민에 의해 형성되었다거나 그 주체가 예·맥족이라는 등의 주장은 성립될 수 없다.

민족이라는 용어를 사용하는 데 있어 주의할 점은, 민족이라는 말이 서구의 네이션이라는 단어를 번역함으로써 만들어진 것이기 때문에 여기서 오는 개념상의 혼란이 있다는 것이다. 네이션은 원래 국민이라는 말인데, 그것을 민족이라고 번역할 경우 그 단어 속에는 서구인들이 국민에 대해 갖는 개념이 들어 있는 반면 한국인들은 일반적으로 그것을 겨레 또는 동포와 동의어로 생각하는 경향이 있다. 서구의 국민 또는 민족은 여러 혈통의 종족으로 이루어져 있지만 한국인들은 스스로를 단일 혈통이라고 생각한다. 따라서 민족문제를 논함에 있어 이러한 정서의 차이에서 오는 개념의 차이를 염두에 두어야 할 것이다.

古朝鮮研究

제 3 장 ◉ 고조선의 강역과 국경

I

고조선의 서쪽 경계

1. 들어가며

고조선의 강역 확인은 고조선 연구의 출발점이 된다. 왜냐하면 강역이 확인되어야만 고조선에 관한 자료를 이용하는 지리적 범위가 결정되기 때문이다. 예컨대 고조선의 강역이 한반도에 국한되어 있었다면 한반도에 관한 기록과 유적 유물만을 고조선 연구의 사료로 이용해야 한다. 그러나 고조선의 강역이 만주 지역을 포괄하고 있었다면 만주 지역에 관한 기록과 유적 유물까지도 고조선 연구의 사료로 포함해야 한다.

따라서 고조선의 강역에 대한 분명한 인식 없이는 고조선의 정치·경제·사회·문화 등 전반에 걸친 연구가 제대로 될 수 없다. 필자가 고조선의 강역에 깊은 관심을 가지고 그 서쪽 국경을 논하는 이유가 바로 여기에 있다. 그런데 고조선의 강역이나 국경에 관한 연구는 있었던 그대로를 확인하는 작업이다. 따라서 그것은 제대로 연구되었을 경우 학자에 따라 다른 결론에 도달할 수 있는 성질의 것이 아니다. 학자의 역사의식이나 사관의 차이에 따라 다르게 말해질 수 있는 것도 아니며 그래서도 안 된다. 그러므로 그 연구는 사료에 따라 과학적으로 이루어져야 한다.

그동안 학자에 따라 고조선의 강역이나 국경을 달리 말하는 이유는 그에 관한 사료가 빈약하기 때문이라고 일반적으로 믿어왔다. 그것을 분명하게 밝힐 수 있는 사료가 없기 때문에 학자마다 다르게 추상적인 결론을 내리는 것으로 인식되어온 것이다. 사료가 빈약하다거나 그렇지 않다거나 하는 판단은 학자의 주관적인 기준에 의한 것이다. 실제로 후대에 관한 사료에 비하면 고조선에 관한 사료는 빈약한 것이 사실이다. 그러나 고조선의 서쪽 국경에 관한 사료는 빈약하거나 연구하기에 충분하지 못하다고는 말할 수 없다. 왜냐하면 매우 분명한 기록들이 있기 때문이다. 다만 종래에는 이러한 기록들을 미처 발굴하지 못했던 것뿐이다. 따라서 필자는 이러한 분명한 사료를 토대로 고조선의 서쪽 국경을 고증할 것이다.

그런데 고조선의 강역이나 국경을 고증할 때는 다음과 같은 점에 유의해야 한다.

첫째, 새로운 문헌 기록이나 고고 자료가 계속 발견되고 있고 앞으로도 발견될 가능성이 있으므로 종래에 언급된 불충분한 사료나 그것을 토대로 한 연구 결과에 연연해서는 안 된다.

둘째, 불충분한 사료를 토대로 한 종래의 연구는 잘못된 결론에 도달했을 가능성이 많기 때문에 그러한 결론을 기초로 논리를 전개하거나 그러한 결론들을 종합하여 결론을 도출해서는 안 된다. 그러한 연구 방법은 또 하나의 잘못된 결론에 도달할 위험이 있기 때문이다.

셋째, 고조선 연구의 가장 기본이 되는 사료는 그 당시의 기록이어야 하는데, 한국 내에서는 아직까지 그러한 자료가 발견되지 않았다. 그러므로 중국의 기록에 의존할 수밖에 없는데, 중국 문헌 가운데서도 『사기』와 『한서』 및 서한시대와 그 이전의 고조선에 관한 기록이 기본이 되어야 한다. 그리고 동일한 책 안에서도 고조선시대에 해당하는 서한 초기 이전에 관한 기록이 우선되어야 한다.

넷째, 종래의 연구에서는 『사기』「조선열전」과 『후한서』「동이열전」, 『삼국지』「동이전」 또는 그 이후의 문헌 기록을 주된 사료로 이용하는 경우가 많았는데 그것은 잘못이다. 『후한서』나 『삼국지』 또는 그 이후의 문헌들은 주로 중국의 동한시대(서기 23~220)와 삼국시대(서기 220~265) 및 그 이후의 시대에 관한 기록이다. 따라서 고조선이 붕괴된 후의 상황을 전해주고 있다. 『사기』「조선열전」은 이 문헌들보다는 앞선 시대에 관한 기록이기는 하지만, 고조선이 아니라 위만조선에 관한 내용이다. 첫머리에 위만조선 건국 이전의 고조선과 중국 관계를 잠깐 언급하고 있지만, 그 내용 자체만으로는 고조선과 중국의 국경을 알 수 없다.

따라서 필자는 논리 전개의 혼란을 피하고 독자들의 이해를 돕기 위해 가장 기본이 되고 의미가 분명한 사료들을 토대로 고조선 후기의 서쪽 국경을 확인하는 것부터 고증을 시작하겠다.

2. 고조선 후기의 서쪽 경계

고조선이 붕괴된 시기를 정확하게 알 수는 없지만 고조선이 중국의 서한 초까지 존재해 있었다는 점에는 이의가 없을 것이다. 따라서 중국의 전국시대와 진제국시대, 서한 초기는 고조선 후기에 해당된다. 그러므로 이 시기의 중국 영토에 관한 기록을 통해 고조선의 서쪽 국경을 확인할 수 있다. 특히 진제국의 영토에 관한 기록은 그러한 작업을 하는 데 중요한 단서를 제공해줄 것이다.

왜냐하면 진제국은 전국시대에 중국에 있었던 여섯 나라를 모두 멸망시키고 출현한 통일제국이었으므로 진제국의 영토는 전국시대의 중국 영토를 모두 포괄하고 있었기 때문이다. 그리고 진제국이 멸망하고 건국된 서한은 무제시대 이전에는 진제국보다 영토가 확장된 적이 없었다. 따라서 진제국의 영토는 전국시대로부터 서한 초에 이르기까지의 중국 영토를 이해하는 데 도움이 된다. 그러므로 진제국의 영토를 보면 『사기』「진시황본기」에,

> (진제국의) 땅(영토)은 동쪽으로는 바다에 이르렀고 조선에 미쳤다. 서쪽은 임조(臨洮)·강중(羌中)에 이르렀고, 남쪽으로는 북향호(北嚮戶)에 이르렀으며, 북쪽은 황하(黃河)에 의거하여 요새를 삼고 음산(陰山)과 나란히 요동에 이르렀다.[1]

고 기록되어 있다. 『사기』의 저자 사마천은 진제국이 멸망한 후 오래지 않은 서한 무제 때 사람이다. 그리고 그는 학계로부터 위대한 역사가로 평가받고 있다. 이런 점으로 미루어보아 위 기록은 신빙성이 있다.

그런데 위 인용문의 내용을 이해하는 데 주의해야 할 점이 있다. 고조선의 강역을 임의로 상정하고 그것을 전제로 고조선과 진제국의 국경을 논해서는 안 된다는 것이다. 왜냐하면 지금 우리는 고조선의 강역이나 국경에 대해 아무런 지식을 가지고 있지 못하기 때문이다. 그러므로 우리는 사료에 따라 그것을 확인하는 작업을 시작해야 한다.

---

1 『사기』 권6 「진시황본기」. "地東至海暨朝鮮, 西至臨洮·羌中, 南至北嚮戶, 北據河爲塞, 竝陰山至遼東."

위 인용문에 "진제국의 영토는 조선에 미쳤다."고 했으니 고조선과 진제국은 국경을 접하고 있었음을 알 수 있다. 또한 진제국의 영토는 동쪽으로 바다에 이르렀다고 했는데, 이 바다에 대해 『사기정의(史記正義)』에는 "발해(渤海) 남쪽의 양주(揚州)·소주(蘇州)·태주(台州) 등에 이르는 동해(東海)이다."[2]라고 설명되어 있다. 『사기정의』는 당(唐)시대의 주석서이다. 그러므로 당시대의 양주·소주·태주를 확인해보면 지금의 강소성(江蘇省) 양주시(揚州市)와 소주시(蘇州市) 및 절강성(浙江省) 임해시(臨海市)로서[3] 『사기정의』에서 말하는 동해는 지금의 황해와 중국동해임을 알 수 있다. 이러한 동해와 더불어 진제국의 동쪽 경계와 맞닿아 있었던 것으로 기록된 고조선의 영역은 그 문맥으로 보아 동해의 북쪽인 북경이나 천진(天津) 또는 그 근처까지였을 가능성을 시사한다. 그러나 이것은 어디까지나 가정일 뿐이며 고조선의 서쪽 경계는 좀 더 구체적인 고증이 필요하다.

앞에 인용된 『사기』 내용 가운데 "진제국의 영토가 북쪽은 황하에 의거하여 요새를 삼고 음산과 나란히 요동에 이르렀다."는 구절은 고조선의 서쪽 국경을 밝히는 중요한 단서가 된다. 이 내용은 진제국의 북쪽 국경이 지금의 내몽골자치구의 황하 상류 유역으로부터 그와 나란히 시작되어 동쪽으로 뻗은 음산산맥(陰山山脈)을 따라 요동에 이르렀음을 말하고 있는 것이다. 여기서 요동은 매우 중요한 의미를 갖는다. 왜냐하면 진제국은 동쪽에서 고조선과 접경하고 있었는데 그 북쪽 국경이 동

---

2 위의 『사기』 「진시황본기」에 대한 주석으로 실린 『사기정의』. "海謂渤海南至揚·蘇·台等州之東海也."

3 譚其驤 主編, 『中國歷史地圖集』 第5冊－隋·唐·五代十國時期, 地圖出版社, 1982, pp. 32~33.

쪽의 요동에서 끝났다면 요동은 고조선의 서쪽 변경 지역이었거나 요동과 고조선의 서쪽 변경이 서로 나란히 연접해 있어야 한다.

그러므로 고조선의 서쪽 국경을 밝히기 위해서는 먼저 요동의 위치를 고증할 필요가 있다. 종래 대부분의 학자들은 고대의 요동을 지금의 요동과 동일한 곳으로 인식했다. 그러나 여기 나오는 요동을 지금의 요동이나 후대의 기록에 나타난 요동으로 상정해서는 안 된다. 요동의 위치가 변화되었을 수도 있기 때문이다.

위의 인용문은 『사기』의 기록이므로 사마천 자신은 어느 지역을 요동으로 인식하고 있었는지를 확인해야 한다. 사마천은 갈석산 지역을 요동으로 인식하고 있었다. 『사기』「진시황본기」에는 다음과 같은 기록이 있다.

> (진제국의) 2세 (황제)가 조고(趙高)와 더불어 의논하여 말하기를 "짐(朕)이 나이가 어리고 즉위 초라서 백성들이 아직 따르지 아니하는구려. 선제(진 시황제)께서는 군현을 순행함으로써 (진제국의) 강함을 나타내셨고 해내(海內)를 위엄으로 복종시키셨는데 지금 (짐은) 안일하여 순행을 하지 않으니 바로 (짐이) 약한 것으로 보여 신하로 따르는 사람이 없는 천하가 되었소."라고 하였다. 봄에 2세 (황제)는 동쪽으로 군현을 순행하였는데 이사(李斯)가 따랐다. 갈석(碣石)에 이르러 (그곳으로부터) 바다를 따라 남쪽으로 회계(會稽)에 이르렀다. (그때) 시황제가 세웠던 각석(刻石 : 석비)에 각(刻)을 했는데 각석의 한쪽에 대신으로서 따라간 사람의 이름을 새김으로써 선제(시황제)의 성공과 성덕을 나타내고자 하였다. (그런데 순행 후에) 황제는 말하기를 "금석각(金石刻)은 모두 시황제께서 만들었던 바이다. (그리고) 지금 (짐은 시황제께서 사용하셨던) 칭호를 물려받고 있으면서도 금석각사(金石刻辭)에 시황제를 칭하지 않

았으니 오랜 후에는 후사(後嗣)가 한 일로 보여서 그 성공과 성덕을 칭송하지 않게 될 것이오."라고 하였다. 승상(丞相) 사(斯)와 거질(去疾), 어사대부(御史大夫) 덕(德)은 잘못되었음을 빌고 말하기를 "신(臣) 등이 청하옵건대 조서(詔書)를 자세하게 각석에 새겨 (황제의 뜻을) 명백히 하겠습니다. 신 등은 죽음을 무릅쓰고 (그렇게 하도록 해주시기를) 청하옵니다."라고 하였다. 황제는 그렇게 하도록 승낙하였다. (신하들은) 마침내 요동에 이르렀다가 돌아왔다.[4]

위 기록은 진(秦) 2세 황제가 동부 지역을 순행했는데, 그때 수행했던 신하들이 진 시황제가 갈석산에 세워놓은 석비에 자신들의 이름만 새기고 진 시황제의 공덕은 언급하지 않은 채 돌아온 것에 대해 2세 황제가 신하들을 꾸짖자 신하들이 요동의 갈석산에 다시 가서 진 시황제의 송덕비를 세우고 돌아왔음을 말하고 있다. 위 인용문 내용에서 두 가지 사실이 확인된다. 하나는 갈석산이 있는 지역이 요동이었다는 점이고, 다른 하나는 그곳이 진제국의 국경이었다는 점이다.

진 시황제와 진 2세 황제가 올랐던 이 갈석산은 후에 서한 무제와 동한 말기의 조조도 올랐던 곳으로 지금의 난하 하류 동부 유역에 있는 갈석산이다. 이 점에 대해서는 현재 중국 학계에서 이론이 거의 없지만[5]

---

4 『사기』 권6 「진시황본기」, "二世與趙高謀曰, 朕年少, 初卽位, 黔首未集附. 先帝巡行郡縣, 以示彊, 威服海內. 今晏然不巡行, 卽見弱, 毋以臣畜天下. 春, 二世東行郡縣, 李斯從, 到碣石, 竝海, 南至會稽, 而盡刻始皇所立刻石, 石旁著大臣從者名, 以章先帝成功盛德焉, 皇帝曰, 金石刻秦始皇帝所爲也. 今襲號而金石刻辭不稱始皇帝, 其於久遠也如後嗣爲之者, 不稱成功盛德, 丞相臣斯·臣去疾·御史大夫臣德昧死言, 臣請具刻詔書刻石, 因明白矣. 臣昧死請. 帝曰, 可. 遂至遼東而還."

5 黄盛璋, 「碣石考辯」, 『歷史地理論集』, 人民出版社, 1982, pp. 556~557.
고홍장·동보서 지음, 윤내현 옮김, 「갈석고」; 윤내현 지음, 『한국고대사신론』 부록, 일진(秦) · 한(漢)시대의 문헌에 나오는 갈석산이 지금의 난하 하류 동부 유역에 있는 갈석산임은 다음의 기록들에서 확인된다. 『사기』「효무본기(孝武本紀)」에는,

> 천자가 태산(泰山)에서 봉선(封禪)을 마치자 바람과 재앙이 없어지니 방사(方士)는 다시 말하기를 봉래(蓬萊) 제신산(諸神山)도 만약 원하면 얻을 수 있을 것이라고 하였다. 이에 황제는 기뻐하며 그들과 만나기를 바라면서 곧 동쪽의 해상에 이르러 바라보면서 봉래와 만나기를 원했다. 봉거(奉車) 자후(子侯)가 갑자기 병이 나 하루 만에 사망하였다. 천자는 마침내 (그곳을) 떠났는데 해상(海上)을 따라 북쪽으로 갈석에 이르러 요서로부터 순행하여 북변(北邊)을 거쳐 구원(九原)에 이르렀다.[6]

는 기록이 있다. 태산(泰山)이 있는 산동성으로부터 해상을 따라 북쪽으로 항해하면 지금의 난하 하류 유역에 이르게 된다. 이와 동일한 내용이 『한서』「무제기」에도 보인다. 즉,

> (서한 무제는) 태산으로부터 다시 동쪽의 해상을 순행하여 갈석에 이르렀다. 그리고 요서로부터 북변의 구원을 거쳐 감천(甘泉)으로 돌아왔다.[7]

지사, 1988, p. 358.

6 『사기』 권12「효무본기」. "天子旣已封禪泰山, 無風雨菑, 而方士更言蓬萊諸神山若將可得, 於是上欣然庶幾遇之, 乃復東至海上望, 冀遇蓬萊焉. 奉車子侯暴病, 一日死. 上乃遂去, 竝海上, 北至碣石, 巡自遼西, 歷北邊至九原."

7 『한서』 권6「무제기」. "行自泰山, 復東巡海上, 至碣石. 自遼西歷北邊九原, 歸于甘泉."

고 기록되어 있다.

진·한시대의 요서군(遼西郡)은 지금의 난하 서부 유역에 있었다. 『한서』「지리지」〈요서군〉조를 보면 요서군에는 비여현(肥如縣)을 흐르는 현수(玄水)와 해양현(海陽縣)을 흐르는 용선수(龍鮮水)가 있었는데 현수는 동쪽으로 흘러 유수(濡水)로 들어간 것으로 기록되어 있다.[8] 그리고 『수경주(水經注)』를 보면 용선수도 유수의 지류였다.[9] 그런데 유수는 난하의 옛 명칭이었다.[10] 그러므로 요서군은 난하 서부 유역에 위치해 있었음을 알 수 있다. 요서군이 난하 서부 유역에 위치해 있었다는 것은 두 가지 사실을 밝혀준다. 서한 무제가 요서군을 거쳐 돌아오기 전에 이르렀던 갈석은 난하 하류 동부 유역에 있는 지금의 갈석산이라는 점과 그 지역이 요동 지역이었다는 점이다.

조조가 이 갈석산에 올랐음은 그가 그곳에서 발해를 바라보며 지은 〈관창해(觀滄海)〉[발해를 창해(滄海) 또는 창해(蒼海)라고도 불렀다]라는 시(詩)가 이 산마루의 바위에 새겨져 있는 것에서도 확인된다.

진·한시대의 요서군이 지금의 난하 서부 유역에 있었고 난하 유역(그 대부분은 동부 유역이었겠지만)이 고대의 요동이었다는 사실은 지금의 난하가 고대의 요수(遼水)였다는 점에서도 알 수 있다. 서한시대에 유향(劉向)이 편찬한 『설원(說苑)』「변물(辯物)」편에는 춘추시대 초에 제나라 환공이 관중과 더불어 산융(山戎)과 고죽국(孤竹國)을 친 기록이 있는데, 그때 그들은 고죽국에 이르러 요수를 건넌 것으로 되어 있다.[11]

---

8 『한서』 권28 하「지리지」 하〈요서군〉. "肥如, 玄水東入濡水."

9 역도원(酈道元), 『수경주』 권14「유수」.

10 譚其驤 主編, 『中國歷史地圖集』 第5册-隋·唐·五代十國時期, 地圖出版社, 1982, pp. 3~4 참조.

11 『설원』 권18「변물」.

당시에 산융은 지금의 하북성 북쪽에 있었고 고죽국은 지금의 난하 유역에 있었다는 점에 대해 학계에 이론이 없다.[12] 그러므로 그들이 산융을 치고 고죽국에 이르러 건넜던 요수라는 강은 행군 방향으로 보아 지금의 난하일 수밖에 없다.

지금의 난하가 고대에 요수로 불렸음은 다음 기록에서도 확인된다. 서한시대 회남왕(淮南王) 유안(劉安)이 편찬한 『회남자(淮南子)』「추형훈(墬形訓)」에는 당시의 6대 강 가운데 하나로 요수가 기록되어 있는데[13] 이 요수에 대해 서한시대 학자인 고유(高誘)는 주석하기를,

> 요수는 갈석산에서 나와 새(塞)의 북쪽으로부터 동쪽으로 흘러 곧게 요동의 서남에 이르러 바다로 들어간다.[14]

고 했다. 갈석산 근처를 흘러 서남에서 바다로 들어가는 큰 강은 지금의 난하뿐이다. 따라서 고대의 요수는 지금의 난하이다.

사마천은 앞에서 인용한 『사기』「진시황본기」에서 진제국의 영토가 요동 지역에서 고조선과 국경을 접하고 있었다고 기록했으며 당시의 요동은 갈석산 지역이었다고 밝히고 있다. 그리고 『사기』를 비롯한 서한시

---

12 이 점은 중국사 전공 학자들 사이에서는 이미 상식이지만 고죽국의 위치에 대해서는 다음 문헌을 참고하기 바란다.
陳槃, 「不見於春秋大事表之春秋方國稿」 册1 〈孤竹〉條, 中央研究院歷史語言研究所, 民國 59(1970), pp. 28~31.
譚其驤 主編, 『中國歷史地圖集』 第1册 - 原始社會 · 夏 · 商 · 西周 · 春秋 · 戰國時期, 地圖出版社, 1982, pp. 20~21.

13 『회남자』 권13 「추형훈」.

14 『회남자』「추형훈」 본문에 대한 주석. "遼水出碣石山, 自塞北東流, 直遼東之西南入海."

대의 여러 문헌에서는 당시의 갈석산이 지금의 난하 하류 동부 유역에 있는 지금의 갈석산이며 당시의 요수와 요동은 지금의 난하와 그 유역이었음이 확인된다.[15] 이로써 중국 진제국시대의 고조선 서쪽 국경은 지금의 난하 유역과 그 하류 동부 유역에 있는 갈석산 지역이었음을 알 수 있다.

이러한 고조선의 서쪽 국경은 진제국보다 앞선 전국시대에도 동일했다. 그리고 진제국의 뒤를 이은 서한 초에는 서한 지역으로 이동해 있었다. 고조선의 강역이 확대되었던 것이다. 이러한 사실은 다음 기록들에서 확인된다. 서한시대에 편찬된 『염철론(鹽鐵論)』「험고(險固)」편에는 전국시대 연나라의 국경에 대해,

> 연나라는 갈석에 의해 막히었고, 사곡(邪谷)에 의해 끊기었으며, 요수에 의해 둘러싸였다.[16]

고 기록되어 있다. 이 기록에 의하면 전국시대 연나라는 그 동북부 국경이 갈석산과 요수로 형성되어 있었는데, 당시의 요수는 앞에서 밝혀진 바와 같이 지금의 난하였다.

전국시대 연나라는 고조선과 국경을 접하고 있었다. 『위략』에,

> 옛날 기자의 후손인 조선후는 주나라가 쇠퇴한 것을 보고 연나라가 스스로 높여 왕이 되어 동쪽의 땅을 침략하고자 하므로 조선후 또한 왕이라

---

15 러시아 학자들은 일찍부터 지금의 난하 유역을 고대의 요동으로 보아왔는데 그것은 매우 옳다(U. M. 부틴 지음, 이항재 · 이병두 옮김, 『고조선』, 소나무, 1990, p. 25 참조).

16 『염철론』 권9 「험고」. "燕塞碣石, 絕邪谷, 繞援遼."

칭하고 병사를 일으켜 오히려 연나라를 공격함으로써 주 왕실을 받들고자 하였다.[17]

고 기록되어 있다. 이 기록은 기자의 후손인 조선의 제후와 중국 연나라의 관계를 말하고 있는데 이들이 국경을 접하고 있었음을 알 수 있다. 그런데 연나라가 왕이라는 칭호를 사용하기 시작한 것은 전국시대 이왕(易王 : 서기전 333~321) 때부터이므로 위의 인용문은 전국시대 상황을 말하고 있는 것이다. 그러므로 중국의 전국시대에도 고조선의 서쪽 국경은 진제국시대와 동일하게 지금의 난하와 갈석산 지역으로 형성되어 있었음을 알 수 있다.

이러한 사실은 다음과 같은 기록에서도 뒷받침된다. 전국시대에 편찬된 『여씨춘추(呂氏春秋)』「유시람(有始覽)」에는 당시 국경에 있던 6대 요새가 기록되어 있는데, 그 가운데 연나라의 동쪽에 있던 영자새(令疵塞)가 소개되어 있다.[18] 이에 대해 서한의 고유(高誘)는 전국시대의 영자새는 서한시대의 요서군 영지현(令支縣)이라고 주석했다.[19] 서한의 요서군이 난하 서부 유역에 있었음은 앞에서 이미 확인되었다.[20] 그러므로 영지현도 난하 유역에 있었을 것임을 알 수 있는데, 그곳에는 고죽국의 고죽성이 있었다.[21]

『사기』「화식열전(貨殖列傳)」에는 연나라의 위치가 발해와 갈석 사이

---

17 『삼국지』 권30 「동이전」 〈한전〉의 주석으로 실린 『위략』. "昔箕子之後朝鮮侯, 見周衰, 燕自尊爲王, 欲東略地, 朝鮮侯亦自稱爲王, 欲興兵逆擊燕以尊周室."

18 『여씨춘추』 권13 「유시람」.

19 위의 『여씨춘추』「유시람」의 본문에 대한 주석. "令疵在遼西, 則是令支."

20 주8·9·10의 본문 참조.

21 『한서』 권28 하 「지리지」 하 〈요서군〉. "令支, 有孤竹城."

였다고 설명되어 있는데,[22] 이에 대해 『사기정의』는 주석하기를 발해와 갈석은 서북쪽에 있다고 했다.[23] 그러므로 발해는 지금의 발해 서부 발해만을 말하며 갈석은 난하 유역의 갈석산을 말함을 알 수 있다. 따라서 연나라는 지금의 북경과 천진 지역이었던 것이다.

난하와 갈석산을 경계로 형성되어 있었던 고조선과 중국의 국경은 전국시대로부터 진제국을 거쳐 서한제국 초까지는 그대로 유지되고 있었다. 그런데 『사기』 「조선열전」에는 서한과 고조선의 국경에 대해,

> 한(서한)이 흥기하였으나 그것(고조선과의 국경)이 멀어서 지키기 어려우므로 요동의 옛 요새를 다시 수리하고 패수(浿水)에 이르러 경계로 삼고 연(燕)에 속하게 하였다.[24]

고 기록되어 있다. 이 기록에 의하면 서한은 고조선과의 국경을 지키기 어려우므로 국경 요새를 서한 지역으로 후퇴시켰는데 새로 사용하게 된 요새는 이전에도 사용된 바 있는 요동의 옛 요새였다. 따라서 이때 국경이 된 패수는 지금의 난하보다 동쪽에 있는 강일 수는 없으며 서쪽에 있어야 한다. 근래에 노태돈은 『수경주』에 실린 "(고구려의) 도성(都城)은 패수의 북쪽에 있다."는 고구려 사신의 말을 인용하면서 대동강을 말하는 이 패수가 고조선 및 낙랑군 조선현의 위치를 알게 하는 근거가 된다고 주장했다.[25] 그러나 그것은 잘못된 생각이다. 노태돈 자신도 인

---

22 『사기』 권129 「화식열전」, "夫燕亦勃, 碣之間, 一都會也."

23 위의 『사기』 「화식열전」 본문에 대한 주석의 『사기정의』. "渤海·碣石在西北."

24 『사기』 권115 「조선열전」. "漢興, 爲其遠難守, 復修遼東故塞, 至浿水爲界, 屬燕."

25 노태돈, 「고조선 중심지의 변천에 대한 연구」, 『한국사론』 23, 서울대 국사학과, 1990, pp. 6~8·24~31.

정했듯이 패수라는 이름을 가진 강은 만주와 한반도 여러 곳에 있었다. 그리고 시대에 따라 패수의 위치도 달랐다. 그런데 고조선이나 한사군이 없어진 후 오랜 세월이 지난 서기 5~6세기 무렵의 고구려 사신이 말한 당시의 고구려 패수를 고조선이나 낙랑군 조선현의 패수로 본 것은 사료 선택의 기본 원칙을 벗어난 것이다.

지금까지 서한시대와 그 이전의 문헌을 통해 고조선과 중국의 국경을 고찰하여 다음과 같은 사실이 확인되었다. 그것은 고조선 후기인 서기전 5세기 무렵부터 서기전 2세기 무렵까지 고조선의 서쪽 국경은 지금의 난하와 갈석산 지역이었으며, 중국에 서한이 건국된 후에는 국경이 서한 지역으로 이동되어 고조선의 영토가 확대되었다는 사실이다.

3. 요동의 개념과 장성의 동쪽 끝

고조선의 서쪽 국경을 바르게 인식하기 위해서는 요동이라는 지명이 지니고 있는 의미와 중국의 동북부 국경에 쌓은 전국시대 연나라와 진제국의 장성(長城)에 대한 바른 인식이 필요하다. 왜냐하면 앞서 본 바와 같이 요동은 고조선과 중국의 국경 지역에 위치해 있었고 연나라나 진제국이 쌓았던 장성은 국경선상에 위치하고 있었기 때문이다.

우선 요동에 대해 살펴보자. 앞에서 이미 밝힌 바와 같이 고대의 요동은 지금의 요동과 위치가 달랐다. 고대의 요동은 지금의 난하 유역이었고 오늘날의 요동은 지금의 난하 동부를 말한다. 이것은 요동이라는 지명이 동쪽으로 이동했음을 말해준다. 우선 요동에 대한 개념을 분명히 하기 위해 요동이라는 말이 원래 어떤 뜻을 지녔는지를 알아볼 필요가 있다. 일반적으로 요동은 요수 또는 요하의 동부 지역을 뜻한다고 믿고 있다. 이것이 오늘날 요동이라는 말이 지니고 있는 개념이기 때문이다.

그러나 고대에는 그 개념이 달랐다고 한다. 요동이란 '극동(極東)'이라는 뜻을 지닌 말이었다. 중국인들은 그들의 영토인 천하의 동쪽 끝을 극동이라는 의미로 요동이라고 불렀다는 것이다.[26] 요동은 원래 요수나 요하의 동쪽이라는 뜻이 아니었다는 것이다. 요동이라는 말이 요수라는 강 이름이 먼저 생기고 그것을 기준으로 만들어진 말이 아니었음은 요서라는 말이 요동이라는 말과 동시에 만들어지지 않았다는 점에서 확인된다.

요동이라는 말은 전국시대에 이미 일반적으로 사용되었음이 문헌을 통해 확인된다.[27] 그러나 요서라는 말은 그보다 훨씬 늦은 전국시대 말기에야 보인다. 전국시대 말기에 연나라가 장성을 쌓고 그 안쪽에 요서군을 설치함으로써 요서라는 말이 처음으로 사용되기 시작했다.[28] 따라서 다음과 같은 설명이 가능하다. 즉, 중국의 동북부 변경에 극동을 뜻하는 요동이라는 지명이 생긴 후에 그 지역을 흐르는 강을 요수라고 부르게 되었을 것이며, 요수의 서부 유역에 요서군이 설치됨으로써 요서라는 지명이 만들어졌을 가능성이 있다. 이러한 견해가 옳다면 원래 요동이라고 불린 지역에는 요수의 동쪽뿐만 아니라 요수의 서부 지역도 일부 포함되어 있었을 것이다.[29]

요동이라는 말은 두 가지 다른 뜻으로 사용되기도 했다. 하나는, 넓은

---

26 U. M. 부틴 지음, 이항재·이병두 옮김, 『고조선』, 소나무, 1990, pp. 24~25.

27 전국시대에 요동이라는 말이 일반화되어 있었음은 『전국책』 권29 「연책(燕策)」에 "蘇秦將爲縱, 北說燕文侯曰, 燕東有朝鮮遼東, 北有林胡樓煩."이라는 기록에서도 확인된다.

28 『사기』 권110 「흉노열전」. "燕亦築長城, 自造陽至襄平. 置上谷·漁陽·右北平·遼西·遼東郡以拒胡."

29 러시아의 U. M. 부틴도 동일한 견해를 가지고 있다(앞 책, 『고조선』, pp. 24~26 참조).

의미의 요동 지역을 뜻하는 말로서 일반적으로 사용되는 요동이다. 이 요동은 지리 범위가 분명하게 정해진 것이 아니며, 대부분은 중국 영토에 포함되지 않은 지명이었다. 『제왕운기』에,

> 요동에 별천지가 있으니 중조(中朝 : 중국)와 두연(斗然)히 구분되며, 큰 파도 출렁출렁 삼면을 둘러쌌고,[30]

라고 고조선의 지리를 설명하는 내용에 나오는 요동은 분명히 중국의 영토는 아니며 일반 의미의 요동인 것이다.

다른 하나는, 중국 내의 행정구역인 요동군을 말하는 것이다. 요동군은 일반 의미의 요동보다 서쪽에 위치하여 요동의 서부 일부를 형성하고 있었다. 『한서』「지리지」에는,

> 요동군은 진제국이 설치하였는데 유주(幽州)에 속한다. 호수는 5만 5,972호이고 인구는 27만 2,539명이며 현(縣)은 18개가 있다.[31]

고 기록되어 있다. 이 기록에서는 서한의 요동군은 진제국이 설치한 것으로 되어 있다. 그러나 요동군이라는 명칭은 전국시대에 이미 보인다. 『사기』「흉노열전」에는 연나라가 장성을 쌓고 그 안쪽에 다른 군(郡)들과 함께 요동군을 설치했던 것으로 기록되어 있다.[32]

---

30 『제왕운기』 권 하. "遼東別有一乾坤, 斗與中朝區以分, 洪濤萬頃圍三面."

31 『한서』 권28 하 「지리지」 하 〈요동군〉. "秦置. 屬幽州. 戶五萬五千九百七十二, 口二十七萬二千五百三十九, 縣十八."

32 주 28과 같음.

그럼에도 불구하고 『한서』「지리지」에 요동군은 진제국이 설치했다고 기록되어 있는 것은, 서한시대의 행정구역인 요동군은 진제국시대에 설치한 것을 그대로 계승했다는 뜻일 것이다. 중국을 통일한 진제국은 전국에 군현제(郡縣制)를 실시하면서 행정구역을 개편했는데, 이때에 요동군은 그 위치나 영역이 전국시대에 설치했던 요동군과 다르게 변경되었을 것이다. 위의 인용문 내용은 이러한 사실을 말할 것이다.

서한의 요동군 위치는 다음에 장성의 위치를 확인하는 과정에서 더 구체적으로 밝혀질 것이다. 일반 의미의 요동과 행정구역의 요동군은 문헌에서 요동으로만 표기됨으로써 때로는 그 요동이 어떤 요동인지를 분별하기 어려운 경우가 있다. 이 점은 사료를 취급하면서 매우 조심해야 할 것이다. 그리고 또 한 가지 유의해야 할 점은 요동이라는 말이 쓰이기 시작했던 초기에는 일반 의미의 요동과 행정구역인 요동군이 서로 연접해 있었지만 중국의 영토가 동북 지역으로 확장된 후에는 서로 멀리 떨어져 있었다는 점이다. 그들의 영토가 동북 지역으로 확장됨에 따라 중국인의 극동이라는 지리적 개념은 더욱 동쪽으로 이동했겠지만 행정구역인 요동군은 행정구역의 개편이 있기까지는 이동할 수 없었기 때문이었다.

그런 상황은 『후한서』「동이열전」과 『삼국지』「동이전」〈고구려전〉에,

> 고구려는 요동의 동쪽 천 리 떨어진 곳에 있는데 남쪽은 조선과 예맥, 동쪽은 옥저, 북쪽은 부여와 접하였다.[33]

---

33 『후한서』 권85 「동이열전」〈고구려〉. "高句驪, 在遼東之東千里, 南與朝鮮·濊貊, 東與沃沮, 北與夫餘接."
『삼국지』 권30 「동이전」〈고구려전〉에도 동일한 내용이 실려 있다.

고 기록되어 있어 여기서 말하는 요동은 고구려로부터 서쪽으로 멀리 떨어진 곳이었음을 알 수 있다. 그런데 『후한서』와 『삼국지』는 중국의 동한시대와 삼국시대의 역사서로서 그 「동이열전」과 「동이전」에 기록된 만주와 한반도 상황은 중국 동한시대와 삼국시대 상황인 것이다.

이 시기에 고구려가 지금의 요동 지역에 있었음은 다 아는 사실이다. 그리고 이 시기에는 지금의 요하가 요수로 불리고 있었다. 다시 말하면 요수라는 강 이름이 지금의 난하로부터 요하로 이동해 있었다. 이와 같이 요수라는 강 이름이 지금의 동쪽으로 이동한 것은 지금의 요서 지역에 있었던 위만조선이 멸망하고 그 지역에 한사군이 설치되어 지금의 요서 지역이 서한의 영토에 편입되었기 때문이었다.[34]

그런데 이 시기에 이미 지금의 요하가 요수로 불리고 있었다면 오늘날 사용되고 있는 요수의 동쪽을 뜻하는 요동이라는 말도 이미 형성되었다고 보아야 한다. 중국인들에게 일반 의미의 요동이라는 말은 원래 극동이라는 뜻을 지니고 있었으므로 그들의 영토가 동북 지역으로 확장됨에 따라 요동 지역이 동쪽으로 이동했을 것은 지극히 당연하기 때문이다.

지금의 요하가 원래 요수가 아니었음은 『삼국유사』 「순도조려(順道肇麗)」의 기록에서도 확인된다. 즉, "요수는 일명 압록(鴨淥)이라고도 불렀는데 지금은 안민강(安民江)이라 이른다."고 했다.[35] 『삼국유사』는 고려시대에 편찬되었으므로 위의 인용문에 나오는 요수는 지금의 요하를 말한다. 그런데 요하를 고려시대 사람들은 안민강이라 했지만 예전에는

---

34 윤내현, 「위만조선의 재인식」·「한사군의 낙랑군과 평양의 낙랑」 『한국고대사신론』, 일지사, 1986, pp. 284~289·305~343.

35 『삼국유사』 권3 「흥법(興法)」 〈순도조려〉. "遼水一名鴨淥, 今云安民江."

압록강이라고도 불렸다는 것이다. 이로써 지금의 요하는 원래 압록강이라 불렸음을 알 수 있다.

동한시대 이후 고구려는 지금의 요동 지역에 위치하고 있었는데 고구려가 요동으로부터 천 리 떨어진 곳에 있었다는 『후한서』「동이열전」과 『삼국지』「동이전」의 〈고구려전〉 기록은 무엇을 의미하는가? 『후한서』「동이열전」과 『삼국지』「동이전」의 〈고구려전〉에서 말하는 요동은 중국의 행정구역인 요동군을 말하는 것이다. 서한 무제 때 그들의 영토가 확장됨에 따라 요수라는 강 이름과 일반 의미의 요동은 동쪽으로 이동했지만 행정구역인 요동군은 지금의 난하 유역에 그대로 있었던 것이다. 따라서 고구려는 일반 의미의 요동에 있었지만 중국의 행정구역인 요동군으로부터는 동쪽으로 천 리 떨어진 곳에 위치해 있었던 것이다.

이상에서 살펴본 바와 같이 요동은 후대로 오면서 그 의미가 처음과는 달리 다소 변화되었다. 그리고 그 개념도 일반 의미의 요동 지역과 행정구역인 요동군을 뜻하는 두 가지 개념이 있었으며 지리적 위치 또한 변화했다. 따라서 이러한 점들에 대한 분명한 인식과 구별 없이 사료를 해석하면 사실과 전혀 다른 결론에 도달할 위험이 있다는 점을 항상 유의할 필요가 있다.

이제 장성에 대해 고찰해보자. 고조선과 중국의 국경에 중국 측이 쌓았던 장성은 연장성과 진장성이 있었다. 연장성은 전국시대 연나라가 쌓은 것이고 진장성은 중국 통일 후 진제국이 쌓은 것이다.

연장성에 대해서는 『사기』「흉노열전」에 기록되어 있다. 그 기록에는 진나라와 조나라가 이민족의 침략을 방어하기 위해 장성을 쌓았음을 말하면서 연장성에 대해서도,

> 연나라도 장성을 쌓았는데 조양으로부터 양평에 이르렀다. 상곡·어양·

우북평·요서·요동군을 설치함으로써 호(胡)를 방어하였다.[36]

고 했다. 이 기록에서 두 가지 사실이 확인된다. 하나는 연장성은 조양에서 양평에 이르렀다는 점이고, 다른 하나는 상곡·어양·우북평·요서·요동 등의 군이 연장성 안쪽에 설치되어 있었다는 점이다.

진장성에 대해서는 『사기』「몽염열전」에,

> 진(秦)이 이미 천하를 병합하고 곧 몽염(蒙恬)에게 30만 명의 무리를 이끌고 융적(戎狄)을 북쪽으로 몰아내게 하고 하남(河南)을 회수하였다. 장성을 쌓았는데 지형에 의하고 변경의 험한 곳을 이용하여 만들었다. 임조(臨洮)로부터 시작하여 요동에 이르렀는데 그 길이는 만여 리나 되었다.[37]

고 기록되어 있다. 이것이 일반적으로 만리장성이라 부르는 진장성이다. 그런데 진장성은 전 구간을 완전히 새로 쌓았던 것이 아니다. 진제국이 중국을 통일하기 전에 연·조·진(秦) 등의 나라가 이민족을 방어하기 위해 쌓았던 장성을 보수하여 연결한 것이었다. 따라서 진장성의 동쪽 끝부분은 그전에 연나라가 쌓았던 장성이 형성하고 있었다.

이러한 사실은 연장성의 동쪽 끝 지역인 양평이 요동군에 속해 있었다는 점에서 확인된다. 『한서』「지리지」〈요동군〉조를 보면 요동군에는

---

36 주 28과 같음.

37 『사기』 권88 「몽염열전」. "秦已幷天下, 乃使蒙恬將三十萬衆北逐戎狄, 收河南. 築長城, 因地形, 用制險塞, 起臨洮, 至遼東, 延袤萬餘里."

18개의 현이 있었는데 그 가운데 양평이 맨 첫 번째로 기록되어 있다.[38] 이로써 『사기』「흉노열전」에 연장성은 양평에 이르렀다고 한 표현이나 『사기』「몽염열전」에서 진장성은 요동에 이르렀다고 한 표현은 서로 다른 지역이 아니라 동일한 지역에 대한 다른 표현이었음을 알 수 있다. 양평이라는 표현은 요동보다 더 구체적인 지명을 말한 것이다.

그런데 요동군은 진장성의 안쪽에 있었다. 진장성은 진제국의 국경에 쌓았던 것이고 이것은 서한 초에도 국경을 형성하고 있었으므로 진제국과 서한제국의 행정구역이었던 요동군이 진장성의 안쪽에 위치해 있었을 것은 지극히 당연하다. 이러한 사실은 다음 기록에서도 확인된다. 『한서』「장진왕주전(張陳王周傳)」에는 서한의 제후왕이었던 연왕(燕王) 노관(盧綰)이 모반을 하자 주발(周勃)이 이를 토벌했는데 이때 주발은,

> (도망하는 노관을) 추격하여 장성에 이르렀는데 상곡 12현·우북평 16현·요동 29현·어양 22현을 평정하였다.[39]

고 기록되어 있다. 주발은 장성에 이르는 과정에서 상곡군, 우북평군, 요동군, 어양군 등을 평정했으므로 이들 군은 장성 안쪽에 설치되어 있었음을 알 수 있다. 그러므로 국경선을 이루는 진장성의 동쪽 끝 지점인 요동군의 양평현은 국경 지대에 위치해 있었을 것이다.

지금까지의 고찰로 다음과 같은 결론을 얻었다. 고조선시대(중국은 서

---

38 『한서』 권28 하 「지리지」 하 〈요동군〉.
양평이 요동군에 있었음을 알게 하는 보충 설명은 앞 책, 『한국고대사신론』, pp. 42~56을 참조할 것.

39 『한서』 권40 「장진왕주전」, "追至長城, 定上谷十二縣·右北平十六縣·遼東二十九縣·漁陽二十二縣."

한 초 이전)에는 지금의 난하 유역을 요동이라 불렀는데, 일반 의미의 요동 지역 즉 넓은 의미의 요동은 난하 유역으로부터 그 동쪽 지역인 지금의 요서 지역을 지칭하는 말이었다. 그 요동의 서부 일부는 진제국과 서한제국의 요동군이었다. 따라서 고대 요동의 대부분은 고조선의 강역에 포함되어 있었고 그 서남부 일부가 중국의 요동군이었다. 그 경계상에는 장성이 축조되어 있었다.

그리고 앞 절에서 이미 확인된 바와 같이 진 시황제 · 진 2세 황제 · 서한 무제 등이 국경 지역을 순행하면서 동북쪽으로 가장 멀리 도달했던 곳은 난하 하류 동부 유역에 있는 갈석산 지역이었다. 갈석산은 고조선과 중국의 국경선상에 위치해 있었고 진제국과 서한제국의 요동군은 갈석산을 경계로 하여 그 서쪽의 난하 하류 유역에 있었을 것임을 알 수 있다.

이러한 사실은 다음과 같은 기록에서 뒷받침된다. 『진서(晉書)』「당빈전(唐彬傳)」에,

> 마침내 구경(舊境)을 개척하니 물리친 땅이 천 리였다. 진장성의 요새를 다시 수리하였는데 온성(溫城)으로부터 갈석(碣石)에 미쳤으며 산곡(山谷)을 이어 뻗친 것이 거의 3천 리였는데 군사를 나누어 주둔시켜 지키게 하고 봉화대가 서로 바라보이도록 하였다.[40]

고 기록되어 있는데, 이 기록에서 진장성이 갈석산 지역에 이르렀음을 알 수 있다. 『사기』「하본기(夏本紀)」 주석으로 실린 『사기색은』에도,

---

40 『진서』 권42 「당빈전」. "遂開拓舊境, 卻地千里. 復秦長城塞, 自溫城洎于碣石, 綿亙山谷且三千里, 分軍屯守, 烽堠相望."

『태강지리지(太康地理志)』에 말하기를 낙랑의 수성현에 갈석산이 있는 데 장성이 시작된 곳이다.[41]

라고 기록되어 있다. 『태강지리지』는 진(晉)시대의 저술로, 이와 동일한 내용이 『통전(通典)』에도 인용되어 있다.[42]

위의 「당빈전」이나 『태강지리지』가 모두 진(晉)시대의 기록이라는 점을 들어, 진장성의 동쪽 끝이 갈석산이었다는 설은 진(晉)시대에 만들어진 것으로서 믿을 만한 것이 못 된다고 보고, 진장성의 동쪽 끝이 난하 동부 유역이었다는 사실을 애써 부인하려는 학자가 있다.[43] 진장성의 동쪽 끝을 갈석산으로 표현한 기록이 진(晉)시대의 문헌에서 처음 보이는 것은 사실이다. 그러나 앞에서 이미 밝혀진 바와 같이 난하 동부 유역의 갈석산 지역은 고대의 요동이었는데, 진장성의 동쪽 끝은 요동 지역에 있었으며 갈석산은 고조선과 중국의 국경선상에 있었으므로 진장성의 동쪽 끝이 갈석산 지역이었다는 표현은 근거가 없는 것이 아님을 알 수 있다.

연장성의 동쪽 끝이 양평이었다는 기록이나 진장성의 동쪽 끝이 요동

---

41 『사기』 권2 「하본기」의 "鳥夷皮服, 夾右碣石, 入于海."라는 구절의 갈석에 대한 『사기색은』 주석. "太康地理志云, 樂浪遂城縣有碣石山, 長城所起."

42 『통전』 권178 「주군(州郡)」 8 〈노룡(盧龍)〉. "太康地(理)志云, 秦築長城所起自碣石."

43 앞 글, 「고조선 중심지의 변천에 대한 연구」, pp. 13~21.
노태돈은 진장성이 갈석산 지역에서 시작되었다는 기록들을 부인하면서 만약 그 기록이 옳다면 진(秦)의 세력이 한반도 서북부 깊숙이 뻗쳤던 것이 된다고 했다. 노태돈이 그렇게 생각한 것은 낙랑군의 수성현이 한반도 북부에 있었던 것으로 잘못 본 견해를 따르고 있기 때문이다. 낙랑군의 수성현은 한반도에 있지 않았고 북경에서 가까운 난하 하류 동부 유역에 있었다. 즉 지금의 갈석산 지역에 있었던 것이다. 이 점은 이미 고증된 바 있다(앞 글, 「한사군의 낙랑군과 평양의 낙랑」 참조).

또는 갈석산이었다는 기록은 같은 지역에 대한 다른 표현에 불과하다. 이 지역이 고대의 요동이었는데, 넓은 의미의 요동인 갈석산 동쪽 지금의 요서 지역은 고조선 영토였고, 갈석산 서쪽의 난하 하류 유역은 진제국과 서한제국의 요동군이었던 것이다.

진장성에 대한 고찰을 마무리하면서 한 가지 참고로 알아두어야 할 것이 있다. 그것은 현재 만리장성은 갈석산보다 약간 동쪽에 위치한 산해관(山海關)까지 이어져 있다는 사실이다. 이것은 명나라 초기에 서달(徐達) 장군의 관장 아래 보수된 것이다. 만약 진장성이 지금의 압록강 유역까지 이어져 있었다면 서달 장군은 어떻게 그것을 중국 내지 쪽으로 깊숙이 끌어당겨 지금의 산해관까지 이르게 했을 것인가. 이러한 사실은 진장성이 동쪽으로 결코 지금의 산해관을 넘어서지 않았을 것임을 알게 해준다.

4. 고조선 전기와 중기의 서쪽 경계

앞에서 고조선 후기의 서쪽 국경은 지금의 난하 유역과 갈석산 지역이었음이 확인되었다. 그렇다면 고조선 전기와 중기의 서쪽 국경은 어디였을까? 이 문제에 직접 해답을 주는 기록은 아직 발견되지 않는다. 그러나 간접 자료들을 이용하여 그것을 추정해볼 수는 있다. 고증의 편의를 위해 먼저 고조선 중기의 서쪽 국경부터 확인하자.

고조선 중기의 서쪽 국경은 고조선 말기와 마찬가지로 지금의 난하 유역이었거나 그보다 서쪽이었으리라 추정된다. 『사기』 「조선열전」에는,

> 한(漢)나라가 일어나서는 그곳(고조선과의 국경)이 너무 멀어 지키기 어

려우므로 다시 요동의 고새(故塞)를 수리하고 패수(浿水)에 이르러 경계로 삼아 연(燕)에 속하게 하였다.[44]

는 내용이 있다. 이 내용은 서한이 고조선과의 당시 국경이 너무 멀어서 지키기 어려워 요동의 고새(故塞)를 수리해 사용했음을 말하고 있다. 그러므로 새로 수리해 사용한 요동의 고새는 그전의 국경보다는 서한 지역으로 들어간 곳이었을 것이다. 그곳을 요동의 고새라고 부르고 있으며 그것을 다시 수리해서 사용했다고 말하고 있다.

고새는 옛 새(塞)라는 의미인데 중국에서 '새'는 국경 지대의 초소나 요새를 뜻한다.[45] 그러므로 이 고새가 있었던 곳은 이전에 중국의 국경이었을 것임을 알 수 있다. 서한은 이전에 국경 요새로 사용되었던 곳을 다시 수리해서 사용했던 것이다. 이러한 사실은 서한이 건국되기 전 어느 때인가는 고조선과 중국의 국경이 난하보다 더 서쪽에 있었음을 시사한다. 그런데 앞에서 확인된 바와 같이 고조선 후기에는 줄곧 난하와 갈석산 지역이 고조선과 중국의 국경이었으므로 그보다 더 서쪽에 국경이 있었다면 그 시기는 고조선 후기보다는 앞서는 시기여야 할 것이다.

---

44 『사기』 권115 「조선열전」. "漢興, 爲其遠難守, 復修遼東故塞, 至浿水爲界, 屬燕."

45 『한서』 권93 「영행전(佞幸傳)」 〈등통전(鄧通傳)〉의 주석에 "요(徼)는 새(塞)와 같은 것이다. 동북에 있는 것을 새(塞)라 부르고 서남에 있는 것을 요(徼)라 이른다. 새라는 것은 장새(鄣塞)가 이름이 된 것이고 요는 요차(徼遮)의 뜻을 취한 것이다(徼猶塞也. 東北謂之塞, 西南謂之徼, 塞者, 以鄣塞爲名. 徼者, 取徼遮之義也)."라고 하여 새는 요와 같은 것이지만 그 위치하는 곳에 따라 달리 불렸다고 했다. 그리고 『사기』 권91 「경포열전(鯨布列傳)」의 주석으로 실린 『사기색은』에는 "요(徼)라고 하는 것은 변경에 있는 정(亭)과 장(鄣)을 말한다. 요(徼)로써 변방을 둘러싸고 항상 그것을 지킨다(徼謂邊境亭·鄣, 以徼繞邊陲, 常守之也)."고 하여 요(徼)는 변방의 요새라고 설명하고 있다. 그러므로 새(塞)는 변방의 요새였음을 알 수 있다.

서기전 12세기 무렵 기자가 중국의 서주로부터 고조선으로 망명했던 시기에도 난하 유역이 고조선과 중국의 국경이었다. 이 점은 기자와 관계된 기록들을 통해 확인된다. 기자는 조국인 상나라가 주족(周族)에 의해 멸망되자 조선으로 망명했는데 서주의 무왕은 그를 죄인으로 취급하지 않고 그를 조선에 봉하는 형식을 취해 그의 망명을 인정했다. 그 조선은 지금의 난하 유역에 있었다. 그곳이 난하 유역이었음은 이미 자세히 고증된 바 있지만[46] 이해의 편의를 위해 요점만 말해보자.

『한서』「지리지」의 낙랑군 조선현 주석에 "응소는 말하기를 무왕이 기자를 조선에 봉했다."[47] 고 기록되어 있고 『진서』「지리지」의 낙랑군 조선현 주석에도 "주나라가 기자를 봉한 곳이다."[48] 라고 기록되어 있다. 이 기록들은 낙랑군 조선현이 전에 기자가 망명 와 있었던 곳임을 말해준다. 다시 말하면, 서기전 12세기 무렵에 기자가 망명 와 있었던 곳이 서기전 108년에 한사군이 설치될 때는 낙랑군의 조선현이 되었다는 것이다.

그런데 낙랑군 조선현은 지금의 난하 유역에 위치해 있었다. 『진서』「지리지」에는 조선현과 함께 낙랑군에 속해 있었던 수성현(遂城縣)에 대해 주석하기를 "진나라가 쌓은 장성이 시작된 곳이다."[49] 라고 했다. 낙랑군 수성현에서 진제국이 쌓은 장성 즉 만리장성이 시작되었다는 것이다. 진장성이 시작된 곳은 지금의 난하 동부 유역에 있는 갈석산 지역

---

46 윤내현, 「기자신고」 앞 책 『한국고대사신론』, p. 223 · 236.
이 책의 제1편 제5장 제1절 「위만조선과 한사군의 위치」와 『고조선 연구』 하 제2편 제1장 제1절 「고조선의 국가 구조」 참조.

47 『한서』 권28 하 「지리지」 하 〈낙랑군〉 '조선현'. "應劭曰, 武王封箕子於朝鮮."

48 『진서』 권14 「지리지」 〈낙랑군〉 '조선현'. "周封箕子地."

49 『진서』 권14 「지리지」 〈낙랑군〉 '수성현'. "秦築長城之所起."

이었음이 앞에서 밝혀졌다. 그러므로 낙랑군 수성현은 지금의 갈석산 지역이었음을 알 수 있다. 수성현이 갈석산 지역에 있었다면 수성현과 함께 낙랑군에 속해 있던 조선현도 난하 유역에 위치해 있었을 것이다. 그러므로 기자가 망명한 조선은 난하 유역에 있었던 것이다.

그런데 여기서 의문이 제기될 수 있다. 고조선 후기에 난하 유역이 고조선의 강역에 속해 있었음을 앞에서 확인했지만 기자가 망명할 당시에도 그 지역이 고조선의 강역에 포함되어 있었을 것인가 하는 점이다. 이 문제에 대해서는 『후한서』 「동이열전」 〈예전〉의 다음 기록이 참고가 된다. 즉,

> 예 및 옥저·고구려는 본래 모두가 조선의 땅이었다. 옛날에 무왕이 기자를 조선에 봉했는데, 기자는 예의와 농사짓는 법과 누에치는 법을 가르쳤다.[50]

고 했다. 위의 내용은 동한시대의 상황을 전하는데, 당시 예는 강원도와 함경남도 일부, 옥저는 함경북도와 함경남도 일부, 고구려는 지금의 요하 동부와 한반도 북부를 차지하고 있었다. 그러므로 위의 인용문에서 말하는 조선은 이러한 예와 옥저·고구려 지역을 모두 차지하고 있었던 조선이다. 그러한 조선은 단군이 통치했던 고조선일 수밖에 없다. 왜냐하면 기자조선과 위만조선은 난하 동부 유역에 위치해 있었으므로[51] 위치가 맞지 않기 때문이다.

---

50 『후한서』 권85 「동이열전」 〈예전〉. "濊及沃沮·句麗, 本皆朝鮮之地也. 昔武王封箕子於朝鮮, 箕子教以禮義田蠶."

51 이 책의 제1편 제5장 제1절 「위만조선과 한사군의 위치」 참조.

그런데 예와 옥저·고구려의 땅이 모두 옛날에는 조선의 땅이었다고 하면서 기자가 조선에 가서 그곳 주민들에게 예의와 농사짓는 법, 누에치는 법을 가르쳤다[52]고 말하고 있다. 이러한 문장 구성으로 보아 『후한서』「동이열전」 편찬자는 기자가 망명한 조선을 고조선에 속한 지역으로 인식하고 있었음을 알 수 있다.

그런데 필자의 고증에 의하면 기자가 망명할 당시에 고조선은 난하 유역에 도읍하고 있었다.[53] 만약 이러한 필자의 고증이 옳다면 난하 유역은 기자가 망명 오기 훨씬 전부터 고조선의 강역이었다.

그렇다면 다음과 같은 의문이 제기될 수 있다. 위의 인용문 내용에 의하면 고조선은 한반도 북부와 요하 동쪽의 만주 지역을 차지하고 있었던 것으로 되어 있다. 그런데 기자가 망명해 거주했던 조선은 난하 유역에 있었다. 그러므로 위치가 서로 너무 떨어져 있지 않느냐 하는 점이다. 이 점은 다음과 같이 설명된다. 위의 인용문은 고조선의 영역을 설명한 것이 아니다. 예(濊)의 위치를 설명하는 과정에서 예와 옥저·고구려 땅이 옛날에 고조선의 영토에 속해 있었다고 말한 것이다. 그러므로 고조선의 영토 전체를 말한 것이 아니다.

『시경(詩經)』「한혁(韓奕)」편에 의하면 서기전 9세기 무렵에도 난하 유

---

52 이와 동일한 내용이 『한서』「지리지」에도 실려 있는데, 거기에는 "기자가 조선으로 가서 그 지역 주민들을 예의로써 가르치면서 농사짓고 누에치고 길쌈하였다(箕子去之朝鮮, 教其民以禮義, 田蠶織作)."고 기록되어 있다. 그러므로 기자가 조선 주민들에게 농사짓는 법과 누에치는 법을 가르쳤다는 『후한서』「동이열전」의 기록은 기자를 높이기 위해 그 내용이 윤색되었음을 알 수 있다. 기자가 망명한 조선은 고조선의 변방이었으므로 그 지역 주민들은 농사짓고 누에치고 길쌈하는 것은 기자보다 나았겠지만 예의에 대한 지식은 상나라 왕실의 후예로서 제후였던 기자보다 부족했을 것이다.

53 윤내현, 「고조선의 도읍 천이고」 앞 책 『한국고대사신론』, pp. 106~114.
이 책의 제1편 제4장 제2절 「고조선의 중심지 변천」 참조.

역은 고조선의 강역이었다. 『시경』「한혁」편은 고조선의 단군이 서주를 방문했을 때 그를 칭송하여 지은 노래였음을 필자는 고증한 바 있다.[54] 그런데 「한혁」편에는 "(주)왕은 한후(韓侯)에게 추족(追族)과 맥족(貊族)까지 내려주었다. 북쪽의 나라들을 모두 다 맡아 그곳의 어른이 되었다."[55]라는 표현이 있다. 한후는 고조선의 단군을 중국식으로 부른 것이다.[56] 그런데 위의 인용문에는 단군이 추족과 맥족을 다스렸던 것으로 되어 있다. 주왕이 단군에게 추족과 맥족을 하사한 것처럼 표현되어 있지만 그것은 중국의 천자가 세계를 지배해야 한다는 중국식 발상이며 고조선의 단군이 추족과 맥족을 다스리는 것을 주나라가 승인했다는 뜻이다.

그런데 추족은 다른 기록에서 보이지 않으므로 알 수가 없지만 당시에 맥족은 난하 유역에 거주하고 있었다.[57] 고조선의 단군이 난하 유역에 거주하고 있던 맥족을 다스렸으므로 난하 유역은 고조선의 강역이었음을 알 수 있다. 위의 인용문에서 특별히 추족과 맥족이 거론되고 주왕이 그들을 단군에게 하사한 것처럼 표현한 것은 다음과 같이 생각해볼 수 있다. 당시에 고조선과 주나라 사이에는 국경 분쟁이 있었는데, 주왕은 추족과 맥족이 거주하는 난하 유역까지를 고조선의 강역으로 승인했을 가능성이 있다. 『시경』「한혁」편은 서주 선왕(宣王) 때(서기전 828~

---

54 윤내현,「고조선의 사회성격」 앞 책 『한국고대사신론』, pp. 156~162.
윤내현,「고조선의 국가 구조」『겨레문화』 6, 한국겨레문화연구원, 1992, pp. 71~78.
『고조선 연구』 하 제2편 제1장 제1절 「고조선의 국가 구조」 참조.

55 『시경』「대아(大雅)」〈탕지십(蕩之什)〉'韓奕'. "王錫韓侯, 其追其貊, 奄受北國, 因以其伯."

56 주 54와 같음.

57 앞 글,「고조선의 국가 구조」, pp. 87~89.

782)의 작품이라고 전해오므로 위의 내용은 서기전 9세기 무렵의 상황을 말하고 있는 것이다.

고조선 중기의 강역이 난하 유역을 넘어섰거나 난하 유역까지였음은 고고 자료에 의해서도 뒷받침된다. 고조선의 대표적인 청동기가 비파형동검이라는 것은 다 아는 사실인데, 비파형동검이 하북성 지역에서 서남쪽으로 북경과 천진을 훨씬 지난 망도(望都) 지역에서까지 출토되고 있다.[58] 이러한 사실은 고조선의 통치력이 때에 따라서는 지금의 중국 하북성 중남부에까지 미쳤을 가능성이 있음을 시사한다. 설사 통치력은 미치지 못했더라도 고조선 문화가 그곳까지 침투해 들어갔음은 알게 해주는 것이다. 비파형동검의 연대는 최근 자료에 의하면 서기전 16~14세기 무렵까지 올라간다.[59] 그러므로 이것은 서기전 16~14세기 무렵의 상황을 말해준다.

이상과 같이 고조선은 기자가 망명했던 서기전 12세기 이전부터 난하 유역을 그 강역에 포괄하고 있었다. 그러나 그 지역이 고조선의 강역에 포함된 정확한 시기를 알 수 있는 자료는 아직까지 발견되지 않았다. 그러나 난하 유역이 그 이전에 중국의 영역이 아니었던 것만은 분명하다. 기자가 망명하기 전에는 중국에 상나라가 있었는데, 상나라 강역은 하북성 중부를 넘어서지 못했다.

그리고 만주에는 고조선이 건국되기 전인 서기전 2500년 무렵부터 하가점하층문화라는 청동기문화가 있었는데, 이 문화는 황하 유역의 청동기문화와는 성격이 완전히 다른 것으로서 그 지역의 토착문화였다.

---

58 鄭紹宗,「河北省發現的青銅短劍」『考古』, 1975年 4期, p. 226 · 227 · 248.

59 한창균,「고조선의 성립배경과 발전단계 시론」『국사관논총』 제33집, 국사편찬위원회, 1992, p. 10.

이 문화는 난하 유역을 그 서쪽 경계로 하고 있다. 하가점하층문화에 대해 중국 학자들은,

> 하가점하층문화는 이 지역 청동기시대의 매우 빠른 단계의 유적을 대표하는 것으로서 그 연대는 대략 하(夏)·상(商)시대에 해당한다. 몇 개의 지점에서 발굴된 표본에 의거한 탄소측정 결과 지금부터 3965±90(나무의 나이테 교정은 서기전 2410±140년, 적봉 지주산 H 42) ; 3550±80(나무의 나이테 교정은 서기전 1890±130년, 요령 북표 풍하 T10)으로 확인되어 이 일대의 금속문명 진입 시기와 더불어 그 시기가 황하 유역보다 늦지 않으며 지금까지 알려진 매우 이른 금속문명이라는 사실이 밝혀졌다.[60]

고 했다. 그러므로 고조선 지역은 고조선이 건국되기 전부터 황하 유역과는 다른 청동기문화권을 형성하고 있었다.

이러한 황하 유역과 구별되는 문화 현상은 신석기시대부터 보인다. 한반도와 만주의 신석기시대 질그릇은 새김무늬(빗살무늬라고도 부른다)로 특징지어지는데, 이 문화는 서쪽으로는 난하 유역, 동북쪽으로는 연해주, 남쪽으로는 한반도에 분포해 하나의 문화권을 이루고 있으며[61] 황하 유역의 신석기시대 질그릇과는 성격이 다르다. 후기 신석기시대에

---

60 中國社會科學院考古研究所 編著,『新中國的考古發現和硏究』, 文物出版社, 1984, p. 339.
방사성탄소연대측정 결과는 서기전 2410년으로 나왔지만, 실제로 이 문화가 개시된 시기는 유적에서 얻어진 연대보다 앞설 것이므로 이 문화의 개시 연대를 서기전 2500년 무렵으로 잡을 수 있다.

61 Kwang-chih, Chang. *The Archaeology of Ancient China*, Fourth Edition, Yale University Press, 1986, p. 176.

이르면 한반도와 만주 지역에는 황하 유역의 무덤과는 전혀 성격이 다른 돌무지무덤이 나타나고, 뒤를 이어 돌상자무덤·돌널무덤·고인돌무덤 등 돌을 사용한 무덤들이 지배세력의 무덤으로 보편화되었다.

지금까지 살펴본 바와 같이 서기전 12세기 이전부터 난하 유역은 고조선의 강역에 포함되어 있었으며, 고조선 서쪽 국경은 한때 난하 서부 유역에 있었다. 그러나 그보다 이른 시기의 고조선 서쪽 국경을 확인할 수 있는 분명한 자료는 아직까지 발견되지 않고 있다. 그러나 고조선 초부터 난하 유역은 중국의 강역이 아니었던 것만은 분명하며 고조선의 영향력 아래 있었을 가능성이 크다.

5. 일부 견해에 대한 비판

앞에서 고조선의 서쪽 국경은 난하와 그 동부 유역에 있는 갈석산으로 형성되어 있었음이 확인되었다. 연장성과 진장성도 이 국경선상에 축조되어 있었다. 그럼에도 불구하고 이러한 사실을 부인하려는 학자들이 있다. 학술적인 주장이나 논쟁은 과학적인 근거와 방법에 따라야 한다. 한 시대의 역사를 연구할 때 가장 기본적 사료는 연구의 대상이 된 그 시대에 쓰인 객관적인 것이어야 한다. 그 후의 기록 가운데서는 가장 앞선 시기의 것을 우선적으로 채택해야 한다. 그리고 고대사의 경우는 새로운 문헌 사료와 고고 자료가 계속 발굴되고 있으므로 지난날의 연구 결과에 너무 집착해서는 안 된다.

이렇게 볼 때 고조선에 관한 가장 기본이 되는 문헌 사료는 『사기』와 『한서』 및 서한시대와 그 이전의 기록이다. 따라서 필자는 앞에서 그러한 문헌들의 기록을 근거로 고조선의 서쪽 국경, 요동의 개념과 위치,

연장성과 진장성의 동쪽 끝 등을 확인했다. 그러므로 필자가 얻어낸 결론에 대한 반론을 제기하기 위해서는 서한시대나 그 이전의 문헌들로부터 필자가 앞에서 제시한 모든 기록의 내용을 뒤집을 만한 기록들을 찾아내야 할 것이다. 그러한 충분한 근거 없이 그보다 훨씬 후대의 역사서인 『후한서』나 『삼국지』 또는 동한시대 이후에 쓰인 문헌들의 기록을 근거로 하거나 그러한 기록을 멋대로 해석하는 것은 역사 연구의 기본을 벗어난 것으로 진정한 의미의 학문도 학술 논쟁도 될 수 없다.

이러한 점들을 염두에 두면서 그동안 제출된 고조선의 서쪽 국경과 관계된 몇 가지 문제에 대해 검토해보자.

첫째, 요령성을 포함한 만주 지역의 유적이나 유물은 고조선의 것이 아닌가 하는 점이다. 일부 학자들은 청동기를 포함한 이 지역의 문화가 고조선의 것이 아니라고 주장한다.[62] 심지어는 그것을 동호(東胡)의 것이라고 한다.[63] 그러나 만주 지역의 청동기문화는 그동안의 발굴과 연구 결과에 의하면 오랜 기간에 걸쳐 발전했다. 따라서 이 문화는 정착민의 문화임이 분명한데 동호는 유목민이었다. 그러므로 만주의 청동기문화는 동호의 것일 수 없다.[64] 이 문제를 바르게 이해하기 위해서는 동호의 문화로 보게 된 배경을 알 필요가 있다.

앞에서 이미 밝혀진 바와 같이 중국의 옛 문헌에 의하면 지금의 요서

---

62 이기백, 「고조선의 국가 형성」 『한국사시민강좌』 2집, 일조각, pp. 11~12.

63 윤무병, 「요령지방의 청동기문화」 『한국상고사의 제문제』, 한국정신문화연구원, 1987, pp. 29~32.
靳楓毅, 「論中國東北地區含曲刃青銅短劍的文化遺存)」 上·下 『考古學報』 1982年 4期, pp. 387~426·1983年 1期, pp. 39~54.

64 강인구, 「중국 동북 지방의 고분」 『한국상고사의 제문제』, 한국정신문화연구원, 1987, pp. 63~64.

지역을 포함한 만주는 중국의 영역이 아니었다. 그런데 지난날 한국사 학계에서는 고조선의 강역을 압록강이나 청천강 이남으로 국한하여 보는 것이 통설이었다.[65] 따라서 만주는 중국의 영역도 고조선의 강역도 아니라는 결론에 도달하게 되었다.

그런데 만주 지역에는 구석기시대로부터 신석기시대·청동기시대·철기시대에 이르는 계속된 문화가 있었으므로 마땅히 이 문화를 이룩한 담당자들이 만주에 살았어야 했다. 이를 설명하기 위해 일부 중국 학자들은 고대 중국 문헌에 중국의 동북부에 거주했던 것으로 기록된 동호를 그 담당자였던 것으로 보게 된 것이다. 그리고 이러한 견해를 한국과 일본의 일부 학자들이 받아들였던 것이다. 그러므로 만주의 옛 문화가 동호의 것이라는 견해는 지난날 한국사 학계에서 그 바탕을 마련해주었던 것인데, 근래에 일부 학자들이 그것을 비판 없이 받아들이고 있는 것이다.

여기서 유의해야 할 것은, 당시의 기록이 함께 출토되지 않은 고조선시대의 유적이나 유물은, 그것과 비교하거나 연관해서 연구할 수 있는 유적이나 유물이 이미 확인되어 있지 않는 한 고조선의 것인지, 중국이나 동호의 것인지를 분명하게 말하기 어렵다는 것이다. 그 문화의 담당자가 누구였느냐는 그 지역이 당시 어느 나라 강역에 속해 있었느냐에 의해 결정된다. 유적이나 유물에 의한 추정은 문헌에 의해 강역을 분명하게 밝힐 수 없을 경우에만 어느 정도 권위를 갖게 된다는 점에 유의해야 한다.

그런데 앞에서 이미 확인된 바와 같이 『사기』「진시황본기」에는 고조

---

65 고조선의 강역을 조선시대에는 대체로 압록강까지로 보았으나 이병도가 청천강설을 제기한 후로 청천강설이 통용되어왔다(이병도, 「패수고」『청구학총』 13호 참조).

선이 진제국과 국경을 접하고 있었다고 기록되어 있다. 따라서 고조선과 중국 사이에 동호나 다른 이민족의 영토가 있었을 수 없다. 그러므로 지금의 요서 지역을 포함한 만주의 옛 문화는 당연히 고조선문화였다. 고조선과 중국이 국경을 접하고 있었음은 서한시대의 유안이 편찬한 『회남자』「인간훈(人間訓)」에 진제국이 쌓은 장성에 대해서 말하기를 "성을 쌓았는데 서쪽으로는 유사(流沙)에 이르고 북쪽으로는 요수(遼水)와 만나며 동쪽은 조선과 연결되었다."[66] 라고 한 것에서도 다시 한 번 확인된다.

둘째, 진개의 침략으로 고조선이 서부의 넓은 땅을 잃었는가 하는 점이다. 그동안 일부 학자들은 중국의 전국시대에 연나라 장수 진개의 침략을 받아 고조선이 서부 2천 리의 땅을 빼앗겼다고 보았다. 이것은 『삼국지』「동이전」에 주석으로 실린 『위략』의 내용에 따른 것이다.[67] 이러한 견해에 따르면, 고조선의 서쪽 국경을 어느 지역으로 잡든 진개의 침략으로 말미암아 고조선의 서쪽 국경은 동쪽으로 크게 이동했을 것이다. 이러한 견해에 근거하여 고조선의 서쪽 국경은 원래 난하 유역이었으나 진개의 침략을 받아 대릉하(大凌河) 유역으로 옮겨졌을 것으로 보기도 한다.[68]

진개가 고조선을 침략한 것은 연나라 소왕(昭王) 때(서기전 312~279)로 전국시대 중기였다. 그런데 앞에서 이미 확인된 바와 같이 전국시대

---

66 『회남자』 권18, 「인간훈」. "築脩城, 西屬流沙, 北擊遼水, 東結朝鮮."

67 『삼국지』 권30 「동이전」 〈한전〉에 주석으로 실린 『위략』. "연나라는 바로 장수 진개를 보내어 그 서방을 공격하여 2천여 리의 땅을 취하고 만번한에 이르러 경계로 삼으니 조선은 마침내 약화되었다(燕乃遣將秦開攻其西方, 取地二千餘里, 至滿番汗爲界, 朝鮮遂弱)."

68 리지린, 『고조선 연구』, 학우서방, 1964, pp. 11~96.

부터 서한시대에 이르기까지 고조선의 서쪽 국경은 변함없이 난하 유역이었다. 서한 초기에는 국경이 서한 지역으로 이동하여 고조선의 강역이 확대되었다. 이러한 사실은 진개의 침략으로 고조선의 영토가 줄어들지 않았음을 말해준다. 진개의 침략은 일시적인 것이었고 그는 다시 후퇴했음을 알게 해주는 것이다. 필자는 진개의 침략이 일시적인 것이었음을 이미 고증한 바 있지만[69] 그 요지만을 간단히 소개하겠다.

『위략』에는 진개가 고조선을 침략한 후 국경을 만번한으로 삼았다[70]고 기록되어 있다. 만번한은 후에 서한시대에 요동군에 속했던 문현(만현)과 번한현 지역을 합해 부른 명칭이었다. 이 점에 대해서는 학자들 사이에 이론이 없다.[71] 그런데 앞에서 이미 확인된 바와 같이 서한시대의 요동군은 진장성의 서쪽 난하 하류 유역에 자리하고 있었다.

만번한이 난하 유역에 있었음은 다음 기록에서도 확인된다. 『한서』 「지리지」에는 번한현에 한수(汗水)가 있다고 주석되어 있는데,[72] 『수경주』에 의하면 한수는 지금의 난하 지류였다.[73] 이와 같이 만번한은 난하 유역에 자리하고 있었다. 그러므로 진개가 고조선을 침략한 후 국경을 삼았던 만번한은 난하 유역에 있었던 지명이었음을 알 수 있다. 이러한 사실은 진개 침략 후 고조선의 서쪽 국경이 진개 침략 이전과 차이가 없었음을 알게 해준다. 진개는 고조선을 일시 침략했다가 다시 후퇴했던 것이다.

---

69 윤내현, 「고조선의 위치와 강역」 『한국고대사신론』, pp. 59~70.

70 주 67 참조.

71 이병도 · 김재원, 『한국사—고대편』, 을유문화사, pp. 105~106.

72 『한서』 권28 하 「지리지」 하 〈요동군〉 '번한현'에 대한 주석. "應劭曰, 汗水出塞外, 西南入海."

73 역도원, 『수경주』 권14 「유수」조 참조. 유수는 난하의 옛 명칭이었다.

진개가 고조선을 침략한 후 후퇴했음은 『사기』 「조선열전」과 『염철론』 「비호(備胡)」편 기록에서도 확인된다. 『사기』 「조선열전」에는,

> 처음 연나라의 전성기부터 일찍이 진번과 조선을 침략하여 복속시키고 관리를 두기 위해 장새(鄣塞)를 쌓았다.[74]

고 했는데, 이것은 진개의 고조선 침략을 말하는 것이다.[75] 진개는 고조선의 서부 변경에 위치해 있던 거수국들인 기자조선[76]과 진번을 쳤던 것이다. 그런데 같은 열전에는 위만이 나라를 세운 후,

> 이로써 (위)만은 군사의 위세와 재물을 얻고 그 주변의 소읍(小邑)들을 침략하여 항복시키니 진번과 임둔도 모두 와서 복속하여 (그 영토가) 사방 수천 리나 되었다.[77]

고 했다. 이때 위만은 서한의 외신(外臣)이 되어 있었다.[78] 그러므로 위

---

74 『사기』 권115 「조선열전」. "自始全燕時, 嘗略屬眞番·朝鮮, 爲置吏, 築鄣塞."

75 연나라의 전성기는 소왕 때(서기전 312~279)였는데, 이때 진개가 고조선을 침략했다. 그러나 그 후 연나라는 급속히 쇠퇴의 길을 걷게 되어 멸망의 위기에 이른다. 이러한 연나라의 사정을 알고 보면 진개가 고조선을 침략한 후 그 세력을 그대로 유지했을 것으로는 생각할 수 없다. 진개의 고조선 침략에 관해서는 『삼국지』 권30 「동이전」 〈한전〉의 주석으로 실린 『위략』을 참고하기 바람.

76 여기서 말하는 조선은 고조선 거수국으로 서부 변경에 위치해 있었던 기자조선이다. 이 점은 『삼국지』 「동이전」 〈한전〉의 주석으로 실린 『위략』의 내용을 통해 알 수 있다.

77 『사기』 권115 「조선열전」. "以故滿得兵威財物侵降其旁小邑, 眞番·臨屯皆來服屬, 方數千里."

78 위의 『사기』 「조선열전」. "서한의 요동태수는 바로 위만을 외신으로 삼기로 약속했다(遼東太守卽約滿爲外臣)."

만이 서한의 영토를 침략했을 리는 만무하다. 위만은 고조선 영토를 침략했다고 보아야 한다. 그런데 위의 인용문 내용에 의하면, 이전에 진개가 복속시킨 바 있는 진번을 위만이 다시 복속시켰다. 이것은 진개가 진번을 침략한 후 그 지역이 다시 고조선의 영토로 수복되어 있었음을 알게 하는 것이다. 『염철론』 「비호」편에는,

> 대부(大夫)가 말하기를 옛적에 사이(四夷)가 모두 강하여 (중국에) 쳐들어와서 피해를 입혔는데, 조선은 요(徼)를 넘어 연나라의 동부 땅을 빼앗았다.[79]

고 기록되어 있다. 이 기록에 나오는 요(徼)는 고조선과 연나라 사이에 설치되어 있었던 연나라의 요새로서 『사기』 「조선열전」에 의하면 진개가 고조선을 침략한 후에 설치되었던 것이다.[80] 그런데 이 요새를 넘어 고조선이 연나라의 동부 땅을 빼앗았다는 것이다. 이로 보아 고조선은 진개의 침략을 받았으나 이를 반격하여 오히려 연나라의 동부 땅을 빼앗은 사건이 있었음을 알 수 있다.

셋째, 고조선의 서쪽 국경이나 중심부가 계속 동쪽으로 이동했는가 하는 점이다. 고조선의 서쪽 국경과 중심부가 계속 동쪽으로 이동하여

---

79 『염철론』 권7 「비호」. "大夫曰, 往者四夷具強, 竝爲寇虐, 朝鮮踰徼, 劫燕之東地."

80 『사기』 권115 〈조선열전〉에 "自始全燕時, 嘗略屬眞番·朝鮮, 爲置吏, 築鄣塞. 秦滅燕, 屬遼東外徼."라 했는 바 연나라의 전성기에 진번과 조선을 침략하여 복속시켰다는 것은 진개의 침략을 말한다. 그런데 진개의 고조선 침략 후에 국경의 요새인 장새(鄣塞)가 만들어졌고, 연이 멸망하고 진제국이 건국된 후에는 그것들이 요동에 있었던 외요(外徼)에 속하게 되었다고 했으므로 전후 내용으로 보아 요동의 외요(가장 변경에 있던 요새)는 진개의 고조선 침략 후에 만들어졌던 것으로 보인다.

한반도 북부에 이르렀을 것이라는 견해는 근래에 서영수와 노태돈이 제출했다.[81] 이것은 고조선의 강역이 만주를 포괄하고 있었다는 필자의 주장에 반대하고 고조선은 한반도 북부 일부만을 차지하고 있었다는 종래의 일부 학자들의 견해를 옹호하기 위해 그 내용을 약간 변형하여 제출한 것으로 생각된다. 그러나 앞에서 이미 확인된 바와 같이 고조선의 서쪽 국경은 위만조선이 건국된 서한 초까지 난하 유역으로부터 동쪽으로 이동한 적이 없다. 오히려 고조선 말기인 서한 초에는 고조선의 서쪽 국경이 서한 지역으로 이동했었다. 지금의 요서 지역에 위만조선이 건국됨으로써 난하와 갈석산 지역은 위만조선과 서한의 경계가 되었으며 고조선의 서쪽 경계는 대릉하 유역이 되었다. 그 후 위만조선이 망하고 그 지역에 한사군이 설치되어 고조선의 서쪽 국경은 지금의 요하로 이동하게 되었던 것이다. 따라서 서영수와 노태돈의 견해는 성립될 수 없다.

독자들의 이해를 돕기 위해 이들이 채택한 연구 방법과 자료의 문제점을 지적해두고자 한다. 서영수와 노태돈은 고조선의 강역을 연구하는데 『사기』「조선열전」이 가장 기본이 되는 사료라고 강조하면서 그 내용을 연구의 출발점으로 잡고 있다.[82] 그러나 그렇지 않다. 『사기』「조선열전」은 고조선이 아니라 위만조선에 관한 기록이다. 위만조선은 고조선 영토의 서부 변경 일부를 차지하고 있었다.[83] 『사기』「조선열전」 첫머리

---

81 서영수, 「고조선의 위치와 강역」, 『한국사시민강좌』 제2집, pp. 19~50.
노태돈, 「고조선 중심지의 변천에 대한 연구」 『한국사론』 23, pp. 1~55.

82 위와 같음.

83 지난날 한국사 학계에서는 고조선의 뒤를 이어 위만조선이 지금의 평양 지역에 자리하고 있었던 것으로 잘못 인식했다. 필자는 위만조선의 위치가 지금의 요서 지역이었음을 고증한 바 있다(앞 글, 「위만조선의 재인식」· 이 책의 제1편 제5장 제1절 「위만조선과 한사군의 위치」 참조).

에는 위만조선이 건국되기 전 고조선과 중국의 관계에 대해 약간 언급되어 있기는 하다. 그러므로 고조선과 중국의 국경을 연구하는 데 참고가 되기는 한다. 그러나 그것이 고조선의 서쪽 국경을 연구하는 데 가장 기본이 되는 사료나 고조선 연구의 출발점이 될 수는 없다.

『사기』「조선열전」에는 고조선과 중국의 국경 지대에 있었던 진번(眞番)·장새(鄣塞)·요동외요(遼東外徼)·요동고새(遼東故塞)·패수(浿水) 등의 명칭이 보이기는 한다. 그러나 그것들이 지금의 어느 지역에 위치하고 있었으며 서로 어느 정도의 거리에 있었는지를 「조선열전」 기록만으로는 전혀 알 수 없다. 서영수와 노태돈은 고조선의 서쪽 국경을 확인하는 데 『사기』「조선열전」보다 더 기본이 되는 기록이 없는 것으로 강조했다.[84] 그러나 앞에서 필자가 인용한 바와 같이 고조선의 서쪽 국경을 분명하게 확인할 수 있는 그보다 앞선 시대이면서도 내용이 구체적인 「진시황본기」를 비롯한 여러 기록들이 있다.

사마천은 『사기』에서 고조선과 중국이 국경을 접하고 있었던 고대의 요동은 지금의 요동이 아니었고 난하 유역의 갈석산 지역이었음을 분명하게 밝히고 있다. 그럼에도 불구하고 서영수와 노태돈은 그러한 기록은 확인해보지도 않은 채 고대의 요동이 지금의 요동과 동일한 지역이었을 것이라는 전제 아래 『사기』「조선열전」 기록을 해석하고 논리를 전개했다. 그뿐만 아니라 진번·요동외요·요동고새·패수 등의 위치 고증은 서한시대 이전의 기록을 근거로 해야 함에도 불구하고 그러한 고증은 하지도 않고 지금의 요동을 기준으로 임의로 위치를 설정했다.[85] 따라서 그들의 연구는 출발부터 오류를 범하고 있다.

---

84 주 81과 같음.

85 위와 같음.

더욱이 노태돈은 이러한 논리를 뒷받침하기 위해 나름대로 몇 가지 근거를 제시하고 있다. 그는 연장성과 진장성은 요동에 이르렀는데, 그 요동은 지금의 요동이었다고 주장하면서 그 근거로 산해관에 이르는 지금의 만리장성보다 훨씬 북쪽의 요동 지역에서 발견된 성터를 들었다. 그 성터에서는 연·진·한시대의 유물이 출토되었으므로 이것은 연장성과 진장성이 지금의 요동에 이르렀다는 실물 증거라고 했다.[86] 이것은 만주 지역을 고대의 중국 영토에 포함시키려는 일부 중국 학자들의 잘못된 주장을 비판 없이 받아들인 것이다.

중국 학자들은 만주가 원래부터 중국 영토였다고 주장하기 위해 만주에서 성터가 발견되면 그것을 진장성 즉 만리장성이라고 주장하는 경향이 있다.[87] 여기서 주의해야 할 것은 중국의 연나라나 진제국에서만 성을 쌓았던 것이 아니라는 점이다. 지금의 요서 지역은 원래 고조선의 영토였지만 서한 중기에는 한사군이 설치되어 중국 영토가 되었다가 후에는 고구려 영토가 되었다. 그러므로 중국에서도 서한 후기나 동한 또는 그보다 후대에 이 지역에 성을 쌓았을 수 있고 고조선이나 고구려도 이 지역에 성을 쌓았을 수 있다는 점을 생각해야 한다. 성터 자체로만은 그것이 어느 나라 성이었는지 알 수 없으며, 그 성이 만들어질 당시 그 지역이 어느 나라 영토였는지가 먼저 확인되어야 한다.

---

86 앞 글, 「고조선 중심지의 변천에 대한 연구」, pp. 12~13.

87 王鐘翰·陳連開, 「戰國秦漢遼東遼西郡考略」『社會科學輯刊』, 1979年 第4期, pp. 82~95.
黄麟書, 『秦皇長城考』, 造陽文學社, 民國 61(1972).
위 두 문헌은 논리 전개나 주장에는 차이가 있지만 만주를 진장성 지역으로 보고 있다는 점에서는 같다. 이들이 만주를 진장성 지역에 포함시킨 것은 고대의 요동을 오늘날의 요동과 동일한 지역으로 잘못 알고 있기 때문이다. 바르게 알고 있으면서도 의도적으로 그렇게 기술했을 수도 있다.

노태돈은 그 성터에서 연·진·한시대의 유물이 출토되므로 그것은 연장성과 진장성임이 틀림없다고 했지만 그렇지 않다. 지금의 요서 지역을 포함한 만주는 원래 고조선의 강역이었지만 후에 일시 중국 영토가 되었다. 그러므로 후에 그곳에 거주했던 중국인들이 가지고 있던 이전 시대의 유물이 그 지역에 묻혔다가 오늘날 출토되는 것으로 보는 것이 자연스러울 것이다. 그리고 연·진·한시대의 유물이 성터에서 출토된다는 것은 그 성이 진·한시대에 쌓은 것이 아니라 한대 이후에 축조되었음을 말해주는 것이다. 그 성이 한대 이전에 쌓아졌다면 그 속에 한대의 유물이 묻혀 있을 수 없기 때문이다.

『한서』의 「소제기(昭帝紀)」와 「천문지(天文志)」는 서한이 소제(昭帝) 원봉(元鳳) 6년(서기전 75)에 요동에 현도성을 쌓은 것으로 기록하고 있다.[88] 고대의 요동은 지금의 요서 지역이었음이 앞에서 밝혀졌고, 한사군의 현도군은 지금의 요하 서부 유역에 자리하고 있었음도 고증된 바 있다.[89] 따라서 서한은 한사군이 설치되어 지금의 요서 지역이 그들의 영토가 된 후에 그 지역에 성을 쌓았음이 확인된다.

한편 지금의 요서 지역에 고구려도 성을 쌓은 바 있다. 『삼국사기』 「고구려본기」에는 태조왕 3년에 요서에 10개의 성을 쌓고 한나라 군사의 침략에 대비했다고 기록되어 있다.[90] 이상과 같이 지금의 요서 지역에는 서한과 고구려가 성을 쌓은 일이 있다. 기록은 남아 있지 않지만

---

88 『한서』 권7 「소제기」 〈원봉 6년〉조. "6월 봄 정월에 군국(軍國)의 죄수를 모집하여 요동성과 현도성을 쌓았다(六年春正月, 募軍國徒築遼東·玄菟城)."
이와 동일한 내용이 『한서』 권26 「천문지」에도 실려 있다.

89 이병두, 「요동·현도군의 위치」, 『백산학보』 제37호, pp. 5~26.
이 책의 제1편 제5장 제1절 「위만조선과 한사군의 위치」 참조.

90 『삼국사기』 권15 「고구려본기」 〈태조대왕〉. "三年, 春二月, 築遼西十城, 以備漢兵."

고조선도 이 지역에 성을 쌓았을 가능성이 있다. 앞에서 이미 확인된 바와 같이 지금의 요서 지역은 고조선 영토였으므로 전국시대의 연나라나 진제국이 이 지역에 성을 쌓았을 수는 없다. 그러므로 이 지역에서 발견된 성터들은 위에서 밝힌 서한 소제 시대에 쌓은 현도성이거나 그보다 늦게 중국인들이 쌓은 성, 또는 고조선이나 고구려가 쌓은 성들로 보는 것이 옳을 것이다.

노태돈은 진장성이 지금의 요동까지였다고 주장하기 위해 진장성이 갈석산에 이르렀다는 기록은 진(晉)시대에 처음으로 나타나기 때문에 믿을 수 없다고 했다.[91] 그러면서도 앞에 인용된 『진서』「당빈전」에 진장성이 온성(溫城)에서 갈석(碣石)까지 거의 3천 리였다는 기록에 대해서는 온성의 위치를 알 수는 없지만 그 길이가 3천 리였다면 지금의 요동에 이르렀다고 보아야 한다고 주장했다.[92] 그리고 또 『통전』에 우갈석(右碣石)과 좌갈석(左碣石) 두 개의 갈석설이 있음을 들면서 진장성의 동쪽 끝을 이루었던 갈석은 난하 유역의 갈석이 아니라고 했다.[93]

노태돈이 온성의 위치를 알지 못하면서 그곳에서 3천 리 떨어진 곳을 지금의 요동으로 본 것은 지극히 추상적인 것이다. 그는 『사기』에 난하 유역의 갈석산 지역이 당시의 요동이었으며 진장성이 요동에 이르렀다고 밝히고 있음에도 불구하고 이러한 기본 사료는 언급하지도 않았다. 그리고 이보다 훨씬 후대인 당(唐)시대에 편찬된 『통전』의 두 개의 갈석설을 주장의 근거로 삼는 것은 잘못된 연구 방법이다.

『통전』은 당이 신라와 연합하여 고구려를 멸망시킨 후 편찬된 것으로

---

91 앞 글, 「고조선 중심지의 변천에 대한 연구」, pp. 13~21.

92 위와 같음.

93 윗글, pp. 13~15.

중국인들의 영토에 대한 관념이 사실과 다르게 변화되었을 가능성이 있다는 점을 유의해야 한다. 그리고 『통전』 편찬자인 두우(杜佑)가 두 개의 갈석설을 말한 것은 『상서(尙書)』의 "협우갈석입어하(夾右碣石入於河)"라는 기록을 "우갈석을 끼고 하(河)로 들어간다."로 해석하여 우갈석이 있었다면 좌갈석도 있었을 것으로 보았기 때문이었다.[94]

그러나 『상서』의 이 구절은 두우의 해석과는 달리 "갈석을 오른쪽으로 끼고 하(河)로 들어간다."로 해석하는 것이 일반적이다.[95] 이렇게 해석하면 갈석은 하나이며 우갈석이나 좌갈석이 따로 있을 수 없다. 지금까지 지금의 요동이나 한반도에 갈석산이 있었다는 기록이나 근거는 전혀 발견된 바 없다. 그리고 두우도 두 개의 갈석 가운데 진장성이 시작된 갈석은 난하 유역의 갈석이었다고 말하고 있는데, 이 점에도 유의해야 한다.[96]

---

94 두우, 『통전』 권186 「변방」2 〈고구려〉. "생각건대 『상서』에 이르기를 '夾右碣石入於河'라 했는 바 우갈석은 바로 강이 바다로 향하는 곳으로서 지금의 북평군 남쪽 20여 리다. 그러므로 고구려 안에 있는 것은 좌갈석이 된다(按尙書云, 夾右碣石入於河, 右碣石卽河赴海處, 在今北平郡南二十餘里, 則高麗中爲左碣石)."

95 노태돈은 두우의 두 개의 갈석설을 따르면서도 이 문장의 해석은 두우를 따르지 않고 일반 해석을 따르고 있다(앞 글, 「고조선 중심지의 변천에 대한 연구」, p. 13 참조).

96 『통전』 권178 「주군」 〈평주〉 '노룡(盧龍)'. "한나라의 비여현에는 갈석산이 있는데 바닷가에 갈연(碣然)히 서 있으므로 그렇게 이름하였다. 진(晉)나라의 『태강지(리)지』에는 진(秦)나라가 쌓은 장성은 갈석으로부터 시작된 바라 하였으니 지금의 고구려 옛 경계에 있는 것은 이 갈석이 아니다(漢肥如縣有碣石山, 碣然而立在海旁故名之. 晉太康地志同秦築長城所起自碣石, 在今高麗舊界非此碣石也)." 이 구절의 내용은 『통전』이 쓰인 당(唐)시대의 평주 노룡현은 한나라 때의 비여현으로 그곳에 있는 갈석산은 진장성이 시작된 곳이며 고구려 옛 경계에 있는 갈석산은 진장성이 시작된 곳이 아니라는 것이다. 당시대의 평주 노룡현은 지금의 난하 유역이었다(譚其驤 主編, 『中國歷史地圖集』 第5冊－隋·唐·五代十國時期). 그러므로 『통전』의 저자인 두우는 난하 유역의 갈석산을 진장성이 시작된 곳으로 보고 있다.

그런데 『통전』 권186 「동이(東夷)」 〈고구려〉조에는 다음과 같은 기록이 있다. "갈석산은

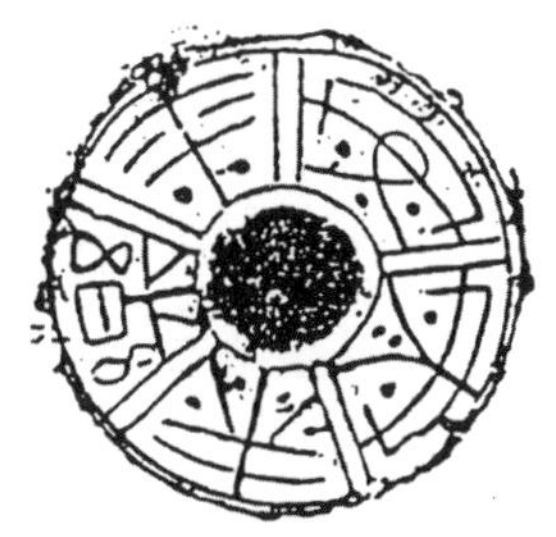

도판 1 : 단동 출토 '안평락미앙' 와당 명문.

노태돈은 한(漢)대의 요동군이 지금의 요동과 동일한 지역이었을 것이라는 근거로 압록강 유역 단동(丹東)에서 출토된 와당(瓦當)의 명문(銘文)을 제시하고 있다.[97] 그것은 "안평락미앙(安平樂未央)"이라는 명문이다. 이 명문 가운데 안평(安平)은 지명을 나타내는 것으로 이 와당이 출토된 단동 지역은 한대의 요동군 서안평현(西安平縣)이라는 것이다. 이것은 단동의 유적을 발굴한 중국인이 제기한 것인데(도판 1)[98] 일본 학자에 의해 받아들여졌고,[99] 다시 노태돈에 의해 강조되었다.

그러나 그러한 견해는 잘못되었다. 우선 한대의 기록인 『사기』와 『한

한나라의 낙랑군 수성현에 있는데 장성이 이 산에서 시작되었다. 지금 조사해보니 장성이 동쪽으로 요수를 끊고 고구려로 들어가는데 그 유적이 아직도 남아 있다(碣石山在漢樂浪郡遂城縣長城起於此山, 今驗長城東截遼水而入高麗, 遺址猶存)." 고구려의 위치를 지금의 요동 지역으로 보는 견해에 따라 이 구절을 읽으면 진장성이 시작되는 갈석산은 지금의 요동 지역에 있었던 것처럼 보인다. 그러나 고구려는 지금의 요동 지역으로 이동해 오기 전에 원래 난하 유역에 있었다(윤내현, 「고조선의 국가 구조」 『겨레문화』 6, 한국겨레문화연구원, 1992, pp. 83~87 참조). 그러므로 이 갈석산은 난하 유역에 있었던 낙랑군 수성현의 갈석산이다.

97 앞 글, 「고조선 중심지의 변천에 대한 연구」, p. 8.

98 曹汛, 「靉河尖古城和漢安平瓦當」 『考古』, 1980年 6期, pp. 566~567.

99 谷豐信, 「楽浪郡位置」 『朝鮮史研究會論文集』, 第24輯, 1987.

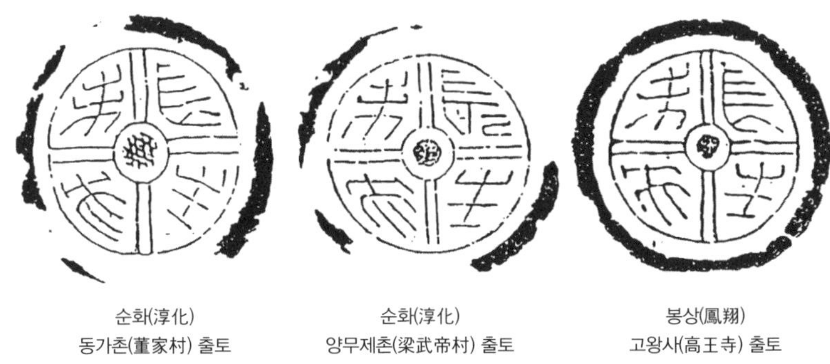

순화(淳化)
동가촌(董家村) 출토

순화(淳化)
양무제촌(梁武帝村) 출토

봉상(鳳翔)
고왕사(高王寺) 출토

도판 2 : 여러 지역에서 출토된 한대의 '장생미앙' 와당 명문.

서』에 의해 당시 요동군은 난하 유역에 있었음이 분명하게 확인되는데, 그것을 무시하고 그곳과는 전혀 다른 압록강 유역을 한대의 요동군으로 본 것은 역사 연구 방법과 유물 해석의 기본 원칙을 벗어난 것이다.

그뿐만 아니라 명문의 '안평'은 서안평현을 뜻하지도 않는다. "안평락미앙"은 "평안함과 즐거움이 아직 다하지 않았다(계속 성장하고 있다)."는 뜻의 길상구(吉祥句)이다. 한대의 와당 명문에서 지명이 기록된 것은 지금까지 발견된 예가 거의 없다.[100] 그리고 이와 유사한 "장락미앙(長樂未央)", "장생미앙(長生未央)" 등의 문구가 새겨진 한대 와당이 여러 곳에서 출토되는데 '장락'이나 '장생'이라는 동일한 문구가 새겨진 와당이 전혀 다른 지역에서 출토되고 있다(도판 2).[101]

---

100 조신(曹汛)은 단동에서 출토된 와당의 명문에 나오는 안평을 현명(縣名)일 가능성이 있다고 말하면서도 한대 와당 가운데 현명을 기록한 예는 별로 보이지 않는다고 말했다(앞 글, 「靉河尖古城和漢安平瓦當」 참조).

101 徐錫台·樓宇楝·魏效祖, 『周秦漢瓦當』, 文物出版社, 1988, pp. 340~359.

이러한 사실은 와당 명문의 '안평'이 지명이 아님을 알게 해준다. 설사 안평이 지명이라는 노태돈의 주장을 받아들인다고 하더라도 단동 지역은 서안평이 아니라 와당의 명문에 따라 안평이 되어야 할 것이다. 그리고 서안평은 안평보다는 서쪽의 어느 지역에서 찾아야 옳다는 논리가 성립될 것이다.

6. 마치며

지금까지 『사기』와 『한서』 및 서한시대와 그 이전의 문헌 기록을 통해 고조선의 서쪽 국경을 고증했다. 그 결과 다음 사실들이 확인되었다.

고조선 말기인 중국의 전국시대부터 서한 초기까지, 즉 서기전 5세기 무렵부터 서기전 2세기 무렵까지의 고조선 서쪽 국경은 지금의 난하와 갈석산으로 형성되어 있었다. 그리고 전국시대 연나라와 진제국이 쌓았던 연장성과 진장성은 바로 이 고조선과 중국의 국경선상에 위치해 있었다. 서한 초에 이르러서는 고조선의 서쪽 국경이 서한 지역으로 옮겨져 고조선의 강역이 확대되었다. 이러한 고조선의 국경은 지금의 요서 지역에 위만조선이 건국되기까지 변화가 없었다.

고조선 중기인 서기전 16세기 무렵까지도 난하 유역은 고조선의 강역에 포함되어 있었다. 그보다 앞선 고조선 초기의 서쪽 국경은 분명하게 알 수 없으나 난하 유역이 중국의 영역이 아니었던 것만은 분명하며 고조선의 영향력 아래 있었을 가능성이 크다. 고고 자료에 난하 유역은 고조선과 동일한 문화권이었던 것으로 나타나기 때문이다.

고조선의 서쪽 국경을 확인하는 과정에서 그에 대한 이해를 분명히 하기 위해 요동의 개념과 지리적 위치를 고증했다. 요동은 고조선과 중국의 국경을 이해하는 데 매우 중요한 의미를 갖는다. 그런데 그동안 일부 학자들은 고대의 요동을 지금의 요동과 동일한 위치였던 것으로 잘못 인식하고 있었다.

요동에는 두 가지 다른 개념이 있었다. 하나는 중국인들에게 있어 그들 영토의 동쪽 끝인 '극동'을 의미하는 일반 의미의 요동이고, 다른 하나는 진제국과 서한의 행정구역이었던 요동군이었다. 일반 의미의 요동은 서한 초까지는 지금의 난하 유역에서 요서에 이르는 지역이었으나 지금의 요서 지역에 한사군이 설치되어 그 지역이 중국 영토에 편입된 후에는 지금의 요동 지역으로 이동했다. 따라서 고조선시대의 요동은 지금의 요동 지역이 아니라 그보다 훨씬 서쪽인 난하 유역이었던 것이다. 진제국과 서한의 행정구역이었던 요동군은 난하 하류 유역에 위치했는데 지금의 갈석산 서쪽 지역이었다.

진·한시대의 동북부 국경선에는 진장성(만리장성)이 있었는데, 그것은 난하 하류 동부 유역에 있는 지금의 갈석산 지역에서 시작되어 서쪽으로 난하를 가로질렀다. 요동군은 진장성과 접하여 그 서쪽에 자리하고 있었다. 따라서 행정구역이었던 요동군은 일반 의미의 요동의 서남부 일부를 형성하고 있었으며 요동의 대부분이 고조선 강역이었다.

그런데 지금의 요서 지역에 한사군이 설치되어 그 지역이 중국 영토에 편입됨에 따라 일반 의미의 요동은 지금의 요하 동쪽으로 이동했고 요동군은 그대로 난하 유역에 위치했다. 일반 의미의 요동과 행정구역인 요동군이 멀리 떨어져 있게 되었던 것이다. 요동군은 행정구역의 개편이 있기까지는 위치가 변동될 수 없었기 때문이었다.

이상과 같이 요동은 두 가지 다른 의미를 지니고 있었을 뿐만 아니라 시대에 따라 위치와 상호 간의 지리 관계에도 변화가 있었다. 그러므로 옛 문헌에 요동이 등장할 경우 그 요동의 의미와 지리적 위치를 먼저

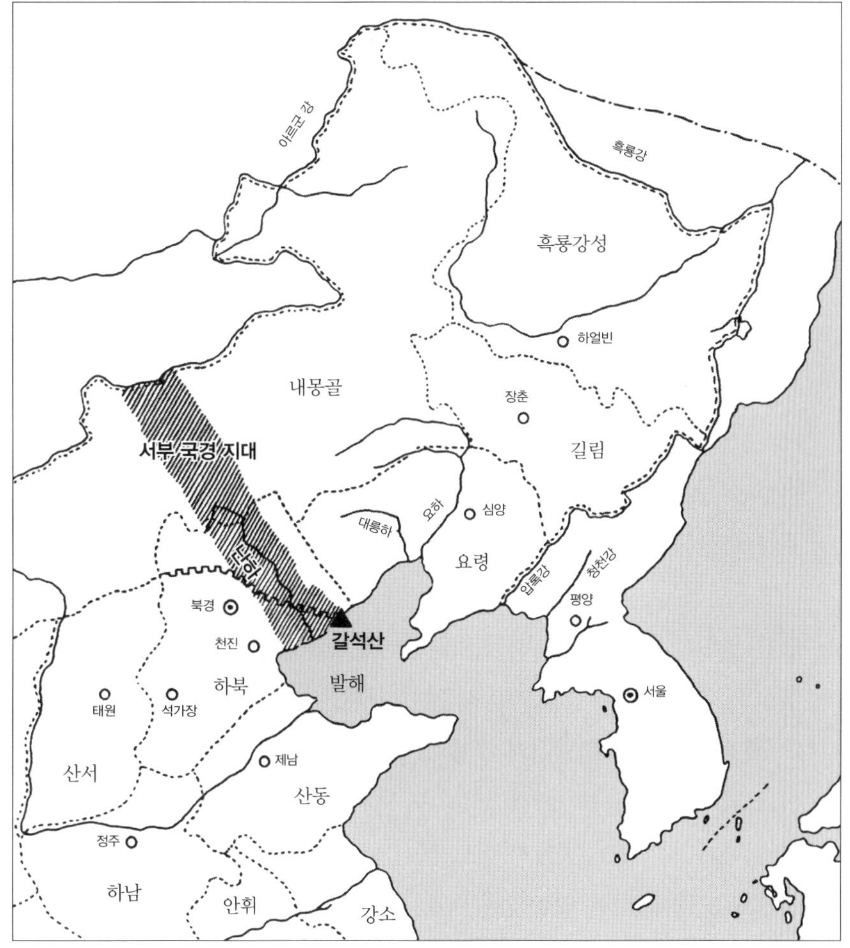
아르군 강
흑룡강
흑룡강성
하얼빈
내몽골
장춘
길림
서부 국경 지대
심양
요하
대릉하
요령
난하
압록강
청천강
평양
북경
천진
갈석산
발해
하북
태원
석가장
서울
산서
제남
산동
정주
하남
안휘
강소

고조선의 서부 국경 지대

확인할 필요가 있다.

고조선의 서쪽 국경을 고증한 결과 다음과 같은 사실도 확인되었다. 지난날 일부 학자들은 고조선과 중국 사이에 동호의 영토가 있었을 것으로 보았다. 그러나 그것은 잘못이다. 고조선은 중국의 연·진제국·서한제국 등과 국경을 접하고 있었다. 따라서 고조선과 중국 사이에 동호의 영토가 있었을 수 없다.

그리고 지난날 일부 학자들은 고조선이 말기에 연나라 장수 진개의 침략을 받아 서부 영토 2천여 리를 빼앗겼던 것으로 인식해왔다. 그것도 사실과 다르다. 고조선은 붕괴되기까지 서쪽 국경이 난하 유역에서 동쪽으로 이동한 적이 없다. 오히려 때에 따라 난하 서쪽으로 이동했다. 따라서 그러한 견해도 성립될 수 없다. 진개의 침략은 일시적인 것이었고 고조선은 서부 영토를 바로 수복했을 뿐만 아니라 연나라의 영토 일부를 빼앗아 침략을 응징하기까지 했다.

그동안 일부 학자들이 고조선의 서부 국경에 대해 잘못 인식하고 있었던 원인은 사료를 충분히 섭렵하지 못했고 사료의 선택이나 해석 등에서도 합리적인 방법을 따르지 않았기 때문이었다. 고조선 초기의 서쪽 국경을 분명하게 밝히지 못했다는 문제점은 여전히 남는다. 그러나 어느 나라 역사에서나 고대국가의 국경을 초기부터 말기까지 구체적으로 밝히기는 어렵다. 따라서 어느 한 시기의 강역이 확인되면 그것을 그 국가의 국경에 대한 일반 개념으로 받아들이는 것이다. 그러므로 고조선의 서쪽 국경은 난하 유역이었다고 일반화할 수 있을 것이다.

고조선의 서쪽 국경을 마무리하면서 참고로 알아두어야 할 것이 있다. 그것은 지난날 일본이 만주에 괴뢰정권인 만주국을 세운 바 있는데 그 서쪽 국경이 지금의 난하 유역이었다는 점이다. 만주국의 서쪽 국경이 고조선의 서쪽 국경과 동일했던 것은 우연의 일치였을까? 아니면 일본 학자들은 역사적으로 그 지역이 중국의 영역이 아니라 고조선의 강역이었음을 알고 있었던 것은 아닐까? 그러면서도 그들은 고조선의 존재를 부인하여 만주를 한국과 중국의 역사에서 분리하고자 한 것은 아니었을까?

II 고조선시대의 패수

1. 들어가며

한국과 중국의 옛 문헌에는 여러 개의 패수(浿水)가 등장한다. 그러한 패수 가운데 여기서 연구 대상으로 삼고자 하는 것은 고조선과 중국의 국경을 이루었던 패수이다. 패수는 그동안 한국사 학자들에게 특별한 관심의 대상이었다. 왜냐하면 패수를 확인하는 것은 바로 고조선과 중국의 국경을 확인하는 것으로서 고조선의 강역을 밝히는 작업의 일부가 되기 때문이었다. 그럼에도 불구하고 패수의 위치에 대해서는 아직까지 정설이 없다. 그 결과 패수의 위치에 대한 서로 다른 견해의 차이로 인해 고조선의 강역에 대한 인식에 혼란을 가져왔다. 필자는 그러한 혼란을 없애기 위해 고조선과 중국의 국경을 이루었던 패수의 위치를 기본 사료에 따라 고증하고 그동안의 연구가 어떠한 오류를 범했는지를 살펴보고자 한다.

먼저 알아야 할 것은 패수의 위치 확인만이 고조선과 중국의 국경을 아는 유일한 길은 아니라는 점이다. 예컨대 지금의 서울은 북쪽에 북한산이 있고 남쪽에 남한산이 있으며 그 중심에 남산이 있다. 그리고 한강이 흐르고 있다. 먼 훗날 학자들이 지금의 서울 위치를 확인하고자 할 때 반드시 한강의 위치를 알아야만 서울의 위치가 확인되는 것은 아니다. 북한산이나 남한산, 남산 등의 위치가 확인되면 비록 한강의 위치를 확인하지 못했더라도 서울의 위치를 알 수 있다. 마찬가지로 고조선과 중국의 국경을 고증하는 데 있어서도 비록 패수의 위치를 확인하지 못했더라도 그 지역에 있었던 산명이나 지명 또는 다른 강 이름 등이 확인되면 그것들을 기준으로 고조선과 중국의 국경 지역을 알 수 있다.

중국의 옛 문헌에 기록된 바에 의하면, 고조선과 중국의 국경 지역에는 요수라는 강과 갈석이라는 산이 있었으며 요동군과 요서군이라는 진·한제국의 행정구역이 있었다. 그리고 국경선에는 전국시대의 연국과 진제국이 쌓은 장성이 있었다. 그러므로 이러한 것들의 위치가 확인되면 패수의 위치를 정확하게 알지 못하더라도 고조선과 중국의 국경을 알 수 있다. 필자는 이것들에 대한 위치 고증을 통해 고조선과 중국의 국경이 지금의 난하 유역이었음을 이미 밝힌 바 있다.[1] 따라서 패수의 위치 고증은 고조선과 중국의 국경을 확인하는 데 필수 요건은 아니지만 그것을 보완하는 역할을 하게 될 것이다. 필자는 고조선과 중국의 국경을 이루었던 패수의 위치에 대해서도 이미 견해를 밝힌 바 있는데[2]

---

1 윤내현,「고조선의 서변경계고」『남사정재각박사고희기념 동양학논총』, 고려원, 1984, pp. 1~38.
_____,「고조선의 위치와 강역」『한국고대사신론』, 일지사, 1986, pp. 15~80.
_____,「고조선의 서변경계 재론」『백산박성수교수화갑기념논총－한국독립운동사의 인식』, 백산박성수교수화갑기념논총간행위원회, 1991, pp. 524~539.

2 앞 글,「고조선의 위치와 강역」, p. 70.

이 글은 그것을 한층 더 구체화할 것이다.

2. 고대 문헌에 나타난 패수

패수에 대한 종래의 인식을 검토하기 위해 먼저 패수가 고조선과 관계를 가지고 나타난 기록을 보면 『사기』「조선열전」에,

> 연나라는 전성했던 시기부터 일찍이 진번과 조선을 침략하여 복속시키고 군리(軍吏)를 두기 위해 장새(鄣塞)를 쌓았다. 진(秦)나라가 연나라를 멸망시키고 (그것을) 요동외요(遼東外徼)에 속하게 하였다. (서)한이 일어났으나 그것이 너무 멀어서 지키기 어렵기 때문에 요동의 옛 요새를 다시 수리하고 패수에 이르러 경계로 삼아 연(燕)에 속하게 하였다. 연왕 노관이 (서한에) 반기를 들고 흉노로 들어가자 (위)만도 망명을 했는데, 천여 명을 모아 무리를 만들고 틀어올린 머리에 오랑캐 옷을 입고서 동쪽으로 도망하여 요새를 빠져나와 패수를 건너 진(秦)의 옛 공지(空地)인 상하장(上下鄣)에 거주하였다.[3]

고 되어 있다. 이 기록에 의하면 패수는 위만이 망명하기 이전 서한 초부터 고조선과 중국의 국경이었으며 위만이 망명할 당시에도 그대로 국경선을 이루고 있었다.

---

3 『사기』 권115 「조선열전」, "自始全燕時嘗略屬眞番·朝鮮, 爲置吏, 築鄣塞. 秦滅燕, 屬遼東外徼. 漢興, 爲其遠難守, 復修遼東故塞, 至浿水爲界, 屬燕. 燕王盧綰反, 入匈奴, 滿亡命, 聚黨千餘人, 魋結蠻夷服而東走出塞, 渡浿水, 居秦故空地上下鄣."

위만은 서한으로부터 고조선의 서부 변경 기자 일족이 거주하던 지역으로 망명했는데, 그때 패수를 건넜다. 이에 대해서는 『위략』에 다음과 같이 기록되어 있다.

> (서)한이 노관을 연왕으로 삼음에 이르러 조선과 연은 패수가 경계가 되었다. (노)관이 (서)한에 반기를 들고 흉노로 들어감에 이르러 연인(燕人) 위만도 망명을 하였는데, 오랑캐 옷을 입고 동쪽으로 패수를 건너 준에게 나아가 항복하였다.[4]

는 것이다. 서한은 서기전 202년에 건국되었고 위만은 서기전 195년에 고조선의 서부 변경으로 망명했으므로 위의 기록들을 통해 볼 때 서기전 3세기 말부터 패수가 고조선과 중국의 국경이었던 것은 분명하다. 그러나 위 기록의 내용만 가지고는 패수의 위치나 고조선과 중국의 국경이 지금의 어디였는지를 전혀 밝혀낼 수가 없다.

지난날 일부 학자들은 고조선과 중국의 국경을 확인하기 위해 패수라는 명칭을 가진 강을 찾는 데 열중했다. 그러나 그러한 연구 방법은 자칫 큰 잘못을 저지를 위험이 있다. 왜냐하면 오랜 세월이 흐르는 동안에 패수라는 강 이름이 다른 곳으로 이동했을 수도 있고 바뀌었을 수도 있기 때문이다. 예컨대 고대에 부여라는 국가가 있었는데 부여라는 지명을 찾아내서 거기가 부여국이 있었던 곳일 것으로 믿는다면 큰 오류를 범하게 될 것이다. 부여국은 만주에 있었는데 부여라는 지명은 지금의 충청남도에도 있기 때문이다. 실제로 패수라는 강 이름은 여러 곳에 있

---

4 『삼국지』 권30 「동이전」 〈한전〉에 주석으로 실린 『위략』. "及漢以盧綰爲燕王, 朝鮮與燕界於浿水. 及綰反, 入匈奴, 燕人衛滿亡命, 爲胡服, 東度浿水, 詣準降."

었던 것으로 옛 문헌에 나타난다. 우선 옛 문헌에 나타난 패수들을 살펴보면 다음과 같다.

첫째, 서한시대의 요동군 번한현에 패수가 있었다. 『한서』 「지리지」 〈요동군〉 '번한현'에 대한 반고(班固) 주석에는,

> 패수(沛水)가 (국경의) 요새 밖으로 나가 서남쪽에서 바다로 들어간다.[5]

고 기록되어 있다. 이 패수(沛水)는 패(沛) 자가 패수(浿水)와 다르게 표기되어 있다. 그러나 패수라는 강은 원래 처음부터 중국인들이 한자로 명칭을 붙인 것이 아니었다. 중국이 황하 중류 유역만을 다스리는 작은 정치세력으로 있었던 하(夏)나 상, 또는 서주시대에는 패수가 있었던 지역은 중국의 영역으로부터 멀리 떨어진 곳이었다. 그러므로 패수라는 강 이름은 원래 패수가 있었던 지역의 토착인들이 그 지역 토착어로 부르던 것이 후에 중국인들이 그 지역과 접촉하면서 한자로 표기된 것이다. 그런데 중국인들의 외래 고유명사에 대한 한자 표기는 소리의 표기 즉 음사(音寫)를 한 것이 대부분이기 때문에 동일한 명칭이 음은 같으나 뜻은 다른 한자로 표기되는 경우가 자주 있다. 따라서 패수(沛水)도 패수(浿水)로 볼 수 있는 것이다.

둘째, 서한시대의 낙랑군 패수현(浿水縣)에도 패수가 있었다. 『한서』 「지리지」의 〈낙랑군〉 '패수현'에 대한 반고 주석에는,

> 강이 서쪽으로 증지(增地)(현)에 이르러 바다로 들어간다.[6]

---

5 『한서』 권28 하 「지리지」 하 〈요동군〉 '번한현'의 반고 주석. "沛水出塞外, 西南入海."

6 『한서』 권28 하 「지리지」 하 〈낙랑군〉 '패수현'에 대한 반고 주석. "水西至增地入海."

고 기록되어 있다. 이 주석의 내용에는 강 이름이 나타나 있지 않은데, 그 이유는 강 이름이 그곳의 현명(縣名)과 동일했기 때문이었을 것이다. 따라서 패수현에 있었던 이 강의 명칭도 패수였을 것으로 볼 수 있다. 이 점에 대해서는 학자들 사이에 이견이 없다.

셋째, 『설문해자(說文解字)』에도 패수가 보인다. 그 기록을 보면,

> 패수(浿水)는 낙랑(군) 누방(鏤方)(현)을 나와서 동쪽으로 바다에 들어간다.[7]

고 되어 있다. 『설문해자』는 동한시대에 허신(許愼)에 의해 편찬되었으므로 이 패수는 동한시대의 패수이다. 『설문해자』에는 앞의 요동군 번한현에 있었던 패수(沛水)는 소개되어 있으나 낙랑군 패수현에 있었던 패수는 소개되어 있지 않다. 이 패수(沛水)와 패수(浿水)가 동일한 강이었는지 또는 다른 강이었는지에 대해서는 설명이 없다. 이 점에 대해서는 뒤에 다시 고찰하겠다.

넷째, 『수경주』에는 위의 패수들과는 다른 패수가 소개되어 있다. 『수경주』는 역도원이 『수경(水經)』이라는 책에 주해를 붙여 내용을 보완한 것이다. 『수경』은 저자를 알 수 없지만 중국의 삼국시대에 저술된 책으로 중국의 137개 주요 하천에 대해 기술하고 있다. 『수경』의 본문에는, "패수는 낙랑(군) 누방현(鏤方縣)을 나와 동남으로 임패현(臨浿縣)을 통과하여 동쪽에서 바다로 들어간다."[8] 고 패수를 소개하고 있다. 이 기록은 『설문해자』의 패수에 대한 설명보다 "동남으로 임패현을 통과한다."

---

7 『설문해자』 권11 상 「패부(浿部)」. "浿水出樂浪鏤方, 東入海."

8 『수경주』 권14 「패수」. "浿水出樂浪鏤方縣, 東南過臨浿縣, 東入于海."

는 내용이 추가되어 있기는 하지만, 이 패수는 낙랑군 누방현을 나와 동쪽에서 바다로 들어간다고 했으므로 『설문해자』에 소개된 패수와 동일한 강임을 알 수 있다.

그런데 이 주해를 단 역도원은 이와는 다른 패수를 소개하고 있다. 그는 패수에 대한 『수경』 본문 설명에 의문을 품고 나름대로 다른 패수를 찾아낸 것이다. 역도원이 왜 『수경』 본문 설명에 의문을 품게 되었으며 그것이 어떤 문제를 안고 있는지에 대해서는 뒤에 다시 살펴보기로 하고 『수경주』에 실린 역도원의 패수에 대한 주해를 보면, "내가 번사(番使 : 고구려 사신)를 방문하여 (물었더니 그는) 말하기를 성(고구려의 도성)이 패수의 북쪽에 있다고 하였다."[9] 고 기록하고 있다. 역도원은 북위시대(서기 386~534) 사람으로 서기 469년부터 서기 527년 사이에 생존했다. 고구려는 서기 427년(장수왕 15년)에 지금의 평양으로 도읍을 옮겼으므로 이 시기에 고구려는 지금의 평양에 도읍하고 있었다.

그런데 고구려 사신은 고구려의 도읍이 패수의 북쪽에 있다고 했으므로 위의 패수는 평양의 남쪽에 있는 강으로 지금의 대동강을 말한다. 대동강이 패강(浿江 : 패수)으로 불린 것은 『삼국사기』와 『삼국유사』에서도 확인된다. 『삼국사기』 「김인문전(金仁問傳)」에는,

> 황제가 형국공(邢國公) 소정방(蘇定方)에게 명하여 요동도행군대총관(遼東道行軍大摠管)을 삼아 여섯 군대로 만 리의 먼 길을 달려와 고구려군을 패강(浿江)에서 만나 격파하고 드디어 평양을 포위하였는데, 고구려군이 굳게 지키기 때문에 이를 극복하지 못하고 도리어 많은 병마(兵

---

9 『수경주』 권14 「패수」. "余訪番使, 言城在浿水之陽."

馬)의 사상자를 내었을 뿐 아니라 양도(糧道)도 계속되지 못하였다.[10]

고 기록되어 있고, 『삼국유사』 〈태종춘추공(太宗春秋公)〉조에는,

(신라 무열왕) 7년 임술(년)에 소정방에게 명하여 요동도행군대총관으로 삼았다가 잠시 후에 평양도(平壤道)로 고치고, 고구려의 군사를 패강(浿江)에서 격파한 후 마읍산(馬邑山)을 빼앗아 병영으로 삼고 마침내 평양성(平壤城)을 포위하였다. 때마침 눈이 많이 내렸으므로 (소정방은) 포위를 풀고 돌아왔다.[11]

고 기록되어 있다. 이것은 당나라 장수 소정방이 고구려의 도읍인 평양성을 치려고 했다가 실패한 사실을 말한 것으로 여기 나오는 패강은 평양 가까이에 있는 대동강임을 알 수 있다. 강(江)과 수(水)는 둘 다 하천을 뜻하므로 패강과 패수는 서로 통용되었을 것이다. 『삼국사기』「지리지」에서는 대동강을 고조선의 패수로 보고 있다.[12] 이러한 견해는 잘못된 것인데, 이 점에 대해서는 뒤에 검토할 것이다.

다섯째, 『삼국사기』에는 대동강과는 다른 또 하나의 패수가 기록되어 있다. 『삼국사기』 〈광개토왕〉조에는, "(광개토왕) 4년 가을 8월에 왕이

---

10 『삼국사기』 권44 「김인문전」. "皇帝命邢國公蘇定方爲遼東道行軍大摠管, 以六軍長驅萬里, 迕麗人於浿江擊破之, 遂圍平壤, 麗人固守, 故不能克, 士馬多死傷, 糧道不繼."

11 『삼국유사』 권1 「기이」 〈태종춘추공〉조. "七年壬戌, 命定方爲遼東道行軍大摠管, 俄改平壤道, 破高麗之衆於浿江, 奪馬邑山爲營, 遂圍平壤城, 會大雪解圍還."

12 『삼국사기』 권37 「지리지」 4 〈고구려〉조.

패수 위에서 백제와 싸워 크게 격파하고 8,000여 명을 사로잡았다."[13]고 기록되어 있다. 이병도는 이 패수를 지금의 예성강으로 추정했다.[14] 앞에서 인용된 『삼국사기』와 『삼국유사』에서 대동강을 패강이라고 했으므로 이 패수는 패강과는 다른 강으로, 대동강이 아님은 분명하다. 역도원은 『수경주』에서 대동강을 패수로 기록했는데, 중국인들에게는 패수와 패강이 동일한 의미를 지니기 때문에 그렇게 기록했을 것이다. 그러나 고구려에서는 패수와 패강이 각각 다른 강의 명칭으로 사용되었기 때문에 『삼국유사』와 『삼국사기』에서는 이를 구분하기 위해 패수와 패강으로 각각 달리 표기했을 것이다.

여섯째, 『요사(遼史)』「지리지」에도 다른 패수가 기록되어 있다. 『요사』「지리지」에는 동경요양부(東京遼陽府)의 지리에 대해 설명하면서 지금의 요하 부근에 패수가 있다고 소개하고 있다. 즉, "포하(蒲河)·청하(淸河)·패수가 있는데 (패수는) 니하(泥河)라고도 부르고 또 헌우락(蓒芋濼)이라고도 부르는데 물이 많고 헌우(蓒芋)라는 식물이 자란다."[15]고 기록하고, 동경요양부의 요양현(遼陽縣) 주석에는 "본래 발해국(渤海國) 금덕현(金德縣)의 땅이다. 한(漢)의 패수현(浿水縣)이었는데 고(구)려가 바꾸어 구려현(句麗縣)을 삼았고 발해는 상락현(常樂縣)을 삼았다."고 했다.[16] 위 두 기록을 종합해볼 때 이 패수는 동경요양부 요양현에 있었

---

13 『삼국사기』 권18 「고구려본기」 〈광개토왕〉조. "四年, 秋八月, 王與百濟戰於浿水之上, 大敗之, 虜獲八千餘級."

14 이병도 역주, 『국역 삼국사기』, 을유문화사, 1980, p. 282.

15 『요사』 권38 「지리지 2」 〈동경도〉 東京遼陽府. "有蒲河·淸河·浿水 亦曰泥河, 又曰蓒芋濼, 水多蓒芋之草."

16 『요사』 권38 「지리지 2」 〈동경도〉 東京遼陽府 遼陽縣. "本渤海國金德縣地. 漢浿水縣, 高麗改爲句麗縣, 渤海爲常樂縣."

다. 그런데 『요사』의 편찬자는 이 지역이 한대의 패수현이었다고 기록하고 있다. 그가 그렇게 본 것은 그곳에 패수가 있었기 때문이었다. 그러나 한의 영토는 이곳에 이르지 못했으므로 『요사』 편찬자는 잘못 알고 있었던 것이다. 이 점은 뒤에 밝힐 것이다. 『성경통지(盛京通志)』에는 개평현(蓋平縣)에 있는 어니하(淤泥河)가 이 패수이며 헌우락(蓒芋濼)이라고도 불렸다고 기록되어 있다.[17] 이 패수는 지금의 요하 근처에 있었던 또 다른 패수였던 것이다.

이상과 같이 한국과 중국의 옛 문헌에는 여러 개의 다른 패수가 등장하는데, 실제로는 이보다 많은 패수가 있었을 가능성이 있다. 왜냐하면 옛 문헌에서 필자가 미처 찾지 못한 패수도 있을 것이고 고대에는 패수로 불렸다가 후에 명칭이 바뀐 강들도 존재할 수 있기 때문이다. 여기서 중요한 것은 패수는 특정한 강만을 지칭하는 명칭이 아니었다는 점이다. 그러므로 패수라는 강을 찾아내서 그것만을 근거로 고조선과 중국의 국경을 논하는 것은 옳은 연구 방법이라고 할 수 없다.

고조선과 중국의 국경을 이루었던 패수를 찾아내기 위해서는 고조선과 중국의 국경 지역에 관한 다른 여러 기록의 검토가 이루어져야 한다. 그리고 이와 연관해서 옛 문헌에 등장한 패수들에 관한 기록을 그것이 등장하는 시기에 따라 구분하는 작업이 이루어져야 한다. 그리고 그 결과에 따라 어느 강이 고조선과 중국의 국경을 이루었던 패수로서 그 시기와 지리적 위치가 합당한지를 확인해야 할 것이다.

여기서 참고로 패수라는 강 이름의 유래를 알아볼 필요가 있다. 패수라는 강 이름의 유래 가운데 가장 설득력 있는 견해는 패수는 원래 고

---

17 『성경통지』「개평현」〈청하(淸河)〉조.

유명사가 아니라 보통명사였다고 보는 것이다. 한국 고대어로 강은 펴라·피라·벌라 등으로 불렀는데, 이것을 향찰식으로 기록하면서 그 음이 비슷한 패(浿) 자를 사용하여 패수 또는 패강으로 기록했다는 것이다.[18] 그 결과 여러 강이 패수 또는 패강으로 나타난다는 것이다. 이러한 견해는 현재 동북아시아 지역에 거주하고 있는 퉁구스 계통 종족의 언어를 보면 설득력이 있음을 알 수 있다. 보통명사로서의 강을 만주어로는 삘라(畢拉), 쒀룬(索倫)어로도 삘라(必拉), 어룬춘(鄂倫春)어로는 삐얄라(必雅拉)라고 하는데,[19] 이것들은 한국 고대어에서 강을 펴라·피라·벌라 등으로 불렀던 것과 비슷하다. 이러한 사실은 이들 언어의 어원이 같았을 것임을 알게 한다. 그런데 이러한 강들이 역사적 사건이나 사실과 연관되어 한자로 기록되면서 패수 또는 패강이 되었고, 그것이 점차 고유명사화되었다는 것이다. 이렇게 본다면 패수라는 강 이름은 동북아시아 지역 가운데 고대 중국의 중심부였던 황하 중류 유역으로부터 가까운 곳에서 먼저 출현했을 것이다.

3. 고조선 국경의 패수

앞에 소개된 여러 패수 가운데 고조선과 중국의 국경을 이루었던 패수는 어느 강이었을까? 고조선과 중국의 국경을 이루었던 패수는 다음 두 가지 조건이 충족되어야 한다.

---

18 리지린, 「고조선 국가 형성에 관한 한 측면의 고찰—한자 사용 시기에 대하여」(하) 『력사과학』 1960년 4기, p. 54.

19 『黑龍江志稿』 卷7 「方言」條, 蒙文飜譯官 楊書章 編譯 〈言語比較表〉.

첫째는 시간적인 문제로, 그것이 고조선시대의 패수여야 한다는 점이다. 패수라는 명칭의 강이었다고 해도 그것이 고조선시대의 패수가 아니고 그보다 후대에 패수로 불린 강이어서는 안 된다. 둘째는 지리적인 문제로, 그것이 고조선과 중국의 국경 지대에 있어야 한다는 점이다. 고조선시대에 있었던 패수라고 해도 그것이 고조선과 중국의 국경 지대가 아닌 다른 곳에 있던 강이어서는 안 된다.

위의 두 가지를 충족하는 패수를 찾기 위해 먼저 앞에 소개된 패수들을 시대에 따라 나누어볼 필요가 있다.

첫 번째 소개된 요동군 번한현의 패수(沛水)와 두 번째 소개된 낙랑군 패수현의 패수는 『한서』에 실려 있다. 『한서』는 동한시대에 반고가 편찬한 것이지만 내용은 서한시대에 관한 것이다. 고조선은 서한 초까지 서한과 국경을 접하고 있었으므로 위의 두 패수는 고조선시대에 있던 패수였을 가능성이 가장 크다. 그런데 여기서 알아두어야 할 것은 같은 『한서』에 실려 있기는 하지만 요동군 번한현의 패수(沛水)가 낙랑군 패수현의 패수보다 빠른 시기의 패수일 가능성이 높다는 점이다.

서한의 요동군은 진제국의 요동군을 그대로 계승한 것이지만 요동군의 설치는 이미 전국시대 말기에 연나라에 의해 시작되었다. 따라서 요동군은 서한시대보다 훨씬 이전부터 있었으므로 요동군에 속해 있던 번한현이나 패수도 서한시대 이전부터 있었다고 보아야 한다. 그러나 낙랑군은 서한 중기인 무제 때 위만조선이 멸망되고 설치되었으므로 낙랑군에 속해 있던 패수가 그 이전부터 패수라고 불렸는지 또는 낙랑군에 패수현을 설치하고 그곳을 흐르는 강을 패수현의 명칭에 따라 새로 패수라고 부르게 되었는지를 정확하게 알 수가 없다. 만일 낙랑군 패수현의 패수가 낙랑군 설치 이후에 붙여진 강 이름이라면 이 패수는 고조선 말기부터 패수라고 불렸던 것이다.

세 번째로 소개된 낙랑군 누방현의 패수는 『설문해자』에 실려 있다. 『설문해자』는 동한의 허신에 의해 서기 100년에 완성되었으므로 이 패수는 동한시대의 패수이다. 『설문해자』가 완성된 시기는 고조선 붕괴 후 200여 년쯤 되었으므로 시간 차가 크지 않기 때문에 이 패수도 고조선시대부터 패수로 불렸을 수는 있다. 그러나 여기서 문제로 등장하는 것은 『한서』 「지리지」의 〈낙랑군 누방현〉조에는 이 패수에 대한 언급이 전혀 없다는 점이다. 『한서』 편찬자가 기록하지 않은 것인지 또는 서한과 동한 사이에 행정구역 개편이나 조정에 의해 다른 곳에 있던 패수가 동한시대에는 누방현에 속하게 되었는지 분명하지가 않다.

네 번째로 소개된 패수는 지금의 대동강으로 역도원의 『수경주』에 실려 있다. 역도원은 서기 469년부터 527년까지 살았던 인물이므로 이 패수는 고조선이 붕괴되고 550여 년이 지난 후의 기록에 나타난 패수이다.

다섯 번째로 소개된 패수는 지금의 예성강으로 추정된 패수로서 『삼국사기』 광개토왕 4년(서기 394)조에 나타난다. 이 패수는 고조선이 붕괴되고 약 500년이 지난 후의 기록에 나타난 패수이다. 위의 대동강과 예성강의 두 패수는 고조선이 붕괴되고 너무 오랜 세월이 지난 후의 기록에 나타난 패수이다. 이 패수들이 비록 후대의 기록에 나타나지만 고조선시대부터 패수로 불렸을 수도 있다. 그러나 그것을 증명할 분명한 근거를 제시해야 하는데 현재로서는 그러한 근거를 찾을 수 없다. 따라서 이 패수를 고조선시대의 패수로 보기는 어렵다.

여섯 번째로 소개된 패수는 지금의 요하 근처에 있는 어니하로서 『요사』에 소개되어 있다. 『요사』는 원(元)시대에 편찬되었지만 요(遼)시대(서기 907~1125)의 역사를 싣고 있다. 따라서 이 패수는 요시대의 패수다. 그러므로 이 패수는 고조선이 붕괴되고 1천여 년이라는 긴 세월이 지난 후의 기록에 나타난 패수다. 이 패수도 고조선시대의 패수로 보기 위해서는 고조선시대부터 이 강이 패수로 불렸다는 근거를 제시해야 한다. 『요사』의 편찬자는 이 강이 있는 지역을 한(漢)시대의 낙랑군 패수현이라고 기록하여 이 패수가 한시대의 패수였던 것처럼 말했지만, 이 점은 고증을 통해 검토해봐야 한다. 이 문제에 대해서는 뒤에 다시 논의할 것이다.

지금까지 살펴본 바와 같이 『한서』에 실린 요동군 번한현의 패수(沛水)는 시간적으로 고조선시대의 패수임이 분명하고 낙랑군 패수현의 패수는 확실하게 말하기는 어렵지만 고조선시대의 패수일 가능성이 크며 『설문해자』에 실린 낙랑군 누방현의 패수도 고조선시대의 패수일 가능성이 있다. 그러나 『수경주』와 『삼국사기』, 『삼국유사』에 실린 대동강이나 예성강, 『요사』에 실린 어니하 등은 문헌에 나타난 시기만을 근거로 할 때는 고조선시대의 패수로 볼 수가 없다.

그렇다고 해도 대동강이나 예성강, 어니하를 아직은 고찰의 대상에서 제외해서는 안 된다. 왜냐하면 앞에 소개된 『한서』나 『설문해자』 기록만으로는 요동군과 낙랑군이 지금의 어느 지역에 있었는지 알 수 없는데, 만약 그 위치가 대동강이나 예성강 또는 어니하 지역으로 고증된다면 이 강들도 고조선시대의 패수일 가능성을 지니게 될 것이기 때문이다.

이제 문헌에 나타난 여러 패수에 대한 시간적 분석이 끝났으므로 지리적 문제를 해결하기 위해 위의 패수들 가운데 어느 것이 고조선과 중국의 국경 지대에 있었는지를 확인하겠다.

서한 이전부터 설치되어 있던 요동군이나 서한 중기에 설치된 낙랑군은 그것이 설치된 시기와 지리적 위치에 서로 차이가 있기는 하지만 모두가 고조선과 중국의 국경 지역에 있었다. 먼저 요동군에 관한 기록을 보면 『사기』 「흉노열전」에,

> 연나라도 장성을 쌓았는데 조양부터 양평에 이르렀다. 상곡·어양·우북평·요서·요동 등의 군을 설치함으로써 오랑캐를 방어하였다.[20]

고 했다. 이 기록은 전국시대에 쌓은 연장성의 동쪽 끝이 양평이었음을 알게 한다. 그리고 장성 안에 상곡·어양·우북평·요서·요동 등의 군을 설치했음을 알게 하는데, 장성은 국경선에 쌓았던 것으로서 당시 연나라는 고조선과 국경을 접하고 있었다. 따라서 연나라의 요동군은 고조선과의 국경에서 가까운 곳에 있었음을 알 수 있다.

서한시대에는 고조선과의 국경에 진제국이 쌓은 장성 이른바 만리장성이 설치되어 있었는데, 『사기』「몽염열전」에는,

> 진제국은 이미 천하를 병합하였으므로 곧 몽염을 시켜 30만 명의 무리를 이끌고 북쪽의 융적을 몰아내어 하남을 회수하였다. 장성을 쌓았는데 지형에 따르고 험악한 요새를 이용하였다. 임조에서 일어나 요동에 이르렀는데, 계속된 길이가 만여 리였다.[21]

고 기록되어 있다. 이로 보아 진장성 즉 만리장성의 동쪽 끝은 요동이었음을 알 수 있다. 앞에서 연장성의 동쪽 끝이 양평이었음을 확인한 바 있는데, 위의 『사기』「몽염열전」에서는 진장성이 요동에서 끝났다고 했다. 그런데 『한서』「지리지」를 보면 서한시대의 요동군 안에는 양평현이

20 『사기』 권110 「흉노열전」. "燕亦築長城, 自造陽至襄平. 置上谷·漁陽·右北平·遼西·遼東郡以拒胡."

21 『사기』 권88 「몽염열전」. "秦已并天下, 乃使蒙恬將三十萬衆北逐戎狄, 收河南. 築長城, 因地形, 用制險塞, 起臨洮, 至遼東, 延袤萬餘里."

있었다.[22] 그러므로 그 표현이 다를 뿐 연장성이나 진장성은 같은 지역에서 끝났음을 알 수 있다. 다시 말하면 연장성과 진장성의 동쪽 끝은 넓은 의미로는 요동군이었고 좁은 의미로는 요동군의 양평현이었던 것이다. 진제국이 쌓은 장성은 완전히 새로 쌓은 것이 아니라 전국시대에 북쪽에 있던 진·조·연 등의 나라들이 국경에 쌓았던 장성을 보수 연결하여 완성한 것이었으므로 그 동쪽 끝부분은 당연히 연장성이 형성하고 있었던 것이다.

그런데 『한서』 「지리지」에는 서한의 요동군은 진제국에서 설치한 것이라고 기록되어 있어 전국시대 연나라가 설치한 요동군이 그대로 계승된 것이 아니었음을 알게 한다. 그러나 서한의 요동군 속에는 양평현이 있었으며 양평은 위에서 확인되었듯이 연나라의 장성이 끝나는 지역이었다. 그러므로 연나라가 설치한 요동군은 진제국시대에 이르러 영역에 변화가 있었으나 위치가 크게 달라지지는 않았음을 알 수 있다. 『한서』 「장진왕주전」에는 서한의 연왕 노관이 서한에 반기를 들자 주발이 그를 추격한 사실이 기록되어 있는데, 그 내용을 보면,

> (그를) 추격하여 장성에 이르렀는데, 상곡 12현·우북평 16현·요동 29현·어양 22현을 평정하였다.[23]

고 했다. 그러므로 서한의 요동군은 진장성의 안쪽 즉 진장성의 서쪽에 있었음을 알 수 있다. 따라서 이상의 기록들을 종합해볼때 요동군은 진

---

22 『한서』 권28 하 「지리지」 하 〈요동군〉조.

23 『한서』 권40 「장진왕주전」. "追至長城, 定上谷十二縣·右北平十六縣·遼東二十九縣·漁陽二十二縣."

장성의 동쪽 끝 부분에 진장성과 접하여 그 서쪽에 있었음을 알 수 있다. 바꾸어 말하면 요동군은 서한 영토 가운데 그 동북부 맨 끝에 위치하여 고조선과 접경하고 있었던 것이다.

그러면 서한시대 요동군의 위치는 지금의 어디였는가? 이것을 확인하기 전에 요동은 어떤 의미를 지니고 있었는지를 알 필요가 있다. 지금은 요동이라는 말이 요하의 동쪽을 의미하는 것으로 인식되어 있지만 고대에는 그렇지 않았다. 원래 요동이라는 말은 '극동' 즉 동쪽으로 가장 멀리 떨어져 있는 땅이라는 뜻을 지니고 있었다. 중국인들이 그들의 영토를 기준으로 동북쪽 끝에 있는 땅을 요동이라 불렀던 것이다. 그리고 그 지역을 흐르는 강을 요수 또는 요하라고 불렀다.[24] 따라서 동북부 지역에서 중국 영토가 확장되거나 축소되면 요동이나 요수의 위치도 변화되었던 것이다.

그렇기 때문에 서한시대의 요동을 지금의 요동과 동일한 곳이었을 것으로 단정해서는 안 된다. 그리고 요동에는 두 가지 의미가 있다는 점도 알아두어야 한다. 하나는 일반 의미의 요동으로 중국 영토의 동북부 변경에서 영토 밖까지 이르는 넓은 지역을 의미하고, 다른 하나는 중국의 행정구역으로서 요동군을 뜻하는 것이다. 일반적 의미의 요동과 행정구역의 요동은 때에 따라 서로 접하기도 했고 멀리 떨어져 있기도 했다. 왜냐하면 영토의 변화에 따라 일반 의미의 요동은 자연적으로 지리적 위치가 변화되었지만 행정구역인 요동군은 행정구역의 개편이 있기까지는 위치가 변화될 수 없기 때문이었다.

서한시대의 요동군은 지금의 난하 하류 유역에 있었다. 그것은 다음

---

24 西川權, 『日韓上古史の裏面』 上, 東京, 1910, p. 246.
U. M. 부틴 지음, 이항재·이병두 옮김, 『고조선』, 소나무, 1990, pp. 24~25.

과 같은 기록들에서 확인된다. 『한서』「지리지」〈요동군〉'번한현'에 대한 응소 주석에 "한수(汗水)가 요새 밖으로 나와 서남에서 바다로 들어간다."고[25] 했는데, 『수경주』「유수」조를 보면 유수에는 한수(汗水)라는 지류가 있었다.[26] 그런데 유수는 난하의 옛 명칭이었다.[27] 그러므로 요동군의 번한현은 지금의 난하 유역에 있었음을 알 수 있다. 『한서』「지리지」에서 번한현에 대한 주석에 『한서』의 저자인 반고는 패수가 있다고 기록했으며,[28] 동한시대의 응소는 한수가 있다고 했는데 강 이름만 다를 뿐 흐르는 방향은 동일하다. 번한현의 패수와 한수는 다른 강이었는지 동일한 강에 대한 다른 명칭이었는지 확인할 수 없다. 그러나 번한현에 한수가 있었고 한수가 난하의 지류이므로 요동군 번한현은 지금의 난하 유역에 있었음이 분명하다.

이러한 사실은 다음과 같은 기록에서도 뒷받침된다. 『진서』「당빈전」에 "마침내 옛 경계를 개척하고 천 리의 땅을 넓혔다. 진장성의 요새를 복구하였는데 온성으로부터 갈석에 이르렀다."[29]고 기록되어 있다. 그리고 진(晉)시대의 『태강지리지』에는 "낙랑(군) 수성현에는 갈석산이 있는데 장성이 시작된 곳이다."[30]라고 기록되어 있다. 이 기록들은 진장성의

---

25 『한서』 권28 하 「지리지」 하 〈요동군〉 '번한현'에 대한 주석. "應劭曰, 汗水出塞外, 西南入海."

26 『수경주』 권14 「유수」조.

27 譚其驤 主編, 『中國歷史地圖集』 第5册-隋·唐·五代十國時期, 地圖出版社, 1982, pp. 3~4 참조.

28 주5 참조.

29 『진서』 권42 「당빈전」. "遂開拓舊境, 卻地千里, 復秦長城塞, 自溫城洎于碣石, 綿亙山谷且三千里, 分軍屯守, 烽堠相望."

30 『사기』 권2 「하본기(夏本紀)」의 갈석에 대한 주석으로 실린 『태강지리지』. "樂浪遂城縣有碣石山, 長城所起."

동쪽 끝 부분이 갈석산 지역이었음을 말해주는데, 진장성은 진시대는 물론 서한 전기까지도 중국의 동북부 국경이었으므로 이 지역이 서한시대 요동군의 동쪽 끝 지역이었음도 알게 해준다.

그런데 갈석산은 예나 지금이나 변함없이 난하 하류 동부 유역에 있다. 난하 하류 동부 유역에 있는 지금의 갈석산이 서한시대에 국경에 있었던 갈석산이었음은 다음과 같은 기록에서 확인된다. 『사기』「효무본기(孝武本紀)」에,

> 천자가 이미 태산(泰山)에서 봉선(封禪)을 지냈다. ……, 천자가 마침내 (그곳을) 떠났는데 해상을 따라 북쪽으로 갈석에 이르고 요서로부터 북변을 거쳐 구원(九原)에 이르는 지역을 순행하였다.[31]

고 했는데, 이와 동일한 내용이 『한서』「무제기」에도 실려 있다.[32] 태산은 지금의 산동성에 있으므로 산동성으로부터 바다를 따라 북쪽으로 항해하면 난하 하류 동부 유역에 있는 지금의 갈석산 지역에 이르게 된다. 이 갈석산은 진 시황제와 진 2세 황제, 서한 무제가 동부를 순행하면서 올랐고 동한 말기에 조조도 올랐던 산이다.[33]

그런데 여기서 의문이 제기될 수 있다. 그것은 위 기록들에 의하면 갈

---

31 『사기』 권12 「효무본기」. "天子旣已封禪泰山, ……, 上乃遂去, 竝海上, 北至碣石, 巡自遼西, 歷北邊至九原."

32 『한서』 권6 「무제기」. "行自泰山, 復東巡海上, 至碣石. 自遼西歷北邊九原, 歸于甘泉."

33 이 점에 대해서는 중국 학계에 이의가 없다.
黃盛璋, 「碣石考辨」『歷史地理論集』, 人民出版社, 1982, pp. 556~557.
고홍장·동보서 지음, 윤내현 옮김, 「갈석고」; 앞 책 『한국고대사신론』, p. 358.

석산 지역은 요동군이어야 하는데 앞의 『태강지리지』에는 갈석산이 낙랑군 수성현에 있었다고 기록되어 있다는 점이다. 이 점을 어떻게 이해해야 하는가? 그것은 다음과 같이 설명된다. 갈석산은 국경선상에 위치해 있었기 때문에 그 서부는 서한시대의 요동군에 속해 있었고, 그 동부는 후에 설치된 낙랑군의 수성현에 속하게 되었다. 이것은 한사군의 낙랑군이 갈석산의 동부 지역에 위치하며 그 서부에 위치한 요동군과 접경하고 있었음을 알게 해주는 것이기도 하다. 그런데 낙랑군은 위만조선이 멸망한 후 위만조선 지역에 설치되었고 위만조선의 영역은 원래 고조선의 서부 영토였으므로 낙랑군 지역은 위만조선이 건국되기 전에는 고조선의 영토였다.[34] 따라서 지금까지의 고찰을 종합해보면 고조선과 중국의 국경 지역은 난하 유역으로부터 갈석산으로 이어지는 지역이었음을 알 수 있다. 이 점은 이미 확인된 바 있다.[35]

고조선과 중국의 국경을 더 구체적으로 언급한 기록도 있다. 서한시대에 편찬된 『염철론』「험고」편에는 전국시대 연나라의 동쪽 국경에 대해,

> 연나라는 갈석에 의해 막히었고, 사곡(邪谷)에 의해 끊기었으며, 요수(遼水)에 둘러싸였다.[36]

---

34 윤내현, 「위만조선의 재인식」·「한사군의 낙랑군과 평양의 낙랑」 앞 책 『한국고대사신론』 참조.
이 책의 제1편 제5장 제1절 「위만조선과 한사군의 위치」 참조.

35 앞 글, 「고조선의 위치와 강역」, pp. 15~80.
앞 글, 「고조선의 서변경계 재론」, pp. 517~539.
이 책의 제1편 제3장 제1절 「고조선의 서쪽 국경」 참조.

36 『염철론』 권9 「험고」. "燕塞碣石, 絕邪谷, 繞援遼."

고 기록되어 있고, 같은 서한 시대에 편찬된 『회남자』 「인간훈」에는,

> (진제국이) 성을 쌓았는데 서쪽으로는 유사(流沙)에 이르고, 북쪽으로는 요수와 만나며, 동쪽은 조선과 연결되었다.[37]

고 되어 있다. 위 두 기록은 고조선과 중국의 국경이 요수와 갈석산으로 이어져 있었음을 알게 하는데, 고대의 요수는 지금의 요하가 아니라 난하였다.

고대의 요수가 지금의 난하였음은 다음 기록들을 통해서도 알 수 있다. 서한시대에 유향이 편찬한 『설원』 「변물」편에는 춘추시대 초기에 제나라 환공이 관중과 더불어 산융과 고죽국을 친 기록이 있는데, 그때 그들은 고죽국에 이르러 요수를 건넌 것으로 되어 있다.[38] 당시 산융은 하북성 북쪽에 있었고 고죽국은 지금의 난하 유역에 있었다는 점에는 이론이 없다.[39] 그러므로 그들이 산융을 치고 고죽국에 이르러 건넌 강은 행군 방향으로 보아 난하일 수밖에 없다. 또 『회남자』 「추형훈」에는 서한시대의 6대 강이 기록되어 있는데, 그 가운데 하나로 요수가 있다. 그 요수에 대해 서한시대의 학자인 고유는 주석하기를,

> 요수는 갈석산에서 나와 요새의 북쪽으로부터 동쪽으로 흘러 곧게 요동

---

37 『회남자』 권18 「인간훈」. "築脩城, 西屬流沙, 北擊遼水, 東結朝鮮."

38 『설원』 권18 「변물」.

39 陳槃, 「不見於春秋大事表之春秋方國考」 冊1 〈孤竹〉條, 中央研究院歷史語言研究所, 民國 59(1970), 28~31葉.
譚其驤 主編, 『中國歷史地圖集』 第1冊－原始社會·夏·商·西周·春秋·戰國時期, 地圖出版社, 1982, pp. 20~21.

의 서남에 이르러 바다로 들어간다.[40]

고 했다. 그런데 갈석산 근처를 흐르는 큰 강은 지금의 난하뿐이다. 여기에 나오는 요동은 서한의 요동군이 아니라 일반 의미의 요동으로 난하 유역과 그 동북 지역을 말한다. 이렇게 보면 요수가 흐르는 방향은 지금의 난하와 일치한다. 이와 같이 서한시대와 그 이전의 요수는 지금의 요하가 아니라 난하였던 것이다.

지금까지의 고찰로 고조선과 중국의 국경은 지금의 난하로부터 갈석산으로 이어져 형성되어 있었음이 확인되었는데, 그 서부는 진제국 및 서한의 요동군이었고, 그 동부는 고조선의 서부 변경이었다. 고조선의 서부 변경에는 후에 위만조선이 섰다가 위만조선 멸망 후에는 한사군의 낙랑군이 설치되었다. 이제 앞에서 소개된 여러 패수 가운데 어느 강이 고조선과 중국의 국경을 이루었던 패수로서 가능성이 있는지는 분명해졌다. 그 강이 패수로 나타난 시기와 지리적 위치로 보아 가장 가능성이 큰 강은 『한서』 「지리지」에 보이는 요동군 번한현의 패수(沛水)이며, 그 다음은 같은 책에 보이는 낙랑군 패수현의 패수와 『설문해자』에 보이는 낙랑군 누방현의 패수이다. 이 강들은 모두 지금의 난하 유역에 있었다. 반면에 『수경주』와 『삼국사기』 및 『삼국유사』에 보이는 패수인 대동강이나 예성강, 『요사』 「지리지」에 보이는 패수인 지금의 요하 유역의 어니하 등은 그것들이 기록에 등장한 시기나 지리적 위치로 보아 전혀 가능성이 없다.

그런데 가능성이 있는 위 세 개의 패수 가운데 요동군의 패수(沛水)

---

40 『회남자』 권4 「추형훈」. "遼水出碣石山, 自塞北東流, 直遼東之西南入海."

는 『한서』 「지리지」와 『설문해자』에서 모두 보인다. 그런데 패수현의 패수와 누방현의 패수는 같은 낙랑군에 있었으면서도 『한서』 「지리지」에는 패수현의 패수만 기록되어 있고, 『설문해자』에는 누방현의 패수만 기록되어 있다. 『한서』는 서한시대의 상황을 전하고 『설문해자』는 동한시대의 상황을 전하고 있는데, 『설문해자』에서는 왜 요동군의 패수는 기록하면서도 그전 시대에 보이는 패수현의 패수는 기록하지 않고 새로이 누방현의 패수를 기록했을까? 『한서』와 『설문해자』 편찬자들이 똑같이 낙랑군 안에 있었던 서로 다른 패수를 기록에서 빠뜨린 것인지, 또는 서한시대와 동한시대 사이에 낙랑군 안의 행정구역 조정에 따라 동일한 패수가 서한시대에는 패수현에 속했으나 동한시대에는 누방현에 속하게 되었는지 지금으로서는 분명하게 밝힐 수가 없다. 그런데 『십삼주지(十三州志)』에는 "패수현은 낙랑군의 동북에 있고 누방현은 낙랑군의 동쪽에 있었으므로 아마도 패수는 패수현을 나와 남쪽에서 누방현을 지났을 것"[41]이라고 했다. 이 기록에 따르면 패수현의 패수와 누방현의 패수는 동일한 강이었던 것 같다.

어떻든 고조선과 중국의 국경이었던 패수는 요동군 번한현의 패수와 낙랑군 안의 패수 가운데 하나였을 것이 분명한데 필자는 요동군 번한현의 패수를 국경선상에 있었던 패수로 보고자 한다. 그 이유는 다음과 같다.

첫째, 『사기』 「조선열전」에는 전국시대부터 진제국시대까지의 고조선과 중국의 국경에 대해 언급한 후,

---

41 『수경주소(水經注疏)』 권14 「패수」. "十三州志曰, 浿水縣在樂浪東北. 鏤方縣在郡東, 蓋出其縣南逕鏤方也."

한나라(서한)가 일어났으나 그것(당시 국경)이 너무 멀어 지키기 어려워 서 요동의 옛 요새를 다시 수리하고 패수에 이르러 경계로 삼았다.[42]

고 기록되어 있다. 이것은 서한이 고조선과의 국경이 너무 멀기 때문에 국경을 서한 지역으로 후퇴시켰음을 말한다. 그런데 앞에서 이미 확인된 바와 같이 서한이 건국될 당시에 고조선과 서한의 국경은 진제국시대에 쌓은 만리장성이었고, 그 만리장성과 접하여 서쪽에 서한의 요동군이 있었으며, 만리장성 동쪽은 고조선 땅이었다. 그러므로 당시에 서한이 국경을 후퇴시켰다면 그곳은 요동군 지역이어야 하며 후에 설치될 낙랑군 지역일 수는 없다.

둘째, 위에 인용한 『사기』 「조선열전」에 의하면 패수가 있는 지역은 옛 요새가 있었던 이전의 국경 지역이었을 가능성이 있는데, 요동군 번한현은 그전에 고조선과 중국의 국경을 이루었던 것으로 기록에 나타난다는 점이다. 『위략』에는 전국시대에 진개가 고조선을 침략한 상황을 전하고 있는데,

연나라는 곧 장수 진개를 파견하여 서방을 공격하고 2천여 리 땅을 빼앗고 만번한으로 경계를 삼았는데 조선은 마침내 약화되었다.[43]

고 했다. 지난날 일부 학자들은 위 기록에 고조선이 2천여 리의 땅을 빼앗긴 것으로 되어 있는 점과 마침내 약화되었다고 표현되어 있는 점에

---

42 『사기』 권115 「조선열전」. "漢興, 爲其遠難守, 復修遼東故塞, 至浿水爲界."

43 『삼국지』 권30 「동이전」 〈한전〉의 주석으로 실린 『위략』. "燕乃遣將秦開攻其西方, 取地二千餘里, 至滿番汗爲界, 朝鮮遂弱."

만 집착하여 만번한이 그전의 국경으로부터 고조선 지역으로 많이 들어온 곳에 있었던 것으로 생각했다. 그러나 만번한은 요동군의 문현과 번한현 지역을 합하여 부른 명칭이었다. 고대에 만(滿)과 문(文)은 음이 동일했다. 지금도 중국의 동남부 지역에서는 만(滿)과 문(文)을 동일하게 발음한다. 만번한이 문현과 번한현을 합하여 부른 명칭이라는 점에 대해서는 학자들 사이에 이견이 없다.[44]

따라서 위 기록은 두 가지 점을 확인시켜준다. 하나는 진개가 일시적으로 침략했지만 그 후 후퇴하여 국경이 다시 진장성 서부의 요동군 문현과 번한현이 되었다는 것이며, 둘째는 조선이 마침내 약화되었다고 표현한 것은 영토의 축소를 뜻하는 것이 아니라 전쟁 후유증을 말한 것이라는 점이다. 위 인용문에서 중요한 것은 문현과 번한현 지역이 전국시대 진개의 고조선 침략 후 고조선과 중국의 국경이 되었다는 점이다.

그러면 번한현의 패수는 구체적으로 지금의 어느 강인가? 고조선과 중국의 국경이었던 진장성 즉 만리장성의 동쪽 끝인 갈석산 지역으로부터 서쪽으로 조금 떨어진 곳에 난하가 있다. 그러므로 요동군 번한현의 패수는 지금의 난하였거나 난하의 서부 지류 또는 난하보다 다소 서쪽에 있었던 어느 강이어야 한다. 고조선과 국경을 이루었던 패수는 난하보다 동쪽에 있는 강이 될 수 없음은 분명하다.

결론을 말하면 서한시대에 고조선과 중국의 국경이었던 패수는 당시의 요동군 번한현의 패수로서 지금의 난하였거나 그 서부 지류 또는 난하보다 다소 서쪽에 있었던 어느 강이었던 것이다. 여기서 독자들은 다음과 같은 의문을 가질 것이다. 지금의 난하가 고대에 패수였다고 했는

---

44 신채호, 『조선상고사』 상, 형설출판사, 1983, p. 141.
이병도, 「패수고」 『청구학총』 제13호, 쇼와 8(1933). p. 120.

데 어떻게 동일한 강이 패수라는 다른 명칭을 가질 수 있는가 하는 점이다. 그 점은 다음과 같이 설명된다. 요수와 패수는 다른 의미의 명칭으로 동일한 강에 붙여졌을 수도 있고, 난하는 전체 길이 800킬로미터가 넘는 매우 긴 강이기 때문에 지역에 따라 요수와 패수로 달리 불렸을 수도 있다. 동일한 강이 지역에 따라 다르게 불린 예는 중국에서 흔히 볼 수 있다.

4. 종래의 견해에 대한 검토

고조선과 중국의 국경을 이루었던 패수에 대해 종래에는 대동강·압록강·요하·사하(沙河)·헌우락·고려하(高麗河)·청천강·대릉하·난하 등으로 보는 견해가 제출되었다. 이러한 견해들의 문제점을 하나하나 검토해보자.

대동강을 패수로 본 견해는 앞에서 언급했듯이 『수경주』에 나온다. 『수경주』 저자 역도원은 『설문해자』에 기록된 "패수는 누방현을 나와 동쪽에서 바다로 들어간다."는 내용을 소개한 후 이렇게 말하고 있다.

> 옛날에 연 지방의 사람 위만은 패수의 서쪽으로부터 조선에 이르렀는데 조선은 옛날 기자의 나라였다. 전국시대에 위만이 그곳의 왕이 되었다.[45] 위만의 손자 우거 때에 이르러 서한 무제는 원봉 2년(서기전 109)에 누선장군 양복과 좌장군 순체를 파견하여 우거를 토벌하였는데 패수에서 우

---

45 위만이 망명하여 나라를 세우고 왕이 된 것은 서한시대다. 그러므로 전국시대에 위만이 왕이 되었다고 역도원이 기록한 것은 잘못되었다.

거를 격파하여 마침내 그 나라를 멸망시켰다. 만약 『설문해자』에 기록된 것처럼 패수가 동쪽으로 흘렀다면 위만이나 양복, 순체가 패수를 건넜을 수가 없다. 그 지역은 지금의 고구려 치소(治所 : 도읍)였다. 그래서 나는 고구려 사신을 방문하여 물어보았더니 그는 말하기를 "고구려 도성이 패수의 북쪽에 있다."고 하였다. 그 강은 서쪽으로 흘러 옛 낙랑군 조선현을 지난다. 조선현은 낙랑군의 치소로서 서한의 무제가 설치한 것이다. 패수가 서북쪽으로 흐르기 때문에 『한서』「지리지」에 말하기를 패수는 서쪽으로 증지현(增地縣)에 이르러 바다로 들어간다고 하였고, 한(漢)나라가 일어났으나 조선이 멀기 때문에 요동의 옛 요새를 다시 수리하고 패수에 이르러 경계를 삼았다고 하였다. 근래에 고구려 사신에게 들은 것과 옛 기록을 통해 생각해볼 때 『수경』의 기록은 사실과 차이가 있는데 아마도 『수경』이 잘못 고증한 듯하다.[46]

앞에서 이미 말했듯이 역도원이 살았던 시기에 고구려의 도읍은 지금의 평양이었다. 따라서 고구려 사신이 말한 패수는 지금의 대동강임을 알 수 있다. 위의 내용에서 알 수 있듯이 역도원은 전혀 고증을 거치지 않은 채 기자 일족의 망명지 위치와 위만조선의 위치를 지금의 평양 지역으로, 낙랑군 조선현의 위치를 한반도 서북부 지역으로 단정하고 있다. 그러므로 한반도의 지형으로 보아 패수가 동쪽으로 흘렀다면 동해로 흘렀을 것이기 때문에 한반도의 서해안에 있는 지금의 평양으로 가는 도중에 위만이나 양복, 순체가 패수를 건넜을 리가 없다는 것이다. 그리고 『수경』에서 패수가 동쪽에서 바다로 들어간다고 한 것은 『한서』

---

46 『수경주』 권14 「패수」.

「지리지」 '패수현' 기록에 패수는 서쪽으로 증지현에 이르러 바다로 들어간다고 되어 있는 것과도 맞지 않는다는 것이다.

그래서 역도원은 당시 중국을 방문한 고구려 사신에게 패수가 어디 있느냐고 물었더니 고구려 도성이 패수 북쪽에 있다고 대답했다고 한다. 앞에서 확인했듯이 고구려에서는 지금의 대동강을 패강이라고 불렀다. 그래서 고구려 사신은 지금의 대동강을 패수라고 대답했던 것이다. 그러나 앞에서 보았듯이 패수는 역도원이 살았던 시기(서기 469~527)의 고구려의 패수이며 고조선과 중국의 국경을 이루었던 패수는 아니었다.

기자의 망명지 위치와 기자의 후손인 준으로부터 정권을 빼앗아 건국된 위만조선의 위치, 그리고 위만조선이 멸망하고 그 자리에 설치된 한사군의 낙랑군 위치 등을 먼저 고증하는 것이 연구의 순서이다. 그러나 역도원은 그러한 고증은 거치지 않고 기자의 망명지와 위만조선의 위치를 지금의 평양 지역으로, 낙랑군 조선현의 위치를 한반도 서북부로 단정했을 뿐만 아니라 『한서』 「지리지」에 나오는 '패수현'의 패수가 고조선과 중국의 국경을 이루었던 패수였을 것으로 믿고 논리를 전개했기 때문에 출발부터 오류를 범하게 된 것이다. 그리고 대동강이 고조선과 중국의 국경이었던 패수였다면 대동강은 지금의 평양 남쪽에 있기 때문에 위만이나 양복, 순체 등이 중국으로부터 지금의 평양 지역으로 가기 위해 패수를 건넜다는 것은 있을 수 없는 지리적 모순이 일어나는데도 이에 대해서는 한마디도 언급하지 않고 있다.

그런데도 이병도와 노태돈은 역도원의 견해는 고구려 사신의 말을 따른 것이기 때문에 매우 타당성이 있다고 주장한다.[47] 여기서 생각해봐야

---

47 앞 글, 「패수고」, pp. 131~134.
노태돈, 「고조선 중심지의 변천에 대한 연구」 『한국사론』 23-변태섭박사정년기념호,

할 것은 고구려 사신이 고조선과 중국의 국경이었던 패수에 대해 대답했던 것인지, 당시 고구려에 있던 패수에 대해 말한 것이었는지 분명하지 않다는 점이다. 그뿐만 아니라 지금까지도 논란의 대상이 되고 있는 고조선과 중국의 국경에 있던 패수에 대해 정확하게 알 수 있을 정도로 당시 그 고구려 사신이 깊은 역사 지식을 가지고 있었을 것인가도 생각해봐야 할 것이다. 노태돈은 대동강을 패수로 본 역도원의 견해가 타당성이 있다고 주장하면서도 고조선과 중국의 국경이었던 패수는 지금의 청천강이었다는 모순된 논리를 전개하고 있다. 노태돈이 고조선의 국경이었던 패수를 청천강으로 본 것은 이병도의 견해를 고수하기 위함인 듯한데 이 점에 대해서는 뒤에 다시 논의할 것이다.

대동강을 패수로 본 견해는 고려시대에도 있었다. 『삼국사기』「지리지」에는 대동강이 고조선의 패수였을 것이라고 기록되어 있는데 그 이유를 다음과 같이 들고 있다. "『당서(唐書)』에 이르기를 평양성은 한나라의 낙랑군이었는데 남쪽으로 패수에 임하였다고 하였으며, 「지리지」에서는 산동성의 등주(登州) 동북쪽 바다로 가서 남쪽으로 해안 지방을 끼고 패강(浿江) 어귀 초도(椒島)를 지나면 신라 서북쪽이 된다고 하였고, 수(隋)나라 양제(煬帝)의 조서(詔書)에는 창해도군(滄海道軍)의 함정들이 구름 가듯 하여 패강을 가로막고 멀리 평양으로 나간다고 하였으니 지금의 대동강이 패수임이 분명하다."[48]는 것이다.

그러나 위의 내용에서 알 수 있듯이 『삼국사기』 편찬자는 평양성을

서울대 국사학과, 1990, pp. 5~8.

48 『삼국사기』 권37 「지리지」 4 〈고구려〉. "浿水卽大同江是也, 何以知之, 唐書云, 平壤城漢樂浪郡也, 隨山屈繚爲郛, 南涯浿水, 又志云, 登州東北海行, 南傍海壖, 過浿江口椒島, 得新羅西北, 又隋煬帝東征詔曰, 滄海道軍, 舟艫千里, 高帆電逝, 巨艦雲飛, 橫絶浿江, 遙造平壤, 以此言之, 今大同江爲浿水明矣."

지금의 평양으로, 패수를 패강과 동일한 강으로 잘못 알고 있었다. 패강은 대동강임이 분명하지만 고조선의 패수는 패강과 동일한 강이 아니었다. 위에서 『삼국사기』 편찬자가 말한 『당서』는 『구당서(舊唐書)』와 『신당서(新唐書)』를 말하는데, 그 「고구려전」을 보면 고구려의 평양성은 한나라의 낙랑군이었는데 그곳으로부터 동쪽으로 바다를 건너면 신라가 있고 남쪽으로 바다를 건너면 백제가 있으며 남쪽은 패수에 임했다[49]고 했다. 따라서 이 평양성과 패수는 지금의 평양과 대동강일 수 없다. 신라와 백제는 지금의 평양으로부터 바다 건너에 있지 않았기 때문이다. 이러한 지리 조건을 충족할 수 있는 곳은 발해의 서북쪽 지금의 난하 유역밖에 없다. 이로 보아 『삼국사기』 편찬자는 『당서』 내용을 잘못 이해했음을 알 수 있다.

정약용은 압록강을 패수로 보았다.[50] 정약용은 일일이 열거하지는 않았지만 역사상 패수는 네 개가 있었다고 말하면서 고조선과 중국의 국경이었던 패수는 지금의 압록강이었을 것으로 보았다. 정약용이 그렇게 본 것은 기자가 망명해서 거주했던 조선의 위치를 지금의 평양으로 보고 논리를 전개했기 때문이었다. 그는 조선이라는 명칭은 원래 기자가 도읍한 바 있는 평양에서 기인했을 것이라고 말하면서 "『위략』에 연나라의 진개가 조선의 서방 2천 리를 빼앗았다고 기록되어 있는데, 북경에서 의주까지는 2천 1백 리가 되므로 진개의 침략으로 조선은 압록강의 서쪽 지역을 모두 잃었을 것이다. 따라서 진개의 조선 침략 후 서한

---

49 『구당서』 권199 상 「동이열전」 〈고려(고구려)전〉.
『신당서』 권220 「동이열전」 〈고려(고구려)전〉.

50 정약용, 〈강역고〉 권1 「조선고」 『여유당전서』 권6, 경인문화사 영인판, 1981, pp. 287~288.

초에 국경으로 정해진 패수는 압록강이었을 것"이라고 했다.

이러한 정약용의 견해는 출발부터 잘못되었다. 기자의 망명지가 지금의 어느 지역이었는지를 먼저 고증하고 논리를 전개하는 것이 순서인데도 그러한 고증을 하지 않은 채 기자 일족의 도읍지를 지금의 평양으로 본 것이다. 이것은 근세조선을 관통해온 지배적인 역사의식인데 정약용도 그러한 범주를 벗어나지 못한 것이다. 정약용이 '조선'이라는 명칭을 고조선(단군조선)에서 찾지 않고 기자가 도읍했던 평양에서 기인했을 것이라고 하여 기자와 연관시켜 본 것이라든가, 고대사를 논하면서 고조선에 대해서는 한마디도 언급하지 않고 기자로부터 논리를 전개하고 있는 것은 중국을 중심으로 한 유교의 세계 질서 의식이 지배하고 있던 근세조선의 역사의식이 그대로 반영되어 있는 것이다.

정약용은 연나라 진개의 침략에 대해 언급하면서도 북경에서 의주까지가 2천 1백 리이므로 조선은 압록강 서쪽 지역을 모두 빼앗겼을 것으로 보았는데, 연나라의 위치가 지금의 북경 지역이었기 때문에 그렇게 계산한 듯하지만 당시의 전쟁 상황을 자세히 고증해보지도 않고 그렇게 속단한 것부터가 잘못이었다. 당시 진개가 고조선을 침략한 것은 사실이지만 침략 후 진개는 바로 후퇴했기 때문에 고조선의 영토는 줄어들지 않았다. 이 점에 대해서는 이미 고증한 바 있다.[51] 『위략』에 의하면, 연나라의 진개가 조선의 서방 2천 리를 침략한 후 국경을 만번한으로 정했다고 했는데, 만번한은 서한시대 요동군의 문현과 번한현 지역을 합하여 부른 것이라고 정약용은 말하면서도 서한시대 요동군의 위치를 고증하지 않았다. 그런데 앞에서 이미 확인된 바와 같이 서한의 요동군

---

51 앞 글, 「고조선의 위치와 강역」, pp. 58~64.
앞 글, 「고조선의 서변경계 재론」, pp. 532~533.

은 지금의 난하 유역에 있었던 것이다.

이상과 같이 정약용은 기자 일족의 망명지를 지금의 평양으로 보는 선입관 위에서 논리를 전개하고 있을 뿐만 아니라 기록에 나타난 사건이나 사실 또는 지명에 대해 구체적인 고증을 거치지 않음으로써 잘못된 결론에 도달했던 것이다.

쓰다 소키치(津田左右吉)도 압록강을 패수로 보는 견해를 제출했다.[52] 쓰다는 『사기』를 비롯한 옛 문헌에 기록된 바에 따르면 패수는 요동과 조선 사이에 있었음이 분명하다고 보았다. 그리고 요동은 요수에서 나온 지명으로 그 동쪽 지역을 말하는데, 압록강 이남이 요동에 포함되었다는 기록은 찾아볼 수 없으므로 압록강이 고조선과 중국의 국경을 이루었던 패수였다는 것이다.

그런데 앞에서 확인했듯이 고대의 요수는 지금의 요하가 아니라 난하였으며, 고대의 요동은 그 위치가 지금의 요동과는 달리 난하 유역이었다. 그리고 고대에는 두 가지의 요동이 존재했는데, 하나는 진제국 및 서한제국의 행정구역을 지칭하는 요동군으로서 갈석산 서쪽의 난하 하류 유역에 있었고, 다른 하나는 일반 의미의 요동으로서 난하 유역 및 지금의 요서 지역을 총칭하는 것이었다. 쓰다 소키치는 이러한 고대 요수와 요동의 위치에 대한 고증이나 요동의 개념에 대한 분석 없이 지금의 요동을 고대의 요동과 동일한 곳으로 보았을 뿐만 아니라 행정구역인 요동군과 일반 의미의 요동을 구분하지 않고 동일한 곳으로 인식하여 논리를 전개함으로써 근본적인 오류를 범했던 것이다.

---

52 津田左右吉, 「浿水考」 『津田左右吉全集』 第11卷, 岩波書店, 昭和 39(1964), pp. 11~26.

니시카와 켄(西川權)은 요하를 패수로 보았다.[53] 그는 『사기』 「조선열전」에 기록된 것처럼 왕험성(왕검성)의 위치는 서한의 사신이나 병사들이 패수를 건너 왕래하기 쉬운 곳이어야 하므로 지리적으로 보아 지금의 해성(海城)에 해당할 것이며, 그렇게 보면 패수현은 영구(營口) 부근에 해당할 것이기 때문에 패수는 대요수(大遼水) 즉 지금의 요하일 것이라고 했다. 그리고 명(明)시대에 요하 유역에 있는 도시인 철령(鐵領)을 배도(陪都)라고 불렀는데, 철령을 배도라고 부른 것은 대요수를 배(陪)라고 불렀음을 알게 하는 것으로서 배(陪)는 패(浿)나 패(沛)가 변한 음일 것으로 보았다.

그런데 니시카와의 주장은 독자들도 느낄 수 있듯이 근거가 빈약하고 독단적이다. 서한의 사신이나 병사들이 왕래하기 좋은 곳이 지금의 해성이기 때문에 그곳이 위만조선의 왕험성일 것이라는 그의 단정부터가 근거가 없다. 그리고 명시대에 철령을 배도라고 불렀다고 해서 그 명칭이 대요수에서 왔다는 근거도 없으며, 배(陪)가 패(浿)나 패(沛)의 변화음이라는 근거도 없다. 따라서 니시카와의 주장은 성립될 수 없다.

오하라 도시타케(大原利武)는 사하(沙河)를 패수로 보았다.[54] 오하라는 앞에서 필자가 인용한 바 있는 『요사』 「지리지」 '동경요양부(東京遼陽府)'의 패수에 관한 기록을 소개하면서 "『요사』의 만주에 관한 기록은 잘못된 내용이 많기 때문에 오늘날 사료로서는 거의 가치를 인정하지 않는 학자들이 많지만 요국(遼國)에 패수가 있었다는 사실은 분명하다."고 주장했다. 그는 패수의 위치에 대해 말하기를 『요사』 「지리지」 '동경요양부'에는 요하(遼河)·동량하(東梁河)·혼하(渾河)·사하(沙河)·패수

53 앞 책, 『日韓上古史の裏面』 上·下, 東京, 1910.

54 大原利武 著, 『漢代五郡二水考』, 近澤書店, 昭和 8(1933), pp. 49~93.

등이 기록되어 있는데, 그 가운데 다른 강들은 명칭이나 위치가 지금의 하천과 동일하나 오직 사하의 위치만 지금과 다르고 패수는 확인되지 않은 상태라고 했다. 그런데 『요사』 기록에 따르면 당시 사하는 위치나 흐르는 방향으로 보아 지금의 필리하(畢利河)에 해당한다고 보았다. 그리고 『요사』「지리지」 '동경요양부'에 나오는 패수현은 지금의 요양 부근이므로 그곳을 흐르는 지금의 사하가 패수에 해당한다는 것이다. 지금의 사하가 흐르는 방향은 『한서』「지리지」의 낙랑군 패수현에 있었던 패수의 흐르는 방향이 서쪽이었다는 기록과도 일치한다고 했다.

그러나 이러한 오하라의 주장은 출발부터 잘못되어 있다. 고조선과 중국의 국경이 어느 지역이었는지는 고증하지도 않고 『요사』「지리지」의 '동경요양부' 기록에 패수가 나오는 점에만 관심을 갖고 그곳을 바로 고조선과 중국의 국경으로 단정했던 것이다. 『요사』「지리지」에는 동경요양부가 있었던 지금의 요하 유역이 고대에 고조선과 중국의 국경 지역이었던 것처럼 기록되어 있지만, 앞에서 확인된 바와 같이 고조선과 중국의 국경은 지금의 요하 유역이 아니라 난하 유역이었다. 『요사』 편찬자가 동경요양부 지역을 고조선과 중국의 국경 지역으로 본 것은 지금의 요동과 고대의 요동을 동일한 곳으로 잘못 인식한 데에서 비롯되었다.

그리고 동경요양부에 패수가 있었다고 하여 그 강을 바로 고조선과 중국의 국경이었던 패수로 단정한 것도 잘못된 것이다. 왜냐하면 한반도와 만주에는 여러 개의 패수가 존재했으므로 그 가운데 어느 강이 고조선과 중국의 국경을 이루었던 패수였는지를 먼저 고증했어야 하기 때문이다. 오하라는 동경요양부에 있었던 패수를 일단 고조선과 중국의 국경 지역에 있었던 패수로 단정하고, 그 강이 지금의 어느 강이었는지만을 고증함으로써 잘못된 결론에 도달했던 것이다.

신채호는 헌우락을 패수로 보았다.[55] 신채호는 전국시대 연나라의 진개가 산해관에서 끝나는 지금의 만리장성으로부터 동쪽으로 2천여 리의 고조선 영토를 빼앗았을 것이며 고대 요동의 위치가 지금의 요동과 동일했을 것이라는 전제 위에서 논리를 전개했다. 그는 주장하기를 『위략』에 의하면, 연나라의 진개가 고조선의 서부 땅 2천여 리를 빼앗고 만번한을 경계로 삼았다고 했는데, 『사기』나 『위략』을 참조해볼 때 진개가 빼앗은 땅은 상곡(上谷)부터 요동까지였을 것이므로 만번한을 요동 이외의 지역에서 찾는 것은 옳지 않다고 했다. 만번한은 바로 서한의 요동군에 속해 있던 문현과 번한현을 합하여 부른 명칭이므로 당연히 지금의 요동 지역에서 찾아야 할 것인데 해성(海城)과 개평(蓋平)이 타당하다는 것이다. 그런데 연나라가 만번한으로 국경을 정했으나 서한이 건국되어 국경을 후퇴했으므로 이때 국경이 된 패수는 헌우락임이 명백하다고 보았던 것이다.

그러나 신채호는 헌우락이 지금의 어느 강인지를 말하지는 않았다. 하지만 그가 지금의 요동 지역을 고조선과 중국의 국경 지역으로 인식하고 있는 점으로 미루어보아 그가 말하는 헌우락은 『요사』「지리지」에 나오는 동경요양부의 패수[56]를 말하고 있음이 분명하다. 신채호는 고대 요동의 위치를 지금의 요동과 동일한 곳이었을 것으로 잘못 인식했을 뿐만 아니라 일반 의미의 요동과 행정구역의 요동군을 구분하지도 않았다. 그리고 진개의 침략으로 고조선이 서부 영토 2천 리를 빼앗겼을 것이라는 전제 위에서 논리를 전개했다. 그러나 이미 확인된 바와 같이 고

---

55 신채호, 「평양 패수고」『조선사연구초』, 1926.
앞 책, 『조선상고사』 상, pp. 143~144.

56 이 강을 헌우락이라고 불렀음은 앞에서 이미 확인된 바 있다. 주 15 참조.

대의 요동은 난하 유역이었는데, 일반 의미의 요동은 난하 유역 및 지금의 요서 지역이었고, 행정구역의 요동군은 갈석산 서쪽의 난하 하류 유역이었다. 그리고 진개는 일시 고조선을 침략했지만 바로 후퇴했기 때문에 고조선의 영토는 이전과 차이가 없었던 것이다. 그러므로 고조선과 중국의 국경이었던 패수는 난하 유역에서 찾아야 하는 것이다.

정인보는 고려하(高麗河)를 패수로 보았다.[57] 정인보도 신채호와 같이 진개가 지금의 만리장성으로부터 동쪽으로 2천여 리의 고조선 영토를 빼앗았을 것이라는 전제 위에서 진개 침략 후 국경이 된 만번한(요동군의 문현과 번한현)의 위치를 대릉하 유역이었을 것으로 보았다. 그는 『한서』「지리지」에 나오는 낙랑군 패수현의 패수는 해성 서남에 있는 유니하(遊泥河 : 어니하)이고, 요동군 번한현의 패수는 지금의 대릉하이며 서한이 경계를 후퇴하여 새로 국경으로 삼은 패수는 금주(錦州)로부터 산해관으로 가는 길에 산해관을 거의 다 가서 고려하성(高麗河城)이 있고 고려하가 있으므로 바로 이 고려하가 패수라고 주장했다.

그러나 정인보 역시 신채호와 같이 진개가 고조선을 침략한 후 후퇴한 사실을 확인하지 않은 채 고조선이 서부 영토를 빼앗겼던 것으로 잘못 인식했다. 그리고 고대 요동의 위치를 지금의 요동과 동일한 곳으로 보는 잘못된 인식을 토대로 논리를 전개했다. 그 결과 오류를 범하게 되었던 것이다.

한백겸[58], 이병도[59]는 청천강을 패수로 보았는데, 최근에 노태돈[60]과

---

57 정인보, 『조선사연구』 상권, 서울신문사 출판국, 1946, pp. 97~99.

58 한백겸, 『동국지리지』「낙랑군」조.

59 앞 글, 「패수고」.

60 앞 글, 「고조선 중심지의 변천에 대한 연구」.

유학구[61]가 다시 강조했다. 이 견해는 지금까지 제출된 견해 가운데 고조선의 영역을 가장 좁게 본 것이다.

한백겸은 패수는 조선의 북쪽 경계이므로 대동강이 아님은 명백한데, 압록강은 요동의 서안평현으로 흘러들어가는 마자수(馬訾水)로 보아야 하므로 대동강과 압록강 사이에 있는 청천강이 패수일 것이라고 했다. 그는 고조선의 영역을 그가 살았던 당시의 조선(근세조선) 영역 내로만 한정하고 고대의 요동도 지금의 요동과 동일할 것이라는 전제로부터 출발하여 아무런 고증도 거치지 않은 채 패수를 청천강으로 단정하는 오류를 범했다.

이병도의 논리는 대동강 유역이 한사군의 낙랑군 지역이었다는 전제로부터 출발했다. 이병도는 대동강 유역에서 낙랑군 유적이 발견되고 유물이 출토됨으로써 낙랑군의 중심 지역은 대동강 유역이었음이 분명하게 밝혀졌다고 주장하고 이마니시 류(今西龍)가 대동강을 열수(列水)로 본 견해[62]를 적극 지지하면서 자신의 논리를 전개했다. 이병도는 지금의 요서 지역에는 원래 동호(東胡)가 살고 있었는데, 전국시대 연나라는 진개의 침략 후 그 지역에 상곡·어양·우북평·요서 등의 군(郡)을 설치했을 것이며 고대의 요동군 위치는 지금의 요동 지역과 동일했을 것이라고 믿었다.

이병도는 전국시대 연나라가 남하하여 고조선과의 경계를 열수인 대동강으로 삼았을 것인데, 이것이 요동군의 외계(外界)였을 것이며 청천강은 그 내계(內界)였을 것이라고 했다. 그리고 압록강은 요동군의 서안

---

61 유학구, 「고조선의 위치에 대하여」 『수촌박영석교수화갑기념 한국사논총』, 박영석교수화갑기념논총간행위원회, 1992, pp. 3~46.

62 今西龍, 「列水考」 『朝鮮支那文化の研究)』, 京城帝國大學法文學會第二部論集.

평현으로 흘러들어갔던 마자수였을 것으로 보면서 청천강과 대동강 사이는 고조선과 중국의 완충지대였을 것이라고 주장했다. 그러다가 서한이 국경을 후퇴하게 됨에 따라 패수였던 청천강이 고조선과 서한의 국경이 되었을 것으로 보았다. 청천강으로 흘러들어가는 박천강(博川江)의 박(博)은 패수의 패(浿), 번한현의 번(番)과 음이 비슷한데, 이것은 우연이 아니며 청천강이 패수였음을 알게 하는 증거라고 주장했다.

그러나 일본인들이 중국식 유물을 발굴한 대동강 유역의 유적이 일본인들의 발표나 이병도의 주장처럼 한사군의 낙랑군 유적일 것인가에 대해서는 처음부터 반론이 제기된 바 있다.[63] 그리고 근래의 연구 결과 그 유적들이 만들어진 연대나 출토된 유물의 성격으로 보아 대동강 유역의 유적은 한사군의 낙랑군 유적이 될 수 없음이 확인되었다.[64] 그리고 중국 문헌에 기록된 바에 따르면 한사군의 낙랑군은 대동강 유역에 있지 않았고 지금의 난하 유역에 위치해 있었다.[65]

그런데 이마니시 류가 열수를 지금의 대동강 유역으로 본 견해는 한사군의 낙랑군이 대동강 유역에 있었을 것이라는 전제에서 논리를 전개하여 얻어진 결론이므로 처음부터 잘못된 것이었다. 이병도는 이와 같이 잘못된 근거들을 기초로 했을 뿐만 아니라 고대 요동의 위치를 고증해보지도 않고 지금의 요동과 동일했을 것이라는 전제 위에서 논리를 전개함으로써 잘못된 결론에 도달했던 것이다. 청천강의 상류인 박천강의 박(博)이 패수의 패(浿), 번한현의 번(番)과 음이 비슷한 것을 들어

---

63 정인보, 「한사군역(漢四郡役)」 앞 책 『조선사연구』 상권, pp. 195~215.

64 윤내현, 「한사군의 낙랑군과 평양의 낙랑」 앞 책 『한국고대사신론』, pp. 331~340.
리순진·장주협 편집, 『고조선문제연구』, 사회과학출판사, 1973, pp. 139~164.

65 앞 글, 「한사군의 낙랑군과 평양의 낙랑」, pp. 307~319.
이병두, 「낙랑군현위치고」 『한국학보』 55집, 1989년 여름호, pp. 229~259.

청천강이 패수였다는 근거로 제시한 것도 지나친 견강부회다.

최근에 노태돈은 이병도의 견해를 받아들여 청천강이 고조선의 국경을 이루었던 패수였을 것이라고 강력하게 주장하면서 근거를 다음과 같이 제시하고 있다.[66] 첫째는 『삼국사기』에 살수(薩水) 이남이 동한에 속하게 되었다는 기록이 있는데, 살수는 청천강이므로 그것은 청천강 이남 지역이 한사군의 낙랑군이었음을 알게 하는 것이라고 했다. 둘째는 청천강을 경계로 하여 출토된 유물이 차이가 많다는 것이다. 예컨대 청천강을 경계로 그 이북 지역에서는 명도전(明刀錢)을 비롯하여 포전(布錢)·반량전(半兩錢)·명화전(明化錢) 등이 많이 출토되는데 그 이남 지역에서는 그렇지 않으며, 청천강 이남 지역에서는 서기전 3~2세기 무렵의 세형동검이 많이 출토되는데 청천강 이북 지역에서는 그렇지 않다는 것이다.

그러나 『삼국사기』 기록을 보면 "동한의 광무제(光武帝)가 병사를 파견하여 바다를 건너 낙랑을 정벌하고 그 땅을 취하여 군현을 만드니 살수 이남은 동한에 속하게 되었다."[67] 고 했는데, 한사군은 동한의 광무제보다 훨씬 앞선 서한의 무제시대에 설치되어 계속 존속하고 있었으므로 위 기록을 낙랑군을 친 기록으로 볼 경우 이미 자신들의 행정구역인 한사군의 낙랑군을 치고 그곳에 다시 군(郡)과 현(縣)의 행정구역을 설치했다는 것이 되어 논리가 맞지 않는다. 노태돈은 낙랑군에서는 왕조(王調)라는 인물이 반란을 일으킨 바 있는데 이 기록은 그것을 평정했음을 알게 하는 것이라고 설명했지만, 그렇게 보더라도 자기 영토 안의 반란

---

66 앞 글, 「고조선 중심지의 변천에 대한 연구」, pp. 24~31.

67 『삼국사기』 권14 「고구려본기」 〈대무신왕 27년〉조. "秋九月, 漢光武帝遣兵渡海伐樂浪, 取其地爲郡縣, 薩水已南屬漢."

을 평정한 것을 정벌이라고 표현했다는 점은 자연스럽지 못할 뿐만 아니라 낙랑군은 이미 자기들의 행정구역인 군현으로 되어 있었는데 그곳에 군현을 만들었다고 기록되어 있는 것도 논리상 맞지 않다. 따라서 이것은 동한 광무제가 한사군의 낙랑군을 평정한 기록이 아니라 지금의 평양에 있었던 다른 낙랑, 즉 고조선을 계승했던 국가 가운데 하나인 최리왕(崔理王)이 다스렸던 낙랑국(樂浪國) 지역을 친 기록인 것이다.

『삼국사기』 기록에 의하면 최리왕의 낙랑국은 동한의 광무제가 그곳을 치기 7년 전에 고구려에 합병되었지만 그 지역은 여전히 낙랑이라 불렸다. 당시 동한은 동북의 강한 세력인 고구려를 견제할 필요가 있었기 때문에 낙랑국 지역 주민들이 자신들의 국가를 합병한 고구려에 불만을 품고 있는 기회를 이용하여 고구려의 배후를 쳤던 것이다. 군현을 만들었다는 것은 행정구역을 만들었다는 뜻으로 새로 침략한 평양 지역을 서한의 행정에 속하게 했다는 뜻이며 낙랑군을 설치했다는 의미는 아니다. 그러나 동한이 만든 이 행정구역은 오래 유지되지 못했다. 이상의 내용들은 이미 밝혀진 바 있다.[68] 그리고 앞에서 말한 바와 같이 한사군의 낙랑군은 지금의 난하 유역에 있었음이 이미 밝혀졌다. 따라서 노태돈의 주장은 성립될 수 없다.

노태돈의 고고학적 해석에도 문제가 있다. 출토 유물의 차이는 반드시 국경을 경계로 해서만 나타나는 것이 아니며, 같은 나라 안에서도 생활환경의 차이나 지역 정치세력의 차이에 따라 나타날 수도 있다. 고조선시대에 청천강은 고조선의 남방 거수국(제후국)이었던 한(韓)[69]과 그

---

68 앞 글, 「한사군의 낙랑군과 평양의 낙랑」 참조.

69 '한(韓)'을 흔히 '삼한(三韓)'이라 부르지만 그것은 옳은 명칭이 아니다. 『후한서』 「동이열전」과 『삼국지』 「동이전」에 그 명칭이 '한(韓)'으로 기록되어 있다는 점을 유념해야 한다. 삼

북쪽에 있었던 거수국인 진(辰)의 경계였다.[70] 따라서 지역에 따른 문화적 차이가 나타날 수 있다. 그리고 청천강 이북 지역에서 중국 화폐인 명도전·포전·반량전·명화전 등이 많이 출토되는 것은 고조선과 중국의 교역이 주로 청천강 이북 지역의 주민에 의해 이루어졌음을 알게 해준다.

노태돈은 청천강이 고조선과 중국의 국경이었음을 강조하기 위해 청천강을 경계로 출토 유물에 차이가 있다는 점만을 지적하고, 그보다 더 중요한 유물이 청천강의 남북 지역에서 공통으로 출토된다는 사실은 언급하지 않고 있다. 그것은 비파형동검의 출토 상황이다. 비파형동검이 고조선의 대표적 청동기라는 점은 이미 잘 알려진 사실인데, 이것이 지금의 요서 지역으로부터 한반도 남부 해안 지역에 이르기까지 전 지역에서 출토된다.[71] 비파형동검이 사용된 시기는 청동기시대인데, 청동기시대에 청동기는 지배계층의 독점물이었다. 따라서 비파형동검의 분포 지역은 동일한 지배세력의 분포 지역 즉 고조선의 통치 범위를 말해준다. 세형동검은 비파형동검과는 달리 철기시대에 사용되었던 유물로 철기시대에는 지방의 정치세력들이 성장하면서 청동 기술도 각 지방으로

한이라고 부를 경우 셋으로 분열되었던 것처럼 느끼게 되어 민족 분열 의식을 갖게 된다는 점을 깊이 인식해야 할 것이다.

70 진국(辰國)의 위치를 한반도 남부로 보는 학자들이 있으나 그것은 옳지 않다. 진국과 한(韓)의 위치 및 상호 관계에 대해서는 다음 논문을 참조하기 바람.
윤내현, 「고조선과 삼한의 관계」『한국학보』 52집, 1988년 가을, pp. 2~40.
『고조선 연구』 하 제2편 제1장 제2절 「고조선과 한의 관계」 참조.

71 종래에는 비파형동검은 만주와 한반도 북부에서만 출토되는 것으로 인식되었으나 근래의 발굴 결과에 의하면 한반도 남부 해안 지역에서까지 출토되고 있다.
이영문, 「한반도 출토 비파형동검 형식분류 시론」, 『박물관기요』 7, 단국대 중앙박물관, 1992, p. 85 지도 참조.

이전되어 지역적 특징들이 나타나게 되기 때문에 국경의 표지이기보다는 동일한 나라 안에서의 지역적 정치세력을 나타내는 표지가 된다.

또한 노태돈은 아주 중요한 사실을 언급하지 않고 있다. 그것은 북경 근처에 있는 난하를 경계로 그 동쪽과 서쪽의 출토 유물이 전혀 다르다는 점이다. 난하를 경계로 동쪽 지역에서는 황하 유역의 청동기문화인 이리두문화나 상문화(商文化)와는 성격이 전혀 다른 초기 청동기문화인 하가점하층문화(풍하문화라고도 부른다)가 서기전 2500년 무렵부터 시작되어, 서기전 16~14세기 무렵부터는 비파형동검문화로 발전한다.[72] 이와 같이 청동기문화가 초기부터 난하를 경계로 동쪽과 서쪽이 완전히 다른 성격을 보여주는 것은 앞에서 이미 말한 바와 같이 난하를 경계로 동쪽과 서쪽에 각각 다른 정치적 지배세력이 존재하고 있었음을 말해주는 것이다.

난하를 경계로 한 문화적 차이는 청동기시대 이전부터 나타난다. 전기 신석기시대의 질그릇은 난하를 경계로 동쪽인 만주와 연해주, 한반도에서는 새김무늬[73]와 지그재그무늬가 주류를 이루는 공통의 문화권을

---

72 하가점하층문화는 방사성탄소측정에 의해 서기전 2410±140년·서기전 1890±130년·서기전 1735±135년·서기전 1695±130년·서기전 1690±160년 등의 연대를 얻었는데, 그 문화가 시작된 것은 유적에서 얻어진 연대보다 약간 앞섰을 것이므로 그 개시 연대는 서기전 2500년으로 올려 잡을 수 있다.
中國社會科學院考古研究所, 『新中國的考古發現和研究』, 文物出版社, 1984, p. 339.
장광직 지음, 윤내현 옮김, 『상문명』, 민음사, 1988, pp. 371~373·390~391.
靳楓毅, 「論中國東北地區含曲刃青銅短劍的文化遺存」 上·下 『考古學報』, 1982年 4期, pp. 387~426·1983年 1期, pp. 39~54.

73 일반적으로 빗살무늬라고 부른다. 그러나 그것은 시베리아의 빗살무늬 질그릇과 혼동할 위험이 있으므로 사용하지 않는 것이 좋다.

이루고 있다.[74] 그리고 후기 신석기시대와 청동기시대의 묘제를 보면 난하를 경계로 동쪽인 만주와 한반도 지역에서는 돌무지무덤, 돌널무덤, 돌상자무덤, 고인돌무덤 등이 공통적으로 나타나는데, 서쪽인 황하 유역에서는 이러한 묘제들이 보이지 않는다. 이것은 난하를 경계로 동쪽과 서쪽에 각각 다른 문화와 생활풍속의 전통을 가진 사람들이 살고 있었음을 말해준다. 그리고 한반도와 만주의 거주민들은 같은 문화와 같은 생활풍속의 전통을 지닌 사람들이었음을 알게 해주는 것이기도 하다.

여기서 분명히 해야 할 것이 있다. 그것은 국경이나 영역 등의 지리적인 문제를 확인하는 데 유적이나 유물 등의 고고학 자료보다 문헌 기록이 더 중요하다는 점이다. 문헌 기록을 통해 지리를 확인하는 것이 불가능할 경우에는 고고학 자료를 통해 추정할 수밖에 없지만 그것은 어디까지나 추정이다. 그리고 유적이나 유물을 자료로 활용할 경우에도 어떤 유적과 유물을 근거로 삼느냐에 따라 결론이 크게 달라질 수 있다는 점에 유의해야 한다. 따라서 고고학 자료는 문헌 기록이 분명하지 않을 경우의 보완 자료라는 점을 알아야 한다. 문헌을 통해 분명하게 확인된 지리가 고고학 자료에 의해 뒤집힐 수 없다. 예컨대 대한민국의 영토는 한반도와 그 부속 도서로 한다는 분명한 기록이 있을 경우, 한국 사람이 사용한 물건이 일본이나 미국에서 출토된다고 하여 그곳까지 대한민국의 영토라고 주장할 수는 없으며, 또한 한국 사람이 사용한 어떤 특정한 물건을 기준 삼아 그것이 출토되는 범위가 경기도 일원이라고 하여 그 지역만을 대한민국의 영토라고 주장할 수도 없다.

유학구는 『사기』「조선열전」이나 『위략』 등의 기록을 꼼꼼하게 분석

---

74 Kwang-chih Chang, *The Archaeology of Ancient China*, Fourth Edition, Yale University Press, 1986, p. 178.

하여 논증하려는 정성을 보였으나 고대의 요동을 지금의 요동과 동일한 곳이었을 것으로 인식함으로써 지금의 청천강을 패수로 보는 잘못된 결론에 도달했다. 그는 요동은 요수의 동쪽을 말하는데, 요수는 『한서』「지리지」에 기록된 '대요수(大遼水)'를 뜻하는 것이며, 대요수가 현재의 요하라는 것은 오래전에 입증되었다고 했다. 따라서 고대의 요동은 지금의 요동과 동일하다는 것이다.[75]

필자도 『한서』「지리지」의 '대요수'가 지금의 요하라는 점에는 동의한다. 그러나 여기서 유의할 점은 『한서』「지리지」는 서한시대 전 기간의 지리에 대해 싣고 있는데, '대요수'는 『한서』「지리지」 기록 가운데 가장 동북쪽에 위치한 요수라는 점이다. 요수는 중국인들이 그들의 영토 가운데 가장 동북쪽에 있는 강을 부르는 명칭이었는데, 서한은 무제 시대에 위만조선을 멸망시키고 그 지역에 낙랑·진번·임둔·현도의 4군을 설치함으로써 그 동북 지역 영토가 크게 확장되었다. 따라서 '대요수'는 무제에 의해 서한의 영토가 확장된 후의 요수였던 것이다.

그런데 고조선과 중국의 국경인 패수가 기록에 등장한 시기는 위만조선이 건국되기 전이다. 그뿐만 아니라 일반 의미의 요동이나 서한의 요동군이라는 명칭도 위만조선이 건국되기 훨씬 전부터 존재했다. 그러므로 고조선과 중국의 국경을 이루었던 패수를 고증하기 위해서는 위만조선 건국 이전의 요동과 요동군 위치를 확인해야 한다. 그런데도 유학구는 그러한 고증을 거치지 않고 위만조선 멸망 후의 '대요수', 즉 서한 후기의 '대요수'를 기준으로 고대의 요동을 파악함으로써 고대의 요동과 지금의 요동을 동일한 곳으로 인식하는 오류를 범했다. 그리고 그러한

---

75 앞 글, 「고조선의 위치에 대하여」, p. 20.

기초 위에서 논리를 전개함으로써 청천강을 패수로 보는 잘못된 결론에 도달했던 것이다.

최동,[76] 리지린[77] 등은 대릉하를 패수로 보았다. 최동은 고대에 여러 개의 패수가 있었을 것으로 상정하고 연나라의 진개가 고조선을 침략한 후 국경으로 삼았던 만번한 지역에 있었던 패수는 대릉하일 것이라고 했다. 대릉하는 일명 백랑천(白狼川)이라고도 했는데, 그것은 페라로 발음되며 패(沛)·패(浿)·백(白)도 페 또는 패라로 발음될 수 있으므로 대릉하가 패수였음이 분명하다는 것이다. 그리고 서한이 건국되어 고조선과의 국경을 서한 지역으로 후퇴시켰는데, 이때 국경이 된 강도 패수로 불렸으며, 이 강은 대릉하보다 서쪽에 위치해야 하므로 고려하(高麗河)나 육고하(六股河)였을 것이라고 했다. 그리고 위만이 서한으로부터 망명할 때 건넌 패수는 바로 이 패수였을 것으로 보았다. 패수를 고려하로 본 점은 정인보의 견해와 같다.

그러나 최동은 역사상 여러 개의 패수가 존재했음을 스스로 인정하면서도 그 가운데 어느 강이 고조선과 중국의 국경을 이룬 강이었는지에 대한 구체적인 고증을 거치지 않고 바로 대릉하로 단정했다는 점에서 문제가 있다.

리지린은 고조선과 중국의 국경은 원래 지금의 난하였으나 연나라 진개의 침략으로 고조선의 서부 영토가 크게 줄어들었을 것으로 보고, 서한이 고조선과의 국경으로 삼았던 패수는 지금의 대릉하였을 것이라고 주장했다. 그 근거로 『열하지(熱河志)』에 대릉하는 백랑수(白狼水)라고도 불렸다고 기록되어 있는데 백(白)은 빠이, 패(浿)는 파 또는 빼이, 랑

---

76 최동, 『조선상고민족사』, 동국문화사, 1969, pp. 114~123.

77 리지린, 『고조선 연구』, 1964, 학우서방, pp. 72~83.

(狼)과 수(水)는 라로서 음이 상통하므로 백랑수와 패수는 동일한 강에 대한 다른 표기였을 것으로 보았다. 이것은 고대 중국인들이 고조선인들이 사용하던 명칭을 한문식으로 표기하는 과정에서 나타난 현상이었을 것이라고 추측했다. 북한 학계에서는 대릉하를 패수로 보는 견해가 주류를 이루고 있다.[78] 그리고 러시아의 U. M. 부틴도 이 견해를 따르고 있다.[79]

그런데 리지린이 고조선과 중국의 국경은 원래 지금의 난하였다고 본 것은 옳지만 연나라 진개의 침략으로 고조선의 영토가 줄어들었을 것으로 본 것은 옳지 않다. 연나라의 진개가 고조선을 침략한 것은 사실이지만 그것은 일시적인 것이었고, 고조선은 바로 그들을 격퇴했을 뿐만 아니라 오히려 연나라에 쳐들어가 응징하기까지 했다.[80] 리지린은 진개의 침략에 대한 잘못된 이해 때문에 고조선의 서쪽 국경이 난하에서 대릉하로 이동했을 것으로 보는 오류를 범했던 것이다.

장도빈[81]과 문정창[82]은 난하를 패수로 보았다. 장도빈은 패수라는 명칭은 사용하지 않았지만 북경 근처에 있는 지금의 난하를 고조선과 중국의 국경으로 보았다. 그러나 그러한 견해에 대한 아무런 근거를 제시하지 않았다. 문정창은 난하·대릉하·요하·대동강 등이 역사상 패수로 불렸다고 보면서 고조선과 중국의 국경을 이루었던 패수는 지금의 난하였다고 주장했다. 그 근거는 고조선의 위치는 고죽국 지역이었는데 고

---

78 사회과학원 고고학연구소, 『고조선문제연구론문집』, 사회과학출판사, 1977, pp. 56~64. 사회과학원 력사연구소, 『조선전사 2』, 과학백과사전출판사, 1979, pp. 91~98.

79 U. M. 부틴 지음, 이병두·이항재 옮김, 『고조선』, 소나무, 1990, pp. 26~34.

80 앞 글, 「고조선의 서변경계 재론」, pp. 532~533.

81 장도빈, 「국사」 『산운 장도빈 전집』 권1, 산운기념사업회, 1981, p. 28.

82 문정창, 『고조선사 연구』, 백문당, 1969, pp. 115~117.

죽국은 난하의 동부 유역에 있었으므로 고조선과 중국의 국경은 난하일 수밖에 없다는 것이었다. 그런데 고죽국이 고조선 영토의 서부 변경 내에 있기는 했지만 문정창의 주장처럼 고조선의 지리적 위치나 범위가 바로 고죽국의 위치와 동일하지는 않았다.

앞에서 이미 확인된 바와 같이 고조선과 중국의 국경을 이루었던 패수에 대한 종래의 견해 가운데 난하를 패수로 본 장도빈과 문정창의 견해가 가장 정확한 것이었다. 그럼에도 불구하고 그동안 학계가 이 견해를 받아들이지 않았던 것은 장도빈이나 문정창이 주장을 뒷받침할 만한 근거를 충분하게 제시하지 못했고, 고증 방법이나 논리 전개도 구체적이지 못했을 뿐만 아니라 학술 논문으로서 체제도 갖추지 못했기 때문이었다고 생각된다. 반면에 이병도가 제출한 청천강을 패수로 본 견해는 사료의 선택이나 해석 및 고증에 많은 잘못을 범하여 그릇된 결론에 도달했음에도 불구하고 한국사 학계에 가장 크게 영향을 끼쳤다. 그 이유는 그의 논리 전개와 주장이 학술 논문 체제를 갖추었을 뿐만 아니라 광복 후 학계에서 그의 위치가 크게 작용했기 때문인 듯하다.

여기서 한 가지 지적해두고자 하는 것은 압록강이나 청천강 또는 대동강 등 한반도 내에 있는 강을 패수로 볼 경우, 『사기』 「조선열전」과 『위략』의 기록과도 모순이 나타난다는 점이다. 『사기』 「조선열전」과 『위략』에는 위만이 서한으로부터 동쪽으로 패수를 건너 고조선 지역으로 망명했다고 기록되어 있는데, 패수가 한반도 내에 있는 강이었다면 동쪽으로가 아니라 남쪽으로 망명했다고 기록했어야 옳을 것이기 때문이다. 이러한 점을 보더라도 한반도 내에 있는 강이 고조선과 중국의 국경이었던 패수일 수는 없다.

5. 마치며

지금까지 고찰한 바와 같이 패수는 특정한 강의 고유한 명칭이 아니라 여러 강의 명칭으로 사용되었다. 옛 문헌의 기록을 보면 요동군 번한현의 패수·낙랑군 패수현의 패수·낙랑군 누방현의 패수 등이 있었고, 대동강·예성강·어니하(헌우락)도 패수로 불렸다. 이와 같이 여러 강이 패수라는 명칭을 갖게 된 것은 한반도와 만주 지역에서 사용되었던 강이라는 말의 고대어인 펴라·피라·벌라가 향찰식으로 기록되면서 패수가 되었기 때문이었다. 그러므로 위에서 언급된 패수 외에도 지금은 명칭이 바뀌어버린 더 많은 강이 패수로 불렸을 가능성이 있다. 따라서 고조선과 중국의 국경을 이루었던 패수를 확인함에 있어 패수라는 강 이름에만 집착할 것이 아니라 고조선과 중국의 국경 지역이 지금의 어느 곳이었는지를 먼저 확인한 후 그 지역을 흐르는 강 가운데 어느 강이 패수일 가능성이 있는지를 검토해보는 것이 순서이다.

그러기 위해서는 먼저 당시 진제국 및 서한제국의 행정구역이었던 요동군과 일반 의미의 요동 위치를 확인하는 것부터 고증 작업을 시작해야 한다. 왜냐하면 행정구역의 요동군은 진제국 및 서한제국의 가장 동북부에 위치해 있어서 고조선과 경계를 이루고 있었고, 일반 의미의 요동은 당시 중국의 동북부 국경 지역으로부터 고조선의 서부 지역을 포괄한 지역을 지칭했으므로 이들의 위치를 확인하는 것은 바로 고조선과 중국의 국경 지역을 확인하는 것이 되기 때문이다. 그럼에도 불구하고 패수에 대한 종래의 연구는 그러한 고증 작업을 거치지 않고 고조선의 영역이나 요동군의 위치 등을 한반도 내로 상정했을 뿐만 아니라 요동군과 일반 의미의 요동을 혼동한 채 그 위치를 지금의 요동과 동일한 지역이었을 것이라는 전제 위에서 고증 작업을 했기 때문에 잘못된 결론에 도달했던 것이다.

앞에서 확인했듯이 고대의 요동은 지금의 요동과 위치가 달랐다. 고대에 일반 의미의 요동은 지금의 난하 유역과 요서 지역을 포괄한 지역이었으며, 진제국 및 서한제국의 행정구역이었던 요동군은 갈석산 서쪽의 난하 하류 유역에 위치해 있었다. 다시 말하면 난하 유역이 고조선과 중국의 국경 지역이었던 것이다. 그러므로 고조선과 중국의 국경을 이루었던 패수는 이 지역에서 찾아야 한다. 지금까지 고증한 결과 고조선과 중국의 국경을 이루었던 패수는 『한서』「지리지」에 기록된 요동군 번한현의 패수로서 그 강은 지금의 북경 가까이에 있는 난하였거나 그 서부 지류 또는 난하보다 조금 서쪽에 있었던 강이었음이 확인되었다. 고조선과 중국의 국경을 이루었던 패수가 지금의 난하보다 동쪽에 위치할 수 없음은 명백하다.

III

고조선의 남북 국경

1. 들어가며

고조선에 관한 연구는 한국의 옛 기록을 기본 사료로 채택하는 것이 바람직하다. 그러나 한국에는 기록이 충분히 남아 있지 않은 것이 현실이다. 역사 연구에 가장 기본이 되는 사료는 연구 대상으로 삼은 사건이나 사실과 같은 시기 또는 그로부터 오래지 않은 시기의 기록이다. 그런데 한국에는 고조선 당시의 기록이 전혀 남아 있지 않다. 그뿐만 아니라 고조선에 관한 기록을 싣고 있는 문헌 가운데 가장 오래된 『삼국유사』나 『제왕운기』마저도 고려 후기에 편찬된 것으로 고조선이 붕괴된 후 무려 1,300여 년이 지난 후의 것이며 내용도 매우 간략하다. 따라서 고조선 연구는 중국 문헌의 도움을 받을 수밖에 없다. 다행히 고조선 당시 또는 고조선이 붕괴된 후 오래지 않은 시기의 중국 문헌에 고조선에 관한 기록이 남아 있기 때문이다.

중국 문헌의 기록에 고조선에 관한 사료가 충분하게 남아 있는 것은 아니지만 고조선의 서쪽 경계에 관한 사료는 고증에 부족하지 않을 정도로 남아 있다. 고조선의 서쪽 경계는 중국의 동북부 경계가 되기 때문에 중국사의 일부로서 그곳에 대한 기록이 비교적 충실하게 남아 있다. 필자는 고조선과 중국의 경계 즉 고조선의 서쪽 국경이 지금의 난하와 갈석산으로 형성되어 있었음을 중국 문헌의 기록을 통해 고증하고 그에 관한 몇 편의 논문을 이미 발표한 바 있다.[1] 이 문제에 대해 필자와 다른 견해를 가진 학자들이 없는 것은 아니지만, 필자의 견해를 뒷받침하는 분명한 사료들이 있으므로 그러한 견해들은 오래 유지되지 못할 것으로 확신하고 있다.

그런데 여기서 유의해야 할 것은 중국 문헌이 한국사의 모든 문제를 해결해주리라고 기대해서는 안 된다는 것이다. 중국의 역대 사서들은 중국 역사책일 뿐이며, 중국의 다른 문헌들도 중국인들의 관심사의 기록일 뿐이다. 따라서 한국사나 한국에 대한 모든 문제가 기록되어 있기를 기대할 수는 없다. 그렇기 때문에 고조선의 국경에 관한 기록도 중국인들의 관심 지역인 고조선의 서쪽 경계, 바꾸어 말하면 중국의 동북부에 관해서는 기록이 어느 정도 남아 있지만 고조선의 북부나 남부에 관해서는 그렇지 못하다.

따라서 문헌에만 의존하여 고조선의 북부 경계나 남부 경계를 밝히는 것은 그리 쉽지 않다. 그런데 근래에 한반도와 만주 지역에 대한 고고

---

1 윤내현, 「고조선의 서변경계고」 『남사정재각박사고희기념 동양학논총』, 고려원, 1984, pp. 1~38.
______, 「고조선의 위치와 강역」 『한국고대사신론』, 일지사, 1986, pp. 15~80.
______, 「고조선의 서변경계 재론」 『백산박성수교수화갑기념논총－한국독립운동사의 인식』, 백산박성수교수화갑기념논총간행위원회, 1991, pp. 524~539.
______, 「고조선시대의 패수」 『전통과 현실』 제2호, 고봉학술원, 1992, pp. 205~246.

발굴이 활발해지면서 고조선의 북부와 남부의 경계를 확인하는 것이 가능해졌다. 따라서 필자는 한국과 중국의 문헌 기록들을 고고학 자료와 연결시켜 고증 작업을 진행하겠다.

2. 한국 문헌에 나타난 고조선의 남북 국경

한국 문헌 가운데 고조선에 관한 가장 기본이 되는 사료는 고려시대에 저술된 『삼국사기』와 『삼국유사』, 『제왕운기』다. 조선시대의 역사서에 보이는 고조선에 대한 언급은 대부분 이 기록들에 대한 해석이나 주석 또는 고증들에 불과하며, 그렇지 않은 내용이 있다고 하더라도 학자에 따라 견해가 다를 수 있기 때문에 고조선 연구의 기본 사료로 채택하는 데는 문제가 있다. 따라서 필자는 불필요한 논란의 여지를 없애기 위해 『삼국사기』와 『삼국유사』, 『제왕운기』 기록만을 한국 문헌의 기본 사료로 삼고자 한다.

그런데 『삼국사기』에는 고조선에 관한 독립된 항목이 없다. 가장 일찍 고조선에 대해 항목을 설정하고 언급한 책은 『삼국유사』인데, 그 「기이」 편에도 고조선의 강역이나 국경을 구체적으로 밝힐 수 있는 내용은 전혀 없다. 그러나 단군(壇君)에 대해,

> 당요가 제위에 오른 지 쉰 해가 되던 경인년에 평양성에 도읍하고 비로소 조선이라 하였고, 또 백악산아사달로 도읍을 옮겼는데 그곳을 궁홀산이라고도 하며 금미달이라고도 한다. 나라를 다스린 지 1,500년이 되어 주나라 호왕이 즉위했던 기묘년에 기자를 조선에 봉하자 단군은 곧 장당경으로 옮겼다가 뒤에 아사달로 돌아와 은거하여 산신이 되었고, 수명은

1,908세를 누렸다.[2]

고 기록되어 있어, 고조선이 건국 후 평양성으로부터 백악산아사달, 장당경, 아사달로 도읍을 모두 세 번 옮겼음을 전해주고 있는데, 그 가운데 두 번은 기자가 고조선 지역으로 망명 온 후에 이루어졌음을 알게 해준다. 따라서 단군이 통치했던 고조선은 기자가 고조선 지역으로 망명 온 후에도 여전히 존속했다. 고조선은 세 번에 걸쳐 도읍을 옮길 정도의 영토를 가지고 있었다면 그 면적이 결코 좁지는 않았으리라는 추측이 가능하다.

이러한 『삼국유사』 기록과는 달리 『제왕운기』에는 고조선의 강역을 좀 더 구체적으로 짐작하게 하는 기록이 있다. 즉 『제왕운기』 첫머리에,

> 요동에는 하나의 별천지가 있으니, 중조(중국)와는 완전히 구분되며, 큰 파도 넓은 바다 삼면을 둘러쌌고, 북쪽은 대륙과 선처럼 이어졌는데, 그 가운데 사방 천 리가 조선이라, 강산의 형세 빼어남은 천하에 이름 있고, 밭 갈고 우물 파며 예의 바르니, 중국인들이 이름하여 소중화(小中華)라 하였다.[3]

고 기록되어 있다. 이 기록은 고조선을 설명하면서 그 위치를 요동이라 했다. 그런데 고조선시대의 요동은 지금의 요동과 달리 북경 근처에 있

---

2 『삼국유사』 권1 「기이」 〈고조선〉조. "以唐高(堯)卽位五十年庚寅, 都平壤城, 始稱朝鮮, 又移都於白岳山阿斯達, 又名弓忽山, 又今彌達. 御國一千五百年, 周虎(武)王卽位己卯, 封箕子於朝鮮, 壇君乃移於藏唐京, 後還隱於阿斯達, 爲山神, 壽一千九百八歲."

3 『제왕운기』 권 하. "遼東別有一乾坤, 斗與中朝區以分, 洪濤萬頃圍三面, 於北有陸連如線, 中方千里是朝鮮, 江山形勝名敷天, 耕田鑿井禮義家, 華人題作小中華."

는 지금의 난하 유역과 그 동쪽 지역을 지칭했다. 그러므로 위 인용문의 내용을 꼼꼼히 뜯어보면 고조선의 강역은 지금의 난하 유역으로부터 그 동쪽의 만주와 한반도 전 지역을 포괄하고 있었음을 알 수 있다.

그러나 다음과 같은 반론이 제기될 수 있다. 위의 인용문에 나타난 전체적인 지리는 한반도와 만주 전 지역임이 분명하지만, 그것은 고조선의 강역을 말한 것이 아니라 『제왕운기』에서 다루어질 전체 내용의 지리 범위를 언급한 것으로 보아야 한다는 것이다. 위 인용문을 보면 한반도와 만주의 전체 지리를 말한 후 "그 가운데 사방 천 리가 조선이다."라고 표현한 것은 그러한 의미를 담고 있다고 볼 수도 있기 때문이다. 다시 말하면 한반도와 만주 전 지역 가운데 일부인 사방 천 리가 고조선의 강역이었다고 해석할 수도 있다는 것이다. 이러한 해석상의 견해 차이는 고조선의 국가 구조를 어떻게 보느냐 하는 문제와 직결된다.

고조선의 국가 구조를 중국의 상나라나 서주와 같은 봉국제(봉건제도 또는 분봉제도라고도 부른다), 즉 중앙에 국왕이 직접 다스리는 최고 통치자의 직할국이 있고 그 주위에는 국왕이 제후에게 위탁하여 다스리도록 한 제후국이 있는 국가 구조로 보느냐, 그렇지 않으면 서양의 고대 그리스와 같은 도시국가 즉 일정한 지역이 하나의 도시를 형성하고 그것이 바로 하나의 독립된 국가로서 고대 중국과 같은 제후국은 존재하지 않으며 전 지역이 모두 최고 통치자의 직접 통치 아래 있는 국가 구조로 보느냐에 따라 해석이 달라질 수 있다.

고조선의 국가 구조를 중국의 상이나 서주와 같은 봉국제도로 본다면 위 인용문에 나타난 "그 가운데 사방 천 리"로 표현된 조선은 고조선의 최고 통치자였던 단군의 직할국이며, 그 주위에는 단군이 제후들에게 위탁하여 통치하도록 한 제후국이 있었다고 보아야 한다. 이렇게 본다면 단군의 직할지였던 조선의 주위 한반도와 만주 전 지역에는 많은 제후국이 존재했다고 보아야 하므로 위 인용문이 말하는 한반도와 만주 전 지역은 고조선의 강역을 말한 것이 된다. 그런데 제후는 고대에 중국에서 사용했던 칭호이며, 한국에서는 그것을 거수(渠帥)[4]라 했고 그 나라를 거수국(渠帥國)이라 했다. 따라서 한국사에서는 거수와 거수국이라는 용어를 사용하는 것이 옳겠다.

그러나 고조선의 국가 구조를 고대 그리스와 같은 도시국가로 본다면 "그 가운데 사방 천 리"로 표현된 조선 자체가 고조선의 전체 강역인 것이며, 그 주변에는 고조선과 대등한 독립된 많은 도시국가들이 존재했다고 보아야 한다. 이미 간행된 일부 한국사 개설서에서 고조선에 대해 설명하기를 흔히 한반도와 만주 지역에 있었던 여러 나라 가운데 고조선은 가장 일찍 발전한 나라였다[5]고 표현한 것은 바로 고조선을 서양의 고대국가와 같은 도시국가로 본 것이다.

그런데 고조선의 국가 구조를 도시국가(일부 학자들은 성읍국가라고 부른다)[6]로 보고 "그 가운데 사방 천 리"만을 고조선의 강역으로 볼 경우 『제왕운기』의 다음 기록은 모순을 일으킨다. 즉 『제왕운기』「전조선기」의 단군에 대한 저자 자신의 주석 가운데,

> (단군은) 조선 지역에 웅거하며 왕이 되었는데, 옛 시라(신라)·고례(고구

---

4 『후한서』「동이열전」과 『삼국지』「동이전」〈한전〉에 한국(韓國)에 속해 있던 여러 소국의 통치자를 거수라고 불렀다는 기록은 이러한 사실을 알게 해준다.

5 이기백, 『한국사신론』, 일조각, 1977, p. 26.
변태섭, 『한국사통론』, 삼영사, 1986, p. 54.

6 위 책, 『한국사신론』, p. 26.
천관우, 「삼한의 국가형성」 상 『한국학보』 제2집, 1976, pp. 6~18.
이기백, 「고조선의 국가형성」 『한국사시민강좌』 제2집, 1988, pp. 12~15.

려) · 남북옥저 · 동북부여 · 예와 맥은 모두 단군의 계승자였다.[7]

고 기록하고 있는데, 이미 잘 알려진 바와 같이 신라 · 고구려 · 남옥저 · 북옥저 · 동부여 · 북부여 · 예 · 맥 등은 고조선 붕괴 후 한반도와 만주의 넓은 지역에 분포되어 있었던 나라들이었다. 그러므로 이러한 나라들이 고조선 단군의 계승자가 되려면 고조선이 존재했던 시기에 고조선에 속해 있었어야 한다. 그렇지 않고 고조선과 별개의 독립된 나라들이었다면 이들을 단군의 계승자라고 표현할 수 없는 것이다.

『제왕운기』 저자가 한반도와 만주에 있었던 나라들을 고조선의 후계세력으로 인식했음은 다음 기록에서 다시 한 번 확인된다. 『제왕운기』 「한사군급열국기」에 고조선이 붕괴된 후 한반도와 만주에 있었던 여러 나라에 대해 언급하기를,

> 때에 따라 합하거나 흩어지며 흥하거나 망하여서, 자연에 따라 분계(分界)되어 삼한(한)이 이루어졌다. 삼한에는 여러 고을이 있었으니, 다정스럽게 호수와 산 사이에 흩어져 있었다. 각자가 국가라 칭하고 서로 침략하였는 바, 70이 넘는 그 숫자 어찌 다 밝혀지겠는가? 그 가운데 큰 나라가 어느 것인가? 먼저 부여와 비류가 이름 떨치었고, 다음은 시라(신라) · 고례(고구려)이며 (그다음은) 남북옥저(남옥저와 북옥저) · 예와 맥이 따르더라. 이들 나라 여러 임금님들 누구의 후손인가 묻는다면, 그들의 혈통 또한 단군으로부터 이어졌다. 그 밖의 작은 나라들은 이름이 무엇이었는지, 옛 책을 찾아봐도 알 길이 없고, 지금의 고을의 이름도 그때와는 다

---

7 『제왕운기』 권 하 「전조선기」의 저자 자신의 주석. "檀君據朝鮮之域爲王, 故尸羅 · 高禮 · 南北沃沮 · 東北扶餘 · 濊與貊皆檀君之壽也."

르니, 떠도는 이야기를 따져봐도 어찌 다 알 수 있겠는가?[8]

라고 했다. 고조선 붕괴 후 한반도와 만주 지역에 있었던 한(韓)·부여·비류·신라·고구려·남옥저·북옥저·예·맥 등 여러 나라 통치자들은 모두 단군의 후손들이라는 것이다. 여기서 말하는 단군이 고조선의 역대 통치자들을 지칭함은 설명이 필요 없다. 다시 말하면 이 나라들은 모두 고조선의 뒤를 이은 국가들이었다는 것이다. 또한 위 인용문은 고조선의 뒤를 이은 국가들이 위에 언급된 것보다 훨씬 더 많이 존재했으나 그 명칭을 일일이 확인할 수 없을 뿐이라고 말하고 있다.

이러한 나라들이 모두 고조선의 후계 세력들이었다면 고조선시대에 이들은 모두 고조선에 속해 있었어야 하므로 고조선의 강역은 한반도와 만주의 넓은 지역을 포괄하고 있었어야 한다. 그리고 고조선의 북쪽과 남쪽 경계는 위에 언급된 나라 가운데 가장 북쪽과 가장 남쪽에 있었던 나라의 영역을 포함한 지역이 되어야 한다. 위에 언급된 나라 가운데 가장 북쪽에 있었던 나라는 부여였다. 다음에 중국 문헌의 기록을 검토하는 과정에서 다시 확인되겠지만 부여는 남만주에 있었던 고구려의 북쪽에 위치하여 원래는 지금의 흑룡강과 그 상류인 아르군 강을 북쪽 경계로 하여 지금의 내몽골자치구 동부와 흑룡강성을 차지하고 있었으나 후에는 그 동북쪽 연해주 지역에 있었던 읍루를 병합하여 영토가 연해주 지역까지 이르렀다. 그러므로 위 인용문에 나타난 부여의 영토를 부여

---

8 『제왕운기』 권 하 「한사군급열국기」. "隨時合散浮況, 自然分界成三韓, 三韓各有幾州縣,蚩蚩散在湖山間, 各自稱國相侵凌, 數餘七十何足徵, 於中何者是大國, 先以扶餘·沸流稱, 次有尸羅與高禮, 南北沃沮·穢·貊膺, 此諸君長問誰後, 世系亦自檀君承, 其餘小者名何等, 於文籍中推未能, 今之州府別號是, 諺說那知應不應."

가 읍루를 병합하기 전으로 본다면 고조선의 북쪽 국경은 흑룡강과 아르군 강 지역이 되겠지만, 읍루를 병합한 후로 본다면 흑룡강을 훨씬 넘어 연해주 지역까지 이르렀을 것이다.

위에 언급된 여러 나라 가운데 가장 남쪽에 있던 나라는 한(韓)과 신라였다. 신라는 한의 일부였던 지금의 경주에서 일어났으므로 한의 영역은 후에 신라가 된 지역을 포괄하고 있었다. 한은 한반도 남부에 위치하여 지금의 경기도·충청남북도·전라남북도·경상남북도를 영역으로 하고 있었으며 신라는 한의 영역 가운데 경주 지역에서 일어나 후에 경상남북도 지역을 차지하게 되었다. 그러므로 고조선의 남쪽 경계는 한반도 남부의 해안선으로 보아야 한다는 결론에 도달한다. 이러한 결론은 『삼국사기』의 신라 건국에 관한 기록과 『고려사』「지리지」〈강화현(江華縣)〉조의 마니산과 전등산에 관한 기록이 뒷받침한다.

『삼국사기』「신라본기」에 신라 건국 과정에 대해 말하기를,

> 일찍이 조선의 유민(遺民)들이 산의 계곡 사이에 나누어 살면서 여섯 촌락을 이루었다. 첫째는 알천(閼川)의 양산촌(楊山村), 둘째는 돌산(突山)의 고허촌(高墟村), 셋째는 취산(觜山)의 진지촌(珍支村), 넷째는 무산(茂山)의 대수촌(大樹村), 다섯째는 금산(金山)의 가리촌(加利村), 여섯째는 명활산(明活山)의 고야촌(高耶村)이란 것이니 이것이 진한(辰韓)의 6부였다. 고허촌장(高墟村長)인 소벌공(蘇伐公)이 (하루는) 양산(楊山) 기슭을 바라본즉 나정(蘿井) 옆 숲 사이에 말이 무릎을 꿇고 앉아 울고 있는지라 바로 가서 그곳을 보니 말은 간 데 없고 큰 알만 있었다. 알을 쪼개었더니 (그 속에서) 어린아이가 나왔다. 그 어린아이를 거두어 길렀더니 나이가 10여 세에 이르러 뛰어나게 영리하고 조숙하였다. 6부 사람들은 그 아이의 출생이 이상했던 까닭에 그를 높이 받들더니, 이때에 이르러

그를 세워 임금을 삼았다.[9]

고 했다. 고조선이 붕괴된 후 남아 있던 고조선 백성 가운데 일부인 6부가 신라를 건국했다는 것이다. 종래에는 고조선의 강역을 한반도 북부로 국한해서 생각했기 때문에 고조선의 유민들은 당연히 북쪽에서 이주해 온 사람들이었을 것으로 생각했다. 따라서 북쪽에서 내려온 사람들이 신라를 건국했을 것으로 인식했었다.[10]

그런데 고조선의 강역이나 북쪽 경계 또는 남쪽 경계를 고증하는 데 있어 고조선의 강역을 한반도 북부나 어느 특정한 지역으로 전제하고 고증에 임하는 것은 바른 자세라고 할 수 없다. 고조선의 강역에 대해 아무런 지식을 갖고 있지 않다는 전제 위에서 기본 사료에 따라 그것을 복원해나가는 것이 바른 자세일 것이다. 그렇게 본다면 고조선이 붕괴된 후 남은 백성들이 신라를 건국했으므로 그 사람들은 다른 곳으로부터 이주해 온 사람들일 수도 있고 원래부터 그 지역에 거주했던 토착인들일 수도 있다. 그런데 『삼국사기』의 위 기록을 한이나 신라의 통치자들이 단군의 후손이었다는 『제왕운기』 기록과 연결해보면 신라를 건국한 사람들은 그 지역의 토착인들이었을 가능성이 높아진다.

『고려사』 「지리지」 〈강화현〉조에는 마니산과 전등산에 대해,

---

9 『삼국사기』 권1 「신라본기」 〈시조 혁거세 거서간(始祖赫居世居西干)〉조. "先是, 朝鮮遺民, 分居山谷之間爲六村, 一曰閼川楊山村, 二曰突山高墟村, 三曰觜山珍支村, 四曰茂山大樹村, 五曰金山加利村, 六曰明活山高耶村, 是爲辰韓六部, 高墟村長蘇伐公, 望楊山麓, 蘿井傍林間, 有馬跪而嘶, 則往觀之, 忽不見馬, 只有大卵. 剖之, 有嬰兒出焉, 則收而養之, 及年十餘歲, 岐嶷然夙成, 六部人, 以其生神異, 推尊之, 至是立爲君焉."

10 이러한 오류를 필자 자신도 범하여 신라를 건국한 사람들이 북쪽에서 이주해 왔을 가능성이 큰 것으로 본 바 있다.
윤내현, 『윤내현 교수의 한국고대사』, 삼광출판사, 1989, pp. 151~152.

> 마니산은 부(府)의 남쪽에 있다. 산마루에는 참성단(塹星壇)이 있는데, 세간에 전하기를 단군이 하늘에 제사 지내던 단(壇)이라고 한다.[11]

> 전등산은 삼랑성(三郎城)이라고도 하는 바, 세간에 전하기를 단군이 그의 세 아들을 시켜서 이 성(城)을 쌓게 하였다고 한다.[12]

고 기록되어 있다. 지금도 강화도의 마니산과 전등산에는 참성단과 삼랑성 유적이 남아 있으며 위 내용의 전설이 전해지고 있음은 잘 알려진 사실이다. 그런데 『고려사』「지리지」는 이러한 전설이 이미 고려시대 이전부터 전해졌음을 알게 해준다. 만일 이러한 전설이 사실이라면 고조선의 강역은 적어도 남쪽으로 강화도 지역을 포괄하고 있어야 한다. 이것은 한반도 남부에 있었던 한(韓) 지역이 고조선의 거수국으로서 고조선의 강역에 포함되어 있었을 것임을 알게 해준다.

지금까지 고찰한 바와 같이 고조선의 북쪽 경계는 흑룡강과 그 상류인 아르군 강이었거나 흑룡강을 넘어 연해주 밖에 있었을 가능성이 크며 남쪽 경계는 한반도 남부 해안선이었을 가능성이 높다. 그러나 이러한 가능성은 다른 여러 문헌의 기록이나 고고학 자료에 의해 뒷받침될 필요가 있다. 왜냐하면 『삼국사기』나 『삼국유사』·『제왕운기』·『고려사』 등은 저작 연대가 너무 늦기 때문이다. 그리고 후세에 한반도와 만주에 있었던 여러 나라들을 고조선과 연결하여 민족의식을 고취하기 위해 사실과 다르게 윤색했을 것이라고 반론을 제기할 수도 있기 때문이다. 여

---

11 『고려사』 권56 「지리지1」 〈강화현〉조. "摩利山, 在府南, 山頂有塹星壇, 世傳檀君祭天壇."

12 『고려사』 권56 「지리지1」 〈강화현〉조. "傳燈山, 一名三郎城, 世傳檀君使三子築之."

기서 분명히 해야 할 것은 이에 대한 반론을 제기하기 위해서는 이들보다 사료 가치가 더 높은 기록이 있어야 한다는 점이다.

3. 중국 문헌에 나타난 고조선의 남북 국경

앞에서 언급한 바와 같이 중국의 고대 문헌에는 고조선과 중국의 국경지대에 관해서는 비교적 자세한 기록이 남아 있지만, 그곳으로부터 거리가 먼 고조선의 내지나 북쪽 또는 남쪽 경계에 대해서는 별로 기록이 남아 있지 않다. 그 이유는 중국에서 멀리 떨어진 고조선 지역에 대해서는 당시 중국인들이 자세한 지식도 없었고 크게 관심도 없었기 때문이다. 흔히 한국과 중국은 역사적으로 오랜 기간에 걸쳐 깊은 교류를 가져왔기 때문에 고조선시대에도 중국인들은 그 후의 시대와 마찬가지로 고조선에 대해 깊은 지식을 갖고 교류했을 것으로 생각하기 쉽다. 하지만 고조선시대에 해당하는 대부분의 기간 동안 중국 대륙에는 아직 통일된 국가가 출현하지 않은 상황이어서 당시 중국인들은 외부 세계에 눈을 돌릴 여유가 없었다.

다 아는 바와 같이 고조선시대에 중국은 하·상·서주·춘추전국·진제국 등의 시대를 거쳐 서한 초에 이르게 되는데, 진제국시대에 들어와서야 비로소 통일국가의 출현을 보게 된다. 하와 상시대는 아직 초기국가로서 영역이 황하 중류 유역에 머물러 있었고, 상 말기부터 서주시대는 그전보다 영역이 확장되기는 했지만 동북쪽은 하북성 중부를 넘어서지 못했으며 남쪽은 장강(長江 : 양자강) 유역에 그쳤다. 춘추전국시대에는 그보다 영역이 다소 확장되기는 했지만 서주시대의 제후국들이 독립하여 전쟁을 계속함으로써 중국은 혼란이 계속되었다. 그 후 고조선 말기에 이르러서야 중국을 통일한 진제국이 출현했으나 불과 15년 후에 농민 봉기로 무너지고 서한제국이 출현했다. 따라서 고조선의 전 기간 동안 중국은 외부 세계에 눈을 돌릴 여유가 없었고, 내부적으로 국가 경영의 경험을 쌓아가면서 중국 대륙을 점차 확보해가는 과정에 있었던 것이다.

그러므로 중국이 외부 세계에 관심을 갖고 기록에 남기기 시작한 것은 고조선이 붕괴된 훨씬 후 그들의 사회가 안정된 이후부터였다. 그러한 사실은 『후한서』「동이열전」에 하(夏)시대부터 동한시대까지의 복잡다단했던 중국의 상황을 설명한 후,

> 영초(永初) 연간[동한 안제(安帝), 서기 107~113]에 이르러 다난(多難)하니 드디어 [동이(東夷)가] 들어와 노략질하였다. 환제(桓帝)와 영제(靈帝)가 실정(失政)하니 점점 만연하였다. (중국이) 중흥한 후로부터 사이(四夷)가 손님으로 찾아오니 때로는 배반함이 있기는 하였으나 사신과 역마가 끊이지 않았기 때문에 그 나라의 법속과 풍토에 대해 지식을 얻는 것이 가능하여 간략하게나마 기록할 수 있게 되었다.[13]

고 했다. 이 내용에 의하면 중국이 한반도와 만주 지역에 대한 지식을 얻어 간략하게나마 기록할 수 있게 된 것은 중국이 중흥한 이후에 속한다. 중국의 정사(正史) 가운데 동한의 역사서인 『후한서』부터 비로소 한반도와 만주 지역에 관한 기록인 「동이열전」이 나타난 것은 바로 이러한 사연 때문이었던 것이다. 따라서 고대의 한반도와 만주에 대한 중국

---

13 『후한서』 권85 「동이열전」. "逮永初多難, 始入寇鈔, 桓·靈失政, 漸滋曼焉. 自中興之後, 四夷來賓, 雖時有乖畔, 而使驛不絶, 故國俗風土, 可得略記."

의 초기 기록은 매우 간략하기 때문에 그 내용만으로 전체적인 것을 파악하는 것은 불가능하다. 그러나 어떤 상황을 인식하는 데 단서를 제공하거나 보완해주는 역할은 할 수 있다.

『후한서』「동이열전」〈예전〉에는 고조선의 강역을 인식하는 데 참고가 되는 다음과 같은 기록이 있다.

> 예 및 옥저·고구려는 본래 모두 조선의 땅이었다.[14]

는 것이다. 『후한서』는 동한시대의 역사를 서술한 책이므로 「동이열전」은 동한시대의 한반도와 만주 상황을 전해주고 있다. 그러므로 위 기록은 동한시대의 예 및 옥저·고구려는 본래 고조선의 영토였음을 말해주고 있는 것이다. 동한시대는 고조선이 이미 붕괴된 후였고, 당시에 예는 함경남도 남부로부터 강원도 지역에, 옥저는 함경남북도 지역에, 고구려는 평안북도로부터 남만주 일대에 걸쳐 있었다. 그러므로 위 인용문에 따르면 고조선의 강역은 적어도 한반도 북부로부터 남만주에 이르렀다. 그런데 위 인용문은 고조선의 강역에 대해 설명한 기록이 아니라 당시에 한반도와 만주에 있었던 여러 나라를 설명하는 과정에서 예의 땅은 본래 고조선의 영역에 속해 있었음을 말한 것이다. 그러므로 고조선의 강역은 좁게 잡아도 예와 옥저·고구려 영토를 합한 지역이었으므로, 그보다 더 넓었을 가능성도 있다는 점을 이 기록은 말해주고 있다. 따라서 고조선의 강역을 대동강 유역의 좁은 지역으로 보았던 과거의 견해는 성립될 수 없음을 이 기록은 분명히 해주고 있다.

---

14 『후한서』 권85 「동이열전」 〈예전〉. "濊及沃沮·句驪, 本皆朝鮮之地也."

여기서 혼란을 없애기 위해 『후한서』「동이열전」에는 위의 조선과는 다른 또 하나의 조선이 기록되어 있다는 점을 밝혀둘 필요가 있다. 『후한서』「동이열전」〈고구려전〉에는,

> 고구려는 요동의 동쪽 1천 리 떨어진 곳에 있는데 남쪽은 조선·예맥, 동쪽은 옥저, 북쪽은 부여와 접하였다.[15]

고 기록되어 있어 동한시대에 고구려 남쪽에 조선이 있었음을 말해주고 있다. 이 조선은 고구려와 국경을 접하고 그 남쪽에 있었으므로 위치나 영역의 넓이로 보아 앞에서 소개된 예와 옥저·고구려의 영역을 차지하고 있었던 조선과는 다른 조선임이 분명한데, 『삼국지』「동이전」에는 다음과 같이 기록되어 있다.

> 고구려는 요동의 동쪽 1천 리 되는 곳에 있는데 남쪽은 조선·예맥, 동쪽은 옥저, 북쪽은 부여와 접하였다.[16]

> 예는 남쪽은 진한, 북쪽은 고구려·옥저와 접하였고, 동쪽은 넓은 바다로 막혔으며, 지금 조선의 동쪽이 모두 그 땅이다.[17]

---

15 『후한서』 권85 「동이열전」 〈고구려전〉. "高句驪, 在遼東之東千里, 南與朝鮮·濊貊, 東與沃沮, 北與夫餘接."

16 『삼국지』 권30 「동이전」 〈고구려전〉. "高句麗, 在遼東之東千里, 南與朝鮮·濊貊, 東與沃沮, 北與夫餘接."

17 『삼국지』 권30 「동이전」 〈예전〉. "濊南與辰韓, 北與高句麗·沃沮接, 東窮大海, 今朝鮮之東皆其地也."

라고 했다. 위의 『삼국지』「동이전」에 "지금 조선의 동쪽이 모두 예의 땅이다."라고 했으므로 이 조선은 『삼국지』가 편찬되던 시기까지 존재했음을 알 수 있다. 그리고 그 위치는 당시 고구려의 남쪽 경계였던 청천강 남쪽, 예가 위치해 있던 강원도 서쪽이었음을 알 수 있다.

지난날 일부 학자들은 이 조선을 고조선으로 잘못 인식하고 고조선의 북쪽 경계를 청천강으로 추정하기도 했으나 중국의 동한시대나 삼국시대 그리고 『삼국지』가 편찬된 서진시대에는 고조선은 이미 붕괴된 지 오래였으므로 이 조선은 고조선일 수가 없다. 필자는 이 조선은 고조선이 붕괴된 후 고조선 통치세력의 후손들이 거주하고 있던 지역을 지칭했을 것으로 본 바 있다.[18] 국가가 붕괴된 후에도 그 후손들에게 살 곳을 제공하고 보호해주는 것은 동아시아 고대사회의 보편적 질서였기 때문이다.[19]

이제 고조선의 강역 문제로 돌아가보자. 앞에 인용한 『후한서』「동이열전」에 "예 및 옥저·고구려는 본래 모두 조선의 땅이었다."고 했는데, 이 내용만 가지고는 고조선의 북쪽 경계와 남쪽 경계를 확인하는 데 어려움이 있다. 고조선 영토의 북부가 고구려의 영역에 그쳤을까? 그렇지 않으면 『제왕운기』 기록처럼 부여의 영역까지도 포괄하고 있었을까? 이 점을 확인하기 위해 중국 문헌에 나타난 부여와 고구려의 관계 기록을

---

18 윤내현, 「고대조선고」 『중재장충식박사화갑기념논총』-역사편, 단국대 출판부, 1992, pp. 3~20.

______, 「고대 문헌에 나타난 조선의 지리개념」 제4차 조선학국제학술토론회 발표 논문, 북경, 1992.

이 책의 제1편 제1장 제1절 「고대 문헌에 보이는 조선」 참조.

19 중국의 경우 주족(周族)이 상(商)을 멸망시킨 후 상 왕실의 후예 가운데 일부를 송(宋)이라는 제후국으로 봉했고, 주 왕실의 통치력이 붕괴되어 춘추전국시대가 된 후에도 주 왕실은 비록 작은 지역을 차지하고 있었지만 명맥을 유지하면서 다른 나라들의 보호를 받았다.

살펴볼 필요가 있다. 『후한서』「동이열전」에는 고구려에 대해,

> 동이(東夷)들이 서로 전해오기를 (고구려는) 부여의 별종이라 한다. 그러므로 언어와 법속이 거의 같다. 무릎을 꿇고 절을 할 적에 한쪽 다리는 펴서 끌며, 걷는 것이 모두 달리듯 빠르다.[20]

고 설명했고, 『삼국지』「동이전」은,

> 동이의 옛말에 이르기를 (고구려는) 부여의 별종이라 한다. 언어와 여러 가지 일은 부여와 거의 같으나 그 기질이나 의복은 다른 점이 있다.[21]

고 설명했다. 위의 인용문 가운데 별종이라는 말은 서로 다른 종족이라는 뜻이 아니라 원래 뿌리는 같으나 후에 서로 나누어졌다는 뜻이다. 그러면 부여와 고구려는 어느 시기에 서로 나누어졌을까?

여기서 필자의 관심을 끄는 것은 부여와 고구려가 환경에 따라 기질이나 의복 등에 약간의 차이는 있었지만 언어와 법속이 거의 같았다는 점이다. 이것은 부여와 고구려가 언어와 법속이 완전히 성립된 후에 서로 나누어졌음을 말해준다. 그러했기 때문에 부여와 고구려는 언어와 법속이 같을 수밖에 없었던 것이다. 언어와 법속은 오랜 기간 함께 생활하는 과정에서 형성된다. 그리고 부여와 고구려의 언어와 법속은 이미

---

20 『후한서』 권85 「동이열전」 〈고구려전〉. "東夷相傳以爲夫餘別種, 故言語法則多同, 而跪拜曳一脚, 行步皆走."

21 『삼국지』 권30 「동이전」 〈고구려전〉. "東夷舊語以爲夫餘別種, 言語諸事, 多與夫餘同, 其性氣衣服有異."

상당히 높은 수준에 도달해 있었다. 그러므로 부여와 고구려는 높은 사회 수준에 이르기까지 오랜 기간에 걸쳐 동일한 사회집단에 속하여 함께 생활했을 것임을 알 수 있다.

그것은 어느 사회였을까? 부여와 고구려가 독립된 국가로 존재하기 전에 한반도와 만주에는 고조선이 존재하고 있었다는 점을 상기할 필요가 있다. 한반도와 만주 지역의 역사 전개 과정을 살펴볼 때 부여와 고구려를 포괄할 수 있는 하나의 큰 나라는 고조선밖에 없었다. 고조선시대를 제외하고는 부여와 고구려가 하나의 국가에 속해 있었을 가능성을 상정해볼 수 있는 시대는 한국사에 존재하지 않는다. 그러므로 고조선시대에 부여도 고구려와 함께 고조선에 속해 있던 하나의 거수국(제후국)이었을 것으로 볼 수밖에 없다. 부여가 고조선의 거수국이 아니었다면 부여와 고구려가 언어와 법속이 같게 된 경위를 설명하는 것이 불가능하게 된다.

다음 기록도 참고가 된다. 『후한서』 「동이열전」 〈부여전〉에,

> 부여국은 현도(玄菟) 북쪽 천 리 떨어진 곳에 있는데 남쪽은 고구려, 동쪽은 읍루(挹婁), 서쪽은 선비(鮮卑)와 접하였고, 북쪽에는 약수(弱水)가 있다. 땅이 사방 2천 리인데 본래 예의 땅이었다.[22]

고 기록되어 있다. 부여의 영역은 원래 예의 영토였다는 것이다. 그런데 앞에서 "예 및 옥저·고구려는 본래 모두 조선의 땅이었다."는 『후한서』 「동이열전」 〈예전〉 기록을 소개한 바 있는데, 여기서 말하는 예의 의미

---

22 『후한서』 권85 「동이열전」 〈부여전〉. "夫餘國, 在玄菟北千里, 南與高句驪, 東與挹婁, 西與鮮卑接, 北有弱水. 地方二千里, 本濊地也."

가 부여가 차지하고 있던 예의 옛 영토까지를 포괄하는 것이라면 부여 지역은 의심의 여지 없이 고조선의 강역이었다는 것이 된다.

부여가 고조선의 거수국이었다면 고조선의 강역은 부여의 영토를 포괄해야 한다. 그러므로 부여의 북부와 동북부의 경계를 확인해볼 필요가 있다. 위에 인용한 『후한서』「동이열전」에는 부여의 북쪽에 약수(弱水)가 있다[23]고 했고 『삼국지』「동이전」에도,

> 부여는 장성의 북쪽에 있는데 현도로부터 천 리 떨어져 있고 남쪽은 고구려, 동쪽은 읍루, 서쪽은 선비와 접하였고, 북쪽에는 약수가 있는데 사방 2천 리가량 된다.[24]

고 기록되어 있는데, 약수가 지금의 흑룡강이라는 데 학자들은 대체로 동의한다.[25] 그러므로 고조선의 북쪽 경계는 부여가 읍루를 병합하기 전 그 북쪽과 동북쪽 경계였던 흑룡강과 그 상류인 아르군 강이거나 읍루를 병합한 후의 영역인 연해주까지를 포괄한 곳이 되어야 한다. 따라서 고조선의 강역을 좀 더 명확하게 인식하기 위해 읍루 지역이 고조선의 강역에 포함되었을 것인지의 여부를 검토해볼 필요가 있다.

---

23 위와 같음.

24 『삼국지』 권30 「동이전」 〈부여전〉. "夫餘在長城之北, 去玄菟千里, 南與高句麗, 東與挹婁, 西與鮮卑接, 北有弱水, 方可二千里."

25 약수를 송화강으로 보는 견해도 있으나(白鳥庫吉, 「夫餘國の始祖東明王の傳說に就いて」『白鳥庫吉全集』 卷5, 岩波書店, 1970, p. 380. ; 이병도, 「부여고」『한국고대사연구』, 박영사, 1981, p. 213) 흑룡강으로 보는 견해(井上秀雄, 『東アジア民族史』, 平凡社, 1974, p. 43 ; 사회과학원 력사연구소, 「부여사」『조선전사』, 과학백과사전출판사, 1979, pp. 124~125)가 옳다는 데 학자들은 대체로 동의한다.
『중국정사 조선전 역주』 1, 국사편찬위원회, 1987, pp. 130·219~221 참조.

『후한서』「동이열전」에 읍루에 대해 설명하기를 "사람들의 생김새는 부여 사람들과 비슷하지만 언어는 각기 다르다."[26] 고 했고, 『삼국지』「동이전」에는 "그 사람들의 생김새는 부여 사람들과 비슷하지만 언어는 부여·고구려와 같지 않다."[27] 고 했다. 이로 보아 읍루는 사람들의 체질은 부여나 고구려와 비슷했으나 언어나 풍속은 달랐음을 알 수 있다. 언어와 풍속이 다르므로 읍루가 고조선의 거수국이었을 가능성은 희박하다.

그러나 여기서 다음과 같은 점을 생각할 필요가 있다. 읍루는 숙신이 그곳으로 이주하여 세운 나라였다. 그 시기는 고조선이 붕괴된 후였다.[28] 고조선시대에 그 지역에는 나라가 없었다. 그러므로 고조선은 필요하다면 그 지역을 영토로 편입할 수 있었을 것이다. 그러나 고대국가는 정치적·경제적·군사적으로 가치가 없는 지역을 굳이 국력을 낭비해 가면서까지 영토로 삼지 않았다. 당시 읍루가 있었던 연해주 지역은 기후와 풍토가 열악하여 영토로 유지할 가치가 없는 곳이었다. 그렇지만 후에 부여가 그곳을 병합한 것을 보면 전혀 관심이 없는 지역도 아니었던 것이다.

이렇게 볼 때 고조선은 필요할 때는 읍루가 있었던 연해주 지역까지 영향력을 행사했을 가능성이 있으나 그 지역을 항구적으로 강역에 포함시켜 유지하지는 않았을 것이다.

이제 고조선의 남쪽 경계를 확인해보자. 『제왕운기』에서 표현한 것처럼 한이 위치해 있었던 한반도 남부 지역까지 포괄하고 있었을까? 이

---

26 『후한서』 권85 「동이열전」 〈읍루전〉. "人形似夫餘, 而言語各異."

27 『삼국지』 권30 「동이전」 〈읍루전〉. "其人形似夫餘, 言語不與夫餘·句麗同."

28 이 점에 대해 필자의 저서 『윤내현 교수의 한국고대사』, 삼광출판사, 1989, p. 129에서 이미 언급한 바 있다.

점을 검토하기 위해 한에 관한 『후한서』와 『삼국지』 기록을 살펴볼 필요가 있다. 『후한서』 「동이열전」과 『삼국지』 「동이전」 〈한전〉에는 한의 종교에 대해,

> 모든 국읍(國邑)에는 하느님에 대한 제사를 주관하는 사람이 한 명 있는데 그를 천군(天君)이라 한다. 또 소도(蘇塗)를 만들고 큰 나무를 세워 방울과 북을 매달아놓고 귀신을 섬긴다.[29]

> 귀신을 믿기 때문에 국읍들에서는 각각 한 사람을 세워 하느님에 대한 제사를 주관하는데 그를 천군이라 부른다. 또 여러 나라에는 각각 별읍(別邑)이 있는데 그것을 소도라 한다. 큰 나무를 세우고 방울과 북을 매달아놓고 귀신을 섬긴다. 누구든 도망하여 그 안에 이르면 아무도 돌려보내지 않기 때문에 반항하는 것을 좋아하게 되었다. 그들이 소도를 세운 뜻은 부도(浮屠)와 같으나 행하는 바의 좋고 나쁜 점은 다르다.[30]

고 했다. 이러한 한의 종교는 고조선의 종교와 동일하다. 단군사화 내용을 통해 잘 알려진 바와 같이 고조선은 하느님을 최고신으로 섬겼다. 그리고 태백산 꼭대기에는 하느님을 섬기는 신단이 있었고, 그곳에는 신단수가 있었다. 부여·고구려·동예 등에서도 고조선과 동일하게 하느님을 섬겼는데 한에서 최고신을 하느님으로 섬긴 점이라든가 고조선의 단

---

29 『후한서』 권85 「동이열전」 〈한전〉. "諸國邑各以一人主祭天神, 號爲天君, 又立蘇塗, 建大木以縣鈴鼓, 事鬼神."

30 『삼국지』 권30 「동이전」 〈한전〉. "信鬼神, 國邑各立一人主祭天神, 名之天君, 又諸國各有別邑, 名之爲蘇塗, 立大木, 縣鈴鼓, 事鬼神. 諸亡逃至其中, 皆不還之, 好作賊. 其立蘇塗之義, 有似浮屠, 而所行善惡有異."

군과 같이 한에도 종교를 주관하는 천군이 있었다는 점, 고조선에 신단이 있었듯이 한에는 소도가 있었다는 점, 고조선에 신단수가 있었듯이 한에는 방울과 북을 매단 큰 나무가 있었다는 점 등은 고조선과 한의 종교가 숭배 대상이나 방법에 있어 매우 비슷했음을 알게 해준다. 차이가 있다면 고조선의 단군은 종교와 정치를 모두 장악하고 있었는데 한의 천군은 종교만을 관장하고 있었다는 점이다. 이 점은 고대사회가 발전하면서 종교와 정치가 점차 분화되는 과정을 보여준다.

『후한서』「동이열전」과 『삼국지』「동이전」〈한전〉은 한의 풍속을,

> 해마다 5월에는 농사일을 마치고 귀신에게 제사를 지내는데 밤낮으로 술자리를 베풀고 무리를 이루어 노래 부르고 춤춘다. 춤출 때에는 수십 명이 서로 줄을 서서 땅을 밟으며 장단을 맞춘다. 10월에 농사일을 끝내고는 또다시 이와 같이 한다.[31]

> 해마다 5월이면 씨뿌리기를 마치고 귀신에게 제사를 지낸다. 무리를 이루어 노래하고 춤을 추며 술을 마시는데 밤낮을 가리지 않는다. 그 춤은 수십 명이 모두 일어나서 뒤를 따라가며 땅을 밟는데 (발을) 내렸다 올렸다 하면서 손발이 서로 장단을 맞춘다. 가락과 율동은 (중국의) 탁무(鐸舞)와 비슷하다. 10월에 농사일을 마치고는 또다시 이렇게 한다.[32]

---

31 『후한서』 권85 「동이열전」 〈한전〉. "常以五月田竟祭鬼神, 晝夜酒會, 群聚歌舞, 舞輒數十人相隨, 蹋地爲節. 十月農功畢, 亦復如之."

32 『삼국지』 권30 「동이전」 〈한전〉. "常以五月下種訖, 祭鬼神, 群聚歌舞, 飮酒晝夜無休. 其舞, 數十人俱起相隨, 踏地低昂, 手足相應, 節奏有似鐸舞. 十月農功畢, 亦復如之."

고 기록하고 있다. 이와 동일한 풍속이 부여·고구려·동예 등에도 있었는데 부여에서는 영고, 고구려에서는 동맹, 동예에서는 무천이라 했다. 단지 행해진 시기에 차이가 있을 뿐이었는데 부여에서는 12월에, 고구려와 동예에서는 10월에 행해졌다. 이러한 시기의 차이는 나라가 위치한 지역의 계절 차이 때문이었다.

이상과 같이 한은 종교 면에서 고조선을 계승하고 있었고 풍속 면에서 부여·고구려·동예 등과 일치한다. 이로 보아 한도 『제왕운기』에 기록된 바와 같이 고조선에 속해 있었던 거수국이었을 것이다. 그러므로 고조선의 남쪽 경계는 한반도의 남부 해안선이었을 것이라는 결론에 도달하게 된다.

4. 고고 자료에 나타난 고조선의 남북 국경

지금까지 한국과 중국의 문헌 사료를 중심으로 고조선의 북계와 남계를 고찰해보았다. 이제 고고학 자료를 통해 이를 살펴보자. 고고학 자료를 이용하는 데는 다음 세 가지 점에 유의해야 한다.

첫째로 유적과 유물을 검토하는 데 있어 그 유적이나 유물이 고조선 문화의 상부구조를 형성했던 것인가 아니면 하부구조를 형성했던 것인가를 먼저 파악해야 한다. 바꾸어 말하면, 그것이 지배계층의 것인가 아니면 피지배계층의 것인가를 생각해봐야 한다는 것이다.

둘째로 그 문화유적이나 유물이 어느 곳에서나 또는 누구에 의해서나 쉽게 만들어질 수 있었던 것인가 아니면 특정한 지역 또는 특수한 계층의 사람들만 제작이 가능했던 것인가를 생각해봐야 한다. 이러한 검토는 그것을 만드는 데 필요했던 권력·재력·기술 등을 종합적으로 참고해야 할 것이다.

셋째로 현재 이용이 가능한 고고학 자료는 당시의 문화 가운데 지극히 적은 일부에 불과하다는 점을 잊지 말아야 한다. 앞으로 이미 발견된 것들과 동일한 성격의 유적과 유물이 더욱더 풍부하게 발견될 수도 있고 전혀 새로운 유적과 유물도 발견될 수 있다.

고조선의 강역을 고증하는 데 있어서는 고조선문화의 상부구조를 형성했던 유적과 유물이 하부구조를 형성했던 것보다 중요성을 갖는다. 그것들은 고조선의 지배계층 문화기 때문에 그러한 유적이나 유물이 발견되는 지역은 고조선의 지배계층이 활동했던 지역으로서 고조선의 강역에 포함된다. 그 유적이나 유물이 특정한 사람들에 의해서만 제작이 가능한 것이었을 경우에는 의미가 더욱더 증대된다. 청동기가 대표적이다. 반면에 피지배계층의 하부문화 유적이나 유물로서 어느 곳에서나 또는 누구에 의해서나 쉽게 만들어질 수 있는 것들은 강역을 밝히는 자료로 이용하는 데 조심할 필요가 있다. 왜냐하면 그러한 것들은 고조선의 것이라 할지라도 어떤 점에서는 공통성을 보이지만 어떤 점에서는 지역에 따라 특징에 상당한 차이를 보일 것이기 때문이다. 질그릇이 대표적이다.

이러한 구분이나 생각 없이 모든 유적과 유물을 동등하게 취급했을 경우 사실과는 전혀 다른 결론에 도달할 위험이 있다. 위에 언급한 점들을 염두에 두고 고조선문화의 상부구조를 형성했던 대표적인 유물과 유적을 들면 청동기와 돌무지무덤·돌상자무덤·돌곽무덤·고인돌무덤 등이 될 것이다. 청동기시대에 있어 청동기는 지배계층의 독점물이었는데 고조선은 청동기시대였다. 청동기 제작은 막대한 재력과 특수한 기술이 필요했고 원료를 구하기도 쉽지 않아서 아무나 쉽게 만들 수 없었다. 청동기는 주로 무기(武器)와 의기(儀器)였는데 그것들은 모두 통치와 권위를 뒷받침하는 도구였다. 무기는 통치에 필요한 무력으로 사용되었으며 의기는 고대사회를 지배한 종교의식의 도구였다. 이러한 청동기를 독점함으로써 지배계층은 권위를 유지할 수 있었던 것이다.

돌무지무덤·돌상자무덤·돌널무덤·고인돌무덤 등은 청동기처럼 특수한 기술이 필요하지는 않았지만 그것을 만드는 데는 많은 사람을 동원할 수 있는 권력과 재력이 필요했을 것이기 때문에 지배계층의 유적일 수밖에 없다. 이상의 지배계층의 유물과 유적 가운데 가장 특징이 잘 나타나는 것은 역시 특수한 제작 기술이 필요했던 청동기일 것이다. 따라서 동일한 성격의 청동기가 출토되는 지역은 동일한 통치집단이 지배했던 영역에 속하는 것으로 고고학자들은 보고 있다. 예컨대 중국의 경우 상문화(商文化)에 속하는 청동기가 출토되는 지역은 상(商)의 강역으로 보는 것이다.[33] 그러나 질그릇만을 기준으로 상의 강역을 말하지는 않는다. 왜냐하면 동일한 상의 강역 내에서도 지역에 따라 질그릇은 서로 다른 특징을 지닐 수 있기 때문이다.

그러므로 고조선의 강역을 밝히는 데도 먼저 고조선문화에 속하는 청동기의 출토 범위를 확인하는 것이 순서이다. 근래의 고고 발굴 결과에 의하면 고조선은 초기부터 청동기시대였다. 북경 근처에 있는 난하를 경계로 그 동쪽에는 황하 유역의 초기 청동기문화인 이리두문화나 상문화와는 전혀 다른 청동기문화인 하가점하층문화(풍하문화라고도 부른다)가 있었는데, 방사성탄소연대측정에 의해 서기전 2410±140년·서기전 1890±130년·서기전 1735±135년·서기전 1695±130년·서기전 1690±160년 등의 연대가 얻어졌다.[34] 실제로 청동기시대가 개시된 연

---

33 장광직 지음, 윤내현 옮김, 『상문명』, 민음사, 1989, pp. 366~404 참조.

34 中國社會科學院考古研究所, 『新中國的考古發現和研究』, 文物出版社, 1984, pp.

대는 유적에서 얻어진 연대보다 약간 앞섰을 것이므로 하가점하층문화의 개시 연대는 서기전 2500년으로 잡을 수 있을 것이다.[35] 이 문화유적은 지금까지의 조사 결과로는 요령성과 길림성 지역에 널리 분포되어 있는데 3,000여 곳의 유적이 발견되어 있으나[36] 발굴된 곳은 지금의 요서 지역 몇 곳에 불과하다. 이 문화가 고조선의 지리 범위에 들어오는 것은 분명하지만 그 문화의 전체적 분포 범위를 말하기는 아직 발굴 자료가 충분하지 못하다. 따라서 이를 근거로 고조선의 강역을 논하는 것은 아직은 불가능하다.

그러나 이보다 늦은 서기전 16~14세기 무렵부터 나타난 비파형동검은 그동안 비교적 많은 유물이 여러 지역에서 출토되어 그 성격과 분포 범위를 논하는 것이 가능하다.[37] 고조선의 건국 연대를 서기전 2333년으로 인정한다면 이 문화의 개시 연대인 서기전 16~14세기는 고조선의

339~342.
앞 책, 『상문명』, pp. 372~373 참조.

35 중국 학자들 가운데는 하가점하층문화의 연대를 서기전 2000년 무렵으로 보는 사람이 있다. 그 이유는 그들이 동아시아 정치와 문화의 중심으로 생각하는 황하 유역의 청동기문화 개시 연대가 서기전 2200년 무렵이기 때문이다. 만주 지역의 청동기문화 개시 연대가 황하 유역의 청동기문화 개시 연대보다 앞섰다는 것이 방사성탄소측정연대에 의해 확인되었음에도 불구하고 그들은 만주 지역의 청동기문화가 황하 유역보다 앞섰다는 사실을 인정하기를 꺼리고 있는 것이다. 한국 학자들이 이러한 중국 학자들의 의식에 동조해서 하가점하층문화의 연대를 방사성탄소측정으로 얻어진 연대보다 낮게 잡을 필요는 없다.

36 文物編輯委員會, 『文物考古工作三十年』, 文物出版社, 1979, p. 87.
遼寧省文物普查訓練班, 「1979年朝陽地區文物普查發掘的主要收獲」 『遼寧文物』, 1989年 1期 참조.

37 비파형동검의 개시 연대를 서기전 10세기 무렵으로 보는 학자들이 있으나 근래에 한창균은 서기전 16~14세기 무렵으로 보아야 한다고 주장했다.
한창균, 「고조선의 성립배경과 발전단계 시론」 『국사관논총』 제33집, 국사편찬위원회, 1992, p. 10.

중기에 해당한다. 따라서 비파형동검의 분포 지역을 기준으로 확인된 고조선의 강역은 그 중기 이후의 강역이 되는 것이다. 그런데 청동기시대의 무기 가운데 청동단검은 매우 중요한 위치를 차지한다. 청동단검은 당시에 적과의 육박전에서 사용되는 주된 무기였으며 통치권력의 주요한 상징이기도 했다.

이러한 중요한 의미를 갖는 청동단검은 그것을 사용했던 정치세력에 따라 각각 다른 특징을 지니고 있었는데 한반도와 만주 지역에서는 비파형동검을 사용했다. 비파형동검은 지역이나 시기에 따라 모양에 다소의 차이점이 보이기는 하지만 대표적이며 공통된 특징은 검몸과 손잡이·검자루맞추개틀·검자루맞추개돌 등으로 이루어져 조립식으로 되어 있다는 점이다. 검몸은 옛날 악기인 비파처럼 날의 아랫부분이 둥글고 양쪽의 검날 중간 부분에는 뾰족한 돌기부가 있다. 비파형동검에 나타난 지역이나 시기에 따른 특징의 차이는 이 문화 전반을 관통하는 공통성에 비하면 지극히 미미하다. 따라서 이로 인해 이 문화의 공통성·단일성이 약화되는 것은 결코 아니다. 이 점은 비파형동검문화를 주변 지역의 동검문화와 비교·검토해봄으로써 분명하게 인식될 것이다.

한반도와 만주 지역에서 비파형동검이 사용되던 시기에 중국의 황하 유역과 그 북부인 오르도스 지역에서는 비파형동검과는 전혀 다른 동검문화가 존재하고 있었다. 황하 유역의 동검문화는 '고대중국문화'로서 일반적으로 '동주식동검문화(東周式銅劍文化)'라고 불리는 것이다. 이 문화의 분포 범위는 황하 유역을 중심으로 북쪽은 하북성·산서성·섬서성 등의 남부까지 이르렀고 남쪽은 장강 북부 연안까지 이르렀다.[38] 이

38 林壽晉,「東周式銅劍初論」『考古學報』, 1962年 2期, pp. 75~83.

영역은 춘추전국시대의 중국 영역이었다. 오르도스 지역의 동검문화는 '북방계문화' 또는 '오르도스식동검문화'라고 불리는 것이다. 이 문화는 북쪽에서 황하 중류가 북상했다가 다시 남하하는 오르도스 지역을 중심으로 내몽골자치구와 하북성 북부, 외몽골 및 남시베리아를 포괄한 넓은 지역에 분포되어 있다. 이 문화는 중국의 서주시대 이전에 성립되어 서주와 춘추전국시대를 거쳐 서한 초까지 계속된 것으로 보고 있다.[39]

이들 동검의 형태를 보면 동주식동검은 검몸과 검자루를 함께 붙여 만들었으며 검몸이 일반적으로 좀 길고 능형의 검코가 있다. 자루에는 2~3줄의 돋친 띠가 있는 것이 많고 자루 끝은 모두 작은 원판으로 되어 있다. 그리고 이러한 동검에는 짐승이나 그 밖의 것들을 형상화한 것을 볼 수 없다.[40] 오르도스식동검은 동주식동검과 같이 검몸과 검자루를 함께 붙여 만들었는데 검날은 곧다. 검자루의 끝은 초기에는 짐승 대가리 모양이나 방울 모양의 장식이 유행하다가 후에는 두 개의 새 대가리가 마주 대하고 있는 모양의 '촉각식(觸角式)'으로 변화되고 마지막에는 고리 모양의 환두(環頭)로 변화되었다.[41]

그러나 비파형동검은 이것들과는 달리 검몸·검자루·검자루맞추개를 따로 만들어 조립하게 되어 있다. 그리고 검코는 없으며 검날은 독특한 곡선을 이루었고, 검몸의 한가운데에는 세로로 등대가 있다. 이와 같이 비파형동검은 동주식동검이나 오르도스식동검과는 뚜렷한 차이를 보여준다. 비파형동검문화와 주변 문화의 차이는 동검 자체의 차이에서만 보이는 것이 아니라 동검이 출토된 유적 및 동검과 함께 출토되는 유물

---

39 田廣金, 「近年來內蒙古地區的匈奴考古」『考古學報』, 1983年 1期, p. 10.

40 앞 글, 「東周式銅劍初論」, pp. 75~83.

41 앞 글, 「近年來內蒙古地區的匈奴考古」, pp. 10~14.

등에서도 보인다.

동검들은 대개 무덤에서 출토되는데, 동주식동검이 출토되는 고대 중국의 무덤은 나무곽무덤[木槨墳]과 움무덤[土壙墓]인데 나무곽무덤이 보편적이다. 당시의 중국 질그릇 가운데 특징적이고 큰 비중을 차지하는 것은 회색의 세발단지[鬲]인데 몸체에는 한결같이 멍석무늬가 있다.[42] 그리고 장식품으로 동주식동검문화권에서는 띠걸이가 유행했으나 오르도스식동검문화권과 비파형동검문화권에서는 띠걸이 장식품을 전혀 볼 수 없다.

오르도스식동검이 출토된 북방 지역의 무덤은 모두가 움무덤인데 말·소·양 등이 부장되어 있다. 이 문화권에서는 질그릇이 별로 많이 출토되지 않았는데, 출토된 것들을 보면 무늬가 없는 회갈색이 많고 형태는 통 모양의 바리나 그와 유사한 것으로 매우 단조롭다.[43] 장식품은 말·범·사슴·양 등 동물을 형상화했거나 조각한 장식패쪽이 많다. 이러한 동물 장식은 동검자루 끝의 장식에서도 보인다.[44]

그러나 비파형동검이 출토된 무덤은 돌무지무덤·돌상자무덤·돌곽무덤·고인돌무덤 등 돌을 이용한 무덤이 대부분이고 움무덤은 극히 드물다. 특히 돌무지무덤·돌상자무덤·돌곽무덤·고인돌무덤 등 돌을 이용한 무덤은 한반도와 만주 지역에서만 보이는 특징적인 것이다. 비파형동검문화권의 질그릇은 단지·굽접시·바리 등이며 갈색의 간그릇이다. 무늬가 있는 것은 많지 않지만 가끔 삼각무늬·그물무늬·선무늬 등이 있을 뿐이며 멍석무늬는 전혀 보이지 않는다. 비파형동검문화권에서는

---

42 中國科學院考古研究所, 『新中國的考古收獲』, 文物出版社, 1962, pp. 50~53.

43 田廣金, 「桃紅巴拉的匈奴墓」 『考古學報』, 1976年 1期, p. 139.

44 앞 글, 「近年來內蒙古地區的匈奴考古」, p. 12.

뒷면에 번개무늬를 새기고 중심을 벗어난 곳에 꼭지가 두 개 이상 있는 둥근 모양의 청동거울이 사용되었으나 이러한 형태의 청동거울은 중국 고대문화와 북방계문화에서는 보이지 않는다.

이상과 같이 비파형동검문화는 동주식동검의 중국고대문화나 오르도스식동검의 북방계문화와는 분명한 차이를 보여주고 있다.[45] 임운(林沄)은 비파형동검의 특징과 분포 지역 등을 세밀하게 검토한 후 이것은 하나의 독립된 문화권을 형성하고 있다고 말하면서 중국 문헌 기록을 통해 볼 때, 그것을 만든 사람들은 예·맥·고구려·부여·진번·조선 등의 종족일 것이라고 했는데,[46] 이들은 모두 고조선의 거수국이었으므로[47] 비파형동검은 고조선 사람들에 의해 만들어졌음을 알 수 있다.

비파형동검문화는 비파형동검이라는 그 자체에서 동일성을 보여주지만 함께 출토되는 유물에서도 공통성을 보여준다. 첫째로 질그릇의 공통성을 들 수 있다. 비파형동검과 함께 출토되는 질그릇은 여러 가지가 있지만 갈색 간그릇이 기본을 이루고 있다는 점에서 공통점을 보여준다. 둘째로 청동도끼의 공통성을 들 수 있다. 비파형동검과 함께 출토된 청동도끼는 모두 형태가 부채 모양이며 날 부분의 양쪽 끝이 버선코 모양을 하고 있다.

문화는 민족을 특징짓는 기본 요소 가운데 하나이다. 민족을 규정하

---

45 위에 언급된 비파형동검문화의 특징 및 비파형동검문화와 주변 문화의 비교에 대한 연구는 다음 논문에 매우 잘 정리되어 있다.
박진욱, 「비파형단검문화의 발원지와 창조자에 대하여」 『비파형단검문화에 관한 연구』, 과학백과사전출판사, 1987, pp. 5~92.

46 林沄, 「中國東北系銅劍初論」 『考古學報』, 1980年 第2期, pp. 139~161.

47 윤내현, 「고조선의 국가 구조」 『겨레문화』 6. 한국겨레문화연구원, 1992, pp. 80~100. 『고조선 연구』 하 제2편 제1장 제1절 「고조선의 국가 구조」 참조.

는 기본 요소로서 일반적으로 귀속의식·핏줄·언어·종교·거주 지역·문화 등의 공통성을 드는데, 문화가 그 기본 요소 가운데 하나가 되는 것은 그것이 민족 공동의 노력의 산물이기 때문이다. 그런데 이러한 문화 형성 배경과 동검이 지배계층의 독점물이었다는 점을 연결하여 생각해볼 때 비파형동검문화는 하나의 민족, 하나의 국가에 속한 사람들에 의해 만들어진 것이었음을 알 수 있다.

그러면 이러한 비파형동검문화의 분포 범위는 어디까지였는가? 과거에는 이 문화가 중국의 요령성을 중심으로 만주와 한반도 북부에만 존재하는 것으로 인식하는 학자들이 많았다. 그래서 이 문화를 '요령식동검문화(遼寧式銅劍文化)'라고 부르기도 했다.[48] 그러나 근래의 발굴 결과에 의하면, 이 문화는 한반도와 만주 전 지역에 분포되어 있었음이 확인되었다. 구체적으로 말하면 북쪽은 장춘(長春)과 길림 지역의 송화강 유역에 이르렀으며 남쪽은 한반도 남부 전라남도와 경상남도의 해안 지역, 서쪽은 중국의 하북성 동부, 동쪽은 목단강(牡丹江) 유역에 이르렀다(354쪽 비파형동검 출토지 지도 및 373쪽 출토지 일람표 참조). 특히 하북성 지역에서는 서남쪽으로 북경과 천진을 훨씬 지난 망도(望都) 지역에서까지 비파형동검이 출토되고 있는데,[49] 이러한 사실은 고조선의 통치력이 때에 따라서는 지금의 중국 하북성 중남부에까지 미쳤을 가능성이 있음을 시사해준다.

그런데 비파형동검은 대부분 지배계층의 무덤에서 출토되기 때문에 국경 지대에서 출토될 수도 있지만 대개 국경보다는 다소 안쪽에서 출

---

48 한국고고학연구회, 『한국고고학지도』, 1984, 서울대 고고미술사학과, p. 22.
김원룡, 「전(傳) 무주출토 요령식동검에 대하여」 『진단학보』 제38호.

49 鄭紹宗, 「河北省發現的青銅短劍」 『考古』, 1975年 4期, pp. 226~227·248.

토된다고 보는 것이 순리일 것이다. 지배계층들이 바로 국경 지역에 살았을 것으로는 생각되지 않기 때문이다. 따라서 고조선의 국경은 비파형동검이 출토된 지역보다 약간 밖으로 잡아야 할 것이다.

여기서 설명해두어야 할 것은 동북부 끝의 흑룡강성 지역에서는 비파형동검이 출토되지 않았는데도 필자는 그 지역을 고조선의 강역에 포함시켰다는 점이다. 그것은 다음과 같은 이유에서다. 첫째로 그 지역은 부여의 영토였기 때문에 당시 그 지역에는 부여의 다른 지역과 동일한 계통의 거주민이 살았을 것이므로 이 지역만을 고조선의 영역에서 제외할 수는 없다. 둘째로 지금까지 그 지역에서는 고고 발굴이 별로 행해지지 않았기 때문에 비파형동검이 출토되지 않은 것은 당연하다. 셋째로 지형을 보면 동북평원(東北平原)이 동북쪽으로는 요하를 따라 북상하여 눈강(嫩江)·송화강·목단강·흑룡강·오소리강(烏蘇里江 : 우수리강) 등의 유역을 지나 연해주에 이르고, 남쪽으로는 해안을 따라 한반도의 서부 평야와 연결된다. 따라서 당시의 농경인들은 이 선을 따라 이동했을 것이 분명하다. 특히 동북 지역에서는 비파형동검의 뒤를 이은 고조선의 동검인 세형동검이 연해주 지역에서까지 출토된다는 점을 유의할 필요가 있다. 종래에는 세형동검이 한반도 남부에서만 출토되는 것으로 인식되었으나 근래의 출토 상황을 보면 길림성의 장춘과 길림 지역은 물론 연해주 지역에서도 출토되고 있다.[50] 이러한 사실은 고조선의 세력이 때에 따라 연해주 지역까지 미쳤을 것임을 알게 한다.

지금까지의 검토에서 분명해진 것은 비파형동검문화의 유물 및 유적의 분포 범위는 앞에서 한국과 중국의 문헌 기록을 통해 확인된 고조선

---

50 앞 글, 「비파형단검문화의 발원지와 창조자에 대하여」, p. 81에 실린 길림·장춘 지방의 세형동검 출토지 일람표 및 본문 참조.

의 북계 및 남계와 대체로 일치한다는 사실이다. 그런데 비파형동검의 출토 상황을 참고하는 데 있어 주의해야 할 점이 있다. 그것은 지금까지 각 지역에서 출토된 비파형동검의 숫자나 그것이 출토된 유적의 숫자를 바로 고조선시대 그 지역의 중요성으로 인식해서는 안 된다는 것이다. 유물이나 유적은 대체로 발굴 작업을 통해 출토되고 확인되기 때문에 발굴이 행해지지 않은 지역에서는 유물이 출토되거나 유적이 확인될 수 없는 것이다.

예컨대 지금까지 비파형동검이 가장 많이 출토된 지역은 지금의 요서 지역이다. 반면에 흑룡강성에서는 출토되지 않았다. 그리고 요동 지역은 가장 이른 시기의 비파형동검과 가장 전형적인 비파형동검이 출토되는 지역인데도 지금까지 출토된 수량은 요서 지역보다 적다. 그 이유는 다음과 같이 설명된다. 첫째로 그동안 요서 지역에서는 발굴이 다른 지역에서보다 훨씬 활발하게 행해진 반면 흑룡강성에서는 거의 행해지지 않았다. 둘째로 요서 지역은 대체로 지대가 높은 데 반해 요동 지역과 흑룡강성 지역은 동북평원 지역으로 지대가 낮고 요하·송화강·목단강·눈강·흑룡강·오소리강 등을 끼고 있다. 이 지역은 이러한 강들이 오랜 기간 동안 수차례 범람하여 유적을 지하 깊숙이 묻어버렸을 가능성이 있다. 따라서 요서 지역의 유적은 쉽게 노출되거나 찾는 것이 가능하지만 요동 지역과 흑룡강성 지역은 유적들이 요서 지역보다 지하 깊숙이 묻혀 있어 쉽게 못 찾을 가능성이 많다. 고조선과 동시대인 중국의 상시대 유적은 황하 하류 유역에서는 강의 범람으로 유적을 몇 미터 아래로 덮어버려 찾기가 어렵다고 하는 사실이 참고가 될 것이다.[51]

---

51 앞 책, 『상문명』, p. 275 참조.

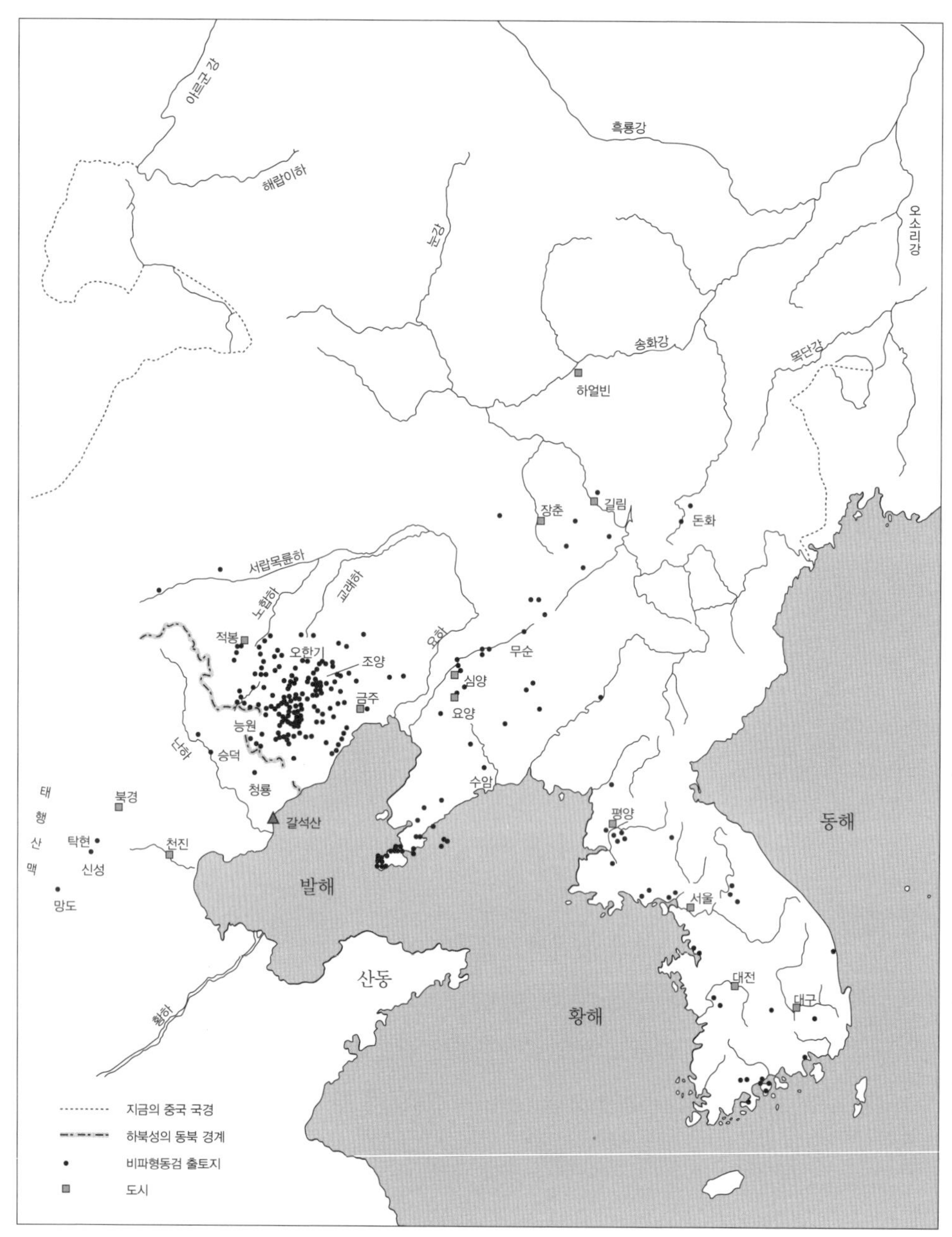

아르군 강
해랍이하
눈강
흑룡강
오소리강
송화강
목단강
하얼빈
장춘
길림
돈화
서랍목륜하
노합하
교래하
요하
적봉
오한기
조양
금주
무순
심양
요양
능원
난하
승덕
청룡
수암
갈석산
태
행
산
맥
북경
탁현
신성
망도
천진
발해
평양
동해
서울
산동
대전
대구
황해
황하
지금의 중국 국경
하북성의 동북 경계
비파형동검 출토지
도시

비파형동검 출토지

그런데 앞에서 언급한 바와 같이 비파형동검은 서기전 16~14세기 무렵부터 사용되었기 때문에 비파형동검문화가 분포되어 있는 지역은 정확히 말하면 고조선 중기 이후의 강역이 된다. 그러므로 그 이전의 고조선 강역은 어디까지였을 것인지가 문제로 남는다. 이 점에 대해 고조선은 초기에 매우 작은 세력이었던 것이 점차 성장하여 대국이 되었을 것으로 보는 견해가 있는데 거기에는 아무런 근거가 없다. 단지 작은 것에서 큰 것으로 성장했을 것이라는 일반적 관념을 기초로 한 것이다.

이 문제에 접근하는 데 있어 한반도와 만주 지역에 사람이 거주하면서 정치세력을 형성한 것은 고조선 건국부터 시작된 것이 아니며 그보다 훨씬 전부터였다는 점을 먼저 생각해야 한다. 단지 고조선 이전에 형성된 정치세력이 국가 단계의 수준에 도달했었느냐 그렇지 않았느냐 하는 점이 문제가 될 뿐이다.

지금까지의 고고 발굴 결과에 의하면 한반도와 만주 지역에는 서기전 70만 년 이전부터 사람이 살았는데 지금부터 1만 년 전부터는 정착 생활에 들어가 마을을 이루었고, 그 후 세월이 흐르면서 각 지역에 있던 여러 마을들이 서로 모여 고을을 이루었으며, 다시 이러한 고을들이 모여 고조선이라는 국가를 이루었다. 따라서 고조선이라는 넓은 강역을 가진 국가가 출현하기까지는 훨씬 이전부터 오랜 기간에 걸친 거주민들의 세력 통합이 줄곧 이루어져왔던 것이다. 따라서 고조선의 세력 성장이나 영역 확장을 고조선시대로 국한하여 고조선 초기부터 잡는 것은 잘못이다.

여기서 생각해야 할 것은 고조선이 건국되기 훨씬 전인 신석기시대부터 난하 유역을 경계로 그 서쪽과 동쪽은 다른 문화권을 형성하고 있었다는 점이다. 난하 동쪽의 한반도와 만주는 지역에 따라 다소 다른 특징을 보이기는 하지만 난하 서쪽의 중국 지역과는 전혀 다른 새김무늬라는 공통성을 지닌 질그릇이 요하 중류 유역을 중심으로 연해주와 한반도 남부까지 분포되어 있다.[52] 신석기시대 후기에 이르면 한반도와 만주 지역에는 황하 유역의 움무덤과는 전혀 다른 돌무지무덤이 나타나고, 그 뒤를 이어 돌상자무덤·돌곽무덤·돌널무덤·고인돌무덤 등 돌을 사용한 무덤들이 지배세력의 무덤으로 보편화되었다.

그리고 서기전 2500년 무렵에 이르면 지금의 난하 유역과 요서 지역에는 황하 유역과는 전혀 다른 청동기문화인 하가점하층문화가 개시되었다. 앞에서 말한 바와 같이 이 문화유적은 아직까지는 지금의 요서 지역에서만 발굴되었기 때문에 그 분포 범위나 기원지 및 중심부를 정확히 말하기는 어렵다. 하가점하층문화와 비파형동검문화를 이질적인 문화로 보는 학자도 있지만, 그것은 고조선의 강역을 대릉하까지로 보는 그들의 견해를 유지하기 위한 주장에 불과하다.[53] 동일한 지역에 있었던 시대를 전후한 두 청동기문화를 서로 계승 관계가 전혀 없는 문화라고 주장하는 것은 상식에 어긋난 것이며 같은 계통의 문화로 보는 것이 순리이다.[54]

비파형동검 같은 고도의 기술을 필요로 하는 청동 제품이 오랜 기간에 걸친 기술 축적 없이 갑자기 생산 가능했을 것인지를 생각해볼 필요가 있다. 비파형동검은 동일한 지역에 있었던 전 시대의 하가점하층문화의 청동기 제조 기술이 발전되어 생산된 새로운 제품이고, 제품의 차

---

52 Kwang-chih Chang, *The Archaeology of Ancient China*, Fourth Edition, Yale University Press, 1986, p. 176.

53 황기덕, 「료서지방의 비파형단검문화와 그 주민」 앞 책 『비파형단검문화에 관한 연구』, pp. 93~150.

54 靳楓毅, 「論中國東北地區含曲刃青銅短劍的文化遺存」 上 ·下 『考古學報』, 1982年 4期, pp. 387~426 · 1983年 1期, pp. 39~54 참조.

이는 부분적인 것이며, 그 기본이 되는 청동기 제조 기술은 계승되었다고 보아야 할 것이다.

이렇게 보면 고조선이 건국되기 전부터 난하 유역은 황하 유역 문화권과 한반도·만주 지역 문화권을 나누는 경계선이었다. 이것은 고조선이 초기부터 난하를 서쪽 국경으로 하고 있었을 가능성이 있음을 말해준다. 그런데 당시 고조선의 주위 세력 가운데 가장 강한 정치세력은 황하 유역의 하·상·서주였다. 고조선이 처음부터 이러한 강한 세력과 후대의 국경인 난하를 서쪽 경계로 하고 있었다면 아직 강한 정치세력이 존재하지도 않았던 고조선의 북부나 남부의 국경이 후대보다 안쪽에 있었을 것으로는 생각하기 어렵다. 고조선 초기의 강역을 확인할 수 있는 기본 사료는 아직 발견되지 않았지만, 이러한 고고학 자료에 의한 정황을 참작해볼 때, 고조선 초기의 강역도 중기 이후의 강역과 별로 차이가 없었을 것으로 생각된다.

5. 종래의 견해에 대한 검토와 비판

그동안 고조선의 북쪽 경계에 대한 연구는 패수를 확인하는 것이 주된 관심의 대상이었다. 『사기』 「조선열전」 기록에 고조선 말기에 고조선과 서한의 국경이 패수였던 것으로 나타나기 때문이었다.

패수가 지금의 어느 강이었는지에 대해서는 여러 견해가 제출되었는데 크게 나누어 두 부류가 된다. 하나는 패수를 한반도 내에서 찾는 것이고, 다른 하나는 만주 지역에서 찾는 것이다. 한반도 내에서 찾는 견해로는 압록강·청천강·대동강 등을 패수로 보는 견해가 있고, 만주 지역에서 찾는 견해로는 요하·사하·대릉하·헌우락·고려하·난하 등을

패수로 보는 견해가 있다.[55]

필자는 패수가 지금의 난하이거나 그 서부 지류 또는 난하보다 서쪽에 있는 강이어야 한다는 점을 구체적으로 고증한 바 있다.[56] 그리고 종래에 제출된 여러 견해의 문제점에 대해서도 구체적으로 검토·비판한 바가 있으므로 여기서 일일이 재검토할 필요를 느끼지 않지만 독자들의 이해에 편의를 제공하기 위해 요점만 제시하면 다음과 같다.

첫째, 조선시대 이래 일부 학자들은 고조선의 중심부는 한반도였을 것이며 그 사회 수준은 매우 낮은 단계였을 것이라는 선입관 위에서 연구를 진행했다. 따라서 고조선의 영역을 한반도로 국한해서 보려는 경향이 있었다. 이러한 선입관에는 고려시대 이후 한국의 영토가 한반도라는 현실적 상황이 작용했을 것이다. 그러나 고조선 연구자는 어떠한 선입관도 가져서는 안 된다. 고조선에 대해 아직 아무것도 알지 못한다는 전제 위에서 사료에 따라 충실하게 고증하는 자세를 가져야 할 것이다. 그래야만 객관성을 유지할 수 있다.

둘째, 고대의 요동과 지금의 요동을 동일한 지역이었을 것으로 봄으로써 지리 고증에 큰 차질을 가져왔다. 옛 기록에 의하면 진제국과 서한제국의 요동군은 고조선과의 접경 지역에 있었다. 따라서 당시의 요동군을 고증하는 것은 고조선과 중국의 국경 지역을 확인하는 기초 작업이 된다. 그런데 이러한 중요한 의미를 지닌 요동군의 위치를 구체적인 고증을 거치지 않고 지금의 요동과 동일한 지역이라고 믿고 지리 고증을 전개하는 오류를 범했던 것이다. 고대 진제국과 서한제국의 요동군

---

55 종래의 여러 견해들에 대한 구체적인 검토는 앞에서 소개한 필자의 「고조선시대의 패수」를 참조하기 바람.

56 윗글, 「고조선시대의 패수」.

은 지금의 요동 지역에 있지 않았고 지금의 북경 근처 난하 하류 유역에 있었다.[57]

셋째, 『위략』에는 전국시대 연나라의 진개가 조선을 침략하여 그 서쪽 2천 리를 빼앗았다는 기록이 있는데, 이 사건을 구체적으로 고증해보지도 않고 그때 고조선이 영토를 크게 잃었을 것으로 믿었다. 따라서 진개 침략 후의 고조선과 중국의 국경은 한반도 안에 있었거나 한반도에서 가까운 곳에 있었을 것으로 생각했다. 그런데 중국의 사료들을 종합하여 검토해보면, 진개가 고조선을 침략한 것은 사실이었지만 바로 후퇴를 했으며, 오히려 고조선이 연나라의 동부 지역을 빼앗아 침략에 대해 응징을 했었다. 따라서 진개의 침략으로 고조선은 일시적인 피해는 입었으나 영토가 줄어들지는 않았던 것이다.[58]

넷째, 근래에 고조선을 연구하는 학자 가운데는 조선시대 학자들의 견해를 일단 긍정적인 것으로 받아들이고 그러한 기초 위에서 연구를 진행하는 사람들이 있는데, 이 점은 매우 조심해야 할 것이다. 조선시대 학자들은 한문에 밝아 사료를 읽는 데는 유리했지만 그것이 역사학자가 갖춰야 할 소양의 전부는 아니기 때문이다. 그들은 근대적 역사 연구 방법에 대한 훈련을 받지 못했기 때문에 사료를 만족스럽게 비판하거나 분석하지 못한 경우를 자주 보게 된다. 조선시대에는 지금만큼 많은 문헌을 접하거나 사료를 모을 수 있는 여건도 아니었다. 그뿐만 아니라 당시에는 고고학이 존재하지 않았으므로 고고학 자료를 참고할 수 없었다는 점도 염두에 두어야 한다.

---

57 윤내현, 「고조선의 서변경계 재론」 『한국독립운동사의 인식—백산박성수교수화갑기념논총』, 백산박성수교수화갑기념논총간행위원회, 1991, pp. 524~530.

58 윗글 참조.

이상과 같은 문제점들을 유념하지 않았던 그동안의 고조선과 중국의 국경에 대한 연구에는 많은 오류가 있었다고 생각된다. 그런데 고조선과 중국의 국경이었던 패수가 한반도에 있었던 강이라면 그 북쪽은 중국의 영토였어야 하므로 고조선의 북쪽 경계는 그 강이 되어야 한다. 그러나 패수가 만주에 있었던 강이라면 그 강은 고조선의 서쪽 국경을 이루게 되므로 북쪽 경계를 확인하는 작업이 필요하다. 그러나 그런 작업이 행해지지 않았다. 그것은 고조선과 중국의 국경을 확인하는 작업이 매우 중요한 의미를 지니고 있는데, 그 문제가 해결되지 않은 상황에서 다른 문제에 관심을 쏟을 여유가 없었기 때문이기도 했고, 사료가 충분하지 못할 것이라는 선입관도 작용했을 것으로 생각된다.

그런데 근래에 고조선 연구가 다소 진전되고 고고학 자료가 증가함에 따라 고조선의 북부나 동북부의 경계를 짐작하게 하는 견해들이 피력되었다. 그 가운데 대표적인 것을 들면, 하나는 고조선의 북쪽 경계를 송화강 유역으로 보는 견해이고, 다른 하나는 지금의 요령성 동부 경계 지역을 고조선의 국경으로 보는 견해이다.

고조선의 북쪽 경계를 송화강 유역으로 본 견해는 U. M. 부틴이 내놓았는데,[59] 그 근거는 앞에 소개된 『후한서』 「동이열전」 〈예전〉의 "예 및 옥저·고구려는 본래 모두 조선의 땅이었다."[60]는 기록에 의하면 예의 땅은 모두 고조선의 땅이었는데 동북쪽으로 송화강 유역에 이르렀다는 것이다. 그러한 사실은 부여 주민의 대다수를 예인들이 형성하고 있었는데, 부여국은 송화강 유역에 위치해 있었다는 점에서 알 수 있다는 것이다. 그런데 이 견해는 두 가지 문제점을 안고 있다. 첫째는 "예 및 옥

---

59 U. M. 부틴 지음, 이항재·이병두 옮김, 『고조선』, 소나무, 1990, pp. 40~41.

60 주 15와 같음.

저·고구려가 본래 모두 조선의 땅이었다."는 『후한서』의 인용문은 고조선의 강역을 말하기 위한 것이 아니고 예에 대한 설명을 하기 위한 기록이기 때문에 그 내용이 고조선의 강역 전체를 말하고 있는 것인지 또는 고조선의 강역 일부를 말한 것인지 분명하게 알 수 없다는 점이다. 둘째로 위의 인용문 내용을 고조선의 강역 전체를 말한 것으로 받아들인다고 하더라도 예의 땅이 송화강 유역까지였다는 U. M. 부틴의 견해에 학자들이 동의할 것인지가 문제가 된다는 점이다.

고조선의 북쪽과 동북쪽 경계를 요령성 동부 경계 지역으로 본 견해는 이른바 미송리형 질그릇의 출토 지역을 기준으로 한 것이다.[61] 미송리형 질그릇은 밑이 납작하고 몸체가 동실하며 기다란 목이 위로 올라가면서 넓어진다. 따라서 그 모양이 아래위를 잘라버린 표주박이나 조롱박처럼 생겼다. 몸체에 무늬가 있는 것과 없는 것, 손잡이가 있는 것과 없는 것이 있는데, 그 가운데 목과 몸체에 여러 개의 가는 줄을 가로로 그은 무늬와 입술 모양의 손잡이가 있는 것들을 전형적인 미송리형 질그릇이라고 한다. 이러한 미송리형 질그릇은 한반도의 서북부로부터 지금의 요동 지역에 걸쳐 출토되는데, 그 지역이 고조선의 영역이라는 것이다. 좀더 구체적으로 말하면, 미송리형 질그릇이 출토되는 지역은 황해도 북부로부터 요하 동쪽의 요령성 지역이 되는데, 이 지역에서는 이른 시기의 전형적인 비파형동검이 많이 출토된다. 따라서 이 지역이 일찍이 고조선문화가 발달했던 지역이고 고조선의 강역일 것이라고 보는 것이다. 이렇게 보면 고조선의 북쪽 경계는 지금의 요령성의 북쪽 경

---

61 앞 글, 「비파형단검문화의 발원지와 창조자에 대하여」, pp. 68~72.
송호정, 「요동지역 청동기문화와 미송리형 토기에 관한 고찰」, 『한국사론』 24, 1991, pp. 73~95.

계선 지역이었다는 것이 된다.

그러나 이와 같은 질그릇을 기준으로 한 강역 설정은 잘못된 것이다. 앞에서 잠깐 언급한 바와 같이 질그릇은 어느 한 계층의 독점물이 아니라 지배계층부터 피지배계층에 이르기까지 거주민 모두가 사용했던 생활필수품이었으며, 어느 한 지역이나 집단에 의해 독점적으로 만들어졌던 것이 아니라 각 지역에서 독자적으로 만들어졌던 것이다. 그러므로 동일한 국가 안에서도 지역에 따라 생활 습관이나 취향 등의 차이에 의해 서로 다른 형태의 질그릇이 사용될 수 있는 것이다. 신석기시대의 경우에는 씨족이나 종족을 연구할 때 석기보다는 질그릇의 형태나 특징을 기준으로 하는 것이 바람직하다.[62] 그러나 국가 단계의 사회 즉 청동기시대에 이르면 많은 씨족이나 종족이 통합되어 하나의 정치세력을 이루게 되므로 하나의 정치세력 즉 국가 안에는 여러 형태나 특징을 지닌 질그릇 문화권이 존재하게 된다. 따라서 질그릇 성격만을 기준으로 국가의 강역을 설정할 수는 없다.

반면에 청동기는 지배계층의 독점물이었다. 그러므로 동일한 청동기의 분포는 바로 동일한 지배계층에 의한 통치 범위를 말해준다. 따라서 비파형동검의 분포 범위는 고조선의 강역을 말해주는 것이고, 그 지리 범위 안에서의 질그릇 형태의 차이는 고조선 안에서의 생활문화권으로 이해되어야 할 것이다. 이 생활문화권은 경우에 따라서는 고조선 안의 씨족이나 종족의 지역적 정치 단위 즉 고조선의 거수국을 나타낼 수도 있을 것이다. 비파형동검은 고조선문화의 상부구조를 형성했고, 미송리형 질그릇이나 각 지역의 특징적인 질그릇들은 고조선문화의 하부구조

---

62 A. A. Formozov, "Microlithic Sites in the Asiatic USSR", *American Antiquity,* vol. 27, No. 1, 1961, p. 87.

를 형성했다고 보아야 한다.

근래에 박진욱은 「비파형단검문화의 발원지와 창조자에 대하여」[63]라는 논문에서 비파형동검문화와 주변 문화의 차이점, 비파형동검의 특징, 출토지 등에 대해서는 매우 긍정적이고 깊이 있는 연구 결과를 내놓았으나, 그것을 고조선의 강역 문제와 연결시켜 해석하면서는 다소 잘못된 결론에 이르고 있다. 그는 그동안의 고고학적 발굴 보고에 근거하여 비파형동검이 출토된 지리 범위가 한반도와 만주 전 지역이었음을 확인하고 이 문화가 고대 조선민족 전체의 문화였다고 주장하면서도 그 가운데 미송리형 질그릇이 함께 출토되는 한반도 서북 지역과 지금의 요동 지역만을 고조선의 영역으로 보았다. 그리고 그 서부와 동부 및 남부를 맥·부여·고구려·진(한) 등의 영역으로 보았다. 박진욱이 미송리형 질그릇이 출토된 한반도의 서북 지역과 요동 지역을 고대 조선민족의 문화 지역 가운데 일부로 본 것은 매우 긍정적인 해석이다. 그러나 비파형동검문화의 분포 지역 전체를 하나의 국가로 보지 않고 그 분포 지역 내에 고조선과 대등한 여러 개의 국가가 존재했던 것으로 파악한 것은 옳지 않다. 민족은 동일한 핏줄이라는 의식, 동일한 언어와 종교, 동일한 거주 지역, 공통성을 지닌 문화, 공통의 귀속의식 등을 요소로 한다. 박진욱은 한반도와 만주 지역 거주민이 하나의 국가에 속한 적이 없었다면 동일한 언어와 종교, 동일한 핏줄이라는 의식, 공통의 귀속의식을 가질 수 있었겠는가, 그리고 비파형동검으로 대표되는 동일한 지배계층문화가 형성될 수 있었을 것인가 등의 문제를 생각해봤어야 할 것이다.

비파형동검문화 분포 지역 거주민들이 하나의 국가에 속한 경험이 없

---

63 주 46과 같음.

이 하나의 민족을 형성한다는 것이 과연 가능할까? 그렇게 보기는 어려울 것이다. 따라서 비파형동검문화의 분포 범위 전체를 고조선이라는 하나의 국가로 보아야만 하고, 그 지리 범위 내에서의 질그릇 등 비파형동검과 함께 출토되는 유물의 차이는 고조선 내에서의 생활문화권이나 거수국들의 영역의 차이로 이해해야 할 것이다. 이러한 점에 대해서는 필자가 「고조선의 국가 구조」라는 논문에서 구체적으로 밝힌 바 있다.[64]

이제 고조선의 남계(南界)에 대한 종래의 견해를 살펴보겠다. 그동안 고조선의 남쪽 즉 한반도 남부에는 고조선과는 별개의 진국이라는 나라가 있었다는 것이 통설이었다. 단지 학자에 따라 진국의 위치나 크기에 다소 견해의 차이를 보이고 있을 뿐이었다. 고조선의 남쪽에 진국이라는 독립국이 있었을 것으로 보게 된 것은 『후한서』와 『삼국지』 기록 때문이었다. 『후한서』 「동이열전」에,

> 한(韓)에는 세 종족이 있는데 첫째는 마한(馬韓), 둘째는 진한(辰韓), 셋째는 변진(弁辰)이라 한다. 마한은 서쪽에 있는데 54국이 있고 그 북쪽은 낙랑, 남쪽은 왜(倭)와 접하였다. 진한은 동쪽에 있는데 12국이 있으며 그 북쪽은 예맥과 접하였다. 변진은 진한의 남쪽에 있는데 또한 12국이 있으며 그 남쪽도 왜와 접하였다. 모두 78국인데 백제(伯濟)도 그 가운데 1국이다. 대국은 1만여 호(戶)이고 소국은 수천 가(家)인데 각각 산과 바다 사이에 있으며 땅을 합하면 사방 4천여 리에 이르며 동쪽과 서쪽은 바다가 경계를 이루고 있는데 모두가 옛 진국(辰國)이다.[65]

---

64 윤내현, 「고조선의 국가 구조」 『겨레문화』 6, 한국겨레문화연구원, 1992, pp. 67~112. 『고조선 연구』 하 제2편 제1장 제1절 「고조선의 국가 구조」 참조.

65 『후한서』 권85 「동이열전」 〈한전〉. "韓有三種, 一曰馬韓, 二曰辰韓, 三曰弁辰. 馬韓

라고 기록되어 있고 『삼국지』「동이전」에는,

> 한은 대방(帶方)의 남쪽에 있는데 동쪽과 서쪽은 바다가 경계를 이루었고, 남쪽은 왜(倭)와 접하여 사방 4천여 리에 이른다. 세 종족이 있는데 첫째는 마한, 둘째는 진한, 셋째는 변한이다. 진한은 옛 진국이다.[66]

라고 기록되어 있다.

『후한서』「동이열전」에는 한 전체가 옛 진국이었고, 『삼국지』「동이전」에는 진한만이 옛 진국이었던 것처럼 기록되어 있어 내용에 다소 차이는 있지만, 한반도 남부에 원래 진국이 있었는데 그것이 후에 한이라는 나라로 바뀐 것으로 학자들이 인식하도록 만들었다. 그러나 필자가 고증한 결과에 의하면, 진국은 원래 한반도 남부에 있지 않았고 한반도 서북부와 지금의 요동 지역을 차지하고 있었으며 고조선의 거수국이었다.[67] 이 지역은 미송리형 질그릇이 출토된 지역과 일치한다. 따라서 진국은 원래 한반도 남부에 있지 않았다. 그런데도 한반도 남부에 있는 한을 옛 진국이라고 표현한 것은 진국과 한의 위치나 영역이 동일하다는 의미가 아니라 한의 지배세력은 진국으로부터 왔다는 뜻으로 이해되어야 할 것이다. 그렇게 본다면 한의 국명은 진국으로부터 한으로 바뀐 것

在西, 有五十四國, 其北與樂浪, 南與倭接. 辰韓在東, 十有二國, 其北與濊·貊接. 弁辰在辰韓之南, 亦十有二國, 其南亦與倭接. 凡七十八國, 伯濟是其一國焉. 大者萬餘戶, 小者數千家, 各在山海間, 地合方四千餘里, 東西以海爲限, 皆古之辰國也."

66 『삼국지』 권30 「동이전」 〈한전〉. "韓在帶方之南, 東西以海爲限, 南與倭接, 方可四千里. 有三種, 一曰馬韓, 二曰辰韓, 三曰弁韓, 辰韓者, 古之辰國也."

67 윤내현, 「고조선과 삼한의 관계」 『한국학보』 제52집, 일지사, 1988 가을, pp. 3~13.
앞 글, 「고조선의 국가 구조」 『겨레문화』 6, pp. 98~100.
『고조선 연구』 하 제2편 제1장 제2절 「고조선과 한의 관계」 참조.

이 아니라 이전부터 변함없이 한이었다고 보아야 한다. 따라서 한반도 남부 지역에 한이 있기 이전에 진국이 있었다고 보는 것은 잘못이다.

한반도에 있었던 나라의 명칭을 진국으로 보든 한국으로 보든, 종래에는 한반도 남부에는 고조선과는 별개의 독립국가가 있었다는 전제 위에서 고조선의 남부 국경을 찾았다. 그러므로 고조선의 남쪽 경계를 한반도 남부 해안선까지는 잡을 수가 없었고 한반도 북부나 중부 어느 지역으로 상정할 수밖에 없었다. 그 가운데 대표적인 것이 압록강, 청천강, 예성강 등으로 보는 견해이다.

리지린은 압록강을 고조선의 남쪽 경계로 보았다.[68] 리지린은 고조선은 만주에 있었고, 그 남쪽에 진국이 고조선과 압록강을 국경으로 하여 접하고 있었는데 진국의 행정구역이었던 마한·진한·변한 가운데 가장 북쪽에 있었던 마한이 지금의 평양을 중심으로 황해도와 평안도 지역을 차지하고 있었다고 주장했다. 리지린이 이렇게 본 것은 『후한서』와 『삼국지』, 『위략』 등의 옛 중국 문헌에 기자의 후손인 준이 위만에게 정권을 빼앗기고 망명한 곳이 한이었는데 그 지역을 지금의 평안도 지방으로 보았기 때문이었다. 평안도 지방이 한이었다면 그곳은 그전에는 진국이었다는 것이다.

리순진과 장주협 등은 청천강을 고조선의 남쪽 경계로 보았고,[69] 필자도 한때 동일한 견해를 피력한 바 있다.[70] 앞에서 인용한 바와 같이 『후한서』「동이열전」에는 동한시대의 예와 옥저·고구려는 모두 고조선의 땅이었다고 기록되어 있는데, 『삼국사기』「고구려본기」에 의하면 동

---

68 리지린, 『고조선연구』, 학우서방, 1964, pp. 267~276.

69 리순진·장주협, 『고조선문제연구』, 사회과학출판사, 1973, pp. 76~79.

70 앞 책, 『한국고대사신론』, 1986년판, pp. 58~77.

한시대에 해당하는 태조왕 때에 고구려는 그 영토가 남쪽으로 살수(薩水)에 이르렀었다.[71] 여기서 말하는 살수는 청천강이라는 데에 학자들이 대체로 동의하므로 고조선의 남쪽 경계는 청천강이어야 한다는 것이었다. 그리고 기자의 후손인 준이 위만에게 정권을 빼앗기고 망명한 곳은 한이었는데, 그곳을 고증해보면 지금의 평양 지역이었기 때문에 고조선의 영역은 지금의 평양 지역까지 내려올 수 없다고 보았던 것이다.

필자도 고조선의 남쪽에 진국이 있었다는 종래의 통설에 의한 선입관 때문에 일시적이기는 했지만, 고조선의 남쪽 경계를 청천강으로 보는 오류를 범했다. 그러나 그 후 필자는 한에 대한 연구를 진행하면서 한이 독립국이 아니라 고조선의 거수국이었다는 사실과 한이 있기 전에 진국이 있었다는 종래의 견해가 잘못된 것임을 확인하고 고조선의 남쪽 경계가 한반도 남부 해안선에 이르렀던 것으로 수정한 바 있다.[72]

고조선의 남쪽 경계를 예성강으로 본 견해는 이병도가 내놓았는데 현재 학계의 통설로 되어 있다.[73] 이병도에 의하면 지금의 평양 지역은 고조선의 중심부였고 그 후 위만조선의 중심부가 되었다가 다시 한사군의 낙랑군이 되었는데, 그 남쪽에는 진국이 있다가 한(이병도에 의하면 삼한)으로 명칭이 바뀌었다는 것이다. 한에는 마한·진한·변한의 세 종족이 있었는데 『후한서』와 『삼국지』에는 마한은 서부, 진한은 동부, 변한은 남부에 있었던 것으로 기록되어 있으나 이병도는 진한은 북부, 마한은

---

71 『삼국사기』 권15 「고구려본기」 〈태조대왕 4년〉조. "伐東沃沮, 取其土地爲城邑, 拓境東至滄海, 南至薩水."

72 앞 책, 『한국고대사신론』, 1991년판.
앞 글, 「고조선과 삼한의 관계」.
윤내현, 『윤내현 교수의 한국고대사』, 삼광출판사, 1989, pp. 67~71.

73 앞 책, 『한국고대사연구』, pp. 239~259.

서남부, 변한은 동남부에 있었을 것으로 보면서 진한의 북쪽 경계는 서쪽의 예성강으로부터 중부와 동부는 금화·화천·철원으로 이어지는 38도선을 따라 형성되어 있었을 것으로 보았다.

근래에 북한 학자들은 진국의 후신인 한의 맨 북쪽에 백제가 있었는데, 『삼국사기』에 당시의 백제는 "북쪽으로 패하(浿河)에 이르고, 남쪽은 웅천(熊川)까지이며, 서쪽은 큰 바다에 이르고, 동쪽은 주양(走壤)에서 끝났다."[74] 는 기록을 들어 패수는 지금의 예성강이었으므로 한의 북쪽 경계는 지금의 예성강이었으며, 이곳은 바로 그 전 시대에는 진국의 북쪽 경계였을 것으로 보았다. 그리고 고조선은 진국과 국경을 접하고 있었으므로 고조선의 남쪽 경계는 지금의 예성강이었다고 주장했다.[75]

고조선의 남쪽 경계를 청천강이나 예성강으로 보는 견해는 그러한 견해가 나올 당시에는 고고학적으로도 뒷받침되는 것으로 보였다. 고조선의 대표적인 청동기인 비파형동검이 주로 만주와 한반도 북부에서만 출토되는 것으로 나타났기 때문이었다. 그러나 그 후 고고 발굴이 계속되면서 한반도 남부의 해안 지역에서까지 비파형동검이 출토되어 그러한 고고학적 근거는 무너지게 되었다.[76] 고조선의 남쪽 국경을 청천강이나 예성강으로 보았던 것은 고조선의 남쪽에 고조선과는 별개의 독립된 나라(그것을 진이라 부르든 한이라 부르든 간에)가 있었을 것이라는 선입관이 작용하고 있었다. 그러나 그렇게 볼 경우 고조선의 단군이 하느님에

---

74 『삼국사기』 권23 「백제본기」 〈온조왕 13년 8월〉조. "遣使馬韓告遷都, 遂畫定疆埸, 北至浿河, 南限熊川, 西窮大海, 東極走壤."

75 사회과학원 고고학연구소, 『고조선문제연구론문집』, 사회과학출판사, 1979, pp. 64~71. 사회과학원 력사연구소, 『조선전사』, 과학백과사전 출판사, 1979, pp. 98~100.

76 이영문, 「한반도 출토 비파형동검 형식분류 시론」, 『박물관기요』 7, 단국대 중앙박물관, 1992, p. 85 지도 참조.

게 제사를 지냈다는 강화도 마니산의 참성단이나 단군의 세 아들이 쌓았다는 전등산의 삼랑성은 고조선의 강역 밖에 있게 되어 그 전설의 내용과 모순되는 현상도 나타나게 된다.

앞에서 확인된 바와 같이 문헌 기록이나 고고학 자료를 통해 볼 때 고조선의 강역은 한반도 남부 해안선까지로 보아야 한다. 따라서 한반도 남부에 있었던 한(일부 학자들은 진 또는 삼한이라 부른다)이라는 나라는 독립국이 아니라 고조선의 거수국이었음을 알 수 있다. 그러므로 한의 북쪽 경계는 고조선의 남쪽 국경이 아니라 고조선 안에서의 거수국의 경계였던 것이다.

6. 마치며

지금까지 한국과 중국의 문헌 사료와 고고학적 자료를 토대로 고조선의 북쪽 경계와 남쪽 경계를 고찰하고 종래에 제출되었던 여러 견해들이 갖는 문제점에 대해서도 검토해보았다. 그 결과 다음과 같은 결론에 도달했다.

고조선의 중기인 서기전 16~14세기 이후 고조선의 북쪽 경계는 대체로 지금의 흑룡강 유역과 그 상류인 아르군 강 유역이었으며 남쪽 경계는 한반도 남부의 해안선이었다. 그리고 고조선의 세력은 필요에 따라 때로는 동북쪽으로 흑룡강을 넘어 연해주 지역까지 미치기도 했다. 이러한 고조선의 강역은 고조선 초기부터 유지되어왔을 가능성이 많은데, 고조선 초기에 관한 자료는 아직 충분하지 않다. 고조선 초기의 자료가 충분하지 않다는 것은 결코 필자의 견해를 전면적으로 부정할 수 있다는 뜻은 아니다. 필자의 견해를 부정할 수 있는 사료는 존재하지 않기 때문이다. 이상과 같은 고조선의 북계와 남계에 대한 필자의 고증 결과를 이미 확인된 고조선의 서쪽 경계와 연결해보면 고조선은 북경 근처의 난하 유역과 갈석산 지역을 중국과의 경계로 하여 지금의 하북성 동북부로부터 내몽골자치구 동부·요령성 전부·길림성 전부·흑룡강성 전부 및 한반도 전부를 그 강역으로 하고 있었음을 알 수 있다.

지난날 고조선 연구자들은 고조선의 사회 수준이 매우 낮은 단계였을 것이라는 선입관을 가지고 있었다. 고고학적으로 고조선시대가 초기부터 청동기시대였다는 사실도 근래의 발굴 결과에 의해 밝혀진 것이며, 과거에는 고조선 전기는 신석기시대 정도일 것으로 인식했다. 그러므로 옛 문헌에서 고조선의 사회 수준을 높이 평가했거나 강역이 넓었던 것으로 표현한 기록들을 발견하고서도 그 내용을 애써 부인하려 했다. 그 결과 고조선에 대한 모든 연구 결과는 실제보다 낮게 평가되어 나타났다. 그러나 이제부터는 그러한 선입관을 지워버리고 고대의 문헌 기록과 고고학 자료에 따라 객관적인 자세로 연구를 진행해야 할 것이다.

한반도와 만주 지역에 처음으로 출현한 고대국가인 고조선이 그렇게 넓은 영토를 차지하고 있었다는 것은 믿기 어렵다는 생각을 가지고 있는 학자들도 있다. 그러나 주변의 모든 세력이 석기를 사용하던 시기에 청동무기와 청동의기(靑銅儀器)를 가진 씨족이나 종족의 위력을 상상해 볼 필요가 있다. 만약 오늘날 지구에 있는 여러 나라 가운데 어느 한 나라만 핵무기를 소유하고 있다면 그 나라의 위력은 어떠하겠는가? 그 나라는 마음대로 주변의 나라들을 정복할 수 있을 것이다. 당시의 청동무기는 그와 같은 위력을 가지고 있었다는 점을 알아야 한다.

고조선의 국경은 분명하지 않았을 것이라거나, 매우 유동적이었을 것이라고 말하면서 필자와 같은 고조선의 지리 연구가 마치 부질없는 일인 것처럼 독자들을 오도하는 학자도 있다. 그러나 그러한 말은 고대사

아르군 강
흑룡강
흑룡강성
하얼빈
내몽골
장춘
길림
고대의 요동
심양
대릉하
요하
난하
요령
압록강
청천강
평양
북경
천진
갈석산
서한의 요동군
태원
하북
발해
서울
석가장
산서
제남
산동
정주
하남
안휘
강소

고조선 후기의 강역도

의 인식 부족에서 나온 것이다. 철기시대 이전의 고대국가의 강역은 후대의 영역국가(통치 형태로는 중앙집권국가)처럼 면적을 의미하지 않는다. 어느 지역까지의 거주민이 고조선의 지배하에 있었는지가 문제가 되는 것이다.

고대국가는 경작지와 거주지가 결합된 마을들이 점조직으로 그물처럼 연결된 국가 구조였으며, 마을과 마을 사이의 공터는 정치적으로나 경제적으로 가치가 없어 국가의 관심 대상이 되지 못했다. 그러므로 국경 지역의 공터에는 때에 따라 이민족이 들어와 살 수도 있었다. 따라서 엄격하게 말하면, 고조선과 같은 고대국가의 국경선은 후대의 영역국가처럼 면적을 기초로 하여 선을 긋는 식으로 형성되어 있지 않았던 것이다. 이러한 지식은 고대사를 전공하는 학자들 사이에는 상식에 속하므로 따로 설명이 필요하지 않다.

고조선의 국경은 유동적이었을 것이라는 표현은 옳다. 국경은 여러 가지 이유로 항상 변할 수 있다. 그러한 당연한 것을 가지고 고조선의 역사지리 연구자들이 마치 고조선의 강역이나 국경은 전혀 변화가 없었다고 주장한 것처럼 말장난을 하는 것은 학자의 자세가 아니다. 필자를 포함한 고조선 연구자들이 고조선의 국경 변화를 구체적으로 말하지 못하는 것은 그것을 확인할 수 있는 자료가 충분하지 못하기 때문이다. 정도의 차이는 있지만 동서양을 막론하고 고조선과 같은 고대국가의 경우 사료가 충분하지 못한 것은 비슷하다. 따라서 사료에 의해 확인된 것만을 근거로 그 강역이나 국경을 말할 수밖에 없는 것이다.

비파형동검 출토지 일람표

1	**평안남도 평양시 형제산구역 서포동** | 황기덕, 「최근에 새로 알려진 비파형단검과 좁은 놋단검 관계의 유적유물」『고고학자료집』 제4집, 사회과학출판사, 1974, pp. 158~159.
2	**평양 부근** | 『조선고문화종감(朝鮮古文化綜鑑)』, 제1권, 양덕사, 1946년판 p. 65, 도판 36. 가야모토 도진(榧本杜人), 『조선의 고고학(朝鮮の考古學)』, 도호샤(同朋社), 1980.
3	**평안남도 개천군 용흥리** | 한병삼, 「개천 용흥리 출토 청동검과 반출유물」『고고학』 1, 1968.
4	**황해남도 연안군 부흥리 금곡동** | 황기덕, 「최근에 새로 알려진 비파형단검과 좁은 놋단검 관계의 유적유물」『고고학자료집』 제4집, 사회과학출판사, 1974, pp. 158~159. 조선유적유물도감편찬위원회, 『조선유적유물도감』 2, 1989.
5	**황해남도 배천군 대아리** | 리규태, 「배천군 대아리 돌상자무덤」『고고학자료집』 6집, 과학백과사전출판사, 1983, p. 176.
6	**황해북도 신평군 선암리** | 정용길, 「신평군 선암리 돌상자무덤」『고고학자료집』 제6집, 과학백과사전출판사, 1983, pp. 168~169.
7	**함경남도 금야군 금야읍** | 서국태, 「영흥읍 유적에 관한 보고」『고고민속』, 1965년 2호, p. 42.
8	**경기도 개성시 판문군 진봉리** | 왕성수, 「개성 부근에서 나온 고조선 관계 유물」『조선고고연구』, 1988년 1호, p. 198.
9	**경기도 개성시 개평군 해평리 백마산** | 조선유적유물도감편찬위원회, 『조선유적유물도감』 2, 1989. 왕성수, 「개성 부근에서 드러난 비파형동검과 좁은 놋단검 관계유물」『고고학자료집』 6, 1988, pp. 168~169.
10	**강원도 춘천 부근** | 아리미쓰 교이치(有光敎一), 「조선 강원도의 선사시대 유물(朝鮮江原道の先史時代遺物)」『고고학잡지』 28권, 11호, 일본고고학회.
11	**강원도 홍천군 동면 방량리** | 한림대 아시아문화연구소 엮음, 『강원도의 선사문화』, 한림대 출판부, 1986. 국립청주박물관, 『국립청주박물관 도록』, 통천문화사, 1987.
12	**충청남도 공주군 탄천면 남산리** | 김원룡, 「전(傳) 무주출토 요령식동검에 대하여」『진단학보』 제38호, 1974, p. 19.
13	**충청남도 부여군 조촌면 송국리** | 김영배 · 안승주, 「부여 송국리 요령식동검 출토 석관묘」『백제문화』 7 · 8합집, 1975.
14	**전라남도 무주 부근** | 김원룡, 「전(傳) 무주출토 요령식동검에 대하여」『진단학보』 제38호, 1974, p. 19.
15	**전라남도 고흥군 두원면 운대리** | 『조선고문화종감』, 제1권, p. 87 도판 48, 아리미쓰 교이치, 『조선마제석검연구(朝鮮磨製石劍の硏究)』, 교토(京都), 1959.
16	**경상남도 의창군 진동면 진동리** | 심봉근, 「경남지방출토 청동유물의 신례(新例)」『부산사학』 4, 1980.
17	**전라남도 보성 덕치리 신기** | 이영문, 「전남지방 지석묘 출토 유물」, 제12회 한국고고학 전국대회 발표요지, 1988.
18	**경상북도 청도군 매전면 예전동** | 김종철, 「경상북도청도군예전동출토의 요령식동검」『강기경선생퇴관기념논총논문집』, 도호샤(同朋社). 이건무, 「청동유물의 땜질 기법」『삼불김원룡교수정년퇴임기념논총』, 일지사, 1987.
19	**경상북도 금릉** | 숭실대, 『숭실대 부설 한국기독교박물관』, 1988.
20	**경상북도 영덕군 병곡면 사천동** | 가야모토 도진, 『조선의 고고학(朝鮮の考古學)』, 도호샤, 1980.

21	**경상북도 미산군 낙동면** ǀ 가야모토 도진, 『조선의 고고학』, 도호샤, 1980.
22	**전라남도 승주군 송광면 우산리 지석묘** ǀ 송정현·이영문, 「우산리 내우 지석묘」『주암댐 수몰지구 문화유적발굴조사보고서』 II, 전남대 박물관, 1988.
23	**전라남도 여천시 봉계동** ǀ 이영문, 『여천시봉계동 지석묘』, 전남대 박물관, 1990.
24	**전라남도 여천시 적량동** ǀ 이영문, 「호남지방의 지석묘 출토 유물에 대한 고찰」『한국고고학보』 25, 1990.
25	**전라남도 여수시 오림동** ǀ 이영문, 「호남지방의 지석묘 출토 유물에 대한 고찰」『한국고고학보』 25, 1990.
26	**전라북도 익산군 신용리 용화산** ǀ 김정배, 『한국고대의 국가기원과 형성』, 고려대 출판부, 1986.
27	**遼寧省 旅大市 甘井子區 後牧城驛 崗上** ǀ 『중국 동북지방의 유적발굴보고』, 사회과학원 출판사, 1966, pp. 74~75.
28	**遼寧省 旅大市 甘井子區 樓上** ǀ 旅順博物館, 「旅順口區后牧城驛戰國墓清理」『考古』, 1960年, 8期, pp. 13~16. 『중국 동북지방의 유적발굴보고』, 사회과학원출판사, 1966, p. 96.
29	**遼寧省 旅大市 甘井子區 雙砣子** ǀ 『중국 동북지방의 유적발굴보고』, 사회과학원출판사, 1966, pp. 53~54.
30	**遼寧省 旅大市 旅順口區 劉家塘** ǀ 『牧羊城』, 東亞考古學會, 1931, p. 46, 삽도 23·24.
31	**遼寧省 旅大市 旅順口區 郭家屯** ǀ 島田貞彦, 「南滿洲老鐵山麓郭家屯附近發見の銅劍に就いて)」『考古學雜誌』 第28卷 第11號, 1928, pp. 22~26.
32	**遼寧省 旅大市 旅順口區 官屯子** ǀ 『考古學』 第8卷 7號. 『牧羊城』, 東亞考古學會, p. 59.
33	**遼寧省 旅順口區 土城子 小潘家村·金家村** ǀ 여순박물관 소장.
34	**遼寧省 旅順口區 羊頭窪** ǀ 『羊頭窪』, 東亞考古學會, 1942.
35	**遼寧省 旅大市 旅順口區 柏嵐子** ǀ 森脩, 「南滿洲發見の漢代青銅器遺物」『考古學』 第8卷 7號, 1937, p. 340.
36	**遼寧省 旅大市 旅順口區 牧羊城 附近** ǀ 『牧羊城』, 東亞考古學會, 1931.
37	**遼寧省 旅大市 旅順口區 尹家村 南下** ǀ 靳楓毅, 「論中國東北地區含曲刃青銅短劍的文化遺存」『考古學報』, 1982年 4期, pp. 387~426.
38	**遼寧省 金縣 董家溝 臥龍泉** ǀ 『중국 동북지방의 유적발굴보고』, 사회과학원출판사, 1966, pp. 103~104.
39	**遼寧省 金縣 亮甲店 騷西溝** ǀ 여순박물관에서 1958년에 수집.
40	**遼寧省 長海縣 大長山島** ǀ 『考古學』 第8卷 第2號.
41	**遼寧省 長海縣 大長山島 上馬石** ǀ 旅順博物館, 「遼寧長海縣上馬石青銅時代墓葬」『考古』, 1982年 6期, pp. 594~595.
42	**遼寧省 新金縣 雙房** ǀ 許明綱·許玉林, 「遼寧新金縣雙房石盖石棺墓」『考古』, 1983年 4期, pp. 293~294.
43	**遼寧省 新金縣 元臺公社 后元臺大隊 二隊** ǀ 靳楓毅, 「論中國東北地區含曲刃青銅短劍的文化遺存」, 『考古學報』, 1982年 4期, pp. 387~426.

44	**遼寧省 新金縣 花兒山公社 快馬場大隊** | 靳楓毅,「論中國東北地區含曲刃青銅短劍的文化遺存」『考古學報』, 1982年 4期, pp. 387~426.
45	**遼寧省 新金縣 元臺公社** | 靳楓毅,「論中國東北地區含曲刃青銅短劍的文化遺存」『考古學報』, 1982年 4期, pp. 387~426.
46	**遼寧省 長海縣 大長山公社 駐地** | 靳楓毅,「論中國東北地區含曲刃青銅短劍的文化遺存」『考古學報』, 1982年 4期, pp. 387~426.
47	**遼寧省 長海縣 小長山公社 房身陳家溝** | 靳楓毅,「論中國東北地區含曲刃青銅短劍的文化遺存」『考古學報』, 1982年 4期, pp. 387~426.
48	**遼寧省 長海縣 哈仙島** | 靳楓毅,「論中國東北地區含曲刃青銅短劍的文化遺存」,『考古學報』, 1982年 4期, pp. 387~426.
49	**遼寧省 莊河縣 城山公社 當鋪大隊 劉屯** | 靳楓毅,「論中國東北地區含曲刃青銅短劍的文化遺存」『考古學報』, 1982年 4期, pp. 387~426.
50	**遼寧省 岫岩縣 大房身公社** | 靳楓毅,「論中國東北地區含曲刃青銅短劍的文化遺存」,『考古學報』, 1982年 4期, pp. 387~426.
51	**遼寧省 岫岩縣 哨子河公社** | 靳楓毅,「論中國東北地區含曲刃青銅短劍的文化遺存」,『考古學報』, 1982年 4期, pp. 387~426.
52	**遼寧省 寬甸縣 太平哨公社 泡子沿** | 許玉林·王連春「丹東地區出土的青銅短劍」『考古』, 1984年 8期, pp. 712~713.
53	**遼寧省 海城縣 大屯** | 孫守道·徐秉琨,「寺兒堡與大屯青銅短劍形制比較表」『考古』, 1964年 6期, pp. 278~279.
54	**遼寧省 遼陽縣 河欄公社 二道河子** | 遼陽市文物管理所,「遼陽二道河子石棺墓」『考古』, 1977年 5期, pp. 302~303.
55	**遼寧省 遼陽縣 三道壕 韓來河** | 靳楓毅,「論中國東北地區含曲刃青銅短劍的文化遺存」『考古學報』, 1982年 4期, pp. 387~426.
56	**遼寧省 遼陽市 華子公社** | 靳楓毅,「論中國東北地區含曲刃青銅短劍的文化遺存」『考古學報』, 1982年 4期, pp. 387~426.
57	**遼寧省 新賓縣 大四平公社 東升大隊 半拉苇** | 靳楓毅,「論中國東北地區含曲刃青銅短劍的文化遺存」,『考古學報』, 1982年 4期, pp. 387~426.
58	**遼寧省 新賓縣 大四平公社 馬架子大隊 煤礦** | 靳楓毅,「論中國東北地區含曲刃青銅短劍的文化遺存」『考古學報』, 1982年 4期, pp. 387~426.
59	**遼寧省 西豐縣 和陸公社 豐興大隊** | 靳楓毅,「論中國東北地區含曲刃青銅短劍的文化遺存」『考古學報』, 1982年 4期, pp. 387~426.
60	**遼寧省 淸源縣 土口子 門臉** | 淸源縣文化局,「遼寧淸源縣門臉石棺墓」『考古』, 1981年 2期, p. 189.
61	**遼寧省 淸源縣 北三家公社 李家卜** | 撫順市博物館,「遼寧淸源縣近年發現一批石棺墓」『考古』, 1982年 2期, pp. 211~212.
62	**遼寧省 撫順市 織布工場** | 撫順市博物館,「遼寧撫順市發現靑銅短劍」『考古』, 1981年 5期, p. 471.
63	**遼寧省 撫順市 前甸公社 大甲邦** | 撫順市博物館考古隊,「撫順地區早晚兩類靑銅文化遺存」,『文物』, 1983年 9期, pp. 62~64.
64	**遼寧省 撫順市 附近** | 『考古學雜誌』第27卷, 9號.

65	**遼寧省 沈陽市 鄭家窪子 第1·2地點** | 沈陽市文物工作組, 「沈陽地區出土的青銅短劍資料」, 『考古』, 1964年 1期, p. 44.
66	**遼寧省 沈陽市 鄭家窪子 第3地點** | 沈陽故宮博物館·沈陽市文物管理辦公室, 「沈陽鄭家窪子的兩座青銅時代墓葬」『考古學報』, 1975年 1期, pp. 143~146.
67	**遼寧省 沈陽市 沈河區 南塔** | 沈陽市文物工作組, 「沈陽地區出土的青銅短劍資料」『考古』, 1964年 1期, p. 45.
68	**遼寧省 法庫縣 石柱子村** | 沈陽市文物工作組, 「沈陽地區出土的青銅短劍資料」『考古』, 1964年 1期, p. 45.
69	**吉林省 永吉縣 星星哨** | 吉林市文物管理委員會·永吉縣星星哨水庫管理處, 「永吉星星哨水庫石棺墓及遺址調查」『考古』, 1978年 3期, pp. 147~149.
70	**吉林省 磐石縣 吉昌 小西山** | 吉林省文物工作隊, 「吉林磐石吉昌小西山石棺墓」『考古』, 1984年 1期, pp. 54~56.
71	**吉林省 吉林市 郊外 長蛇山** | 吉林省文物工作隊, 「吉林長蛇山遺址的發掘」『考古』, 1980年 2期 pp. 123~141.
72	**遼寧省 阜新縣 化石戈公社 胡頭溝** | 靳楓毅, 「論中國東北地區含曲刃青銅短劍的文化遺存」『考古學報』, 1982年 4期, pp. 387~426.
73	**遼寧省 阜新縣 王府公社 馬圈子沁溝** | 靳楓毅, 「論中國東北地區含曲刃青銅短劍的文化遺存」『考古學報』, 1982年 4期, pp. 387~ 426.
74	**遼寧省 黑山縣 大虎山** | 靳楓毅, 「論中國東北地區含曲刃青銅短劍的文化遺存」『考古學報』, 1982年 4期, pp. 387~426.
75	**遼寧省 北鎭縣 北鎭附近** | 靳楓毅, 「論中國東北地區含曲刃青銅短劍的文化遺存」『考古學報』, 1982年 4期, pp. 387~426.
76	**遼寧省 興城縣 雙樹公社 興北大隊** | 靳楓毅, 「論中國東北地區含曲刃青銅短劍的文化遺存」『考古學報』, 1982年 4期, pp. 387~426.
77	**遼寧省 興城縣 郭家公社 古道子** | 靳楓毅, 「論中國東北地區含曲刃青銅短劍的文化遺存」『考古學報』, 1982年 4期, pp. 387~426.
78	**遼寧省 興城縣 羊安公社 狼洞子** | 靳楓毅, 「論中國東北地區含曲刃青銅短劍的文化遺存」『考古學報』, 1982年 4期, pp. 387~426.
79	**遼寧省 興城縣 曙光公社** | 靳楓毅, 「論中國東北地區含曲刃青銅短劍的文化遺存」『考古學報』, 1982年 4期, pp. 387~426.
80	**遼寧省 錦西縣 寺兒堡** | 孫守道·徐秉琨, 「遼寧寺兒堡等地青銅短劍與大伙房石棺墓」『考古』, 1964年 6期, pp. 277~278.
81	**遼寧省 錦西縣 烏金塘** | 錦州市博物館, 「遼寧錦西縣烏金塘東周墓調查記」『考古』, 1960年 5期, p. 7.
82	**遼寧省 錦西縣 臺集屯公社 田九溝** | 靳楓毅, 「論中國東北地區含曲刃青銅短劍的文化遺存」『考古學報』, 1982年 4期, pp. 387~426.
83	**遼寧省 錦西縣 石灰窖子** | 靳楓毅, 「論中國東北地區含曲刃青銅短劍的文化遺存」『考古學報』, 1982年 4期, pp. 387~426.
84	**遼寧省 錦西縣 沙河營子 谷家屯** | 靳楓毅, 「論中國東北地區含曲刃青銅短劍的文化遺存」『考古學報』, 1982年 4期, pp. 387~426.

85	**遼寧省 錦州市 東郊 紫荊山** | 靳楓毅, 「論中國東北地區含曲刃青銅短劍的文化遺存」『考古學報』, 1982年 4期, pp. 387~426.
86	**遼寧省 錦縣 大碾子** | 靳楓毅, 「論中國東北地區含曲刃青銅短劍的文化遺存」『考古學報』, 1982年 4期, pp. 387~426.
87	**遼寧省 錦縣 西團山** | 靳楓毅, 「論中國東北地區含曲刃青銅短劍的文化遺存」『考古學報』, 1982年 4期, pp. 387~426.
88	**遼寧省 義縣 頭臺公社** | 靳楓毅, 「論中國東北地區含曲刃青銅短劍的文化遺存」『考古學報』, 1982年 4期, pp. 387~426.
89	**遼寧省 北票縣 李杖子大隊 村西** | 靳楓毅, 「論中國東北地區含曲刃青銅短劍的文化遺存」『考古學報』, 1982年 4期, pp. 387~426.
90	**遼寧省 北票縣 西官營子** | 靳楓毅, 「論中國東北地區含曲刃青銅短劍的文化遺存」『考古學報』, 1982年 4期, pp. 387~426.
91	**遼寧省 北票縣 豐下** | 靳楓毅, 「論中國東北地區含曲刃青銅短劍的文化遺存」『考古學報』, 1982年 4期, pp. 387~426.
92	**遼寧省 北票縣 東牌樓溝** | 靳楓毅, 「論中國東北地區含曲刃青銅短劍的文化遺存」『考古學報』, 1982年 4期, pp. 387~426.
93	**遼寧省 北票縣 三寶何家溝** | 靳楓毅, 「論中國東北地區含曲刃青銅短劍的文化遺存」『考古學報』, 1982年 4期, pp. 387~426.
94	**遼寧省 北票縣 半截子溝** | 靳楓毅, 「論中國東北地區含曲刃青銅短劍的文化遺存」『考古學報』, 1982年 4期, pp. 387~426.
95	**遼寧省 北票縣 白塔子** | 靳楓毅, 「論中國東北地區含曲刃青銅短劍的文化遺存」『考古學報』, 1982年 4期, pp. 387~426.
96	**遼寧省 北票縣 黑城子** | 靳楓毅, 「論中國東北地區含曲刃青銅短劍的文化遺存」『考古學報』, 1982年 4期, pp. 387~426.
97	**遼寧省 北票縣 山嘴子** | 靳楓毅, 「論中國東北地區含曲刃青銅短劍的文化遺存」『考古學報』, 1982年 4期, pp. 387~426.
98	**遼寧省 北票縣 三天半地** | 靳楓毅, 「論中國東北地區含曲刃青銅短劍的文化遺存」『考古學報』, 1982年 4期, pp. 387~426.
99	**遼寧省 北票縣 楊樹溝** | 靳楓毅, 「論中國東北地區含曲刃青銅短劍的文化遺存」『考古學報』, 1982年 4期, pp. 387~426.
100	**遼寧省 北票縣 黃卜黨溝** | 靳楓毅, 「論中國東北地區含曲刃青銅短劍的文化遺存」『考古學報』, 1982年 4期, pp. 387~426.
101	**遼寧省 北票縣 平房大隊** | 靳楓毅, 「論中國東北地區含曲刃青銅短劍的文化遺存」『考古學報』, 1982年 4期, pp. 387~426.
102	**遼寧省 朝陽縣 十二臺營子** | 朱貴, 「遼寧朝陽十二臺營子青銅短劍墓」『考古學報』, 1960年 1期, pp. 65~66.
103	**遼寧省 朝陽縣 溝門子公社 東山** | 靳楓毅, 「論中國東北地區含曲刃青銅短劍的文化遺存」『考古學報』, 1982年 4期, pp. 387~426.
104	**遼寧省 朝陽縣 西五家子** | 靳楓毅, 「論中國東北地區含曲刃青銅短劍的文化遺存」『考古學報』, 1982年 4期, pp. 387~426.

105	**遼寧省 朝陽縣 大廟** | 靳楓毅, 「論中國東北地區含曲刃青銅短劍的文化遺存」『考古學報』, 1982年 4期, pp. 387~426.
106	**遼寧省 朝陽縣 東五家子公社 娘娘廟大隊 六隊** | 靳楓毅, 「論中國東北地區含曲刃青銅短劍的文化遺存」『考古學報』, 1982年 4期, pp. 387~426.
107	**遼寧省 朝陽縣 召都巴** | 靳楓毅, 「論中國東北地區含曲刃青銅短劍的文化遺存」『考古學報』, 1982年 4期, pp. 387~426.
108	**遼寧省 朝陽縣 邊杖子** | 靳楓毅, 「論中國東北地區含曲刃青銅短劍的文化遺存」『考古學報』, 1982年 4期, pp. 387~426.
109	**遼寧省 朝陽縣 七道泉子公社 上河首三隊** | 靳楓毅, 「論中國東北地區含曲刃青銅短劍的文化遺存」『考古學報』, 1982年 4期, pp. 387~426.
110	**遼寧省 朝陽縣 孟克** | 靳楓毅, 「論中國東北地區含曲刃青銅短劍的文化遺存」『考古學報』, 1982年 4期, pp. 387~426.
111	**遼寧省 朝陽縣 城鎮附近** | 靳楓毅, 「論中國東北地區含曲刃青銅短劍的文化遺存」『考古學報』, 1982年 4期, pp. 387~426.
112	**遼寧省 朝陽縣 太平房公社 大板大隊** | 靳楓毅, 「論中國東北地區含曲刃青銅短劍的文化遺存」『考古學報』, 1982年 4期, pp. 387~426.
113	**遼寧省 朝陽縣 卜家溝** | 靳楓毅, 「論中國東北地區含曲刃青銅短劍的文化遺存」『考古學報』, 1982年 4期, pp. 387~426.
114	**遼寧省 朝陽縣 東大道** | 靳楓毅, 「論中國東北地區含曲刃青銅短劍的文化遺存」『考古學報』, 1982年 4期, pp. 387~426.
115	**遼寧省 朝陽縣 楊樹灣** | 靳楓毅, 「論中國東北地區含曲刃青銅短劍的文化遺存」『考古學報』, 1982年 4期, pp. 387~426.
116	**遼寧省 朝陽縣 波羅赤** | 靳楓毅, 「論中國東北地區含曲刃青銅短劍的文化遺存」『考古學報』, 1982年 4期, pp. 387~426.
117	**遼寧省 朝陽縣 下窪** | 靳楓毅, 「論中國東北地區含曲刃青銅短劍的文化遺存」『考古學報』, 1982年 4期, pp. 387~426.
118	**遼寧省 朝陽縣 三道梁子** | 靳楓毅, 「論中國東北地區含曲刃青銅短劍的文化遺存」『考古學報』, 1982年 4期, pp. 387~426.
119	**遼寧省 朝陽縣 黃花溝** | 靳楓毅, 「論中國東北地區含曲刃青銅短劍的文化遺存」『考古學報』, 1982年 4期, pp. 387~426.
120	**遼寧省 朝陽縣 木頭城子** | 靳楓毅, 「論中國東北地區含曲刃青銅短劍的文化遺存」『考古學報』, 1982年 4期, pp. 387~426.
121	**遼寧省 朝陽縣 耿臺子** | 靳楓毅, 「論中國東北地區含曲刃青銅短劍的文化遺存」『考古學報』, 1982年 4期, pp. 387~426.
122	**遼寧省 朝陽縣 十二臺營子 下窪 上河套** | 靳楓毅, 「論中國東北地區含曲刃青銅短劍的文化遺存」『考古學報』, 1982年 4期, pp. 387~426.
123	**遼寧省 朝陽縣 十二臺營子 袁家臺子** | 靳楓毅, 「論中國東北地區含曲刃青銅短劍的文化遺存」『考古學報』, 1982年 4期, pp. 387~426.
124	**遼寧省 朝陽縣 十二臺營子 袁家臺子 三隊** | 靳楓毅, 「論中國東北地區含曲刃青銅短劍的文化遺存」『考古學報』, 1982年 4期, pp. 387~426.

125	**遼寧省 朝陽縣 十二臺營子 木頭溝** | 靳楓毅, 「論中國東北地區含曲刃青銅短劍的文化遺存」『考古學報』, 1982年 4期, pp. 387~426.
126	**遼寧省 朝陽縣 城郊八寶營子** | 靳楓毅, 「論中國東北地區含曲刃青銅短劍的文化遺存」『考古學報』, 1982年 4期, pp. 387~426.
127	**遼寧省 朝陽縣 長寶公社 長寶大隊 三隊** | 靳楓毅, 「論中國東北地區含曲刃青銅短劍的文化遺存」『考古學報』, 1982年 4期, pp. 387~426.
128	**遼寧省 朝陽縣 孫家灣公社 大房身** | 靳楓毅, 「論中國東北地區含曲刃青銅短劍的文化遺存」『考古學報』, 1982年 4期, pp. 387~426.
129	**遼寧省 朝陽縣 北廣富營子** | 靳楓毅, 「論中國東北地區含曲刃青銅短劍的文化遺存」『考古學報』, 1982年 4期, pp. 387~426.
130	**遼寧省 朝陽縣 東升公社 駐地** | 靳楓毅, 「論中國東北地區含曲刃青銅短劍的文化遺存」『考古學報』, 1982年 4期, pp. 387~426.
131	**遼寧省 朝陽縣 大屯公社 松樹嘴子** | 靳楓毅, 「論中國東北地區含曲刃青銅短劍的文化遺存」『考古學報』, 1982年 4期, pp. 387~426.
132	**遼寧省 朝陽縣 六家子公社 東山大隊 東嶺崗** | 靳楓毅, 「論中國東北地區含曲刃青銅短劍的文化遺存」『考古學報』, 1982年 4期, pp. 387~426.
133	**遼寧省 朝陽縣 王營子** | 靳楓毅, 「論中國東北地區含曲刃青銅短劍的文化遺存」『考古學報』, 1982年 4期, pp. 387~426.
134	**遼寧省 建昌縣 城内銀行院里** | 靳楓毅, 「論中國東北地區含曲刃青銅短劍的文化遺存」『考古學報』, 1982年 4期, pp. 387~426.
135	**遼寧省 建昌縣 巴什罕 土城子** | 靳楓毅, 「論中國東北地區含曲刃青銅短劍的文化遺存」『考古學報』, 1982年 4期, pp. 387~426.
136	**遼寧省 建昌縣 二道灣子公社 西簸箕大隊 后城子** | 靳楓毅, 「論中國東北地區含曲刃青銅短劍的文化遺存」『考古學報』, 1982年 4期, pp. 387~426.
137	**遼寧省 喀左縣 南洞溝** | 靳遼寧省博物館·朝陽地區博物館, 「遼寧喀左南洞溝石槨墓」『考古』, 1977年 6期, p. 374.
138	**遼寧省 喀左縣 山嘴子公社 炕杖子** | 靳楓毅, 「論中國東北地區含曲刃青銅短劍的文化遺存」『考古學報』, 1982年 4期, pp. 387~426.
139	**遼寧省 喀左縣 山嘴子公社 土城子 西南** | 靳楓毅, 「論中國東北地區含曲刃青銅短劍的文化遺存」『考古學報』, 1982年 4期, pp. 387~426.
140	**遼寧省 喀左縣 平房子公社 桃花池大隊 鐵橋東** | 靳楓毅, 「論中國東北地區含曲刃青銅短劍的文化遺存」『考古學報』, 1982年 4期, pp. 387~426.
141	**遼寧省 喀左縣 平房子公社 小營子** | 靳楓毅, 「論中國東北地區含曲刃青銅短劍的文化遺存」『考古學報』, 1982年 4期, pp. 387~426.
142	**遼寧省 喀左縣 平房子公社 小營子 九隊** | 靳楓毅, 「論中國東北地區含曲刃青銅短劍的文化遺存」『考古學報』, 1982年 4期, pp. 387~426.
143	**遼寧省 喀左縣 南哨(梁家營子)** | 靳楓毅, 「論中國東北地區含曲刃青銅短劍的文化遺存」『考古學報』, 1982年 4期, pp. 387~426.
144	**遼寧省 喀左縣 大城子公社 洞上** | 靳楓毅, 「論中國東北地區含曲刃青銅短劍的文化遺存」『考古學報』, 1982年 4期, pp. 387~426.

145	**遼寧省 喀左縣 六官營子公社 南洞溝** ｜ 靳楓毅,「論中國東北地區含曲刃青銅短劍的文化遺存」『考古學報』, 1982年 4期, pp. 387~426.
146	**遼寧省 喀左縣 六官營子公社 哈巴氣** ｜ 靳楓毅,「論中國東北地區含曲刃青銅短劍的文化遺存」『考古學報』, 1982年 4期, pp. 387~426.
147	**遼寧省 喀左縣 大城子附近** ｜ 靳楓毅,「論中國東北地區含曲刃青銅短劍的文化遺存」『考古學報』, 1982年 4期, pp. 387~426.
148	**遼寧省 喀左縣 和尙溝** ｜ 靳楓毅,「論中國東北地區含曲刃青銅短劍的文化遺存」『考古學報』, 1982年 4期, pp. 387~426.
149	**遼寧省 喀左縣 東赤里赤** ｜ 靳楓毅,「論中國東北地區含曲刃青銅短劍的文化遺存」『考古學報』, 1982年 4期, pp. 387~426.
150	**遼寧省 喀左縣 甘招** ｜ 靳楓毅,「論中國東北地區含曲刃青銅短劍的文化遺存」『考古學報』, 1982年 4期, pp. 387~426.
151	**遼寧省 喀左縣 四家子** ｜ 靳楓毅,「論中國東北地區含曲刃青銅短劍的文化遺存」『考古學報』, 1982年 4期, pp. 387~426.
152	**遼寧省 喀左縣 中三家** ｜ 靳楓毅,「論中國東北地區含曲刃青銅短劍的文化遺存」『考古學報』, 1982年 4期, pp. 387~426.
153	**遼寧省 喀左縣 大黃杖子** ｜ 靳楓毅,「論中國東北地區含曲刃青銅短劍的文化遺存」『考古學報』, 1982年 4期, pp. 387~426.
154	**遼寧省 喀左縣 東溝** ｜ 靳楓毅,「論中國東北地區含曲刃青銅短劍的文化遺存」『考古學報』, 1982年 4期, pp. 387~426.
155	**遼寧省 喀左縣 十八畜** ｜ 靳楓毅,「論中國東北地區含曲刃青銅短劍的文化遺存」『考古學報』, 1982年 4期, pp. 387~426.
156	**遼寧省 喀左縣 西溝里 西梁** ｜ 靳楓毅,「論中國東北地區含曲刃青銅短劍的文化遺存」『考古學報』, 1982年 4期, pp. 387~426.
157	**遼寧省 喀左縣 水泉溝 橙子地** ｜ 靳楓毅,「論中國東北地區含曲刃青銅短劍的文化遺存」『考古學報』, 1982年 4期, pp. 387~426.
158	**遼寧省 喀左縣 叢杖子** ｜ 靳楓毅,「論中國東北地區含曲刃青銅短劍的文化遺存」『考古學報』, 1982年 4期, pp. 387~426.
159	**遼寧省 喀左縣 黑山順壟地** ｜ 靳楓毅,「論中國東北地區含曲刃青銅短劍的文化遺存」『考古學報』, 1982年 4期, pp. 387~426.
160	**遼寧省 喀左縣 貝子溝 下于溝** ｜ 靳楓毅,「論中國東北地區含曲刃青銅短劍的文化遺存」『考古學報』, 1982年 4期, pp. 387~426.
161	**遼寧省 喀左縣 車杖子** ｜ 靳楓毅,「論中國東北地區含曲刃青銅短劍的文化遺存」『考古學報』, 1982年 4期, pp. 387~426.
162	**遼寧省 喀左縣 南溝門** ｜ 靳楓毅,「論中國東北地區含曲刃青銅短劍的文化遺存」『考古學報』, 1982年 4期, pp. 387~426.
163	**遼寧省 喀左縣 小湯** ｜ 靳楓毅,「論中國東北地區含曲刃青銅短劍的文化遺存」『考古學報』, 1982年 4期, pp. 387~426.
164	**遼寧省 喀左縣 草場北場院** ｜ 靳楓毅,「論中國東北地區含曲刃青銅短劍的文化遺存」『考古學報』, 1982年 4期, pp. 387~426.

165	**遼寧省 喀左縣 果木樹村** ❙ 靳楓毅,「論中國東北地區含曲刃青銅短劍的文化遺存」『考古學報』, 1982年 4期, pp. 387~426.
166	**遼寧省 喀左縣 興隆溝** ❙ 靳楓毅,「論中國東北地區含曲刃青銅短劍的文化遺存」『考古學報』, 1982年 4期, pp. 387~426.
167	**遼寧省 喀左縣 西溝** ❙ 靳楓毅,「論中國東北地區含曲刃青銅短劍的文化遺存」『考古學報』, 1982年 4期, pp. 387~426.
168	**遼寧省 喀左縣 龍杖子村** ❙ 靳楓毅,「論中國東北地區含曲刃青銅短劍的文化遺存」『考古學報』, 1982年 4期, pp. 387~426.
169	**遼寧省 喀左縣 白廟子** ❙ 靳楓毅,「論中國東北地區含曲刃青銅短劍的文化遺存」『考古學報』, 1982年 4期, pp. 387~426.
170	**遼寧省 喀左縣 楊樹底下西溝** ❙ 靳楓毅,「論中國東北地區含曲刃青銅短劍的文化遺存」『考古學報』, 1982年 4期, pp. 387~426.
171	**遼寧省 喀左縣 平房子公社 馬家窩鋪** ❙ 靳楓毅,「論中國東北地區含曲刃青銅短劍的文化遺存」『考古學報』, 1982年 4期, pp. 387~426.
172	**遼寧省 喀左縣 平房子公社 山灣子** ❙ 靳楓毅,「論中國東北地區含曲刃青銅短劍的文化遺存」『考古學報』, 1982年 4期, pp. 387~426.
173	**遼寧省 喀左縣 南公營子公社 西村** ❙ 靳楓毅,「論中國東北地區含曲刃青銅短劍的文化遺存」『考古學報』, 1982年 4期, pp. 387~426.
174	**遼寧省 喀左縣 南公營子** ❙ 靳楓毅,「論中國東北地區含曲刃青銅短劍的文化遺存」『考古學報』, 1982年 4期, pp. 387~426.
175	**遼寧省 凌源縣 大河北公社 魏杖子** ❙ 靳楓毅,「論中國東北地區含曲刃青銅短劍的文化遺存」『考古學報』, 1982年 4期, pp. 387~426.
176	**遼寧省 凌源縣 三道河子** ❙ 靳楓毅,「論中國東北地區含曲刃青銅短劍的文化遺存」『考古學報』, 1982年 4期, pp. 387~426.
177	**遼寧省 凌源縣 叨爾登** ❙ 靳楓毅,「論中國東北地區含曲刃青銅短劍的文化遺存」『考古學報』, 1982年 4期, pp. 387~426.
178	**遼寧省 凌源縣 松嶺公社三皇廟** ❙ 靳楓毅,「論中國東北地區含曲刃青銅短劍的文化遺存」『考古學報』, 1982年 4期, pp. 387~426.
179	**遼寧省 凌源縣 四合當** ❙ 靳楓毅,「論中國東北地區含曲刃青銅短劍的文化遺存」『考古學報』, 1982年 4期, pp. 387~426.
180	**遼寧省 凌源縣 小城子公社 大杖子西隊 王八盖子** ❙ 靳楓毅,「論中國東北地區含曲刃青銅短劍的文化遺存」『考古學報』, 1982年 4期, pp. 387~426.
181	**遼寧省 凌源縣 三官甸子** ❙ 靳楓毅,「論中國東北地區含曲刃青銅短劍的文化遺存」『考古學報』, 1982年 4期, pp. 387~426.
182	**遼寧省 凌源縣 河湯溝** ❙ 靳楓毅,「論中國東北地區含曲刃青銅短劍的文化遺存」『考古學報』, 1982年 4期, pp. 387~426.
183	**遼寧省 敖漢旗 白斯郎營子** ❙ 靳楓毅,「論中國東北地區含曲刃青銅短劍的文化遺存」『考古學報』, 1982年 4期, pp. 387~426.
184	**遼寧省 敖漢旗 林家地公社 東井** ❙ 靳楓毅,「論中國東北地區含曲刃青銅短劍的文化遺存」『考古學報』, 1982年 4期, pp. 387~426.

185	**遼寧省 敖漢旗 敖吉公社 山灣子水庫** | 靳楓毅, 「論中國東北地區含曲刃青銅短劍的文化遺存」『考古學報』, 1982年 4期, pp. 387～426.
186	**遼寧省 敖漢旗 金場溝梁** | 靳楓毅, 「論中國東北地區含曲刃青銅短劍的文化遺存」『考古學報』, 1982年 4期, pp. 387～426.
187	**遼寧省 建平縣 大拉罕溝** | 新建平縣文化館·朝陽地區博物館, 「遼寧建平縣的靑銅時代墓葬及相關遺物」, 『考古』, 1983年 8期, pp. 683～684.
188	**遼寧省 建平縣 老官地** | 靳楓毅, 「論中國東北地區含曲刃青銅短劍的文化遺存」『考古學報』, 1982年 4期, pp. 387～426.
189	**遼寧省 建平縣 二十家字子公社 朝陽山大隊 九間房** | 靳楓毅, 「論中國東北地區含曲刃青銅短劍的文化遺存」『考古學報』, 1982年 4期, pp. 387～426.
190	**遼寧省 建平縣 向陽公社 門前** | 靳楓毅, 「論中國東北地區含曲刃青銅短劍的文化遺存」『考古學報』, 1982年 4期, pp. 387～426.
191	**遼寧省 建平縣 太平莊公社 石臺溝** | 靳楓毅, 「論中國東北地區含曲刃青銅短劍的文化遺存」『考古學報』, 1982年 4期, pp. 387～426.
192	**遼寧省 建平縣 老建平** | 靳楓毅, 「論中國東北地區含曲刃青銅短劍的文化遺存」『考古學報』, 1982年 4期, pp. 387～426.
193	**遼寧省 建平縣 新窩卜** | 靳楓毅, 「論中國東北地區含曲刃青銅短劍的文化遺存」『考古學報』, 1982年 4期, pp. 387～426.
194	**遼寧省 建平縣 沙海公社 四龍溝大隊 芥菜溝** | 靳楓毅, 「論中國東北地區含曲刃青銅短劍的文化遺存」『考古學報』, 1982年 4期, pp. 387～426.
195	**遼寧省 建平縣 富山** | 靳楓毅, 「論中國東北地區含曲刃青銅短劍的文化遺存」『考古學報』, 1982年 4期, pp. 387～426.
196	**遼寧省 建平縣 西營子公社 順治溝大隊 五隊** | 靳楓毅, 「論中國東北地區含曲刃青銅短劍的文化遺存」『考古學報』, 1982年 4期, pp. 387～426.
197	**遼寧省 建平縣 萬壽公社 河南村** | 靳楓毅, 「論中國東北地區含曲刃青銅短劍的文化遺存」『考古學報』, 1982年 4期, pp. 387～426.
198	**遼寧省 建平縣 萬壽公社 扎寨營子** | 靳楓毅, 「論中國東北地區含曲刃青銅短劍的文化遺存」『考古學報』, 1982年 4期, pp. 387～426.
199	**遼寧省 建平縣 孤山子公社 大拉罕溝** | 靳楓毅, 「論中國東北地區含曲刃青銅短劍的文化遺存」『考古學報』, 1982年 4期, pp. 387～426.
200	**遼寧省 建平縣 孤山子公社 大壩南山城** | 靳楓毅, 「論中國東北地區含曲刃青銅短劍的文化遺存」『考古學報』, 1982年 4期, pp. 387～426.
201	**遼寧省 建平縣 孤山子公社 老窩卜** | 靳楓毅, 「論中國東北地區含曲刃青銅短劍的文化遺存」『考古學報』, 1982年 4期, pp. 387～426.
202	**遼寧省 建平縣 喀喇沁公社 華家杖子** | 靳楓毅, 「論中國東北地區含曲刃青銅短劍的文化遺存」『考古學報』, 1982年 4期, pp. 387～426.
203	**遼寧省 建平縣 喀喇沁公社 喀喇沁村** | 靳楓毅, 「論中國東北地區含曲刃青銅短劍的文化遺存」『考古學報』, 1982年 4期, pp. 387～426.
204	**遼寧省 建平縣 二十家子** | 靳楓毅, 「論中國東北地區含曲刃青銅短劍的文化遺存」『考古學報』, 1982年 4期, pp. 387～426.

205	**遼寧省 寧城縣 南山根** | 中國科學院考古研究所東北工作隊, 「寧城縣南山根的石槨墓」『考古學報』, 1973年 2期, p. 33.
206	**遼寧省 寧城縣 大名城** | 『考古學雜誌』 28卷 2號.
207	**遼寧省 寧城縣 四道營子** | 靳楓毅, 「論中國東北地區含曲刃青銅短劍的文化遺存」『考古學報』, 1982年 4期, pp. 387~426.
208	**遼寧省 寧城縣 甸子** | 靳楓毅, 「論中國東北地區含曲刃青銅短劍的文化遺存」『考古學報』, 1982年 4期, pp. 387~426.
209	**遼寧省 寧城縣 甸子公社 王營子 一隊** | 靳楓毅, 「論中國東北地區含曲刃青銅短劍的文化遺存」『考古學報』, 1982年 4期, pp. 387~426.
210	**遼寧省 寧城縣 青山公社 西三家大隊 孫家溝** | 靳楓毅, 「論中國東北地區含曲刃青銅短劍的文化遺存」『考古學報』, 1982年 4期, pp. 387~426.
211	**遼寧省 寧城縣 天義附近** | 靳楓毅, 「論中國東北地區含曲刃青銅短劍的文化遺存」『考古學報』, 1982年 4期, pp. 387~426.
212	**遼寧省 寧城縣 汐子北山嘴** | 靳楓毅, 「論中國東北地區含曲刃青銅短劍的文化遺存」『考古學報』, 1982年 4期, pp. 387~426.
213	**河北省 承德市** | 鄭紹宗, 「河北省發現的青銅短劍」『考古』, 1975年 4期, pp. 226~227.
214	**河北省 承德縣** | 鄭紹宗, 「河北省發現的青銅短劍」『考古』, 1975年 4期, pp. 226~227.
215	**河北省 青龍** | 鄭紹宗, 「河北省發現的青銅短劍」『考古』, 1975年 4期, pp. 226~227.
216	**河北省 琢縣** | 鄭紹宗, 「河北省發現的青銅短劍」『考古』, 1975年 4期, pp. 226~227.
217	**河北省 新城縣 高碑店** | 鄭紹宗, 「河北省發現的青銅短劍」『考古』, 1975年 4期, pp. 226~227.
218	**河北省 望都** | 鄭紹宗, 「河北省發現的青銅短劍」『考古』, 1975年 4期, pp. 226~227.

古朝鮮研究

제4장 ◉ 고조선의 연대와 중심지

I 고조선의 연대 문제

1. 들어가며

고조선을 연구하는 데 기본적인 문제 가운데 하나가 고조선의 연대일 것이다. 고조선은 언제 건국되었으며 언제 붕괴되었는가? 그리고 고조선에 단군은 몇 명이나 있었으며 그들의 재위 기간은 얼마나 되었는가? 이러한 문제는 고조선에 관심 있는 사람들이 갖는 가장 기본적인 질문일 것이다. 그럼에도 불구하고 이 문제에 대해 아직 아무도 분명한 대답을 못 하고 있다. 이 글은 이러한 의문에 대한 해답을 구하는 데 목적이 있다.

상고시대의 연대가 부정확한 것은 한국사만의 현상이 아니다. 다른 나라 역사도 비슷하다. 중국사의 경우 정확한 연대가 처음 나타난 것은 서주 여왕(厲王) 때에 국인폭동(國人暴動)이 일어난 서기전 841년이다. 그 이전의 연대는 정확하지 않다. 그러나 역사학자들은 편의상 옛 문헌에 기록된 바에 따라 그보다 앞선 상나라나 서주의 건국 연대를 말하고 있다. 고대의 여러 문헌에 연대가 각각 다르게 나타날 경우 학자들은 자신의 판단에 따라 하나를 선택해서 사용한다.

예컨대 중국 고대의 여러 문헌에 기록된 상나라의 멸망 연대(이것은 서주의 건국 연대가 된다)는 서기전 1122년·1116년·1111년·1070년·1067년·1066년·1050년·1047년·1030년·1027년·1018년 등인데, 이 가운데 어느 것이 정확한지는 말하기 어렵다.[1] 그러나 학자에 따라 서기전 1066년이나 1111년, 1122년 등을 채택하고 있다.

고조선의 연대에 대한 해답은 그것을 설명할 수 있는 사료가 있을 때에만 가능한데, 아직은 그러한 사료가 충분하다고는 말하기 힘들다. 그러나 단편적이기는 하지만 고조선의 건국 연대와 붕괴 연대를 추정할 수 있는 기록이 『삼국유사』와 『제왕운기』에 보이고 이와 관련된 고고 자료도 상당히 축적되었다. 따라서 이러한 문헌 자료와 고고 자료를 종합하여 검토하면 그 가능 연대를 추정할 수 있을 것이다.

2. 고조선의 건국 연대

고조선(단군조선)의 건국 연대는 서기전 2333년으로 통용되고 있다. 그런데 이 연대는 고조선 당시의 기록에서 얻어진 것이 아니라 고조선이 붕괴되고 오랜 세월이 지난 후의 기록에 나타난 것이므로 그것이 얼마나 정확한지 알 수가 없다. 이것은 편의상의 연대일 뿐이다. 편의상의 연대라는 말은 믿을 수가 없으므로 사용해서는 안 된다는 의미가 아니

1 윤내현, 『상주사(商周史)』, 민음사, p. 96의 주 18 참조.

다. 고조선의 건국 연대가 서기전 2333년인지 또는 그보다 몇 년 앞이나 후인지를 정확하게 알 수가 없다는 뜻이다.

고조선의 건국 연대에 대해 언급한 가장 오래된 문헌은 『삼국유사』와 『제왕운기』이다. 먼저 『삼국유사』 〈고조선〉조를 보면,

> 『위서』에 이르기를, 지금부터 2,000년 전에 단군왕검이 있어 아사달에 도읍을 정하고 나라를 열어 조선이라 일컬으니 고(요)와 동일한 시기라고 하였다.[2]

> 『고기(古記)』에, ……, 이름을 단군왕검이라 하였는데 당고(요)가 즉위한 지 50년인 경인년(庚寅年)에 평양성에 도읍하고 비로소 조선이라 일컬었다고 말하였다.[3]

고 기록되어 있다. 『삼국유사』의 저자인 일연은 위의 내용 가운데 "당고(요)가 즉위한 지 50년인 경인년"이라는 기록에 대해 "당고(요) 즉위 원년은 무진(戊辰)인즉 50년은 정사(丁巳)요 경인(庚寅)이 아니다. 아마 틀린 듯하다."[4]라고 주석을 달아놓고 있다.

『제왕운기』에는 고조선의 건국 연대에 대해,

> 처음에 어느 누가 나라를 열고 바람과 구름을 인도하였던가. 석제(釋帝)

---

2 『삼국유사』 권1 「기이」 〈고조선〉조. "魏書云, 乃往二千載有壇君王儉, 立都阿斯達, 開國號朝鮮, 與高(堯)同時."

3 위의 〈고조선〉조. "古記云, ……, 號曰壇君王儉, 以唐高(堯)卽位五十年庚寅, 都平壤城, 始稱朝鮮."

4 주 3의 주석. "唐高(堯)卽位元年戊辰, 則伍十年丁巳, 非庚寅也, 疑其未實."

> 의 손자 이름은 단군일세. 제고(요)와 같은 해 무진년에 나라 세워, 우(순)의 시대를 지나고 하시대를 거쳐 왕위에 있었다.[5]

고 기록되어 있다. 『삼국유사』와 『제왕운기』에 기록된 고조선의 건국 연대는 중국의 요(堯)와 동일한 시기, 요가 즉위한 지 50년인 경인년 또는 정사년, 요와 같은 해인 무진년 등으로 내용에 약간의 차이는 있으나 중국의 요시대에 해당한다고 전하고 있다는 점에서는 동일하다.

그런데 요는 중국 전설시대의 황제(黃帝)·전욱(顓頊)·제곡(帝嚳)·제요(帝堯)·제순(帝舜)의 5제(帝) 가운데 한 사람이며 전설적 인물로서 실존했는지 의문시되기 때문에 그의 연대가 얼마나 신빙성이 있을 것인지 의문을 가질 수 있다.[6] 그러나 고고학이 서구로부터 수입되기 전 한국이나 중국의 학자들은 선사시대의 역사를 신화나 전설에 의존하여 인식하고 있었으므로 요(제요)의 연대도 그들에게는 신빙성 있는 것으로 받아들여졌다. 따라서 오늘날 요의 실체나 연대가 의문스럽다고 하여 그것을 기준으로 기록한 다른 연대까지 의심하는 것은 옳지 않다고 생각된다.

『삼국유사』의 저자인 일연은 불교 승려였고 『제왕운기』의 저자인 이승휴는 유학자였으므로 두 사람은 서로 다른 학문 경향을 지녔을 것임에도 불구하고 고조선의 건국 연대를 동일하게 요시대로 기술하고 있다는 것은 고대에 그러한 연대가 상당히 널리 인식되었을 것임을 시사한다. 그리고 『삼국유사』는 고조선의 건국 연대를 말하면서 『위서』와 『고

---

5 『제왕운기』 권 하. "初誰開國啓風雲, 釋帝之孫名檀君, 竝與帝高(堯)興戊辰, 經虞歷夏居中宸."

6 이기동, 「고조선문제의 일고찰」 『대구사학』 12, 대구사학회, 1977, pp. 23~31.

기』를 인용하고 있는데, 이 책들은 현존하지 않지만 『위서』는 중국의 역사책이고 『고기』는 한국의 역사책이었던 것으로 추정되는데, 중국과 한국의 고대 역사책에 동일하게 고조선의 건국 연대가 요시대로 기록되어 있었다면 그 연대는 상당히 신빙성 있는 것으로 보아야 할 것이다.

『위서』는 중국 위나라의 역사책일 것인데, 현존하는 북위(北魏)의 역사책인 『위서』나 삼국시대 위나라의 역사책인 『삼국지』의 「위서」 및 『삼국지』에 주석으로 실린 『위략』 등에는 고조선의 건국 연대에 관한 기록이 보이지 않는다. 따라서 『삼국유사』가 인용한 『위서』는 지금 전하지 않는 책일 것이다. 그런데 중국 역사에는 위(魏)라는 국명을 가진 나라가 여럿 존재했고 지금은 전하지 않는 『위서』가 있었음도 확인된다.[7] 따라서 그 책이 현존하지 않는다고 하여 『삼국유사』의 기록을 부인할 수는 없을 것이다. 한국의 고대 역사서인 『고기』도 마찬가지다. 현존하지는 않지만 『고기』라는 명칭을 가진 역사서가 다른 문헌에도 인용[8]된 것으로 보아 그러한 책이 존재했음은 분명하다.

그렇다고 해서 『삼국유사』와 『제왕운기』에 기록된 고조선의 건국 연대가 전혀 문제가 없는 것은 아니다. 『삼국유사』에서는 요와 동일한 시기, 요가 즉위한 지 50년인 경인년이라 했는데 요와 동일한 시기를 요의 즉위와 동일한 시기로 해석한다면 위의 두 연대는 50년의 차이를 보여준다. 그리고 일연은 요는 무진년에 즉위했으므로 요가 즉위한 지 50년

---

7 지금 전하는 『위서』는 북제(北齊)의 위수(魏收)가 편찬한 것인데, 이 밖에도 위담(魏澹)의 『위사(魏史)』, 양소(楊素)의 『위서(魏書)』, 장태소(張太素)의 『후위서(後魏書)』 등 여러 종류의 위서(魏書)가 있었다.

8 예컨대 근세조선 초기에 권근이 지은 시에 그의 손자인 권람이 주석을 단 『응제시주』에도 『고기』를 인용하여 단군사화를 전하고 있다. 이로 보아 『고기』는 근세조선 초기까지도 전해졌던 것으로 여겨진다.

은 경인년이 아니라 정사년이라고 수정했다. 『제왕운기』에서는 요와 같은 해 무진년이라고 하여 『삼국유사』에서 『위서』를 인용한 요와 동일한 시기라는 연대와 일치하며 요의 즉위 연도가 무진년이라는 것은 일연의 견해와 일치한다.

그런데 『죽서기년(竹書紀年)』에는 요가 병자(丙子)년에 즉위했다고 했으며, 장행성(張行成)은 요는 갑진(甲辰)에 출생하여 무진(戊辰)에 당후(唐侯)가 되었고 병자(丙子)에 제위에 올랐다고 했고, 소강절(邵康節)의 『황극경세(皇極經世)』에는 요의 원년은 갑진년(甲辰年)이라 했다. 이후 주희(朱熹)나 서거정 등은 갑진설(甲辰說)을 따르고 있는데 갑골문 학자인 동작빈(董作賓)은 요의 원년을 무진년으로 고증했다.[9]

역사 연대표를 보면 병자년은 서기전 2325년, 갑진년은 서기전 2357년, 무진년은 서기전 2333년이다. 그리고 『삼국유사』에 언급된 경인년과 정사년은 서기전 2311년과 서기전 2284년이다.[10]

그러므로 『삼국유사』와 『제왕운기』에 기록된 고조선 건국의 가능 연대는 서기전 2357년·2333년·2325년·2311년·2284년이다. 이 가운데 무진년에 해당하는 서기전 2333년이 오늘날 통용되고 있다. 그러므로 학술적으로는 서기전 2333년을 정확한 연대라고 말할 수 없고 서기전 2400~2300년 무렵이라고 말할 수 있을 뿐이다.

『삼국유사』 〈고조선〉조에는 고조선의 건국 연대를 추정할 수 있는 또 다른 기록이 있다. 즉,

---

9 류승국, 「단군조선의 연대고증에 관한 연구」 『계간경향』 1987년 여름호, 경향신문사, 1987, p. 63.

10 董作賓, 『中國年曆簡報』, 藝文印書館, 民國 63(1974), pp. 11~15.

> 나라를 누린 지 1,500년이 되어 주나라 호왕(虎王 : 무왕)이 즉위한 기묘년에 기자를 조선에 봉하니 단군은 장당경으로 옮기었다.[11]

는 것이다. 기자는 상나라 왕실의 후예인데, 『상서대전』에 의하면 그의 조국이 주족(周族)에 의해 멸망되자 조선으로 망명했는데 주나라 무왕은 그의 망명을 죄악시하지 않고 조선에 거주하는 것을 공식적으로 인정해주었다고 한다.[12] 『삼국유사』에서는 기자가 고조선 건국 후 1,500년이 지난 기묘년에 망명 왔다고 말하고 있는 것이다. 주나라 무왕이 즉위했다는 기묘년은 서기전 1122년으로 상나라의 멸망 연대로 전해오는 여러 연대 가운데 하나이다.[13] 그러므로 서기전 1122년에 1,500년을 더하면 서기전 2622년이라는 고조선의 건국 연대가 나온다. 이 연대는 앞에서 언급된 연대들보다 300여 년 앞선다.

고조선 건국 연대로서 최근에 북한에서 발굴한 단군릉에서 얻은 연대가 있다. 평양시 강동군 강동읍에서 서북쪽으로 좀 떨어진 대박산 기슭에 위치한 단군릉으로 추정되는 무덤에서는 두 사람분의 유골과 금동의 왕관세움장식과 돌림띠 조각이 한 개씩 출토되었다.[14] 그리고 유골에 대

---

11 『삼국유사』 권1 「기이」 〈고조선〉조. "御國一千五百年, 周虎(武)王卽位己卯, 封箕子於朝鮮, 壇君乃移於藏唐京."

12 『상서대전』 권2 「은전」 〈홍범〉. "武王勝殷, 繼公子祿父, 釋箕子之囚, 箕子不忍爲周之釋, 走之朝鮮. 武王聞之, 因以朝鮮封之. 箕子旣受周之封, 不得無臣禮, 故於十三祀來朝, 武王因其朝而問洪範."

13 臺灣學生書局, 『五千年中國歷代世系表』, 臺灣學生書局, 民國 62(1973), p. 45.
상나라의 멸망 연대에 관해서는 주 1의 본문을 참조할 것.

14 사회과학원, 「단군릉 발굴 보고문」 『북한의 〈단군릉〉발굴 관련자료』, 북한문제조사연구소, 1993, pp. 3~13.
박진욱, 「단군릉 발굴 정형에 대하여」 위 책, pp. 26~33.

한 전자상자성공명법(電磁常磁性共鳴法)에 의한 연대 측정 결과 지금부터 5,011년 전이라는 연대를 얻었다.[15] 이 연대는 무덤에 묻힌 사람의 출생 연도이므로[16] 그가 고조선을 건국한 단군왕검이 틀림없다면 고조선 건국 연대는 그보다 수십 년 늦은 서기전 3000년부터 서기전 2900년 사이가 될 것이다.[17] 이 연대는 앞의 연대들보다 한층 앞선다.

이상의 고조선 건국 연대 가운데 어느 것이 가장 가능성이 있을까? 편의상 단군릉의 연대부터 살펴보겠다.

첫째, 북한에서 발굴한 단군릉은 오래전부터 단군릉으로 전해왔으며 그 안에서 지배자임을 나타내는 왕관 장식품들이 출토되었으므로 그 연대가 고조선시대에 해당된다면 단군릉으로 추정하는 것이 가능할 것이다. 단군릉의 연대를 측정하는 데 있어 북한 학계에서는 정밀을 기하기 위해 두 개의 연구기관이 6개월에 걸쳐 각각 30회와 24회, 합계 54회의 측정을 했다고 한다.[18] 그 결과 얻어진 연대가 지금부터 5,011년 전으로 그것은 단군릉에 묻힌 사람의 출생 연도라는 것이다.[19] 그리고 단군릉에 묻힌 사람은 고조선을 건국한 단군임에 틀림없다고 주장하고 있다. 따라서 고조선의 건국 연대는 서기전 2333년이 아니라 서기전 3000년기로 잡아야 한다는 것이다.[20]

단군릉의 연대는 과학적인 방법으로 얻어졌다고 주장하고 있다. 그런데 새로운 유적의 발굴에 따라 고고학 연대는 올라갈 수 있는 것이지만

---

15 김교경, 「단군릉에서 나온 뼈에 대한 연대측정결과에 대하여」 위 책, pp. 42~52.

16 윗글, p. 45.

17 현명오, 「고조선의 성립과 수도 문제에 대하여」 위 책, pp. 62~67.

18 앞 글, 「단군릉에서 나온 뼈에 대한 연대측정결과에 대하여」, pp. 44~45.

19 윗글, p. 45.

20 앞 글, 「고조선의 성립과 수도 문제에 대하여」, p. 66.

서기전 3000년이라는 연대는 지금까지 한반도와 만주에서 얻어진 가장 이른 청동기 유적의 연대보다 너무 앞서므로 아직은 그대로 받아들이기가 어렵다.

단군릉에서는 왕관의 금동 장식품이 출토되었는데 그것은 청동에 도금을 한 것이었다.[21] 청동에 도금을 한 기술은 청동 기술이 상당히 발달한 후에 등장한다. 따라서 단군릉의 연대를 따른다면 한반도와 만주에서의 청동기문화 개시 연대는 적어도 서기전 3000년보다 수백 년 앞서야 한다. 그러나 지금까지 한반도와 만주 지역에서 확인된 가장 이른 청동기 유적은 서기전 2500년을 넘지 못하고 있다.[22] 그러므로 연대 측정에 잘못이 있었을 것이라는 의문이 제기될 수 있다. 그리고 이 무덤은 양식으로 보아 고구려시대에 개축되었다고 한다.[23] 그렇다면 혹시 금동 장식은 고구려시대에 단군릉에 들어간 것일 수도 있다는 의문도 제기될 수 있다. 따라서 단군릉의 연대와 금동 장식품이 고조선 건국 시기의 것으로 확실하게 인정받으려면 단군릉에서 얻어진 연대와 비슷하거나 그보다 앞선 청동기 유적을 찾아내는 작업이 필요하다.

둘째, 기자의 망명 시기로부터 1,500년을 역산한 서기전 2622년이라는 연대는 앞에서 언급한 바와 같이 『삼국유사』 〈고조선〉조의 기록에 따른 것이다.[24] 같은 〈고조선〉조에 고조선의 건국 연대가 이와 달리 서기전 2400~2300여 년으로 기록되어 있는 것으로 보아 일연의 연대 계산에 착오가 있었거나 그렇지 않다면 다른 이유가 있었을 것으로 생각

---

21 앞 글 「사회과학원의 단군릉 발굴 보고문」, p. 7.

22 이 문제에 대해서는 뒤에서 자세하게 언급될 것이다.

23 앞 글, 「단군릉 발굴 정형에 대하여」, p. 31.

24 주 11·12·13의 본문 참조.

된다. 그러나 지금으로서는 그 이유를 알 수 없다.

단지 다음과 같은 가능성은 생각해볼 수 있다. 즉 고조선이 단군왕검에 의해 조선이라는 국명을 사용한 것은 서기전 2400~2300년 무렵이었지만, 그 이전에도 아사달이라는 명칭을 사용한 고을나라 단계가 있었다. 그러므로 그 단계의 어느 시기부터 통치자를 단군이라 부르기 시작했다면 일연은 그 시기부터 계산하여 단군이 나라를 누린 지 1,500년이 된 해에 기자가 망명해 왔다고 말했을 수 있다. 그러나 이것은 어디까지나 추측일 뿐이다.

셋째, 『삼국유사』와 『제왕운기』의 기록을 통해 얻어진 서기전 2400~2300년 무렵이라는 연대는 요의 연대에 의존하고 있으므로 우선 요시대가 역사적으로 실존할 수 있는지부터 검토해보는 것이 순서일 것이다. 요는 후대의 기록에 나타나는 전설의 인물이다. 따라서 요라는 인물이 실제로 존재했는지는 알 수 없다. 그런데 요의 시대라고 전해오는 서기전 24세기는 고고학적으로 황하 유역은 용산문화라는 후기 신석기시대였으며[25] 사회 발전 단계에서는 촌군사회(부락연맹체사회) 단계[26]로서 이미 추장이 통치하는 정치권력이 출현해 있었다. 국가 출현 직전의 사회 단계였던 것이다. 서기전 2200년 무렵에 이르면 이리두문화라는 청동기시대에 들어서는데, 이 시기는 문헌에 나타난 하(夏) 왕조에 해당한다.[27] 그러므로 요라는 인물 개인의 실존성에는 의문을 품을 수 있어도

---

25 Kwang-chih Chang, *The Archaeology of Ancient China*, Fourth Edition, Yale University Press, 1986, pp. 256~280.
윤내현, 『중국의 원시시대』, 단국대 출판부, 1982, pp. 362~389.

26 장광직 지음, 윤내현 옮김, 『상문명』, 민음사, 1989, pp. 454~455.

27 Kwang-chih Chang, *The Archaeology of Ancient China*, pp. 307~316.
앞 책, 『중국의 원시시대』, pp. 453~487.

그 시대 자체를 부인할 수는 없다. 요를 그 시대의 추장을 상징하는 것으로 이해하면 될 것이다.

이 시기에 한반도와 만주는 청동기시대에 진입해 있었다. 앞에서 밝힌 바 있듯이 한반도에는 서기전 25세기로 올라가는 청동기 유적으로 경기도 양평군 양수리의 고인돌 유적[28]과 전남 영암군 장천리 주거지 유적이 있다.[29]

만주의 요서 지역에는 하가점하층문화(풍하문화)가 있는데 이 유적들에서 출토된 유물은 귀고리·단추·가락지·활촉·작은 칼 등 소형의 청동기가 주류를 이루고 있다. 이 문화유적들의 방사성탄소측정연대는 요령성의 조양시 용성구 열전창 유적은 서기전 1480±250년(3430±250 B.P.)·1585±55년(3535±55 B.P.)·1630±75년(3580±75 B.P.)·1775±135년(3725±135 B.P.)으로[30] 교정연대는 서기전 1745±270년(3695±270 B.P.)·1875±115년(3825±115 B.P.)·1930±100년(3880±100 B.P.)·2115±150년(4065±150 B.P.)이고,[31] 북표현 풍하 유적은 서기전 1600±80년(3550±80 B.P.)으로 교정연대는 서기전 1890±130년(3840±130 B.P.)이며,[32] 건평현 수천 유적은 서기전 1830±90년(3780±90

---

28 Chan Kirl Park and Kyung Rin Yang, "KAERI Radiocarbon Measurements Ⅲ" *Radiocarbon*, vol, 16, No. 2, 1974, p. 197.

29 최성락, 『영암 장천리 주거지』 2, 목포대 박물관, 1986, p. 46.

30 中國社會科學院考古研究所實驗室, 「放射性碳素測定年代報告15」 『考古』, 1988年, 第7期, p. 659.

31 한창균, 「고조선의 성립배경과 발전단계 시론」 『국사관논총』 제33집, 국사편찬위원회, 1992, p. 39 부록 참조.

32 中國社會科學院考古研究所 編著, 『中國考古學中碳十四年代數據集』, 文物出版社, 1983, p. 27.

B.P.)으로 교정연대는 서기전 2180±110년(4130±110 B.P.)이고,[33] 내몽골자치구의 오한기 대전자 유적은 서기전 1440±90년(3390±90 B.P.)·1470±85년(3420±135 B.P.)으로 교정연대는 서기전 1695±135년·1735±135년이며,[34] 적봉시 지주산 유적은 서기전 2015±90년(3965 ±90 B.P.)으로 교정연대는 서기전 2410±140년(4360±140 B.P.)이다.[35] 지주산 유적의 연대는 지금까지 확인된 하가점하층문화 연대 가운데 가장 이른 것이다. 이 문화가 실제로 개시된 것은 유적의 연대보다는 다소 앞설 것이므로 서기전 2500년 무렵으로 잡을 수 있다. 하가점하층문화유적은 길림성 서부에도 많이 분포되어 있는데, 이 지역은 아직 발굴되지 않았다.[36]

이러한 고고 자료와 비교해보면, 『삼국유사』와 『제왕운기』에서 얻은 고조선 개국 연대는 고고 자료에 나타난 청동기문화 개시 연대보다 1세기 이상 늦다. 여기서 말하는 고고 자료는 최근에 얻은 단군릉의 연대는 제외한 것이다. 후기 신석기시대에 이미 정치권력이 출현했다. 그런데 석기를 사용하는 단계의 사회에서 청동기를 가진 씨족이나 종족의 위력은 대단했다. 이러한 위력으로 주위의 씨족과 종족들을 복속시키고 넓은 영역을 가진 국가를 건설하는 것은 그리 어려운 일이 아니었을 것이다.[37] 따라서 청동기문화 개시 연대보다 1세기 이상 늦은 『삼국유사』와

---

33 위와 같음.

34 위 책, p. 25.

35 위 책, p. 24.

36 文物編輯委員會, 『文物考古工作三十年』, 文物出版社, 1979, p. 103.

37 중국의 초기 청동기문화인 이리두문화를 국가 단계의 사회로 본다는 점은 참고가 될 것이다.
앞 책, 『상문명』, pp. 454~456.
佟柱臣, 「從二里頭類型文化試談中國的國家起源問題」 『文物』, 1975年 6期, pp.

『제왕운기』의 고조선 건국 연대는 가능성이 있는 것이다.

이상과 같이 여러 자료들을 당시의 상황과 비교 연관하여 살펴볼 때에 첫 번째의 단군릉 발굴에서 얻은 연대는 앞으로의 고고 발굴과 그 연구 결과를 더 기다려봐야 하고, 두 번째의 『삼국유사』에 기록된 기자의 망명 시기로부터 역산한 연대는 고증할 방법이 없으므로 이것도 고고 발굴에 의한 새로운 자료가 나타나기 전에는 무어라 말하기 어렵다. 그러나 세 번째의 『삼국유사』와 『제왕운기』에 개국 연대로 기록된 연대는 현재의 고고 자료만으로도 충분히 성립된다. 그러므로 고조선의 건국 연대는 서기전 2300년보다 내려오지는 않을 것임을 알 수 있다.

3. 고조선의 붕괴 연대

고조선(단군조선)을 인식하는 데 중요한 문제 가운데 하나가 붕괴 연대일 것이다. 고조선은 얼마나 오랫동안 존속했으며 언제 붕괴되었을까? 이 점에 대해 고조선에 관한 가장 오래된 기록을 싣고 있는 『삼국유사』와 『제왕운기』의 내용이 서로 다르다.

『삼국유사』에는 이렇게 기록되어 있다.

> 나라를 다스린 지 1,500년이 되어 주나라 호왕(무왕)이 즉위한 기묘년(己卯年)에 기자를 조선에 봉하니 단군은 장당경(藏唐京)으로 옮기었다가 후에 아사달(阿斯達)에 돌아와 은거하여 산신이 되니 다스린 기간이

29~33.

1,908년이었다.[38]

그러나 『제왕운기』에는 이렇게 기록되어 있다.

> (단군은) 은나라 호정(무정) 8년 을미년에 아사달산에 들어가 신이 되었으니 나라를 누리기를 1,028년이었다. 어쩔 수 없는 그 변화 환인(桓因)이 전한 것인데, 그 뒤의 164년 만에 어진 사람 나타나서 군(君)과 신(臣)을 마련하였다. 후조선(後朝鮮)을 시작한 사람은 기자인데, 주나라 호왕(무왕) 원년 기묘년 봄에 망명해 와 스스로 나라를 세웠다.[39]

그런데 『제왕운기』 주석에서는 다음과 같이 기록하여 본문과는 10년이라는 기간의 차이를 보이고 있다.

> 『본기(本紀)』에 이르기를, ……, (단군은) 나라를 다스린 지 1,038년에 아사달산에 들어가 신이 되었는데 죽지 아니하였던 것이다.[40]

『삼국유사』와 『제왕운기』 기록은 무려 880여 년이나 차이가 있다. 근세조선의 문헌인 『세종실록』 「지리지」에는 『제왕운기』의 주석과 같이

---

38 『삼국유사』 권1 「기이」 〈고조선〉조, "御國一千五百年, 周虎(武)王卽位己卯, 封箕子於朝鮮, 壇君乃移於藏唐京, 後還隱於阿斯達, 爲山神, 壽一千九百八歲."

39 『제왕운기』 권 하. "於殷虎(武)丁八乙未, 入阿斯達山爲神, 享國一千二十八, 無奈變化傳桓因. 却後一百六十四, 仁人聊復開君臣. 後朝鮮祖是箕子, 周虎(武)元年己卯春, 逋來至此自立國."

40 『제왕운기』 권 하. 단군에 대한 주석. "本紀曰, …… 理一千三十八年, 入阿斯達山爲神不死故也."

1,038년간으로 기록되어 있고,[41] 『응제시주』에는 1,048년간으로 기록되어 있으며, 그 후 164년이 지난 기묘(己卯)에 기자가 봉해졌다고 기록되어 있다.[42]

『제왕운기』에 따르면, 주나라 무왕이 즉위한 기묘년에 기자가 와서 나라를 세우기 전 164년간은 공백기였고 그전 1,028년간은 고조선(단군조선)이었다. 그런데 주나라 무왕이 즉위한 기묘년은 서기전 1122년이므로[43] 여기에 164년간과 1,028년간을 더하면 서기전 2314년이 되는데, 이 계산에서 1년은 중복되므로 이를 빼면 서기전 2313년이 된다. 이 연대는 단군왕검의 건국 연대인 무진년 즉 서기전 2333년보다 20년이 짧다.[44] 따라서 『제왕운기』에 기록된 고조선 존속 기간인 1,028년간에 20년을 더해 수정한 것이 『응제시주』의 1,048년간인 것이다. 『제왕운기』의 주석과 『세종실록』「지리지」에 실린 1,038년간은 계산 착오인 것으로 생각된다.

『세종실록』과 『응제시주』의 기록에 10년이라는 차이가 있기는 하지만 이 기록들은 『삼국유사』보다는 『제왕운기』 기록에 가깝다. 따라서 근세조선 학자들은 주로 『제왕운기』 기록을 따르고 있었음을 알 수 있다. 그러므로 고조선(단군조선)의 존속 기간에 대한 기록은 『삼국유사』와 『제왕운기』 두 계통으로 나누어볼 수 있다.

근세조선의 학자들이 『제왕운기』 기록을 따르고 있으므로 『제왕운기』의 연대가 다수의 학자들로부터 지지를 받았음에 틀림없다. 그러므로

---

41 『세종실록』 권154 「지리지」 〈평안도〉 '평양부'조.

42 권람, 『응제시주』 제20장.

43 앞 책, 『五千年中國歷代世系表』, p. 45.

44 방선주, 「한·중·고대기년의 제문제」 『아시아문화』 제2호, 한림대 출판부, 1987, p. 6.

그 연대를 따르는 것이 바람직하다고 생각할 수 있을 것이다. 그러나 진리가 반드시 다수 쪽에 있는 것만은 아니다. 이 문제를 밝히기 위해서는 먼저 『삼국유사』와 『제왕운기』의 기록에 나타난 연대 차이가 어떤 연유로 발생했는지를 확인하는 것이 필요하다.

『삼국유사』와 『제왕운기』에 나타난 고조선(단군조선)의 존속 기간에 대한 견해 차이는 고조선사 체계에 대한 인식 차이에서 온 것이다. 앞에 인용된 『삼국유사』와 『제왕운기』의 내용에서 확인되듯이 『삼국유사』에서는 기자가 고조선으로 망명 온 후에도 단군은 장당경과 아사달 두 곳으로 도읍을 옮기면서 계속 고조선을 통치했던 것으로 되어 있다.

그러나 『제왕운기』에는 기자가 망명 오기 전에 이미 단군이 통치하던 고조선은 끝이 났으며, 그 후 기자가 와서 새로운 조선을 개창한 것으로 되어 있다. 그러므로 이 두 기록 가운데 어느 것이 옳은지를 밝혀야 한다. 그러기 위해서는 과연 기자가 단군조선의 중심부에 위치하여 단군조선을 계승했었는지의 여부를 확인하는 것이 필요하다.

중국 고대 문헌 기록을 근거로 한 근래의 연구 결과에 의하면 기자 일족은 지금의 북경 근처 난하 유역으로 망명해 있다가 그의 40여 세대 후손인 준왕 때에 위만에게 정권을 빼앗겼다.[45] 기자 일족이 망명 와 있던 난하 유역은 고조선(단군조선)의 서쪽 변경이었다. 중국인들은 전통적으로 그 지역만을 조선이라고도 불렀다. 기자가 망명 와 있던 곳은 고조선의 중심부가 아니었고 서쪽 변경이었으므로 기자조선은 고조선(단

---

45 윤내현, 「기자신고」 『한국사연구』 41, 1983, pp. 1~50(『한국고대사신론』, 일지사, 1986, pp. 176~239에도 수록되어 있음).
______, 「고대조선고」 『중재장충식박사화갑기념논총』, 중재장충식박사화갑기념논총간행위원회, 1992, pp. 3~20.
이 책의 제1편 제5장 제1절 「위만조선과 한사군의 위치」 참조.

군조선)을 계승한 나라일 수가 없다. 따라서 『제왕운기』의 기록은 사실과 맞지 않는다. 기자가 망명해 오자 도읍을 옮겼다는 『삼국유사』의 기록이 사실과 합치된다. 이 기록에 따르면, 기자가 고조선의 서부 변경으로 망명해 오자 고조선이 도읍을 옮겼으므로 당시 고조선의 도읍은 그 영토의 서부에 위치해 있었음을 알 수 있다.

그러나 아직도 문제는 남아 있다. 기자가 고조선의 중심부로 망명해 오지 않았다고 하더라도 기자가 망명 오기 전에 고조선이 붕괴되었을 수도 있다는 점이다. 여기서 다음과 같은 점을 생각해야 한다. 인류사회에 국가가 출현한 후에는 하나의 국가가 붕괴되면 특별한 상황이 전개되지 않는 한 그곳에는 즉시 다른 정권이 출현하기 마련이었다. 오랜 기간 정권이 존재하지 않은 공백 상태로 남아 있지는 않았다. 그러므로 기자가 고조선의 변경으로 망명 오기 전에 고조선이 붕괴되었다면 고조선의 중심부에는 고조선과 대체된 다른 정권 또는 왕조가 등장했어야 한다. 그러나 『제왕운기』의 기록에서는 그러한 근거를 찾을 수 없다.

반면에 조선이라는 명칭은 매우 늦게까지도 이어져왔음을 볼 수 있다. 즉 『후한서』「동이열전」〈고구려전〉에는 "고구려는 요동의 동쪽 천리 떨어진 곳에 있는데 남쪽은 조선·예맥, 동쪽은 옥저, 북쪽은 부여와 접하였다."[46]는 기록이 있고 『삼국지』「동이전」〈예전〉에는 "예는 남쪽은 진한, 북쪽은 고구려·옥저와 접하였고, 동쪽은 넓은 바다로 막혔는데 지금의 조선의 동쪽이 모두 그 땅이다."[47]라는 기록이 있다. 『후한서』

46 『후한서』 권85 「동이열전」〈고구려전〉. "高句驪, 在遼東之東千里, 南與朝鮮·濊貊, 東與沃沮, 北與夫餘接."

47 『삼국지』 권30 「동이전」〈예전〉. "濊南與辰韓, 北與高句麗·沃沮接, 東窮大海, 今朝鮮之東皆其地也."

는 중국 동한시대에 관한 역사서이고 『삼국지』는 중국 삼국시대의 역사서이므로 위 기록들은 중국의 동한시대와 삼국시대의 상황을 말한다. 당시의 고구려 강역과 예의 위치로 보아 이 조선은 청천강 유역에 있었을 것임을 알 수 있다. 따라서 기자조선이나 위만조선이 있었던 지금의 요서 지역과는 거리가 멀다. 그런데 위의 『삼국지』 인용문에서는 이 조선을 "지금의 조선"이라 했다. 그러므로 이 조선은 『삼국지』가 편찬된 서기 4세기 초까지도 존재했음을 알 수 있다.

그런데 『후한서』 「동이열전」과 『삼국지』 「동이전」에 부여·읍루·고구려·동옥저·예·한 등은 독립된 항목으로 설정되어 있는 반면 이 조선은 그렇지 않고 문장 가운데 그 명칭만 언급되었을 뿐이다. 따라서 이 조선은 국가 규모의 정치 집단이었던 것 같지는 않다. 따라서 필자는 이 조선은 고조선이 붕괴된 후 고조선 단군의 후손들이 거주하고 있던 지역이었을 것으로 본 바 있다.[48]

여기서 중요한 것은 기자조선이나 위만조선이 위치해 있던 곳과는 전혀 다른 위치인 고조선 강역의 중심부였던 곳에 조선이라는 명칭을 사용한 정치 집단이 서기 4세기 초까지 존재하고 있었다는 사실이다. 이들이 고조선 단군의 후손들이었다면 기자가 망명 오기 전에 단군의 통치가 끝났거나 혈통이 끊어졌던 것처럼 기록한 『제왕운기』의 기록은 사실과 맞지 않는 것이 된다. 이상과 같은 여러 상황을 놓고 볼 때 『제왕운기』보다는 『삼국유사』의 기록이 더 믿을 만하다는 것을 알 수 있다.

그런데도 근세조선의 학자들은 어찌해서 『삼국유사』보다 『제왕운기』 기록을 따랐을까? 그것은 『삼국유사』의 저자인 일연은 불교 승려였고

---

48 앞 글, 「고대조선고」, pp. 17~19.

『제왕운기』의 저자인 이승휴는 유학자였기 때문이었을 것이다. 유교의 세계관은 중국의 천자가 세계를 지배해야 한다는 천하사상에 기초하고 있다. 따라서 중국 천자인 "주 무왕이 기자를 조선에 봉했다."[49]는 중국 문헌의 기록을 바로 기자가 고조선의 통치자가 되었다는 의미로 받아들였고, 그것은 유교가 지도이념이 되었던 근세조선의 학자들에게 그대로 계승되었던 것이다. 불교를 배척했던 근세조선의 유학자들이 승려의 저서인 『삼국유사』의 기록을 따를 리 만무했던 것이다.

『제왕운기』에서는 상(은)나라 무정(武丁)의 을미년(서기전 1286)에 고조선의 단군이 아사달산에 들어가 산신이 되었고 그로부터 164년이 지난 후 주나라 무왕 원년인 기묘년에 기자가 와서 군주와 신하의 질서를 만들었다고 했는데, 이는 논리적으로도 모순이 있다. 일단 고조선이라는 국가가 출현했으면 그 국가가 붕괴된 후에도 어떤 형태의 정치권력이든 계속 존재해야 한다. 그런데 『제왕운기』에서는 단군이 산신이 된 후 164년의 통치 공백기를 지나 기자가 와서 군주와 신하의 통치 질서를 만들었다고 말하고 있다. 이러한 현상은 실제 역사에서는 존재하기 어렵다. 아마도 기자가 와서 통치 체제를 만든 것처럼 기록함으로써 기자의 업적을 부각하기 위한 유가적인 모화사상에서 나온 발상이었을 것으로 생각된다.

『삼국유사』의 기록을 따른다고 하더라도 문제는 남는다. 고조선의 단군 통치가 1,908년간이었다면 고조선의 건국을 늦게 잡아 서기전 2300년 무렵으로 본다고 하더라도 고조선은 서기전 400년 무렵에는 붕괴되었다는 것이 된다. 그런데 이 연대에는 문제가 있다. 고조선이 붕괴된

---

49 주 11·12 참조.

후의 한반도와 만주의 상황을 보면 지금의 요서 지역에는 한사군이 위치해 있었고 요동으로부터 한반도 지역에는 부여·읍루·고구려·동옥저·예·한 등의 여러 나라가 있었는데, 이 나라들 가운데 건국 연대가 확인되는 것은 고구려와 신라이다. 고구려의 건국 연대는 서기전 37년이며, 이보다 앞서 한의 동남부에서 신라가 서기전 57년에 건국되었다고 전해지고 있다.[50] 고구려와 한은 고조선의 거수국이었으므로 한에서 건국한 신라와 고구려가 독립국으로 출발했다는 것은 고조선의 통치가 무너졌다는 것을 의미한다. 그런데 앞에서 확인된 고조선의 붕괴 연대인 서기전 400년과 신라와 고구려의 건국 연대인 서기전 57년, 37년 사이에는 300년이 넘는 시간의 공백이 있다. 이 점을 어떻게 설명할 것인지가 문제로 남는다.

이 문제에 대한 해답을 찾기 위해서는 먼저 고조선의 붕괴 원인을 찾을 필요가 있다. 필자는 다음 두 가지 점에 주목하고자 한다. 하나는 내부 문제로서 철기의 보급이고 다른 하나는 외부 문제로서 위만조선의 건국과 영토 확장 및 한사군 설치이다.

첫째, 내부 문제를 보자. 철기가 보급되면 사회 구조와 경제 구조가 바뀐다. 청동기시대에 청동기는 지배계층의 독점물로 주로 무기와 종교의 의기였다. 농구는 여전히 석기나 목기였다. 그러나 철은 달랐다. 출현 초부터 농구로 보급되었다. 철제 농구를 사용함에 따라 노동 능률이 오르고 생산이 크게 증대되었다. 그 결과 마을 주민이 공동으로 생산하던 집단 노동은 와해되고 한 집이나 한 가정이 노동 단위가 되어 지주인 귀족과 관계를 맺는 경제 구조와 생산관계가 형성되어갔다.

---

50 『삼국사기』 권1 「신라본기」 〈시조 혁거세 거서간〉조와 권13 「고구려본기」 〈시조 동명성왕〉조.

그뿐만 아니라 토지에 대한 경제 관념에도 변화가 일어났다. 석기가 주된 농구였던 청동기시대까지만 하더라도 자신들의 노동력으로 개간할 수 있는 땅만이 경제적 가치를 지니고 있었고 그 외의 땅은 아무 쓸모가 없었다. 따라서 주인 없는 공터가 많았다. 그러나 철기가 보급되면서 이전보다 훨씬 넓은 땅을 개간할 수 있게 되었다. 이러한 상황은 경제 관념에 변화를 가져왔다. 넓은 땅을 확보하면 그것을 개간하여 경제적 가치를 높일 수 있다고 생각하게 된 것이다. 이에 따라 귀족들은 더 넓은 땅을 소유하려고 노력하게 되었다. 그 결과 귀족들 사이에 토지 쟁탈전이 일어나게 되었고, 종래의 사회질서가 붕괴되어갔던 것이다.

이러한 경제 구조와 생산관계 및 사회질서의 변화는 종래의 사회 구조에 기초한 고조선의 통치 조직을 혼란하게 만들었을 것이다. 철기가 출현하여 일반화되기까지는 오랜 시일이 필요했다. 그러므로 위와 같은 변화는 고조선에서 철기를 사용하기 시작한 연대인 서기전 800년 무렵[51]부터 수백 년에 걸쳐 일어났을 것이다. 위와 같은 사회 상황의 변

---

51 철기 개시 연대를 이보다 늦게 잡는 학자도 있으나 근래에 황기덕과 김섭연은 송화강 유역의 길림성 소달구(騷達溝) 돌곽무덤에서 출토된 철기에 근거하여 한국의 철기시대 개시 연대를 서기전 8~7세기 또는 그보다 더 올려 보아야 한다고 주장하고 있다. 이 유적에서 출토된 조롱박 모양의 단지는 서기전 8~7세기 무렵에 나타나는 미송리형 단지이며 부챗살 모양의 청동도끼와 자루에 돌기가 있는 청동칼, 흰 토막구슬 등은 서기전 8세기를 전후한 시기에 유행했던 물건들이라는 것이다. 그런데 중국의 전국시대에 해당하는 요령성 지역의 유적에서는 철기가 보편적으로 출토되는데 무순 연화보, 안산(鞍山) 양초장(羊草庄), 관전(寬甸) 쌍산자(双山子), 오한(敖漢) 노호산(老虎山) 등에서는 많은 철기가 출토되었다. 연화보 유적에서는 철제 농구가 출토된 전체 농구의 90퍼센트 이상을 차지하고 있었다. 발굴자들은 이 유적들에서 출토된 철기의 제조 기술 수준이 황하 중류 유역과 동등하다고 말하고 있다. 이 정도로 철기가 보편화되기까지는 오랜 기간이 필요할 뿐만 아니라 황하 중류 유역과 기술 수준이 동등하다면 그 개시 연대도 비슷할 것인데, 중국은 철기 사용의 개시 연대를 서기전 8세기 이전으로 보고 있다. 이러한 점을 참고해볼 때 한국의 철기 개시 연대는 서기전 8세기보다 앞설 것이다.

화를 이해하는 데는 철기가 보급되면서 고대 봉국제가 와해되었던 중국의 춘추전국시대가 참고가 될 것이다.[52]

둘째, 외부 문제를 보자. 고조선의 서쪽 변경에는 일찍이 기자 일족이 망명 와 있었다. 기자의 후손들을 중국 문헌에서 '조선의 제후'라고 기록[53]한 것으로 보아 이들은 그 지역 제후(고조선어로는 거수)가 되어 있었음이 분명하다. 이 기자조선은 국경을 접하고 있던 중국의 연나라와는 관계가 좋지 않았던 것으로 문헌에 기록되어 있다.[54] 그러나 고조선과 관계가 나빴다는 기록은 찾아볼 수 없다.

그런데 서한(전한)으로부터 망명 온 위만이 기자의 후손인 준왕의 정권을 빼앗아 위만조선을 건국한 후부터는 문제가 발생했다. 위만은 나라를 세운 후 서한의 외신(外臣)이 되었다.[55] 그러고는 서한의 지원을 받으며 고조선의 서부를 침략하여 영토를 확장했다. 위만조선은 지금의 요서 지역 거의 전부인 난하로부터 대릉하에 이르는 지역을 차지하게 되었다.[56] 위만조선이 건국된 것은 서기전 195년부터 180년 사이였으므로[57] 이 시기에 고조선 지역은 이미 철기 보급의 여파로 매우 혼란한

황기덕·김섭연, 「우리나라 고대야금기술」 『고고민속론문집』 8, 과학백과사전출판사, 1983, pp. 171~172.
앞 책, 『文物考古工作三十年』, p. 92.
王增新, 「遼寧撫順市蓮花堡遺址發掘簡報」 『考古』, 1964年 6期, pp. 286~293.

52 앞 책, 『상주사』, pp. 183~194·253~264.

53 『후한서』 권85 「동이열전」 〈예전〉, 『삼국지』 권30 「동이전」 〈예전〉 및 〈한전〉에 주석으로 실린 『위략』 등은 기자의 후손인 준왕을 조선후라고 기록하고 있다.

54 『삼국지』 권30 「동이전」 〈한전〉에 주석으로 실린 『위략』 참조.

55 『사기』 권115 「조선열전」 참조.

56 윤내현, 「위만조선의 재인식」 『한국고대사신론』, 일지사, 1986, pp. 253~271.
이 책의 제1편 제5장 제1절 「위만조선과 한사군의 위치」 참조.

57 앞 글, 「위만조선의 재인식」, pp. 241~252.

상황에 처해 있었을 것이다. 이러한 상황에서 고조선은 위만조선과 전쟁을 치러야 했기 때문에 그 성장을 막아내지 못했을 것이다.

이 시기에 지금의 요서 지역에 있었던 고조선의 거수국인 숙신·고구려·옥저·예·낙랑 등은 위만조선에게 영토를 빼앗기고 지금의 요하 동쪽의 만주와 한반도로 이동하여 후에 읍루·고구려·동옥저·동예·최씨낙랑국 등을 세우게 되었다.[58] 서한 무제 때에 이르러서는 무제가 위만조선을 멸망시키고 그 지역에 낙랑·임둔·진번의 세 군을 설치한 후 여세를 몰아 고조선의 서부를 침략하여 그곳에 현도군을 설치했다.[59] 이 과정에서도 고조선은 서한과 어려운 전쟁을 치러야 했을 것이다.

이상과 같은 당시 상황을 놓고 보면 철기의 보급에서 오는 사회질서의 급격한 변화와 위만조선·서한과의 전쟁 등으로 국력을 소모한 고조선은 통치 능력을 상실했을 것이다. 그러나 고조선은 후대의 국가와 같은 중앙집권국가가 아니라 여러 거수국을 거느린 체제였기 때문에 단군이 통치 능력을 상실했다고 해서 바로 다른 왕조가 출현한 것이 아니라 상당한 기간은 가장 강한 거수국이 단군을 받들고 그를 대신해서 사회질서를 유지해가는 상태가 되었을 것이다. 이 과정을 거쳐 각 거수국이 독립하기에 이르렀을 것이다.

이러한 상황 변화를 이해하는 데는 고조선과 비슷한 국가 체제였던 서주가 통치 능력을 상실하면서 가장 강한 제후인 패자가 등장하여 사회질서를 유지해갔던 중국의 춘추시대가 참고가 될 것이다.[60] 고조선 말

---

58 윗글, pp. 284~299.

59 윤내현, 「한사군의 낙랑군과 평양의 낙랑」 앞 책 『한국고대사신론』, pp. 307~319. 이 책의 제1편 제5장 제1절 「위만조선과 한사군의 위치」 참조.

60 앞 책, 『상주사』, pp. 158~168.

기에 단군을 받들고 그를 보좌해서 사회질서를 유지해갔던 거수국은 고구려가 건국되기 전부터 계속 존재했던 것으로 문헌에 나타난 부여였을 것이다.[61]

이상과 같은 고조선 말기의 상황을 종합적으로 검토해볼 때 『삼국유사』 기록에 따라 산출된 고조선의 붕괴 연대인 서기전 400년 무렵은 단군이 독자적으로 고조선을 통치할 능력을 상실한 시기를 말할 것이다. 그 후 단군은 부여의 도움을 받아 사회질서를 유지했으나 서기전 1세기 무렵에 신라·고구려 등 여러 나라들이 독립의 기치를 내걺으로써 고조선은 완전히 붕괴되었을 것이다. 따라서 고조선의 완전한 붕괴는 서기전 2세기 말이나 1세기 초로 보는 것이 타당할 것이다.

4. 고조선의 역대 단군

앞에서 살펴본 바와 같이 고조선의 건국 연대를 서기전 2300년 이전으로, 그 붕괴를 서기전 2세기 말이나 1세기 초로 잡는다면 고조선의 존속 기간은 2,200년 이상이 된다. 이 기간을 한 사람의 단군이 통치했다는 것은 상식으로도 생각할 수 없는 일이다. 적어도 수십 명의 단군은 존재했어야 한다. 그러나 『삼국유사』에는 고조선을 건국한 단군왕검만 보일 뿐이고 『제왕운기』에는 단군으로만 적혀 있다. 따라서 현재 사학계에서 믿을 만한 사료로 인정하는 문헌에서는 그 이상 단군의 이름을 확인할 수 없다.

---

61 '광개토왕릉비'나 『삼국사기』 「고구려본기」, 『위서』 「고구려전」 등에 기록된 고구려의 시조 전설에는 고구려가 독립국으로 출발하기 전부터 부여가 존재했다고 되어 있다.

그러나 『단기고사(檀奇古史)』·『단군세기(檀君世紀)』·『규원사화(揆園史話)』 등에는 47명의 단군 이름이 기록되어 있다. 『단기고사』는 발해를 세운 대조영의 아우 대야발(大野勃)이, 『단군세기』는 고려 공민왕 때 수문하시중(守門下侍中)을 지낸 이암(李嵒)이, 『규원사화』는 근세조선 숙종 때 북애자(北崖子)라는 사람이 저술한 것으로 전하지만 이 책들이 후대에 위조된 것으로 보는 학자도 있다.[62] 그러나 이들 기록에 나타난 고조선시대의 천문 현상과 조수의 변화를 역산하여 검토해본 결과 사실과 일치하는 부분이 있어 전혀 근거 없이 쓰인 책은 아닌 것 같다는 견해도 있다.[63] 조인성은 위의 책들에는 종교적인 색채가 강하다고 보고 있지만[64] 이상시는 『규원사화』 내용을 한국과 중국의 여러 문헌 기록과 비교·검토하고 많은 부분이 사실과 일치한다고 주장하고 있다.[65] 위의 책들은 아직 서지학(書誌學)적인 검토나 내용 분석 등이 충분하게 이루어지지 않았기 때문에 그 내용을 사료로 채택할 수는 없다. 이런 이유 때문에 필자는 위 책들의 내용을 사료로 이용한 적이 없다.

그러나 어떤 책을 평가할 때 내용의 일부에 대한 평가 결과를 가지고 전체를 긍정 또는 부정하는 것은 옳은 학문 자세라고 할 수 없다. 설사 위조된 책이라고 하더라도 조금은 사실에 근거해서 만들어진 것이라면 부분적으로 참고되는 경우가 있다. 예컨대 『주례(周禮)』라는 책은 중국

---

62 조인성, 「규원사화와 환단고기」 『한국사시민강좌』 제2집, 1988, pp. 71~88.

63 박창범·라대일, 「단군조선시대 천문현상 기록의 과학적 검증」 『한국상고사학보』 제14호, 학연문화사, pp. 95~110.

64 앞 글, 「규원사화와 환단고기」, pp. 87~88.

65 이상시, 『단군실사(檀君實史)에 관한 문헌고증』, 가나출판사, 1987.
______, '규원사화의 위서론(僞書論)에 대한 종합적 논평' 「법률신문」, 1990년 6월 25일~7월 9일자.

주나라의 관제(官制)를 당시에 기록한 것이라고 전하지만 대부분의 학자들은 후대에 만들어진 위서(僞書)라고 믿고 있다. 그러면서도 주나라 관제를 연구할 때 당시의 청동기 명문을 기본 사료로 하고 『주례』의 기록을 참고하는 경우가 많다.

이와 반대로 정사(正史)에 기록된 것이라고 하더라도 그것이 당시의 기록이 아닐 경우 그대로 믿어도 좋을 것인지가 문제가 된다. 예컨대 『사기』에는 하나라나 상나라 왕들의 세계(世系)가 기록되어 있지만 이것은 이들 왕조가 망하고 천 년이 넘는 세월이 지난 후의 기록이다. 상나라의 세계는 갑골문의 발견으로 정확하다는 것이 확인되었지만 하나라의 경우는 아직도 당시의 기록이 발견되지 않아 확인할 길이 없다. 학자에 따라서는 하나라를 전설로 취급하기도 하고, 이 세계에 의거해서 설명하기도 한다. 이 경우 학자 개개인의 주관적 판단에 따라 결정되는 것이다.

위의 책들에 기록된 단군들의 세계(世系)를 보면 명칭은 모두가 일치하지만 단군 개개인의 재위 연수와 고조선의 역년(歷年)은 서로 다르게 기록되어 있다. 단군은 모두 47명으로 되어 있고 그들의 명칭도 일치하지만 역년을 『단기고사』는 2,097년, 『단군세기』는 2,096년, 『규원사화』는 1,205년으로 기록하고 있는 것이다. 『단기고사』와 『단군세기』에 기록된 역년은 비슷하지만 각 단군의 재위 연수는 전혀 다르다. 단군들의 재위 연수와 역년에 대한 내용으로 보아 이들은 각각 다른 계통의 자료에 의거한 기록일 가능성이 있다.

『규원사화』에 기록된 고조선의 역년은 『제왕운기』에 가깝고 『단기고사』와 『단군세기』에 기록된 역년은 『삼국유사』에 가깝다. 『규원사화』의 내용이 『제왕운기』에 가까운 것은, 『규원사화』에서는 기자조선에 대해 언급하지 않았지만, 단군조선의 뒤를 이어 기자조선이 있었던 것으로 보았던 조선시대 유교적 분위기의 영향을 받은 것으로 생각된다. 여기서 중요한 것은 위 책들은 고조선의 역년과 단군의 재위 연수 차이로 보아 서로 다른 계통의 자료에 의거해서 저술되었을 것임이 분명한데 단군들의 이름은 거의 일치한다는 것이다. 이것은 이 책들이 저술되던 시기에 이러한 단군들의 이름이 여러 경로를 통해 전해져 오고 있었음을 알게 해준다. 이러한 사실은 『단기고사』와 『단군세기』, 『규원사화』 등에 기록된 단군의 이름이 전혀 근거가 없는 것이 아닐 수도 있음을 시사한다.

지금으로서는 이러한 단군들의 이름이 옳은 것인지의 여부에 대해 아무도 자신 있게 말할 수 없다. 그러나 고조선의 통치자가 단군왕검 한 사람뿐일 수는 없으므로 위의 책들에 기록된 단군들의 이름을 사용할 것인지의 여부는 학자 개개인의 판단에 맡겨야 할 것이라고 생각한다. 앞으로 이 문제에 대한 연구가 깊이 있게 진행되기를 기대하면서 참고로 위의 문헌들에 기록된 단군들의 이름과 그 역년을 416~417쪽에 소개한다.

5. 마치며

지금까지 문헌 자료와 고고 자료를 통해 고조선의 건국 연대와 붕괴 연대를 확인했다. 그 결과 다음과 같은 결론에 도달했다.

자료에 나타난 고조선의 건국 연대는 『삼국유사』 〈고조선〉조에 기록된 기자 망명 연대로부터 역산한 서기전 2622년, 『삼국유사』 〈고조선〉조와 『제왕운기』에 고조선 건국 연대로 기록된 서기전 2400~2300년, 최근에 단군릉에서 얻어졌다고 주장한 서기전 3000년 무렵 등이 있다.

이러한 연대를 그동안 얻어진 고고 자료 및 그 연구 결과와 비교해볼 때 고조선의 건국은 서기전 2300년보다 아래로는 내려오지 않을 것임을 알 수 있었다.

고조선의 역년을 『삼국유사』는 1,908년간이라 했다. 그러나 『제왕운기』는 기자조선이 고조선을 계승한 것으로 보고 고조선의 역년으로 1,028년간과 1,038년간이라는 두 가지를 싣고 있다. 그런데 기자조선은 고조선의 서부 변경에 위치해 있었기 때문에 기자조선이 고조선을 계승한 것으로 본 『제왕운기』의 기록은 사실과 일치하지 않으므로 취할 수 없었다. 따라서 『삼국유사』의 기록을 채택하여 고조선의 붕괴 연대를 산출하면 서기전 400년 무렵이 된다. 그럴 경우 고조선이 붕괴된 후 건국된 신라와 고구려의 건국 연대인 서기전 57년과 37년 사이에는 300년 이상의 시간 공백이 있게 된다. 그런데 문헌 기록을 통해 볼 때 서기 4세기 초까지도 조선이라는 명칭을 사용한 고조선의 후계 세력이 존재했었다. 이러한 점으로 미루어보아 서기전 400년 무렵에 단군의 혈통이 끊겼거나 단군의 통치가 완전히 끝났다고 보기는 어렵다. 아마도 이 연대는 단군이 독자적으로 고조선을 통치할 능력을 상실한 연대이고, 그 후부터 단군은 고조선의 거수국 가운데 세력이 가장 강한 부여의 도움을 받아 고조선을 통치했을 것으로 생각된다. 그리고 고조선이 완전히 붕괴된 것은 신라와 고구려가 독립국으로 출발한 서기전 57년과 서기전 37년보다 조금 앞선 서기전 2세기 말이나 1세기 초였을 것이다.

고조선의 붕괴 요인은 대내적인 면과 대외적인 면으로 나누어볼 수 있다. 대내적인 것으로는 철기의 보급에 의한 경제 구조와 사회질서의 변화에 따른 통치 조직의 이완을 들 수 있다. 대외적으로는 위만조선의 건국과 영토 확장 및 서한 무제의 한사군 설치 등에 따른 고조선 영토의 침략을 방어하기 위한 전쟁으로 인한 국력 손실을 들 수 있다. 이러한 국내외적으로 어려운 상황은 고조선의 붕괴를 가져왔을 것이다.

고조선은 무려 2,300여 년 동안 존속했다. 이 기간을 통치하기 위해서는 수십 명의 단군이 있어야 하는데 학계로부터 사료의 가치를 인정받고 있는 『삼국유사』와 『제왕운기』에서는 고조선의 건국자인 단군왕검 한 사람의 이름만 확인될 뿐이다. 그러나 『단기고사』·『단군세기』·『규원사화』 등에는 47명의 단군 이름이 실려 있는데, 아직 이 책들에 대한 서지학적 검토나 그 내용에 대한 분석적인 연구가 충분하게 되어 있지 않다. 따라서 이 책들에 실린 단군들을 사료로 채택하는 데는 문제가 있지만 참고로 이들의 이름과 재위 연수 등을 수록했다.

단군의 이름과 재위 연수[66]

대	단군명	재위 연수			비고
		단군세기	단기고사	규원사화	
1	왕검(王儉)	93	93	93	
2	부루(夫婁)	58	58	34	
3	가륵(嘉勒)	45	45	51	
4	오사구(烏斯丘)	38	38	49	『규원사화』에는 오사(烏斯)
5	구을(丘乙)	16	16	35	
6	달문(達門)	36	36	32	
7	한율(翰栗)	54	54	25	
8	우서한(于西翰)	8	8	57	
9	아술(阿述)	35	35	28	
10	노을(魯乙)	59	58	23	
11	도해(道奚)	57	58	36	
12	아한(阿漢)	52	52	27	
13	흘달(屹達)	61	61	43	
14	고불(高弗)	60	60	29	
15	대음(代音)	51	51	32	『단기고사』와 『규원사화』에는 벌음(伐音)
16	위나(尉那)	58	58	18	
17	여을(余乙)	68	68	63	
18	동엄(冬奄)	49	49	20	
19	구모소(緱牟蘇)	55	55	25	『단기고사』에는 종년(縱年)
20	고홀(固忽)	43	43	11	
21	소태(蘇台)	52	52	33	
22	색불루(索弗婁)	48	48	17	

66 계연수 엮음, 이민수 옮김, 「단군세기」『환단고기』, 한뿌리, 1986, pp. 33~76 · 384~385.

단군 47세(世)

23	아홀(阿忽)	76	76	19	『규원사화』에는 아물(阿勿)
24	연나(延那)	11	11	13	
25	솔나(率那)	88	89	16	
26	추로(鄒魯)	65	65	9	
27	두밀(豆密)	26	26	45	
28	해모(奚牟)	28	28	22	
29	마휴(摩休)	34	34	9	
30	내휴(奈休)	35	35	53	
31	등올(登屼)	25	25	6	
32	추밀(鄒密)	30	30	8	
33	감물(甘勿)	24	24	9	
34	오루문(奧婁門)	23	23	20	
35	사벌(沙伐)	68	68	11	
36	매륵(買勒)	48	58	18	
37	마물(麻勿)	56	56	8	
38	다물(多勿)	45	45	19	
39	두홀(豆忽)	36	36	28	
40	달음(達音)	18	18	14	
41	음차(音次)	20	20	19	
42	을우지(乙于支)	10	10	9	
43	물리(勿理)	36	36	15	
44	구물(丘勿)	29	29	7	『규원사화』에는 구홀(丘忽)
45	여루(余婁)	55	55	5	
46	보을(普乙)	46	46	11	
47	고열가(古列加)	58	58	30	

대야발 지음, 고동영 옮김, 『단기고사』, 한뿌리, 1986, p. 209.
북애 지음, 고동영 옮김, 『규원사화』, 한뿌리, 1986, p. 271~272.

II 고조선의 중심지 변천

1. 들어가며

여기서는 고조선의 중심지가 변천된 과정을 통해 고조선의 성장과 쇠퇴 과정을 추적해본다. 고대사회에서는 그 나라의 도읍이 정치와 경제, 문화의 중심이었다. 이러한 사정은 고조선에서도 마찬가지였을 것이다. 따라서 고조선의 중심지 변천은 그 도읍 이동을 고찰하는 것이 될 수밖에 없다. 그런데 어느 시대나 도읍의 이동에는 그럴 수밖에 없었던 필연적인 정치 상황이 있었다. 그러므로 도읍 이동을 추적하는 과정에서 고조선의 정치 상황에 대한 인식도 구체화될 것으로 믿는다.

종래에 고조선의 중심지 변천에 대한 연구가 없지는 않았다. 그러나 대부분은 문헌에 기록된 바에 따른 고조선의 도읍 이동 과정을 추적한 것이 아니었다. 고조선의 건국 세력은 중국으로부터 한반도로 이주해 왔을 것이라는 선입관을 가지고 고찰되었다. 따라서 종래의 연구는 고조선의 중심 세력이 중국으로부터 만주를 거쳐 한반도로 이주했을 것으로 보았다.[1] 그 결과 한국과 중국의 고대 문헌에 나타난 고조선의 도읍지와 그 이동에 관계된 기록이나 고고 자료가 바르게 해석되지 못했다.

고조선에 관한 가장 오래된 한국 문헌인 『삼국유사』 〈고조선〉조에는 고조선의 도읍지가 다섯 곳으로 나타난다. 아사달·평양성·백악산아사달·장당경·아사달이 그것이다. 그러나 위치는 언급되지 않았다. 그런데 중국의 고대 문헌에는 고조선의 도읍지로 추정되는 검독(儉瀆)이라는 지명이 만주에 세 곳이 있었던 것으로 나타난다. 그리고 이들의 지리적 위치 확인도 가능하다. 따라서 고조선의 강역 변화와 정치 상황들 가운데 고조선으로 하여금 천도를 하도록 만들었던 사건들이 위에 언급된 검독들의 지리적 위치를 합리적으로 설명해준다면 그곳들을 고조선의 도읍지로 볼 수 있을 것이다.

이러한 작업은 단순히 고조선의 도읍 이동이나 중심지 변천에 대한 연구로서만 의의를 지니는 것은 아니다. 고조선이 도읍을 이동해야만 했던 당시의 강역 변화나 정치 상황들이 사실이었음을 입증해주는 역할을 할 뿐만 아니라 이를 더 구체적으로 인식하도록 할 것이다.

2. 고조선의 도읍지에 관한 사료

고대사회에서 도읍은 정치와 경제, 문화의 중심지였다. 이 점은 고조선

---

1 천관우, 「고조선사」 『고조선사·삼한사 연구』, 일조각, 1991, pp. 2~208.
서영수, 「고조선의 위치와 강역」 『한국사시민강좌』 제2집, 일조각, 1988, pp. 19~50.
노태돈, 「고조선 중심지의 변천에 대한 연구」 『한국사론』 23 변태섭박사정년기념호, 서울대 국사학과, 1990, pp. 1~55.

에서도 마찬가지였을 것이므로 고조선의 중심지를 확인하는 데 가장 먼저 고려되어야 할 것은 도읍지가 어디였느냐 하는 점일 것이다. 고조선의 도읍지에 관해서는 『삼국유사』 〈고조선〉조에 간략하게 언급되어 있다. 그 내용을 보면,

> 『위서』에 이르기를 지나간 2천 년 전에 단군왕검이라는 이가 있어 도읍을 아사달에 정하고 나라를 열고 이름을 조선이라 하니 요와 같은 시대였다.[2]

고 하여 『위서』를 인용하여 고조선의 첫 도읍은 아사달이었다고 말하고 있다. 아사달에 대해 『삼국유사』의 저자인 일연은 주석하기를,

> 경(經)에는 무엽산(無葉山)이라 하였고 또한 이르기를 백악(白岳)이라고도 하는데 백주(白州) 땅에 있다. 또는 개성 동쪽에 있다고도 하는데 지금의 백악궁(白岳宮)이 그것이다.[3]

라고 했다. 즉 아사달에 대해 『산해경(山海經)』에는 무엽산으로 기록되어 있는데, 사람에 따라서는 백주에 있는 백악이 그곳이라고도 말하며 개성 동쪽에 있는 백악궁이라고도 한다는 것이다. 이와 같은 일연의 주석으로 보아 고조선의 아사달 위치를 고려시대에도 정확하게 알고 있지

---

2 『삼국유사』 권1 「기이」 〈고조선〉조. "魏書云, 乃往二千載, 有壇君王儉, 立都阿斯達, 開國號朝鮮. 與高(堯)同時."

3 『삼국유사』 권1 「기이」 〈고조선〉조의 아사달에 대한 주석. "經云無葉山, 亦云白岳在白州地. 或云在開城東今白岳宮是."

못했음을 알 수 있다. 단지 당시의 학자들은 아사달의 위치를 한반도 내에서 찾고 있었다는 것을 알 수 있을 뿐이다. 학자에 따라서는 백악을 황해도 구월산으로 보기도 하지만 백악은 한국 여러 곳에 있는 산의 이름이며 백주는 황해도 배천의 옛 이름이고 백악궁은 경기도 장단 지방에 있었던 고려시대의 궁전이다.[4]

『삼국유사』 〈고조선〉조는 고조선의 도읍이 아사달 한 곳만이 아니었음을 전하고 있다. 같은 〈고조선〉조에,

> 『고기』에 이르기를, ……, 환웅은 잠시 사람으로 변화하여 그녀와 혼인하여 아들을 낳으니 이름을 단군왕검이라 하였다. 그는 당고(요)가 즉위한 50년 경인에 평양성에 도읍하고 비로소 조선이라 일컬었다. 또 도읍을 백악산아사달(白岳山阿斯達)로 옮겼는데 그곳을 또 궁홀산(弓忽山)이라고도 하고 또 금미달(今彌達)이라고도 한다. 나라를 다스린 지 1,500년 주나라 무왕이 즉위한 기묘년(서기전 1122)에 기자를 조선에 봉하니 단군은 곧 장당경(藏唐京)으로 옮겼다가 뒤에 아사달로 돌아와 은거하여 산신이 되었다.[5]

고 했다. 이 내용에 의하면 고조선의 도읍은 평양성·백악산아사달·장당경·아사달 등이었다.

그런데 위에 인용된 『삼국유사』 〈고조선〉조에는 고조선의 첫 도읍지

---

4 리상호 옮김, 『삼국유사』 과학원출판사, 1959, p. 57.

5 『삼국유사』 권1 「기이」 〈고조선〉조. "古記云, ……, 雄乃假化而婚之, 孕生子, 號曰壇君王儉. 以唐高(堯)卽位五十年庚寅, 都平壤城始稱朝鮮, 又移都於白岳山阿斯達, 又名弓忽山, 又今彌達. 御國一千五百年, 周虎(武)王卽位己卯, 封箕子於朝鮮, 壇君乃移於藏唐京, 後還隱於阿斯達爲山神."

에 대해 『위서』에서는 아사달이라 했고 『고기』에서는 평양성이라 했다고 인용되어 있다. 여기서 『위서』가 말한 아사달과 『고기』가 말한 평양성은 동일한 곳에 대한 다른 명칭인가, 아니면 전혀 다른 곳을 말하는가 하는 점이 문제로 등장한다. 원래 아사달은 아침 땅이라는 뜻을 지니고 있고[6] 평양은 펴라로서 넓은 벌을 의미[7]하지만 모두 왕읍(王邑) 또는 대읍(大邑), 장성(長城)이라는 뜻으로도 사용되었으므로[8] 아사달과 평양은 다른 곳을 말할 수도 있고 동일한 곳에 대한 다른 명칭일 수도 있다.

그런데 위의 『삼국유사』 〈고조선〉조에 인용된 『고기』는 고조선의 마지막 도읍지인 아사달에 대해 설명하면서 "(단군은) 뒤에 아사달로 돌아와 은거하여 산신이 되었다."고 했다. 단군이 아사달로 돌아왔다는 표현으로 보아 마지막 도읍지였던 아사달은 이전에도 단군이 거주한 적이 있는 곳이었음을 알 수 있다. 즉 마지막 도읍지 아사달은 이전에도 도읍을 했던 곳인 것이다.

그런데 『고기』가 말한 고조선의 도읍지 가운데 아사달이라는 명칭은 마지막 도읍지 이외에는 보이지 않는다. 반면에 『위서』는 고조선의 첫 도읍이 아사달이었다고 말하고 있다. 『위서』의 기록을 인정한다면 『고기』가 말한 고조선의 마지막 도읍인 아사달은 바로 『위서』가 말한 고조선의 첫 도읍지인 아사달과 동일한 곳이었을 가능성이 있다. 이렇게 보면 고조선의 첫 도읍을 『위서』에서는 아사달이라 하고 『고기』에서는 평양성이라 한 데에는 그럴 만한 이유가 있었을 것이다.

어떻든 단군이 아사달로 돌아왔다는 표현을 그대로 인정한다면 마지

6 이병도, 『한국고대사연구』, 박영사, 1981, pp. 40~41.

7 신채호, 『조선사연구초』, 을유문화사, 1987, pp. 19~20.

8 이병선, 『한국고대국명지명연구』, 형설출판사, 1982, p. 36 · 132.

막 도읍지인 아사달과 그전의 도읍지 한 곳과는 겹치게 된다. 따라서 『위서』가 말한 아사달과 『고기』가 말한 고조선의 첫 번째 도읍인 평양성을 동일한 곳으로 본다면 고조선의 도읍은 모두 세 곳이 되며, 아사달과 평양성을 다른 곳으로 본다면 네 곳이 된다.

그런데 일연은 위의 인용문에 나오는 평양성에 대해 주석하기를 "지금의 서경(西京)이다."[9]라고 했다. 일연이 살았던 고려시대의 서경은 지금의 평양이었다. 앞에서 일연은 아사달에 대해서는 황해도나 경기도 지역으로 주석을 했는데[10] 평양성에 대해서는 지금의 평양으로 주석을 한 것이다. 일연의 주석이 얼마나 정확한지는 지금으로서는 말하기 어렵지만 이로 보아 그는 아사달과 평양성은 서로 다른 곳이었을 것으로 인식하고 있었음을 알 수 있다.

그러므로 일연의 견해를 따른다면 고조선의 도읍지는 네 곳이었다고 보아야 할 것이다. 필자는 지난날 고조선의 도읍지를 고증하면서 『고기』의 기록에 따라 고조선의 도읍지를 세 곳으로 보았었다. 그 이유는 고대 문헌에서 고조선의 도읍으로 추정할 수 있는 검독(儉瀆)이 세 곳밖에 확인되지 않기 때문이었다. 이러한 필자의 생각은 기본적으로는 변함이 없지만 최근 증가된 고조선에 관한 자료는 고조선이 조선이라는 명칭을 사용하기 전의 정치 중심지 한 곳을 더 추정해볼 수 있도록 만들고 있다. 따라서 조선이라는 국명을 사용하기 전의 도읍까지 합하면 고조선의 도읍지는 모두 네 곳이 된다. 이 점에 대해서는 뒤에 자세하게 논의될 것이다.

『삼국유사』 〈고조선〉조에 기록된 내용만으로는 고조선의 도읍지 위치

---

9 『삼국유사』 권1 「기이」 〈고조선〉조의 평양성에 대한 일연의 주석. "今西京."

10 주 3·4 참조.

를 확인한다는 것이 거의 불가능하다. 그러나 일연이 아사달을 황해도와 경기도 지역으로, 평양성을 지금의 평양으로 주석한 것은 고조선의 도읍이 한때는 한반도 내에 있었을 가능성을 시사한다.[11]

그런데 중국의 고대 문헌에서는 고조선의 도읍지로 추정되는 지명들이 만주 지역에서 보인다. 『사기집해』와 『요사』「지리지」, 『대청일통지(大淸一統志)』에 보이는 험독(險瀆)이 그것이다. 우선 험독의 의미부터 확인해보겠다.

험독이 고대에 도읍지에 붙여진 지명이었다는 것을 확인하기 위해서는 『사기』「조선열전」의 기록을 볼 필요가 있다. 『사기』「조선열전」에는 위만조선이 왕험에 도읍했다고 기록되어 있다. 이 왕험에 대해 『사기집해』에는, "서광(徐廣)은 말하기를 창려(昌黎)에 험독현(險瀆縣)이 있다고 하였다."[12] 고 주석되어 있다. 서광은 창려의 험독현이 위만조선의 도읍지였던 왕험일 것이라고 말했다는 것이다. 그런데 『사기색은』은 이와는 다른 견해들을 소개하고 있다. 즉,

> 위소(韋昭)는 말하기를 (왕험은) 옛 읍의 명칭이라 하였고 서광(徐廣)은 말하기를 창려(昌黎)에 험독현(險瀆縣)이 있다고 하였으며 응소(應劭)는 (『한서』) 「지리지」에 주석하기를 요동의 험독현은 조선왕의 구도(舊都)

---

11 일연은 평양성을 당시의 서경 즉 대동강 유역의 평양으로 주석했는데, 그것은 평양이라는 명칭의 동일성 때문이었던 것 같다. 그러나 이러한 일연의 주석은 고조선의 도읍지가 한때는 한반도에 있었을 것이라고 시사하는 것이다. 뒤에서 확인되겠지만 고조선이 조선이라는 국호를 사용하기 전 아사달고을나라시대에 지금의 평양에 도읍했을 가능성이 있다. 고대에 아사달과 평양은 도읍을 부르는 명칭으로 혼용되었으므로 일연의 주석에 혼란이 일어난 듯싶다.

12 『사기』 권115 「조선열전」의 왕험에 대한 주석으로 실린 『사기집해』. "徐廣曰, 昌黎有險瀆縣也."

라 하였다. 신찬(臣瓚)은 말하기를 왕험성은 낙랑군의 패수 동쪽에 있다 고 하였다.[13]

고 되어 있다. 위만조선의 도읍이었던 왕험에 대해서 위소는 옛날에 있던 읍(邑)의 명칭이라고 했고 서광은 창려의 험독현, 응소는 요동군의 험독현, 신찬은 낙랑군의 왕험성이 그곳이었다고 말했다는 것이다. 위소가 험독을 읍의 명칭이라고 한 것은 사실 너무나도 당연한 말이다. 읍은 사람들이 모여 사는 마을을 의미하는데 도읍도 말하자면 일종의 읍이었기 때문이다.

그런데 서광이나 응소, 신찬이 말한 험독과 왕험성이 모두 동일한 곳인지 그렇지 않은지는 뒤에서 고증을 통해 확인되겠지만 위의 기록들에서 알 수 있는 것은 험독이라는 지명은 왕험성과 같이 도읍지에 붙여졌던 지명이었다는 점이다. 그렇기 때문에 서광과 응소, 신찬 등은 험독이라는 곳을 위만조선의 왕험성으로 인식했던 것이다.

그런데 여기서 알아두어야 할 것은 『사기』「조선열전」에서는 위만조선의 도읍지를 왕험이라 했으나 『삼국유사』「위만조선」조에서는 왕검(王儉)이라 표기했다는 점이다. 그리고 신찬의 말을 인용하여 "왕검성은 낙랑군 패수 동쪽에 있다."고 주석해놓았다. 같은 신찬의 말을 인용하면서 위의 『사기색은』에서는 왕험성이라 한 것을 『삼국유사』에서는 왕검성이라 하여 험(險)과 검(儉)으로 각각 달리 표기했다.

이로써 위만조선의 도읍지를 고대 한민족은 왕검성이라 불렀는데 중

---

13 『사기』 권115 「조선열전」의 왕험에 대한 주석으로 실린 『사기색은』. "韋昭云, 古邑名. 徐廣曰, 昌黎有險瀆縣. 應劭注地理志, 遼東險瀆縣, 朝鮮王舊都. 臣瓚云, 王險城在樂浪郡浿水之東也."

국인들은 왕험성이라 했음을 알 수 있다. 즉 한민족이 검(儉)이라 했던 것을 중국인들은 험(險)으로 표기했던 것이다. 이렇게 보면 중국인들이 험독(險瀆)이라 표기한 지명은 검독(儉瀆)이었을 것임을 알 수 있다. 검독에서 독(瀆)은 중국 음이 뚜(du)로서 터를 의미할 것이다. 따라서 검독은 검터로서 검이 거주하는 곳이라는 뜻이었을 것이다. 검독의 검은 고대 한국어에서 원래 신을 뜻했다.[14] 그런데 신라에서 왕호를 이사금(尼師今)이라 한 것에서도 알 수 있듯이 이것이 변하여 검이나 금은 통치자에 대한 칭호가 되었다. 그러므로 왕험성(왕검성)이나 험독(검독)은 모두 통치자가 거주한 곳 즉 도읍을 의미했던 것이다.

그런데 중국인들은 그들의 도읍지를 왕검성(왕험성)이나 검독(험독)이라 부른 일이 없다. 이러한 지명이 고대 중국 영역 내에서는 보이지 않고 중국의 영역 밖이었던 만주 지역에서만 나타나는 것은 이러한 사실을 말해준다. 왕검성이나 검독은 원래 중국어가 아니라 한반도와 만주 지역 거주민들의 토착어였던 것이다. 이렇게 보면 왕검성보다는 검독이 더 원초적인 말이었음을 알 수 있다. 왜냐하면 왕검은 검 자에다 중국어에서 통치자를 뜻하는 왕 자가 추가되어 만들어진 말이기 때문이다. 검독이 토착어였는데 중국 문화의 영향을 받아서 그것에 왕 자가 추가되어 왕검성이라는 말이 만들어졌을 것이다. 따라서 왕검성은 중국으로부터의 망명객인 위만이 세운 위만조선에서 사용되었던 말일 가능성이 높은 반면, 검독은 고대 한민족의 토착어로서 그보다 앞선 고조선(단군조선)에서 사용되었을 가능성이 높다.

그런데 앞에서 인용된 『사기색은』 내용에서는 서광이 말한 창려의 험

---

14 양주동, 『증정고가연구(增訂古歌硏究)』, 일조각, 1963, p. 8.

독, 응소가 말한 요동군의 험독, 신찬이 말한 낙랑군 패수 동쪽의 왕험성 등이 보이며 『요사』「지리지」와 『대청일통지』에서도 험독이 보인다.

『요사』「지리지」'집주 회중군(集州 懷衆軍)'에는 "집주 회중군은 옛 비리군(陴離郡)의 땅으로 한(漢)시대에는 험독현에 속했고 고려(고구려)는 상암현(霜巖縣)으로 삼았는데 발해는 주(州)를 설치하였다."[15] 고 하여 요시대의 집주 회중군이 한시대의 험독에 속해 있었다고 했으며, 또 『대청일통지』에는 "험독구성(險瀆舊城)이 광령현(廣寧縣) 동남에 있는데 한시대에는 현으로서 요동군에 속해 있었다."[16] 고 하여 청시대의 광령 동남이 험독이었다고 말하고 있다.

이상을 종합해보면 왕험성이라 전해온 곳은 낙랑군 패수 동쪽에 하나가 있었을 뿐인데 험독이라 전해온 곳은 창려 험독·요동군 험독·집주 회중군 험독·광령 험독 등 네 곳이 있었다. 이들이 각각 다른 곳이었는지 또는 동일한 곳이었는지는 고증을 거쳐야 확인되겠지만, 이 가운데 하나는 위만조선의 도읍지였고 나머지는 고조선의 도읍지였을 가능성이 있다.

3. 고조선 도읍지의 위치

고조선 도읍지의 위치를 알기 위해서는 고조선의 강역이었던 한반도와 만주 지역에서 왕검성(왕험성)이나 검독(험독)이라는 명칭을 가진 곳의

---

15 『요사』 권38 「지리지」 2 〈동경도(東京道)〉 '집주 회중군'. "古陴離郡地, 漢屬險瀆縣, 高麗爲霜巖縣, 渤海置州."

16 『대청일통지』「금주부(錦州府)」 2. "險瀆舊城, 在廣寧縣東南, 漢縣屬遼東郡."

위치를 고증하는 작업이 먼저 이루어져야 할 것이다. 그리고 고조선에서 일어났던 사건들과 강역 변화 등을 통해 그곳들이 고조선의 도읍지가 될 수 있는지를 확인하는 작업이 필요할 것이다.

그러므로 먼저 위에서 인용된 『사기집해』와 『사기색은』에 나타난 왕검성과 검독의 위치를 확인해보자. 『사기집해』와 『사기색은』의 내용을 보면 위만조선의 왕검성에 대해 서광은 창려에 있는 험독(검독)현이라 했고 응소는 요동군의 험독(검독)현이라 했으며 신찬은 낙랑군의 패수 동쪽에 있다고 했다.

서광은 진(晉)시대 사람이다. 그러므로 진시대의 창려에 험독현이 있었는지를 확인할 필요가 있다. 『진서』「지리지」를 보면 평주(平州)에 창려군(昌黎郡)이 있었는데 그 주석을 보면, "한시대에는 요동속국(遼東屬國)의 도위(都尉)에 속해 있었으며 위시대에는 군을 설치하여 두 개의 현을 통령하도록 하였는데 호 수는 900이었다."[17] 고 기록되어 있으며 창려군에 속해 있었던 현은 창려(昌黎)와 빈도[賓徒 : 빈종(賓從)?]뿐이었던 것으로 나타난다.[18] 진시대의 창려군에는 험독현이 없었던 것이다. 그러므로 서광이 한 말의 뜻은 험독현은 원래 진시대의 창려군 지역에 있었다는 것으로 이해된다.

이를 더 구체적으로 이해하기 위해 진시대보다 앞선 기록들을 추적해보자. 위에 인용된 『진서』「지리지」의 창려군 주석에 창려군은 한시대에는 요동속국 도위에 속해 있었다고 기록되어 있는데 『위서』「지리지」〈창려군〉조에는 진(晉)시대에 요동을 나누어 창려군을 설치한 것으로

---

17 『진서』 권14 「지리지」 상 〈평주〉 '창려군'조. "漢屬遼東屬國都尉, 魏置郡, 統縣二, 戶九百."

18 위와 같음.

되어 있다.[19] 그러므로 창려군은 진시대 이전에는 한때 요동에 속해 있었는데 그 요동은 요동속국이었음을 알 수 있다.

요동속국이라는 행정구역은 서한시대에는 없었고 동한시대에 설치되었다. 그런데 『후한서』 「군국지(郡國志)」를 보면 요동속국에 창려는 기록되어 있지 않고 이와 비슷한 명칭으로 창료(昌遼)가 있으며 이와 함께 험독도 있다.[20] 고염무(顧炎武)는 『후한서』 「군국지」의 창료에 대해서 창려를 잘못 기록한 것이라고 지적하고 『한서』 「지리지」 〈요서군〉조에 보이는 서한시대의 교려(交黎)가 동한시대에는 창료가 되었다고 말했다.[21]

이러한 고염무의 견해가 옳음은 『한서』 「지리지」의 주석에서 확인된다. 『한서』 「지리지」 〈요서군〉의 교려에 대한 주석에, "응소는 지금의 창려라고 말하였다."고 기록되어 있다.[22] 응소는 동한시대의 학자이므로 서한시대의 교려가 동한시대에는 창려가 되었음을 알 수 있는 것이다. 이로 보아 『후한서』 「군국지」의 창료는 창려를 잘못 기록한 것이라는 고염무의 견해가 옳다는 것을 알 수 있다.

여기서 다음과 같은 문제가 제기될 수 있다. 서광에 의하면 험독은 창려에 속해 있었다. 그런데 이와는 달리 『후한서』 「군국지」에는 창료(창려)와 험독이 병존했던 것으로 기록되어 있어 서광의 견해와는 모순을 보이고 있다. 이 문제를 어떻게 이해해야 할까 하는 점이다. 이 점은 다음과 같이 이해되어야 할 것 같다. 즉 동한시대 한때는 창료(창려)와 험

---

19 『위서』 권106 상 「지형지」 상 〈창려군〉. "晉分遼東置, 眞君八年併冀陽屬焉."

20 『후한서』 지(志)23 「군국(郡國)」 5 〈요동속국〉조.

21 고염무, 『일지록(日知錄)』 권31 「창려(昌黎)」.

22 『한서』 권28 하 「지리지」 하 〈요서군〉 '교려(交黎)'. "應劭曰, 今昌黎."

독이 분리되어 있었으나 후에 행정구역의 조정으로 험독이 창료(창려)에 병합되었을 것으로 생각된다.

그러면 서광이 말한 험독의 위치는 어디였을까? 이를 확인하기 위해 서한시대 교려의 위치를 찾을 필요가 있다. 『한서』「지리지」를 보면 요서군에는 14개의 현이 있었는데 교려가 영지(令支)·비여(肥如)·빈종(賓從) 다음에 기록되어 있다.[23] 그러므로 교려는 이들과 인접해 있었을 것임을 알 수 있다. 그런데 영지현에는 고죽성이 있고[24] 비여현에는 현수(玄水)가 있는데 동쪽으로 흘러 유수(濡水)로 들어간다[25]고 기록되어 있다. 빈종의 지리에 관해서는 언급이 없고 교려에는 유수(渝水)가 흐르는 것으로 기록되어 있다.[26]

위의 기록 가운데 위치를 분명하게 확인할 수 있는 것은 고죽국과 유수(濡水)이다. 고죽국의 위치가 난하 유역이었다는 점에 대해서는 학계에 이론이 없으며[27] 유수는 난하의 옛 명칭이었다.[28] 그런데 비여현을 흐르는 현수가 동쪽으로 흘러서 유수로 들어간다고 했으므로 비여현은 지금의 난하 서부 유역에 위치해 있었다는 것을 알 수 있다. 서한시대의 요서군은 지금의 난하 유역에 있었는데 그 지역 대부분은 난하 서부 유

---

23 『한서』 권28 하 「지리지」 하 〈요서군〉조 참조.

24 위의 『한서』 「지리지」 하 〈요서군〉 '영지(令支)'조. "令支, 有孤竹城." "應劭曰, 故伯夷國, 今有孤竹城."

25 위의 『한서』 「지리지」 하 〈비여(肥如)〉조. "玄水東入濡水. 濡水南入海陽."

26 위의 『한서』 「지리지」 하 〈요서군〉 '빈종'·'교려' 참조.

27 陳槃, 「不見於春秋大事表之春秋方國考」 冊1 〈孤竹〉條, 中央研究院歷史語言研究所, 民國 59(1970), 28~31葉.
譚其驤 主編, 『中國歷史地圖集』 第1冊－原始社會·夏·商·西周·春秋·戰國時期, 地圖出版社, 1982, pp. 20~21.

28 위 책, 『中國歷史地圖集』 第5冊－隋·唐·五代十國時期, pp. 3~4 참조.

역이었던 것이다.

서한과 고조선(단군조선)의 국경은 난하와 그 하류 동부 유역에 있는 갈석산으로 형성되어 있었다.[29] 그리고 난하 하류 유역의 갈석산 서쪽에는 요동군이 위치해 있었고[30] 그 북쪽에 요서군이 위치해 있었는데 요서군 지역의 국경 대부분은 난하로 형성되어 있어서 난하 동부 유역은 대부분이 고조선의 영토였다. 그러므로 서광이 말한 험독은 지금의 난하 유역에 위치해 있었을 것임을 알 수 있다.

응소가 말한 요동군의 험독현은 『한서』「지리지」에도 기록되어 있다. 앞에서 인용된 『사기색은』에는 응소가 요동군의 험독현은 "조선왕의 옛 도읍"[31] 이라고 말했다고 기록되어 있는데, 『한서』「지리지」〈요동군〉'험독현'조의 주석을 보면 "응소는 말하기를 이곳은 조선왕 (위)만의 도읍이라고 하였다"[32] 고 기록되어 있다. 이 두 기록의 내용에 다소 차이가 있기는 하지만, 이 기록들은 요동군의 험독현은 고조선이나 위만조선의 도읍지였을 가능성을 시사한다.

그런데 『한서』「지리지」〈요동군〉'험독'의 주석에는 신찬은 험독이 조선왕 위만의 도읍이었다고 한 응소의 견해를 부인하고 위만의 도읍인 왕험성은 낙랑군 패수 동쪽에 있으며, 이곳은 그곳과 구별하기 위해 험

---

29 윤내현, 「고조선의 서변경계고」『남사정재각박사고희기념 동양학논총』, 고려원, 1984, pp. 1~38.
______, 「고조선의 위치와 강역」『한국고대사신론』, 일지사, 1986, pp. 15~80.
______, 「고조선의 서변경계 재론」『백산박성수교수화갑기념논총-한국독립운동사의 인식』, 백산박성수교수화갑기념논총간행위원회, 1991, pp. 524~539.
이 책의 제1편 제3장 제1절 「고조선의 서쪽 경계」 참조.

30 윗글, 「고조선의 서변경계 재론」, p. 529.

31 주 13 참조.

32 『한서』 권28 하 「지리지」 하 〈요동군〉 '험독'에 대한 주석. "應劭曰, 朝鮮王滿都也."

독이라 불렸다고 말했는데 안사고(顔師古)는 신찬의 말이 옳다고 했다고도 기록되어 있다.[33] 따라서 응소가 말한 요동군의 험독현과 신찬이 말한 낙랑군의 왕험성은 다른 곳임을 알 수 있으며 신찬과 안사고는 응소와는 달리 낙랑군의 왕험성을 위만조선의 도읍으로 보고 있음도 알 수 있는 것이다.

신찬과 안사고가 낙랑군의 왕험성을 위만조선의 도읍으로 본 것은 옳다. 위만은 기자의 후손인 준왕의 정권을 빼앗아 위만조선을 건국했는데, 후에 서한 무제에 의해 위만조선이 멸망된 후 그 지역에 한사군이 설치되었다. 낙랑군은 한사군 가운데 하나였기 때문에 한사군 설치 이전에는 위만조선의 영토였다. 반면에 요동군은 서한의 행정구역으로서 서한의 영토였다. 위만조선의 도읍이 서한의 영토인 요동군에 있었을 수는 없으며 위만조선의 영토였던 낙랑군 지역에 있어야 하는 것이다. 그런데 『한서』 「지리지」를 보면 낙랑군 조선현에 대한 주석으로 "응소는 말하기를 무왕이 기자를 조선에 봉하였다."[34] 고 기록되어 있으며, 『진서』 「지리지」에도 낙랑군 조선현에 대한 주석으로 "주나라가 기자를 봉했던 땅이다."[35] 라고 기록되어 있다. 낙랑군 조선현은 기자 일족이 망명하여 거주했던 곳이라는 뜻이다. 이곳은 한사군 설치 전에는 위만조선의 영토였고 위만조선 건국 전에는 고조선(단군조선)의 영토였는데 기자 일족이 이곳으로 망명하여 거주했던 것이다. 위만은 이곳에서 기자의 후손인 준왕으로부터 정권을 빼앗았기 때문에 위만조선의 도읍은 바

---

33 『한서』 권28 하 「지리지」 하 <요동군> '험독'의 주석. "應劭曰, 朝鮮王滿都也. 依水險, 故曰險瀆. 臣瓚曰, 王險城在樂浪郡浿水之東, 此自是險瀆也. 師古曰, 瓚說是地."

34 『한서』 권28 하 「지리지」 하 <낙랑군> '조선'에 대한 주석. "應劭曰, 武王封箕子於朝鮮."

35 『진서』 권14 「지리지」 상 <낙랑군> '조선'조. "朝鮮, 周封箕子地."

로 낙랑군 조선현에 있었을 것이다. 따라서 낙랑군 패수 동쪽에 위만조선의 도읍인 왕험성이 있었다는 신찬과 안사고의 말은 옳은 것이다.

그런데 요동군은 서한의 동북부 국경 지대에 있었다. 그러한 사실은 『사기』「몽염열전」의 다음과 같은 기록에서 확인된다. 즉,

> (진제국은) 장성을 쌓았는데 지형에 의하고 변경의 험한 곳을 이용하여 만들었다. 임조(臨洮)로부터 시작하여 요동에 이르렀는데 그 길이는 만여 리나 되었다.[36]

고 했다. 진제국의 장성이 요동군에서 끝났음을 말하고 있다. 요동군은 서한의 동북부 국경 지대에 위치해 장성과 접하고 있었던 것이다.

그런데 진제국의 장성은 지금의 난하를 가로질러 난하 하류의 동부 유역에 있는 갈석산 지역까지 이르렀었다. 『사기』「하본기」에 주석으로 실린 『사기색은』에는 "『태강지리지』에 이르기를 낙랑(군)의 수성현에는 갈석산이 있는데 장성이 시작된 곳이다."[37]라고 했다고 기록되어 있다. 『태강지리지』는 낙랑군 수성현에서 진제국의 장성이 시작되었다는 사실과 함께 그곳에 갈석산이 있음을 말해주고 있다. 바꾸어 말하면 갈석산이 있는 곳은 진제국의 장성이 시작된 곳이며 아울러 낙랑군의 수성현 지역이기도 하다는 것이다.

진제국의 장성이 갈석산 지역에서 시작되었다는 기록은 『진서』「당빈

---

36 『사기』 권88 「몽염열전」. "秦已并天下, 乃使蒙恬將三十萬衆北逐戎狄, 收河南. 築長城, 因地形, 用制險塞, 起臨洮, 至遼東, 延袤萬餘里."

37 『사기』 권2 「하본기」의 "夾右碣石, 入于海"의 갈석에 대한 주석으로 실린 『사기색은』. "太康地理志云, 樂浪遂城縣有碣石山, 長城所起."

전」과 『통전』에서도 보인다. 『진서』 「당빈전」에,

> 마침내 옛 경계를 개척하니 물리친 땅이 천 리였다. 진장성의 요새를 다시 수리하였는데 온성(溫城)으로부터 갈석(碣石)에 미쳤으며 산곡을 이어 뻗친 것이 거의 3천 리였는데 군사를 나누어 주둔시켜 지키게 하고 봉화대가 서로 바라보이도록 하였다.[38]

고 기록되어 있다. 그리고 『통전』 「평주」 〈노룡(盧龍)〉조에는,

> 한(漢)의 비여현(肥如縣)에 갈석산이 있는데 바닷가에 우뚝 서 있어서 그 이름을 얻었다. 진(晉)의 『태강지(리)지』에는 진제국이 쌓은 장성은 이 갈석으로부터 일어났다고 하였다.[39]

고 했는데 『통전』이 쓰인 당시대의 평주 노룡현은 지금의 난하 하류 유역에 있었다.[40] 따라서 진제국이 쌓은 장성이 시작된 갈석산은 난하 하류 유역에 있었던 것이다. 난하 하류 동부 유역에는 지금도 갈석산이 있다.

그러므로 서한의 요동군은 난하 하류 유역에 위치해 있었음을 알 수 있다. 이 요동군 지역에 험독현이 있었던 것이다. 응소는 이곳을 위만의 도읍지였을 것으로 보았지만, 위에서 말한 바와 같이 요동군은 위만조

---

38 『진서』 권42 「당빈전」. "遂開拓舊境, 卻地千里. 復秦長城塞, 自溫城洎于碣石, 綿亙山谷且三千里, 分軍屯守, 烽堠相望."

39 『통전』 권178 「주군(州郡)」 8 〈평주〉 '노룡현'조. "漢肥如縣有碣石山, 碣然而立在海旁故名之. 晉太康地志同秦築長城所起自此碣石."

40 譚其驤 主編, 『中國歷史地圖集』 第5冊－隋·唐·五代十國時期, 地圖出版社, 1982, pp. 32~33 참조.

선의 영토가 아니었으므로 위만조선의 도읍지였을 수는 없다. 그러므로 고조선의 도읍지 후보 가운데 하나가 된다.

여기서 두 가지 의문점이 등장한다. 첫째는 요동군은 서한의 영토였는데 그곳에 고조선의 도읍지가 있을 수 있는가 하는 점이다. 둘째는 요서군에는 서광이 말한 창려의 험독이 있었고 요동군에도 응소가 말한 험독이 있었는데 서로 접경을 하고 있었던 요동군과 요서군에 고조선의 도읍지로 추정되는 험독이 각각 따로 존재했을까 하는 점이다.

첫 번째의 의문은 다음과 같이 설명된다. 고조선과 중국의 국경은 여러 번의 변동이 있었다. 고조선 후기에는 난하 유역이 국경이 되었지만 난하보다 서쪽 즉 중국 지역으로 국경이 이동해 있었던 때도 있었다. 따라서 서한의 요동군 지역 일부나 전부가 고조선의 영토에 포함되던 때가 있었던 것이다. 예컨대 『사기』「조선열전」에 의하면 서한은 건국 후 고조선과의 국경을 서한 지역으로 후퇴했는데 그곳은 이전에도 국경이었던 지역이었다.[41]

두 번째 의문에 대해 필자는 다음과 같이 생각한다. 서광이 말한 요서군의 험독과 응소가 말한 요동군의 험독은 동일한 곳이었을 것인데 어느 때엔가 행정구역을 조정하는 과정에서 험독이 요서군에서 요동군으로 옮겨졌을 것이다. 그렇게 생각하는 이유는 『한서』「지리지」를 보면 요동군에는 험독현이 있으나 요서군에는 그러한 명칭이 없기 때문이다.

앞에서 언급한 바와 같이 『요사』「지리지」와 『대청일통지』에도 험독

---

41 『사기』 권115 「조선열전」. "漢興爲其遠難守, 復修遼東故塞, 至浿水爲界, 屬燕." 서한은 기존의 국경이 너무 멀어 지키기 어려우므로 요동고새(遼東故塞)를 다시 수리하고 패수를 경계로 삼았다고 했는 바, 새로 수리한 요동의 요새를 고새(故塞)라고 한 것으로 보아 이곳은 이전에도 국경의 요새로 사용되었음을 알 수 있다.

이 보인다. 이들의 위치를 확인하기 위해 먼저 『요사』「지리지」 기록을 다시 보면,

> 집주 회중군(集州 懷衆軍)은 옛 비리군(陴離郡)의 땅으로서 한(漢)시대에는 험독현에 속했고 고려(고구려)는 상암현(霜巖縣)으로 삼았는데, 발해는 주(州)를 설치하였다.[42]

고 하여 요시대의 집주 회중군은 한시대의 험독에 속해 있었다고 말하고 있다. 『독사방여기요(讀史方輿紀要)』에 의하면 요시대의 집주는 지금의 심양시(沈陽市) 동남 지역이었다고 한다.[43] 그러므로 『요사』「지리지」에 기록된 험독은 심양시 동남 지역에 있었다는 것이 된다. 심양시의 동남에는 본계시(本溪市)가 있는데, 이곳이 『요사』「지리지」가 말하는 험독이었을 것으로 필자는 보고 있다. 그 이유는 본계시에 조선령(朝鮮嶺)이라는 지명이 남아 있기 때문이다.[44] 이곳은 기자조선이나 위만조선이 위치해 있었던 지역이 아니었으며 근세조선의 영토도 아니었다. 이곳에 조선이라는 지명이 남아 있을 수 있는 역사적 인연은 고조선(단군조선)뿐인데, 조선이라는 지명이 지금까지 남아 있다는 것은 고조선에서 그만큼 중요한 곳이었다는 것을 의미한다. 그러므로 지금의 본계시도 고조선의 도읍지일 가능성이 있는 곳 가운데 하나가 된다.

이제 『대청일통지』에 나타난 험독의 위치를 확인하기 위해 그곳에 관한 기록을 다시 보면, "험독구성(險瀆舊城)이 광령현 동남에 있는데 한

---

42 주 15와 같음.

43 『독사방여기요』「산동」 〈요동도지휘사사(遼東都指揮使司)〉.

44 『滿洲及朝鮮地圖』, 大阪什字屋出版部, 大正 2(1913) 참조.

시대에는 현으로서 요동군에 속해 있었다."[45]고 하여 청시대의 광령 동남이 험독이었다고 말하고 있다. 이와 동일한 내용이 『독사방여기요』에서도 보인다. 그런데 청시대의 광령은 대릉하 동부 연안에 위치한 지금의 북진(北鎭)이다.[46] 그러므로 지금의 북진 동남에 또 하나의 험독이 있었다는 것이 된다. 이곳도 고조선의 도읍지일 가능성이 있는 곳 가운데 하나이다.

『요사』와 『대명일통지』에서는 심양 동남의 험독과 광령 동남의 험독을 한시대의 요동군에 속해 있던 현이었다고 말하고 있지만 이것은 잘못된 것이다. 왜냐하면 서한 무제가 위만조선을 멸망시키기 전의 서한 영토는 난하를 넘지 못했으며 무제가 한사군을 설치함으로써 그 영토가 지금의 요하에 이르렀기 때문이다. 그 후에도 서한의 행정구역인 요동군은 난하 하류 유역에 있었다. 그러므로 지금의 요하 유역이나 대릉하 유역이 한의 요동군에 속해 있었을 수는 없다. 아마도 이곳들에 험독이라는 지명이 있는데 『한서』「지리지」에는 〈요동군〉에 험독현이 있었던 것으로 기록되어 있으므로 이곳을 한의 요동군 지역으로 잘못 인식했던 것 같다. 심양과 광령은 상당히 멀리 떨어져 있는데, 이 두 곳이 모두 한의 요동군에 속해 있었다는 것도 성립될 수 없다.

이상 고증한 바를 종합해보면 지금의 난하 하류 동부 유역에 위만조선의 도읍이었던 왕검성(왕험성)이 있었으며 고조선의 도읍이었을 것으로 추정되는 검독(험독)은 세 곳으로 확인되었는데, 그 위치는 지금의 난하 유역, 본계시 지역, 북진 동남 지역이었다.

---

45 주 16과 같음.

46 앞 책, 『中國歷史地圖集』 第8册-淸時期, 1987, pp. 10~11.

4. 고조선 도읍지 이동의 배경

앞의 고찰에서 위만조선의 도읍은 왕검성이었으며 그 위치는 난하 하류 동부 유역이었다는 점은 분명해졌다. 그러나 세 곳으로 확인된 검독이 고조선의 도읍지였는지는 아직까지는 분명하게 말하기 어렵다. 그러므로 이를 확실히 하기 위해서는 고조선으로 하여금 천도(遷都)하도록 만들었던 당시의 상황들을 밝혀내고, 그 상황이 위에서 밝혀진 검독들의 위치에 고조선이 도읍할 수밖에 없도록 만들었다는 사실을 확인하는 작업이 필요할 것이다.

이미 알려진 고조선시대의 역사적 사건 가운데 고조선으로 하여금 천도를 하게 했을 추측 가능한 사건들을 열거해보면 첫째, 고조선의 영토 팽창에 따라 새로운 지역을 통치하기 위해서, 둘째, 서부 변경에 기자 일족이 이주해 와 거수국으로 자리를 잡음에 따라서, 셋째, 서부 지역에서 위만조선이 건국된 후 그 영토를 확장함에 따라서, 넷째, 고조선이 쇠퇴함에 따른 영토의 축소로 인해서 등과 같은 네 가지를 들 수 있을 것이다.

이 가운데 『삼국유사』에서는 기자와 관계된 고조선의 천도 사유가 확인된다. 『삼국유사』 〈고조선〉조에는,

> 나라를 다스린 지 1,500년 주나라 호왕(무왕)이 즉위한 기묘년(서기전 1122)에 기자를 조선에 봉하니 단군은 곧 장당경으로 옮겼다가 뒤에 아사달로 돌아와 은거하여 산신이 되었다.[47]

---

47 『삼국유사』 권1 「기이」 〈고조선〉조. "御國一千五百年, 周虎(武)王卽位己卯, 封箕子於朝鮮, 壇君乃移於藏唐京, 後還隱於阿斯達爲山神."

는 기록이 있다. 주나라 무왕이 기자를 조선에 봉했다는 것은 중국의 천자가 천하를 다스려야 한다는 중국식 표현이다. 사실은 기자가 조국인 상나라가 주족에 의해 멸망되자 조선으로 망명했는데, 그 소식을 들은 주나라 무왕이 기자를 죄인으로 처리하지 않고 조선에 거주하는 것을 공인했던 것이다.[48]

여기서 중요한 것은 기자 일족이 조선으로 망명 오니 고조선의 통치자인 단군이 장당경으로 도읍을 옮겼다는 것이다. 기자 일족의 이주가 고조선으로 하여금 천도를 하도록 만들었던 것이다. 필자는 기자 일족이 고조선의 변경인 난하 하류 유역으로 망명한 후 그곳에 자리를 잡고 고조선의 거수국이 되었다고 본 바 있다.[49] 그런데 기자 일족이 이주해 옴에 따라 고조선이 도읍을 옮겼다면 당시에 고조선의 도읍은 기자 일족이 이주해 온 지역에 있었거나 그곳으로부터 멀지 않은 지역에 위치해 있었을 것이다. 기자 일족의 망명지와 고조선의 도읍이 멀리 떨어져 있었다면 굳이 기자 일족의 망명으로 고조선이 도읍을 옮길 필요가 없었을 것이기 때문이다.

그렇게 본다면 해답은 분명해진다. 우선 기자 일족의 망명지를 확인하고 그 지역이나 그 지역에서 멀지 않은 곳에 위치해 있었던 검독을 찾으면 당시 고조선의 도읍이 될 것이기 때문이다. 그런데 앞에서 위만

---

48 『상서대전』 권2 「은전」 〈홍범(洪範)〉조에는 다음과 같이 기록되어 있다.
"무왕이 은나라를 이기고 공자(公子) 녹부[祿父 : 제신(帝辛)의 아들]로 하여금 왕실을 계승하게 하고 기자가 갇혀 있는 것을 풀어주었다. 기자는 주나라에 의해 석방된 것을 참을 수 없어 조선으로 도망하였다. (주나라의) 무왕은 그 소식을 듣고서 그를 조선에 봉하였다(武王勝殷, 繼公子祿父, 釋箕子之囚, 箕子不忍爲周之釋, 走之朝鮮. 武王聞之, 因以朝鮮封之)."

49 윤내현, 「고조선의 국가 구조」 『겨레문화』 6, 한국겨레문화연구원, 1992, pp. 95~98. 『고조선 연구』 하 제2편 제1장 제1절 「고조선의 국가 구조」 참조.

조선의 도읍이었던 왕검성이 난하 하류 동부 유역에 있었던 것으로 확인되었다. 위만은 기자의 후손인 준왕의 정권을 빼앗아 나라를 세웠으므로 위만조선의 도읍인 왕검성은 바로 기자조선의 국읍(國邑)[50]이었을 것이다. 다시 말하면 위만조선의 왕검성이 있었던 난하 하류 동부 유역은 기자 일족이 거주했던 곳이었던 것이다.[51]

그런데 난하 유역인 서한의 요동군 지역에 고조선의 도읍이었을 것으로 추정되는 검독이 있었다. 즉 기자조선이 위치해 있었던 곳과 가까운 지역에 검독이 위치해 있었던 것이다. 이곳이 고조선의 도읍이었고 고조선이 기자 일족을 받아들여 그들을 난하 하류 유역에 거주하게 하고 거수국으로 삼았다면 고조선은 도읍을 기자조선으로부터 다소 떨어진 동쪽으로 옮길 수밖에 없었을 것이다.

이렇게 보면 난하 유역에 있었던 검독은 기자 일족이 이주해 오기까지의 고조선 도읍으로서 『삼국유사』 〈고조선〉조에 기록되어 있는 백악산아사달이었다. 그리고 기자 일족이 이주해 오자 옮겨 간 동쪽의 검독은 장당경이 되는 것이다. 앞에서 고증한 검독의 위치 가운데 난하 하류 유역의 검독으로부터 동쪽으로 다소 떨어진 거리에 있는 검독은 대릉하 동부 유역에 위치한 오늘날의 북진 동남이다. 이곳이 장당경이 되는 것이다.

기자 일족의 이주 후 고조선이 대릉하 동부 유역인 지금의 북진 동남에 도읍하고 있었다면 다시 한 번 천도해야만 하는 상황에 직면했을 것이다. 그것은 서한 무제에 의한 한사군 설치였다. 서한 무제는 위만조선

---

50 고조선에서는 거수국의 도읍을 국읍이라 불렀다.

51 기자조선의 위치에 대해서는 주 49의 논문 참조.
이 책의 제1편 제5장 제1절 「위만조선과 한사군의 위치」 참조.

을 멸망시킨 후 위만조선이 위치해 있었던 지금의 요서 지역에 낙랑·임둔·진번·현도 등의 한사군을 설치했다.

앞에서 말한 바와 같이 위만은 기자의 후손인 준왕으로부터 정권을 빼앗아 나라를 세웠는데, 그 후 중국 서한의 외신이 되어 영토를 확장했다. 그러한 상황에 대해 『사기』「조선열전」은,

> 효혜(孝惠)와 고후(高后) 때를 맞이하여 천하가 처음으로 안정되니 요동태수는 바로 (위)만을 외신으로 삼기로 약속하고 국경 밖의 오랑캐들을 막아 변경을 노략질하지 못하도록 할 것이며, 여러 오랑캐들의 군장(君長)들이 들어와 천자를 알현하고자 하거든 금지시키지 말도록 하였다. 이 보고를 듣고서 천자가 그것을 허락하니, 이로써 (위)만은 군사적 위엄과 재정적 기반을 갖춘 후 그 주변의 작은 마을들을 쳐서 항복을 받으니 진번(眞番)과 임둔(臨屯)도 모두 와서 복속되어 (그 영토가) 사방 수천 리가 되었다.[52]

고 전하고 있다. 위만은 고조선의 서부 변경 거수국이었던 기자조선의 정권을 빼앗아 위만조선을 건국한 후 영토를 확장했는데 당시에 위만은 서한의 외신이 되어 있었다. 그러므로 그가 영토를 확장하기 위해 쳐들어간 지역은 서한의 영토였을 수는 없으며 고조선의 영토였던 것이다. 그런데 위만조선의 영토는 대략 지금의 대릉하 유역까지 확장되었던 것으로 보인다.

---

52 『사기』 권115 「조선열전」. "會孝惠·高后時天下初定, 遼東太守卽約滿爲外臣, 保塞外蠻夷, 無使盜邊, 諸蠻夷君長欲入見天子, 勿得禁止. 以聞, 上許之, 以故滿得兵威財物侵降其旁小邑, 眞番·臨屯皆來服屬, 方數千里."

위만조선의 강역에 대해서는 구체적인 기록이 없다. 그러나 위만조선이 멸망하고 그 지역에 설치된 한사군의 영역을 통해 위만조선의 강역을 추정할 수 있다. 한사군은 난하 유역과 갈석산으로부터 동쪽으로 지금의 요하에 이르렀는데, 가장 동쪽에 위치해 있었던 현도군은 요하 서부 유역에 있었던 것으로 확인된다.[53]

그런데 한사군은 모두 동일한 시기에 설치되었던 것이 아니다. 서한 무제는 원봉 2년(서기전 108)에 위만조선을 멸망시키고 그 지역에 낙랑·진번·임둔 등 3군을 설치했고, 1년 후인 원봉 3년(서기전 107)에 현도군을 설치했다.[54] 즉 서한 무제는 위만조선을 멸망시킨 후 그 지역에 낙랑·진번·임둔을 설치하고 여세를 몰아 위만조선 밖의 새로운 지역을 쳐들어가 그곳에 현도군을 설치했던 것이다. 이때 서한 무제가 쳐들어간 지역은 고조선이었다. 따라서 현도군은 위만조선 영역 밖 고조선의 영토에 설치되었으므로 현도군의 영역을 제외한 지역이 위만조선의 강역이었다. 이렇게 보면 위만조선의 강역은 대체로 난하와 갈석산으로부터 대릉하까지로 추정된다.[55]

그러므로 위만조선이 영토를 확장한 시기에 고조선의 서부 영토는 대릉하까지로 축소되었던 것이다. 대릉하 동부 유역 지금의 북진 동남 지역은 아직까지는 고조선의 영토였으므로 도읍을 그대로 유지할 수 있었을 것이다. 그런데 위만조선이 멸망되고 요하까지의 지역에 한사군이 설치되자 북진 지역은 서한의 영토에 들어가게 되었다. 따라서 고조선

---

53 윤내현, 「한사군의 낙랑군과 평양의 낙랑」 앞 책 『한국고대사신론』, pp. 305~343. 이병두, 「요동·현도군의 위치」, 『백산학보』 제37호, 백산학회, 1990, pp. 5~26.

54 이병도·김재원, 『한국사-고대편』, 을유문화사, 단기 4292(1959), pp. 151~152.

55 앞 글, 「한사군의 낙랑군과 평양의 낙랑」, p. 309 참조.

은 다시 동쪽으로 천도하지 않으면 안 되었을 것이다. 이때의 천도는 현도군이 설치된 서기전 107년 무렵이었을 것이다. 앞에서 말한 바와 같이 대릉하 동부 유역 지금의 북진 동남에 있었던 고조선의 도읍은 장당경이었는데, 『삼국유사』 〈고조선〉조에 의하면 장당경으로부터 천도한 곳은 아사달이었다.

그런데 『삼국유사』 〈고조선〉조에는 이때의 천도에 대해 표현하기를, "단군은 아사달로 돌아왔다."[56]고 했다. 단군이 아사달로 돌아왔다고 표현한 것으로 보아 아사달은 이전에도 고조선이 도읍했던 곳이었음을 알 수 있다. 『삼국유사』 〈고조선〉조에는 고조선에 관한 내용으로 『위서』와 『고기』가 인용되어 있는데, 『고기』를 인용한 부분에는 고조선의 도읍명으로 평양성 · 백악산아사달 · 장당경 · 아사달이 보여 고조선이 장당경으로부터 아사달로 천도하기 이전의 도읍명으로서 아사달은 보이지 않는다. 그러나 『위서』를 인용한 부분에는 고조선의 초기 도읍이 아사달이었다고 기록되어 있다. 이로 보아 고조선이 장당경으로부터 옮겼던 아사달은 『위서』가 말한 고조선 초기의 도읍과 같은 곳이었을 것으로 생각된다.

그러므로 고조선의 도읍은 『고기』가 말한 평양성 · 백악산아사달 · 장당경 · 아사달에 『위서』가 말한 아사달이 추가되어야 한다. 그리고 『고기』에서 말한 고조선의 마지막 도읍지인 아사달과 『위서』가 말한 아사달은 동일한 곳이었다는 것이 된다. 이 가운데 백악산아사달과 장당경의 위치는 이미 확인되었으므로 평양성과 아사달 두 곳의 위치만 미확인으로 남아 있는 셈이다. 그리고 중국 문헌에 검독(험독)으로 기록된 것 가운

---

56 주 5 참조.

데 난하 유역의 검독과 대릉하 서부 연안의 북진 동남의 검독은 이미 백악산아사달과 장당경으로 확인되었고 요하 동부 유역 본계시 지역의 검독 하나만 확인되지 않은 상태이다. 고조선의 도읍은 두 곳이 미확인으로 남아 있는데 검독은 하나만 남아 있는 상태인 것이다. 그러므로 이를 충족하기 위해서는 고조선의 도읍 가능 지역 한 곳이 더 필요하다. 필자는 그곳을 지금의 평양으로 보고자 한다.

그렇게 보는 데는 다음과 같은 이유가 있다.

첫째로 문헌의 기록이다. 『삼국유사』 〈고조선〉조에는 고조선의 첫 번째 도읍지로 아사달과 평양성 두 곳이 등장한다.[57] 그런데 『삼국유사』의 저자인 일연은 주석하기를 아사달은 경(經 : 산해경)에는 무엽산이라 했고 또 백주에 있는 백악이라고도 하며 개성 동쪽에 있는 백악궁이라고도 한다고 말하고,[58] 평양성은 당시의 서경이었다고 했다.[59] 일연이 살았던 고려시대의 서경은 지금의 평양이었다. 따라서 일연은 아사달에 대해서는 분명한 인식을 갖고 있지는 않았으나 평양성은 지금의 평양으로 인식했음을 알 수 있다. 이러한 기록에 근거하여 그 후 많은 학자들은 고조선의 위치를 지금의 평양을 중심으로 한 대동강 유역으로 보아왔다.

이병도는 백악은 지금의 평양을 말하는 것으로서 아사달과 평양성은 지금의 평양에 대한 다른 명칭이었을 것으로 보았다. 그리고 지금의 평

---

57 『삼국유사』 권1 「기이」 〈고조선〉조. "魏書云, 乃往二千載, 有壇君王儉, 立都阿斯達." "古記云, …… 號曰壇君王儉, 以唐高(堯)卽位五十年庚寅, 都平壤城, 始稱朝鮮."

58 『삼국유사』 권1 「기이」 〈고조선〉조 아사달에 대한 주석. "經云無葉山, 亦云白岳在白州地, 或云在開城東今白岳宮是."

59 『삼국유사』 권1 「기이」 〈고조선〉조의 평양성에 대한 저자 자신의 주석. "今西京."

양은 고조선 초기의 아사달사회였을 것으로 본 바 있다.[60] 이러한 사실은 일연의 주석과 같이 지금의 평양이 바로 고조선의 평양성이었는지는 분명하게 알 수가 없지만 그곳이 한때 고조선의 중심지였을 가능성을 시사한다.

둘째는 평양 지역에 초기의 고인돌이 많이 분포되어 있다는 점이다. 평양을 중심으로 40킬로미터 안에 들어오는 지역에는 수천 개의 고인돌이 있어 평양 지역은 한국에서 가장 많은 고인돌이 분포되어 있는 지역이다. 평양 지역 고인돌의 특징은 100~200개의 고인돌들이 무리를 이루고 있다는 것이다. 그리고 초기의 고인돌부터 중기와 후기에 이르기까지 다양한 형식들이 보인다.[61] 특히 평양 지역에서 발견된 초기의 고인돌은 다른 지역에서는 흔히 보이지 않는 것이다. 그런데 고인돌은 청동기시대의 유물이므로 이러한 것들은 평양 지역이 청동기시대 초기에 정치와 문화의 중심지였을 가능성을 말해준다.

셋째는 최근에 발굴된 단군릉의 연대이다. 단군릉의 연대는 지금으로부터 5,011년 전이라고 발표되었다.[62] 이 연대는 『삼국유사』와 『제왕운기』에 기록된 고조선 건국 연대인 서기전 2333년보다 너무 앞선다. 그리고 단군릉에서는 금동 유물이 출토되었다고 하는데 지금까지 한반도와 만주 지역에서 발견된 가장 이른 시기의 청동기 유적 연대인 서기전 2500년[63] 무렵에 비해 단군릉의 연대는 이보다 너무 앞선다. 따라서 이

---

60 이병도, 「단군설화의 해석과 아사달문제」 앞 책 『한국고대사연구』, p. 27~43.

61 석광준, 「평양은 고대문화의 중심지」 앞 책 『조선고고연구』, 1994년 제1호, pp. 17~20.

62 김교경·전영수, 「강동군 단군릉에서 발굴된 사람뼈에 대한 절대년대 측정 결과에 대하여」 위 책, pp. 11~16.

63 지금의 요서 지역에는 하가점하층문화(풍하문화라고도 부른다)라는 초기 청동기문화가 있는데, 방사성탄소연대측정에 의하면 그 유적 가운데 가장 연대가 올라가는 지주산 유적은

무덤이 단군왕검릉일 것인지는 의문이 제기될 수 있다. 그러나 이 무덤이 매우 이른 시기 지배신분의 무덤일 가능성은 있다.

이상과 같은 문헌에서 얻어진 내용과 평양의 고고 자료들은 평양 지역이 일반적으로 고조선의 건국 연대라고 믿어져온 서기전 2333년보다 앞선 청동기시대 초기에 정치와 문화의 중심지였을 가능성을 말해주고 있다.

그런데 고조선은 원래 한반도와 만주에 있었던 많은 고을나라들 가운데 하나였는데 주변의 고을나라들을 병합하여 고조선을 건국했다. 그러므로 한반도와 만주 전 지역을 병합하기까지는 상당한 기간의 영역 확장 과정이 있었을 것이다. 그 시기에도 고조선은 강력한 정치권력이 형성되어 있었을 것이다. 그런데 고조선의 국명인 조선은 아침 땅을 의미하는 아사달에서 왔을 것으로 보고 있으므로[64] 조선이라는 국명을 사용하기 전에는 고을나라의 명칭으로 아사달을 사용했을 것이다. 그것은 고을나라의 명칭이면서 또한 도읍의 명칭이었을 가능성이 있다. 아마도 고조선은 고을나라시대에는 아사달로 불렸을 것인데, 한반도와 만주 전 지역을 아우르는 넓은 영토를 가진 국가로 성장한 후 중국과 교류를 시

서기전 2410년 무렵인 것으로 나타났다. 그리고 전라남도 영암군 장천리와 경기도 양평군 양수리의 청동기문화 유적에서도 방사성탄소연대측정에 의해 서기전 1950 · 2190 · 1980년이라는 연대를 얻었는데, 이 연대의 교정연대는 서기전 2650~2300년 무렵으로 한반도의 청동기문화 유적 가운데 가장 이르다. 그러므로 한반도와 만주의 청동기문화 개시 연대를 대략 서기전 2500년으로 볼 수 있을 것이다.

中國社會科學院考古硏究所 編著, 『中國考古學中碳十四年代數據集』, 文物出版社, 1983, p. 24.

최성락, 『영암 장천리 주거지』 2, 목포대 박물관, 1986, p. 46.

Chan Kirl Park and Kyung Rin Yang, "KAERI Radiocarbon Measurements Ⅲ" *Radiocarbon*, vol. 16, No. 2, 1974, p. 197.

64 이병도, 앞 글 「단군설화의 해석과 아사달문제」, pp. 40~41.

작하면서 아사달을 한자로 표기한 조선이라는 명칭을 사용하게 되었을 것으로 생각된다.

따라서 지금의 평양은 문헌에서 확인된 내용이나 초기 고인돌 유적들의 성격으로 보아 조선이라는 명칭을 사용하기 전의 아사달고을나라의 도읍이었을 것으로 생각된다. 그렇게 보면 고조선이 장당경으로부터 도읍을 옮긴 마지막 도읍 아사달도 지금의 평양이었다는 것이 된다. 그리고 지금의 요하 동부 유역의 본계시 지역의 검독은 조선이라는 명칭을 사용한 후의 첫 번째 도읍인 평양성이었다는 것이 된다.

지금까지 고찰한 바를 종합하면 다음과 같은 결론에 도달한다. 고조선은 아사달이라는 명칭을 가진 고을나라가 성장한 국가였다. 아사달고을나라는 지금의 평양에 도읍했는데 도읍명도 아사달이라 불렀다. 아사달고을나라는 세력을 길러 한반도와 만주의 전 지역을 아우르는 큰 국가로 발전했다. 만주 지역까지를 강역으로 장악하게 된 고조선은 새로 영토에 편입된 만주 지역 통치의 편의를 위해 도읍을 지금의 요하 동부 유역 본계시 지역으로 옮겼는데, 이곳이 평양성이었다. 이때부터 고조선은 중국과의 교류 편의상 아사달을 한자화한 조선이라는 국명을 사용하게 되었던 것이다.

고조선은 다시 서쪽의 황하 유역으로 진출을 꾀하면서 황하 유역에서 성장한 여러 나라의 팽창을 막기 위해 당시에 고조선의 서쪽 변경인 지금의 난하 유역으로 도읍을 옮겼다. 이곳이 백악산아사달이었다. 그런데 서기전 12세기 무렵에 기자 일족이 서주로부터 난하 하류 유역으로 망명해 오자 그들을 거수국으로 삼아 서부 변경을 그들에게 맡기고 대릉하 동부 유역 지금의 북진 동남으로 도읍을 옮겼는데, 그곳이 장당경이었다. 그리고 서한 무제가 위만조선을 멸망시키고 지금의 요서 지역에 한사군을 설치하자 서기전 107년 무렵에 다시 도읍을 동쪽으로 옮기지 않을 수 없었는데, 그곳은 아사달고을나라시대의 도읍이었던 지금의 평양이었다. 이곳이 고조선의 마지막 도읍지인 아사달이었다.

5. 마치며

『삼국유사』〈고조선〉조에는 고조선의 도읍지 명칭으로 아사달·평양성·백악산아사달·장당경·아사달이 보인다. 그리고 중국의 고대 문헌에는 고조선의 도읍지였을 것으로 추정되는 검독(험독)과 위만조선의 도읍지였던 왕검성(왕험성)이 보인다. 검독과 왕검성의 지리적 위치를 고증한 결과 왕검성의 위치는 위만조선의 건국지와 일치했으며 검독들은 고조선이 강역 변화와 정치 상황으로 인해 천도했을 것으로 추정되는 곳과 일치했다.

따라서 고조선의 중심지 변천에 대한 고찰을 통해 다음 두 가지 사실을 한층 더 분명하게 확인할 수 있었다. 첫째,『삼국유사』〈고조선〉조에 기록된 다섯 곳의 도읍명은 사실과 부합된다. 둘째, 문헌을 통해 확인된 고조선의 강역 변화나 정치 상황의 변화도 사실이었음이 확인된다. 이것들이 사실이 아니었고 후대에 꾸며진 것이라면 서로 일치할 수 없을 것이기 때문이다.

지금까지 고증한 고조선의 도읍지 위치와 천도하게 된 경위를 보면 다음과 같다. 고조선은 원래 아사달이라는 명칭을 가진 고을나라였는데, 그 도읍명도 아사달로서 고을나라 이름과 동일했다. 당시의 도읍은 지금의 평양이었다. 다시 말하면 고조선은 원래 지금의 한반도 북부에서 출발한 고을나라였던 것이다. 그런데 아사달고을나라는 그 강역을 만주 지역까지 넓히게 됨에 따라 도읍을 지금의 요하 하류 동부 유역에 있는

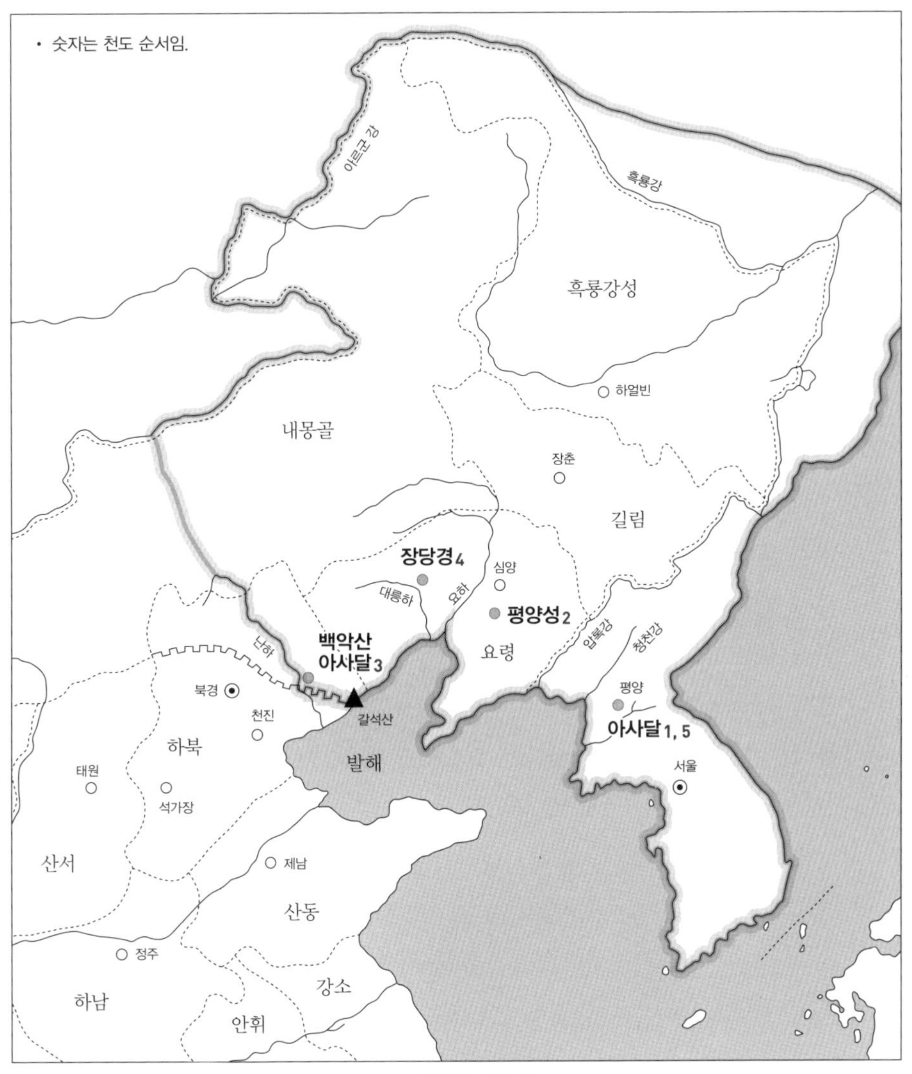

• 숫자는 천도 순서임.
아르군 강
흑룡강
흑룡강성
하얼빈
내몽골
장춘
길림
장당경 4
심양
대릉하
요하
평양성 2
압록강
청천강
요령
난하
백악산
아사달 3
북경
천진
갈석산
평양
아사달 1, 5
하북
발해
태원
석가장
서울
산서
제남
산동
정주
하남
강소
안휘

고조선의 도읍지

요령성 본계시 지역으로 옮겼는데, 이곳이 평양성이었다. 이때 황하 유역의 나라들과 교류를 갖게 되면서 아사달의 뜻을 한자로 표기한 조선이라는 국명을 사용하기 시작했던 것 같다.

고조선은 계속 서쪽으로 영토를 넓혀 지금의 난하 너머까지 판도에 넣게 되었다. 이때 황하 유역으로의 진출을 꾀하고 황하 유역의 세력들이 팽창해 오는 것도 견제하기 위해 지금의 난하 유역으로 도읍을 옮겼는데, 이곳이 백악산아사달이었다. 그런데 기자 일족이 서주로부터 고조선의 서부 변경인 난하 하류 유역으로 망명해 오자 고조선은 이들을 난하 하류 유역에 거주하도록 하고 거수국을 삼아 국경의 수비를 맡기고 지금의 대릉하 동부 유역 북진 동남 지역으로 도읍을 옮겼는데, 이곳이 장당경이었다.

그런데 그 후 위만이 서한으로부터 난하 하류 유역으로 망명하여 기자의 후손인 준왕으로부터 정권을 빼앗고 기자조선의 도읍이었던 왕검성에 도읍한 후 서한의 외신이 되어 영토를 지금의 대릉하 유역까지 확장했다. 그리고 서한 무제가 위만조선을 멸망시키고 지금의 요하까지의 요서 지역에 한사군을 설치하는 사태가 발생했다. 이렇게 되자 고조선은 더 이상 대릉하 동부 연안의 장당경에 도읍을 할 수 없게 되어 다시 동쪽으로 도읍을 옮기게 되었는데, 그곳은 고조선이 고을나라시대에 도읍했던 지금의 평양으로서 아사달이었다.

이상과 같은 상황으로 보아 고조선이 처음으로 아사달인 지금의 평양에 도읍했던 시기는 고을나라시대로서 고조선의 건국 연대인 서기전 2400~2300년 이전이며, 평양성인 지금의 요령성 본계시 지역에 도읍했던 시기는 고조선이 조선이라는 명칭을 사용하기 시작한 서기전 2400~2300년 무렵부터였을 것이다. 그리고 백악산아사달인 지금의 난하 유역에 도읍했던 시기는 기자가 망명 온 서기전 1100년 무렵 이전이며, 장당경인 지금의 대릉하 동부 유역 북진 동남 지역에 도읍했던 시기는 기자가 망명 온 서기전 1100년 무렵부터 한사군이 설치된 서기전 108년까지이고, 고조선이 도읍을 다시 아사달인 지금의 평양으로 옮긴 것은 현도군이 설치된 서기전 107년 무렵부터 고조선이 붕괴되기까지였을 것이다.

古朝鮮研究

제5장 ◉ 위만조선 · 한사군 · 창해군

I 위만조선과 한사군의 위치

1. 들어가며

고조선(단군조선)의 역사를 바르게 인식하려면 기자조선과 위만조선, 한사군의 위치를 밝혀, 이들이 고조선과 어떤 관계에 있었는지를 확인할 필요가 있다. 이 글은 이들의 위치를 고증하는 데 목적이 있다.

고조선(단군조선)과 기자조선·위만조선·한사군의 관계에 대한 그동안의 통설은 이들이 수직적인 계승 관계에 있었다고 보아왔다. 즉 고조선(단군조선)→기자조선→위만조선→한사군의 순서로 역사가 전개되었다는 것이다. 국사 교과서나 한국사 개설서 등에 서술된 내용을 보면 위의 체계 가운데 기자조선에 대해서는 직접 언급을 하고 있지 않지만 기자의 후손인 준왕을 고조선의 마지막 왕으로 서술하고 위만이 그로부터 정권을 빼앗아 위만조선을 건국했다고 기술하고 있으므로 실제로는 기자조선을 인정한 것이 된다.

그런데 위와 같은 종래의 체계가 통용되고 있으면서도 이들의 위치에 대한 고증은 거의 행해진 바가 없었다. 지난날 통용된 것을 의심하지 않고 그대로 답습해왔던 것이다. 한사군의 위치에 대해서도 기본 사료를 통한 근본적인 검토가 이루어지지 않았다. 그러한 상황에서 일본인들이 대동강 유역에서 중국의 유물을 발견하고 그곳이 한사군의 낙랑군 지역이라고 발표하자 그것을 의심하지 않고 받아들였다.

유물은 여러 가지 이유로 생산된 곳을 떠나 다른 지역에서 출토될 수 있는 것이다. 그러므로 그러한 유물이 어떤 연유로 그곳에서 출토되었는지를 설명하는 데는 조심성이 필요하다. 더욱이 그 유물이 출토된 지역에 관한 문헌 기록이 있을 때에는 그것을 참고하지 않으면 안 된다. 지금도 낙랑군의 성격이나 유물에 대한 연구가 학자들에 의해 진행되고 있지만, 위치 고증은 하지 않은 채 대동강 유역을 낙랑군의 위치로 일단 인정하고 논리를 전개하는 경우가 많다.[1] 이러한 연구 자세는 가장 기본적인 문제를 해결하지 않은 것으로 바람직하지 않다. 대동강 유역이 한사군의 낙랑군이 아니었다면 그곳에서 출토된 유물은 낙랑군의 유물이 될 수 없으며, 다른 명칭이 붙어야 한다.

기자조선과 위만조선, 한사군의 지리적 위치는 함께 고찰되지 않으면 안 된다. 그리고 결과는 모두가 같은 곳으로 나타나야 한다. 이 가운데 어느 하나의 위치만을 고증하고 그 결과만을 고집해서는 안 될 것이다. 왜냐하면 이들은 서로 계승 관계에 있기 때문이다. 만약 이들의 위치를

---

1 권오중, 『낙랑군연구』, 일조각, 1992.
Hyung Il Pai, "Culture Contact and Culture Change : the Korean Peninsula and its Relations with the Han Dynasty Commandery of Lelang" *World Archaeology* vol. 23 No. 3, 1992, pp. 306~319.
권오중과 배형일의 논문은 낙랑군의 성격과 유물에 관한 것이며, 낙랑군의 위치를 고증한 것은 아니지만, 그들은 서론에서 낙랑군이 한반도에 있었다고 언급하고 있다.

고증한 결과 어느 하나라도 위치가 동일한 곳으로 나타나지 않는다면 그 고증에는 문제가 있는 것으로 보아야 한다.

중국의 고대 문헌에는 기자조선·위만조선·한사군의 위치를 확인할 수 있는 기록이 충분히 남아 있다. 필자는 그러한 기본 사료들을 통해 이들의 위치를 분명하게 밝히고 한사군의 위치를 한반도와 남만주 일대로 잡은 종래의 통설이 갖는 문제점을 지적하고자 한다. 이 작업은 기자조선·위만조선·한사군 자체에 대한 연구일 뿐만 아니라 고조선의 실체를 정확하게 인식하는 데 있어서도 중요한 의미를 지닐 것이다.

2. 기자조선·위만조선·한사군의 관계

위만조선과 한사군의 위치를 밝히기 위해서는 먼저 기자조선과 위만조선, 한사군의 상호 관계를 확인하는 작업이 필요하다. 왜냐하면 이들은 서로 계승 관계에 있었던 것으로 전해오는데, 그것이 사실이라면 이들은 동일한 지역에 위치해야 하기 때문이다. 우선 기자라는 인물부터 고찰해보자.

기자는 중국 상 왕실의 후예로서 기(箕)라는 제후국에 봉해졌던 자(子)라는 작위를 가진 제후였다. 상나라의 갑골문에서는 기자가 기후(箕侯)라는 칭호로 나타난다.[2] 상나라에는 제후의 작위로서 후(侯)·백(伯)·자(子)·부(婦) 등이 있었는데 후(侯)가 대표적인 작위였으므로 기자는 기후(箕侯)라고도 불렸던 것이다. 기자는 고대 중국의 여러 문헌에

2 윤내현, 「기자신고」 『한국고대사신론』, 일지사, 1986, pp. 213~214.

보일 뿐만 아니라 당시의 기록인 갑골문에서도 보이므로 실존했던 인물임에 틀림없다. 기자의 성은 자(子)였고 이름은 서여(胥餘)였다.[3] 고대 중국에서 작위는 사회 신분을 나타내는 것으로서 장자에게 대대로 세습되었기 때문에 역사상 기자는 한 사람이 아니라 여러 사람이었다. 이러한 여러 명의 기자 가운데 한국사와 관계를 맺고 있는 기자는 상나라와 주나라 교체기에 살았던 인물로서 주나라 초기에 조선으로 망명했다는 기자 서여인 것이다.

기자는 비간(比干) · 미자(微子) 등과 더불어 상나라 말기에 있었던 세 사람의 어진 인물 가운데 한 사람이었다고 한다.[4] 상나라 마지막 왕인 제신(帝辛 : 주왕)이 포악한 정치를 하자 비간이 이를 간하다가 죽음을 당했고 미자는 도망갔으며 기자는 거짓으로 미친 척하다가 감옥에 갇혔다. 그런데 주 무왕이 상나라를 무너뜨리고 서주를 건국한 후 그의 동생 소공(召公) 석(奭)을 시켜 기자를 감옥에서 풀어주었다.[5] 그러나 기자는 그의 조국이 망하고 주 무왕에 의해 감옥에서 풀려나게 된 것을 부끄럽게 여겨 조선으로 망명했다는 것이다.

그러한 사연에 대해 『상서대전』에는 다음과 같이 적혀 있다.

> 무왕이 은나라를 이기고 공자(公子) 녹부(祿父 : 제신의 아들)로 하여금 왕실을 계승하게 하고 기자가 갇혀 있는 것을 풀어주었다. 기자는 주나라에 의해 석방된 것을 참을 수 없어 조선으로 도망하였다. (주나라의)

---

3 『사기』 권38 「송미자세가」에 주석으로 실린 『사기색은』. "기(箕)는 나라이고 자(子)는 작위이다. 사마표는 말하기를 기자의 이름은 서여(胥餘)라 했다(箕, 國也 · 子, 爵也. 司馬彪曰, 箕子名胥餘)."

4 『논어』 「미자(微子)」. "微子去之, 箕子僞之奴, 比于諫而死. 孔子曰, 殷有三仁焉."

5 『사기』 권4 「주본기」. "武王爲殷初定未集, ……, 已而命召公釋箕子之囚."

> 무왕은 그것을 듣고서 그를 조선에 봉하였다. 기자는 이미 주나라로부터 봉함을 받았으므로 신하의 예(禮)가 없을 수 없어서 (무왕) 13년에 내조(來朝)하였는데, 무왕은 그가 내조한 기회를 이용하여 홍범(洪範)에 대해서 물었다.[6]

고 했다. 위의 내용에서 알 수 있듯이 기자는 서주 무왕의 봉함을 받고 조선으로 온 것이 아니라 스스로 망명했는데, 후에 무왕이 그것을 듣고 그를 봉했다는 것이다. 그러므로 여기서 봉했다는 뜻은 기자가 서주를 버리고 망명한 행위를 죄로 다루지 않고 조선에 거주하도록 인정해주었다는 의미로 받아들여야 할 것이다. 그리고 위의 인용문에 의하면 기자가 조선으로 망명한 시기는 서주 초였으므로 서기전 12세기 말 무렵[7]이었음을 알 수 있는데, 이는 고조선(단군조선) 중기에 해당한다.

고려 말과 조선시대의 유학자들은 서주 무왕에 의해 기자가 조선에 봉해졌다는 내용을 중국의 천자가 기자를 조선에 봉했다면, 그것은 기자가 조선 전체의 통치자가 되었음을 의미할 것이라고 받아들였다. 이에 따라 고조선(단군조선)의 뒤를 이어 기자조선이 있었던 것으로 한국 고대사를 체계화했다. 그러나 그러한 체계에는 큰 오류가 있다. 기자가 고조선 전체의 통치자가 되었는지 그렇지 않았는지를 확인하기 위해 먼저 기자가 망명한 곳이 조선의 어느 지역이었는지를 밝히는 작업이 이루어졌어야 했다. 조선은 고조선의 국명이었으므로 그 변방이나 중앙이

---

6 『상서대전』 권2 「은전」 〈홍범〉. "武王勝殷, 繼公子祿父, 釋箕子之囚, 箕子不忍爲周之釋, 走之朝鮮. 武王聞之, 因以朝鮮封之. 箕子旣受周之封, 不得無臣禮, 故於十三祀來朝, 武王因其朝而問洪範."

7 상과 서주가 교체된 시기는 서기전 12세기 말 무렵이었다.

모두 조선으로 불렸을 것이기 때문이다. 그러나 그러한 작업은 행해진 바가 없다.

기자와 그의 후손들은 고조선 영토의 서부 변경에 위치하여 정치세력을 형성하고 중국인들에게 '조선후(朝鮮侯)'라고 불리고 있었다. 다음에 보게 되겠지만 기자와 그의 후손들은 그들과 국경을 접하고 있던 중국의 연나라와는 관계가 원만하지 못했다. 그러나 토착세력인 고조선(단군조선)과 관계가 좋지 않았다는 기록은 발견할 수 없다. 단지 『삼국유사』에 기자가 망명 오니 단군은 도읍을 장당경으로 옮겼다는 기록[8]이 있을 뿐이다. 그런데 기자의 40여 세대 후손인 준왕 때에 이르러 위만에게 정권을 빼앗기게 되었다. 이에 대해서는 『후한서』 「동이열전」 〈예전〉에,

> 옛날에 무왕은 기자를 조선에 봉했는데, ……, 그 후 40여 세대 후손인 조선후(朝鮮侯) 준(準)에 이르러 스스로 왕이라 칭하였다. 서한 초에 나라가 크게 어지러우니 연·제·조의 사람들로서 피난하여 그곳으로 간 사람들이 수만 명이나 되었는데, 연 사람 위만은 준(準)을 격파하고 스스로 조선의 왕이 되었다.[9]

고 했고, 『삼국지』 「동이전」 〈예전〉에는,

> 옛날에 기자가 조선으로 갔었는데, ……, 그 후 40여 세대 후손인 조선후

---

8 『삼국유사』 권1 「기이」 〈고조선〉조. "御國一千五百年, 周虎(武)王卽位己卯, 封箕子於朝鮮, 壇君乃移於藏唐京."

9 『후한서』 권85 「동이열전」 〈예전〉. "昔武王封箕子於朝鮮, ……, 其後四十餘世, 至朝鮮侯準, 自稱王. 漢初大亂, 燕·齊·趙人往避地者數萬口, 而燕人衛滿擊破準而自王朝鮮."

> 준이 외람되이 왕이라 칭하였다. 진승(陳勝) 등이 일어나 천하가 진제국에 반기를 드니 연·제·조의 백성들로서 조선 땅으로 피난 간 사람이 수만 명이나 되었다. 연 사람 위만은 머리를 틀어올리고 오랑캐 옷을 입고 와서 그들의 왕이 되었다.[10]

고 했다. 이러한 기록들은 준왕이 기자의 40여 세대 후손이었음을 말해주고 있다. 그리고 위만이 준왕으로부터 정권을 빼앗아 위만조선을 건국했음도 알게 해준다.

위만이 준왕으로부터 정권을 빼앗는 과정에 대해서는 『위략』에 비교적 자세하게 실려 있다. 즉,

> 『위략』에 이르기를, 옛날 기자의 후손인 조선후는 주나라가 쇠퇴한 것을 보고 연나라가 스스로 높여 왕이라 하고 동쪽의 땅을 침략하고자 하므로 조선후 또한 스스로 칭하여 왕이라 하고 군사를 일으켜 거꾸로 연나라를 공격함으로써 주 왕실을 받들고자 하였다. ……, 그 후 자손들이 점차 교만하고 포학해지니 연나라는 곧 장수 진개를 파견하여 그 서방을 공격하고 땅 2천여 리를 빼앗아 만번한에 이르러 경계로 삼으니 조선은 마침내 약화되었다. 진나라가 천하를 병합함에 이르러 몽염을 시켜 장성을 쌓았는데 요동에 이르렀다. 이때 조선왕 부(否)가 즉위하였는데, 진(秦)나라가 그를 습격할까 두려워하여 진나라에 복속하는 체하고 조회는 받아들이지 않았다. 부가 사망하니 그의 아들 준(準)이 즉위하였다. 20여 년이

---

10 『삼국지』 권30 「동이전」 〈예전〉. "昔箕子既適朝鮮, ……, 其後四十餘世, 朝鮮侯準僭號稱王, 陳勝等起, 天下叛秦, 燕·齊·趙民避地朝鮮數萬口. 燕人衛滿, 魋結夷服, 復來王之."

지나 진승과 항우가 일어나 천하가 어지러우니 연·제·조의 백성들이 어려움으로 고통스러워 점차 도망하여 준에게로 갔는데 준은 곧 그들을 서방에 거주하도록 하였다. 한나라가 노관을 연왕(燕王)으로 삼음에 이르러 조선과 연의 경계는 패수가 되었다. 노관이 (서한에) 반기를 들고 흉노로 들어감에 이르러 연 사람 위만도 망명했는데, 오랑캐 옷을 입고 동쪽으로 패수를 건너 준에게로 나아가 항복하고 준을 설득하여 서쪽 경계에 살게 해달라고 하였다. 그렇게 해주면 중국 망명인들을 모아 조선의 울타리가 되겠다고 하였다. 준은 그를 믿고 총애하여 박사(博士)로 제수하고 규(圭)를 하사하고 백 리의 땅에 봉(封)하여 서쪽 변경을 수비하도록 명하였다. 위만은 망명인들을 유치하여 무리를 만들었는데, 무리가 점차 많아지자 곧 사람을 보내어 준에게 거짓으로 보고하기를, 한(漢)나라 병사들이 열 개의 길로 쳐들어오고 있으니 들어가 궁궐을 지키겠다고 말하고는 마침내 거꾸로 준을 공격하였다. 준은 만을 맞아 싸웠으나 적수가 되지 못하였다.[11]

고 했다. 이러한 『위략』의 기록에 의하면 부왕과 준왕은 모두 기자의 후

---

11 『삼국지』 권30 「동이전」 〈한전〉에 주석으로 실린 『위략』. "魏略曰, 昔箕子之後朝鮮侯, 見周衰, 燕自尊爲王, 欲東略地, 朝鮮侯亦自稱爲王, 欲興兵逆擊燕以尊周室. 其大夫禮諫之, 乃止. 使禮西說燕, 燕止之, 不攻. 後子孫稍驕虐, 燕乃遣將秦開攻其西方, 取地二千餘里, 至滿番汗爲界, 朝鮮遂弱. 及秦幷天下, 使蒙恬築長城, 到遼東. 時朝鮮王否立, 畏秦襲之, 略服屬秦, 不肯朝會. 否死, 其子準立. 二十餘年而陳·項起, 天下亂, 燕·齊·趙民愁苦, 稍稍亡往準, 準乃置之於西方. 及漢以盧綰爲燕王, 朝鮮與燕界於浿水. 及綰叛, 入匈奴, 燕人衛滿亡命, 爲胡服, 東度浿水, 詣準降, 說準求居西界, 收中國亡命爲朝鮮藩屛. 準信寵之, 拜爲博士, 賜以圭, 封之百里, 令守西邊. 滿誘亡黨, 衆稍多, 乃詐遣人告準, 言漢兵十道至, 求入宿衛, 遂還攻準. 準與滿戰, 不敵也."

손이었으며 준왕은 부왕의 아들이었다. 그런데 현재 통용되고 있는 국사 교과서와 한국사 개설서 대부분은 부왕과 준왕을 고조선의 왕으로 서술하고 있다. 따라서 그들이 말하는 고조선은 기자조선을 말하는 것인지 단군조선을 말하는 것인지 분명하지가 않다. 위의 사료를 따른다면 그 내용은 분명히 기자조선이 되어야겠지만 저자들의 의도는 단군조선을 말한 것처럼 보인다.

일부 학자들은 부왕이나 준왕은 기자의 후손이 아닐 것인데, 중국인들이 주변의 이민족을 중국인의 후손인 것처럼 꾸며 동화시키기 위한 방편으로 그들을 기자의 후손이라고 기록했을 것이라고 주장한다. 그러한 주장은 종래에 통용되어온 단군조선(마지막 왕을 준왕으로 잘못 인식) → 위만조선 → 한사군 등은 계승 관계에 있었다는 고대사 체계를 그대로 유지하기 위한 것이다. 그러한 주장을 하는 근거는 기자로부터 부왕에 이르기까지 40여 대에 걸친 인물의 이름이 기록에 보이지 않으므로 신빙성이 없다는 것이다. 그러한 주장은 설득력이 없다. 예컨대 "윤내현은 고산 윤선도의 12대 후손이다."라고 말했을 때 고산부터 윤내현에 이르기까지 개개인의 이름을 밝히지 않았다고 해서 윤내현은 고산의 후손이 아니라고 할 수 있겠는가? 역사 기록에서 필요하지 않은 내용은 생략되는 경우가 많다. 그러므로 부왕이나 준왕이 기자의 후손이 아니라는 주장이 성립되기 위해서는 두 가지의 분명한 근거가 제시되어야 한다. 첫째는 부왕과 준왕이 기자의 후손이 아니라는 더 확실한 자료를 찾아야 하고, 둘째는 부왕과 준왕이 단군왕검의 후손이라는 근거도 제시되어야 한다. 그러한 자료는 아직까지 발견된 바 없다.

위의 인용문 내용에서 본 바와 같이 위만은 기자의 40여 세대 후손인 준왕으로부터 정권을 빼앗아 위만조선을 건국했다. 그런데 위만의 망명 시기는 연왕 노관이 서한에 반기를 들고 흉노로 들어간 것과 때를 같이

하고 있다. 그러므로 노관이 흉노로 망명한 서기전 195년을 일반적으로 위만의 망명 연대로 잡고 있다.[12] 위만은 망명 후 오래지 않아 준왕으로부터 정권을 빼앗은 것으로 보이지만 위만조선의 건국 연대에 대해서는 분명한 기록이 없다. 그러나 『사기』「조선열전」에는 서기전 180년에 이미 위만조선이 건국되어 있었던 것으로 기록되어 있으므로 위만조선의 건국은 서기전 195년부터 180년 사이였던 것이다.[13]

위만은 서기전 180년 무렵에 이르러 서한의 요동군 태수를 통해 서한의 외신이 되었다.[14] 위만이 서한의 외신이 된 것은 큰 세력으로 성장하는 서한과 마찰을 일으키고 싶지 않기도 했을 것이고, 그들의 도움을 받아 고조선 지역의 토착세력을 제압하기 위한 방편이었을 수도 있다. 위만은 서한의 외신이 된 후 주변의 토착세력들을 침략하여 영토를 확장했다. 이렇게 세력을 키운 위만조선은 위만의 손자인 우거왕에 이르러는 그의 군주국인 서한에 대해서도 충성을 보이지 않았다.

이러한 우거왕의 태도를 트집 잡아 서한 무제는 위만조선을 침략했다. 서한이 우거왕의 태도를 문제 삼은 것은 침략의 명분이었을 뿐이다.

---

12 노관이 흉노로 망명한 연대는 『사기』 권93 「한신노관열전(韓信盧綰列傳)」 〈노관전(盧綰傳)〉을 참조할 것.

13 『사기』 권115 「조선열전」에 "會孝惠·高后時天下初定, 遼東太守卽約滿爲外臣."이라 했는데, 효혜·고후시대는 서기전 195~180년이다.
고후는 혜제 때에도 섭정을 했고 혜제가 사망한 후에는 혜제의 어린 아들 공(恭)과 홍(弘)에게 서기전 188~180년까지 각각 4년씩 소제(少帝)라는 칭호를 주고 자신이 정무를 총괄했다. 그런데 혜제·고후시대라는 표현을 혜제의 재위 기간만을 말하는 것으로 보고 서기전 188년까지로 잡는 견해도 있다. 그러나 혜제 시기만을 말하려고 했다면 굳이 고후를 언급할 필요가 없었을 것이며, 혜제는 황제였지만 공(恭)과 홍(弘)은 황제로 즉위하지 못했고 고후가 정무를 총괄했으므로 고후시대는 일반적으로 공(恭)과 홍(弘)의 시대인 서기전 180년까지로 보고 있다.

14 위의 『사기』「조선열전」.

실제로는 당시에 서한은 건국 초기의 국가적 어려움을 벗어나 사회적으로 안정을 얻었고 경제적으로 튼튼한 기반을 닦아 대외적으로 국위를 과시하기 위해 여러 나라를 침략했다. 북쪽으로는 흉노, 남쪽으로는 남월(南越), 동북쪽으로는 위만조선의 침략 등이 그것이었다.

서한 무제의 침략을 받은 위만조선의 우거왕은 그들을 맞아 거세게 항거했으나 1년 여에 걸친 전쟁 끝에 결국 패하고 말았다. 이에 대해서는 『사기』「조선열전」에 자세히 기록되어 있는데, 그 끝 부분을 보면,

> 원봉(元封) 3년 여름에 이계상(尼谿相) 삼(參)이 곧 사람을 시켜 조선왕 우거를 죽이고 와서 항복하였다. 왕험성(왕검성)은 아직 함락되지 않았으므로 우거의 대신인 성기(成已)가 또 반항하여 다시 군리(軍吏)를 공격하였다. 좌장군은 우거의 아들 장강(長降)과 상(相) 노인(路人)의 아들 최(最)를 시켜 그 백성들을 타이르도록 하고 성기를 죽임으로써 마침내 조선은 평정되었고, 네 개의 군(郡)이 되었다.[15]

고 기록되어 있다. 위만조선은 서한 무제 원봉 3년(서기전 108)에 멸망했으며 위만조선의 영토는 서한의 행정구역이 되어 그 지역에 네 개의 군이 설치되었다는 것이다. 이것이 바로 한사군이다. 위만조선이 멸망될 당시에 『사기』의 저자인 사마천은 서한의 사관(史官) 자리에 있었다. 그러므로 『사기』「조선열전」은 사건 당시에 쓰인 것으로 사료로서의 가치가 매우 높다 할 것이다.

---

15 『사기』 권115 「조선열전」. "元封三年夏, 尼谿相參乃使人殺朝鮮王右渠來降. 王險城未下, 故右渠之大臣成已又反, 復攻吏. 左將軍使右渠子長降·相路人之子最告諭其民, 誅成已, 以故遂定朝鮮, 爲四郡."

『사기』「조선열전」에는 한사군이 설치되었다고만 했을 뿐 명칭에 대해서는 언급하지 않았다. 그러나 그 후 동한시대에 반고가 편찬한 『한서』「조선전」에는 한사군의 명칭이 기록되어 있다. 즉,

> 좌장군은 우거의 아들 장강과 상 노인의 아들 최를 시켜 그 백성들을 타이르도록 하고 성기를 죽이니, 이로써 마침내 조선은 평정되고 진번·임둔·낙랑·현도의 네 개 군이 되었다.[16]

고 했다. 이와 같이 한사군은 위만조선 멸망 후 그 지역에 설치되었다.

그러나 한사군은 모두가 동시에 설치되지는 않았던 것으로 보인다. 낙랑·진번·임둔 세 개의 군이 먼저 설치되고 현도군은 그보다 1년 늦게 설치되었던 것 같다. 『한서』「오행지」에 "(이전에 양복과 순체) 두 장군은 (위만)조선을 정벌하고 세 개의 군을 열었다."[17]고 기록되어 있는데, 같은 책 「지리지」를 보면 "낙랑군은 무제 원봉 3년에 열었고"[18] "현도군은 무제 원봉 4년에 열었다."[19]고 기록되어 있다. 한사군 가운데 진번과 임둔은 설치된 후 오래지 않아 폐지되었기 때문에 『한서』「지리지」에는 진번과 임둔은 보이지 않고 낙랑과 현도에 대해서만 기록되어 있다. 따라서 위의 『한서』「오행지」와 「지리지」의 기록을 종합해보면 낙랑·진번·임둔의 세 군은 위만조선이 멸망된 무제 원봉 3년(서기전 108)

---

16 『한서』 권95 「서남이양월조선전(西南夷兩粵朝鮮傳)」〈조선전〉. "左將軍使右渠子長降·相路人子最告諭其民, 誅成已, 故遂定朝鮮爲眞番·臨屯·樂浪·玄菟四郡."

17 『한서』 권27 중지하(中之下) 「오행지」 제7 중지하. "元封六年秋, 蝗, 先是, 兩將軍定朝鮮, 開三郡."

18 『한서』 권28 하 「지리지」 하 〈낙랑군〉. "武帝元封三年開."

19 위의 「지리지」 하 〈현도군〉. "武帝元封四年開."

에 설치되었고 현도군은 1년 후인 원봉 4년(서기전 107)에 설치되었음을 알 수 있다. 아마도 위만조선을 멸망시키고 그 지역에 낙랑·진번·임둔의 세 군을 설치한 후 여세를 몰아 위만조선 밖의 접경 지역을 치고 그곳에 현도군을 설치했던 것으로 생각된다.[20] 따라서 현도군은 위만조선의 영역 밖에 설치되었다고 보아야 할 것이다.

지금까지 살펴본 바와 같이 위만조선은 위만이 기자의 40여 세대 후손인 준왕으로부터 정권을 빼앗아 건국했고 한사군은 서한 무제가 위만조선을 멸망시키고 그 지역에 설치했다. 다시 말하면 기자조선과 위만조선, 한사군은 수직적인 계승 관계에 있었다. 따라서 이들은 같은 지역에 위치해 있어야 한다. 그러므로 이들의 지리 고증 결과가 어느 하나라도 동일한 지역으로 나타나지 않는다면 그 지리 고증에는 문제가 있는 것이다. 그러므로 이들이 동일한 지역으로 나타나지 않은 것을 합리화하고자 한다면, 그와 같이 다른 지역으로 나타나야 하는 이유를 사료에 근거하여 설명하지 않으면 안 된다.

3. 기자조선·위만조선·한사군의 위치

앞에서 본 바와 같이 기자조선과 위만조선, 한사군은 동일한 지역에 위치했어야 한다. 그러므로 이를 확인하기 위해 기자조선의 위치부터 차례로 고찰해보겠다.

앞에서 인용한 『상서대전』 내용에서 확인된 바와 같이 서주 초기에

---

20 이병도, 「현도군고(玄菟郡考)」『한국고대사연구』, 박영사, 1981, pp. 169~170.

기자는 조선으로 망명했는데, 『한서』 「지리지」 〈낙랑군〉 '조선현'조를 보면 조선현에 대해 동한의 학자 응소는 주석하기를 "무왕은 기자를 조선에 봉했다."[21] 고 했다. 낙랑군 조선현에 주 무왕이 기자를 봉했다는 것이다. 기자가 조선으로 망명한 시기는 서주 초인 서기전 12세기 말경이었고 한사군이 설치된 것은 서기전 108년이었다. 그러므로 응소가 말한 내용은 한사군의 낙랑군 조선현은 바로 옛날에 기자가 망명하여 거주했던 곳이라는 의미이다. 이 주석은 기자조선·위만조선·한사군은 계승 관계였으므로 동일한 곳에 위치해야 한다는 앞의 결론과 일치한다.

이러한 사실은 『진서』 「지리지」에서 다시 한 번 확인된다. 『진서』 「지리지」 〈낙랑군〉 '조선현'조를 보면 저자 자신의 주석으로, "(조선현은) 주나라가 기자를 봉했던 땅이다."[22] 라고 했다. 이 기록은 『한서』 「지리지」의 응소 주석에 한사군의 낙랑군 조선현은 기자가 봉해졌던 곳이라고 한 것이 사실임을 다시 확인시켜준다. 그리고 낙랑군 조선현의 위치가 서한시대부터 진(晉)시대까지 변하지 않았음도 알게 해준다.

낙랑군 조선현의 위치가 서한시대부터 진시대까지 변하지 않았음은 『위서』 「지형지(地形志)」의 기록에서도 확인된다. 『위서』 「지형지」 〈북평군(北平郡)〉 '조선현'조를 보면,

> 조선(현)은 이한(二漢 : 서한과 동한)부터 진(晉)시대까지는 낙랑(군)에 속하였으나 그 후 없앴다. 연화(延和) 원년(서기 432)에 조선의 주민들을 비여(肥如)(현)으로 옮겨 다시 설치하여 (북평군에) 속하게 하였다.[23]

---

21 『한서』 권28 하 「지리지」 하 〈낙랑군〉 '조선현'. "應劭曰, 武王封箕子於朝鮮."

22 『진서』 권14 「지리지」 상 〈낙랑군〉 '조선현'. "朝鮮, 周封箕子地."

23 『위서』 권106 상 「지형지」 상 〈북평군〉 '조선현'. "朝鮮, 二漢·晉屬樂浪, 後罷. 延和

고 했다. 즉 조선현은 서한시대부터 진(晉)시대까지는 낙랑군에 속해 위치에 변화가 없었으나 북위의 연화(延和) 원년인 서기 432년에 조선현의 주민들을 비여현으로 옮기고 북평군에 속하게 했다는 것이다. 이 기록은 조선현이 낙랑군에서 북평군으로 옮겨졌음을 말하고 있는 것이다.

이때 조선현을 옮겨 설치한 것은 고구려에 의한 낙랑군의 축출과 관계가 있다. 중국은 서진(서기 265~317) 말기부터 북방 민족의 남하로 혼란을 겪게 되었는데, 이 기회를 이용하여 서기 313년에 고구려는 낙랑군을 축출했다. 그 후 동진시대의 중국 북방은 흉노·선비·갈(羯)·저(氐)·강(羌) 등의 북방 민족이 16개가 넘는 정권을 세우는 혼란이 계속되다가 북위가 중국 북부를 통일했다. 북부를 통일하고 사회 안정을 회복한 북위는 당시의 북평군 비여현(지금의 난하 유역)에 조선현을 다시 설치했던 것이다.

낙랑군의 조선현은 일찍이 기자 일족이 망명해 와서 자리했던 곳이며 후에 한사군의 낙랑군 조선현이 된 곳이기 때문에 조선현의 위치를 확인하면 기자 일족이 망명하여 거주했던 조선과 한사군의 대체적인 위치를 알 수가 있다. 조선현의 위치를 알 수 없다고 하더라도 낙랑군에 속해 있던 현 가운데 어느 하나만이라도 정확한 위치를 확인할 수 있다면 조선현은 그곳과 가까운 지역에 있었을 것이기 때문에 그 대체적인 위치를 알 수 있을 것이다.

낙랑군에 속해 있던 현 가운데 위치를 정확하게 확인할 수 있는 것으로 수성현이 있다. 『진서』「지리지」〈낙랑군〉조를 보면 낙랑군에는 조선·둔유(屯有)·혼미(渾彌)·수성(遂城)·누방(鏤方)·사망(駟望) 등의 현

元年徙朝鮮民於肥如, 復置, 屬焉."

이 있었는데, 수성현에 대해 저자 자신의 주석으로 "진(秦)나라가 쌓은 장성이 일어난 곳이다."[24]라고 기록했다. 조선현과 함께 낙랑군에 속해 있던 수성현에서 진제국이 쌓은 장성(이른바 만리장성)이 시작되었다는 것이다. 수성현에서 진제국이 쌓은 장성이 시작되었음은 진(晉)시대에 저술된 『태강지리지』에서도 확인된다. 『사기』 「하본기」에 주석으로 실린 『사기색은』에, "『태강지리지』에 이르기를 낙랑(군)의 수성현에는 갈석산이 있는데 장성이 시작된 곳이다."[25]라고 기록되어 있다고 했다. 『태강지리지』는 낙랑군 수성현에서 진제국의 장성이 시작되었다는 사실과 함께 그곳에 갈석산이 있음을 말해주고 있다. 바꾸어 말하면 갈석산이 있는 곳은 진제국의 장성이 시작된 곳이며 아울러 낙랑군의 수성현 지역이기도 하다는 것이다.

진제국의 장성이 갈석산 지역에서 시작되었다는 기록은 『진서』 「당빈전」과 『통전』에서도 보인다. 『진서』 「당빈전」에,

> 마침내 옛 경계를 개척하니 물리친 땅이 천 리였다. 진장성의 요새를 다시 수리하였는데 온성으로부터 갈석에 미쳤으며 산곡을 이어 뻗친 것이 거의 3천 리였는데 군사를 나누어 주둔시켜 지키게 하고 봉화대가 서로 바라보이도록 하였다.[26]

고 기록되어 있다. 그리고 『통전』 「평주」 〈노룡현〉조에는,

---

24 『진서』 권14 「지리지」 상 〈낙랑군〉 '수성현'. "遂城, 秦築長城之所起."

25 『사기』 권2 「하본기」의 "夾右碣石, 入于海"의 갈석에 대한 주석으로 실린 『사기색은』. "太康地理志云, 樂浪遂城縣有碣石山, 長城所起."

26 『진서』 권42 「당빈전」. "遂開拓舊境, 卻地千里. 復秦長城塞, 自溫城泊于碣石, 綿亙山谷且三千里, 分軍屯守, 烽堠相望."

> 한(漢)의 비여현에 갈석산이 있는데 바닷가에 우뚝 서 있어서 그 이름을 얻었다. 진(晉)의 『태강지(리)지』에는 진(秦)제국이 쌓은 장성이 갈석으로부터 일어났다고 하였다. 지금의 고려(고구려) 옛 경계에 있는 것은 이 갈석이 아니다.[27]

라고 기록되어 있다. 『통전』의 저자인 두우가 살았던 당시대의 평주 노룡현에 갈석산이 있는데, 그곳에서 진제국이 쌓은 장성이 시작되었다는 것이다. 당시대의 평주는 지금의 난하 하류 유역이었다.[28] 그러므로 갈석산이 있고 진제국의 장성이 시작되었던 낙랑군 수성현은 난하 하류 유역에 있었다는 것이 된다. 그런데 두우는 위 기록에서 고구려의 경계에도 갈석산이 있었던 것처럼 말하고 있다. 그리고 『통전』 〈고구려〉조에서는,

> 갈석산은 한(漢)의 낙랑군 수성현에 있는데 장성이 이곳에서 일어났다. 지금의 증거로 보아 장성은 동쪽으로 요수를 끊고 고려(고구려)로 들어가는데 그 유적이 아직도 남아 있다.[29]

고 하여 낙랑군 수성현에 갈석산이 있고 그곳에서 장성이 시작되었다고 말했다. 두우는 앞의 〈노룡현〉조에서는 갈석산이 한의 비여현(요서군에

---

27 『통전』 권178 「주군(州郡)」 8 〈평주〉 '노룡현'. "漢肥如縣有碣石山, 碣然而立在海旁故名之. 晉太康地志同秦築長城所起自此碣石, 在今高麗舊界非此碣石也."

28 譚其驤 主編, 『中國歷史地圖集』 第5冊－隋·唐·五代十國時期, 地圖出版社, 1982, pp. 32~33 참조.

29 『통전』 권186 「변방(邊防)」 2 〈동이(東夷)〉 하 '고구려'조. "碣石山在漢樂浪郡遂城縣, 長城起於此山, 今驗長城東裁遼水而入高麗, 遺址猶存."

속했음)에 있었다고 말했는데 뒤의 〈고구려〉조에서는 한의 낙랑군 수성현에 있었다고 말하고 있다. 이로 보아 갈석산은 비여현과 수성현 경계에 위치해 있었을 것임을 알 수 있다. 그런데 비여현이 속해 있던 요서군은 원래부터 서한 영토였지만 수성현이 속해 있던 낙랑군은 원래 위만조선의 영토였기 때문에 갈석산은 위만조선이 멸망하기 전에는 서한과 위만조선의 국경에 위치해 있었음을 알 수 있다.

그런데 두우는 위의 『통전』 〈고구려〉조에 스스로 주석하기를,

> 생각건대 『상서(尙書)』에 이르기를 "협우갈석입어하(夾右碣石入於河)"라 하였는데 우갈석(右碣石)은 바로 강으로부터 바다로 향하는 곳으로 지금의 북평군(北平郡) 남쪽 20여 리이다. 그렇다면 고려(고구려) 가운데에 있는 것은 좌갈석(左碣石)이 된다.[30]

라고 설명하여 갈석산은 우갈석과 좌갈석이 있는 것처럼 말하고 있다. 그가 그렇게 본 것은 『상서』에 보이는 "夾右碣石入於河"를 "우갈석을 끼고 강으로 들어간다."고 해석하여 우갈석이 있었다면 좌갈석도 있었을 것으로 본 것이다. 그러면서도 좌갈석의 정확한 위치는 언급하지 않았다. 그런데 대부분의 학자들은 위의 『상서』 구절을 두우와는 달리 "갈석을 오른쪽으로 끼고 강으로 들어간다."고 해석하여 산의 명칭을 우갈석으로 읽지 않고 갈석으로 읽는다. 그렇다면 우갈석과 좌갈석 두 개의 갈석은 존재하지 않았고 갈석 하나만 있었을 뿐인데 두우가 잘못 해석한 것이 아닌가 하는 생각이 든다.

---

30 위의 『통전』 '고구려'조의 주석. "按尙書云, 夾右碣石入於河, 右碣石卽河赴海處, 在今北平郡南二十餘里, 則高麗中爲左碣石."

그런데 두우가 고구려에 좌갈석이 있었다고 말한 것을 따라 진제국의 장성이 시작된 곳은 고구려 영토 안에 있었던 좌갈석이었을 것이라고 보는 학자들이 있다.[31] 그렇게 주장하는 학자들은 진제국의 장성이 지금의 요동 지역 즉 압록강 유역까지 뻗어 있었다고 보고 있다. 그러나 지금까지 고구려 영토 안에서 갈석산은 확인된 바가 없다. 그리고 설사 좌갈석을 인정한다고 하더라도 위에 인용된 『통전』의 내용들을 보면 두우 자신은 진제국의 장성이 시작된 갈석은 우갈석으로 당시대의 평주 노룡현에 있었다고 말하고 있다. 평주는 그전에는 북평군이었는데 지금의 난하 하류 유역에 위치해 있었다.[32]

낙랑군 수성현의 위치를 분명히 하기 위해 그곳에 있었던 갈석산을 다른 기록들을 통해 확인해볼 필요가 있을 것이다. 진제국이 국경선상에 쌓았던 장성이 그곳에서 시작되었으므로 이 갈석산은 국경선상에 위치해 있었어야 한다.

이러한 사실은 다음의 기록들에서 확인된다. 『사기』 「효무본기(孝武本紀)」에는 서한 무제가 동부와 북부 변경을 순행한 사실을 기록하면서,

> 천자가 마침내 태산(泰山)에서 봉선(封禪)을 마치자 바람과 비, 재앙이 없어졌다. ……. 천자는 마침내 그곳을 떠났는데, 해상을 따라 북쪽으로 갈석에 이르러 요서로부터 순행하여 북변(北邊)을 거쳐 구원(九原)에 이르렀다.[33]

---

31 노태돈, 「고조선 중심지의 변천에 대한 연구」 『한국사론』 23–변태섭박사정년기념호, 서울대 사학과, 1990, pp. 13~15.

32 주 27·28 및 앞 책, 『中國歷史地圖集』 第5冊–隋·唐·五代十國時期, pp. 3~4 참조.

33 『사기』 권12 「효무본기」. "天子旣已封禪泰山, 無風雨菑, ……. 上乃遂去, 竝海上, 北至碣石, 巡自遼西, 歷北邊至九原."

고 했다. 이와 동일한 내용이 『한서』「무제기」에도 실려 있다.[34] 이 갈석산은 『사기』와 『한서』에 기록되어 있는 갈석산이므로 서한시대의 갈석산이다. 그런데 태산은 지금의 산동성에 있다. 산동성에서 바다로 북쪽으로 항해하면 지금의 난하 하류 유역에 이르게 된다. 난하 하류 동부 유역에는 지금도 갈석산이 있다. 바로 난하 하류 동부 유역에 있는 지금의 갈석산이 진제국의 장성이 시작된 낙랑군 수성현의 갈석산이었을 것임을 알 수 있다.

이러한 사실은 『한서』「지리지」〈요서군〉조에서도 확인된다. 서한시대의 요서군에는 비여현을 흐르는 현수(玄水)와 해양현(海陽縣)을 흐르는 용선수(龍鮮水)가 있었는데 현수는 동쪽으로 흘러 유수(濡水)로 들어간 것으로 기록되어 있다.[35] 그리고 『수경주』를 보면 용선수도 유수의 지류였다.[36] 그런데 유수는 난하의 옛 명칭이었다.[37] 따라서 서한시대의 요서군은 지금의 난하 서부 유역에 위치해 있었음을 알 수 있다. 그런데 위의 인용문에서 서한 무제는 갈석산에 도착한 후 요서군으로부터 북부 변경으로 순행을 했으므로 갈석산은 난하 동부 유역에 있었을 것임을 알 수 있다.

난하 하류 동부 유역에 있는 갈석산이 국경선상에 위치해 있었음은 다음과 같은 기록을 통해서도 확인된다. 서한시대에 유향이 편찬한 『설원』의 「변물」편을 보면 춘추시대 초에 제나라 환공이 관중과 더불어 산융과 고죽국을 친 기록이 있는데, 그때 그들은 고죽국에 이르러 요수를

---

34 『한서』 권6 「무제기」. "行自泰山, 復東巡海上, 至碣石, 自遼西歷北邊九原, 歸于甘泉."

35 『한서』 권28 하 「지리지」 하 〈요서군〉조. "肥如, 玄水東入濡水."

36 역도원, 『수경주』 권14 「유수」조.

37 앞 책, 『中國歷史地圖集』 第5册—隋·唐·五代十國時期, pp. 3~4 참조.

건넌 것으로 되어 있다.[38] 당시 산융은 하북성 북부에 있었고 고죽국은 지금의 난하 하류 동부 유역 노룡현 지역에 있었다는 데 학계에 이론이 없다.[39] 따라서 그들이 산융을 치고 고죽국에 이르러 건넜다는 요수는 지금의 난하일 수밖에 없다. 서한시대에 편찬된 『회남자』 「추형훈」에 기록된 요수에 대해 동시대의 학자인 고유는 주석하기를, "요수는 갈석산을 나와 새(塞)의 북쪽으로부터 동쪽으로 흘러 곧게 요동의 서남에 이르러 바다로 들어간다."[40] 고 했다. 서한시대의 요수는 요동군의 서남에 이르러 바다로 들어가는데 그 강은 갈석산에서 나온다는 것이다. 지금의 갈석산 근처를 흐르는 큰 강은 난하밖에 없다. 그러므로 위의 기록들은 서한시대의 요수는 지금의 난하였고 그 유역에 요동군과 갈석산이 있었음을 말해주고 있는 것이다.

서한시대 요서군과 요동군은 국경 지역에 위치해 있었다. 『사기』 「흉노열전」에는 전국시대 연나라가 장성을 쌓은 사실이 있음을 말하면서, "연나라도 장성을 쌓았는데 조양으로부터 양평에 이르렀다. 상곡·어양·우북평·요서·요동군을 설치하였다."[41] 고 했다. 연나라가 쌓은 장성은 후에 진제국이 중국을 통일하고 쌓은 장성의 동부를 형성했다. 서한의 동북부 국경은 서한 무제가 위만조선을 멸망시키고 한사군을 설치하기 전에는 진제국의 그것을 계승하고 있었다. 그러므로 요서군과 요동군은 서한의 동북부 변경에 위치해 있었으며, 그 지역은 난하 유역이었

---

38 『설원』 권18 「변물」편.

39 陳槃, 「不見於春秋大事表之春秋方國稿」 册1 〈孤竹〉. 中央研究院歷史語言研究所, 民國 59(1970), pp. 28~31.

40 『회남자』 권13 「추형훈」. "遼水出碣石山, 自塞北東流, 直遼東之西南入海."

41 『사기』 권110 「흉노열전」. "燕亦築長城, 自造陽至襄平, 置上谷·漁陽·右北平·遼西·遼東郡以拒胡."

음을 알 수 있는 것이다.

지금까지의 고찰로 분명해진 것은 낙랑군 수성현이 지금의 난하 하류 동부 유역에 위치해 있었다는 점이다. 수성현이 난하 하류 유역에 있었다면 낙랑군은 당연히 이 지역을 포괄한 난하 동부 유역에 위치해 있었어야 한다. 그리고 수성현과 함께 낙랑군에 속해 있던 조선현도 난하 동부 유역에 있었어야 한다. 이곳은 바로 그전에 기자 일족이 망명해 와서 거주했던 곳이기도 했다.

기자 일족이 난하 하류 유역에 거주했음을 명확하게 해주는 기록이 『대명일통지』에 보인다. 즉, "조선성(朝鮮城)이 영평부(永平府) 내에 있는데, 전해 내려오기를 기자가 봉함을 받았던 땅이라고 한다."[42]고 기록되어 있는데, 명(明)시대의 영평부는 지금의 난하 하류 유역이었다.[43] 그리고 이러한 사실은 고고 자료로도 확인되었다. 난하 동부 유역인 요령성 객좌현 북동촌(北洞村)에서 기자 일족이 사용했던 청동기가 출토된 바 있다.[44] 위만의 공격을 받아 정권을 빼앗기는 과정에서 기자 일족은 그들이 거주했던 지역을 벗어났을 가능성이 있으므로 그 청동기가 출토된 곳이 바로 기자조선의 중심지였다고 말하기는 어렵겠다. 그러나 기자 일족이 지금의 난하 하류 동부 유역에 거주하고 있었다는 사실을 뒷받침하는 유물임에는 틀림없다.

기자 일족의 기자조선이 지금의 난하 하류 동부 유역에 있었고 위만

---

42 『대명일통지』 권5 「영평부」 〈고적(古蹟)〉조. "朝鮮城在府內, 相傳箕子受封之地."

43 앞 책, 『中國歷史地圖集』 第7冊 一元 · 明時期, 1982, pp. 40~41.

44 喀左縣文化館 · 朝陽地區博物館 · 遼寧省博物館 北洞文物發掘小組, 「遼寧喀左縣北洞村出土的殷周青銅器」『考古』, 1974年 第6期, pp. 364~372.
이형구, 「대릉하 유역의 은말주초 청동기문화와 기자 및 기자조선」『한국상고사학보』 第5호, 한국상고사학회, 1991, pp. 13~15 · 23~27 참조.

조선이 멸망한 후 설치되었던 낙랑군의 조선현도 같은 지역에 있었다면 위만조선도 그곳에 위치해 있었어야 한다. 그러므로 위만조선의 위치를 확인할 필요가 있다. 위만조선의 위치는 서한 무제가 위만조선을 쳐들어간 방향을 통해 알 수 있다. 『사기』 「조선열전」에는 서한의 군대가 위만조선을 쳐들어간 기록이 있는데, "천자는 죄인들을 모집해서 (위만)조선을 공격하였다. 그 가을에 누선장군(樓船將軍) 양복(楊僕)을 파견하여 제(齊)로부터 발해를 항해하였다."[45] 고 되어 있다. 누선(樓船)이란 망대(望臺)가 여러 층으로 되어 있는 함선인데, 양복은 그러한 해군함대를 거느리고 위만조선을 향해 제(지금의 산동성)를 출발하여 발해를 항해했던 것이다. 발해는 당시에도 산동성의 북쪽에 위치하고 있었으므로 지금의 산동성인 제를 출발하여 그 북쪽에 있는 발해를 항해했다면 도달할 수 있는 곳은 난하 하류 유역이 된다. 또 같은 「조선열전」에 "좌장군(左將軍) 순체(荀彘)는 요동에 출격하여 우거(右渠)를 토벌하였다."[46] 고 기록되어 있는데, 서한시대의 요동은 지금의 요하 동부가 아니라 난하 유역이었다. 따라서 위만조선은 지금의 난하 유역에 위치해 있었음을 알 수 있다.

지금까지의 고찰로 기자조선·위만조선·한사군의 낙랑군 등이 모두 지금의 난하 동부 유역에 위치해 있었음이 확인되었다. 기자조선·위만조선·한사군의 낙랑군이 동일한 지역에 위치해 있었다는 사실은 이들이 계승 관계에 있었다는 사실과 일치한다.

---

45 『사기』 권115 「조선열전」. "天子募罪人擊朝鮮, 其秋, 遣樓船將軍楊僕從齊浮渤海."

46 위의 「조선열전」. "左將軍荀彘出遼東, 討右渠." 이 문장 가운데 요동이 요동군을 말한 것이라면 "좌장군 순체는 요동군을 나와 우거를 토벌하였다"고 번역해야 한다. 그렇더라도 일반 의미의 요동 지역은 서한의 요동군에 접한 난하 동부 유역이었기 때문에 위만조선의 위치에는 변함이 없다.

그러나 아직도 해결해야 할 점이 남아 있다. 기자조선이 위치해 있었던 곳은 낙랑군의 조선현 지역이라고 했는데 조선현은 낙랑군에 있었던 25개의 현 가운데 하나였다. 그리고 낙랑군은 한사군 가운데 하나였다. 그러므로 기자조선과 한사군 사이에는 그 영역에 큰 차이가 있었다는 것이 된다. 이러한 현상은 어떻게 일어났는가?

이 점은 다음과 같이 설명된다. 위만이 기자조선의 준왕으로부터 정권을 빼앗아 위만조선을 건국한 후 그 영토를 크게 넓혔던 것이다. 따라서 위만조선이 망하고 그 지역에 설치된 한사군의 면적은 기자조선이 있었던 조선 지역보다는 훨씬 넓었다. 위만조선의 영토 확장에 대해서는 『사기』 「조선열전」에,

> 효혜(孝惠)와 고후(高后)의 때를 맞이하여 천하가 처음으로 안정되니 요동태수는 바로 (위)만을 외신으로 삼기로 약속하고 국경 밖의 오랑캐들을 막아 변경을 노략질하지 못하도록 할 것이며, 여러 오랑캐들의 군장(君長)들이 들어와 천자를 알현하고자 하거든 금지시키지 말도록 하였다. 이 보고를 듣고서 천자가 그것을 허락하니 이로써 (위)만은 군사적 위엄과 재정적 기반을 갖춘 후에 그 주변의 작은 마을들을 쳐서 항복을 받으니 진번과 임둔도 모두 와서 복속되어 (그 영토가) 사방 수천 리가 되었다.[47]

고 했다. 위만은 나라를 세운 후 서한의 외신이 되어 군사와 경제의 기

---

47 『사기』 권115 「조선열전」. "會孝惠·高后時天下初定, 遼東太守卽約滿爲外臣, 保塞外蠻夷, 無使盜邊, 諸蠻夷君長欲入見天子, 勿得禁止. 以聞, 上許之, 以故滿得兵威財物侵降其旁小邑, 眞番·臨屯皆來服屬, 方數千里."

반을 닦은 후 그 주변의 마을들과 진번과 임둔 등의 고조선 거수국[48]들을 침략하여 영토를 확장했던 것이다. 이렇게 해서 위만조선의 영토는 대략 난하와 갈석산으로부터 대릉하에 이르는 넓은 지역으로 확장되었을 것으로 추정된다.

위만조선의 강역에 대해서는 구체적인 기록이 없다. 다음에 확인되겠지만 한사군은 난하 유역과 갈석산으로부터 지금의 요하에 이르렀는데, 가장 동쪽에 위치해 있었던 현도군은 요하 서부 유역에 위치해 있었다. 그런데 앞에서 언급한 바와 같이 현도군은 위만조선 영역 밖에 설치되었으므로 현도군의 영역을 제외한 지역이 위만조선의 강역이었을 것이기 때문에 대체로 난하와 갈석산으로부터 대릉하까지로 추정되는 것이다. 위만조선의 뒤를 이어 설치되었던 한사군이 난하와 갈석산으로부터 그 동쪽 즉 지금의 요서 지역에 설치되어 있었음은 다음의 기록을 통해서도 알 수 있다. 즉 『한서』 「엄주오구주부서엄종왕가전(嚴朱吳丘主父徐嚴終王賈傳)」에,

> 서쪽으로는 여러 나라가 연접하여 안식(安息)에 이르고 동쪽으로는 갈석을 지나 현도와 낙랑으로써 군(郡)을 삼았으며 북쪽으로는 흉노를 만리 밖으로 쫓아 다시 병영(兵營)과 요새(要塞)를 일으켰다.[49]

---

48 『사기』 권115 「조선열전」의 주석으로 실린 『사기색은』에 진번·임둔에 대해 설명하기를 동이(東夷)의 소국들인데 후에 이로써 군(郡)을 삼았다고 했다. 위만은 서한의 외신이었으므로 그가 침략한 지역이 서한 지역이었을 수는 없으며 고조선 영토였을 수밖에 없다. 따라서 그가 침략한 마을들과 진번·임둔은 고조선의 마을들과 거수국들이었던 것이다.
윤내현, 「고조선의 국가 구조」 『겨레문화』 6, 한국겨레문화연구원, 1992, pp. 89~91 참조.
『고조선 연구』 하 제2편 제1장 제1절 「고조선의 국가 구조」 참조.

49 『한서』 권64 하 「엄주오구주부서엄종왕가전」. "西連諸國至于安息, 東過碣石以玄菟·樂浪爲郡, 北卻匈奴萬里, 更起營塞."

고 하여 한사군이 갈석산으로부터 시작되었음을 말하고 있다. 한사군 가운데 진번과 임둔은 설치된 지 26년 만인 서한 소제(昭帝) 시원(始元) 5년(서기전 82)에 폐지되었으므로[50] 위 인용문에서는 낙랑군과 현도군만을 언급하고 있는 것이다.

이상의 기록을 종합해볼 때 한사군은 서한과 위만조선의 국경이었던 갈석산을 기점으로 하여 그 동쪽에 설치되었다. 그런데 낙랑군에 속해 있던 수성현이 갈석산 지역에 있었으므로 낙랑군이 가장 서쪽에 위치해 있었음을 알 수 있다. 그런데 위만은 훗날 낙랑군 조선현이 된 지역에서 기자의 후손인 준왕으로부터 정권을 빼앗아 위만조선을 건국한 후 영토를 넓혀나갔다. 앞에 인용된 『사기』 「조선열전」에 의하면 그 과정에서 위만은 진번과 임둔을 복속시켰다. 따라서 진번과 임둔은 낙랑군보다 동쪽에 위치해야 한다.

그리고 앞에서 확인된 바와 같이 한사군 가운데 현도군은 다른 군들보다 1년 늦게 설치되었는데, 그곳은 위만조선 영역 밖이었다. 위만은 서한과는 반대편인 동쪽으로 영토를 확장했으므로 현도군은 한사군 가운데 가장 동쪽에 위치해 있어야 한다. 그런데 다음에 확인되겠지만 한사군이 설치되어 있던 시대에 지금의 요하 동쪽에는 고조선(단군조선)의 후계 세력들이 자리하고 있었던 것으로 확인되므로 한사군은 지금의 요하 동쪽에는 위치했을 수 없다. 현도군은 지금의 요하 서부 유역에 위치해 있었을 수밖에 없는 것이다.

지금까지의 고찰로 기자조선·위만조선·한사군 등은 난하 동부 유역

---

50 『한서』 권7 「소제기(昭帝記)」 〈시원 5년〉조에는 "罷儋耳·臨屯郡"이라 하여 임둔군만 언급되어 있으나 『후한서』 권85 「동이열전」 〈예전〉에는 "至昭帝始元五年, 罷臨屯·眞番, 以幷樂浪·玄菟"라 하여 임둔과 진번이 함께 폐지되었음을 전하고 있다.

즉 지금의 요서 지역에 위치해 있었음이 확인되었다. 위에서 제시된 근거들은 중국 고대 문헌의 기록들이므로 기본 사료들이다. 따라서 이보다 늦은 시기의 기록이나 중국 유물 출토 등을 근거로 기자조선이나 위만조선, 한사군 등의 위치를 다른 곳으로 잡는 것은 성립될 수 없다. 이러한 결론은 한사군의 위치를 한반도와 지금의 요동 지역으로 본 종래의 통설과는 매우 큰 차이가 있다. 그러므로 이를 확실히 하기 위해 종래의 통설이 어떤 모순을 지니고 있는지를 살펴보겠다.

4. 한사군 위치에 대한 종래 통설의 문제점

한사군의 위치를 종래에는 한반도 북부와 지금의 요동 지역으로 보았다. 그 가운데 낙랑군은 대동강 유역에 위치해 있었을 것으로 보았다. 낙랑군이 대동강 유역에 있었다면 위만조선도 당연히 그 지역에 있었을 것이라고 믿었다. 그러면서도 기자조선이나 위만조선의 위치에 대한 고증은 단 한 번도 행해진 바가 없었다. 일본인들이 대동강 유역을 발굴하고 그곳에서 고대 중국의 유물들과 함께 낙랑·조선 등의 문자가 새겨진 기와와 봉니(封泥)가 출토되었으므로 대동강 유역이 한사군의 낙랑군 지역이었음에 틀림없다고 주장하자 그것을 아무런 의심 없이 받아들였다.

그런데 앞에서 고찰한 바와 같이 중국 고대 문헌에는 한사군이 지금의 요서 지역에 있었던 것으로 나타난다. 그러므로 대동강 유역에서 고대 중국 유물이나 낙랑·조선 등의 문자가 새겨진 기와와 봉니가 출토되었다고 하더라도 그것만으로 문헌에 기록된 내용을 뒤엎을 수는 없다. 유물은 여러 가지 원인으로 그 생산지로부터 이동될 수 있다. 그러므로 유적과 유물에 대한 해석이 문헌에 기록되어 있는 바와 배치되었을 때는 그 해석에 문제가 있는지 그렇지 않은지를 일단 의심해봐야 하는 것이다.

먼저 한사군이 설치되었던 시기의 한반도와 요하 동부 지역의 상황을 보자. 당시 이 지역의 상황은 『후한서』 「동이열전」에 기록되어 있다. 편의상 한반도 남부에 관한 기록부터 살펴보겠다.

> 한(韓)에는 세 종족이 있는데, 첫째는 마한, 둘째는 진한, 셋째는 변진이다. 마한은 서부에 있는데 54국이 있으며 그 북쪽은 낙랑, 남쪽은 왜와 접하였다. 진한은 동쪽에 있는데 12국이 있으며 그 북쪽은 예맥과 접하였다. 변진은 진한의 남쪽에 있는데 또한 12국이 있으며 그 남쪽 또한 왜와 접하였다.[51]

> 예는 북쪽은 고구려·옥저, 남쪽은 진한과 접하였고 동쪽은 큰 바다로 막혔으며 서쪽은 낙랑에 이른다.[52]

> 동옥저는 고구려의 개마대산(蓋馬大山)의 동쪽에 있는데 동쪽은 큰 바닷가이고, 북쪽은 읍루, 부여, 남쪽은 예맥과 접하였다.[53]

---

51 『후한서』 권85 「동이열전」 〈한전〉. "韓有三種, 一曰馬韓, 二曰辰韓, 三曰弁辰. 馬韓在西, 有五十四國, 其北與樂浪, 南與倭接, 辰韓在東, 十有二國, 其北與濊貊接. 弁辰在辰韓之南, 亦十有二國, 其南亦與倭接."

52 위의 「동이열전」 〈예전〉. "濊北與高句驪·沃沮, 南與辰韓接, 東窮大海, 西至樂浪."

53 위의 「동이열전」 〈동옥저전〉. "東沃沮在高句驪蓋馬大山之東, 東濱大海, 北與挹婁·夫餘, 南與濊貊接."

고구려는 요동의 동쪽 천 리에 있는데 남쪽은 조선·예맥, 동쪽은 옥저, 북쪽은 부여와 접하였다.[54]

읍루는 옛 숙신의 나라이다. 부여의 동북 천여 리에 있는데 동쪽은 큰 바닷가이고, 남쪽은 북옥저와 접하였는데, 그 북쪽의 끝나는 곳을 알지 못한다.[55]

부여국은 현도 북쪽 천 리에 있다. 남쪽은 고구려, 동쪽은 읍루, 서쪽은 선비와 접하였으며, 북쪽에는 약수(弱水)가 있다.[56]

고 기록되어 있다. 이 기록들을 종합해보면 지금의 경상남북도와 전라남북도·충청남북도·경기도·황해도 일대에는 한(韓), 강원도 지역에는 예(濊 : 예맥), 평안남도 지역에는 낙랑, 함경도 지역에는 동옥저, 지금의 요동과 평안북도 지역에는 고구려, 길림성 북부와 내몽골자치구 동부 및 흑룡강성 지역에는 부여, 연해주 지역에는 읍루가 위치해 있었음을 알 수 있다.

『후한서』는 중국 동한에 관한 역사서이다. 따라서 위의 내용은 중국 동한시대의 한반도와 요하 동쪽 지역 상황을 말하고 있는 것이다. 그런데 동한은 서기 23년부터 220년까지이다. 위의 인용문에 언급된 여러

---

54 위의 「동이열전」 〈고구려전〉. "高句驪, 在遼東之東千里, 南與朝鮮·濊貊, 東與沃沮, 北與夫餘接."

55 위의 「동이열전」 〈읍루전〉. "挹婁, 故肅愼之國也. 在夫餘東北千餘里, 東濱大海, 南與北沃沮接, 不知其北所極."

56 위의 「동이열전」 〈부여전〉. "夫餘國, 在玄菟北千里, 南與高句驪, 東與挹婁, 西與鮮卑接, 北有弱水."

나라들은 동한시대가 시작된 서기 23년보다 앞서 건국되었다.[57] 다시 말하면, 당시에 지금의 요동 지역과 한반도에는 위에 언급된 여러 나라가 자리를 잡고 있었던 것이다.

그런데 이 기간은 한사군이 설치되어 있었던 시기이다. 앞에서 확인된 바와 같이 한사군 가운데 낙랑군·임둔군·진번군은 서기전 108년에, 현도군은 서기전 107년에 설치되었다. 그 가운데 임둔군과 진번군은 서기전 82년에 폐지되었고, 낙랑군과 현도군은 존속되었는데, 임둔군과 진번군의 위치에 관한 기록은 남아 있지 않다.

종래에는 낙랑군은 대동강 유역에, 진번군은 자비령으로부터 한강 유역까지, 임둔군은 함경남도 지역에, 현도군은 지금의 요동과 평안북도 지역에 설치되어 있었다고 보는 것이 통설이었다.[58] 그 후 진번군과 임둔군이 폐지됨에 따라 현도군은 임둔군 지역을, 낙랑군은 진번군 지역을 병합했다는 것이다.[59] 이렇게 보면 매우 큰 모순이 발생한다. 임둔군을 병합한 현도군 지역에는 고구려와 동옥저 등의 나라가 있었는데, 어떻게 동일한 지역에 현도군과 이들 나라가 겹쳐서 존재할 수 있었을 것인가?

이에 대해 통설을 지지하는 학자들은 고구려의 건국 연대가 현도군 설치 연대보다 늦으므로 현도군 내의 토착세력이 성장하여 고구려를 건

---

57 『후한서』「동이열전」에 보이는 여러 나라의 건국 연대는 고구려만 서기전 37년으로 확인될 뿐이지만(『삼국사기』「고구려본기」〈시조 동명성왕〉조 참조) 당시 상황으로 보아 남쪽의 한(韓)과 북쪽의 부여는 고구려가 건국되기 전부터 존재했고, 한(韓) 지역에서는 신라가 서기전 57년에 건국되었으므로(『삼국사기』「신라본기」〈시조 혁거세 거서간〉조 참조) 다른 나라들은 고구려보다 다소 앞서거나 비슷한 시기에 건국되었을 것으로 보인다.

58 앞 책, 『한국고대사연구』, pp. 97~212.
이기백, 『한국사신론』, 일조각, 1977, p. 32.

59 이병도·김재원, 『한국사-고대편』, 을유문화사, 단기 4292(1959), pp. 166~173.

국했을 것이라고 설명한다. 그러나 『삼국사기』를 보면 고구려 건국 전에 그곳에는 졸본부여(卒本扶餘)라는 나라가 있었으며,[60] 그 주변 지역에는 비류(沸流)[61] · 행인(荇人)[62] · 해두(海頭)[63] · 개마(蓋馬)[64] · 구다(句茶)[65] ·

---

60 『삼국사기』 권13 「고구려본기」 〈시조 동명성왕〉조. "일설에 의하면, 주몽은 졸본부여에 이르렀던 바 마침 왕이 아들이 없었는데 주몽을 보고 범상한 사람이 아님을 알고 그 딸로써 그의 처를 삼도록 하였는데, 왕이 세상을 떠나매 주몽이 그 자리를 이었다고 한다(一云, 朱蒙至卒本扶餘, 無王子, 見朱蒙, 知非常人, 以其女妻之, 王薨嗣位)."

61 『삼국사기』 권13 「고구려본기」 〈시조 동명성왕〉조. "왕은 비류수 중에 채소 잎이 흘러 내려 오는 것을 보고 상류에 사람이 살고 있음을 알았다. 그래서 사냥을 하면서 찾아가 비류국에 이르니 그 국왕 송양이 나와 보고 말하기를 ……(王見沸流水中有菜葉逐流下, 知有人在上流者, 因以獵往尋, 至沸流國. 其國王松讓出見日, ……)."
『삼국사기』 권13 「고구려본기」 〈시조 동명성왕〉조. "2년 여름 6월에 (비류국왕) 송양이 나라를 들어와 항복하매 (왕은) 그곳을 다물도라 하고, 송양을 봉하여 그곳의 주(主)를 삼았다. 고구려의 말로 옛 땅을 회복하는 것을 다물이라 하므로 그와 같이 이름한 것이다(二年, 夏六月, 松讓以國來降, 以其地爲多勿都, 封松讓爲主, 麗語謂復舊土謂多勿, 故以名焉)."

62 『삼국사기』 권13 「고구려본기」 〈시조 동명성왕〉조. "6년, ……, 겨울 10월에 왕은 오이·부분노에게 명하여 태백산 동남쪽에 있는 행인국을 정벌하고 그 땅을 빼앗아 성읍을 삼았다(六年, ……, 冬十月, 王命烏伊·扶芬奴, 伐太白山東南荇人國, 取其地爲城邑)."

63 삼국사기』 권14 「고구려본기」 〈대무신왕〉조. "4월에 부여왕 대소의 아우가 갈사강변에 와서 나라를 세우고 왕이라 칭했다. 이 사람은 부여왕 금와의 둘째 아들로서 역사에 그 이름은 전하지 아니한다. 처음 대소가 살해된 것을 보고 그는 나라가 장차 망할 것으로 생각하고 그를 따르는 사람 100여 명과 함께 압록곡에 이르렀는데, 해두국왕이 나와 사냥하는 것을 보고 마침내 그를 죽이고 그 백성을 취하여 이곳에 이르러 도읍을 정하니, 이 사람이 갈사왕이었다(夏四月, 扶餘王帶素弟, 至曷思水濱, 立國稱王, 是扶餘王金蛙季子, 史失其名. 初帶素之見殺也. 知國之將亡, 與從者百餘人, 至鴨淥谷, 見海頭王出獵, 遂殺之, 取其百姓, 至此始都, 是爲曷思王)."

64 『삼국사기』 권14 「고구려본기」 〈대무신왕〉조. "9년 10월에 개마국을 친히 정벌하여 그 왕을 죽이고 백성을 위안시켰으며, 그들을 포로로 하지 않고 다만 그 땅을 군현으로 삼았다(九年, 十月, 王親征蓋馬國, 殺其王, 慰安百姓, 毋虜掠, 但以其地爲郡縣)."

65 『삼국사기』 권14 「고구려본기」 〈대무신왕〉조. "9년, ……, 12월에 구다국 왕이 개마의 멸망함을 듣고 자기에게도 해가 미칠까 두려워하여 나라를 들어 내항하였다(九年, ……, 十二月, 句茶國王, 聞蓋馬滅, 懼害及己, 擧國來降)."

조나(藻那)[66] · 주나(朱那)[67] 등의 나라가 있었다.[68] 고구려는 그 지역에 이전부터 있었던 이러한 나라들을 복속시켜 영토를 확장했던 것이다. 따라서 현도군이 그 지역에 위치해 있었다는 것은 성립될 수 없다.

현도군의 위치를 지금의 요동과 평안북도 지역으로 본 근거는 『한서』「지리지」에 의하면 현도군 안에 고구려현이 있는데 지금의 요동과 평안북도 지역에 고구려가 위치해 있었던 것으로 확인되기 때문이었다. 고구려현과 고구려국을 동일시했던 것이다. 그러나 지금의 요동 지역에 있었던 고구려는 독립국가였다. 독립국이 어떻게 같은 시대에 존재했던 현도군의 고구려현일 수 있겠는가? 현도군의 고구려현은 현도군의 행정구역으로서 그전에 고구려인들이 살았던 요서 지역에 붙인 이름으로 보아야 한다.

낙랑군을 대동강 유역으로 본 견해에도 모순이 있다. 앞에 인용한 『후한서』「동이열전」에는 평안남도 지역에 낙랑이 있던 것으로 나타난다. 종래 일부 학자들은 이것을 낙랑군으로 보았다. 그러나 그런 견해에는 몇 가지 모순이 있다. 같은 『후한서』「동이열전」〈부여전〉에,

> (동한의) 안제(安帝) 영초(永初) 5년(서기 111)에 이르러 부여왕이 드디어 보병과 기병 7~8천 명을 거느리고 낙랑을 치고 관리와 백성들을 살

---

66 『삼국사기』 권15 「고구려본기」 〈태조대왕〉조. "20년 2월에 왕은 관나부 패자 달가를 보내어 조나를 쳐서 그 왕을 사로잡았다(二十年, 春二月, 遣貫那部沛者達賈伐藻那, 虜其王)."

67 『삼국사기』 권15 「고구려본기」 〈태조대왕〉조. "22년 10월에 왕은 환나부 패자 설유를 보내어 주나를 치고 그 왕자 을음을 사로잡아 고추가를 삼았다(二十二年, 冬十月, 王遣桓那部沛者薛儒伐朱那, 虜其王子乙音爲古鄒加)."

68 이 나라들의 구체적인 위치는 앞 글 「고조선의 국가 구조」, pp. 100~102 참조.

상(殺傷)하였다.[69]

고 했다. 그런데 당시에 부여는 『후한서』「동이열전」에 언급된 국가 가운데 가장 북쪽에 위치하고 있었다. 그 남쪽에는 고구려와 예가 있었다. 따라서 부여와 평안남도 지역에 있던 낙랑 사이에는 고구려가 위치하고 있었다. 그런데 어떻게 부여가 낙랑을 칠 수 있었을 것인가?

위 인용문의 낙랑은 평안남도 지역이 아니라 다른 지역에 있던 낙랑이어야 하는 것이다. 또 같은 「동이열전」〈고구려전〉에,

가을에 궁(宮 : 고구려 태조왕)이 드디어 마한·예맥의 기병 수천 명을 거느리고 현도를 포위하였다.[70]

고 했다. 만약 평안남도 지역의 낙랑이 낙랑군이었다면 고구려와 마한 사이에는 낙랑군이 위치해 있었다는 것이 되는데, 마한의 기병이 고구려로 이동하여 현도군을 치는 것이 가능했을 것인가?

『수서(隋書)』「양제기(煬帝紀)」에는 수(隋) 양제(煬帝)가 고구려를 치기 위해 그의 군대를 출동시키면서,

좌(左)제1군은 누방도(鏤方道)로, 제2군은 장잠도(長岑道)로, 제3군은 해명도(海冥道)로, 제4군은 개마도(蓋馬道)로, 제5군은 건안도(建安道)로, 제6군은 남소도(南蘇道)로 제7군은 요동도(遼東道)로, 제8군은 현도도

---

69 『후한서』 권85 「동이열전」〈부여전〉. "至安帝永初五年, 夫餘王始將步騎七八千人寇鈔樂浪, 殺傷吏民."

70 『후한서』 권85 「동이열전」〈고구려전〉. "秋, 宮遂率馬韓·濊貊數千騎圍玄菟."

(玄菟道)로, 제9군은 부여도(扶餘道)로, 제10군은 조선도(朝鮮道)로, 제11군은 옥저도(沃沮道)로, 제12군은 낙랑도(樂浪道)로 진군하라. 우(右)제1군은 점제도(黏蟬道)로, 제2군은 함자도(含資道)로, 제3군은 혼미도(渾彌道)로, 제4군은 임둔도(臨屯道)로 제5군은 후성도(候城道)로, 제6군은 제해도(提奚道)로, 제7군은 답돈도(踏頓道)로, 제8군은 숙신도(肅愼道)로, 제9군은 갈석도(碣石道)로, 제10군은 동이도(東暆道)로, 제11군은 대방도(帶方道)로, 제12군은 양평도(襄平道)로 진군하라. 이 모든 군대들은 먼저 조정에서 결정한 계책을 받들고 끊임없이 진군하여 평양에서 총집결하라.[71]

고 했다. 위의 도로명 가운데 누방·장잠·해명·조선·점제·함자·혼미·동이·대방 등은 낙랑군에 속해 있던 현의 명칭이었으며 낙랑·현도·임둔 등의 군명도 보인다. 지금의 난하 유역에 위치해 있었던 갈석과 양평도 보인다. 양평은 서한의 요동군에 속해 있던 현명(縣名)인데 서한의 요동군은 난하 하류 유역에 위치해 있었다. 그런데 만약 낙랑군이 대동강 유역에 있었다면 그 지역의 평양을 향해 진군하는 수나라 군대의 행군 출발지에서 낙랑군에 속해 있던 지역의 명칭들이 보이는 것을 합리적으로 설명할 수가 없다. 갈석과 양평이 낙랑군의 현명들과 함께 등장

---

71 『수서』 권4 「양제기」 하. "左第一軍可鏤方道, 第二軍可長岑道, 第三軍可海冥道, 第四軍可蓋馬道, 第五軍可建安道, 第六軍可南蘇道, 第七軍可遼東道, 第八軍可玄菟道, 第九軍可扶餘道, 第十軍可朝鮮道, 第十一軍可沃沮道, 第十二軍可樂浪道, 右第一軍可黏蟬道, 第二軍可含資道, 第三軍可渾彌道, 第四軍可臨屯道, 第五軍可候城道, 第六軍可提奚道, 第七軍可踏頓道, 第八軍可肅愼道, 第九軍可碣石道, 第十軍可東暆道, 第十一軍可帶方道, 第十二軍可襄平道. 凡此衆軍, 先奉廟略, 駱驛引途, 總集平壤."

하는 것으로 보아 낙랑군은 난하 유역에 있었을 것임을 알 수 있는 것이다.

여기서 필자는 평안남도 지역에 최리왕이 다스렸던 낙랑국이 있었다는 『삼국사기』 기록에 주목할 필요가 있다고 생각한다. 『삼국사기』「고구려본기」〈대무신왕〉조에,

> 여름 4월에 왕자 호동(好童)은 옥저 지방을 유람하고 있었는데, 낙랑왕 최리(崔理)가 그곳에 출행(出行)하여 그를 보고 묻기를, "그대의 안색을 보니 보통 사람은 아닌 듯한데 혹시 북쪽의 나라 (대무)신왕의 아들이 아닌가?" 하고는 드디어 그를 데리고 돌아와 딸로써 그의 처를 삼도록 하였다.[72]

는 기록이 있다. 이것은 한국인들에게 널리 알려진 낙랑공주와 호동왕자 이야기의 일부이다. 낙랑국의 최리왕은 고구려 대무신왕의 아들 호동에게 묻기를 북쪽의 나라 대무신왕의 아들이 아니냐고 했으므로 최리왕이 다스렸던 낙랑국은 고구려 남쪽에 있었음을 알 수 있다. 그 위치가 앞의 『후한서』「동이열전」에 나오는 평안남도 지역의 낙랑과 일치하는 것이다. 이 시기에 한사군의 낙랑군은 존재하고 있었다. 그러므로 평안남도 대동강 유역에 최리의 낙랑국이 있었다면 같은 곳에 낙랑군이 겹쳐서 있었을 수는 없는 것이다.

따라서 한사군의 낙랑군은 난하 하류 동부 유역 갈석산 지역에 있었고, 대동강 유역의 평안남도 지역에는 최리왕이 다스리던 낙랑국이 있

---

72 『삼국사기』 권14 「고구려본기」 〈대무신왕 15년〉조. "夏四月, 王子好童, 遊於沃沮, 樂浪王崔理, 出行因見之, 問曰, 觀君顏色, 非常人, 豈北國神王之子乎, 遂同歸以女妻之."

었다고 보아야 합리적인 것이다. 낙랑이라는 동일한 명칭 때문에 그동안 낙랑국과 낙랑군을 혼동하고 있었던 것이다. 대동강 유역의 낙랑을 낙랑군일 것으로 믿고 있는 학자들은 『삼국사기』의 편찬자들이 낙랑태수 최리를 낙랑왕으로 잘못 기록했을 것으로 보고 있지만[73] 김부식 등 『삼국사기』 편찬자들은 당시 고려의 최고 학자들이었는데, 중국의 지방 관리인 태수(太守)와 독립국의 왕을 구별하지 못했을 것으로 볼 수는 없을 것이다.

그렇다면 어떤 연유로 낙랑이라는 명칭이 동일한 시기에 행정구역과 국가의 명칭으로 병존하게 되었을까? 이점은 낙랑의 경우에만 국한된 것이 아니다. 지금의 요하 동쪽에 고구려국이 있던 시기에 현도군 안에는 고구려현이 있었다.[74] 앞에서 말한 바와 같이 고구려국과 현도군은 같은 시대에 존재했으므로 고구려라는 명칭은 하나는 국명이고 다른 하나는 서한의 행정구역 명칭이었던 것이다.

『후한서』「동이열전」〈고구려전〉의 다음 기록은 이것을 분명하게 해준다. 즉,

> 왕망(王莽) 초에 구려(고구려) 병사를 징발하여 흉노를 정벌하게 하였으나, 그 사람들이 그것을 행하고 싶어 하지 않으므로 그들을 강압하여 파견하였더니 모두 국경 밖으로 도망하여 (중국의 군현을) 노략질했다.[75]

---

73 이홍직, 『국사대사전』, 백만사, 1973, p. 357의 〈낙랑공주〉 항목에는 낙랑태수 최리의 딸이라고 했다.

74 『한서』 권28 하 「지리지」 하 〈현도군〉조 참조.

75 『후한서』 권85 「동이열전」 〈고구려전〉. "王莽初, 發句驪兵以伐匈奴, 其人不欲行, 彊迫遣之, 皆亡出塞爲寇盜."

고 했는데, 여기 나오는 고구려는 현도군에 속해 있던 고구려현인 것이며 고구려국일 수는 없다. 중국의 왕망(王莽)이 흉노를 치는 데 남의 나라 군대를 동원했다는 것은 사리에 맞지 않기 때문이다. 현도군 안에는 옥저라는 지명도 있었는데,[76] 같은 시기에 함경도 지역에는 옥저라는 국가가 있다가 후에 고구려에 병합되었다.

낙랑·고구려·옥저·예·맥 등은 원래 지금의 요서 지역에 있었던 고조선의 거수국들이었는데, 요서 지역에 위만조선이 건국되고 다시 한사군이 설치되는 과정에서 그 지배층과 주민들이 동쪽으로 이동하여 지금의 요하 동쪽과 한반도 북부에 다시 나라를 건설했기 때문에 동일한 명칭이 두 지역에 나타나게 되었던 것이다.[77]

대동강 유역을 낙랑군으로 보는 학자들은 "고구려의 치소(治所)인 평양성은 본래 한(漢)의 낙랑군 왕험성인데 바로 옛 조선이다."라고 한 『괄지지(括地志)』의 기록[78]과 "고구려는 평양성에 도읍하였는데 바로 한(漢)의 낙랑군 옛 땅이다."라고 한 『구당서』의 기록,[79] "고구려의 도읍인 평양성은 바로 옛 조선의 왕험성이다."라고 한 『통전』 기록[80]들을 자주 근거로 들고 있다.

---

76 『후한서』 권85 「동이열전」 〈동옥저전〉. "武王滅朝鮮, 以沃沮地爲玄菟郡. 後爲夷貊所侵, 徙郡於高句驪西北, 更以沃沮爲縣, 屬樂浪東部都尉." 이 문장에 등장하는 옥저와 고구려는 지금의 요서 지역 현도군 안에 있었던 지명이며 옥저국과 고구려국이 아니다.

77 윤내현, 「위만조선의 재인식」 『한국고대사신론』, 일지사, 1986, pp. 284~299.

78 『사기』 권6 「진시황본기」 〈진시황 26년〉조의 조선에 대한 주석으로 실린 『사기정의』, "括地志云, 高麗(高句麗)治平壤城, 本漢樂浪郡王險城, 卽古朝鮮也."

79 『구당서』 권199 상 「동이열전」 〈고려(고구려)전〉. "高麗(高句麗)者, ……, 基國都於平壤城, 卽漢樂浪郡之故地."

80 『통전』 권185 「변방(邊防)」1 〈동이(東夷)〉 상 서략(序略).

위에 나오는 평양을 고유명사로 인식하여 대동강 유역에 있는 지금의 평양과 동일한 곳으로 본 것이다. 그러나 평양이라는 지명이 한 곳에만 있었던 것은 아니다. 『구당서』「동이열전」〈고려(고구려)전〉은 위의 평양에 대해 설명하기를,

> 동쪽으로 바다를 건너 신라에 이르고, 서북으로는 요수를 건너 영주(營州)에 이르며, 남쪽으로는 바다를 건너 백제에 이르고, 북쪽으로는 말갈에 이른다.[81]

고 했다. 이 평양은 대동강 유역의 평양일 수 없다. 왜냐하면 이 평양으로부터 신라와 백제에 이르는데 바다를 건넌다는 내용이 합당치 않기 때문이다. 중국인들은 사서(史書)에서 기자조선이나 위만조선을 그냥 조선으로, 위만조선의 도읍을 왕험성으로 기록했다. 그리고 기자조선의 위치와 위만조선의 건국지는 동일한 곳으로 후에 한사군의 낙랑군 조선현이 된 곳이었는데, 그 조선은 지금의 난하 하류 유역에 위치해 있었다.

위의 내용들을 종합해보면 해답은 간단하다. 이 평양은 난하 하류 유역에 있었는데, 그곳은 기자조선과 위만조선의 도읍인 왕험성이었으며, 그 후에는 서한의 행정구역인 낙랑군 조선현이 되었던 것이다. 필자는 고조선시대에 고구려는 고조선의 거수국으로서 난하 유역에 위치해 있었다고 본 바 있는데[82] 이 평양은 그때의 국읍(國邑)이었을 수도 있다. 평양이 난하 하류 유역에 있었다면 그곳으로부터 바다를 건너 신라와

---

81 『구당서』 권199 상 「동이열전」 〈고려(고구려)전〉. "其國都於平壤城, 卽漢樂浪郡之故地, ……, 東渡海至於新羅, 西北渡遼水至于營州, 南渡海至于百濟, 北至靺鞨."

82 앞 글 「고조선의 국가 구조」, pp. 83~87.

백제에 이르렀다는 『구당서』 기록은 정확하다. 그리고 이 기록은 낙랑군이 난하 동부 유역에 위치해 있었음을 말해주기도 한다.

평양이 한 곳이 아니었음은 일찍이 박지원에 의해서도 지적되었다. 그는 『열하일기(熱河日記)』「도강록(渡江錄)」에서 만주에도 여러 곳에 평양이 있었는데 개평현(蓋平縣) 동쪽 5백 리에 있는 봉황성(鳳凰城)도 평양이었고, 영평(永平)과 광령(廣寧) 사이에도 평양이 있었으며, 요양현(遼陽縣)도 평양이었다고 말했다. 그리고 평양은 이와 같이 여러 곳에 있었는데 조선의 학자들은 평양을 대동강 유역의 평양 한 곳으로만 생각함으로써 고대사의 판도를 한반도로 국한시키는 잘못을 범했다고 지적했다.[83]

일본인들은 대동강 유역에서 발굴한 유적과 유물을 해석하는 데 있어 많은 오류를 범했다. 대동강 유역이 낙랑군이었다는 근거로 그들이 제시한 고고 자료는 고분·토성·봉니·인장(印章)·점제비(秥蟬碑)·효문묘동종(孝文廟銅鐘) 등이다.

첫째, 일본인들은 중국식 고분을 여러 개 발굴했는데, 그 가운데 제1호 고분이 가장 오래된 것이며 규모도 가장 큰 것 가운데 하나라고 했다.[84] 그러므로 그들이 발굴한 중국식 고분들은 조성 연대가 이 무덤보다는 늦다는 것을 의미한다. 그런데 제1호 고분에서는 화천(貨泉)이 출토되었다.[85] 화천은 왕망시대에 주조된 청동화폐이다. 왕망은 서한의 정권을 찬탈하여 세워진 정권으로 불과 15년간 존속하다가 멸망되고 동한

---

83 『열하일기』「도강록」 6월 28일.

84 關野貞 等, 『樂浪郡時代の遺蹟』 古蹟調査報告 第4冊, 朝鮮總督府, 昭和 2(1927), pp. 172~183.

85 위 책, p. 179.

시대가 되었다. 따라서 화천이 한반도에 유입되어 무덤에 들어가기까지의 시간을 고려한다면 제1호 고분이 만들어진 시기는 동한 이후로 보아야 할 것이다. 한사군 설치는 서한 중기인 무제 때였으므로 일본인들이 발굴한 중국식 고분들은 시기가 한사군 설치 연대보다 훨씬 늦은 것들이라는 것을 알 수 있다.

둘째, 토성 지역에서는 '대진원강(大晉元康)'·'낙랑예관(樂浪禮官)'·'낙랑부귀(樂浪富貴)' 등의 문자가 새겨져 있는 기와가 출토되었다.[86] 기와에 새겨진 낙랑이라는 문자는 이곳을 낙랑군 지역으로 확정 짓는 중요한 근거가 되었다. 그런데 '대진원강'이라는 연호는 서진(西晉) 혜제(惠帝)의 연호로 서기 291년부터 299년까지였다. 그러므로 이 연대에 따른다면 이 유적은 한사군이 설치된 후 무려 400여 년 뒤에 만들어진 것이다. 한사군의 유적으로 보기에는 조성 연대가 너무 늦다. 그리고 '낙랑예관'·'낙랑부귀' 등은 이곳에 최리가 다스렸던 낙랑국이 있었기 때문에 그러한 명문이 나오는 것은 매우 자연스러운 것으로 봐야 한다. 따라서 이 명문은 이곳이 반드시 한사군의 낙랑군이었다는 증거가 되지 못한다.

셋째, 토성 지역에서는 200점이 넘는 많은 봉니가 수집되었다.[87] 그 가운데 중요한 것은 '낙랑대윤장(樂浪大尹章)'·'낙랑태수장(樂浪太守章)'·'조선우위(朝鮮右尉)'·'염한장인(詌邯長印)' 등이다. 이렇게 많은 봉니가 한 곳에서 출토된 예가 없기 때문에 처음부터 이 봉니들이 진품일 것인가에 대해 의문이 제기되었다.[88] 실제로 진품으로 보기에는 문제

---

86 위 책, pp. 22~23·43.

87 위 책, pp. 28~32.

88 정인보, 『조선사연구』, 서울신문사, 1947, pp. 196~214.

가 있는 것도 있다. 예컨대 '낙랑대윤장'이라는 봉니가 있다. 군(郡)을 다스리는 관리를 서한시대에는 태수라 했는데 왕망시대에는 이것을 고쳐 대윤(大尹)이라 했다. 그리고 왕망시대에는 군명을 모두 고쳤는데 낙랑군은 낙선군(樂鮮郡)이 되었다.[89] 따라서 이 봉니가 왕망시대에 만들어졌다면 '낙선대윤장'이 되어야 하고 서한시대에 만들어졌다면 '낙랑태수장'이 되어야 한다. '낙랑대윤장'은 군명(郡名)과 관직명이 일치하지 않고 있다.

그리고 이 봉니들이 모두 진품이라 해도 낙랑·조선·염한 등이 보인다고 해서 이곳이 바로 낙랑군이 될 수는 없다. 조선과 염한이 낙랑군에 속해 있던 현명임은 틀림없다. 그러나 봉니는 공문서를 보낼 때 봉함을 하는 데 사용했던 것이기 때문에 대개 공문을 받았던 곳에서 출토된다. 따라서 토성 지역에서 이런 봉니가 출토되었다는 것은 이곳이 낙랑군 지역이 아니라 낙랑·조선·염한 등으로부터 공문을 받은 곳이었음을 알게 해준다.

넷째, 인장은 왕광묘(王光墓)·왕우묘(王旴墓)·부조예군묘(夫租薉君墓)·부조장묘(夫租長墓) 등에서 출토되었다. 왕광묘에서는 '낙랑태수연왕광지인(樂浪太守掾王光之印)'·'신광(臣光)'·'왕광사인(王光私印)' 등의 목제 인장이, 왕우묘에서도 '오관연왕우(五官掾王旴)'·'왕우인신(王旴印信)' 등의 목제 인장이 출토되었다.[90] 그리고 부조예군묘와 부조장묘에서는 '부조예군(夫租薉君)'·'부조장(夫租長)' 등의 은인(銀印)이 출토

사회과학원 고고연구소, 『고조선문제연구』, 사회과학출판사, 1973, pp. 139~164.

89 『한서』 권28 하 「지리지」 하 〈낙랑군〉조 참조.

90 小場恒吉·榧本龜次郎, 『樂浪王光墓』, 朝鮮古蹟硏究會, 昭和 10(1935).
駒井和愛, 『樂浪』, 中央公論社, 昭和 47(1972), pp. 114~115.

되었다.[91]

인장의 서체로 보아 이 인장들은 서한시대보다 늦은 시대의 것임을 알 수 있는데, 왕우묘에서 출토된 칠기에는 "영평(永平) 12년"이라는 명문이 있었다.[92] 영평 12년은 동한 명제(明帝)시대로 서기 69년이다. 따라서 이 고분이 조성된 연대는 이보다 앞설 수는 없다. 그런데 이 고분의 방사성탄소측정연대는 서기 133년(1850±250 B.P.)으로 나타났다.[93] 이것은 대동강 유역의 이른바 낙랑 유적에서 얻어진 유일한 과학적인 연대로 중요한 의미를 갖는다. 이 연대로 보아 이 고분은 한사군이 설치된 서한시대가 아니라 동한시대에 만들어진 것임을 알 수 있다.

태수연(太守掾)이나 오관연(五官掾)은 군태수(郡太守) 아래 있었던 지방관리들이다. 그런데 태수 밑에 있는 관리들이 반드시 군의 치소(治所)에만 있었던 것은 아니다. 따라서 이것들의 출토가 그곳이 낙랑군의 치소임을 의미하지는 않는다. 그리고 '부조예군'·'부조장' 등의 인장 가운데 '부조장'의 은인(銀印)은 실용적인 것이 아니라 문자 형태만을 부식시킨 상징적인 것이었다.[94] 부조장이 사망 시에 실용적인 인장을 갖고 있지 않았다는 것은 당시 현직을 떠나 있었음을 알게 해준다. 부조예군은 고조선과 위만조선의 관직이었으며[95] 부조장은 서한시대에 현을 다

---

91 백련행, 「부조예군의 도장에 대하여」『문화유산』 1962년 4호, p. 61.
앞 책, 「고조선문제연구」, pp. 150~151.

92 앞 책, 『낙랑』, p. 123.

93 위 책, p. 5.

94 앞 책, 「고조선문제연구」, p. 151.

95 위만조선의 예군(濊君) 남려(南閭)가 28만 명을 이끌고 서한에 투항하니 서한 무제가 이들을 받아 창해군을 설치했다는 기록이 있다(『한서』「무제기」와 『후한서』「동이열전」〈예전〉 참조). 이 기록은 위만조선에 예군이라는 관직이 있었음을 알게 하는데, 이러한 관직은 고조선(단군조선)부터 이어졌을 것이다.

스리는 지방 관직이었다. 부조예군과 부조장의 묘는 50미터 정도의 가까운 거리에 있어서 이들이 혈연 관계에 있었을 것으로 보고 있다.[96]

여기서 다음과 같은 사실을 생각해볼 필요가 있다. 대동강 유역의 낙랑국은 난하 유역의 낙랑군 거주민들이 이주해 와서 건국했다. 따라서 두 지역 거주민 사이에는 친척이 많았을 것이다. 아마도 부조예군은 고조선이나 위만조선의 관리로 있다가 그곳에 낙랑군이 설치되자 대동강 유역으로 이주했는데, 그 후손이나 친척인 부조장은 그곳에 남아 서한(西漢)의 관리가 되었다가 후에 그의 친척들이 살고 있는 대동강 유역으로 이주했을 가능성이 있다. 태수연이나 오관연도 낙랑군에서 관리를 하다가 이주해 온 사람들일 수도 있다. 부조예군묘와 부조장묘에서는 고조선의 청동기인 세형동검이 출토되어 이들이 고조선계 사람들이었음을 알게 해주었다.

다섯째, 점제평산군신사비(秥蟬平山君神祠碑)가 있다.[97] 이 비문은 "○화이년사월무오(○和二年四月戊午), 점제장발흥(秥蟬長勃興)"으로 시작된다. 낙랑군에는 점제(黏蟬)라는 현(縣)이 있었는데, 서한에서는 현을 다스리는 관리를 영(令)이나 장(長)이라 했으므로 이것은 낙랑군의 점제현장(黏蟬縣長)이 세웠을 것으로 보았다. 그런데 서한시대의 점제현(黏蟬縣)[98]은 동한시대에는 점제현(占蟬縣)이 되었다.[99] 이 유적의 발굴자들은 점(黏)·점(秥)·점(占)이 통용되었던 문자였을 것으로 보고 이 비가 서 있는 지역은 낙랑군의 점제현(黏蟬縣) 지역이었을 것이라고 했다.

---

96 주 91과 같음.
97 앞 책, 『樂浪郡時代の遺蹟』, pp. 240~245.
98 『한서』 권28 하 「지리지」 하 〈낙랑군〉조 참조.
99 『후한서』 지23 「군국」 5 〈낙랑군〉조.

그러나 이곳이 점제현(黏蟬縣)이었다면 왜 점(黏)이나 점(占) 자를 사용하지 않고 점(秥) 자를 사용했는지 의심스러우며, 필자는 이는 서로 구분할 필요가 있었기 때문이었을 것으로 생각한다. 정인보는 점제현장(秥蟬縣長)이 자신의 관할 구역에 비를 세울 경우에는 자신의 관직명을 새겨 넣지 않는 것이 한(漢)시대의 비문 양식임을 들어 이 비문에 점제장(黏蟬長)이라는 문구가 들어 있으므로 이곳은 점제현(黏蟬縣)이 될 수 없다고 주장했다.[100]

이 비문 가운데 연호의 첫 번째 글자는 읽을 수가 없으나 두 번째 글자는 화(和)이므로 '화' 자가 들어간 중국의 연호를 보면 원화(元和)·장화(章和)·영화(永和)·광화(光和)·태화(太和) 등이 있는데 원화가 가장 빠르다. 원화 2년은 동한 장제(章帝)시대로 서기 85년이다. 그러므로 연호를 가장 빠른 것으로 계산하더라도 이 비는 동한시대에 만들어졌다. 낙랑군이 설치되었던 서한시대보다 훨씬 늦은 시기에 건립된 것이다.

여섯째, 효문묘동종이 있다.[101] 이 동종의 명문은 "효문묘동종용십근(孝文廟銅鐘用十斤) 중십십근(重卌十斤) 영광삼년유월조(永光三年六月造)"라고 되어 있다. 효문(孝文)은 서한 문제(文帝)인데, 그의 동종(銅鐘)이 대동강 유역에서 출토된 것은 이곳이 서한의 낙랑군 치소로서 문제묘(文帝廟)가 설치되어 있었음을 알게 해주는 것이라고 발굴자들은 주장했다. 영광(永光) 3년은 서한 원제(元帝)시대로 서기전 41년이다. 그런데 이 동종이 출토된 9호분에서는 서한시대 이후에 제조된 동종이 출토되었으므로[102] 이 동종은 제조된 시기로부터 오랜 세월이 지난 후에

---

100 앞 책, 『조선사연구』, p. 197.

101 앞 책, 『樂浪郡時代の遺蹟』, pp. 219~225.

102 위 책, 『樂浪郡時代の遺蹟』, pp. 76~77.

이 무덤에 부장되었음을 알 수 있다.

그런데 낙랑군에 문제묘가 설치될 수 있었을까? 서한시대에는 군국묘(郡國墓)가 있었다. 그것은 서한 고조(高祖)의 아버지 태상황(太上皇)의 묘를 모든 제후왕(諸侯王)의 도읍지에 설치하도록 함으로써 시작되었다.[103] 그러나 군국묘로서의 황제묘가 모든 군에 설치되었던 것은 아니다. 황제가 그곳을 순행했거나 머무른 적이 있어야만 군국(郡國)은 그 황제의 묘를 설치할 수가 있었다.[104] 그런데 한사군은 서한 무제 때 설치되었는데 문제는 무제보다 앞선 황제였다. 그러므로 문제 때 낙랑군 지역은 서한의 영토가 아니었다. 따라서 문제는 그곳에 순행했거나 머무른 적이 있었을 수 없다. 이러한 사실을 알고 보면 낙랑군에 문제의 묘가 있을 수 없다. 그리고 효문묘동종이 제조된 연대보다 1년 후인 서기전 40년에 서한의 모든 군국묘는 폐지되었다. 이와 같은 사실을 종합해볼 때 효문묘동종은 만들어진 지 1년 후에 모든 군국묘가 폐지되자 어떤 경로를 거쳐 대동강 유역에 들어와 동한시대에 이 고분에 부장되었던 것으로 생각된다.

최근에 강경구는 대동강 유역에서 출토된 칠기를 서한묘(西漢墓)와 흉노묘(匈奴墓) 등에서 출토된 칠기들과 비교 검토하고 대동강 유역의 칠기는 황실용(皇室用)으로 낙랑군의 관리나 일반인들이 사용할 수 있는 물건이 아니었다고 주장하고 있다.[105]

이상과 같이 대동강 유역을 서한의 낙랑군으로 입증하기 위해 제출된

---

103 『한서』 권1 하 「고제기(高帝紀)」 하 〈10년〉조.

104 『한서』 권27 상 「오행지(五行志)」 상 〈무제 건원(建元)〉조.
앞 책, 『조선사연구』, p. 214.

105 강경구, 『낙랑칠기의 문제점』 「한국상고사학보」 제14호, 한국상고사학회, 1993, pp. 409~414.

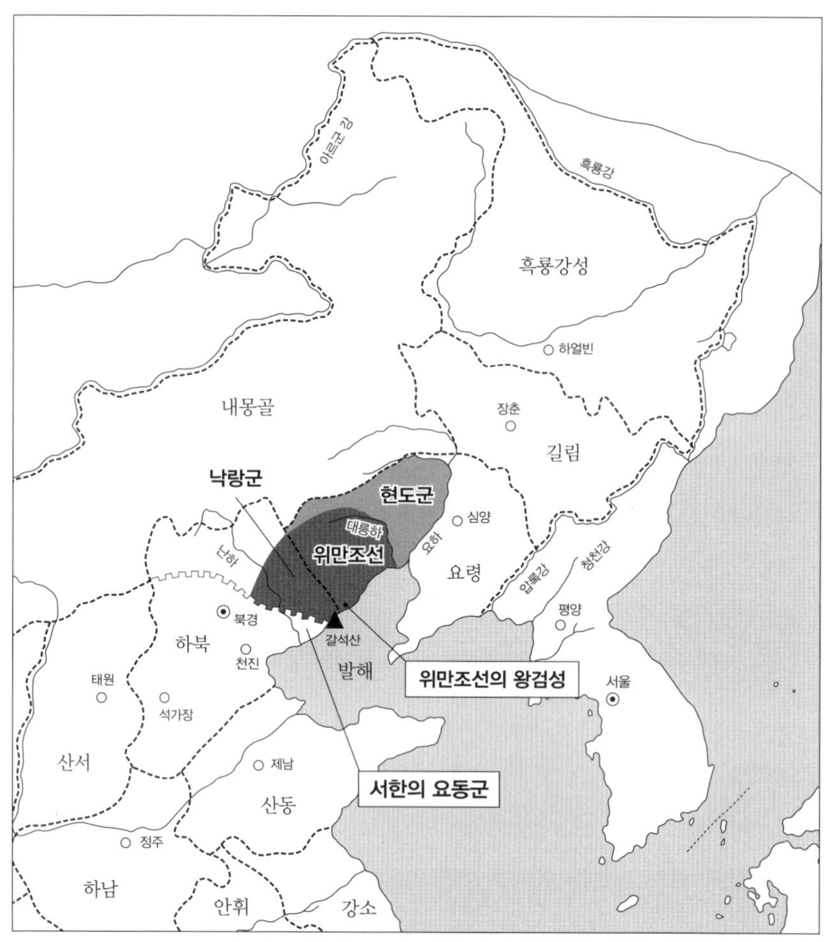

위만조선과 한사군의 위치

유물들의 해석에는 많은 의문점이 있다. 필자는 대동강 유역에서 고대 중국의 유물이 출토되었다는 사실마저 부인하려는 것은 아니다. 단지 그것들이 중국에서 만들어진 것이라는 사실만으로 그것들을 낙랑군 유물로 보는 것은 위험하다는 것이다. 그 유물들이 그곳에서 출토된 경위를 새로운 관점에서 연구할 필요가 있다고 보는 것이다.

5. 마치며

앞에서 기자조선·위만조선·한사군의 상호관계와 그 위치를 고증하고 한사군의 위치에 대한 종래의 통설이 갖는 문제점을 확인했다. 이를 종합하여 정리하면 다음과 같다.

종래에는 기자조선이나 위만조선의 위치에 대해서는 고증된 바 없었다. 그러한 상황에서 일본인들이 대동강 유역을 발굴하고 그 지역에서 출토된 중국 유물을 근거로 그곳이 한사군의 낙랑군 지역이었다고 발표하자 그것이 의심 없이 받아들여져 지금까지 통용되어왔다. 그러나 기자조선이나 위만조선, 한사군이 한반도에 있었다는 견해는 성립할 수 없다는 것이 확인되었다.

위만조선은 위만이 기자의 후손인 준왕의 정권을 빼앗아 성립되었고, 한사군은 서한 무제가 위만조선을 멸망시키고 그 지역에 설치했다. 기자조선·위만조선·한사군은 수직적인 계승 관계에 있었던 것이다. 따라서 이들은 동일한 지역에 위치해 있었어야 한다. 이들의 위치를 하나하나 고증하여 그것들이 동일한 지역으로 확인되었어야 한다. 그럼에도 불구하고 그러한 치밀한 고증은 이루어진 바가 없다.

중국의 옛 문헌에 기록된 바에 따르면 기자조선과 위만조선, 한사군은 지금의 요서 지역에 위치해 있었다. 중국의 상·주 교체기인 서기전 12세기 말에 기자 일족은 고조선(단군조선)의 변방인 지금의 난하 하류 동부 유역으로 망명하여 고조선(단군조선)의 거수국이 되었다. 그 후 서기전 195년에 서한으로부터 망명한 위만은 기자의 40여 세대 후손인 준왕의 정권을 빼앗아 위만조선을 건국했다. 그리고 위만은 서한의 외신이 된 뒤 고조선(단군조선) 지역을 침략하여 영토를 확장하여 그 영토가 난하로부터 대릉하 유역에 이르렀다. 서기전 108년에 서한 무제는 위만조선을 멸망시키고 그 지역에 낙랑·임둔·진번의 세 군을 설치한 후 여세를 몰아 고조선(단군조선)을 침략하여 서기전 107년에 현도군을 설치했다. 따라서 낙랑·임둔·진번은 난하로부터 대릉하 유역에 걸쳐 있었고 현도군은 대릉하와 지금의 요하 사이에 위치해 있었다. 기자 일족의 망명지였고 위만조선의 건국지였던 난하 하류 동부 유역은 후에 한사군의 낙랑군 조선현이 되었다.

종래의 통설과 같이 한사군의 위치를 지금의 요하 동쪽과 한반도 북부로 볼 경우 많은 모순이 나타난다. 한사군이 설치되어 있었을 당시에 지금의 요하 동쪽과 한반도 북부에는 고조선을 계승한 여러 나라들이 있었으므로 한사군이 동일한 지역에 이 나라들과 겹쳐서 있었을 수는 없는 것이다. 대동강 유역에는 당시에 최리왕이 다스렸던 낙랑국이 있었는데, 종래에는 이에 대한 기록을 낙랑군에 관한 기록으로 잘못 인식했다.

일본인들이 대동강 유역을 발굴하고, 그 지역이 낙랑군이었다고 주장하기 위해 제시한 유적과 유물의 해석에서도 많은 오류와 의문점을 발견할 수 있다. 우선 그 유적들의 조성 연대가 한사군이 설치된 서한시대가 아니라 동한시대 이후였다. 그리고 그 지역이 한사군의 낙랑군이라고 말할 수 있는 결정적인 유적이나 유물은 단 하나도 없었다. 유물은 여러 가지 연유로 생산된 곳으로부터 멀리까지 이동한다. 그러므로 중국의 유물이 출토되었다는 이유만으로 대동강 유역을 한사군의 낙랑군 지역으로 볼 수는 없다.

낙랑군의 위치가 중국 고대의 기본 사료에 의해 지금의 난하 하류 동부 유역이었음이 확인되었으므로 대동강 유역의 유적이나 유물은 한사군의 것이 아닌 다른 관점에서의 해석이 요구된다. 그리고 대동강 유역이 낙랑군 지역이 아니었으므로 그 유적이나 유물들을 낙랑군 유적이나 낙랑군 유물이라고 부르는 것은 옳지 않다. '대동강 유역 출토 중국 유물'이라고 부르는 것이 타당하지 않을까 한다.

II 창해군의 위치와 성격

1. 들어가며

창해군(蒼海郡)은 창해군(滄海郡)으로도 기록되어 있는데 서한이 설치했던 군명이었다. 위만조선에 속해 있던 예군 남려 등 28만 명이 우거왕에게 반기를 들고 서한으로 망명하자 서한 무제가 이들을 받아들여 창해군을 설치했던 것이다. 그러므로 예군 남려 등의 망명과 창해군 설치는 고대에 한국과 중국 사이에 일어난 매우 큰 사건이었다. 이 사건은 여러 면에서 중요한 의미를 가진다.

첫째, 예군 남려 등 28만 명은 우거에 반기를 들고 망명했으므로 그 망명 배경을 통해 당시의 위만조선 내부 상황 및 위만조선의 통치 조직 등을 이해할 수 있다.

둘째, 창해군의 위치를 확인하는 것은 역사지리를 밝힌다는 자체로 이미 중요한 의미를 지니지만, 그와 더불어 위만조선의 위치, 위만조선과 서한의 국경, 예군 남려와 함께 망명한 예족 28만 명의 원거주지(原

居住地)를 밝히게 된다는 점에서도 중요한 의미를 갖게 될 것이다.

셋째, 창해군의 설치부터 폐지에 이르는 과정을 살펴봄으로써 서한의 이민족에 대한 정책의 일부를 확인할 수 있게 될 것이고, 나아가서는 고대 한중관계사를 정리하는 데 있어 기초를 마련해준다는 점에서도 중요한 의미가 있을 것이다.

이러한 창해군에 대한 종래의 연구에는 몇 가지 오류가 있었다. 첫째, 사료 해석에 있어 어떤 선입관을 전제로 했다는 점이다. 예컨대 창해군의 위치를 고증하는 데 있어 위만조선이 한반도 북부에 위치했었다는 전제에서 출발했다. 그 결과 창해군은 한반도 북부나 그곳에서 멀지 않은 지역에 설치되었을 것으로 믿었다. 둘째, 사료를 이용하는 데 있어 그것들이 지니고 있는 시간적 차이를 무시했다는 점이다. 예컨대 위만조선시대의 창해군 예족을 그보다 1백 수십 년 후에 함경남도 남부와 강원도 지역에 나타난 동예와 동일시했다. 그 결과 중국 내에서 일어난 창해군 설치와 폐지에 관한 문제를 한반도 안으로 끌어들이게 되었다. 셋째, 창해군을 후에 설치될 한사군과 연관해서 해석했다는 점이다. 그 결과 창해군을 한사군의 전신으로 이해하는 잘못을 범하기도 했다.

종래의 이러한 견해는 모두 잘못된 것이다. 창해군이 위만조선과 가까운 지역에 설치되어 있었어야 한다는 것은 옳지만 위만조선은 한반도 북부에 있지 않았다. 지금의 요서 지방에 위치해 있었다.[1] 위만조선의 위치를 한반도 북부로 본 종래의 통설은 사료에 기초하여 고증한 결과가 아니었다. 그리고 창해군의 예족을 동예와 동일시하는 것도 옳지 않다. 함경남도와 강원도 지역에 거주했던 동예는 후에 이주해 온 집단이

---

1 이 책의 제1편 제5장 제1절 「위만조선과 한사군의 위치」 참조.

며 예족의 원거주지는 지금의 난하 유역이었기 때문이다.[2]

필자는 어떠한 선입관도 배제하고 충실하게 기본 사료의 내용에 따라 창해군의 위치를 밝히려고 한다. 그런 다음 고증을 통해 밝혀진 창해군의 위치가 타당한지를 위만조선의 위치 및 당시 예족의 거주지 등에 관한 사료와 연결시켜 검증해보려고 한다. 이와 더불어 창해군의 설치와 폐지가 갖는 역사적 의미까지도 살펴보려고 한다.

2. 창해군 위치에 대한 종래의 견해

그동안 한국사 학계에서는 창해군에 대해 크게 관심을 갖지 않은 듯하다. 한국사 사전들에 창해군에 대한 독립 항목이 없거나, 있다고 하더라도 내용이 아주 빈약하다. 창해군에 대한 통념을 알기 위해 먼저 사전류에 나타난 창해군에 대한 설명을 보면,

> B.C. 128년 무렵 한(漢)이 예맥의 투항을 받아들여 그곳에 설치한 군현.[3]

> 지금의 강원도 지방에 있던 옛 군명(郡名). 한 무제가 원삭(元朔) 원년(128 B.C.)에 동예(東濊) 지방을 정벌하고 그곳에 두었는데 3년 후에 폐지하였음.[4]

---

2 윤내현, 「고조선의 국가 구조」『겨레문화』 6, 한국겨레문화연구원, 1993, pp. 87~89.

3 유홍렬 감수, 『한국사대사전』, 교육출판공사, 1980, p. 1454.

4 이희승 편저, 『국어대사전』, 민중서림, 1982, p. 3574.

B.C. 128년 한의 무제가 만주 요동 지방에 있던 예맥의 땅에 설치한 행정구역. 당시 위만조선에 예속적 관계를 가지고 있던 예군 남려가 조선왕(위만조선 : 필자 삽입) 우거와의 관계를 끊고 그가 지배하던 28만의 인구와 함께 한나라에의 내속(內屬)을 청하자 한의 무제는 이곳에 창해군을 설치하였다.[5]

위의 내용을 종합해보면 창해군이 서한 무제 때 설치되었다는 점에서는 의견이 일치한다. 그러나 창해군의 위치에 대해서는 강원도 지방과 만주 요동 지방으로 다른 견해를 보이고 있으며, 그 설치 과정에 대해서도 예맥족이 투항해 오므로 서한이 그들을 받아들여 설치했다는 견해와 서한이 동예를 정벌하고 설치했다는 견해로 나뉘어 있다. 이러한 견해들은 그동안의 창해군에 대한 연구 결과가 압축되어 나타난 것이다.

일찍이 이익은 창해군의 위치에 대해,

장량(張良)이 진 시황제를 저격할 때 동쪽으로 와서 창해군(倉海君)을 만나보았는데, 해설자의 말에 "창해(倉海)는 곧 예맥(濊貊)이다." 했으니 지금의 강릉에 해당된다. 그러나 한 무제 때 예군 남려가 요동에 예속되어 그 땅으로 창해군(滄海郡)을 삼았는데, 응당 작은 고을 하나로 군을 삼지는 않았을 것인즉 그 땅이 반드시 남쪽으로 멀리 미쳤을 것이다.[6]

라고 하여 진제국 말기에 진 시황제를 저격할 역사(力士)를 구하기 위해 장량(張良)이 만났던 창해군(倉海君)이 살았던 지역과 서한 무제가

---

5 『동아세계대백과사전』 26, 동아출판사, 1982, p. 3574.

6 이익, 『성호사설(星湖僿說)』 제3권 천지문(天地問) 「삼한(三韓)」.

예군 남려 등의 거주지에 설치했던 창해군의 위치를 동일한 곳이었을 것으로 보고 그곳을 지금의 강릉을 중심으로 한 강원도 지역이었을 것으로 추정했다.

안정복도 창해군의 위치에 대해 이익과 같이 강릉을 중심으로 한 강원도 지역으로 보면서도,

> 고구려 태조왕이 동옥저를 취하였는 바 그 땅이 동쪽으로는 창해에 이르렀다 하였는데 동옥저의 땅은 지금의 함경남도인 것이다. 그렇다면 옛날 예의 땅은 어디까지이고 한 무제가 설치한 창해군이 통솔한 땅 또한 어디까지였을까?[7]

라고 하여 창해군이 강원도 일대는 물론이고 함경남도를 포괄한 지역이었을 것으로 보았다. 안정복이 함경남도 지역을 창해군에 포함시킨 것은 위의 인용문 내용에서 확인되었듯이 고구려 태조가 동옥저를 차지하여 그 영토가 창해(滄海)에 이르렀다는 『삼국사기』 기록[8]의 창해라는 표현에 따른 것이다. 그런데 창해라는 말은 특정한 지역 명칭 외에도 '넓고 큰 바다' 또는 '동해'라는 일반적 의미를 지니고 있다. 그러므로 『삼국사기』 기록을 태조가 동옥저를 차지하여 그 영토가 넓고 큰 바다인 동해에 이르렀다는 뜻으로 이해한다면 창해라는 표현에 근거하여 함경도 지역을 창해군에 포함시키는 것은 재고할 필요가 있게 된다.

유득공은 창해군을 지금의 춘천 지역으로 보았는데,[9] 조선시대 학자

---

7 안정복, 『동사강목』 부록 하권 「지리고(地理考)」 〈예고(濊考)〉.

8 『삼국사기』 권15 「고구려본기」 〈태조대왕 4년〉조.

9 유득공, 『사군지(四郡志)』 「고적(古蹟)」 〈춘천부(春川府)〉조.

들인 이익과 안정복, 유득공 등이 창해군의 위치를 강원도 지역으로 추정한 것은 창해군 설치의 원인이 되었던 예군 남려의 세력인 예족의 거주지가 『후한서』「동이열전」과 『삼국지』「동이전」에 함경남도 남부와 강원도 지역으로 기록된 것에 근거한 것이다.

『후한서』와 『삼국지』 기록은 중국의 동한과 삼국시대의 상황을 전하는 것이다. 다시 말하면 서기 23년부터 265년까지의 상황인 것이다. 이 시기에 예족의 일부가 함경남도 남부와 강원도 지역에 거주했던 것이다. 함경남도 남부와 강원도 지역에 거주했던 이 예족의 나라를 한국사 학계에서는 일반적으로 동예라고 부른다.

그런데 동한 이전 시대에 관한 문헌에서는 예족의 거주지가 함경남도 남부나 강원도 지역으로 나타나지 않는다. 다음에 밝혀지겠지만, 동한시대 이전에는 예족이 지금의 요서 지역에 거주했었다. 그런데 동한시대에 이르면 예족의 일부가 함경남도 남부와 강원도 지역으로 이주해 있었다. 그러므로 예족의 거주지를 함경남도 남부와 강원도 지역만으로 국한시켜 창해군의 위치를 추정하는 것은 잘못이다. 더욱이 예군 남려의 창해군은 동한시대보다 앞선 서한 무제 때 설치되었다. 그런데도 그보다 후대인 동한시대의 예족 거주지를 창해군으로 추정한 연구 방법은 잘못되었다. 이러한 잘못이 있음에도 불구하고 이익과 안정복, 유득공 등의 창해군 위치에 대한 견해는 후대 학자들에게 크게 영향을 주었다.

한편 일본의 시라토리 구라키치(白鳥庫吉)는 창해군의 위치를 지금의 압록강 상류 유역 및 동가강(佟佳江)의 전 유역을 포함한 지역이었을 것으로 보았다.[10] 시라토리는 그동안 역사학자들이 예맥족의 거주지였던

---

10 白鳥庫吉,「漢の朝鮮四郡疆域考」『東洋學報』第2卷 第2號, p. 129.

강원도를 창해군이 설치되었던 곳으로 보아왔지만, 창해군은 서한 무제가 위만조선을 멸망시키기 전에 설치되었으므로 위만조선의 동부 영토인 강원도에 서한이 창해군을 설치한다는 것은 실제로 거의 불가능하다고 보았다. 그리고 중국 문헌에 기록된 바에 의하면 예맥족은 강원도 지역에만 거주한 것이 아니라 부여·고구려 등 다른 지역에도 거주한 것으로 나타난다고 말하고,

> 창해군은 예맥의 일종인 고구려의 주지(住地)에 설치되었던 것으로 지금의 압록강 상류 유역 및 동가강 유역에 있었을 것이다.[11]

라고 했다. 시라토리는 그 근거로 『후한서』「동이열전」〈고구려전〉에 "고구려는 맥이(貊耳)라고도 부른다."는 기록이 있어 고구려의 주민이 예맥족이었음을 알 수 있는 점, 고구려의 원거주지인 압록강 유역 및 동가강 유역은 위만조선과 서한 사이에 위치해 있어 창해군의 설치 배경과 연결해볼 때 그 위치가 타당성이 있는 점, 창해(蒼海) 또는 창해(滄海)는 동쪽의 바다를 뜻하는 것으로 중국에서는 지금의 발해를 창해(滄海)라고 지칭해왔다는 점 등을 들고 있다.

그런데 시라토리는 위만조선이 한반도 북부 대동강 유역에 위치해 있었다는 전제 위에서 견해를 개진하고 있다. 그러나 위만조선은 한반도 북부가 아니라 지금의 요서 지역에 위치해 있었다.[12] 그리고 예군 남려의 예족이 고구려족이었다는 근거도 불확실하고 설사 예군 남려의 예족

---

11 윗글, p. 128.

12 윤내현, 「위만조선의 재인식」『한국고대사신론』, 일지사, 1986, pp. 254~272. 이 책의 제1편 제5장 제1절 「위만조선과 한사군의 위치」 참조.

을 고구려족으로 본다고 해도 고구려족의 원거주지는 압록강 유역과 동가강 유역이 아니라 지금의 요서 지역이었다.[13] 그리고 중국인들이 전통적으로 지칭한 창해(蒼海) 또는 창해(滄海)는 발해(渤海)인데, 그 가운데서도 요동만(遼東灣)보다는 지금의 천진 남쪽의 발해만이다. 따라서 시라토리의 견해도 재검토할 필요가 있다.

일본의 이마니시 류(今西龍)와 이케우치 히로시(池內宏)는 시라토리 구라키치의 견해를 일축하고 창해군의 위치를 함경남도 함흥부터 강원도 강릉에 이르기까지의 연해 지역 가운데 특별히 요충지였던 곳이었을 것으로 보았다.[14] 특히 이케우치는 더 구체적으로 위치를 한정하여 지금의 함경남도 영흥 부근, 영흥읍 동쪽 4킬로미터 지점의 순영면 소라리의 토성이 예군 남려의 근거지였을 것으로 보았다.[15] 이마니시와 이케우치가 이렇게 본 근거는 이미 이익과 안정복이 제시한 『후한서』「동이열전」과 『삼국지』「동이전」에 나타난 예족의 거주지 위치에 따른 것이다. 사료에 의하면, 창해군은 설치된 지 2년 후에 폐지되었는바, 이마니시는 그 원인을 창해군의 위치가 서한의 요동군에서 격리된 먼 곳이어서 교통이 불편하고 통제하는 데 어려움이 있었기 때문이었을 것으로 보고, 이러한 점에서도 강원도 지역이 타당하다고 보았다.[16]

그러나 창해군의 위치를 강원도나 함경도 지역으로 본 견해에는 연구 방법에 잘못이 있음을 필자는 앞에서 이익과 안정복의 견해를 살피면서 지적했다. 창해군 폐지의 원인을 요동군과 격리된 교통이 불편한 지역

---

13 앞 글, 「위만조선의 재인식」, pp. 293~294.
앞 글, 「고조선의 국가 구조」, pp. 83~87.

14 今西龍, 「眞番郡考」 『朝鮮古史の研究』, 國會刊行會, 昭和 45(1970), pp. 255~256.

15 池內宏, 「眞番郡の位置について」 上 『史學雜誌』 第57編, 第3號, 1948, p. 26.

16 주 14와 같음.

이었기 때문이었을 것으로 본 것도 추측에 불과하다. 그럼에도 불구하고 이마니시 류와 이케우치 히로시의 견해는 미카미 쓰기오(三上次男)[17]와 오카자키 게이(岡崎敬)[18], 와다 세이(和田清)[19] 등에 의해 계승되었고 오하라 도시타케(大原利武)도 함경남도 남부 경계 지역으로 보는 비슷한 견해[20]를 내놓았다.

일본의 미시나 쇼에이(三品彰英)는 창해군을 압록강 유역 및 동가강 유역으로 본 견해와 강원도 및 함경남도 지역으로 본 견해를 종합하여 그 지리 범위를 한층 확장했다. 미시나는,

> 창해군을 압록강·동가강 유역을 중심으로 하는 경성(境城)에 비정(比定)하는 구설(舊說)은 그렇게 된 현실적인 면을 가지고 있는 점에서 나는 그것을 승인하는 것과 함께 또 한편으로는 그 경성(境城)을 반도의 영동지구(嶺東地區)에까지 확대해가는 신설(新說)은 한(漢)측의 기대와 관념을 추구한 것으로서 그 일면을 승인해도 좋을 것이다.[21]

라고 하여 창해군이 실제로 설치되었던 곳은 압록강과 동가강 유역이었겠지만 서한은 그것을 한반도 영동 지역의 동해까지 연장할 장래 계획을 가지고 있었으므로 창해군이라는 명칭에는 그러한 관념적 개념까지 포함되어 있다고 보았다. 그리고 이러한 창해군에 대한 서한의 기대와 관념은 후에 한사군 설치에서 실현되었다고 주장했다.

---

17 三上次男, 「穢人とその民族的性格について」(1)『朝鮮學報』第2輯, 1951, pp. 16~17.
18 岡崎敬, 「夫租薉君銀印をめぐる諸問題」『朝鮮學報』, 第46輯, p. 45.
19 和田清, 「玄菟郡考」『東方學』第1輯, p. 11.
20 大原利武, 『滿鮮に於ける漢代五郡二水考』, 近澤書店, 昭和 8(1933), pp. 312~315.
21 三品彰英, 「濊貊族小考」『朝鮮學報』第4輯, pp. 20~21.

그동안 한국사 학계의 창해군 위치에 대한 견해는 대체로 앞에 소개한 범위를 벗어나지 못하고 있다. 이병도는 압록강과 동가강 유역으로 본 시라토리의 견해를 탁설이라고 지지했으며[22] 이기백,[23] 이기동,[24] 김정배[25] 등도 이 견해를 따르고 있다. 이에 반해 도유호,[26] 윤무병,[27] 이옥,[28] 황철산[29] 등은 함경남도와 강원도 지역이라는 견해를 따르고 있다. 그러나 황철산은 이 견해를 따르면서도 중국 문헌에 나타난 창해군에 관한 기록은 군이 실제로 설치된 것을 의미하지는 않으며, 그보다는 상업 근거지를 둔 것이거나 군을 설치할 계획을 시도한 것을 과장한 것이라고 보았는데, 러시아의 U. M. 부틴은 이 견해가 가장 진실에 가까울 것이라고 보았다.[30]

이 밖에도 창해는 동부여의 별칭으로 창해군은 지금의 혼춘(琿春)이나 함흥 지역에 있었을 것으로 본 신채호의 견해[31]와 창해군 설치에 관한 기록은 처음부터 과장된 것으로 실제로는 설치된 적이 없었을 것으로 본 정인보의 견해[32] 및 근거를 밝히지는 않으면서도 창해군의 위치를 지금의 천진 지역으로 본 문정창의 견해,[33] 창해군은 서한과 고조선

---

22 이병도, 「현도군급임둔군고」 『사학잡지』 제41편 제4호, 1930, pp. 97~98.
23 이기백, 『한국사신론』, 일조각, 1979, pp. 31.
24 이기백·이기동, 『한국사시민강좌(1)—고대편』, 일조각, 1982, p. 64.
25 김정배, 「예맥족에 관한 연구」 『백산학보』 제5호, p. 30.
26 도유호, 「진번과 옥저성의 위치」 『문화유산』 4, p. 3.
27 윤무병, 「예맥고」 『백산학보』 제1호, p. 17.
28 이옥, 『고구려민족형성과 사회』, 교보문고, 1984, p. 80.
29 황철산, 「예맥족에 대하여」 『고고민속』, 1963년 1호, p. 21.
30 U. M. 부틴 지음, 이항재·이병두 옮김, 『고조선』, 소나무, 1990, p. 167.
31 신채호, 『조선상고사』, 인물연구소, 1982, p. 139.
32 정인보, 『조선사연구』, 서울신문사, 1947, pp. 146~147.
33 문정창, 『한국고대사』 상, 백문당, 1967, p. 106.

사이에 위치해야 하는데 지금의 대릉하와 요하 사이에서 그 지역을 찾아야 한다는 리지린의 견해[34] 등이 제출되어 있다.

3. 창해군의 위치 고증

역사적 사건이나 사실을 고증하는 데 있어 기왕의 연구 업적들이 도움을 주는 경우도 있지만, 그러한 선입관 때문에 객관적인 판단을 그르치는 경우도 자주 보게 된다. 그러한 잘못을 범하지 않으려면 창해군에 관한 기본 사료를 토대로 위치를 고증해야 할 것이다. 우선 창해군에 관한 가장 기본적인 사료인 『한서』 「무제기」를 보면,

> 원삭 원년(서기전 128) 가을에 동이(東夷)의 예군 남려 등 인구 28만 명이 투항하므로 창해군을 설치하였다.[35]

고 기록되어 있다. 이에 대해 당(唐)시대의 안사고는 주석하기를 "남려는 (예)군의 이름"이라고 했다.[36] 따라서 위의 『한서』 기록은 예군이었던 남려가 그의 통치를 받던 예족 28만 명을 이끌고 투항해 오므로 서한 무제가 이들을 받아들여 창해군을 설치했다고 말하고 있는 것이다. 이어서 『한서』는 창해군이 설치된 지 2년 후인 원삭 3년(서기전 126) 봄

---

34 리지린, 『고조선연구』, 사회과학원, 1963(열사람 영인본, 1989), p. 152.

35 『한서』 권6 「무제기」 〈원삭 원년〉조. "秋, ……, 東夷濊君南閭等口二十八萬人降, 爲蒼海郡."

36 위의 『한서』 「무제기」에 대한 안사고의 주석. "師古曰, 南閭者, 濊君之名."

에 창해군을 폐지했다고 기록하고 있다.[37]

이러한 『한서』 기록을 좀 더 구체적으로 보완해주는 기록이 『후한서』에 보인다. 『후한서』 「동이열전」 〈예전〉에는,

> 원삭 원년(서기전 128)에 예군 남려 등이 우거에 반기를 들고 28만 명을 이끌고 요동에 와서 내속하므로 무제는 그곳에 창해군을 만들었다가 몇 년 후에 바로 폐지하였다.[38]

고 기록되어 있다. 예군 남려와 그가 이끌고 서한에 투항한 28만 명은 원래 위만조선에 속해 있던 예족이었는데, 그들은 위만조선의 우거에 반기를 들고 서한에 투항했음을 이 기록은 전해주고 있다. 그리고 예군 남려 등이 투항했던 서한 지역은 요동이었음도 말해주고 있다.

그런데 요동이라는 단어에는 두 가지 다른 지리 개념이 있다. 하나는 넓은 의미의 요동으로 서한의 동북쪽 가장 멀리 떨어진 땅을 말하는 것으로 서한의 영토만이 아니라 서한 영토 밖의 땅까지를 포괄하는 일반 의미의 요동이다. 다른 하나는 서한 영토 내의 행정구역이었던 요동군을 의미하는 요동이다. 예군 남려가 위만조선의 우거에 반기를 들고 가서 투항했던 요동은 위만조선 영토에 속하는 요동 지역이었을 수는 없다. 그곳이 서한의 영토였음을 위의 『후한서』 「동이열전」 기록은 말해주고 있다. 따라서 이 요동은 서한의 영토 가운데 가장 동북쪽에 위치하여 위만조선과 접경하고 있던 요동군이었을 것임을 알 수 있다. 서한 무제

---

37 『한서』 권6 「무제기」. "三年春, 罷蒼海郡."

38 『후한서』 권85 「동이열전」 〈예전〉. "元朔元年, 濊君南閭等畔右渠, 率二十八萬口詣遼東內屬, 武帝以其地爲蒼海郡, 數年乃罷."

는 요동군으로 투항한 예군 남려 등 28만 명을 받아들여 창해군을 설치했던 것이다. 그러므로 창해군은 요동군의 일부를 나눈 지역이거나 요동군에서 가까운 지역에 설치되었을 것이다. 또한 그곳은 위만조선에서도 멀지 않았을 것이다.

위만조선이 한반도 북부에 위치해 있었다고 본 종래의 통설을 따르고 예군 남려가 투항해 갔던 요동을 지금의 요동 지역으로 본다면 창해군의 위치를 압록강 유역과 동가강 유역으로 잡는 것이 가능해진다. 시라토리 구라키치와 이병도의 견해는 이러한 전제 위에 서 있는 것이다. 그러나 위만조선의 위치를 한반도 북부로 본 종래의 통설은 잘못된 것이었다. 위만조선은 지금의 요서 지역에 있었다.[39] 그리고 서한시대의 요동 지역이나 요동군은 지금의 요동과 동일한 곳이 아니었다.[40]

그러나 창해군의 위치를 고증하는 데 있어 선입관을 배제하기 위해 위만조선의 위치와 서한시대의 일반 의미의 요동 및 요동군의 위치를 검토하는 것은 일단 보류해두고자 한다. 이 문제는 창해군의 위치를 확인한 후 그 검증 과정에서 다루겠다.

창해군의 위치 추정을 가능하게 하는 기록이 『사기』「평준서(平準書)」와 『한서』「식화지(食貨志)」에 보인다.

彭吳賈滅朝鮮 置滄海之郡 則燕·齊之間靡然發動[41]

39 앞 글, 「위만조선의 재인식」 참조.
이 책의 제1편 제5장 제1절 「위만조선과 한사군의 위치」 참조.

40 윤내현, 「고조선의 서변경계 재론」 『백산박성수교수화갑기념논총—한국독립운동사의 인식』, 백산박성수교수화갑기념논총간행위원회, 1991, pp. 524~530.

41 『사기』 권30 「평준서」.

彭吳穿穢(濊)·貊·朝鮮 置滄海郡 則齊·燕之間靡然發動[42]

이 그것이다. 위 두 인용문은 동일한 내용을 전하고 있다. 그런데 『사기』「평준서」에는 "彭吳賈滅朝鮮"이라고 하여 팽오(彭吳)가 교역을 하면서 조선을 멸망시킨 것처럼 되어 있고, 『한서』「식화지」에는 "彭吳穿穢(濊)·貊·朝鮮"이라고 하여 팽오가 예·맥·조선과의 교역로를 개척한 것으로 되어 있다. 이러한 차이에 대해 팽오라는 일개 상인이 조선을 멸했다는 것은 사리에 맞지 않고, 또 그러한 사건도 있지 않았으므로 위 두 기록을 비교해볼 때 『사기』「평준서」의 '멸(滅)' 자는 '예(濊)' 자가 잘못 기록된 것이라는 데 학자들은 의견을 같이하고 있다.[43]

따라서 위 두 기록은 다음과 같이 해석된다. 팽오라는 서한 상인이 예·맥·조선 지역과의 교역로를 개척했는데 창해군을 설치하게 되자 제와 연 사이가 온통 소요 사태에 휘말리게 되었다는 것이다. 아마도 예군 남려가 서한에 투항하는 데 있어 팽오가 어떤 역할을 했을 가능성을 시사하고 있다. 여기서 중요한 것은 창해군을 설치하자 제와 연 사이가 온통 소요에 휘말리게 되었다는 사실이다. 이것은 창해군이 제와 연 사이에 설치되었음을 말해준다.

창해군이 제와 연 사이에 설치되지 않았다면 창해군과 아무런 관계도 없는 제와 연 사이에서 소요가 일어날 리가 없기 때문이다. "齊·燕之間靡然發動"을 제와 연 사이에 거주했던 사람들이 압록강 유역이나 강원도 지역의 창해군으로 대거 이동해 간 상황을 묘사한 것으로 해석하는

---

42 『한서』 권24 하 「식화지」 하.

43 앞 글, 「眞番郡考」, pp. 250~251.
앞 글, 「현도군급임둔군고」, pp. 98~99.

학자들도 있지만 "미연발동(靡然發動)"에 이동해 간다는 뜻은 들어 있지 않다. 따라서 위의 내용으로 보아 아마도 예군 남려가 이끈 예족은 투항하기 전에 팽오를 통해 투항 후의 처우 문제에 대해 서한으로부터 어떤 약속을 받았을 것이다. 그런데 서한이 그것을 지키지 않고 창해군을 설치하여 그들을 하나의 행정구역으로 예속시키려 하자 이에 반대하는 소요가 크게 일어났을 가능성이 있다.

어떻든 이러한 소요 사건이 제와 연 사이에서 일어났는데, 잘 알려져 있는 바와 같이 서주시대 이래 제는 지금의 산동성 지역을 말하고 연은 지금의 북경과 천진 지역을 말한다. 그러므로 창해군은 지금의 산동성 동부 지역과 북경 사이인 발해만 서부 연안에 위치해 있었다고 보아야 한다.

이를 뒷받침하는 기록이 있다. 『사기』 「유후세가(留侯世家)」에,

> (장)량은 일찍이 회양(淮陽)에서 예(禮)를 공부했는데, 동쪽으로 가서 창해군(倉海君)을 만나 역사(力士)를 얻고 무게 120근의 철추(鐵椎)를 만들었다. 진황제(秦皇帝)가 동쪽으로 순유(巡遊)하였는데, (장)량과 자객(刺客 : 역사)은 진황제를 박랑사(博浪沙)에서 저격하였으나 잘못하여 부차(副車)를 맞혔다.[44]

는 기록이 있다. 장량은 전국시대 한(韓)의 세가(世家)였는데 진 시황제에 의해 한이 멸망할 때 그의 가문도 크게 피해를 본 인물이다. 그가 자기 나라와 가문의 원수인 진 시황제를 저격하기 위해 회양으로부터 동

---

44 『사기』 권55 「유후세가」. "良嘗學禮淮陽, 東見倉海君. 得力士, 爲鐵椎重百二十斤. 秦皇帝東游, 良與客狙擊秦皇帝博浪沙中, 誤中副車."

쪽으로 창해군을 찾아가 역사를 얻었던 것이다. 그런데 위의 「유후세가」에 나오는 회양은 당시대의 진주(陳州)로[45] 지금의 하남성 회양이다.[46] 장량은 하남성 회양으로부터 동쪽으로 가서 창해군을 만났던 것이다. 이 창해군에 대해 『사기색은』에 주석하기를, 서한 무제 때 예군 남려가 투항해 옴으로써 만든 창해군은 그 명칭이 아마도 여기에서 기인했을 것이므로 그 지역이 서로 가까울 것이라고 했다.[47] 즉 창해군이 살았던 곳은 후에 창해군이 설치된 곳과 동일하거나 가까운 곳이라는 것이다. 장량이 창해군을 만난 후 역사와 함께 진 시황제를 저격했던 박랑사(博浪沙)는 지금의 하남성 중모(中牟) 근처였다.[48]

그러므로 장량은 하남성 회양에서 동쪽으로 가서 창해군을 만나 역사를 구한 후 하남성의 중모 지역으로 와서 진 시황제를 저격했던 것이다. 이것은 진제국에서 일어난 사건인데, 진제국의 동북 영토는 북경에서 가까운 지금의 난하 유역까지였다.[49] 그러므로 장량이 창해군을 만나기 위해 압록강 유역이나 강원도 또는 함경남도까지 왔다는 것은 불가능하다. 따라서 『유후세가』의 창해군에 대한 『사기색은』 주석이 옳다면 창해군은 하북성이나 산동성의 동부 해안에 있어야 한다.

여기서 발해가 창해(滄海) 또는 창해(蒼海)로 불렸다는 사실에 유의할 필요가 있다. 조조(曹操)가 발해만 연안의 난하 유역에 있는 갈석산에

---

45 위 『사기』 「유후세가」의 『사기정의』 주석.

46 譚其驤 主編, 『中國歷史地圖集』, 第5冊－隋 · 唐 · 五代十國時期, 地圖出版社, 1982, pp. 44~45.

47 주 44의 『사기』 「유후세가」에 대한 『사기색은』 주석. "姚察以武帝時東夷穢君降, 爲倉海郡, 或因以名, 蓋得近也."

48 앞 책, 『中國歷史地圖集』 第2冊－秦 · 西漢 · 東漢時期, pp. 7~8.

49 앞 글, 「고조선의 서변경계 재론」 참조.
이 책의 제1편 제3장 「고조선의 강역과 국경」 참조.

올라 발해를 바라보며 지은 〈갈석〉편의 시 가운데 한 수는 〈관창해(觀滄海)〉로 널리 알려져 있다. 첫 구절은 "동쪽으로 갈석에 올라 창해를 바라본다."로 시작된다.[50] 그리고 『수서』 「내호아전(來護兒傳)」에는 고구려와의 전쟁에 대해 언급하면서,

> 요동의 전쟁에 (내)호아는 누선(樓般)을 인솔하고 창해로 나아가 패수(浿水)로부터 들어가 평양 60리에 가서 고(구)려와 부딪쳤다.[51]

는 기록이 있는데 여기서 말하는 창해는 발해라는 데 의문의 여지가 없다. 그리고 『구당서』 「지리지」 〈하북도(河北道)〉 '창주(滄州) 상(上)'에서는 창주에 대해 설명하기를 "한시대의 발해군(渤海郡)인데 수나라에서 그것을 따랐다가 무덕(武德) 원년에 창주(滄州)로 고쳤다."[52] 고 했으니 창주라는 명칭이 발해에서 왔음을 알 수 있다.

『한서』 「지리지」 〈발해군〉조를 보면 발해군은 서한 고조(高祖) 때 설치되었는데 왕망은 영하(迎河)라 했고 유주(幽州)에 속한다[53] 고 했으며 안사고는 주석하기를 발해의 연안에 있기 때문에 발해군이라는 명칭을 갖게 되었다[54] 고 했다. 결국 서한시대의 발해군이나 당시대의 창주는 동일한 지역으로 발해 즉 창해 연안에 있었기 때문에 붙여진 이름이었음

---

50 『진서』 권23 「악지(樂志)」 하 〈갈석〉편.
『曹操集』, 中華書局, 1959, p. 11. "東臨碣石, 以觀滄海."

51 『수서』 권64 「내호아전」. "遼東之役, 護兒率樓船, 指滄海, 入自浿水, 去平壤六十里, 與高麗(高句麗)相遇."

52 『구당서』 권39 「지리지」 2. "滄州上, 漢渤海郡, 隋因之, 武德元年, 改爲滄州."

53 『한서』 권28 「지리지」 상. "渤海郡, 高帝置, 莽曰迎河, 屬幽州."

54 위의 『한서』 「지리지」 〈발해군〉조의 주석. "師古曰, 在渤海之濱, 因以爲名."

을 알 수 있다. 그런데 그 위치를 보면 발해만 서부 연안으로 지금의 창주 지역이었다.[55]

이 지역은 산동성과 북경 지역의 중간 지점이다. 앞에서 인용한 『사기』「평준서」와 『한서』「식화지」에 창해군의 위치로 나타난 제와 연 사이인 것이다.[56] 이로 미루어보아 예군 남려 등 28만 명을 받아들여 서한 무제가 설치했던 창해군은 발해만 서부 연안 지금의 창주 지역에 있었을 것임을 알 수 있다. 그런데 앞의 『한서』「지리지」 기록에 의하면 이곳에는 창해군이 설치되기 전에 이미 서한 고조 때 설치한 발해군이 있었다. 그러므로 다음과 같은 가정이 가능하다. 즉 예군 남려 등이 투항해 오자 서한 무제는 발해군의 북부 즉 지금의 창주지구(滄州地區) 북부를 분할하여 창해군을 설치했다가 2년 후 그것을 폐지하고 다시 발해군에 통합했을 가능성이 그것이다. 그러했기 때문에 이 지역에는 발해군과 창주라는 두 개의 명칭이 남아 있었을 것이다.

『한서』「지리지」에 의하면, 당시 요동군 인구는 27만 2,539명이었는데, 발해군 인구는 90만 5,119명이었다.[57] 발해군 인구가 요동군에 비해 매우 많을 뿐만 아니라 예군 남려의 28만 명을 제외하더라도 하나의 군이 되기에도 충분한 인구가 남는다. 이러한 인구의 차이는 그러한 가능성을 한층 강하게 뒷받침한다.

예군 남려 등은 위만조선으로부터 요동군에 와서 투항했으므로, 창해군이 창주 지역에 설치되었다는 것이 뒷받침되기 위해서는 다음 사항들이 충족되어야 한다. 그것은 당시의 예족 거주지, 위만조선의 위치, 요동

---

55 앞 책, 『中國歷史地圖集』 第2冊－秦 · 西漢 · 東漢時期, pp. 13~14.

56 주 41 · 42 참조.

57 『한서』 권28 「지리지」 상 · 하의 〈요동군〉조와 〈발해군〉조 참조.

군의 위치 등이 창주 지역에서 가까운 곳이어야 한다는 점이다.

먼저 예족의 거주지를 확인해보자. 앞에서 언급했지만 『후한서』 「동이열전」 〈예전〉에는 "예는 북쪽은 고구려·옥저와 접하였고 남쪽은 진한과 접하였으며 동쪽은 큰 바다에 이르렀다."[58]고 기록되어 있어 그 위치가 지금의 함경남도 남부와 강원도 지역이었음을 알게 해준다. 『삼국지』 「동이전」도 동일한 내용을 전하고 있다.[59] 『후한서』와 『삼국지』에 기록된 이러한 예에 관한 내용은 앞에서 인용된 『한서』 「무제기」의 창해군 설치에 관한 기록의 주석으로 복건(服虔)의 말을 인용해 실려 있다.[60] 그리고 『사기』 「유후세가」의 창해군에 대한 『사기정의』의 주석에는 창해군은 "지금의 맥예국(貊穢國)이다."라고 하고는 "『괄지지』에 이르기를 예맥(穢貊)은 고구려 남쪽에 있고 신라 북쪽에 있으며 동쪽은 넓은 바다 서쪽에 이른다."[61]고 했다. 이 두 주석은 후대의 학자들로 하여금 창해군의 위치를 함경남도와 강원도 지역으로 보도록 만들었다.

그런데 여기서 주의해야 할 것은 예족의 위치가 함경남도 남부와 강원도 지역으로 나타난 것은 『후한서』와 『삼국지』부터이며, 그 이전의 기록에서는 그들의 위치가 함경남도나 강원도 지역으로 나타나지 않는다는 점이다. 『후한서』와 『삼국지』는 중국의 동한과 삼국시대 역사서로서 창해군 설치 시기로부터 적어도 150여 년 후의 상황을 싣고 있다. 그러

---

58 『후한서』 권85 「동이열전」 〈예전〉. "北與高句麗·沃沮, 南與辰韓接, 東窮大海, 西至樂浪."

59 『삼국지』 권30 「동이전」 〈예전〉. "濊南與辰韓, 北與高句麗·沃沮接, 東窮大海."

60 주 35의 『한서』 「무제기」 주석. "服虔曰, 穢貊在辰韓之北, 高句麗·沃沮之南, 東窮于大海."

61 주 44의 『사기』 「유후세가」 주석으로 실린 『사기정의』. "括地志云, 穢貊在高麗(高句麗)南, 新羅北, 東之大海西."

므로 함경남도와 강원도는 창해군 설치 시기의 예족 거주지는 아닌 것이다. 창해군 설치 시기의 예족 거주지는 『후한서』나 『삼국지』보다 앞선 시대에 관한 문헌의 기록에서 찾아야 한다.

예족이 가장 일찍 등장한 문헌은 『일주서(逸周書)』다. 같은 책 「왕회해(王會解)」편에는 서기전 11세기 무렵 서주의 낙읍(洛邑)에서 열렸던 성주대회(成周大會)에 동북 지역의 대표로 직신(숙신)·예인·양이·양주·발인·유인·청구·고이(고구려)·고죽 등이 참석했던 것으로 기록되어 있다.[62] 당시 서주의 강역은 동북으로는 지금의 하북성 중부 지역을 넘지 못했고, 고죽국의 위치는 난하 유역이었음이 분명하게 확인되었으며[63] 위의 여러 종족은 지금의 난하 유역과 요서 지역에 거주했음이 고증되었다.[64]

『일주서』 다음으로 예가 등장한 문헌은 『관자』다. 춘추시대의 상황을 전하는 『관자』 「소광(小匡)」편에는 제나라 환공이 "천하를 바로잡으려고 북쪽으로는 고죽·산융·예·맥에 이르렀다."[65] 고 기록되어 있다. 당시 고죽은 지금의 북경 근처 난하 하류 유역에 있었고 산융은 하북성 북부에 있었다. 그러므로 이들과 병기된 예와 맥은 이들과 가까운 난하 유역에 있었을 것임을 알 수 있다. 서한시대의 저서인 『사기』 「화식열전」에는 "무릇 연은 발해와 갈석 사이의 사람이 많이 살고 있는 번화한 곳인

---

62 『일주서』 권7 「왕회해」.

63 陳槃, 「不見於春秋大事表之春秋方國稿」 冊1 〈孤竹〉條, 中央研究院歷史語言研究所, 民國 59(1970), pp. 28~31.
譚其驤 主編, 『中國歷史地圖集』 第1冊－原始社會·夏·商·西周·春秋·戰國時期, 地圖出版社, 1982, pp. 11~12·15~16·20~21.

64 앞 글, 「고조선의 국가 구조」 참조.

65 『관자』 권8 「소광」 제20. "一匡天下, 北至於孤竹·山戎·穢(濊)·(貊)."

데, …… 북쪽은 오환·부여와 접하였고 동쪽으로는 예·맥·조선·진번으로부터의 이익을 관장하였다."[66] 고 기록되어 있다. 그리고 위의 발해와 갈석에 대해 『사기정의』에 주석하기를 "서북쪽에 있다."[67] 고 했다.

그러므로 발해는 지금의 발해만을 말하고, 갈석은 난하 하류 동부 유역에 있는 지금의 갈석산을 말함을 알 수 있다. 그리고 발해와 갈석 사이는 지금의 북경을 중심으로 한 하북성 중부 지역으로 서주시대 이래의 연(燕) 지역이다. 이러한 연의 북쪽에 오환과 부여가 있었다면 부여는 난하 상류 유역에 있어야 한다. 그리고 연과 경계를 접하고 그 동쪽에 있었던 예와 맥은 난하 중류 유역에 있어야 한다. 여기서 예·맥과 병기된 조선과 진번은 난하 하류 유역의 지명으로 후에 위만조선의 영토가 되었다가 한사군 지역이 되었다.[68]

지금까지의 고찰로 서주 초부터 서한 무제시대에 이르기까지 예족은 맥족과 나란히 난하 중류 유역에 거주하고 있었음을 알 수 있다. 창해군이 설치되었던 서한 무제시대에 예족은 창해군이 설치되었던 지금의 하북성 창주지구로부터 그리 멀지 않은 난하 중류 유역에 거주하고 있었던 것이다.

여기서 짚고 넘어가야 할 점이 있다. 예족과 맥족은 원래 난하 유역에 거주하고 있었는데, 어떤 연유로 『후한서』「동이열전」과 『삼국지』「동이전」에는 그들이 함경남도 남부와 강원도 지역에 거주한 것으로 나타나게 되었는가 하는 점이다. 이 점은 위만조선의 건국 및 성장, 그 뒤를 이

---

66 『사기』 권129 「화식열전(貨殖列傳)」. "夫燕亦勃·碣之間, 一都會也. ……, 北隣烏桓·夫餘, 東綰穢(濊)·貊·朝鮮·眞番之利."

67 위의 『사기』 「화식열전」의 주석으로 실린 『사기정의』. "渤海·碣石在西北."

68 윤내현, 「위만조선의 재인식」 앞 책 『한국고대사신론』, pp. 223~239.
이 책의 제1편 제5장 제1절 「위만조선과 한사군의 위치」 참조.

은 한사군 설치와 관계가 있다. 지금의 요서 지역 즉 난하 동부 유역은 원래 고조선 영토였다.[69] 그런데 그 지역에 위만조선의 건국을 거쳐 한사군이 설치되는 과정에서 중국 세력이 밀려오자 그곳에 살고 있던 고조선 주민들이었던 예족·맥족 가운데 일부가 중국 세력에 대항하면서 동쪽으로 이동했던 것이다. 그 후 이들은 함경남도 남부와 강원도 지역에 새로운 정착지를 마련하고 거주하기에 이르렀다.[70] 이때 예족과 맥족은 혼합되어 예맥족을 이루어 그 지역의 토착인들과 더불어 거주하게 되었던 것이다. 이것이 『후한서』「동이열전」과 『삼국지』「동이전」에 나타난 예족, 즉 동예인 것이다.

이제 위만조선의 위치를 확인해보자. 필자는 위만조선이 한반도 북부에 있었다는 그동안의 통설을 부인하고 위만조선은 요서 지역에 있었음을 주장한 바 있다.[71] 위만조선의 위치를 한반도 북부 대동강 유역으로 본 종래의 통설은 과학적인 고증의 결과로 얻어진 것이 아니었다. 고조선의 위치를 대동강 유역으로 본 종래의 견해를 무비판적으로 받아들이고 위만조선은 고조선의 뒤를 이었을 것이므로 위만조선도 당연히 대동강 유역에 있었을 것으로 믿어왔던 것이다. 그러나 위만조선은 고조선의 뒤를 이었던 것이 아니라 기자의 후손인 준의 정권을 빼앗아 성립되었고 지금의 요서 지역에 위치해 있었다.[72]

---

69 앞 글, 「고조선의 서변경계 재론」 참조.
윤내현, 「고조선시대의 패수」『전통과 현실』 제2호, 고봉학술원, 1992, pp. 205~246 참조.
이 책의 제1편 제3장 「고조선의 강역과 국경」 참조.

70 앞 글, 「위만조선의 재인식」, pp. 285~300.

71 윗글, 「위만조선의 재인식」, pp. 254~272.
이 책의 제1편 제5장 제1절 「위만조선과 한사군의 위치」 참조.

72 윗글 참조.

이 문제에 대해 필자는 이미 구체적으로 고증한 바 있지만[73] 이해의 편의를 위해 간단하게 소개하겠다.

『한서』와 『진서』의 「지리지」에 의하면, 기자 일족이 망명해 살았던 곳은 후에 한사군의 낙랑군 조선현이 된 곳이었다.[74] 그리고 조선현과 함께 낙랑군에 속해 있던 수성현은 지금의 난하 하류 동부 유역에 있는 갈석산 지역이었던 것으로 확인된다.[75] 근래에 난하 동부 유역에서 기자 일족의 청동기가 출토되기도 했다.[76] 이러한 것들은 기자 일족의 거주지가 난하 동부 유역이었고 조선현과 수성현을 포함한 낙랑군은 물론 한사군도 이 지역이었음을 알게 해준다.[77]

『사기』 「조선열전」에 의하면, 위만조선을 치기 위해 서한의 누선장군 양복은 해군을 거느리고 산동성을 출발하여 북쪽의 발해를 항해했고, 좌장군 순체는 육군을 거느리고 요동으로 출격했다.[78] 산동성을 출발하

---

73 윤내현, 「기자신고」·「위만조선의 재인식」·「한사군의 낙랑군과 평양의 낙랑」 앞 책 『한국고대사신론』 참조.
이 책의 제1편 제5장 제1절 「위만조선과 한사군의 위치」 참조.

74 『한서』 권28 「지리지」 하 〈낙랑군〉 '조선현'의 주석. "應劭曰, 武王封箕子於朝鮮."
『진서』 권14 「지리지」 상 〈평주(平州)〉 '낙랑군' 조선현의 주석. "朝鮮, 周封箕子地."

75 『사기』 권2 「하본기」의 "夾右碣石, 入于海"의 갈석에 대한 주석으로 실린 『사기색은』. "太康地理志云, 樂浪遂城縣有碣石山, 長城所起."
『진서』 권14 「지리지」 상 〈낙랑군〉 '수성현'조. "遂城, 秦築長城之所起."
앞 글, 「기자신고」, pp. 231~233 참조.
이 책의 제1편 제5장 제1절 「위만조선과 한사군의 위치」 참조.

76 喀左縣文化館·朝陽地區博物館·遼寧省博物館 北洞文物發掘小組, 「遼寧喀左縣北洞村出土的殷周靑銅器」 『考古』, 1974年 第6期, pp. 364~372.
이형구, 「대릉하유역의 은말주초 청동기문화와 기자 및 기자조선」 『한국상고사학보』 제5호, 한국상고사학회, 1991, pp. 13~15·23~27 참조.

77 윤내현, 「한사군의 낙랑군과 평양의 낙랑」 앞 책 『한국고대사신론』, pp. 307~318.

78 『사기』 권115 「조선열전」. "其秋, 遣樓船將軍楊僕從齊浮渤海, 兵五萬人, 左將軍荀彘出遼東, 討右渠."

여 북쪽으로 항해하면 난하 동부 유역의 갈석산 지역에 이르게 된다. 그리고 다음에 밝혀지겠지만 당시의 요동은 지금의 요동 지역이 아니라 난하 유역이었다. 따라서 위만조선은 난하 동부 유역에 있었음을 알 수 있다. 이 위치는 앞에서 확인된 기자 일족의 거주지 및 한사군의 위치와도 일치한다. 위만조선은 창해군이 설치되었던 창주지구로부터 멀지 않은 난하 동부 유역에 위치해 있었던 것이다.

끝으로 당시의 요동 위치를 확인해보자. 고대의 요동은 지금의 요동과 위치가 달랐다. 창해군이 설치되던 시기의 요동은 당시에 저술된 『사기』「진시황본기」에 분명하게 기록되어 있다.[79] 당시의 요동은 갈석산이 있는 지금의 난하 유역이었다. 요동이라는 말은 원래 중국인들이 동쪽 멀리 떨어져 있는 국경 지대의 땅을 가리키던 것으로 '극동(極東)'이라는 의미였다. 당시 중국 영토는 갈석산까지였기 때문에 이 지역을 요동이라고 불렀던 것이다. 그리고 요동 지역을 흐르는 강을 요수라고 불렀는데, 당시의 요수는 지금의 난하였다. 지금의 요동과 요하는 지금의 요서 지역에 한사군이 설치되어 중국 영토가 지금의 요하까지로 확장된 후에 붙여진 명칭이었다.[80]

그런데 일반 의미의 요동은 지금의 난하 유역과 그 동쪽의 넓은 지역을 뜻했지만, 진·한제국의 행정구역이었던 요동군은 그 가운데 진·한의 영토에 속했던 난하 하류 유역의 일부에 불과했다. 『한서』「장진왕주전」에는 주발이 노관의 반란을 평정하면서 상곡군·우북평군·요동군·

---

79 『사기』 권6 「진시황본기」 〈2세 황제 원년〉조에는 대신들이 갈석산에 다녀온 내용을 전한 기록이 있는데, 그들이 갈석산에 다녀온 것을 요동에 다녀왔다고 표현하고 있다. 이것은 갈석산이 있는 난하 유역이 당시의 요동이었음을 알게 해준다(주 40의 논문 참조).

80 앞 글, 「위만조선의 재인식」, p. 269 참조.
앞 책, 『고조선』, pp. 24~26.

어양군 등을 평정하고 장성에 이르렀다는 기록이 있다.[81] 이 기록은 요동군이 장성 안의 중국 영토였음을 말해준다. 이 장성은 진 시황제 때 축조한 것으로 서쪽으로부터 지금의 난하를 가로질러 갈석산에 이르렀다.[82] 그러므로 요동군은 갈석산 서쪽의 난하 유역에 위치하여 위만조선과 국경을 접하고 있었던 것이다.

지금까지의 고찰로 다음과 같은 사실들이 분명해졌다. 예군 남려는 위만조선의 우거왕에 반대하고 난하 동부 유역에 거주하던 예족 28만 명을 이끌고 위만조선과 경계를 접하고 있던 서한의 요동군으로 망명했다. 서한 무제는 그들을 그곳에서 가까운 지금의 창주지구로 옮겨 창해군을 설치했다. 창해군은 요동군과 발해군 사이에 위치해 있다가 폐지되어 발해군에 편입되었던 것이다.

4. 창해군 설치와 폐지의 의미

창해군의 설치와 폐지는 고대 한국사 및 고대 한중관계사에 관한 많은 지식을 제공해준다. 앞에서 이미 확인된 바와 같이 그 설치는 예족의 군주였던 남려가 위만조선의 우거왕에 반대하여 그의 종족을 이끌고 서한에 투항함으로써 일어났다. 따라서 예군 남려와 예족은 서한에 투항하기 전에는 위만조선에 속해 있었다. 이미 확인된 바와 같이 위만조선

---

81 『한서』 권40 「장진왕주전」 〈주발전(周勃傳)〉. "破綰軍上蘭, 後擊綰軍沮陽. 追至長城, 定上谷十二縣, 右北平十六縣, 遼東二十九縣, 漁陽二十二縣."

82 『통전』 권178 「주군」 8 〈평주〉 '노룡'조.
윤내현, 「고조선의 위치와 강역」 앞 책 『한국고대사신론』, pp. 51~55 참조.
앞 글, 「고조선의 서변경계 재론」 참조.

은 위만이 서한으로부터 고조선의 변방으로 망명한 후 그곳에서 기자의 후손인 준의 정권을 빼앗아 건립되었다.[83] 따라서 위만조선은 고조선의 서부 변경에서 건국되었는데, 그 지역에는 원래 고조선에 속해 있던 예·맥 등의 사람들이 거주하고 있었다.

그런데 위만조선의 우거왕 시대에 그곳에 예의 군주인 예군 남려가 존재했다. 물론 그는 우거왕 통치 아래 있었다. 이것은 위만조선의 통치 조직에 종족을 단위로 하여 그 대표를 군주로 인정하는 제도가 있었음을 말해준다. 예군을 행정 단위의 관직으로 생각할 수도 있겠지만 그가 행정 관리였다면 28만 명을 한꺼번에 서한으로 데려가서 투항한다는 것은 불가능하다. 예군은 예족의 우두머리로 상당히 큰 독자적인 정치권력과 영향력을 가지고 있었다고 보아야 할 것이다. 이렇게 볼 때 위만조선의 통치 조직은 완전한 중앙집권제가 아니었을 것이다. 위만조선의 통치 조직 속에는 고대 봉국제도의 제후와 같은 성격의 지방 군주가 있었다고 보아야 할 것이다.

이러한 제도가 전국에 일률적으로 실시되었다고 보기는 어렵겠지만 이것은 위만조선과 고조선의 성격을 이해하는 데 도움이 된다. 위만은 서한으로부터 망명한 사람이다. 당시 중국은 이미 고대 봉국제도가 무너지고 중앙집권의 군현제도가 실시되었다. 서한보다 앞선 진제국시대에 이미 군현제도가 완성되었던 것이다. 서한 초에는 개국공신을 봉하기 위해 봉국제도가 군현제도와 병행되었지만 점차 중앙집권화로 가고

---

83 일반적으로 한국사 개설서나 국사 교과서에는 준(準)이 단군왕검의 후손인 것처럼 서술되어 있는데 그것은 잘못이다.
앞 글, 「위만조선의 재인식」 참조.
이 책의 제1편 제5장 제1절 「위만조선과 한사군의 위치」 참조.

있었다. 위만은 서한에 있을 때 이러한 상황을 몸소 체험했던 인물이다. 따라서 그는 통치권 강화를 위해 중앙집권제를 추구했을 것이다. 그런데도 위만조선은 그의 손자 우거시대에 이르기까지 완전한 중앙집권화가 이루어지지 않고 있었다.

이것은 위만조선 지역에는 위만조선 건국 이전부터 내려온 종족 단위의 강한 토착세력들이 있었음을 말해준다. 그리고 각 지역을 그 지역 종족의 우두머리가 다스리는 통치 조직이 위만조선에 뿌리내려져 있었음도 말해준다. 우거왕에 이르기까지도 완전한 중앙집권화가 이루어지지 못하고 이러한 조직이 부분적으로 이어져오고 있었던 것이다. 위만조선은 고조선의 서부 지역에서 건국되었으므로 그러한 조직은 고조선으로부터 이어졌다고 보아야 할 것이다. 이렇게 보면 고조선은 각 지역에 종족 단위의 거수국을 둔 봉국제도의 통치 조직을 가지고 있었을 것이라는 유추를 가능하게 한다.

예군 남려가 우거왕에게 반기를 든 사건은 위만조선 내부에 중국 망명세력과 토착세력 간의 갈등이 첨예화되었음을 알게 해준다. 우거왕 때에 예군 남려 사건과 비슷한 조선상 역계경 사건이 있었다. 『위략』에,

> 일찍이 우거가 격파되기 전에 조선상 역계경은 우거에게 간(諫)하였으나 (그의 말이) 받아들여지지 않았으므로 동쪽의 진국으로 갔다. 그때 백성들로서 그를 따라가 그곳에 산 사람이 2천여 호나 되었다. 그들은 또한 (위만)조선에 조공하는 번국(蕃國)과는 서로 왕래하지 않았다.[84]

---

84 『삼국지』 권30 「동이전」 〈한전〉에 주석으로 실린 『위략』. "魏略曰, 初, 右渠未破時, 朝鮮相歷谿卿以諫右渠不用, 東之辰國, 時民隨出居者二千餘戶, 亦與朝鮮貢蕃不相往來."

는 기록이 있다. 우거왕 때 예군 남려는 서쪽의 서한으로 가서 투항했는데, 조선상 역계경은 동쪽의 진국으로 망명했던 것이다. 이들이 서쪽과 동쪽의 각각 다른 나라로 망명한 것은 이들의 거주지가 위만조선 영토 내에서 동서부 지역으로 서로 달랐기 때문이었을 것으로 생각된다.

종래에 일부 학자들은 위만조선의 위치를 한반도 북부로, 진국의 위치를 한반도 남부로 상정하여 위의 『위략』 인용문에 조선상 역계경이 "동쪽의 진국"으로 갔다는 내용은 "남쪽의 진국"으로 간 사실을 잘못 기록한 것이라고 보았다.[85] 그러나 그렇지 않다. 위만조선은 지금의 요서 지역 즉 난하와 대릉하 사이에 있었고 진국은 지금의 요동 지역으로부터 청천강 유역까지를 차지하고 있던 고조선의 큰 거수국이었다.[86] 그러므로 『위략』의 기록은 옳은 것이다.

여기서 중요한 것은 우거왕 때 예군 남려와 조선상 역계경의 망명 사건이 일어났다는 점이다. 예군 남려의 사건에는 망명의 이유가 밝혀져 있지 않지만 조선상 역계경의 사건에는 망명 이유가 밝혀져 있다. 역계경이 간(諫)했으나 우거왕이 듣지 않았기 때문이었다는 것이다. 『사기』 「조선열전」에 의하면, 서한 무제가 위만조선을 친 것도 우거왕의 오만함과 무례함을 트집 잡아서였다. 이러한 사실을 종합해볼 때, 예군 남려가 28만 명을 이끌고 서한으로 망명한 것도 우거왕과의 정치적 갈등에서였을 것으로 생각된다. 우거왕과 각 지역의 제후들 사이에 갈등이 첨예화되어 있었을 가능성이 있는 것이다.

---

85 이병도, 『한국고대사연구』, 박영사, 1981, pp. 238~240, 118 및 98 지도 참조.
천관우, 「삼국지 한전의 재검토」 『진단학보』 41, p. 21.

86 앞 글, 「고조선의 국가 구조」 참조.
『고조선 연구』 하 제2편 제1장 제3절 「고조선과 한의 관계」 참조.

이러한 정치적 갈등과 연결해 생각해봐야 할 것은 위만조선의 통치집단 성격이다. 위만은 서한으로부터 1천여 명의 무리를 이끌고 망명한 후 그 지역 토착세력을 규합해서 준(準)의 정권을 빼앗아 나라를 세웠다. 따라서 위만조선의 통치세력 안에는 중국 망명인 집단과 토착인 집단이 연합되어 있었을 것이다. 미카미 쓰기오(三上次男)는 『사기』 「조선열전」에 나오는 조선상(朝鮮相) 노인(路人)·상(相) 한음(韓陰)·이계상(尼谿相) 삼(參)·장군(將軍) 왕겹(王唊) 등의 위만조선 관리 이름 가운데 노인·한음·왕겹 등은 중국계일 가능성이 있지만 이계상 참만은 분명히 중국계가 아니며 토착인이었을 것으로 보았다. 그는 이런 점으로 미루어보아 위만조선의 정권은 단순히 중국 망명인들로만 구성되었던 것이 아니라 중국인들과 그 지역 토착인들의 연합 정권이었다고 주장했다.[87] 그의 주장은 설득력이 있다.

이러한 복합세력 정권이었던 위만조선은 무례하고 오만한 우거왕 때에 이르러 중국 망명세력과 토착세력 사이에 갈등이 첨예화되었던 것으로 보인다. 예군 남려가 이끌고 간 28만 명과 조선상 역계경이 이끌고 간 2천 호는 토착인들이었을 것임은 말할 필요가 없다. 이들의 망명은 중국계 세력의 중심 인물인 우거왕과의 갈등이 심화된 결과였을 것이다. 토착인 이계상 참이 사람을 시켜 우거왕을 살해하고 서한에 항복함으로써[88] 위만조선이 멸망했다는 사실도 그러한 갈등이 심했을 것임을 느끼게 해준다.

위만조선 내에서 중국 망명세력과의 갈등으로 예군 남려 등 28만 명

87 三上次男, 「衛氏朝鮮國の政治·社會的性格)」『中國古代史の諸問題)』, 東京大學出版會, 1954, p. 213.

88 『사기』 권115 「조선열전」. "元封三年夏, 尼谿相參乃使人殺朝鮮王右渠來降."

이 서한으로 망명함으로써 설치되었던 창해군은 불과 2년 후에 폐지되었다. 창해군의 폐지는 무엇을 의미하는가? 먼저 창해군 폐지에 관한 기록을 보자. 『한서』「공손홍복식예관전(公孫弘卜式兒寬傳)」에,

> (공손홍)은 내사(內史)가 된 지 수년에 어사대부(御史大夫)로 자리를 옮겼다. 그때 또 동쪽에는 창해를 설치하고 북쪽에는 삭방군(朔方郡)에 (성을) 쌓았다. (공손)홍은 여러 차례 간하여 쓸모없는 땅을 도움으로써 중국을 피폐하게 만드는 것이니, 그것을 폐지하기를 원했다.[89]

고 했고, 『사기』「평준서」에는,

> 그 후 한(漢)은 예(歲 : 濊)를 이끌고 수만 명의 기병으로써 호(胡)를 공격하였고, 거기장군(車騎將軍) 위청(衛青)이 흉노의 하남(河南) 땅을 빼앗음에 이르러 삭방(朔方)에 (성을) 쌓았다. 그때는 한(漢)이 서남이(西南夷)의 도로를 뚫고 있었던 시기로 인부가 수만 명이었고 천 리의 지역에서 식량을 부담하였다. ……, 여러 번 예의 도로가 불통하고 만이(蠻夷)가 자주 공격하였기 때문에 군사를 일으켜 그들을 무찔렀다. ……, 동쪽의 창해(滄海)의 군(郡)에 이르는 데는 인도(人徒)의 비용이 남이(南夷)와 비슷하였다.[90]

---

89 『한서』 권58 「공손홍복식예관전」. "爲內史數年, 遷御史大夫. 時又東置滄海, 北築朔方之郡. 弘數諫, 以爲罷弊中國以奉無用之地, 願罷之."

90 『사기』 권30 「평준서」. "基後漢將歲(濊)以數萬騎出擊胡, 及車騎將軍衛青取匈奴河南地, 築朔方. 當是時, 漢通西南夷道, 作者數萬人, 千里負擔饋糧, ……, 數歲(濊)道不通, 蠻夷因以數攻, 吏發兵誅之. ……, 東至滄海之郡, 人徒之費擬於南夷." 이 문장 가운데 삭방에 성을 쌓았다고 한 것이라든지 창해군에 대해 언급하고 있는 내용 등으로 보아 『한서』

고 했다. 위 기록으로 보아 창해군은 공손홍의 건의에 의해 폐지되었다. 그 이유는 그곳이 서한을 위해서는 쓸모가 없다는 것과 경비가 많이 든다는 것이었다.

그런데 위 『사기』「평준서」 기록에 의하면 창해군이 폐지되기까지 그곳에서는 몇 가지 사건이 있었다. 첫째로 예족을 호(胡)와의 전쟁에 동원했다는 것이고, 둘째로는 예족의 거주지로 통하는 도로가 여러 번 불통했다는 것이며, 셋째로 만이(蠻夷)가 여러 번 서한을 공격했다는 것인데, 위의 문맥으로 보아 만이는 예족을 뜻하는 것으로 보인다. 위 기록은 창해군과 관계된 것이므로 여기에 나오는 예족은 창해군의 예족으로 보아야 한다. 창해군은 설치된 지 2년 만에 폐지되었기 때문에 위 사건은 2년 사이에 일어난 것들이었다.

위청(衛靑)은 서기전 130년에 거기장군(車騎將軍)이 되었고 서기전 124년에는 대장군(大將軍)이 되었다.[91] 그런데 위 기록은 위청을 거기장군이라 부르고 있으므로 위 사건은 서기전 130년부터 서기전 124년 사이에 일어났음을 알 수 있다. 한편 『한서』「지리지」에는 삭방군(朔方郡)이 서한 무제 원삭 2년(서기전 127)에 설치되었다고 기록되어 있는데,[92] 원삭 2년은 창해군 설치 다음 해에 해당된다. 이러한 사실들은 위의 「평준서」 기록이 창해군과 관계된 것임을 뒷받침해주기도 한다.

이미 확인된 바와 같이 창해군의 주민들은 위만조선에서 온 이주민들이었다. 그런데 그것이 2년 만에 폐지되었다면 주민들의 생활이나 군의

「공손홍복식예관전」 내용과 관계된 것임을 알 수 있는데, 그 내용을 비교해볼 때 이 문장에서 세(歲) 자는 예(濊) 자가 잘못 기록된 것임을 알 수 있다.

91 『사기』 권111 「위장군표기열전(衛將軍驃騎列傳)」 참조.

92 『한서』 권28 하 「지리지」 하. "朔方郡, 武帝元朔二年開, 西部都尉治窳渾, 莽曰溝搜, 屬并州."

행정조직이 아직 안정되지도 못한 상태였을 것이다. 사실상 창해군은 이름만 붙였다가 없앤 것이나 다름없다. 이로 보아 서한은 처음부터 창해군 설치는 의중에 없었을 가능성이 있다.

이와 같이 불안정한 창해군에서 위의 사건들이 일어났다. 위의 사건들은 모두가 연관이 있었을 것으로 생각된다. 서한은 아직 생활 터전도 잡지 못한 창해군의 예족을 호(胡)와의 전쟁에 동원했음을 알 수 있는데, 그러한 서한의 처사에 창해군 주민들의 반발이 심했을 것이다. 예군 남려는 망명하기 전에 상거래를 위해 그 지역을 왕래하던 서한의 상인 팽오를 통해 서한 정부에 망명 후의 예족에 대한 어떤 보장을 요청했을 가능성이 있고, 그것에 대한 확답을 받았을 것이다. 그렇지 않고서야 28만 명이라는 많은 사람을 이끌고 무모한 망명을 하지는 않았을 것이다.

그런데 서한 정부는 애초의 약속을 지키지 않고 창해군을 설치하여 그들을 서한에 복속시켰다. 그뿐만 아니라 그들의 생활이 안정도 되기 전에 그들을 호와의 전쟁에 동원했다. 이에 분개한 창해군의 예족은 서한 정부에 항거하는 봉기를 여러 번 단행했을 것이며, 이러한 사태로 인해 창해군의 도로가 여러 번 불통했을 것이다. 위의 인용문 가운데 예의 도로가 여러 번 불통했다든가 만이가 자주 공격했다는 것은 이러한 사실을 말해주는 것으로 생각된다.

이렇게 되자 창해군 예족의 봉기를 진압하기 위해 서한 정부에서는 군사를 일으켜야 했다. 이러한 상황이니 창해군을 경영하기 위해서는 중앙정부에서 막대한 경비를 필요로 했을 것이며, 그것은 당시에 서남이(西南夷)로 통하는 도로 공사에 들어가는 경비와 맞먹는 막대한 것이었다. 위의 『사기』「평준서」 내용은 이러한 상황을 말해준다. 그러했기 때문에 공손홍은 중앙정부에 도움이 되지 않는 창해군을 독립된 행정구역으로 유지할 필요가 없다고 주장했고 서한 무제는 이를 받아들였을 것이다. 창해군이 폐지됨에 따라 그 지역과 주민들은 인접한 행정구역인 발해군에 자연스럽게 편입된 것이다.

창해군 설치와 폐지는 예족의 이주와 그 거주 지역의 확대를 가져왔다. 일차로 창해군 설치로 인해 예족은 난하 동부 유역의 위만조선 지역으로부터 서한 내의 발해만 서부 연안 창해군 지역으로 이주했다. 이때 위만조선에 남아 있던 예족도 일부 있었을 것이다. 다음으로 창해군이 폐지됨에 따라 예족 가운데는 그곳에 남아 있는 사람들과 다른 곳으로 이주해 간 사람들이 있었을 것이다. 따라서 예족의 거주지는 난하 유역, 발해만 서부 연안 및 기타 지역으로 확대되었다.

또한 예족은 그 후에도 이동이 있었다. 그것은 위만조선 건국부터 한사군 설치까지의 기간이었다. 이 시기에 예족의 일부는 동쪽으로 이동하여 후에 함경남도 남부와 강원도 지역에 자리 잡게 되었다. 이 점에 대해서는 앞에서 언급한 바 있다.[93] 그러므로 창해군 폐지 후 예족의 거주지는 난하 유역으로부터 발해만 서부 연안, 함경남도 남부와 강원도 지역, 기타 지역으로 확대되었던 것이다. 그리고 이러한 이주 과정에서 예족은 맥족, 고구려족 등과의 혼합도 이루어졌다. 그 결과 예족과 맥족을 혼합하여 부르는 예맥족이라는 칭호도 나타났던 것으로 생각된다.

5. 마치며

지금까지 창해군의 위치와 그 설치 및 폐지가 갖는 역사적 의미에 대해

93 주 58~70의 본문 참조.

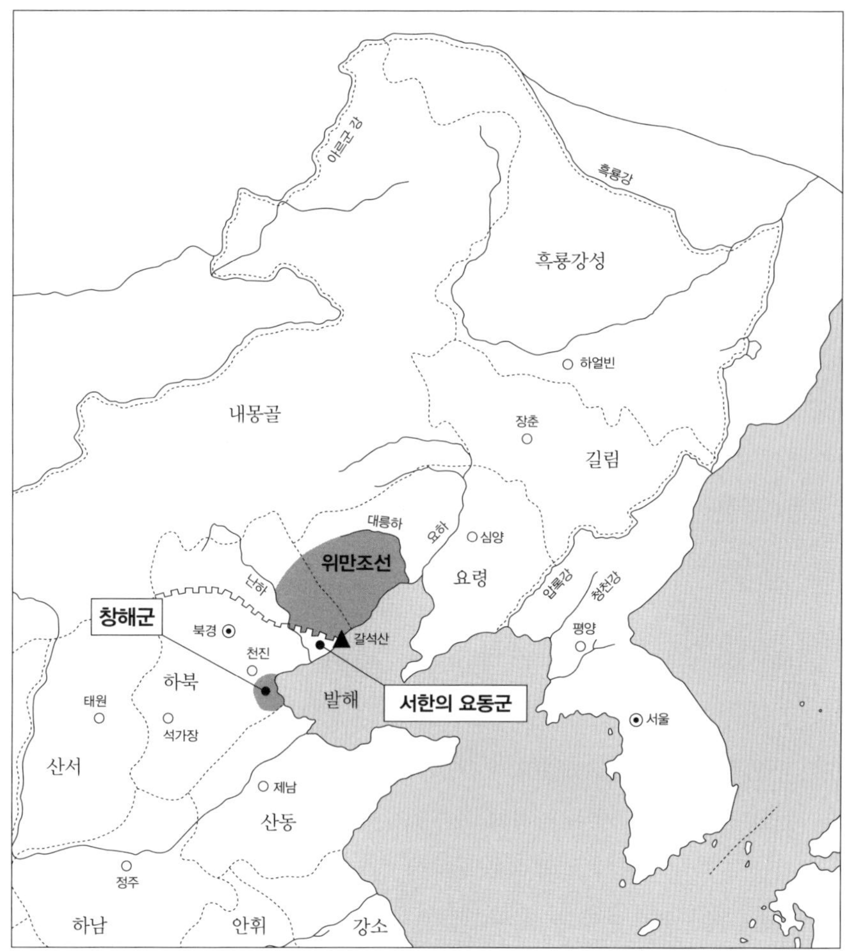

아르군 강
흑룡강
흑룡강성
하얼빈
내몽골
장춘
길림
대릉하
요하
심양
위만조선
요령
압록강
청천강
난하
창해군
북경
갈석산
평양
천진
하북
발해
서한의 요동군
태원
석가장
서울
산서
제남
산동
정주
하남
안휘
강소

창해군 위치도

살펴보았다. 그동안 한국사 학계에서는 창해군의 위치를 함경남도 남부와 강원도 또는 압록강 유역과 동가강 유역으로 보는 견해가 주류를 이루어왔다. 그리고 창해군은 후에 한사군의 일부가 되었던 것으로 인식해왔다.[94] 그러나 이러한 견해는 잘못된 것임이 확인되었다. 사료가 갖는 시간 차를 무시하고 어떤 선입관을 전제로 사료를 해석했기 때문에 일어난 오류였던 것이다.

기본 사료에 따라 고증된 결과를 요약하면 다음과 같다. 창해군은 서기전 128년에 예군 남려가 위만조선의 우거왕에게 반기를 들고 28만 명을 이끌고 서한의 요동군으로 망명하자 서한 무제가 이들을 받아들여 설치했던 군명(郡名)이었다. 창해군은 발해만 서부 연안 지금의 창주지구에 설치되었다. 그곳에는 원래 발해군이 있었는데 그 북부를 나누어 창해군을 설치했다가 2년 후인 서기전 126년에 폐지하고 그 지역을 다시 발해군에 편입시켰다.

예군 남려의 망명부터 창해군 설치와 폐지까지를 좀 더 자세히 살펴보면 다음과 같은 사실들이 확인된다. 위만조선은 부분적으로 일정한 지역을 제후들이 다스리도록 하는 봉국제도의 통치 조직을 가지고 있었다. 이러한 제도는 고조선의 거수국제가 계승된 것이었다. 예군 남려는 위만조선의 예족 거주 지역의 제후였다. 위만조선은 우거왕 때에 이르러 중국 망명세력과 토착세력 사이에 갈등이 심화되었다. 이것은 중국 망명세력의 중심 인물인 우거와 토착세력 대표자들인 제후 사이의 갈등

---

94 시라토리 구라키치는 압록강과 동가강 유역의 창해군 지역이 후에 진번군이 되었다고 보았다(앞 글, 「漢の朝鮮四郡疆域考」). 이병도는 창해군의 위치에 대해서는 시라토리의 견해를 따르면서도 그 지역이 후에 임둔군이 되었다고 보았다(앞 글, 「현도군급임둔군고」). 창해군이나 한사군의 각 군 위치에 대해서는 서로 다른 견해를 보이면서도 창해군 지역이 후에 한사군의 일부가 되었다는 점에 대해 그동안 일부 학자들은 인식을 같이했다.

으로 표출되었다. 이러한 정치적 갈등으로 인해 토착세력인 예족의 제후였던 예군 남려는 서한으로 망명하게 되었다.

망명하기 전 예군 남려는 서한 정부로부터 망명 후에 대해 어떤 보장을 밀약받았던 듯하다. 그러나 서한 무제는 약속을 지키지 않고 그들을 서한에 복속시켜 창해군을 설치했다. 그뿐만 아니라 그들의 생활이 안정되기도 전에 그들을 호(胡)와의 전쟁에 징발했다. 이에 분개한 창해군의 예족은 서한 정부에 대항하여 봉기했고, 이러한 사태로 인해 창해군에 이르는 도로가 여러 번 끊기기도 했다. 이를 진압하기 위해 서한은 군대를 동원해야 했는데 여기에는 막대한 재정이 소요되었다. 이렇게 되자 어사대부 공손홍은 창해군 폐지를 건의했고 무제는 이를 받아들여 창해군을 발해군에 통합했다. 창해군은 설치 2년 만에 폐지되었는데, 서한은 처음부터 창해군을 독립시킬 의사가 없었을 가능성도 있다.

창해군이 지금의 창주지구에 설치되었다는 사실은 다음과 같은 점을 분명하게 해준다. 당시 예족의 거주지는 난하 동부 유역이었고, 위만조선의 위치는 지금의 요서 지역이었으며, 서한의 요동군은 난하 하류 유역이었다는 점이다. 그리고 창해군 설치와 폐지는 예족의 거주지 확산도 가져왔다는 것이다.

한국사 연대 도표

구분										
세기	전 4000년기	전 3000년기	전 2000년기	전 1000년기						
연대	−10000	−4000	−3000	−2000	−1000	1	1			
한국	무리사회	마을사회	고을나라	고조선 (단군조선)	기자조선	위만조선	한사군	여러 나라 시대		
중국	유단사회	촌락사회	촌군사회	하	상	서주	춘추	전국	진	서한
일본	선토기문화	조몬문화	야요이문화							
유럽	무리사회	부족사회	추방사회	노예제	그리스	로마				

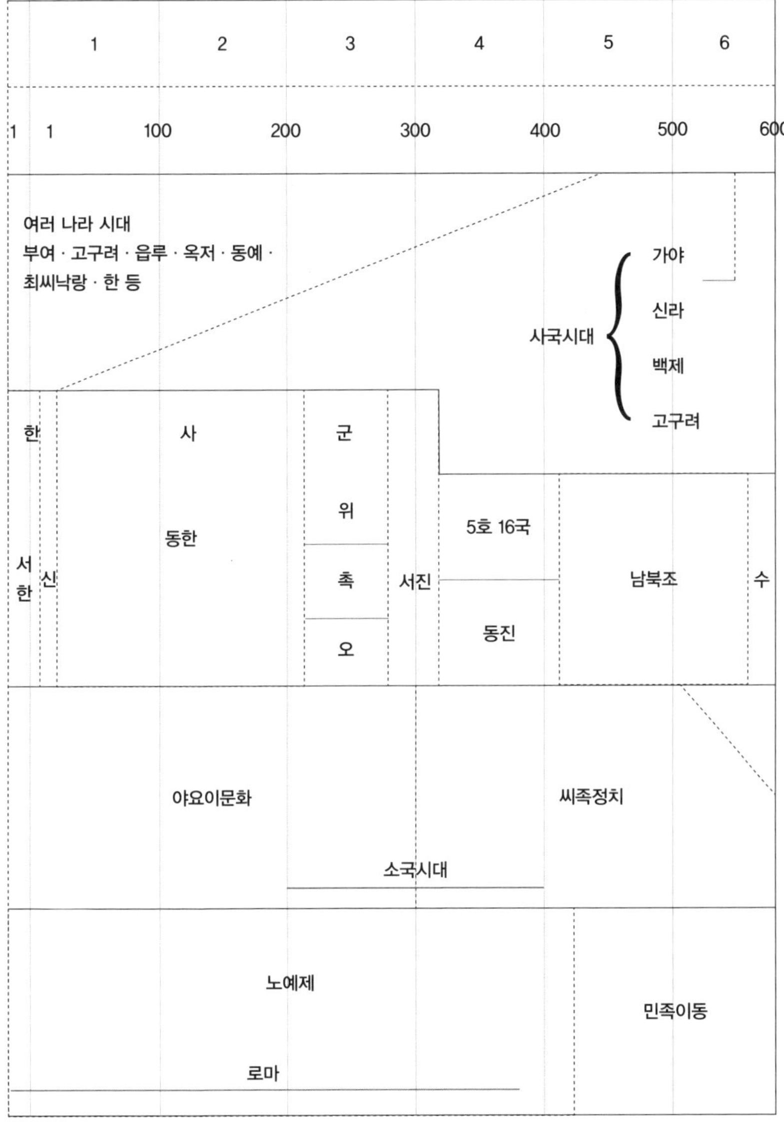
1
2
3
4
5
6
1
1
100
200
300
400
500
600
여러 나라 시대
부여 · 고구려 · 읍루 · 옥저 · 동예 ·
최씨낙랑 · 한 등
가야
신라
사국시대
백제
고구려
한
사
군
위
동한
5호 16국
서
한
신
촉
서진
남북조
수
동진
오
야요이문화
씨족정치
소국시대
노예제
민족이동
로마

7 8 9 10 11 12 13

600 700 800 900 1000 1100 1200 1300

신라

고려

발해

요(거란)

금

원

수

당

5
대

북송

남송

율령정치

섭관(攝關)정치

원정(院政)

바쿠후(幕府)정치

집권정치

씨족정치

십자군

민족이동

봉건제

사라센 제국

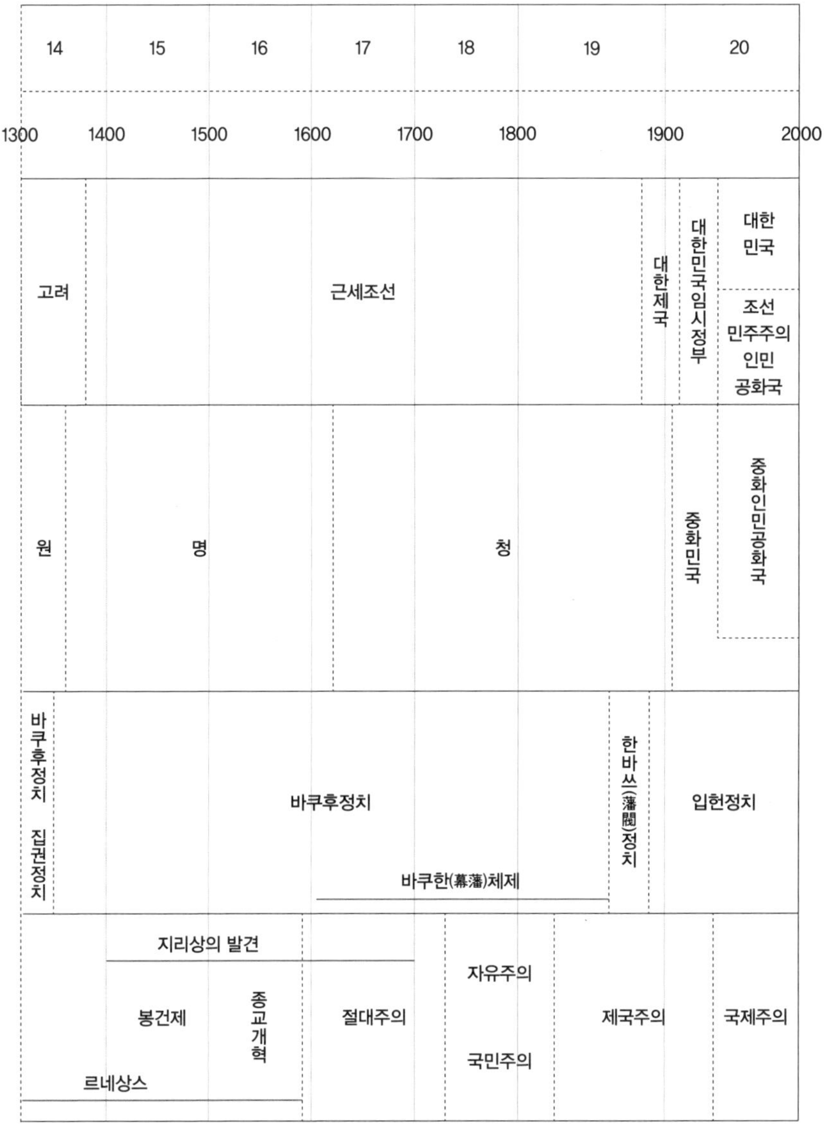

14 | 15 | 16 | 17 | 18 | 19 | 20

1300 | 1400 | 1500 | 1600 | 1700 | 1800 | 1900 | 2000

고려 | 근세조선 | 대한제국 | 대한민국임시정부 | 대한민국 / 조선 민주주의 인민 공화국

원 | 명 | 청 | 중화민국 | 중화인민공화국

바쿠후정치 집권정치 | 바쿠후정치 / 바쿠한(幕藩)체제 | 한바쓰(藩閥)정치 | 입헌정치

르네상스 / 봉건제 / 지리상의 발견 / 종교개혁 | 절대주의 | 자유주의 / 국민주의 | 제국주의 | 국제주의

찾아보기

ㅁ

ㅂ

ㅇ

고조선 연구 | 상 |

초판 1쇄 펴낸 날 2015. 10. 27.
초판 4쇄 펴낸 날 2023. 2. 27.

지은이 윤내현
발행인 양진호
발행처 도서출판 |만권당|

등 록 2014년 6월 27일(제2014-000189호)
주 소 (07207) 서울특별시 영등포구 양평로21가길 19 선유도 우림라이온스밸리 B동 512호(양평동5가)

전 화 (02) 338-5951~2
팩 스 (02) 338-5953
이메일 mangwonbooks@hanmail.net

ISBN 979-11-953264-9-5 (04910)
979-11-953264-8-8 (세트)

값은 뒤표지에 있습니다.
잘못 만들어진 책은 구입하신 서점에서 바꾸어 드립니다.

이 도서의 국립중앙도서관 출판예정도서목록(CIP)은 서지정보유통지원시스템 홈페이지(http://seoji.nl.go.kr)와 국가자료공동목록시스템(http://www.nl.go.kr/kolisnet)에서 이용하실 수 있습니다.(CIP제어번호: CIP2015026452)